U0815753

全本珍藏版

厚黑学

李宗吾·著

凤凰出版传媒集团
江苏文艺出版社
JIANGSU LITERATURE AND ART PUBLISHING HOUSE

目录

导读 李宗吾其人其书

第一部 厚黑学

绪论
037

我很为诧异，心想古来成功的人，必定有特别的秘诀，出于史臣圣贤之外。我要寻它这个秘诀，苦求不得，后来偶然推想三国时候的人物，不觉恍然大悟，古人成功的秘诀，不过是脸厚心黑罢了。

厚黑学论
039

刘邦天资既高，学力又深，把流俗所传君臣、父子、兄弟、夫妇、朋友五伦，一一打破，又把礼义廉耻，扫除净尽，所以能够平荡群雄，统一海内，一直经过了四百几十年，他那厚黑的余气，方才消灭，汉家的系统，于是乎才断绝了。

厚黑经
043

世间学说，每每误人，唯有厚黑学绝不会误人，就是走到了山穷水尽，当乞丐的时候，讨口，也比别人多讨点饭。故宗吾曰："自大总统以至于乞儿，壹是皆以厚黑为本。"

厚黑传习录
046

凡是发明家，都不可登峰造极。儒教是孔子发明的，孔子登峰造极了，颜、曾、思、孟去学孔子，他们的学问，就比孔子低一层；周、程、朱、张去学颜、曾、思、孟，学问又低一层；后来学周、程、朱、张的，更低一层，愈趋愈下，其原因就是教主的本领太大了。

（一）求官六字真言

求官六字真言："空、贡、冲、捧、恐、送。"这六字做到了，包管字字发生奇效。

（二）做官六字真言

做官六字真言："空、恭、绷、凶、聋、弄。"……以上十二个字，我不过粗举大纲，许多的精义，都没有发挥，有志于官者可按门径，自去研究。

（三）办事二妙法

那个时候，楚国的实力，远胜齐国，管仲敢于劝齐桓公兴兵伐楚，可说是锅敲烂了来补。及到楚国露出反抗的态度，他立即锯箭了事。召陵一役，以补锅法始，以锯箭法终，管仲把锅敲烂了能把它补起，所以称为"天下才"。

结论
051

厚黑的施用，定要糊一层仁义道德，不能把它赤裸裸地表现出来。王莽的失败，就是由于露出了厚黑的缘故。如果终生不露，恐怕王莽至今还在孔庙里吃冷猪肉。

当把它当如磁电一般，熟考其性质，因而利用之，不能徒用铲除的法子。

告子言性正确

究竟“剜肉做疮”四字，怎样讲呢？“肉”喻天理，“疮”喻人欲，剜肉做疮者，误天理为人欲，去人欲即伤及天理也。门人的意思，即是说：“我们如果见了一星之火，即把它扑灭，自然不会有烧房子的事，请问拿甚么东西来煮饭呢？换言之，把好货之心连根去尽，人就不会吃饭，岂不饿死吗？把好色之心连根去尽，就不会有男女居室之事，人类岂不灭绝吗？”

心理依力学规律而变化

人人有一心，即人人有一力，一人之力，不敌众人之力，群众动作，身入其中，我一己之力，被众人之大力相推相荡，不知不觉，随同动作，以众人的意识为意识，众人的情感为情感，自己的脑筋，就完全失去自主的能力了。因为有这个道理，所以当主帅的人，才能驱千千万万的平民效命疆场，当首领的人，才能指挥许多党徒为杀人放火的暴行。

人事变化之轨道

逢蒙杀羿，是先生阻了学生之路；吴起杀妻，是妻子阻了丈夫之路；高祖分羹，是父亲阻了儿子之路；乐羊子食羹，是儿子阻了父亲之路；周公诛管蔡，唐太宗诛建成、元吉，是兄阻弟之路、弟阻兄之路。可见力线冲突了，就是父子兄弟夫妇，都不能幸免的。

世界进化之轨道

人事千变万化，都是由离心向心二力生出来的，离心者，力之向外发展也，向心者，力之向内收敛也，发展到极点，则收敛，收敛到极点又能发展，此即古人所说，盈虚消长，循环无端也。以虚为起点，由是而发展则为长，发展到极点则为盈，到了极点即收敛而为消，收敛到极点则为虚，由虚而又为长，为盈，为消，为虚，是之谓“循环无端”。

达尔文学说之修正

达尔文研究生物学数十年，把全世界的昆虫草木、飞禽走兽，都研究完了，独于他实验室中有个高等动物，未曾研究，所以他的学说，就留下破绽。请问甚么高等动物？答曰：就是达尔文本身，他把人类社会忽略了，把自己心理和行为忽略了，所以创出的学说，不能不有破绽。

学，至少也该再出一个圣人；如果学不到，我们何苦朝朝日日，读他的书，拼命去学？

孩提之童，无不知爱其亲也，积爱成孝，所以古时的文化建筑在“孝”字上。世间的丈夫，无不爱其妻也，积爱成怕，所以今后的文化，应当建筑在“怕”字上。古人云：“天下岂有无父之国哉？”故“孝”字可以为全国重心。同时可说：“天下岂有无妻之国哉？”故“怕”字也可以为全国重心。这其间有甚深的哲理，诸君应当细细研究。

鄙人发明“厚黑学”，是千古不传之秘，而今而后，当努力宣传，死而后已。鄙人对于社会，既有这种空前的贡献，社会人士即该予以褒扬。我的及门弟子和私淑弟子，当兹教主六旬圣诞，应该作些诗文，歌功颂德。

第四部 厚黑丛话

我生平揭的标帜，是“思想独立”四字。因为思想独立，就觉得一部二十四史，和《四书》、《五经》，与宋元明清学案，无在不是破绽。《厚黑学》一文，是揭穿一部二十四史的黑幕；《我对于圣人之怀疑》一文，是揭穿一部宋元明清学案的黑幕。马克思的思想，是建筑在唯物史观上；我的思想，可说是建筑在厚黑史观上。

我研究这些问题，已闹得目迷五色，好像彷徨失路的人。诸君旁观者清，万望指我去路，我重再把这些道理研究明白。只要把真理寻出就好了，不必定要是我寻出的，犹之救国救民等事，只要人民的痛苦能够解除就好了，不必定要功自我出。

我著《厚黑学》，纯用春秋笔法，善恶不嫌同辞，据事直书，善恶自见。同是一厚黑，用以图谋一己之私利，是极卑劣之行为，用以图谋众人之公利，是至高无上的道德。所以不懂春秋笔法者，不可以读《厚黑学》。

厚黑丛话卷二

168

我著的《厚黑经》，说得有："不曰厚乎，磨而不薄。不曰黑乎，洗而不白。"后来我改为："不曰厚乎，越磨越厚。不曰黑乎，越洗越黑。"有人问我："世间哪有这种东西？"我说："手足的趼疤，是越磨越厚；沾了泥土尘埃的煤炭，是越洗越黑。"人的心，生来是黑的，遇着讲因果的人，讲理学的人，拿些仁义道德蒙在上面，才不会黑，假如把它洗去了，黑的本体自然出现。

厚黑丛话卷三

187

我不知过去生中，与孔子有何冤孽，他讲他的仁义，偏偏遇着一个讲厚黑的我，我讲我的厚黑，偏偏遇着一个讲仁义的他。我们两家的学说，极端相反，永世是冲突的。我想："冤家宜解不宜结。"我与孔子讲和好了。我想个折中调和的法子，提出两句口号："厚黑为里，仁义为表。"换言之，即是枕头上放一部《厚黑学》，案头上放一部《四书》、《五经》；心头上供一个大成至圣先师李宗吾之神位，壁头上供一个大成至圣先师孔子之神位。

厚黑丛话卷四

201

古来的圣人，真是怪极了，虞芮质成，脚踏了圣人的土地，立即洗心革面，圣人感化人，有如此的神妙。我不解管蔡的父亲是圣人，母亲是圣人，哥哥弟弟是圣人，四面八方被圣人围住了，何以中间会产生鸱鸮？清世宗呼允禩为阿其那，允禟为塞思赫，翻译出来，是猪狗二字。这个猪狗的父亲是圣人，哥哥是圣人，侄儿也是圣人。鸱鸮猪狗，会与圣人错杂而生，圣人的价值，也就可以想见了。

厚黑丛话卷五

224

我发明厚黑学，一般人未免拿来用反了，对列强用"厚"字，摇尾乞怜，无所不用其极；对国人用"黑"字，排挤倾轧，无所不用其极，以致把中国闹得这样糟。我主张翻过来用，对国人用"厚"字，事事让步，任何气都受，任何旧账都不算；对列强用"黑"字，凡可以破坏帝国主义者，无所不用其极，一点不让步，一点气都不受，一切旧账，非算清不可。

厚黑丛话卷六

244

我讲厚黑学，分三步功夫，诸君想还记得。第一步：面皮之厚，厚如城墙；心子之黑，黑如煤炭。第二步：厚而硬，黑而亮。第三步：厚而无形，黑而无色。日本对于我国，时而用劫贼式，武力侵夺，时而用娼妓式，大谈亲善，狼之毒，狐之媚，二者俱备。所谓厚如城墙，黑如煤炭，他是做到了的，厚而硬，也是做到了的，唯有黑而亮的功夫，他却毫未梦见。

第五部 社会问题之商榷

第六部 中国学术之趋势

（三）无为之意义

老子所说的无为，是顺其自然、我无容心的意思。当为的就为，当不为的就不为，如果当为的不为，这是有心和自然反抗，这叫做有为，算不得无为。

（四）“失道而后德，失德而后仁，失仁而后义，失义而后礼”之意义

老子洞明万事万物变化的轨道，有得于心，故老子言道德。孔子见老子后，明白此理，就用以治人，故孔子言仁。孟子继孔子之后，故言仁必带一“义”字。荀子继孟子之后，注重礼学。韩非学于荀卿，知“礼”字不足以范围人，故专讲刑名。

（五）绝圣弃智之作用

老子是叫人把自己的意思除去，到了无知无欲的境界，才能窥见宇宙自然之理，一切事，当顺自然之理而行之，如果不绝圣弃智，本着个人的意见做去，得出来的结果，往往违反自然之理。宋儒即害了此病，并且害得很深。

（六）盈虚消长之理

老子之学，纯是自处于虚，以盈为大戒，虚是收缩到了极点，盈是发展到了极点，人能以“虚”字为立足点，不动则已，一动则只有发展的，这即是长了。

（七）老子之兵法

可知老子用兵，是出于自卫，出于不得已，以慈为主。慈有二意：一是恐我的人民为敌人所杀；二是恐敌人的人民为我所杀。所以我不敢为造事之主，如若敌人实在要来攻我，我才起而战之，即所谓“不敢为主而为客”。

（八）《史记》老庄申韩同传之原因

庄子与韩非，同是崇奉老子，一出世，一入世，途径绝端相反，而皆本之于无为。庄子事事放任，犹可谓之无为，韩非事事干涉，怎么可谓之无为呢？庄子是顺应自然做去，毫不掺加自己的意见，所以谓之无为。韩非是顺应自然，制出一个法律，我即依着法律实行，丝毫不出入，也是不掺加自己的意见，故韩非之学说归于无为。

（九）老子与其他诸子

道流而为德，德流而为仁，仁流而为义，义流而为礼，礼流而为刑，刑流而为兵。道德居首，兵刑居末。孙子言兵，韩非言刑，而其源皆出于老子。我们如果知道兵刑与道德相通，即知诸子之学无不与老子相通了。

（十）孔子不言性与天道之原因

老子曰：“失道而后德，失德而后仁，失仁而后义，失义而后礼。”道德已被老子讲得透透彻彻，莫得孔子说的，孔子只好

从“仁”字讲起走了。老子学说，虽包含有治世法，但是略而不详，他专言道德，于仁义礼三者，不加深论。孔子窥破此旨，乃终身致力于仁义礼，把治国平天下的方法，条分缕析地列出来。于是老子谈道德，孔子谈仁义礼，结果孔子与老子，成了对等地位。

（十一）三教异同之点

老子重在窥探造化的本源，故绝圣弃智，无知无欲，于至虚至静之中，领会那寂然不动、虚而逍遥之妙，故而像一初生之婴儿。向后走是出世法，向前走是世间法。

（十二）宋学是融合儒释道三家学说而成

在宋儒尽管说他是孔门嫡派，与佛老无关，实际是融合三教而成，他们学说俱在，何能掩饰。其实能把三教融合为一，这是学术上最大的成功，他们有了这样的建树，尽可自豪，反弃而不居，自认孔门嫡派。这即是为“门户”二字所误。

（十三）宋学含老学成分最多

宋学是明道开创的，明道之学，既近于老子，所以赵宋诸儒，均含老氏意味。宋儒之学，何以会含老氏意味呢？因为释氏是出世法，孔子是世间法，老子是出世法世间法一以贯之。宋儒以释氏之法治心，以孔子之学治世，二者俱是顺其自然之理而行，把治心治世打成一片，恰是走入老子的途径。

（十四）程明道死后之派别

明道学术分程朱和陆王两派，象山相当于伊川，阳明相当于朱子。有了朱子“万殊归于一本”之格物致知，跟着就有阳明“一本散之万殊”之格物致知，犹之有培根之归纳法，跟着就有笛卡儿之演绎法，培根之学类伊川和朱子，笛卡儿之学类象山和王阳明。

（十五）学术之分合

大凡一种学说，独立成派之后，本派中跟着就要分派。韩非说：“儒分为八，墨分为三。”就是循着这个轨道走的。孔学分为八派，秦灭而后，孔学灭绝，汉儒研究遗经，成立汉学，跟着又分许多派。老氏之学，也分许多派。佛学在印度，分许多派，传入中国，又分若干派。

宋学与蜀学

339

五代中原大乱，三教中的名人齐集成都，仿佛三大河流，同趋于最隘的一个峡口，天然该融合为一，大约这些名流麇集成都，互相讨论，留下不少的学说。明道弟兄来川，召集遗老筑台讲道，把它们集合来，融会贯通而断以己意，成为一个系统，就成为所谓宋学。

（一）二程与四川之关系

程明道的学说，融合儒释道三家而成，是顺应时代的趋势，已如前篇所说。至于地域关系，他生长河南，地居天下之中，为宋朝建都之地，人文荟萃，是学术总汇的地方，故他的学说能够融合各家之说，这层很像老子。

（二）四川之易学

袁滋易学，伊川不与之讲授，命他入蜀访求，大约他在四川受的益很多，才自谦不如蜀人，于此可见四川易学之盛。

（三）四川之道教

道教中各派，俱发源于四川，其原因就是由于汉朝张道陵，在四川鹤鸣山修道，其学流传民间，分为各派，历代相传不绝。

（四）四川之佛教

马祖教人，专提“心即是佛”四字，伊川曰“性即理也”，宛然马祖声口，这种学理，或许从雪门寺高僧得来。

（五）二程讲道台

现在汉州城内，开元寺前，有“二程讲道台”，可见二程在汉州，曾召集名流，互相讨论，把三教的道理，融会贯通，恍然有得，才发明所谓宋学，伊川所说的“返求诸六经，然后得之”，大约就在这个时候。

（六）孟蜀之文化

孟昶君臣，既这样地提倡文学，内政又修明，当然中原学者，要向四川来，所以儒释道三教的学问，普及到了民间，二程和袁滋，不过偶尔遇着两个，其余未遇着的，不知还有若干。因为有了这样的普遍的文化，所以北宋时，四川才能产出三苏和范缜诸人。

（七）苏子由之学说

大家只知程氏弟兄是宋学中的泰斗，不知宋朝还有一个大哲学家，其成就较之程氏弟兄，有过之无不及，一般人都把他忽略了，此人为谁？即是我们知道的苏子由。

（八）学术之演进

我们从进化趋势上看去，觉得到了北宋的时候，三教应该融合为一，程明道和苏子由，都是受了天然趋势的驱迫。程子读了许多书，来到四川加以研究，完成融合三教的工作。苏子由在四川读了许多书，又到颖滨闭门研究，也完成融合三教的工作。二者都与四川有关。

宋儒之道统

349

道统的“统”字，就是从“帝王创业垂统”那个“统”字窃取来，即含有传国玺的意思。那时禅宗风行天下，禅宗本是衣钵相传，一代传一代，由释迦传至达摩，达摩传入中国，达摩传六祖，六祖以后，虽是不传衣钵，但各派中仍有第若干代名称，某为嫡派，某为旁支。宋儒生当其间，染有此等习气，特创出道统之名，与之对抗。“道统”二字，可说是“衣钵”二字的代名词。

（一）道统之来源

宋儒最令人佩服的，是把儒释道三教从学理上融合为一；其最不令人佩服的，就在门户之见太深，以致发生许多纠葛。

（二）道统之内幕

宋儒有了“道统”二字横塞胸中，处处皆是荆棘，我不知道“道统”二字，有何贵重，值得如许争执。幸而他们生在庄子之后，假使被庄子看见，恐怕又要发出些鹓雏腐鼠的妙论。我们读书论古，当自出见解，切不可为古人所愚。

（三）宋儒之缺点

朱子的量，也是非常狭隘，他是伊川的嫡系，以道统自居，凡是信从伊川和他的学说的人，就说他是好人，不信从的，就是坏人。苏黄本是一流人物，朱子诋毁二苏，独不诋毁山谷，因为二苏是伊川的敌党，所以要骂他，山谷之孙黄昀，字子耕，是朱子的学生，所以就不骂了。

中西文化之融合

359

宇宙真理是浑然的一个东西，中国人、印度人、西洋人，分途研究，或从人事上研究，或从物理上研究，分出若干派，各派都分了又合，合了又分，照现在的趋势看去，中西印三方学说，应该融会贯通，人事上的学说，与物理上的学说，也应该融会贯通，我辈生当此时，即当顺应潮流，做这种融合工作，融合过后，再分头研究。

（一）中西文化冲突之点

西人一见人闲居无事，即叫他从事运动，把身体培养好。中国儒者，见人闲居无事，即叫他读书穷理，把心地培养好。西人培养身，中国培养心，西洋教人，重在“于身有益”四字，中国教人，重在“问心无愧”四字，这就是根本上差异的地方。

（二）中国学说可救印度西洋之弊

孔老讲仁慈，与佛氏相类，而又不废兵，足以抵御强暴。战争本是残忍的事，孔老能把战争与仁慈融合为一，这种学说，真是精粹极了。所以中国学说，具备有融合西洋学说和印度学说的能力。

（三）中国学术界之特点

九方皋相马，在牝牡骊黄之外。我国古哲，师法古人，全在牝牡骊黄之外。遗貌取神，为我国学术界最大特色。书家画家，无不如此。我们本此精神，去采用西欧文化，就有利无害了。

（四）圣哲之等级

我国周秦之间，学说纷繁，佛学虽是印度学说，但传入中国已久，业已中国化，就我个人的意见，与它定一个等级，名曰“圣哲等级表”。一佛氏，二庄子，三老子，四孔子，五告子，六孟子，七荀子，八韩非，九杨朱，十墨翟。

（五）老子与西洋学说

西洋有了自由主义，跟着就有法西斯主义，与中国有了黄老之放任，跟着就有申韩之专制，也是一样的。我们知道黄老之道德，与申韩之刑名，原是一贯，即可把各种学说之贯通性和蜕变之痕迹看出来。

（六）学道应走之途径

中国古人定的制度，许多地方极无条理，却极有道理，如所谓父慈子孝，兄友弟恭，在上者仁民爱物，在下者亲上事长之类，隐然磁电感应之理，不言权利义务，而权利义务，自在其中，人与人之间，生趣盎然。

附录 厚黑教主传

张默生

教主的家世

376

我因为避寇入川，得读李氏的许多著作，由彼此通信，而得相晤识，而结为好友，始尽知他的生平行事和言论思想，他并不是像外间所传的虚妄怪诞，立意在惊世骇俗的人。他的为人，既不面厚，也不心黑；但他偏偏提倡“厚黑学”，偏偏自称为“厚黑教主”，这种“反话正说”的作风，究竟是所为何来？

“迂夫子”和“老好人”

381

他那时的看书，不是想求上进，也不是为读书明理，只觉得手中有书，心中才舒服，成了一种嗜好的样子。所看的书，也不加选择，无论是圣经贤传，或是鄙俗不堪的唱本小说，他都一律看待，都看得津津有味，不肯放手。他父亲对于他的看书，完全取放任主义，不为他选择应读何书，也不问他看何书，既不催他看，也不禁他看，不过常常喊他为“迂夫子”，他也很喜欢这个绰号。

思想开始要飞翔

387

他每得到一部新书，先将序文看完了，前面再看几页，就随便乱翻，中间看，后面看，每页也未必细看；但是寻着一二句合他的意思，他就口诵心维，反复咀嚼；将书抛去了，还是一而再再而三地推究下去。他因此所获的心得，便以为世间的道理，乃我心中所固有，读书不过借以引起我心中的道理罢了。

不知其人视其友

393

宗吾的思想，这时益见解放，因为康梁主张变法维新的书报，已风行天下，给予他的启发不少。并且，除了经史文章以外，尚可自行研究格致数理的新籍。中西文化的交流，新旧学问的演变，那时的全中国，已萌动起来。本来就好翻新立异的宗吾，处在这种时代，更使他有英雄用武之地了。

革命舞台上的丑角

396

宗吾在高等学堂时代，即和以上所举的这一班同学结为至友，像列五的宽宏大度，简恒的精干笃实，绶青的坦白真诚，泽溥的公正廉洁，此外还有许多同学，共同研究学问，共同兼办教育，共同努力革命，造成了当年宗吾所处的环境。虽然他在这群人中，似乎是以“丑角”出场，但在他后来所写的文字中，对于这些朋友们的所行所为所遭遇，常常追念不已，涕泣而道，则当年宗吾的深心抱负，也就不言而喻了。

《去官吟》与《厚黑学》

404

宗吾发现了这种“厚黑”的秘诀，当夜即为之喜而不寐。于是他由三国时代推上去，推到刘邦张良，推到孙武商鞅，推到黄石公姜太公；更由三国时代推下来，推到司马氏父子，推到唐太宗，推到明太祖，推到张居正，甚而推到曾国藩胡林翼：他们这些人，有的长于厚，有的长于黑，有的厚黑兼长，所以不愧为历史上的显赫人物。

心理与力学

416

他以为“厚黑学”与“心理学”有关，乃追寻中外心理学诸书来阅读，久之亦无所得。他既陷于茫然无所适从，于是索性将古今人的说法，尽行扫去，另用物理学的规律，来研究心理学。

一日，他在街上行走，忽然觉得人的天性，以“我”字为本位，仿佛面前有许多圈子，将“我”围住，层层放大，有如磁场一般；而人心的变化，处处是循着力学规律走的。

吊打校长的奇案

429

请问校长是来干什么的呢？是来受气的。教员教错了怪校长，功课排错了怪校长，学生不守规怪校长，以及账目上有错，公文上有错，厨房饮食不好，下至地上未扫干净，无一不怪校长。教职员有气，学生有气，甚至杂役有气，都可从校长这个地方发出去，他就等于泄水的阴沟，如果校长也要讲气节，那就糟了！

“只要打不死，又来！”

443

他对于现在法定的学校，主张有两种解放：第一种解放，是破除学校与私塾的界限，把在校肄业的，和在家自修的，同等待遇，并不必限定年龄，使为工为商为农的，及早年失学的，都给他们一条出路；第二种解放，是学校内部的组织，得由教员体察情形，酌量变通，不必拘守那种死板的办法，可随学生的程度，为适宜的诱导。但有了这两种解放，自然呈现一种纷乱的状态，再设立一种考试制度于其上，悬出一定的标准去考试，于是参差之中，就寓于划一之制了。

一次试验，一种计划

455

他这种成绩考查法，是提倡私塾与学校竞争。学校对于私塾，胜之不武，不胜为笑；如果私塾学生，占了优胜，学校就没得面子了。学校的教员，报酬虽是微薄，总是得了公家的钱；私塾未得公家一文，而其成绩反在学校之上，相形之下，未免太难为情。所以实行这种办法，各学校是特别戒严的，自然成绩就好起来。

别有怀抱

460

他查学所到的地方，无不是尽心尽力，去帮助办学的人解决困难，或是鼓励他们热心教育；但得到的报酬，往往是被呈控，被发攻击的传单，第一大罪，就是说他讲“厚黑学”。由此而推演下去，便说，他既是提倡面厚心黑，他自己必首先是面厚心黑，他既是面厚心黑，更何事而不可为呢？于是由第一罪状，而第二罪状……以至于十大罪状，是不难罗织成的。

“厚黑学”变质了

465

宗吾所讲的“厚黑学”，原分前后两期。前期的“厚黑学”，是从暴露人类的罪恶方面立论，是摘奸发伏的一种看法，是官场现形的内在原理，其立论的方式，可说是“反话正说”，不惜自居为厚黑教主，而以己身担当了天下人的罪恶。后期的“厚黑学”，是从鼓励人类的行为向善良方面发展立论，他把“厚”字解释成“忍辱负重”，把“黑”字解释成“刚毅果断”，可说是“借题发挥”，厚黑学到了后期，虽是袭用原来的名词，但已可说是有些变质了。

“返本线”的发明

473

吾国儒家主张从小孩时，即把爱亲敬兄的心理，在家庭中培养好，然后扩充出去，以至“亲亲而仁民，仁民而爱物”，就造成一个仁爱的世界了。所以中国的家庭，可说是一个“仁爱培养场”。西洋人从“我”字径到“国”字，中间缺少一个“家”字，即是莫得“仁爱培养场”；少了由“丁”至“丙”一段，缺乏“诚意”功夫，即是少了“良心裁判”。所以西洋学说发挥出来，就成为残酷的世界了。

和达尔文克鲁泡特金开玩笑

484

达尔文的互竞主义，其弊流于互相冲突；克鲁泡特金的互助主义，其弊流于互相倚赖；唯有合力主义，如射箭一般，支支箭都向箭垛射去，彼此不相冲突，又不相倚赖，可兼达克二氏之长，而无其流弊。达尔文讲进化不错，错在讲进化而提倡弱肉强食；克鲁泡特金讲互助不错，错在讲互助而主张无政府。

满腹经纶

490

他以为规划国家大计，犹如建筑一个大房子一般，须有全部计划，先把图样绘出来，然后才可按照图样逐步兴建，倘若没有全部计划，随便建筑几间来住，人口添多了，又随便添筑几间，人再多，就再添筑，结果必是杂乱无章，拥挤不堪。要想继续住下去，无奈人口太多，实在挤不下；要想拆除别筑，那就费事太大了。

也许不尽是纸上谈兵吧

496

国际上的情形是变化莫测的。我们先把自己脚跟立定，再看国际情势如何变，就如何应。以此时情形而论，中、苏二国的关系恰是三国时蜀、吴二国的关系，为对付共同的敌人，实有联合的必要。我国主张联合弱小民族，苏联也主张联合弱小民族，但我们并不与苏联争取领导权。苏联与我国虽说手段不同，而对于打倒帝国主义则目的相同。弱小民族任便加入哪个集团，都是可以的。

华族至上，想入非非

506

中国主义是人己两利的。西人主张天演竞争，知有己而不知有人，这纯是利己主义；印度教义以舍身救世为主，知有人而不知有己，这纯是利人主义。中国主义则不然：纯乎利己、孜孜为利者，是孟子所深斥；纯乎利人、从井救人者，亦为孔子所不许。儒家的主张是“己欲立而立人，己欲达而达人”。

盖棺尚待论定

512

中国政治界的君主，和学术界的圣人，所走的轨道是一样的。春秋战国时，列国纷争不已，后来产生了皇帝，列强就消灭了。同时诸子百家也纷争不已，后来推孔子为圣人，诸子百家也就消灭了。皇帝任下一道命令，人民都要服从，如不服从，就是大逆不道，圣人任发一种议论，学者都要信从，如不信从，也是大逆不道。

厚黑教主别传

520

又有一种令人喜出望外的事，就是他突然寄给我一篇长约二万五千字的《宗吾自述》，把他一生的大事，可说是都述到了，这不能不说是教主自行降格也写了自传吧。这事，我本是早已绝望的，因为我不会作八股，没有交换的资格；然而他竟无条件地赐予了，哪能不为之狂喜呢？这是我将来为他写一部十万字的《厚黑教主传》的良好依据。

厚黑教主外传

547

厚黑教主的思想，不遵传统，不安故常，也不信从中外时人的意见，无论对于天道人事，他只是一意孤行，提出他自己的看法和解释，像这样的叛逆思想，不是一颗彗星是什么？宜乎招惹得天怒人怨，被社会认为是不祥之物了。

导读

李宗吾其人其书

世间学说，每每误人，唯有李宗吾铁论《厚黑学》不会误人。知己而又知彼，既知病情，又知药方，西洋镜一经拆穿，则牛渚燃犀，百怪毕现，受厚黑之牺牲者必少。实行厚黑者，无便宜可占，大诈大奸，亦无处施其技矣！于是乎人与人之间，只得『赤诚相见』。

南怀瑾谈李宗吾

/ 南怀瑾

> 有一次，厚黑教主对我说：我看你这个人有英雄主义，将来是会有所作为的。不过，我想教你一个办法，可以更快地当上英雄。要想成功、成名，就要骂人，我就是骂人骂出名的。你不用骂别人，你就骂我，骂我李宗吾浑蛋该死，你就会成功。不过，你的额头上要贴一张大成至圣先师孔子之位的纸条，你的心里要供奉我厚黑教主李宗吾的牌位。

李宗吾的厚黑学，听说现在还很畅销，台湾、香港、大陆，很多人都喜欢看。但是，现在的读者可能不大了解书的历史背景，了解李宗吾的人恐怕就更少了。李宗吾是四川人，自称厚黑教主。所谓厚黑，脸厚皮黑也。我同李宗吾还有一段因缘，在我的印象里，李宗吾一点也不厚黑，可以说还很厚道。

我同李宗吾认识大约在抗战前期，具体日子记不起来了。那时，我在成都。成都是四川的首府，不像香港这样的大城市，生活节奏那么快。在我的印象里，大家都很悠闲，到现在，我对成都还很怀念。

我从浙江辗转来到成都，才二十出头。我们这些外省人被称为下江人或足底人。那时我一心想求仙学道，一心想学得飞剑功夫去打日本人。所以，我经常拜访有名的、有学问的、有武功的人。

那时成都有一个少成公园，里面有茶座、有棋室。泡上一壶茶，坐半天一天都可以，走的时候再付钱。中间有事离开一下，只要把茶杯盖反过来放，茶博士就不会把它收掉。没有钱的不喝茶也可以，茶博士问你喝什么，你说喝玻璃，就会送来一玻璃杯的开水。这种农业社会的风气现在大概不会再有了。

少成公园是成都名人贤士、遗老遗少聚会的地方，经常可以看到穿长袍、着布鞋的，各种各样古怪的人。这些正是我要找的人，所以，我就成了少成公园的常客。在这些人面前，我还是个孩子。我穿一身中山装，又是浙江人，蒋介石的同乡，开始时，他们当中有的人对我有点怀疑，这个家伙可能是蒋老头子派来的。慢慢地，他们了解了，我只是想求学问道，也就不怀疑了，好几个人还成了我的忘年交。

有一天，我正在少成公园里同几个前辈朋友喝茶下棋。这时，进来一个人，高高的个子，背稍稍有点驼，戴一顶毡帽，面相很特别，像一个古代人。别人见他进来，都向他点头，或打招呼。我就问梁老先生这位是谁，梁老先生就说，这个人你都不知道，他就是厚黑教主李宗吾，在四川很有名的。梁先生就向我讲起李宗吾的故事。我说我很想结识，请先生引荐。梁先生就把我带过去，向李宗吾介绍，这位南某人是足底人，是我的忘年交。我赶紧说：久仰先生大名。其实我是刚刚听到他的名字，这种江湖上的客套总是要的。

于是，厚黑教主请我们一起坐下喝茶聊天。所谓聊天就是听这位厚黑教主在那里议论时事，针砭时弊，讲抗日战争，骂四川的军阀，他骂这些人都不是东西。这是我第一次结识厚黑教主，后来，在少成公园的茶馆里常常能见到他。

有一次，厚黑教主对我说：我看你这个人有英雄主义，将来是会有所作为的。不过，我想教你一个办法，可以更快地当上英雄。要想成功、成名，就要骂人，我就是骂人骂出名的。你不用骂别人，你就骂我，骂我李宗吾浑蛋该死，你就会成功。不过，你的额头上要贴一张大成至圣先师孔子之位的纸条，你的心里要供奉我厚黑教主李宗吾的牌位。我没有照他这个办法办，所以没有成名。

有一次，我就对他讲，老师，你就不要再讲厚黑学了，不要再骂人了，他说，不是我随便骂人，每个人都是脸厚皮黑，我只不过是把假面具揭下来。我说，听说中央都注意你了，有人要抓你呢。他说，兄弟，这个你就不懂了，爱因斯坦与我同庚，他发明了相对论，现在是世界闻名的科学家，而我在四川、在成都都还没有成大名，我希望他们抓我，我一坐牢，就世界闻名了。

李宗吾后来没有被抓，也没有世界闻名，他曾经对我说：我的运气不好，不像蔡元培、梁启超那样。不过，他的厚黑学流传了半个多世纪，还有那么多的人喜欢读，恐怕是他自己没有预料到的。他那个厚黑教主完全是自封的，他也没有一个教会组织，也没有一个教徒，孤家寡人一个，当年，他的书很多人喜欢读，但许多人不敢和他来往，怕沾上边，我不怕，一直同他来往。

过了一两年，我的一个朋友，在杭州认识的和尚去世了，他死在自流井，就是现在的自贡。我欠他的情，自流井一定要去一趟，我的好朋友钱吉，也是个和尚，陪我去。我们走了八天，从成都到自流井，找到了那个朋友的墓，烧了香，磕了头。从自流井到成都，还要八天，我们身上的盘缠快没有了，正在发愁，我突然想起：厚黑教主李宗吾的老家就在这里，李宗吾是个名人，他家的地址一打听就打听到了。他家的房子挺大，大门洞开。过去农村都是这样，大门从早上打开，一直到晚上才关门，不像现在的香港，门都要关得严严的。我们在门口一喊他，里面迎出来的正是厚黑教主，他一看见我，很高兴，问：你怎么来了？我说我来看一个死人朋友。他误解了，以为我在打趣他，说：我还没有死啊！我赶紧解释。他看我们那个狼狈相，马上安排做饭招待我们。现杀的鸡、从鱼塘捞出来的活鱼、现成的蔬菜，吃了一顿正宗的川菜。酒足饭饱之后，我就开口向他借钱，我说：我是无事不登三宝殿，回成都没有盘缠了。他说：缺多少？我说：十块钱。他站起来就到里屋拿出一包现大洋递给我，我一掂，不止十块，问他多少，他说二十块。我说多了，他说拿去吧，我说不知什么时候能还，他说先用了再说。从我借钱这件小事来看，厚黑教主的为人道德，一点儿也不厚黑，甚至是很诚恳、很厚道的。

饭后聊天的时候，他突然提出来叫我不要回成都了，留下来，我说留下来干什么，他说：你不是喜欢武功吗？你就在这里学，这里有一个赵家坳，赵家坳有一个赵四太爷，武功很是了不起。他接着向我介绍赵四太爷的情况，赵四太爷从小就是个瘸子，但是功夫很好，尤其是轻功，他穿一双新的布底鞋，在雪地里走上一里多路的来回，鞋底上不会沾上一点污泥。他教了一个徒弟，功夫也很好，但这个徒弟学了功夫不做好事，而干起采花的勾当，就是夜里翻墙入室，强奸民女。赵四太爷一气之下，把这个徒弟的功夫废了，从此不再授徒传艺。厚黑教主觉得赵四太爷的功夫传不下来，太可惜了，就竭力鼓励我留下来跟他学。我说他都停止收徒了，我怎么能拜他为师，他说你不一样，因为你是浙江人，赵四太爷的功夫就是跟一对浙江来的夫妇学的，我推荐你去，他一定会接受。他说：跟赵四太爷学三年，学一身武功，将来当个侠客也不错。他还提出，这三年的学费由他承担。我看他一片诚意，不好当面拒绝。学武功挺有吸引力，只是三年的时间太长了，我说容我再考虑考虑。当晚，我和钱吉回客栈过夜。第二天一早，李宗吾来到客栈，还是劝我留下来学武功，我最后还是拒绝了，他直觉得遗憾，说“可惜，可惜”。我又回到了成都。

不久，我到峨眉闭关三年，同外界断绝了联系，对外面的世事沧桑都不了解。只有从山下挑米回来的小和尚，偶尔带来一点新闻。和尚是方外之人，对抗战不是太关心，所以听不到这些方面的消息。有一天，小和尚回来说：厚黑教主李宗吾去世了，我听了心里很难过，我借他的二十块现大洋也没法还了，我就每天给他念金刚经，超度他……

后来听说他死的时候很安详，也算寿终正寝了。

林语堂说“厚黑学”

／林语堂

世间学说，每每误人，唯有李宗吾铁论《厚黑学》不会误人。知己而又知彼，既知病情，又知药方，西洋镜一经拆穿，则牛渚燃犀，百怪毕现，受厚黑之牺牲者必少。实行厚黑者，无便宜可占，大诈大奸，亦无处施其技矣！于是乎人与人之间，只得“赤诚相见”。英雄豪杰，攘夺争霸，机诈巧骗，天下攘攘，亦可休矣！

近人有个李宗吾，四川富顺自流井地方人，看穿世态，明察现实，先后发布《厚黑学》、《厚黑经》、《厚黑传习录》，著书立说，其言最为诙诡，其意最为沉痛。千古大奸大诈之徒，为鬼为蜮者，在李宗吾笔下烛破其隐。

世间学说，每每误人，唯有李宗吾铁论《厚黑学》不会误人。知己而又知彼，既知病情，又知药方，西洋镜一经拆穿，则牛渚燃犀，百怪毕现，受厚黑之牺牲者必少。实行厚黑者，无便宜可占，大诈大奸，亦无处施其技矣！于是乎人与人之间，只得“赤诚相见”。英雄豪杰，攘夺争霸，机诈巧骗，天下攘攘，亦可休矣！李先生之《厚黑学》，有益于世道人心，岂浅显哉！读过中外古今书籍，而没有读过李宗吾《厚黑学》者，实人生憾事也！此时此境，我论此学，作此文，岂徒然耶？

李氏于1943年冬抗战时期，死于成都。抗战时期，李氏著作，风行西南，人手一册。咸谓意味无穷，全面妙言快语云。

李氏死了。要知李氏发布《厚黑学》，是积极的，并非消极的，不只是嬉笑怒骂而已；对社会人心，实有“建设性”。旨在“烛破奸诈”，引人入正！他在《厚黑学》自序里有言：

最初民风浑朴，不厚不黑，忽有一人又厚又黑，众人必为所制，而独占优势。众人看了，争相仿效，大家都是又厚又黑，你不能制我，我不能制你。独有一人，不厚不黑，则此人必为衔人所信仰，而独占优胜。譬如商场，最初商人，尽是货真价实，忽有一卖假货者，掺杂其间，此人必大赚其钱。大家争仿效，全市都是假货，独有一家货真价实（认清目标），则购者云集，始终不衰、不败。

世乱正殷，“英雄豪杰”满天下，出卖灵魂，认贼作父，表面糊上一层仁义道德，爱国救民，动人听闻，一究其实，心之黑，脸之厚，较三国时曹操、刘备、孙权，尤有过之。正义沦亡，是非不辨，无法无天，以枪杆武器作后盾，大行其厚黑之道。小焉者，只图自己衣食，乃为人工具，为人傀儡，摇旗呐喊，人云亦云，厚颜事人，跟了人家亦步亦趋，帮凶与帮闲，不是黑，便是厚，天下扰攘，国乱民困，厚黑猖獗。

李宗吾（别署“独尊”、“蜀尊”）厚黑学之发布，已有三十多年，厚黑学一名词人多知之。试对人曰：“汝习厚黑学乎”，其人必勃然大怒，认为……此即李宗吾发布厚黑学之精髓处，收效如何？不言可知！

大哉孔子！三代上有圣人，三代下圣人绝了种，怪事也！然则近代之新圣人，其惟发布厚黑学之李宗吾乎！

柏杨论“厚黑教主”

／柏　杨

这本书之好，在于告诉国人，一个盖世奇才，对日非的世局，其内心的悲愤和痛苦是如何沉重。李宗吾先生一生为人做事，比柏杨先生不知高级多少，直可惊天地而泣鬼神，而他鼓吹“厚黑”，硬揭大人先生和鱼鳖虾蚧的疮疤，其被围剿，自在意中。

天下有很多“奇缘”的事，使人无法解释，柏杨先生之得来《厚黑教主传》，便属其中之一。这本《厚黑教主传》和《厚黑学》，都是绝版书，曾经托许多朋友代觅一读，以便大开茅塞，结果全归失望。不料前天忽然接寒爝先生电话，告曰：“你下午在家等我，我有一本好书可供你。”届时驾至，原来是他以五百元代价在书摊购得之《厚黑教主传》也。大喜，留吃晚饭，以示谢意。

这本书之好，在于告诉国人，一个盖世奇才，对日非的世局，其内心的悲愤和痛苦是如何沉重。李宗吾先生一生为人做事，比柏杨先生不知高级多少，直可惊天地而泣鬼神，而他鼓吹“厚黑”，硬揭大人先生和鱼鳖虾蚧的疮疤，其被围剿，自在意中。

在全部《厚黑学》和传记之中，有两点值得大书特书，国人不可不知焉。

一是，他曰：大凡行使厚黑之时，表面上一定要糊一层道德仁义，不能赤裸裸地表现出来。凡是我的学生，一定要懂得这个法子，假如有人问你：“认识李宗吾否？”你就放出最庄严的面孔，说道：“这个人坏极了，他是讲厚黑学的，我不认识他……”

二是，有一个道貌岸然之官，闻李宗吾先生提倡厚黑学而义愤填膺，写了一本《薄白学》，在成都报上发表，痛斥李宗吾先生狼心狗肺，贻害苍生，结果，该官因贪污渎职，奸淫扰民，被处死刑，其尊头悬在少成公园，以观其薄白学之风行于世焉。

这两件事，给我们很多启示，现在且介绍一二，此中学问甚大，不可等闲视之也。

在全部厚黑学中，李宗吾先生以谈三国英雄开始，他曰……（参看本书第一部）

以上是李宗吾先生的厚黑学原文，接着他便追溯而上，而举楚汉的事来证明。盖项羽先生不厚不黑，所以失败，刘邦先生既厚且黑，故能成功。刘邦先生的心肠之黑，是与生俱来，可谓“天纵之圣”；至于脸皮之厚，还需加点学力，他的业师，就是三杰中的张良先生，张良先生的业师，是那位圯上的老人，衣钵真传，彰彰可考，圯上受书一事，老人的种种作用，无非是教张先生脸皮厚也，张先生拿来传授刘先生，一指点即明。试问不厚不黑的项羽先生，怎能是他的敌手乎？韩信先生能受胯下之辱，可说是脸皮很厚，无奈他的心肠不黑，偏偏系念着刘邦先生“解衣推食”之恩，下不得毒手。后来长乐宫内，身首异处，夷及三族，都是咎由自取。范增先生千方百计想教项羽杀死刘邦先生，可以说心肠很黑，无奈他脸皮不厚，一受离间，便大怒求去，结果把自己的老命和项羽先生的江山一起送掉，真是活该得很也。

李宗吾先生结论曰：他把这些人的故事，反复研究，才将千古不传的成功秘诀，发现出来，一部廿四史，必须持此观点，才读得通。这种学问，原则上很简单，运用起来却很神妙，小用小效，大用大效，故他以“厚黑教主”自居，努力说法，普度众生。

有“学”便有“经”。经，在国人眼光中的地位，尊严万分，李宗吾先生乃奉天承运，发明了《厚黑经》，以阐扬《厚黑学》焉。

除了《厚黑学》、《厚黑经》，李宗吾先生还著有《厚黑传习录》问世。共包括三大项目，一曰“求官六字真言”，二曰“做官六字真言”，三曰“办事二妙法”。他首先严肃地指出发扬厚黑学的必要，并举出几个伟大的例子，然后假托一个想求官做的人向他问业，乃授之以上述的三套法宝。

法宝之一为“求官六字真言”。六字者，“空”、“贡”、“冲”、“捧”、“恐”、“送”是也。

李宗吾先生曰，只要做到六个字，包管发生奇效。

一介平民，如果想当官的话，自然要靠本闲话所推荐的“求官六字真言”，一番努力之后，把官——无论是市长也好，部长也好，县长也好，委员也好，主任也好，反正是，既把官弄到了手，则必须懂得保官之道，否则一年半载，垮了下来，岂不前功尽弃乎？李宗吾先生有鉴于此，在《厚黑传习录》中，除了发明上述的“求官六字真言”外，还发明了“做官六字真言”。

做官六字真言者，“空”、“恭”、“绷”、“凶”、“聋”、“弄”是也。

李宗吾先生《厚黑传习录》三大法宝中的“办事二妙法”，内容更为精彩，非有绝世之姿，恐怕真有点领会不动也。

二妙法者，一为“锯箭法”，一为“补锅法”。

厚黑学发展到传习录，可谓登峰造极。但到抗战中期，李宗吾先生把传习录内容更加扩大为四，一曰厚黑史观，二曰厚黑哲理，三曰厚黑学的应用，四曰厚黑学发明史。其立论的形式是自由自在，想说啥就说啥，口中如何说，笔下如何写，或谈学术，或追述平生琐事，高兴时就写，不高兴就不写，或长长地写一段，或短短写几句，不受任何限制。下笔时候，如引用某事件或某典故，偏偏历史上从没有这种事件或从没有这种典故，那怎么办乎？李宗吾先生率然曰：“我就自己捏造一个。”盖思想家与考据家不同，思想家只是说出他的见解，凭空难以开口，不得不顺手牵羊，以增力量，连孔丘先生都得托古以求改制，何况比孔丘先生更大的思想家李宗吾先生乎？

厚黑教主李宗吾先生除了以上正正经经的“学”、“经”、“录”，三大著作之外，平生好写梯突文章，或用杂文体，或用小说体，无一篇不嬉笑怒骂。故有人曰：“厚黑教在世，是天地间一大讽刺。”是非常不错的也。盖他不但讽刺世人，亦讽刺自己，不过当他讽刺自己的时候，更也是恶毒地讽刺世人。“厚黑”一词，明明用以揭世人的底牌，他却一身独当，曾有人质问之曰：“你为啥骂人乎？”他答曰：“我怎敢骂人，我骂我！”于是，正人君子便不得不闭起嘴来也。

除了“学”、“经”、“录”三大著作之外，他还有《怕老婆的哲学》一文，并附“怕经”，以比儒学的孝经，这种对圣崽们的冒犯，可说是尖锐至极。他自己怕不怕老婆，我们不知道，但他却是极力提倡朋友们应设立“怕学研究会”的，其见识诚高人一筹。

《怕老婆的哲学》内容是说，大凡一国的建立，必有一定的重心，中国号称礼仪之邦，首推五伦，古之圣人，于五伦中特别提出一个“孝”字，以为百行之本，所以曰：“事君不忠非孝也，朋友不信非孝也，战阵无勇非孝也。”全国重心，建立在“孝”上，因而产出种种文明。然而自从欧风东渐，“孝”先垮台，全国失去重心，国家焉得不衰落乎？李宗吾先生曰：五伦之中，君臣是革了命的，父子是平了权的，兄弟朋友更是早都抛到九霄云外，所幸尚有夫妇一伦存在，我们应当把一切文化，建立在这一伦之上。天下儿童，无不知爱其亲也。积爱成怕，所以今后文化，应当建立在“怕”上，“怕”自然成为全国重心也。

李宗吾先生曰：怕学中的先进，应首推四川。宋朝的陈季常先生，就是鼎鼎有名的怕界巨擘，河东狮吼的故事，已传为怕界佳话，故苏东坡先生赞之以诗曰：“忽闻河东狮子吼，拄杖落手心茫然。”陈季常先生并非泛泛之徒，乃是有名的高人逸士，而高人逸士，却是如此的怕老婆，可见怕老婆一事，乃天经地义者矣！

李宗吾先生曰：时代更早的，还有一位久居四川的刘备先生，他对怕学一门，可说是发明家而兼实行家，新婚之夜，就向老婆下跪，后来困处东吴，每遇不得了事，就守着老婆痛哭，而且以下跪为家常便饭，无不逢凶化吉，遇难成祥。他发明的这一套办法，真可说是渡尽无边苦海中的男子，凡遇着河东狮吼的人，可把刘先生的法宝取出来，包管顿呈祥和焉。

李宗吾先生更用史事来证明，东晋而后，南北对峙，历宋齐梁陈，直到隋文帝出来，才把南北统一，而隋文帝就是最怕老婆的人。有一天，独孤皇后大发脾气，杨坚先生便跑到山上躲避，躲了两天，经大臣杨素先生把皇后劝好了之后，才敢回来。怕经曰：“见妻如鼠，见敌如虎。”杨坚先生之统一天下，谁曰不宜耶？

李宗吾先生不但从历史上探讨出怕老婆哲学的基础，而且从当代政治舞台人物身上去考察，获得此结论曰：凡官级越高的，怕老婆的程度也越深，官级和害怕的程度，几乎成为正比。于是，由古今事实，厚黑教主乃归纳出若干定理，名之曰“怕经”，以醒后世。

李宗吾先生之能够寿终正寝，而未被绳捆索绑到公堂，岂真是天眷之也欤？

李宗吾先生笃于友情，道义千古，他一生不轻易推许人，择友也十分慎重，可是交友之后，却以生死相许。他有两个最知己的朋友焉，一位是革命先驱张列五先生，辛亥光复后，被推为四川第一任都督，后充总统府顾问，被袁世凯先生所杀。李宗吾先生曰，此人赤胆忠心，有作有为，如他在世，四川决不会闹得乌烟瘴气。一位是理学家廖绪初，先任审计院长，后见国事日非，郁郁而死。李宗吾先生曰，此人做事，公正严明，道德之高，每使敌党赞叹不止，如他执政，世间哪有贪污乎？李宗吾先生生平未了的心愿便是没有为他的这两位仁友作一个传。当日本飞机轰炸重庆最猛烈时，他还数次给《厚黑教主传》的作者张默先生去函，说到“张列五的衣冠冢在浮图关，此时想必成为伪土！”其慎重择交如此，其敦笃友谊如此，谁能相信“求官六字真言”、“做官六字真言”，是出自他手耶？伤心人以冷笑代呜咽，呜呼！

李宗吾先生于 1943 年 9 月 28 日，病逝于自流井本宅（亦即新定的孔子诞辰之日，岂冥冥中自有主者耶）。五月间他的身体还很好，后来忽得中风不语之症，终于不治。次日，成都各报即用“厚黑教主”的称谓，刊布他逝世的专电，自流井各界人士亦为他开追悼会，备极哀荣。我们且抄几副当时的挽联，作为介绍教主的结束，也作为盖棺的定论。至于他的二子，早已先他去世，但孙儿孙女当时已长大，教主有灵，对家事可以安心。然而，对于国事，一塌糊涂如故，他能不再狂歌以当痛哭乎？

任瑞如先生挽曰——

“教主归冥府，继续阐扬厚黑，使一般孤魂野鬼，早得升官发财门径；先生辞凡尘，不再讽刺社会，让那些污吏劣绅，做出狼心狗肺事情。”

李坚白先生挽曰——

“寓讽刺于厚黑，仙佛心肠，与千正言先后辉映；致精力乎著述，贤哲品学，拟念四史今古齐名。”

杨仔耘先生挽曰——

“品圣贤常作翻案，抒思想好作奇谈，孤愤蕴胸中，纵有雌黄成戏谑；算年龄逊我二筹，论学问加我一等，修文归地下，莫将厚黑舞幽冥。”

李符亨先生挽曰——

“定具一片铁石心，问君独尊何在，试看他黑气弥天，至死应遗蜀酋憾；纵有千层桦皮脸，见我无常倏到，也只有厚颜入地，招魂为读怕婆经。”

其婿杨履冰先生挽曰——

“公著述等身，愤薄俗少完人，厚黑一篇，指佞发奸挥铁笔；我断为半子，贪贤郎皆早世，茕孤满目，临丧迸泪洒金风。”

第一部

厚黑学

我读中国历史，发现了许多罅漏，觉得一部二十四史的成败兴衰，和史臣的论断，是完全相反的；律以圣贤所说的道理，也不符合。我很为诧异，心想古来成功的人，必定有特别的秘诀，出于史臣圣贤之外。我要寻它这个秘诀，苦求不得，后来偶然推想三国时候的人物，不觉恍然大悟，古人成功的秘诀，不过是脸厚心黑罢了。

自序

我本是闲着无事，随意写来消遣，究竟写若干长，写至何时止，我也无一定计划，如心中高兴，就长期写去，如不高兴，随时都可终止……而一般人所最喜欢者，是听我讲“厚黑学”。

我于民国元年，曾写一文曰《厚黑学》，此后陆陆续续写了些文字，十六年汇刻一册，名曰《宗吾臆谈》，中有一文，曰《解决社会问题之我见》。十七年扩大之为一单行本，曰《社会问题之商榷》。近年复有些新感想，乃将历年所作文字，拆散之，连同新感想，用随笔体裁，融合写之，名曰《厚黑丛话》。自民国二十四年八月一日起，每日写一二段，在成都《华西日报》发表，以约有二万字为一卷，每两卷印一单行本，现已写满六卷。我本是闲着无事，随意写来消遣，究竟写若干长，写至何时止，我也无一定计划，如心中高兴，就长期写去，如不高兴，随时都可终止。惟文辞过于散漫，阅者未免生厌，而一般人所最喜欢者，是听我讲“厚黑学”。因将二十三年北平所印《厚黑学》单行本，略有点窜，重行付印，用供众览。

许多人劝我把《宗吾臆谈》和《社会问题之商榷》重印，我觉得二书有许多地方，应该补充，叫我一一修改，又觉麻烦，因于丛话中，信笔写去，读者只读丛话，即无须再读二书，因二书的说法和应该补充之点，业已融化丛话中了。

十六年刊《宗吾臆谈》，李君澄波，周君雁翔，曾作有序。十七年刊《社会问题之商榷》，吴君毓江，郝君德，姚君勤如，杨君仔耘，均作有序。一并刊列卷首，聊作《厚黑丛话提要》，俾读者知道丛话内容之大概，苟无暇晷，即无须再读丛话。

《宗吾臆谈》和《社会问题之商榷》，业已各检二本，寄存四川图书馆，因忆自非家中尚有数本，撮取来一并邮寄南京、北平及其他图书馆存储，借表现在所写《厚黑丛话》与昔年思想仍属一贯也。

民国二十五年四月十二日，李宗吾，于成都

绪论

我很为诧异，心想古来成功的人，必定有特别的秘诀，出于史臣圣贤之外。我要寻它这个秘诀，苦求不得，后来偶然推想三国时候的人物，不觉恍然大悟，古人成功的秘诀，不过是脸厚心黑罢了。

我读中国历史，发现了许多罅漏，觉得一部二十四史的成败兴衰，和史臣的论断，是完全相反的；律以圣贤所说的道理，也不符合。我很为诧异，心想古来成功的人，必定有特别的秘诀，出于史臣圣贤之外。我要寻它这个秘诀，苦求不得，后来偶然推想三国时候的人物，不觉恍然大悟，古人成功的秘诀，不过是脸厚心黑罢了。

由此推寻下去，一部二十四史的兴衰成败，这四个字确可以包括无遗；我于是乎作一种诙谐的文字，题名《厚黑学》，分为三卷：上卷《厚黑学》，中卷《厚黑经》，下卷《厚黑传习录》。民国元年三月，在成都《公论日报》上披露出来。那个时候，这种议论，要算顶新奇了，读者哗然。中卷还未登完，我受了朋友的劝告就停止了。不料从此以后，“厚黑学”三字，竟洋溢乎四川，成为普通的名词；我到了一个地方，就有人请讲《厚黑学》，我就原原本本地从头细述。听者无不点头领会，每每叹息道：“我某事的失败，就是不讲厚黑学的缘故。”又有人说：“某人声威赫赫，就是由于《厚黑学》研究得好。”有时遇了不相识的人，彼此问了姓名，他就用一种很惊异的声调问我："你是不是发明厚黑学的李某？"抑或旁人代为介绍道："他就是发明厚黑学的李宗吾。"更可笑者：学生作国文的时候，竟有用这个名词的，其传播的普遍，也就可以想见了。

我当初本是一种游戏的文字，不料会发生这种影响，我自己也十分诧异，心想这种议论，能受众人的欢迎，一定与心理学有关系。我于是继续研究下去，才知道厚黑学是渊源于性恶说，与王阳明的"致良知"渊源于性善说，其价格是相等的。古人说："仁义是天性中固有之物。"我说："厚黑是天性中固有之物。"阳明说："见父自然知孝，见兄自然知悌。"说得头头是道，确凿不移。我说："小儿见了母亲口中的糕饼，自然会取来放在自己口中，在母亲怀中吃东西的时候，见他哥哥来了，自然会用手推他打他。"也说得头头是道，确凿不移。阳明讲学，受一般人欢迎，所以《厚黑学》也受一般人欢迎。

有孟子的性善说，就有荀子的性恶说与之对抗，有王阳明的"致良知"三字，这"厚黑学"三字，也可与之对抗；究竟人性是怎样做起的，我很想把它研究出来，寻些宋、元、明、清讲学的书来看，见它所说的道理，大都是支离穿凿，迂曲难通，令人烦闷欲死。我于是乎把这些书抛开，用研究物理学的方法来研究心理学，才知道心理学与力学是相通的。我们研究人性，不能断定它是善是恶，犹之研究水火之性质，不能断定它是善是恶一样。

孟子的性善说，荀子的性恶说，俱是一偏之见，我所讲的《厚黑学》，自然是更偏了，其偏的程度，恰与王阳明"致良知"之说相等；读者如果不明了这个道理，认真厚黑起来，是要终归失败的，读者能把我著的《心理与力学》看一下，就自然明白了。但是我们虽不想实行厚黑，也须提防人在我们名下施行厚黑，所以他们的法术，我们不能不知道。

厚黑学论

刘邦天资既高，学力又深，把流俗所传君臣、父子、兄弟、夫妇、朋友五伦，一一打破，又把礼义廉耻，扫除净尽，所以能够平荡群雄，统一海内，一直经过了四百几十年，他那厚黑的余气，方才消灭，汉家的系统，于是乎才断绝了。

我自读书识字以来，就想为英雄豪杰，求之《四书》、《五经》，茫无所得，求之诸子百家，与夫廿四史，仍无所得，以为古之为英雄豪杰者，必有不传之秘，不过吾人生性愚鲁，寻它不出罢了。穷索冥搜，忘寝废食，如是者有年，一日偶然想起三国时几个人物，不觉恍然大悟曰：得之矣，得之矣，古之为英雄豪杰者，不过面厚心黑而已。

三国英雄，首推曹操，他的特长，全在心子黑：他杀吕伯奢，杀孔融，杀杨修，杀董承、伏完，又杀皇后皇子，悍然不顾，并且明目张胆地说："宁我负人，毋人负我。"心子之黑，真是达于极点了。有了这样本事，当然称为一世之雄了。

其次要算刘备，他的特长，全在于脸皮厚：他依曹操，依吕布，依刘表，依孙权，依袁绍，东窜西走，寄人篱下，恬不为耻，而且生平善哭，做三国演义的人，更把他写得惟妙惟肖，遇到不能解决的事情，对人痛哭一场，立即转败为功，所以俗语有云："刘备的江山，是哭出来的。"这也是一个大有本事的英雄。他和曹操，可称双绝；当着他们煮酒论英雄的时候，一个心子最黑，一个脸皮最厚，一堂对晤，你无奈我何，我无奈你何，环顾袁本初诸人，卑鄙不足道，所以曹操说："天下英雄，惟使君与操耳。"

此外还有一个孙权，他和刘备同盟，并且是郎舅之亲，忽然夺取荆州，把关羽杀了，心子之黑，仿佛曹操，无奈黑不到底，跟着向蜀请和，其黑的程度，就要比曹操稍逊一点。他与曹操比肩称雄，抗不相下，忽然在曹丕驾下称臣，脸皮之厚，仿佛刘备，无奈厚不到底，跟着与魏绝交，其厚的程度也比刘备稍逊一点。他虽是黑不如操，厚不如备，却是二者兼备，也不能不算是一个英雄。他们三个人，把各人的本事施展开来，你不能征服我，我不能征服你，那时候的天下，就不能不分而为三。

后来曹操、刘备、孙权相继死了，司马氏父子乘时崛起，他算是受了曹刘诸人的熏陶，集厚黑学之大成，他能欺人寡妇孤儿，心子之黑与曹操一样；能够受巾帼之辱，脸皮之厚，还更甚于刘备；我读史见司马懿受辱巾帼这段事，不禁拍案大叫："天下归司马氏矣！"所以到了这个时候，天下就不得不统一，这都是"事有必至，理有固然"。

诸葛武侯，天下奇才，是三代下第一人，遇着司马懿还是没有办法，他下了"鞠躬尽瘁，死而后已"的决心，终不能取得中原尺寸之地，竟至呕血而死，可见王佐之才，也不是厚黑名家的敌手。

我把他们几个人物的事反复研究，就把这千古不传的秘诀发现出来。一部二十四史，可一以贯之："厚黑而已。"兹再举楚汉的事来证明一下。

项羽拔山盖世之雄，暗哑叱咤，千人皆废，为什么身死东城，为天下笑？他失败的原因，韩信所说"妇人之仁，匹夫之勇"两句话包括尽了。"妇人之仁"，是心有所不忍，其病根在心子不黑；"匹夫之勇"，是受不得气，其病根在脸皮不厚。鸿门之宴，项羽和刘邦同坐一席，项庄已经把剑取出来了，只要在刘邦的颈上一划，"太祖高皇帝"的招牌，立刻可以挂出，他偏偏徘徊不忍，竟被刘邦逃走。垓下之败，如果渡过乌江，卷土重来，尚不知鹿死谁手，他偏偏又说："籍与江东子弟八千人渡江而西，今无一人还，纵江东父兄怜我念我，我何面目见之。纵彼不言，籍独不愧于心乎？"这些话，真是大错特错！他一则曰"无面见人"，再则曰"有愧于心"。究竟敌人的面，是如何长起的，敌人的心，是如何生起的？也不略加考察，反说："此天亡我，非战之罪。"恐怕上天不能任咎吧。

我们又拿刘邦的本事研究一下，《史记》载：项羽问汉王曰："天下匈匈数岁，徒以吾两人耳，愿与汉王挑战决雌雄。"汉王笑谢曰："吾宁斗智不斗力。"请问笑谢二字从何生出？刘邦见郦生时，使两女子洗脚，郦生责他倨见长者，他立即辍洗起谢。请问起谢二字，又从何生出？还有自己的父亲，身在俎下，他要分一杯羹；亲生儿女，孝惠鲁元，楚兵追至，他能够推他下车；后来又杀韩信，杀彭越，"鸟尽弓藏，兔死狗烹"，请问刘邦的心子是何状态？岂是那"妇人之仁，匹夫之勇"的项羽所能梦见？太史公著本纪，只说刘邦隆准龙颜，项羽是重瞳子，独于二人的面皮厚薄，心之黑白，没有一字提及，未免有愧良史。

刘邦的面，刘邦的心，比较别人特别不同，可称天纵之圣。黑之一字，真是"生和安行，从心所欲不逾矩"，至于厚字方面，还加了点学力，他的业师，就是三杰中的张良，张良的业师，是圯上老人，他们的衣钵真传，是彰彰可考的。圯上受书一事，老人种种作用，无非教张良脸皮厚罢了。这个道理，苏东坡的《留侯论》，说得很明白。张良是有夙根的人，一经指点，言下顿悟，故老人以王者师期之。这种无上妙法，断非钝根的人所能了解，所以《史记》上说："良为他人言，皆不省，独沛公善之，良曰，沛公殆天授也。"可见这种学问，全是关乎资质，明师固然难得，好徒弟也不容易寻找。韩信求封齐王的时候，刘邦几乎误会，全靠他的业师在旁指点，仿佛现在学校中，教师改正学生习题一般。以刘邦的天资，有时还有错误，这种学问的精深，就此可以想见了。

刘邦天资既高，学力又深，把流俗所传君臣、父子、兄弟、夫妇、朋友五伦，一一打破，又把礼义廉耻，扫除净尽，所以能够平荡群雄，统一海内，一直经过了四百几十年，他那厚黑的余气，方才消灭，汉家的系统，于是乎才断绝了。

楚汉的时候，有一个人，脸皮最厚，心不黑，终归失败，此人为谁？就是人人知道的韩信。胯下之辱，他能够忍受，厚的程度，不在刘邦之下。无奈对于黑字，欠了研究；他为齐王时，果能听蒯通的话，当然贵不可言，他偏偏系念着刘邦解衣推食的恩惠，冒冒昧昧地说："衣人之衣者，怀人之忧；食人之食者，死人之事。"后来长乐钟室，身首异处，夷及九族，真是咎由自取，他讥诮项羽是妇人之仁，可见心子不黑，做事还要失败的，这个大原则，他本来也是知道的，但他自己也在这里失败，这也怪韩信不得。

同时又有一个人，心最黑，脸皮不厚，也归失败，此人也是人人知道的，姓范名增。刘邦破咸阳，击子婴，还军灞上，秋毫不犯，范增千方百计，总想把他置之死地，心子之黑，也同刘邦仿佛；无奈脸皮不厚，受不得气，汉用陈平计，间疏楚君王，增大怒求去，归来至彭城，疽发背死。大凡做大事的人，哪有动辄生气的道理？"增不去，项羽不亡"，他若能隐忍一下，刘邦的破绽很多，随便都可以攻进去。他愤然求去，把自己的老命，把项羽的江山，一齐送掉，因小不忍，坏了大事，苏东坡还称他为人杰，未免过誉。

据上面的研究，厚黑学这种学问，法子很简单，用起来却很神妙，小用小效，大用大效。刘邦、司马懿把它学完了，就统一天下；曹操、刘备各得一偏，也能称孤道寡，割据争雄；韩信、范增，也是各得一偏，不幸生不逢时，偏偏与厚黑兼全的刘邦并世而生，以致同归失败。但是他们在生的时候，凭其一得之长，博取王侯将相，烜赫一时，身死之后，史传中也占了一席之地，后人谈到他们的事迹，大家都津津乐道，可见厚黑学终不负人。

上天生人，给我们一张脸，而厚即在其中，给我们一颗心，而黑即在其中。从表面上看去，广不数寸，大不盈掬，好像了无奇异，但若精密地考察，就知道它的厚是无限的，它的黑是无比的，凡人世的功名富贵、宫室妻妾、衣服车马，无一不从这区区之地出来。造物生人的奇妙，真是不可思议。钝根众生，身有至宝，弃而不用，可谓天下之大愚。

厚黑学共分三步功夫，第一步是“厚如城墙，黑如煤炭”。起初的脸皮，好像一张纸，由分而寸，由尺而丈，就厚如城墙了。最初心的颜色，做乳白状，由乳色而炭色、而青蓝色，再进而就黑如煤炭了。到了这个境界，只能算初步功夫；因为城墙虽厚，轰以大炮，还是有攻破的可能；煤炭虽黑，但颜色讨厌，众人都不愿挨近它。所以只算是初步的功夫。

第二步是“厚而硬，黑而亮”。深于厚学的人，任你如何攻打，他一点不动，刘备就是这类人，连曹操都拿他没办法。深于黑学的人，如退光漆招牌，越是黑，买主越多，曹操就是这类人。他是著名的黑心子，然而中原名流，倾心归服，真可谓“心子漆黑，招牌透亮”，能够到第二步，固然同第一步有天渊之别，但还露了迹象，有形有色，所以曹操的本事，我们一眼就看出来了。

第三步是“厚而无形，黑而无色”。至厚至黑，天上后世，皆以为不厚不黑，这个境界，很不容易达到，只好在古之大圣大贤中去寻求。有人问：“这种学问，哪有这样精深？”我说：“儒家的中庸，要讲到‘无声无臭’方能终止；学佛的人，要到‘菩提无树，明镜非台’，才算正果；何况厚黑学是千古不传之秘，当然要做到‘无形无色’，才算止境。”

总之，由三代以至于今，王侯将相，豪杰圣贤，不可胜数，苟其事之有成，无一不出于此；书册俱在，事实难诬，读者倘能本我指示的途径，自去搜寻，自然左右逢源，头头是道。

厚黑经

世间学说，每每误人，唯有厚黑学绝不会误人，就是走到了山穷水尽，当乞丐的时候，讨口，也比别人多讨点饭。故宗吾曰："自大总统以至于乞儿，壹是皆以厚黑为本。"

李宗吾曰："不薄谓之厚，不白谓之黑，厚者天下之厚脸皮，黑者天下之黑心子。此篇乃古人传授心法，宗吾恐其久而差矣，故笔之于书，以授世人。其书始言厚黑，中散为万事，末复合为厚黑；放之则弥六合，卷之则退藏于面与心，其味无穷，皆实学也。善读者玩索而有得焉，则终身用之，有不能尽者矣。"

"天命之谓厚黑，率厚黑之谓道，修厚黑之谓教；厚黑也者，不得须臾离也，可离非厚黑也。是故君子戒慎乎其所不厚，恐惧乎其所不黑，莫险乎薄，莫危乎白，是以君子必厚黑也。喜怒哀乐皆不发谓之厚，发而无顾忌谓之黑！厚也者，天下之大本也；黑也者，天下之达道也。至厚黑，天地畏焉，鬼神惧焉。"

右第一章：宗吾述古人不传之秘以立言，首言厚黑之本源出于天而不可易，其实厚黑备于己而不可离，次言孝养厚黑之要，终言厚黑功化至极。盖欲学者于此，反求诸身而自得之，以去夫外诱之仁义，而充其本然之厚黑，所谓一篇之体要是也。以下各章亲引宗吾之言，以终此章之义。

宗吾曰："厚黑之道，易而难。夫妇之愚，可以与知焉，及其至也，虽曹刘亦有所不知焉；夫妇之不肖，可以能行焉，及其至也，虽曹刘亦有所不能焉。厚黑之大，曹刘犹有所憾焉，而况世人乎！"

宗吾曰："人皆曰予黑，驱而纳诸煤炭之中，而不能一色也；人皆曰予厚，遇乎炮弹而不能不破也。"

宗吾曰："厚黑之道，本诸身，征诸众人，考诸三王而不谬，鉴诸天地而不悖，质诸鬼神而无疑，百世以俟，圣人而不惑。"

宗吾曰："君子务本，本立而道生。厚黑也者，其为人之本欤？"

宗吾曰："三人行，必有我师焉。择其厚黑者而从之，其不厚黑者而改之。"

宗吾曰："天生厚黑于予，世人其如予何？"

宗吾曰："十室之邑，必有厚黑如宗吾者焉，不如宗吾之明说也。"

宗吾曰："君子无终食之间违厚黑，造次必于是，颠沛必于是。"

宗吾曰："如有项羽之才之美，使厚且黑，刘邦不足观也已！"

宗吾曰："厚黑之人，能得千乘之国；苟不厚黑，箪食豆羹不可得。"

宗吾曰："五谷者，种之美者也，苟为不熟，不如荑稗；夫厚黑亦在乎熟之而已矣。"

宗吾曰："道学先生，厚黑之贼也，居之似忠信，行之似廉洁，众皆悦之，自以为是，而不可与入曹刘之道，故曰：厚黑之贼也。"

宗吾曰："无惑乎人之不厚黑也！虽有天下易生之物也，一日曝之，十日寒之，未有诞生者也。吾见人讲厚黑亦罕矣！吾退而道学先生至矣！吾其如道学先生何哉？今夫厚黑之为道，大道也，不专心致志，则不得也。宗吾发明厚黑学者也，使宗吾诲二人厚黑，其一人专心致志，惟宗吾之为听，一人虽听之，一心以为有道学先生将至，思窃圣贤之名而居之，则虽与之俱学，弗若之矣！为其资质弗若欤？曰：非也。"

宗吾曰："有失败之事于此，君子必自反也，我必不厚；其自反而厚矣，而失败犹是也，君子必自反也，我必不黑；其自反而黑矣，其失败犹是也，君子曰：反对我者，是亦妄人也已矣！如此则与禽兽奚择哉！用厚黑以杀禽兽，又何难焉？"

宗吾曰："厚黑之道，高矣美矣？宜若登天然，而未尝不可几及也。譬如行远，必自迩，譬如登高，必自卑；身不厚黑，不能行于妻子，使人不以厚黑，不能行于妻子。"

我著厚黑经，意在使初学的人便于讽诵，以免遗忘。不过有些道理，太深奥了，我就于经文上下加以说明。

宗吾曰："不曰厚乎，磨而不薄；不曰黑乎，洗而不白。"后来我改为："不曰厚乎，越磨越厚；不曰黑乎，越洗越黑。"有人问我："世间哪有这种东西？"我说："手足的趼疤，是越磨越厚；沾了泥土尘埃的煤炭，是越洗越黑。"人的面皮很薄，慢慢地磨炼，就渐渐地加厚了；人的心，生来是黑的，遇着讲因果的人，讲理学的人，拿些道德仁义蒙在上面，才不会黑，假如把它洗去了，黑的本体自然出现。

宗吾曰："厚黑者，非由外铄我也，我固有之也。天生庶民，有厚有黑，民之秉彝，好是厚黑。"这是可以试验的。随便找一个当母亲的，把她亲生孩子抱着吃饭，小孩见了母亲手中的碗，就伸手去拖，如不提防，就会被他打烂；母亲手中拿着糕饼，他一见就伸手来拿，如果母亲不给他，把糕饼放在自己口中，他就会伸手把母亲口中糕饼取出，放在他自己的口中。又如小孩坐在母亲的怀中吃奶或者吃饼的时候，哥哥走至面前，他就要用手推他打他。这些事都是"不学而能,不虑而知"的,这即是"良知良能"了。把这种"良知良能"扩充出去，就可建立惊天动地的事业。唐太宗杀他的哥哥建成，杀他的弟弟元吉，又把建成和元吉的儿子全行杀死，把元吉的妃子纳入后宫，又逼着父亲把天下让与他。他这种举动，全是把当小孩时，抢母亲口中糕饼和推哥哥、打哥哥那种"良知良能"扩充出来了。普通人，有了这种"良知良能"不知道扩充，唯有唐太宗把它扩充了，所以他就成为千古的英雄。故宗吾曰："口之于味也,有同耆焉；耳之于声也,有同听焉；目之于色也,有同美焉。于至而与心,独无所同然乎？心之所同然者,何也？谓厚也，黑也。英雄特扩充我面与心之所同然耳。"

厚黑这个道理，很明白地摆在面前，不论什么人都可见到，不过刚刚一见到,就被感应篇、阴骘文或道学先生的学说压服下去了。故宗吾曰："牛山之木尝美矣，斧刀伐之，非无萌蘖之生焉；牛羊又从而牧之，是以若彼其濯濯也。虽存乎人者，岂无厚与黑哉！其所以摧残其厚黑者，亦犹斧刀之于木也，旦旦而伐之，则其厚黑不足以存。厚黑不足以存，则欲为英雄也难矣！人见其不能为英雄也，而以为未尝有厚黑焉，是岂人之情也哉？故苟得其养，厚黑日长；苟失其养，厚黑日消。"

宗吾曰："小孩见母亲口中有糕饼，皆知抢而夺之矣，人能充其抢母亲口中糕饼之心,而厚黑不可胜用也,足以为英雄为豪杰。是之谓'大人者，不失其赤子之心者也'。苟不充之，不足以保身体，是之谓'自暴自弃'。"

有一种天资绝高的人，他自己明白这个道理，就实力奉行，秘不告人。又有一种资质鲁钝的人,已经走入这个途径,自己还不知道。故宗吾曰："行之而不著焉，习矣而不察焉，终身由之，而不知厚黑者众也。"

世间学说，每每误人，唯有厚黑学绝不会误人，就是走到了山穷水尽，当乞丐的时候,讨口,也比别人多讨点饭。故宗吾曰："自大总统以至于乞儿，壹是皆以厚黑为本。"

厚黑学博大精深，有志此道者，必须专心致志，学过一年，才能应用，学过三年,才能大成。故宗吾曰："苟有学厚黑者,期月而已可也,三年有成。"

厚黑传习录

凡是发明家，都不可登峰造极。儒教是孔子发明的，孔子登峰造极了，颜、曾、思、孟去学孔子，他们的学问，就比孔子低一层；周、程、朱、张去学颜、曾、思、孟，学问又低一层；后来学周、程、朱、张的，更低一层，愈趋愈下，其原因就是教主的本领太大了。

有人问我道："你发明厚黑学，为什么你做事每每失败，为什么你的学生的本领还比你大，你每每吃他的亏？"我说："你这话差了。凡是发明家，都不可登峰造极。儒教是孔子发明的，孔子登峰造极了，颜、曾、思、孟去学孔子，他们的学问，就比孔子低一层；周、程、朱、张去学颜、曾、思、孟，学问又低一层；后来学周、程、朱、张的，更低一层，愈趋愈下，其原因就是教主的本领太大了。西洋的科学则不然，发明的时候很粗浅，越研究越精深。发明蒸汽的人，只悟得汽冲壶盖之理；发明电气的人，只悟得死蛙运动之理。后人继续研究下去，造出种种的机械，有种种的用途，这是发明蒸汽、电气的人所万不逆料的。可见西洋科学，是后人胜过前人，学生胜过先生；我的'厚黑学'与西洋科学相类。我只能讲点汽冲壶盖、死蛙运动，中间许多道理，还望后人研究，我的本领当然比学生小，遇着他们，当然失败；将来他们传授些学生出来，他们自己又被学生打败。一辈胜过一辈，厚黑学自然就昌明了！"

又有人问道："你把厚黑学讲得这样神妙，为什么不见你做出一些轰轰烈烈的事情？"我说道："我试问：你们的孔夫子，究竟做出了多少轰轰烈烈的事情？"他讲的为政为邦，道千乘之国，究竟实行了几件？曾子著一部《大学》，专讲治国平天下，请问他治的国在哪里？平的天下在哪里？子思著了一部《中庸》，说了些中和位育的话，请问他中和位育的实际安在？你不去质问他们，反来质问我，明师难遇，至道难闻，这种'无上甚深微妙法，百千万劫难遭遇'，你听了还要怀疑，未免自误。"

我把厚黑学发表出来，一般人读了，都说道："你这门学问，博大精深，难于领悟，请指示一条捷径。"我问他："想做什么？"他说："我想弄一个官来做，并且还要轰轰烈烈地做些事，一般人都认为是大政治家。”我于是传他求官六字真言，做官六字真言和办事二妙法。

（一）求官六字真言

> 求官六字真言：“空、贡、冲、捧、恐、送。”这六字做到了，包管字字发生奇效。

求官六字真言：“空、贡、冲、捧、恐、送。”此六字俱是仄声，其意义如下：

1. **空**。即空闲之意，分两种：一指事务而言，求官的人，定要把一切事放下，不工不商，不农不贾，书也不读，学也不教，一心一意，专门求官。二指时间而言，求官的人要有耐心，不能着急，今日不生效，明日又来，今年不生效，明年又来。

2. **贡**。这个字是借用的，是四川的俗语，其意义等于钻营的钻字，“钻进钻出”，可以说“贡进贡出”。求官要钻营，这是众人知道的，但是定义很不容易下。有人说：“贡字的定义，是有孔必钻。”我说：“错了！只说得一半，有孔才钻，无孔者其奈之何？”我下的定义是：“有孔必钻，无孔也要入。”有孔者扩而大之；无孔者，取出钻子，新开一孔。

3. **冲**。普通所谓之“吹牛”，四川话是“冲帽壳子”。冲的功夫有两种：一是口头上，二是文字上的。口头上又分普通场所及上峰的面前两种；文字上又分报章杂志及说帖条陈两种。

4. **捧**。就是捧场的捧字。戏台上魏公出来了，那华歆的举动，是绝好的模范的人物。

5. **恐**。是恐吓的意思，是及物动词。这个字的道理很精深，我不妨多说几句。官之为物，何等宝贵，岂能轻易给人？有人把捧字做到十二万分，还不生效，这就是少了恐字的功夫；凡是当轴诸公，都有软处，只要寻着他的要害，轻轻点他一下，他就会惶然大吓，立刻把官儿送来。学者须知，恐字与捧字，是互相为用的，善恐者捧之中有恐，旁观的人，看他在上峰面前说的话，句句是阿谀逢迎，其实是暗击要害，上峰听了，汗流浃背。善捧者恐之中有捧，旁观的人，看他傲骨棱棱，句句话责备上峰，其实受之者满心欢喜，骨节皆酥。“神而明之，存乎其人”，“大匠能与人规矩，不能使人巧”，是在求官的人细心体会。最要紧的，用恐字的时候，要有分寸，如用过度了，大人们老羞成怒，作起对来，岂不就与求官的宗旨大相违背？这又何苦乃尔？非到无可奈何的时候，恐字不能轻用。

6. 送。即是送东西，分大小二种：大送，把银圆钞票一包一包地拿去送；小送，如春茶、火肘及请吃馆子之类。所送的人分两种，一是操用舍之权者，二是未操用舍之权而能予我以助力者。

这六字做到了，包管字字发生奇效，那大人先生，独居深念，自言自语说：某人想做官，已经说了许多（这是空字的效用），他和我有某种关系（这是贡字的效用），其人很有点才具（这是冲字的效用），对于我很好（这是捧字的效用）。但此人有点坏才，如不安置，未必不捣乱（这是恐字的效用），想到这里，回头看见桌上黑压压的，或者白亮亮地堆了一大堆（这是送字的效用），也就无话可说，挂出牌来，某缺着某人署理。求官到此，可谓功行圆满了。于是走马上任，实行做官六字真言。

（二）做官六字真言

> 做官六字真言：“空、恭、绷、凶、聋、弄。”……以上十二个字，我不过粗举大纲，许多的精义，都没有发挥，有志于官者可按门径，自去研究。

做官六字真言：“空、恭、绷、凶、聋、弄。”此六字俱是平声，其意义如下：

1. 空。空即空洞的意思。一是文字上，凡是批呈词、出文告，都是空空洞洞的，其中奥妙，我难细说，请到军政各机关，把壁上的文字读完，就可恍然大悟；二是办事上，随便办什么事情，都是活摇活动，东倒也可，西倒也可，有时办得雷厉风行，其实暗中藏有退路，如果见势不佳，就从那条路抽身走了，绝不会把自己牵挂着。

2. 恭。就是卑躬折节，胁肩谄笑之类，分直接间接两种，直接是指对上司而言，间接是指对上司的亲戚朋友，丁役及姨太太等而言。

3. 绷。即俗语所谓绷劲，是恭字的反面字，指对下属及老百姓而言。分两种：一是仪表上，赫赫然大人物，凛不可犯；二是言谈上，俨然腹有经纶，槃槃大才。恭字对饭甑子所在地而言，不必一定是上司；绷字对非饭甑子所在地而言，不必一定是下属和老百姓，有时甑子之权，不在上司，则对上司亦不妨绷；有时甑子之权，操诸下属或老百姓，又当改而为恭。吾道原是活泼泼地，运用之妙，存乎一心。

4．凶。只要能达到我的目的，他人亡身灭家，卖儿贴妇，都不必顾忌；但有一层应当注意，凶字上面，定要蒙一层道德仁义。

5．聋。就是耳聋：“笑骂由他笑骂，好官我自为之。”但，聋字中包含有瞎子的意义，文字上的诋骂，闭着眼睛不看。

6．弄。即弄钱之弄，川省俗语读作平声。千里来龙，此处结穴，前面的十一个字，都是为了这个字而设的。弄字与求官之送字是对照的，有了送就有弄。这个弄字，最要注意，是要能够在公事上通得过才成功。有时通不过，就自己垫点腰包里的钱，也不妨；如果通得过，任他若干，也就不用客气了。

以上十二个字，我不过粗举大纲，许多的精义，都没有发挥，有志于官者可按门径，自去研究。

（三）办事二妙法

那个时候，楚国的实力，远胜齐国，管仲敢于劝齐桓公兴兵伐楚，可说是锅敲烂了来补。及到楚国露出反抗的态度，他立即锯箭了事。召陵一役，以补锅法始，以锯箭法终，管仲把锅敲烂了能把它补起，所以称为“天下才”。

1．锯箭法。有人中了箭，请外科医生治疗，医生将箭杆锯下，即索谢礼。问他为什么不把箭头取出？他说：那是内科的事，你去寻内科好了。这是一段相传的故事。

现在各军政机关，与夫大办事家，都是用的这种方法。譬如批呈词：“据呈某某等情，实属不合已极，仰候令饬该县知事查明严办。”“不合已极”这四个字是锯箭杆，“该知事”是内科，抑或“仰候转呈上峰核办”，那“上峰”就是内科。又如有人求我办一件事情，我说：“这个事情我很赞成，但是，还要同某人商量。”“很赞成”三字是锯箭杆，“某人”是内科。又或说：

“我先把某部分办了，其余的以后办。”“先办”是锯箭杆，“以后”是内科。此外有只锯箭杆，并不命其寻找内科的，也有连箭杆都不锯，命其径寻内科的，种种不同，细参自悟。

2．补锅法。做饭的锅漏了，请补锅匠来补。补锅匠一面用铁片刮锅底煤烟，一面对主人说：“请点火来我烧烟。”他乘着主人转背的时候，用铁锤在锅上轻轻地敲几下，那裂痕就增长了许多，及主人转来，就指与他看，说道：“你这锅裂痕很长，上面油腻了，看不见，我把锅烟刮开，就现出来了，非多补几个钉子不可。”主人埋头一看，很惊异地说：“不错！不错！今天不遇着你，这个锅子恐怕不能用了！”及至补好，主人与补锅匠，皆大欢喜而散。

郑庄公纵容共叔段，使他多行不义，才举兵征讨，这就是补锅法了。历史上这类事情是很多的。有人说：“中国变法，有许多地方是把好肉割坏了来医。”这是变法诸公用的补锅法。在前清宦场，大概是用锯箭法，民国以来，是锯箭、补锅二者互用。

上述二妙法，是办事的公例，无论古今中外，合乎这个公例的就成功，违反这个公例的即失败。管仲是中国的大政治家，他办事就是用这两种方法。狄人伐卫，齐国按兵不动，等到狄人把卫绝了，才出来做“兴灭国继绝世”的义举，这是补锅法。召陵之役，不责楚国僭称王号，只责他包茅不贡，这是锯箭法。那个时候，楚国的实力，远胜齐国，管仲敢于劝齐桓公兴兵伐楚，可说是锅敲烂了来补。及到楚国露出反抗的态度，他立即锯箭了事。召陵一役，以补锅法始，以锯箭法终，管仲把锅敲烂了能把它补起，所以称为“天下才”。

明季武臣，把流寇围住了，故意放他出来，本是用的补锅法，后来制他不住，竟至国破君亡，把锅敲烂了补不起，所以称为“误国庸臣”。岳飞想恢复中原，迎回二帝，他刚刚才起了取箭头的念头，就遭杀身之祸。明英宗也先被捉去，于谦把他弄回来，算是把箭头取出了，仍然遭杀身之祸，何以故？违反公例故。

晋朝王导为宰相，有一个叛贼，他不去讨伐。陶侃责备他，他复信说：“我遵养时晦，以待足下。”侃看了这封信笑说：“他无非是‘遵养时贼’罢了。”王导“遵养时贼”以待陶侃，即是留着箭头，专等内科。诸名士在新亭流涕，王导变色曰：“当共戮力王室，克复神州，何至做楚囚对泣？”他义形于色，俨然手执铁锤，要去补锅，其实说两句漂亮话就算完事。怀、愍二帝，陷在北边，永世不返，箭头永未取出。王导这种举动，略略有点像管仲，所以历史上称他为“江左夷吾”。读者如能照我说的方法去实行，包管成为管子而后的第一个大政治家。

结论

厚黑的施用，定要糊一层仁义道德，不能把它赤裸裸地表现出来。王莽的失败，就是由于露出了厚黑的缘故。如果终生不露，恐怕王莽至今还在孔庙里吃冷猪肉。

说了一大堆的话，在这收头结大瓜的时候，不妨告诉读者一点秘诀：厚黑的施用，定要糊一层仁义道德，不能把它赤裸裸地表现出来。王莽的失败，就是由于露出了厚黑的缘故。如果终生不露，恐怕王莽至今还在孔庙里吃冷猪肉。韩非子说：“阴用其言而显弃其身。”这个法子，也是定要的。即如我著这本《厚黑学》，你们应当秘藏枕中，不可放在桌上。假如有人问你：“你认识李宗吾吗？”你就要做一种很庄严的面孔说：“这个人坏极了，他是讲厚黑学的，我认他不得。”口虽这样说，但心里应当供一个“大成至圣先师李宗吾之位”。你们能够这样做去，生前的事业，一定惊天动地，死后一定入孔庙吃冷猪肉无疑。所以我每听见人骂我，我非常高兴，说道：“吾道大行矣。”

还有一点，我前面说：“厚黑上面，要糊上一层仁义道德。”这是指遇着道学先生而言。假如遇着讲性学的朋友，你同他讲仁义道德，岂非自讨没趣？这个时候，应当糊上“恋爱神圣”四个字。若遇着了讲马克思的朋友，就糊上“阶级斗争，劳工专政”八个字，难道他不喊你是同志吗？总之，面子上应当糊以甚么东西，是在学者因时因地，神而明之，而里子的厚黑二字，则万变不离其宗。有志斯学者，细细体会！

附：古文体版《厚黑学》

夫厚黑之为学也，其法至简，其效至神，小用小效，大用大效。沛公得其全而兴汉，司马得其全而兴晋；曹操、刘备得其偏，割据称雄，烜赫一世。韩信、范增，其学亦不在曹刘下，不幸遇沛公而失败，惜哉！

吾自读书识字以来，见古之享大名膺厚誉者，心窃异之。欲究其致此之由，渺不可得，求之六经群史，茫然也；求之诸子百家，茫然也；以为古人必有不传之秘，特吾人赋性愚鲁，莫之能识耳。穷索冥搜，忘寝与食，如是者有年。偶阅《三国志》，而始憬然大悟曰："得之矣，得之矣，古之成大事者，不外面厚心黑而已！"三国英雄，曹操其首也。曹逼天子，杀皇后，粮罄而杀主者，昼寝而杀幸姬，他如吕伯奢、孔融、杨修、董承、伏完辈，无不一一屠戮，宁我负人，毋人负我，其心之黑亦云至矣。次于操者为刘备。备依曹操、依吕布、依袁绍、依刘表、依孙权，东窜西走，寄人篱下，恬不知耻，而稗史所记生平善哭之状，尚不计焉，其面之厚亦云至矣。又次则为孙权。权杀关羽，其心黑矣，而旋即媾和；称臣曹丕，其面厚矣，而旋即与绝，则犹有未尽黑未尽厚者在也。总而言之，操之心至黑，备之面至厚，权之面与心不厚不黑，亦厚亦黑。故曹操深于黑学者也；刘备深于厚学者也；孙权与厚黑二者，或出焉，或入焉，黑不如操，而厚亦不如备。此三子，皆英雄也，各出所学，争为雄长，天下于是乎三分。此后，三子相继而殁，司马氏父子乘时崛起，奄有众长，巾帼之遗而能受之，孤儿寡妇而能忍欺之，盖受曹刘诸人孕育陶铸，而集其大成者，三分之天下，虽欲不混一于司马氏不得也。诸葛武侯天下奇才，率师北伐，志决身坚，卒不复汉室，还于旧都，王佐之才，固非厚黑名家之敌哉！

吾于是返而求之群籍，则向所疑者，无不涣然冰释。即以汉初言之，项羽喑哑叱咤，千人皆废，身死东城，为天下笑，亦由面不厚，心不黑，自速其亡，非有他也。鸿门之宴，从范增计，不过一举手之势，而太祖高皇帝之称，羽已安坐而享之矣；而乃徘徊不决，俾沛公乘间逸去。垓下之败，亭长舣船以待，羽则曰："籍与江东子弟八千人渡江而西，今无一人还，纵江东父兄怜而王我，我何面目见之？纵彼不言，籍独不愧于心乎？"

噫，羽误矣！人心不同，人面亦异，不一审他人所操之术，而曰此天亡我，非战之罪也，岂不谬哉？沛公之黑，由于天纵，推孝惠于车前，分杯羹于俎上，韩彭葅醢，兔死狗烹，独断于心，从容中道。至其厚学则得自张良，良之师曰圯上老人，良进履受书，顿悟妙谛，老人以王者师期之。良为他人言，皆不省，独沛公善之，尽得其传。项王愤与挑战，则笑而谢之；郦生责其倨见长者，则起而延之上坐；韩信乘其困于荥阳，求为假王以镇齐，亦始怒之，而终忍之；自非深造有得，胡能豁达大度若是？至吕后私辟阳侯，佯为不知，尤其显焉者。彼其得天既厚，学养复深，于流俗所传君臣父子兄弟夫妇朋友之伦，廓而清之，翦灭群雄，传祚四百余载，虽曰天命，岂非人事哉？

楚汉之际，有一人焉，厚而不黑，卒归于败者，韩信是也。胯下之辱，信能忍之，其厚学非不优也。后为齐王，果听蒯通之说，其实诚不可言。奈何惓惓于解衣推食之私情，贸然曰："衣人之衣者，怀人之忧；食人之食者，死人之事。"长乐钟室，身首异处，夷及九族，有以也。楚汉之际，有一人焉，黑而不厚，亦归于败者，范增是也。沛公破咸阳，击子婴，还军灞上，秋毫无犯，增独谓其志不在小，必欲置之死地而后生已。既而汉用陈平计，间疏楚君臣，增大怒求去，归未至彭城，疽发背死。夫欲图大事，怒何为者！增不去，项羽不亡，苟能稍缓须臾，除乘刘氏之敝，天下事尚可为；而增竟以小不忍，亡其身，复亡其君，人杰固如是乎？

夫厚黑之为学也，其法至简，其效至神，小用小效，大用大效。沛公得其全而兴汉，司马得其全而兴晋；曹操、刘备得其偏，割据称雄，烜赫一世。韩信、范增，其学亦不在曹刘下，不幸遇沛公而失败，惜哉！然二子虽不善终，能以一长之畏，显名当世，身死之后，得于史传中列一席地，至今犹津津焉乐道之不衰，则厚黑亦何负于人哉？由三代以迄于今，帝王将相，不可胜数，苟其事之有济，何一不出此？书策俱在，事实难诬。学者本吾出以求之，自有豁然贯通之妙矣。

世之论者，动谓成败利钝，其权不操于人，而操于天。不知惟厚惟黑，为人力所能尽。吾人处世，当竭其所能尽之力，以战胜乎不可必之天。而天降祸于吾也，吾必反躬自省，吾行而未修乎，吾则改图焉，吾行而已至乎，吾则加勉焉；所造果精，彼苍自退而听命。若浅尝辄止，而归咎于厚黑之无灵，厚黑岂任受哉？天之生人也，予以面而厚即随之，予以心而黑即随之，面与心先天也，厚与黑根于先天者也。自形式观之，瑰然一面，广不数寸，藐乎一心，大不盈掬，精而察之，其厚无限，其黑无伦，举世之富贵功名宫室妻妾衣服舆马，靡不于此区区间求之自足，造物之妙，诚有不可思议者！人之智慧，有时而穷，人之精神，有时而困，惟夫厚黑，予生俱生，阅世愈多，其功愈著。得其道者，磨之不薄，洗之不白。面可毁，心可死，而厚黑之灵，亘万古而不可灭，则知人禀于天者富，而天之爱乎人者笃矣。

世之衰也，邪说充盈，真理汩没。下焉者，诵习《感应篇》、《阴骘（zhì）文》，沉迷不反；上焉者，狃于礼义廉耻之习，破碎吾道，弥近理而大乱真。若夫不读书不识字者，宜乎至性未漓，可与言道矣；乃所谓善男信女，又幻出城隍阎老、牛头马面、刀山剑树之属，以慑服之，缚束之，而至道之真，遂隐而不见矣。我有面，我自厚之；我有心，我自黑之，取之裕如，无待于外。钝根众生，身有至实，弃而不用，薄其面而为厚所贼，白其心而为黑所欺，穷蹙终身，一筹未展，此吾所以叹息痛恨上叩穹苍而代诉不平也。虽然，厚黑者，秉彝之良，行之非艰也，愚者行而不著，习而不察；黠者阳假仁义之名，阴行厚黑之实，大道锢蔽，无所遵循，可哀也已！

有志斯道者，毋忸怩尔色，与厚太忒，毋坦白尔胸怀，与黑违乖。其初也，薄如纸焉，白如乳焉。日进不已，由分而寸而尺而寻丈，乃垒若城垣然。由乳色而灰色而青蓝色，乃黯若石炭然。夫此尤其粗焉者耳；善厚者必坚，攻之不破；善黑者有光，悦之者众。然犹有迹象也。神而明之者，厚而无形，黑而无色，至厚至黑，而常若不厚不黑，此诚诣之至精也。曹刘诸人，尚不足语此，求诸古之大圣大贤，庶几一或遇之。吾生也晚，幸窥千古之不传之秘，先觉觉后，舍我其谁？亟发其凡，以告来哲。君子之道，引而不发，跃如也。举一反三，贵在自悟。老子曰：上士闻道，勤而行之；中士闻道，若存若亡；下士闻道，大笑之。不笑不足以为道，闻吾言而行者众，则吾道伸；闻吾言而笑者众，则吾道绌。伸乎绌乎？吾亦任之而已。

---

*编者按：李宗吾把这篇文字写出来之后，挚友廖绪初为他作了个序，谢绶青随后也为他作了个跋。

廖绪初的序曰：

吾友独尊先生，发明“厚黑学”，恢诡谲怪，似无端崖；然考之中外古今，验诸当世大人先生，举莫能外，诚宇宙间至文哉！世欲业斯学而不得门径者，当不乏人。特劝先生登诸报端，以飨后学。异日将此理扩而充之，刊为单行本，普渡众生，同登彼岸，质之独尊，以为何如？民国元年，三月，淡然。

谢绶青的跋曰：

独尊先生《厚黑学》出，论者或以为讥评末俗，可以导人为善；或以为凿破混沌，可以导人为恶。余则曰："厚黑学"无所谓善，无所谓恶，如利刃然，用以诛盗贼则善，用以屠良民则恶，善与恶何关于刃？用厚黑以为善则为善人，用厚黑以为恶则为恶人，于厚黑无与也。读者当不以余言为谬。谢绶青跋。

第二部

厚黑原理（心理与力学）

人的心，分知、情、意三者，意是知与情合并而成，其元素只有知、情二者。磁电同性相推，异性相引，其相推相引，有似吾人之情，其能够判别同性异性，更是显然有知，足见磁电这个东西，具有知、情，与人之心理相同。

自序一

我的思想，好比一株树。厚黑学是思想之出发点，等于树根；因厚黑学而生出一条臆说，“心理依力学规律而变化”，等于树身。

民国元年，我在成都《公论日报》上发表一文，题曰《厚黑学》，谓：古今成功之英雄，无一非面厚心黑者。这本是一种游戏文字，不料自此以后，“厚黑学”三字，遂传播四川，成一普通名词。我自己也莫名其妙，心想：此等说法，能受一般人欢迎，一定与心理学有关系，继续研究下去，始知厚黑学是渊源于性恶说，在学理上是有根据的，然私心终有所疑。遍寻中外心理学书读之，均不足解我之疑，乃将古今人说法尽行扫去，另用物理学的规律来研究心理学，觉得人心之变化，处处是跟着力学规律走的。从古人事迹上、今日政治上、日用琐事上、自己心坎上、理化数学上、中国古书上、西洋学说上、四面八方，印证起来，处处可通，乃创一臆说：“心理依力学规律而变化。”民国九年，写一文曰《心理与力学》，藏之箧中，未敢发表，十六年方刊入拙著《宗吾臆谈》内。兹特重加整理，扩大为一单行本。

我这《心理与力学》一书，开始于民国九年，今为民国二十七年，历时十八年，而此书渊源于厚黑学。我研究厚黑学，始于满清末年，可说此书之成，经过三十年之久。记得唐朝贾岛作了两句诗：“独行潭底影，数息树边身。”自己批道：“二句三年得，一吟双泪流。”我今日发表此书，真有他那种感想。

我的思想，好比一株树。厚黑学是思想之出发点，等于树根；因厚黑学而生出一条臆说，“心理依力学规律而变化”，等于树身；其他所写《社会问题之商榷》、《考试制之商榷》、《中国学术之趋势》，与夫最近所写的《制宪与抗日》等书，都是以“心理依力学规律而变化”这条臆说为根据，等于树上生出的枝叶花果。故我所写的文，虽种种不同，实是一贯。

去岁遇川大教授福建江超西先生，是专门研究物理的，并且喜欢研究易学，是博通中外的学者。我把稿子全部拿与他看，把所有疑点提出请教。承蒙一一指示，认为我这种说法讲得通，并赐序一篇，我是非常感激。然而我终不敢自信，请阅者不客气地赐教。

我研究这个问题，已经闹得目迷五色，文中种种说法，对与不对，自己无从知道。我重在解释心中疑团：阅者指驳越严，我越是感激，绝不敢答辩一字。诸君赐教的文字，可在任何报章杂志上发表，发表后，请惠赠一份，交成都《华西日报》转交，以便改正。

民国二十七年一月十三日，富顺李宗吾，于成都

自序二

人藏其心，不可测度，与瓷杯之分子相同，所以心理变化，如珠走盘，横斜曲直，不可得知，所可知者，必不出此盘而已。人持弓箭，朝东射，朝西射，我们不能预知，但一射出来，其箭必依抛物线进行，这即是力之规律。我所谓心理变化有规律可循者，亦就是也。

我发表此书后，得着不少的批评，使我获益匪浅，至为感谢。除全部赞成和全部否认者外，其有认为大致不差，某某点尚应该改者，我已遵照修改。有些地方，虽经指示，而我认为尚应商酌者，则暂仍其旧，请阅者再加指正。所有赐教文字，请交重庆《国民公报》转交，以便再加修改。

读者常驳我道：“人之心理，变化不测，哪里会有规律？”我说：物理也是变化不测，何以又有规律？今之科学家，研究物理，可谓极精了。我们

试取一瓷杯，置之地上，手执一铁锤，请问：此锤击下去，此杯当成若干块？每块形状如何？恐怕聚世界科学家研究之，无一人能预知，所可知者，铁锤击下，此杯必破裂而已。何也？杯子内部分子之构造，无从推测也，我们不能因此就说，物理变化，无有规律。人藏其心，不可测度，与瓷杯之分子相同，所以心理变化，如珠走盘，横斜曲直，不可得知，所可知者，必不出此盘而已。人持弓箭，朝东射，朝西射，我们不能预知，但一射出来，其箭必依抛物线进行，这即是力之规律。我所谓心理变化有规律可循者，亦就是也。

我说“心理依力学规律而变化”，原是一种臆说，不能说是公例。公例者，无一例外之谓也。当初牛顿发明万有引力，定出三例，许多人都不承认，后来逐渐证明，逐渐承认，最后宇宙各种现象，俱合牛顿规律，惟天王星不合，有此例外，仍不能成为公例。直到 1846 年，有某天文家，将天王星合牛顿规律这部分提出，将其不合规律之部分加以研究，断定天王星之外，另有一行星，其形状如何，位置如何，加入此星之引力，天王星即合规律了。此说一发表出来，众天文家，依其说以搜求之，立把海王星寻出，果然丝毫不差错，牛顿之说，乃成为公例。心理之变化，较物理更复杂，更奇妙。我之说法，不为一般人所承认者，因为例外之事太多也。我不认为我之臆说有错，而认为人心中之海王星太多。我们亦能只握着大原则，以搜求各人心中之海王星耳。

有人说：你想把人事与物理沟通为一，从前许多人都做过这种工作，无奈这条路走不通。我说：苏伊士运河，从前许多人都说凿不通，卒之凿通。巴拿马运河，许多人都说凿不通，卒之也凿通。我认为自然界以同一原则生人生物，物理上之规律，必可适用于人事，不过我个人学识不够，不能把它沟通为一罢了。学术者，世界公物，当合全世界研究之，非一人之力所能胜也。尚望读者诸君共同研究，如我这种方式走不通，希望读者另用他种方式把他弄通。我研究这个问题，如坠五里雾中，诸君其亦怜我之愚，而有以教之乎！

物理纷繁极矣，牛顿寻出规律，纷繁之物理，厘然就诸，而科学因之大进步。世界纷乱极矣，我们在人事上如能寻出规律，则世界学说，可归一致，人世之纠纷，可以免除，而文明自必大进步。此著者所为希望诸君共同研究者也。

中华民国三十一年十月八日，李宗吾，于陪都

性灵与磁电

通常所称的心，是由于一种力，经过五官出去，把外边的事物牵引进来，集合而成的。例如有一物在我面前，我注目视之，即是一种力从目透出去，与那个物连接。我将目一闭，能够回忆那物的形状，即是此力把那物拖进来缩住了。由于这种方式，把耳闻目睹，与夫身所经历的事项，一一拖进来，集合为一团，就成为一个心，所以心之构成，与地球之构成，完全相似。

科学上许多定理，最初都是一种假设，根据这种假设，从各方试验，都是合的，这假设就成为定理了。即如地球这个东西，自开辟以来就有的，经过了若干万万年，人民生息其上，视为固然，于地球之构成，不求甚解，距今二三百年前，出了一个牛顿，发明万有引力，说："地心有引力，把泥土沙石吸成一团，成为一个地球。"究竟地心有无引力，无人看见，牛顿这个说法，本是假定的。不过根据他的说法，任如何试验，俱是合的，于是他的假说，就成了定理。从此一般人都知道：凡是有形有体之物，都要受引力的吸引。到爱因斯坦出来，发明相对论，把牛顿之说扩大之，说："太空中的星球发出的光线，经过其他星球，也要受其吸引，由于天空中众星球互相吸引之故，于是以直线进行之光线，就变成弯弯曲曲的形状。"这也是一种假说，然经过实地测验，证明不错，也成了定理。从此一般人又知道：有形无体之光线，也要受引力之吸引。我们研究心理学，何妨把爱因斯坦之说再扩大之，说："我们的心中，也有一种引力，能把耳闻目睹，无形无体之物吸引来成为一个心，心之构成，与地球之构成相似。"我们这样的设想，则牛顿三例和爱因斯坦的相对论，就可适用到心理学方面，而人事上一切变化，就可本力学规律去考察它了。

通常所称的心，是由于一种力，经过五官出去，把外边的事物牵引进来，集合而成的。例如有一物在我面前，我注目视之，即是一种力从目透出去，与那个物连接。我将目一闭，能够回忆那物的形状，即是此力把那物拖进来缩住了。由于这种方式，把耳闻目睹，与夫身所经历的事项，一一拖进来，集合为一团，就成为一个心，所以心之构成，与地球之构成，完全相似。

一般人都说：自己有一个心，佛氏出来，力辟此说，说：人莫得心，通常所谓心，是假的，乃是六尘的影子。《圆觉经》曰："一切众生，无始以来，种种颠倒，妄认四大，为自身相，六尘缘影，为自心相。"我们试思：假使心中莫得引力，则六尘影子之经过，亦如雁过长空，影落湖心一般，雁一去，影即不留了。而我们见雁之过，能记忆雁之影相者，即是心中有一种引力，能把雁影缩住的缘故。

佛家说："六尘影子，落在八识田中，成为种子，永不能去。"这正如谷了豆了落在田上中，成为种子一般。我们知：谷子豆子，落在田土中，是由于地心有引力，即知六尘影子落在八识田中，是由于人心有引力。因为有引力缩住，所以谷子豆子落在田土中，永不能去，六尘影子，落在八识田中，也永不能去。

我们如把心中所有知识，一一考察其来源，即知无一不从外面进来，其经过路线，不外眼耳鼻舌身，虽说人能发明新理，然仍靠外面收来的知识作基础，犹之修房子者，必须购买外面的砖瓦木料，才能建筑新房子一样。我们如把心中各种知识的来源，一一清出来，从目进来者，仍令从目退出去，从耳进来者，仍令从耳退出去，其他一一从来路退出去，此心即空无所有了。人的心，果然能够空无所有，对于外物无贪恋，无嗔恨，有如湖心雁影，过而不留，这即是佛家所说，还我本来面目。

地球之构成，源于引力，意识之构成，源于种子。试由引力再进一步，推究到天地未有以前，由种子再进一步，推究到父母未生以前，则只有所谓寂兮寥兮的状况，而二者就会归于一了。由寂兮寥兮生出引力，而后有地球，而后有物。由寂兮寥兮生出种子，而后有意识，而后有人。我们这样的研究，觉得心之构成，与地球之构成相似，而物理学的规律，就可适用于人事了。

我们把物体加以分析，就得原子，把原子加以分析，就得电子。电子是一种力，这是科学家业已证明了的。人是物中之一，我们的身体，是电子集合而成，身与心本是一物，所以我们的心理，不能逃磁电学的规律，不能逃力学的规律。

心的现象，与磁电的现象，是很相似的。人有七情，大别之，只有好恶二种，心所好的东西，就引之使近，心所恶的东西，就推之使远，这种现象，岂不与磁电相似吗？

人的心，分知、情、意三者，意是知与情合并而成，其元素只有知、情二者。磁电同性相推，异性相引，其相推相引，有似吾人之情，其能够判别同性异性，更是显然有知，足见磁电这个东西，具有知、情，与人之心理相同。

阳电所需要的是阴电，忽然来了一个阳电，要分它的阴电，它当然要把它推开；阴电所需要的是阳电，忽然来了一个阴电，要分它的阳电，它当然也要把它推开。这就像小孩食乳食糕饼的时候，见哥哥来了，用手推他打他一般，所以成了同性相推的现象。至于磁电异性相引，犹如人类男女相爱，更是不待说的。由此知磁电现象，与心理现象，完全相同。

佛说："真佛法身，映物现形。"宛然磁电感应现象。又说："性灵本融，周遍法界。"宛然磁电中和现象。又说："不生不灭，不增不减。"简直是物理学家所说："能力不灭。"因此之故，我们用力学规律去考察人性，想来不会错。

物质不灭，能力不灭，是科学上之定律。吾身之物质，是从地球之物质转变而来，身死埋之地中，物质退还地球。物质不灭之说，算是讲得通，独是吾人之性灵，是一种能力，请问此种能力，生从何处来？死往何处去？我们要答复这个问题，可以创一臆说，曰："人之性灵从地球之磁电转变而来。"吾人一死，身体化为地球之泥土，同时性灵化为地球之磁电，如此则性灵生有自来，死有所去，能力不灭之说，就讲得通了。世言成仙成佛者，或许是用一种修养力，能将磁电凝聚不散耳。俗云"冤魂不散"，当是一种嗔恨心，将磁电凝住，迨至冤仇已报，嗔恨心消失，磁电无从凝聚，其魂即归消灭。

有了"性灵由磁电转变而来"这条臆说，则灵魂存灭问题，就可以答复了。吾人一死，身上的物质，退还地球，性灵化为磁电，则灵魂即算消灭。然而吾身虽死，物质尚存，磁电尚存，亦可谓之灵魂尚存。此庄子所说"天地与我并生，万物与我为一"也。

禅家最重"了了常知"四字，吾人静中，此心明明白白，迨至事务纷乘，此明明白白之心，消归乌有。学力深者，事务纷乘，此心所明明白白，是谓"动静如一"。然而白昼虽明明白白，晚间梦寐中，则复昏迷。学力更深者，梦寐中亦明明白白，是谓"寤寐如一"。学力极深者，死了亦明明白白，是谓"死生如一"。到了死后明明白白，则谓之灵魂永存可也。

《楞严经》曰："如来从胸卍字，涌出宝光，其光昱昱，有千百色，十方微尘，普佛世界，一时周遍。"此宝光，盖即电光也。阿难白佛言："我见如来，三十二相，胜妙殊绝，形体映彻，犹如琉璃。尝自思维，此相非是欲爱所生，何以故？欲气粗浊，腥臊交遘，脓血杂乱，不能发生胜净妙明，紫金光聚。”释迦修养功深，已将血肉之躯变而为磁电凝聚体，故能发出宝光，遍达十方世界。佛氏有天眼通、天耳通之说，今者无线电发明，已可证明其非诬。释迦本身即是一无线电台，将来电学进步，必能证明释迦所说一一不虚，而“性灵由磁电转变而来”之臆说，或亦可证明其不虚。

老子言道，屡以水为喻，佛氏说法，亦常以水为喻，我们不妨以空气为喻，所谓不生不灭、不垢不净、不增不减，无古今、无边际、无内外，种种现象，空气是具备了的。倘进一步，以中和磁电为喻，尤为确切。若更进一步，假定“人之性灵，由磁电转变而来”，用以读老佛之书，觉得处处迎刃而解。

吾人自以为高出万物，这不过人类自己夸大的话，实则人与物，同是从地球生出来的，身体之元素，无一非地球之物质。自地球视之，人与物并无区别，仿佛父母生二子，长子曰人，次子曰物，不过长子聪明，次子患瘫病而又哑聋罢了。我们试验理化，温度变更，或掺入一种物品，形状和性质都要改变。吾人遇天气大变，心中就烦躁，这是温度的关系；饮了酒，性情也会改变，这是掺入一种药品，起了化学作用。从此等处考察，人与物有何区别？

人身的物质和地球的物质，都是电子构成的，吾人有灵魂，地球亦有灵魂，磁电者地球之灵魂也，通常所说地心吸力者，即是磁电吸力之表现。地球的物质化为植物，同时地球的磁电，即变为植物的生机。吾人食植物，物质变为吾身的毛发骨肉，同时磁电即变为吾人的性灵。由泥土沙石变而为植物，变而为毛发骨肉，愈变愈高等。同时由地球的磁电变而为植物的生机，变而为吾人的性灵，也是愈变愈高等。虽经屡变，而本来之性质仍在，故吾身之元素，与地球之元素相同，心理之感应，与磁场之感应相同，所以本书第二部分甲乙丙图，其现象与磁场相同，与地心吸力相同。然既经屡变，吾身之毛发骨肉，与地球之泥土沙石不同，吾人之性灵，也与地球之磁电不同，何也？在地球为死物，在吾身则为活物也。所以用力学规律以考察人事，我们当活用之，而不能死用之。

老子曰：“有物混成，先天地生，寂兮寥兮，独立而不改，周行而不殆，可以为天下母。吾不知其名，字之曰道，强为之名曰大。”老子所谓道，即释氏所谓真如也。释氏谓：山河大地，日月星辰，内身外器，都是由真如不守自性，变现出来的，其说与老子正同。真如者，空无所有也（实则非空非不空）。忽焉真如不守自性，而变现为中和磁电，由是而变现为气体，回旋太空中，几经转变，而地球生焉。由是而生植物，生动物，生人类。佛氏所谓阿赖耶识的状态，与中和磁电的状态绝肖。二者都是冲漠无朕，万象森然，也即是寂然不动，感而遂通。我们可以说：真如变现出来，在物为中和磁电，在人为阿赖耶识，犹之同一物质，在地球为泥土沙石，在人则为毛发骨肉也。今人每谓人之性灵，与磁电迥不相同，犹之无科学知识之人，见毛发骨肉，即认泥土沙石，迥不相同也。中和磁电，是真如最初变现出来之物，真如不可得见，我们读佛老之书，姑以中和磁电作为道与真如形态，觉得处处可通。

老子著书，开端即曰："道可道，非常道。"释迦说法四十九年，结果自认未说一字，归之于不可道，不可说而已。苏子由曰："夫道不可言，可言皆其似者也，达者因似以识真，而昧者执似以陷于伪。"道与真如，不可思议者也，阿赖耶识，与中和磁电，可思议者也，借可思议者，以说明不可思议者，此所谓言其似也。

老子曰："道生一，一生二，二生三，三生万物。"我们可解之曰，道者空无所有也，一者中和磁电也，中和磁电发动出来，则有相推相引两作用，所谓二也。由这两种作用，生出第三种作用，由是而辗转相生，千千万万之事物出焉。老子曰："抱一以为天下式。"又曰："天下有始，以为天下母，既得其母，以知其子，既知其子，复守其母。"一也，母也，都是指中和磁电，在人则为阿赖耶识。故曰："恍兮惚兮，窈兮冥兮。"又曰："渊兮似万物之宗。"老子专守阿赖耶识，故著出之书，可以贯通周秦诸子，可以贯通赵宋诸儒，可以贯通《易经》，贯通佛学，又为后世神仙方士所依托，据严又陵批，又可以贯通西洋学说（其说具见拙著《中国学术之趋势》）。《道德经》一书之无所不包者，正因阿赖耶识之无所不有也。佛氏则打破此说，而为大圆镜智，以"空无所有"为立足点。此由于佛氏立教，重在出世，故以"空无所有"为立足点。老子立教，重在将入世出世打成一片，故以阿赖耶识为立足点。由阿赖耶识而向内追寻，则可到大圆镜智，而空诸所有。由阿赖耶识而向外工作，则可诚意、正心、修身、齐家、治国、平天下。此二氏立足点，所由不同也。

我们假定"人之性灵，由磁电转变而来"，则佛告波斯匿王及阿难诸语，与夫宋儒所谓"如鱼在水，外面水便是肚里水，鳜鱼肚里水，与鲤鱼肚里水，只是一样”，明儒所谓“盖天地皆心也”等说法，都可不烦言而解。《中庸》曰：“喜怒哀乐皆不发，谓之中。”六祖曰：“不思善，不思恶，正与么时，那个是明上座本来面目。”广成子曰：“至道之精，窈窈冥冥，至道之极，昏昏默默。”庄子曰：“心不忧乐，德之至也，一而不变，静之至也。”都是阿赖耶识现象，也即是磁电中和现象，中和磁电，发动出来，呈相推相引之作用，而纷纷纭纭之事物起矣。所以我们要研究人世事变，当首造一臆说曰：“性灵由磁电转变而来。”研究磁电，离不得力学，我们再造一臆说曰：“心理依力学规律而变化。”有这两个臆说，纷纷纭纭之事物就有轨道可循，而世界分歧之学说，可汇归为一，中、西、印三方学说，也可汇归为一。

佛氏谓：山河大地及人世一切事物，皆是幻相，牛顿造出三例，所以研究物理之幻相也；我们造出两个臆说，所以研究人事之幻相也。本章所说种种，乃是说明造此臆说之理由。第二章以下，即依据这两个臆说，说明人世事变，不复涉及本体。佛言本体，我们言现象，鸿沟为界。著者对于佛学及科学，根本是外行。所有种种说法，都是想当然耳，心中有了此种想法，即把它写出，自知纯出臆断，以佛学科学律之，当然诸多不合，我不过姑妄言之，读者亦姑妄听之可耳。

孟荀言性争点

细玩此圈，即可寻出一定的规律：“距我越近，爱情越笃，爱情与距离成反比例。”其规律与地心吸力相似，并且这种现象，很像磁场现象。由此知：人之性灵，与磁电相同，与地心吸力相同，故牛顿所创的公例，可适用于心理学。

孟子之性善说，荀子之性恶说，是我国学术史上未曾解除之悬案，两说对峙了二千多年，抗不相下。孟子说：人性皆善，主张仁义化民；宋儒承袭其说，开出理学一派，创出不少迂腐的议论。荀子生在孟子之后，反对其说，谓人之性恶，主张以礼制裁之；他的学生韩非，以为礼之制裁力弱，不若法律之制裁力强，遂变而为刑名之学，其弊流于刻薄寡恩。于是儒法两家，互相诋斥，学说上、政治上生出许多冲突。究竟孟荀两说，孰得孰失？我们非把它彻底研究清楚不可。

孟子谓："孩提之童，无不知爱其亲也，及其长也，无不知敬其兄也。"这个说法，是有破绽的。我们任喊一个当母亲的，把她亲生孩子抱出来，当众试验，母亲抱着他吃饭，他就伸手来拖母亲之碗，如不提防，就会落地打烂。请问这种现象，是否爱亲？又母亲手中拿一糕饼，他见了，就伸手来拖，如不给他，放在自己口中，他立刻会伸手从母亲口中取出，放在他的口中。又请问这种现象，是否爱亲？小孩在母亲怀中，食乳食糕饼，哥哥走近前，他就用手推他打他。请问这种现象，是否敬兄？五洲万国的小孩，无一不如此。事实上，既有了这种现象，孟子的性善说，岂非显有破绽？所有基于性善说发出的议论，订出的法令制度，就不少流弊。

然则孟子所说"孩提爱亲，少长敬兄"，究竟从甚么地方生出来？我们要解释这个问题，只好用研究物理学的法子去研究。盖人之天性，以我为本位，我与母亲相对，小儿只知有我，故从母亲口中把糕饼取出，放在自己口中。母亲是乳哺我的人，哥哥是分乳吃、分糕饼吃的人，母亲与哥哥相对，小儿就很爱母亲，把哥哥打开推开。长大了点，出而在外，与邻人相遇，哥哥与邻人相对，小儿就很爱哥哥。走到异乡，邻人与异乡人相对，则爱邻人。走到外省，本省人与外省人相对，就爱本省人。走到外国，本国人与外国人相对，就爱本国人。我们细加研究，即知孟子所说爱亲敬兄，都是从为我之心流露出来的。

试绘之为图。如甲：第一圈是我，第二圈是亲，第三圈是兄，第四圈是邻人，第五圈是本省人，第六圈是本国人，第七圈是外国人。细玩此圈，即可寻出一定的规律："距我越近，爱情越笃，爱情与距离成反比例。"其规律与地心吸力相似，并且这种现象，很像磁场现象。由此知：人之性灵，与磁电相同，与地心吸力相同，故牛顿所创的公例，可适用于心理学。

下面所绘甲图，是否正确，我们还须再加考验：假如暮春三月，我们约着二三友人出外游玩，见着山明水秀，心中非常愉快，走到山水粗恶的

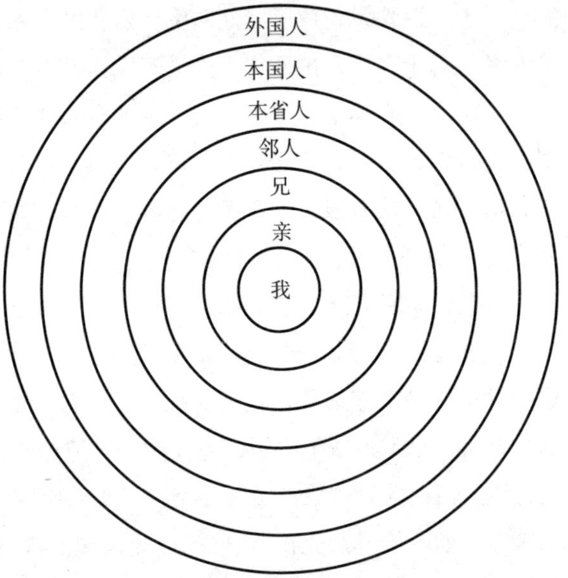

甲图　孟子的性善图

地方，心中就不免烦闷，这是甚么缘故呢？因为山水是物，我也是物，物我本是一体，所以物类好，心中就愉快，物类不好，心中就不愉快。我们又走至一个地方，见地上许多碎石，碎石之上，落花飘零，我心对于落花，不胜悲感，对于碎石，则不甚注意，这是甚么缘故呢？因为石是无生之物，花与我同是有生之物，所以常常有人作落花诗、落花赋，而不作碎石歌、碎石行。古今诗词中，吟咏落花，推为绝唱者，无一不是连同人生描写的。假如落花之上，卧一将毙之犬，哀鸣宛转，入耳惊心，立把悲感落花之心打断，这是甚么缘故呢？因为花是植物，犬与我同是动物，故不知不觉，对于犬特表同情。又假如归途中见一狰狞恶犬拦着一人狂噬，那人持杖乱击，当此人犬相争之际，我们只有帮人之忙，断不会帮犬之忙，这是甚么缘故呢？因为犬是兽类，我与那人同是人类，故不知不觉，对于人更表同情。我同友人分手归家，刚一进门，便有人跑来报道，先前那个友人，走在街上，同一个人打架，正在难解难分。我闻之立即奔往营救，本来是与人打架，因为友谊的关系，故我只能营救友人，不能营救那人。我把友人带至我的书房，询他打架的原因，我倾耳细听，忽然屋子倒下来，我几步跳出门外，回头转来喊友人道：你还不跑呀？请问一见房子倒下，为甚么不先喊友人跑，必待自己跑出门了，才回头来喊呢？这就是人之天性，以我为本位的证明。

我们把上述事实绘图如乙。第一圈是我，第二圈是友，第三圈是他人，第四圈是犬，第五圈是花，第六圈是石，其规律是“距我越远，爱情越减，爱情与距离成反比例。”与甲图是一样的。乙图所设的境界，与甲图全不相同，而得出的结果，完全一样，足证天然之理实是如此。兹再总括言之：

凡有二物，同时呈于吾前，我心不假安排，自然会以我为本位，视距我之远近，定爱情之厚薄，与地心吸力、电磁吸力无有区别。

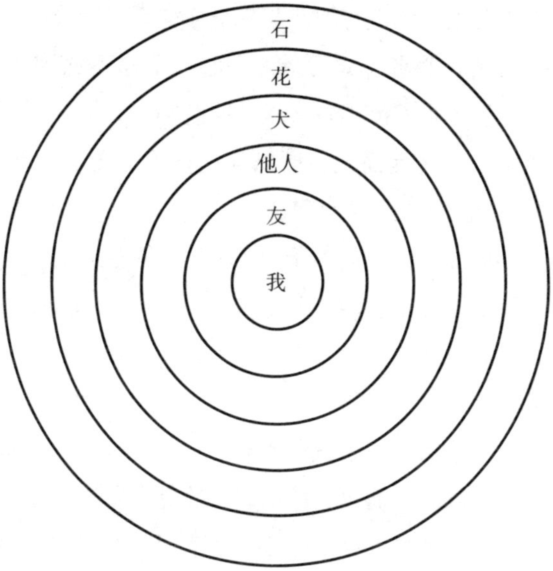

乙图　荀子的性恶图

力有离心同心二种，甲图层层向外发展，是离心力现象；乙图层层向内收缩，是向心力现象。孟子站在甲图里面，向外看去，见得凡人的天性，都是孩提爱亲，稍长爱兄，再进则爱邻人，爱本省人，爱本国人，层层放大；如果再放大，还可放至爱人类爱物类为止，因断定人之性善。故曰："老吾老，以及人之老，幼吾幼，以及人之幼。"又曰："举斯心，加诸彼。"总是叫人把这种固有的性善扩而充之。孟子喜言诗，诗是宣导人的意志的，凡人只要习于诗，自然把这种善性发挥出来，这即是孟子立说之本旨。所以甲图可看为孟子之性善图。

荀子站在乙图外面，向内看去，见得凡人的天性，都是看见花就忘了石，看见犬就忘了花，看见人就忘了犬，看见朋友，就忘了他人，层层缩小，及至房子倒下来，赤裸裸的只有一个我，连至好的朋友都忘去了，因断定人之性恶。故曰："妻子具而存衰于亲，嗜欲得而信衰于友，爵禄盈而忠衰于君。"又曰："拘木待櫽括蒸矫然后直，钝金待砻厉然后利。"总是叫人把这种固有的恶性抑制下去。荀子喜言礼，礼是范围人的行为的，凡人只要习于礼，这种恶性自然不会发现出来。这就是荀子立说之本旨。故乙图可看为荀子之性恶图。

甲乙二图，本是一样，自孟子荀子眼中看来，就成了性善性恶，极端相反的两种说法，岂非很奇的事吗？并且有时候，同是一事，孟子看来是善，荀子看来是恶，那就更奇了。例如我听见我的朋友同一个人打架，我总愿我的朋友打胜，请问这种心理是善是恶？

假如我们去问孟子，孟子一定说道：这明明是性善之表现，何以言之呢？友人与他人打架，与你毫无关系，而你之愿其打胜者，此乃爱友之心，不知不觉，从天性中自然流出，古圣贤明胞物与，无非基于一念之爱而已。所以你这种爱友之心，务须把它扩充起来。

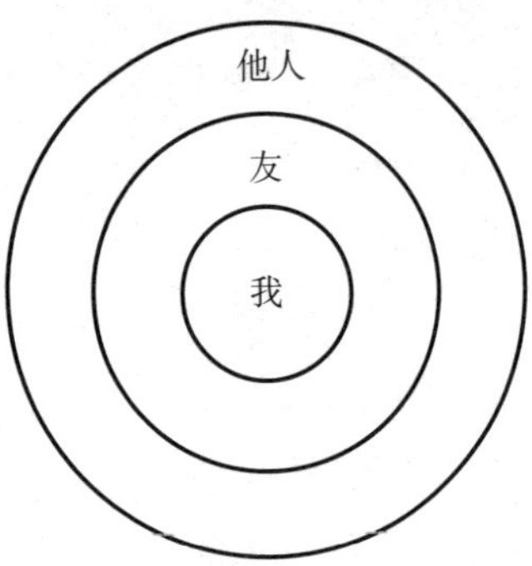

荀孟争论图

假如我们去问荀子，荀子一定说道：这明明是性恶之表现，何以言之呢？你的朋友是人，他人也是人，你不救他人而救友人，此乃自私之心，不知不觉，从天性中自然流出。威廉第二，造成世界第一次大战，德意日造成第二次世界大战，无非起于一念之私而已。所以你这种自私之心，务须把它抑制下去。

上面所举，同是一事，而有极端相反之两种说法，两种说法，都是颠扑不灭，这是甚么道理呢？我们要解释这个问题，只须绘图一看，就自然明白了。如图：第一圈是我，第二圈是友，第三圈是他人，请问友字这个圈，是大是小？孟子在里面画一个我字之小圈，与之比较，就说它是大圈。荀子在外面画一个人字之大圈，与之比较，就说它是小圈。若问二人的理由，孟子说：友字这个圈，乃是把画我字小圈的两脚规张开来画成的，怎么不是大圈？顺着这种趋势，必会越张越大，所以应该扩充之，使它再画大点。荀子说道：友字这个圈，乃是把人字大圈的两脚规收拢来画成的，怎么不是小圈？顺着这种趋势，必定越收越小，所以应该制止之，不使之再画小。孟荀之争，如是如是。

营救友人一事，孟子提个我字，与友字相对，说是性善之表现；荀子提个人字，与友字相对，说是性恶之表现。我们绘图观之，友字这个圈，只能说它是个圈，不能说它是大圈，也不能说它是小圈。所以营救友人一事，只能说是人类天性中一种自然现象，不能说他是善，也不能说他是恶。孟言性善，荀言性恶，乃是一种诡辩，二人生当战国，染得有点策士诡辩气习，我辈不可不知。

荀子而后，主张性恶者很少。孟子的性善说，在我国很占势力，我们可把他的学说再加研究。他说："今人乍见孺子将入于井，皆有怵惕恻隐之心。"这个说法，也是性善说的重要根据。但我们要请问：这章书，上文明明是怵惕恻隐四字，何以下文只说"无恻隐之心，非人也"，"恻隐之心，仁之端也"，凭空把怵惕二字摘来丢了，是何道理？性善说之有破绽，

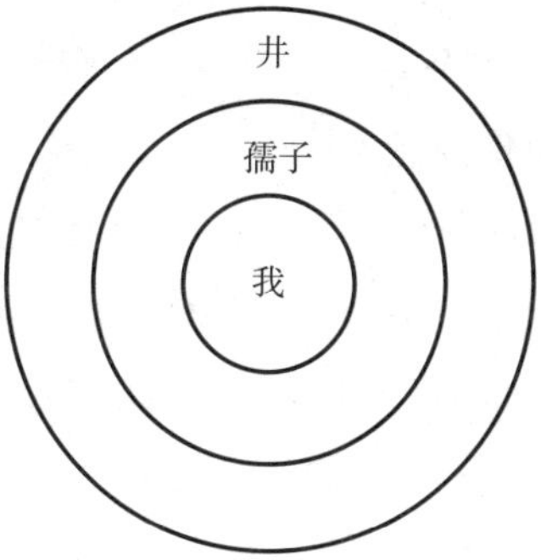

孺子入井图

就在这个地方。

怵惕是惊惧之意，譬如我们共坐谈心的时候，忽见前面有一人，提一把白亮亮的刀，追杀一人，我们一齐吃惊，各人心中都要跳几下，这即是怵惕。因为人人都有畏死之天性，看见刀，仿佛是杀我一般，所以心中会跳，所以会怵惕。我略一审视，晓得不是杀我，是杀别人，登时就把畏死之念放大，化我身为被追之人，对乎他起一种同情心，想救护他，这就是恻隐。由此知：恻隐是怵惕之放大形。孺子是我身之放大形，莫得怵惕，即不会有恻隐，可以说：恻隐二字，仍是发源于我字。

见孺子将入井的时候，共有三物：一曰我，二曰孺子，三曰井，绘之为图，第一圈是我，第二圈是孺子，第三圈是井。我与孺子，同是人类，井是无生物。见孺子将入井，突有一“死”的现象呈于吾前，所以会怵惕，登时对于孺子表同情，生出恻隐心，想去救护他。故孟子曰：“恻隐之心，仁之端也。”我们须知：怵惕者自己畏死也，恻隐者怜悯他人之死也，故恻隐可谓之仁，怵惕不能谓之仁，所以孟子把怵惕二字摘下来丢了。但有一个问题，假令我与孺子同时将入井，请问此心作何状态？不消说：这刹那间，只有怵惕而无恻隐，只能顾及我之死，不能顾及孺子。非不爱孺子也，变生仓促，顾不及也。必我身出了危险，神志略定，恻隐心才能发出。惜乎孟子当日，未把这一层提出来研究，留下破绽，遂生出宋儒理学一派，创出许多迂谬的议论。

孟子所说的爱亲敬兄，所说的怵惕恻隐，内部俱藏有一个我字，但他总是从第二圈说起，对于第一圈之我，则略而不言。杨子为我，算是把第一圈明白揭出了，但他却专在第一圈上用功，第二以下各圈，置之不管；墨子摩顶放踵，是抛弃了第一圈之我，他主张爱无差等，是不分大圈小圈，统画一极大之圈了事。杨子有了小圈，就不管大圈；墨子有了大圈，就不管小圈。他们两家，都不知道：天然现象是大圈小圈层层包裹的。孟荀二人，把层层包裹的现象看见了，但孟子说是层层放大，荀子说是层层缩小，就不免流于一偏了。我们取杨子的我字，作为中心点，在外面加一个差等之爱，就与天然现象相合了。

我们综孟荀之说而断之曰：孟子所说“孩提之童，无不知爱其亲也，及其长也，无不知敬其兄也”一类话，也莫有错，但不能说是性善，只能说是人性中的天然现象；荀子所说“妻子具而孝衰于亲，嗜欲得而信衰于友”一类话，也莫有错，但不能说是性恶，也只能说是人性中的天然现象。然则学者奈何？曰：我们知道：人的天性，能够孩提爱亲，稍长敬兄，就把这种心理扩充之，适用孟子“老吾老，以及人之老，幼吾幼，以及人之幼”的说法。我们又知道：人的天性，能够孝衰于亲，信衰于友，就把这种心理纠正之，适用荀子“拘木待檃括蒸矫然后直，钝金待砻厉然后利”的说法。

孟荀之争，只是性善性恶名词上之争，实际他二人所说的道理，都不错，都可见诸实用。我以为我们无须问人性是善是恶，只须创一条公例：“心理依力学规律而变化。”把牛顿的吸力说，爱因斯坦的相对论，应用到心理学上，心理物理，打成一片而研究之，岂不简便而明确吗？何苦将性善性恶这类的名词，哓哓然争论不休？

宋儒言性误点

人类相争相夺，出于人心之私；人类相亲相爱，也出于人心之私。阻碍世界进化，固然由于人有私心；却是世界能够进化，也全靠人有私心。由渔佃而游牧，而耕稼，而工商，造成种种文明，也全靠人有私心，在暗中鼓荡。我们对于“私”字，应当把它当如磁电一般，熟考其性质，因而利用之，不能徒用铲除的法子。

战国是我国学术最发达时代，其时游说之风最盛，往往立谈而取卿相之荣，其游说各国之君，颇似后世人主临轩策士，不过是口试，不是笔试罢了。一般策士，习于揣摩之术，先用一番工夫，把事理研究透彻了，出而游说，总是把真理蒙着半面，只说半面，成为偏激之论，愈偏激则愈新奇，愈足耸人听闻。苏秦说和六国，讲出一个理，风靡天下；张仪解散六国，反过来讲出一个道理，也是风靡天下。孟荀生当其时，染有此种气习，本来人性是无善无恶，也即是“可以为善，可以为恶”。孟子从整个人性中截半面以立论，曰性善，其说新奇可喜，于是在学术界遂独树一帜；荀子出来，把孟子遗下的那半面，揭而出之曰性恶，又成一种新奇之说，在学术界，又树一帜。从此性善说和性恶说，遂成为对峙之二说。宋儒笃信孟子之说，根本上就误了。然而孟子尚不甚误，宋儒则大误，宋儒言性，完全与孟子违反。

请问：宋儒的学说乃是以孟子所说（1）“孩提之童，无不知爱其亲”；（2）“乍见孺子将入于井，皆有怵惕恻隐之心”，两个根据为出发点，何至会与孟子之说完全违反？兹说明如下：

小孩与母亲发生关系，共有三个场所：（1）一个小孩，一个母亲，一个外人，同在一处，小孩对乎母亲，特别亲爱，这个时候，可以说小孩爱母亲；（2）一个小孩，一个母亲，同在一处，小孩对乎母亲依恋不舍，这个时候，可以说小孩爱母亲；（3）一个小孩，一个母亲，同在一处，发生了利害冲突，例如有一块糕饼，母亲吃了，小孩就莫得吃，母亲把它放在口中，小孩就伸手取来，放在自己口中。这个时候，断不能说小孩爱母亲。孟子言性善，舍去第三种不说，单说前两种，讲得头头是道。荀子言性恶，舍去前两种不说，单说第三种，也讲得头头是道。所以他二人的学说，本身上是不发生冲突的。宋儒把前两种和第三种同齐讲之，又不能把它贯通为一，于是他们的学说，本身上就发生冲突了。

宋儒笃信孟子孩提爱亲之说，忽然发现了小孩会抢母亲口中糕饼，而世间小孩，无一不是如此，也不能不说是人之天性，求其故而不得，遂创一名词曰“气质之性”。假如有人问道：小孩何以会爱亲？曰此“义理之性”也。问：既爱亲矣，何以会抢母亲口中糕饼？曰此“气质之性”也。好好一个人性，无端把它剖而为二，因此全部宋学，就荆棘丛生，迂谬百出了。……朱子出来，注孟子书上天生烝民一节，简直明明白白说道：“程子之说，与孟子殊，以事理考之，程子为密。”他们自家既这样说，难道不是显然违反孟子吗？

孟子知道：凡人有畏死的天性，见孺子将入井，就会发生怵惕心，跟着就会把怵惕心扩大，而为恻隐心，因教人把此心再扩大，推至于四海，此孟子立说之本旨也。怵惕是自己畏死，不能谓之仁，恻隐是怜悯他人之死，方能谓之仁，故下文摘去怵惕二字，只说“恻隐之心，仁之端也”。在孟子本莫有错，不过文字简略，少说了一句“恻隐是从怵惕扩大出来的”。不料宋儒读书不求甚解，见了“恻隐之心，仁之端也”一句，以为人之天性一发出来，即是恻隐，忘却上面还有怵惕二字，把凡人有畏死的天性一笔抹杀。我们试读宋儒全部作品，所谓语录也，文集也，集注也，只是发挥恻隐二字，对于怵惕二字置之不理，这是他们最大的误点。

然而宋儒毕竟是好学深思的人，心想：小孩会夺母亲口中糕饼，究竟是甚么道理呢？一旦读《礼记》上的乐记，见有“人生而静，天之性也，感于物而动，性之欲也”等语，恍然大悟道：糕饼者物也，从母亲口中夺出者，感于物而动也。于是创出“去物欲”之说，叫人切不可为外物所诱。

宋儒又继续研究下去，研究我与孺子同时将入井，发出来的第一念，只是赤裸裸一个自己畏死之心，并无所谓恻隐，遂诧异道，明明看见孺子将入井，为甚恻隐之心不出来，反发出一个自己畏死之念？要说此念是物欲，此时并莫有外物来诱，完全从内心发出，这是甚么道理？断而又悟道：畏死之念，是从为我二字出来的，抢母亲口中糕饼，也是从为我二字出来的，我者人也，遂用人欲二字代替物欲二字。告其门弟子曰：人之天性，一发出来，即是恻隐，尧舜和孔孟诸人，满腔子是恻隐，无时无地不然，我辈有时候与孺子同时将入井，发出来的第一念，是畏死之心，不是恻隐之心，此气质之性为之也，人欲蔽之也，你们须用一番“去人欲，存天理”的工夫，才可以为孔孟，为尧舜。天理者何？恻隐之心是也，即所谓仁也。这种说法，即是程朱全部学说之主旨。

于是程子门下，第一个高足弟子谢上蔡，就照着程门教条做去，每日在危阶上跑来跑去，练习不动心，以为我不畏死，人欲去尽，天理自然流行，就成为满腔子是恻隐了。像他们这样的“去人欲，存天理”，明明是“去怵惕，存恻隐”。试思：恻隐是怵惕的放大形，孺子是我身的放大形，怵惕既无，恻隐何有？我身既无，孺子何有？我既不畏死，就叫我自己入井，也是无妨，见孺子入井，哪里会有恻隐？

程子的门人，专做“去人欲”的工作，即是专做“去怵惕”的工作。门人中有吕原明者，乘轿渡河坠水，从者溺死，他安坐轿中，漠然不动，他是去了怵惕的人，所以见从者溺死，不生恻隐心。程子这派学说传至南渡，朱子的好友张南轩、其父张魏公，苻离之战，丧师十数万，终夜鼾声如雷，南轩还夸其父心学很精。张魏公也是去了怵惕的人，所以死人如麻，不生恻隐心。

孟子曰：“同室之人斗者救之，虽被发缨冠而救之可也。”吕原明的从者、张魏公的兵士，岂非同室之人？他们这种举动，岂不是显违孟子家法？大凡去了怵惕的人，必流于残忍。杀人不眨眼的恶贼，往往身临刑场，谈笑自若，是其明证。程子是去了怵惕的人，所以发出“妇人饿死事小，失节事大”的议论。故戴东原曰：宋儒以理杀人。

有人问道：怵惕心不除去，遇着大患临头，我只有个畏死之心，怎能干救国救民的大事呢？我说：这却不然，在孟子是有办法的，他的方法，只是集义二字，平日专用集义的工夫，见之真，守之笃，一旦身临大事，义之所在，自然会奋不顾身地做去。所以说：“生，亦我所欲也，义，亦我所欲也，二者不可得兼，舍生而取义者也。”孟子平日集义，把这种至大至刚的浩气养得完完全全的，并不像宋儒去人欲，平日身蹈危阶，把那种畏死之念去得干干净净的。孟子不动心，宋儒亦不动心。孟子之不动心，从积极的集义得来；宋儒之不动心，从消极的去欲得来，所走途径，完全相反。

孟子的学说：以我字为出发点，所讲的爱亲敬兄和怵惕恻隐，内部都藏有一个我字。其言曰：“老吾老，以及人之老，幼吾幼，以及人之幼。”又曰：“人人亲其亲长其长，而天下平。”吾者我也，其者我也，处处不脱我字，孟子因为重视我字，才有“民为贵君为轻”的说法，才有“君之视臣如草芥，则臣视君如寇仇”的说法。程子倡“去人欲”的学说，专做剥削我字的工作，所以有“妇人饿死事小，失节事大”的说法。孟子曰：“贼仁者谓之贼，贼义者谓之残，残贼之人谓之一夫。闻诛一夫纣矣，未闻弑君也。”这是孟子业已判决了的定案。韩昌黎《羑里操》曰：“臣罪当诛兮，天王圣明。”程子极力称赏此语。公然推翻孟子定案，岂非孟门叛徒？他们还要自称承继孟子道统，真百思不解。

孔门学说，“己欲立而立人，己欲达而达人”，利己利人，合为一事。杨子为我，专讲利己，墨子兼爱，专讲利人。这都是把一个整道理，蒙着半面，只说半面。学术界公例：“学说愈偏则愈新奇，愈受人欢迎。”孟子曰：“天下之言，不归杨，则归墨。”孔子死后，未及百年，他讲学的地方，全被杨墨夺去，孟子攘臂而起，力辟杨墨，发挥孔子推己及人的学说。在我们看来，杨子为我，只知自利，墨子兼爱，专门利人，墨子价值，似乎在杨子之上。乃孟子曰“逃墨必归于杨，逃杨必归于儒”，反把杨子放在墨子之上，认为去儒家为近，于此可见孟子之重视我字。

杨子拔一毛而利天下不为也，极端尊重我字，然杨子同时尊重他人之我。其言曰：“智之所贵，存我为贵，力之所贱，侵物为贱。”不许他人拔我一毛，同时我也不拔他人一毛，其说最精，故孟子认为高出墨子之上。然由杨子之说，只能做到利己而无损于人，与孔门仁字不合。仁从二人，是人与我中间的工作。杨子学说，失去人我之关联，故为孟子所斥。

墨子摩顶放踵以利天下，其道则为损己利人，与孔门义字不合。义（義）字从羊从我，故义字之中有个我字在；羊者祥也，美善二字皆从羊。由我择其最美最善者行之，是之谓义。事在外，择之者我也，故曰义内也。墨子兼爱，知有人不知有我，故孟子深斥之。然墨子之损我，是牺牲我一人，以救济普天下之人，知有众人之我，不知自己之我，此菩萨心肠也。其说只能行之于少数圣贤，不能行之于人人，与孔门中庸之道，人己两利之旨有异，自孟子观之，其说反在杨子之下。何也？因其失去甲乙二图之中心点也。孟子曰：“天之生物也，使之一本。”一本者何？中心点是也。

墨子之损我，是我自愿损之，非他人所得干预也；墨子善守，公输九攻之，墨子九御之，我不欲自损，他人固无如我何也。墨子摩顶放踵，与“腓无胈，胫无毛”之大禹何异？与“栖栖不已，席不暇暖”之孔子何异？孟子之极口诋之者，无非学术上门户之见而已。然墨子摩顶放踵，所损者外形也，宋儒去人欲，则损及内心矣，其说岂不更出墨子下？孔门之学，推己及人，宋儒亦推己及人，无如其所推而及之者，则为我甘饿死以殉夫，遂欲天下之妇人皆饿死以殉夫，我甘诛死以殉君，遂欲天下之臣子皆诛死以殉君，仁不如墨子，义不如杨子。孟子已斥杨墨为禽兽矣，使见宋儒，未知作何评语？

综而言之：孟子言性善，宋儒亦言性善，实则宋儒之学说，完全与孟子违反，其区分之点曰：“孟子之学说，不损伤我字，宋儒之学说，损伤我字。”

再者宋儒还有去私欲的说法，究竟私是个什么东西？去私是怎么一回事？也非把它研究清楚不可。私字的意义，许氏说文，是引韩非的话来解释的。韩非原文：“仓颉作书，自环者谓之私，背私谓之公。”环即是圈子，私字古文作厶，篆文作厶，画一个圈。公字从八从厶，八是把一个东西破为两块的意思，故八者背也。“背私谓之公”，即是说：把圈子打破了，才谓之公。假使我们只知有我，不顾妻子，环吾身画一个圈，妻子必说我徇私，我于是把我字这个圈撤去，环妻子画一圈；但弟兄在圈之外，又要说我徇私，于是把妻子这个圈撤去，环弟兄画一个圈；但邻人在圈之外，又要说我徇私，于是把邻人这个圈撤去，环国人画一个圈；但他国人在圈之外，又要说我徇私，这只好把本国人这个圈子撤了，环人类画一个大圈，才可谓之公。但还不能谓之公，假使世界上动植矿都会说话，禽兽一定说：你们人类为甚么要宰杀我们？未免太自私了。草木问禽兽道：你为甚么要吃我们？你也未免自私。泥土沙石问草木道：你为甚么要在我们身上吸收养料？你草木未免自私。并且泥土沙石可以问地心道：你为甚么把我们向你中心牵引？你未免自私。太阳又可问地球道：我牵引你，你为甚么不拢来，时时想向外逃走，并且还暗暗地牵引我？你地球也未免自私。再反过来说，假令太阳怕地球说它徇私，它不牵引地球，地球早不知飞往何处去了。地心怕泥土沙石说它徇私，也不牵引了，这泥土沙石，立即灰飞而散，地球就立即消灭了。

我们这样的推想，即知道：遍世界寻不出一个公字，通常所谓公，是画了范围的，范围内人谓之公，范围外人仍谓之私。又可知道：人心之私，通于万有引力，私字之除不去，等于万有引力之除不去，如果除去了，就会无人类，无世界。宋儒去私之说，如何行得通？

请问私字既是除不去，而私字留着，又未免害人，应当如何处置？应之曰：这是有办法的。人心之私，既是通于万有引力，我们用处置万有引力的法子，处置人心之私就是了。本部分丙图，与第二部分甲乙两图，大圈小圈，层层包裹，完全是地心吸力现象，厘然秩然。我们应当取法之，把人世一切事安排得厘然秩然，像天空中众星球相维相系一般，而人世就相安无事了。

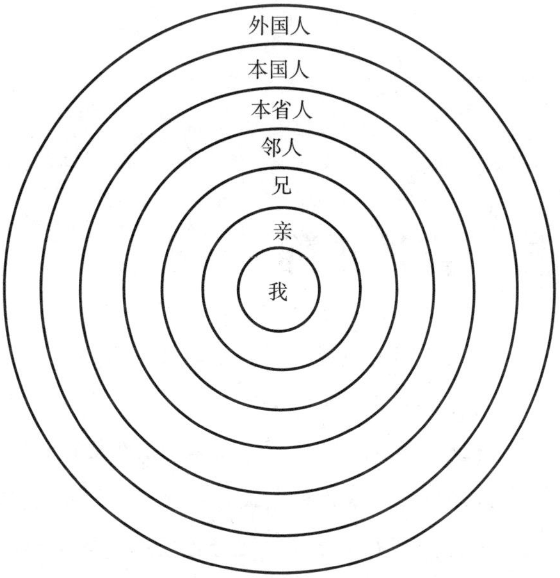

丙图　人心之私通于万有引力图示

人类相争相夺，出于人心之私；人类相亲相爱，也出于人心之私。阻碍世界进化，固然由于人有私心；却是世界能够进化，也全靠人有私心。由渔佃而游牧，而耕稼，而工商，造成种种文明，也全靠人有私心，在暗中鼓荡。我们对于“私”字，应当把它当如磁电一般，熟考其性质，因而利用之，不能徒用铲除的法子。假使物理学家，因为电气能杀人，朝朝日日，只研究除去电气的法子，我们哪得有电话电灯来使用？私字之不可去，等于地心吸力之不可去，我们只好承认其私，使人人各遂其私，你不妨害我之私，我不妨害你之私，这可说是私到极点，也即是公到极点。有人问：人性是善是恶？应之曰：请问地心吸力是善是恶？请问电气是善是恶？你把这个问题答复了再说。

孟子全部学说，乃是确定我字为中心点，扩而充之，层层放大，亲亲而仁民，仁民而爱物。他不主张除去利己之私，只主张我与人同遂其私：我有好货之私，则使居者有积仓，行者有裹粮；我有好色之私，则使内无怨女，外无旷夫。宋儒之学，恰与相反，不惟欲除去一己之私，且欲除去众人之私，无如人心之私，通于万有引力，欲去之而卒不可去，而天下从此纷纷矣。读孟子之书，霭然如春风之生物；读宋儒之书，凛然如秋霜之杀物。故曰：宋儒学说，完全与孟子违反。

告子言性正确

究竟“剜肉做疮”四字，怎样讲呢？“肉”喻天理，“疮”喻人欲，剜肉做疮者，误天理为人欲，去人欲即伤及天理也。门人的意思，即是说：“我们如果见了一星之火，即把它扑灭，自然不会有烧房子的事，请问拿甚么东西来煮饭呢？换言之，把好货之心连根去尽，人就不会吃饭，岂不饿死吗？把好色之心连根去尽，就不会有男女居室之事，人类岂不灭绝吗？”

人性本是无善无恶，也即是可以为善，可以为恶。告子的说法，任从何方面考察，都是合的。他说："性犹湍水也。"湍水之变化，即是力之变化。我们说："心理依力学规律而变化。"告子在二千多年以前，早用"性犹湍水也"五字把他包括尽了。

告子曰："性犹湍水也，决诸东方则东流，决诸西方则西流。"意即曰：导之以善则善，诱之以恶则恶。此等说法，即是《大学》上"尧舜率天下以仁而民从之，桀纣率天下以暴而民从之"的说法。孟子之驳论，乃是一种诡辩，宋儒不悟其非，力诋告子。请问《大学》数语，与告子之说有何区别？孟子书上，有"民之秉夷，好是懿德"之语，宋儒极口称道，作为他们学说的根据，但是《大学》于尧舜桀纣数语下，却续之曰："其所令，反其所好，而民不从。"请问，民之天性，如果只好懿德，则桀纣率之以暴，是为反其所好，宜乎民之不从了，今既从之，岂不成了"民之秉夷，好是恶德"？宋儒力诋告子，而于《大学》之不予驳正，岂足服人？

孟子全部学说都很精粹，独"性善"二字，理论未圆满。宋儒之伟大处，在把中国学术与印度学术沟通为一，以释氏之法治心，以孔氏之法治世，入世出世，打成一片，为学术上开一新纪元，是千古不磨之功绩（其详具见拙著《中国学术之趋势》一书）。宋儒能建此种功绩，当然窥见了真理，告子所说，是颠扑不破之真理，何以反极口诋之呢？其病根在误信孟子。宋儒何以会误信孟子？则由韩昌黎启之。

昌黎曰："尧以是传之舜，舜以是传之禹，禹以是传之汤，汤以是传之文武周公，文武周公传之孔子，孔子传之孟轲，轲之死不得其传焉。"这本是无稽之谈。此由唐时佛教大行，有衣钵真传之说，我们阅《五灯会元》一书，即知昌黎所处之世，正是此说盛行时代，他是反抗佛教之人，因创此"想当然耳"的说法，意若曰："我们儒家，也有一种衣钵真传。"不料宋儒信以为真，创出道统五说，自己欲上承孟子；告子、荀子之说，与孟子异，故痛诋之。曾子是得了孔子衣钵之人，传之子思，转授孟子，故《大学》之言，虽与告子相同，亦不驳正。

昌黎为文，喜欢戛戛独造。伊川曰："轲之死不得其传，似此言语，非是蹈袭前人，又非凿空撰得，必有所见。"即曰："非是蹈袭前人。"是为无稽之谈。既曰"必有所见"，是为"想当然耳"。昌黎之语，连伊川都寻不出来源，宋儒道统之说，根本上发生动摇，所以创出的学说，不少破绽。

程明道立意要寻"孔子传之孟轲"那个东西，初读儒书，茫无所得，求之佛老几十年，仍无所得，返而求之六经，忽然得之。请问明道所得，究竟是甚么东西？我们须知："人心之构成，与地球之构成相似：地心有引力，能把泥土沙石，有形有体之物，吸收来成为一个地球；人心也有引力，能把耳闻目睹，无形无体之物，吸收来成为一个心。"明道出入儒、释、道三教之中，不知不觉，把这三种原素吸收胸中，融会贯通，另成一种新理。是为三教的结晶体，是最可宝贵的东西。明道不知为创获的至宝，反举而归诸孔子，在六经上寻出些词句，加以新解，借以发表自己所获之新理，此为宋学全部之真相。宋儒最大功绩在此，其荆棘丛生也在此。

孟子言性善，还举出许多证据，如孩提爱亲、孺子入井、不忍衅钟等。宋儒则不另寻证据，徒在《四书》、《五经》上寻出些词句来研究，满纸天理人欲、人心道心、义理之性、气质之性等名词，闹得人目迷五色，不知所云。我辈读《宋元学案》、《明儒学案》诸书，应当用披沙拣金的办法，把他这类名词扫荡了，单看他内容的实质，然后他们的伟大处才看得出来，谬误处也才看得出来。

孟子的性善说和荀子的性恶说，合而为一，就合乎宇宙真理了。二说相合，即是告子性无善无不善之说。人问：孟子的学说怎能与荀子相合？我说：孟子曰"人少则慕父母，知好色则慕少艾，有妻子则慕妻子。"荀子曰"妻子具而孝衰于亲。"二人之说，岂不是一样？孟子曰："大孝终身慕父母，五十而慕者，予于大舜见之矣。"据孟子所说：满了五十岁的人，还爱慕父母，他眼睛只看见大舜一人。请问：人性的真相，究竟是怎样？难道孟荀之说，不能相合？由此知：孟荀言性之争点，只在善与恶的两个形容词上，至于人性之观察，二人并无不同。

据宋儒的解释，孩提爱亲，是性之正，少壮好色，是形气之私，此等说法，未免流于穿凿。孩提爱亲，非爱亲也，爱其乳哺我也。孩子生下地，即交乳母抚养，则只爱乳母，不爱生母，是其明证。爱乳母与慕少艾、慕妻子，心理原是一贯，无非是为我而已。为我是人类天然现象，不能说他是善，也不能说他是恶，告子性无善无不善之说，最为合理。告子曰："食、色，性也。"孩提爱亲者，食也；慕少艾、慕妻子者，色也。食、色为人类生存所必需，求生存者，人类之天性也。故告子又曰："生之谓性。"

告子观察人性，既是这样，则对于人性之处置，又当怎样呢？告子设喻以明之曰："性犹湍水也，决诸东方则东流，决诸西方则西流。"又曰："性犹杞柳也，义犹桮棬也，以人性为仁义，犹以杞柳为桮棬。"告子这种说法，是很对的，人性无善无恶，也即是可以为善，可以为恶。譬如深潭之水，平时水波不兴，看不出何种作用，从东方决一口，可以灌田亩，利行舟，从西方决一口，可以淹禾稼，漂房舍，我们从东方决口好了。又譬如一块木头，可制为棍棒以打人，也可制为碗盏以装食物，我们制为碗盏好了。这种说法，真可合孟荀而一之。

孟子书中，载告子言性者五：曰性犹杞柳也，曰性犹湍水也，曰生之谓性，曰食色性也，曰性无善无不善也，此五者原是一贯的。朱子注“食色”章曰：“告子之辩屡屈，而屡变其说以求胜。”原书俱在，告子之说，始终未变，而孟子亦卒未能屈之也。朱子注“杞柳”章，谓告子言仁义，必待矫揉而后成，其说非是。而注“公都子”章，则曰：“气质所禀，虽有不善，而不害性之本善，性虽本善，而不可以无省察矫揉之功。”忽又提出矫揉二字，岂非自变其说乎！

朱子注“生子谓性”章说道：杞柳湍水之喻，食色无善无不善之说，纵横缪戾，纷纭舛错，而此章之误，乃其本根。殊不知告子言性者五，俱是一贯说下，并无所谓“纵横缪戾，纷纭舛错”。“生之谓性”之生字，作生存二字讲。生存为人类重心，是世界学者所公认的。告子言性，以生存二字为出发点，由是而有“食色性也”之说，有“性无善无不善”之说，又以杞柳湍水为喻，其说最为精确，而宋儒反认为根本错误，此朱子之失也。然朱子能认出“生之谓性”一句为告子学说根本所在，亦不可谓非特识。

告子不知何许人，有人说是孔门之徒，我看不错。孔子赞《周易》，说：“天地之大德曰生。”朱子以“生”字言性，可说是孔门嫡传。孟子学说，虽与告子微异，而处处仍不脱“生”字，如云：“菽粟如水火，而民焉有不仁者乎？”又云：“内无怨女，外无旷夫，于王何有？”仍以食色二字立论，窃意孟子与告子论性之异同，等于子夏子张论交之异同，其大旨要不出孔氏家法。孟子曰：“告子先我不动心。”心地隐微之际亦知之，二人交谊之深可想。其论性之争辩，也不过朋友切磋，互相质证。宋儒有道统二字，横亘在心，力诋告子为异端，而自家之学说，则截去生字立论，叫妇人饿死，以殉其所谓节，叫臣子无罪受死，以殉其所谓忠，孟子有知，当必引告子为同调，而摈程朱于门墙之外也。

宋儒崇奉儒家言，力辟释道二家之言，在《尚书》上寻得“人心惟危，道心惟微，惟精惟一，允执厥中”四语，诧为虞廷十六字心传，遂自谓生于一千四百年以后，得不传之学于遗经。嗣经清朝阎百诗考出，这四句是伪书，作伪者采自荀子，荀子又是引用道经之语。阎氏之说，在经学界中，算是已定了的铁案，这十六字是宋儒学说的出发点，根本上就杂有道家和荀学的元素，反欲借孔子以排老子，借孟子以排荀子，遂无往而不支离穿凿。朱子曰：“气质所禀，虽有不善，而不害性之本善，性虽本善，而不可以无省察矫揉之功。”请问：所禀既有不善，尚得谓之本善乎？既本善矣，安用矫揉乎？此等说法，真可谓“纵横缪戾，纷纭舛错”。以视告子扼定生存二字立论，明白简易，何啻天渊！

宋儒谓人心为人欲，盖指饮食男女而言，谓道心为天理，盖指爱亲敬兄而言。朱子《中庸章句 · 序》曰：“人莫不有是形，故虽上智不能无人心。”无异于说：当小孩的时候，就是孔子也会抢母亲口中糕饼；我与孺子同时，将入井，就是孔子也是只有怵惕而无恻隐。假如不是这样，小孩生下地即不会吸母亲身上之乳，长大来，看见井就会跳下去，世界上还有人类吗？道理本是对的，无奈已侵入荀子范围去了。并且“人生而静”数语，据后儒考证，是文子引老子之语，河间献王把它采入《乐记》的。《文子》一书，有人说是伪书，但也是老氏学派中人所著，可见宋儒天理人欲之说，不但侵入告子荀子范围，简直是发挥老子的学说。然则宋儒错了吗？曰不惟莫有错，反是宋儒最大功绩。假使他们立意要将孔孟的学说与老荀告诸人融合为一，反看不出宇宙真理，惟其极力反对老荀告诸人，而实质上乃与诸人融合为一，才足证明老荀告诸人之学说不错，才足证明宇宙真理实是如此。

朱子《中庸章句 · 序》又曰：“必使道心常为一身之主，而人心每听命焉。”主者对仆而言，道心为主，人心为仆；道心者为圣为贤之心，人心者好货好色之心；听命者，仆人职供奔走，惟主人之命是听也。细绎朱子之语，等于说：我想为圣为贤，人心即把货与色藏起，我想吃饭，抑或想及“男女居室，人之大伦”，人心就把货与色献出来，必如此，方可曰：“道心常为一身之主，而人心每听命焉。”然而未免迂曲难通矣。总之，宇宙真理，人性真相，宋儒是看清楚了的，只因要想承继孟子道统，不得不拥护性善说。一方面要顾真理，一方面要顾孟子，以致处处荆棘，愈解释，愈迂曲难通。我辈厚爱宋儒，把他表面上这些渣滓扫去了，里面的精义，自然出现。

告子曰：“食色性也，仁内也，非外也，义外也，非内也。”下文孟子只驳他义外二字，于“食色”二字，无一语及之，可见“食色性也”之说，孟子是承认了的。他对齐宣王说道：“王如好货，与民同之，于王何有？”“王如好色，与民同之，于王何有？”并不叫他把好货好色之私除去，只叫他推己及人，使人人遂其好货好色之私。后儒则不然，王阳明《传习录》曰：“无事时，将好货好色好名等私，逐一追究搜寻出来，定要拔去病根，永不复起，方始为快。常如猫之捕鼠，一眼看着，一耳听着，才有一念萌动，即与克去，斩钉截铁，不可姑容，与他方便，不可窝藏，不可放他出路，方能扫除廓清。”这种说法，仿佛是：见了火会烧房子，就叫人以后看见一星之火，立即扑灭，断绝火种，方始为快，律以孟子学说，未免大相径庭了。

《传习录》又载：“一友问：欲于静坐时，将好色好货等根逐一搜寻出来，扫除廓清，恐是剜肉做疮否？先生正色曰：这是我医人的方子，真是去得人病根。更有大本事人，过了十余年，亦还用得着，你如不用，且放起，不要作坏我的方法。是友愧谢。少间曰：此量非你事，必吾门稍知意思者，为此说以误汝。在座者悚然。”我们试思：王阳明是极有涵养的人，平日讲学，任如何问难，总为勤勤恳恳的讲说，何以门人这一问，他就动气，始终未把道理说出？又何以承认说这话的人，是稍知意思者呢？这就很值得研究了。

怵惕与恻隐，同是一物，天理与人欲，也同是一物，犹之烧房子者是火，煮饭者也是火，宋明诸儒，不明此理，把天理人欲看为截然不同之二物。阳明能把知行二者合而为一，能把明德亲民二者合而为一，能把格物致知诚意正心修身五者看做一事，独不能把天理人欲二者看做一物，这是他学说的缺点，门人这一问，正击中他的要害，所以就动起气来了。

究竟“剜肉做疮”四字，怎样讲呢？“肉”喻天理，“疮”喻人欲，剜肉做疮者，误天理为人欲，去人欲即伤及天理也。门人的意思，即是说：“我们如果见了一星之火，即把它扑灭，自然不会有烧房子的事，请问拿甚么东西来煮饭呢？换言之，把好货之心连根去尽，人就不会吃饭，岂不饿死吗？把好色之心连根去尽，就不会有男女居室之事，人类岂不灭绝吗？”这个问法，何等厉害！所以阳明无话可答，只好愤然作色。此由阳明沿袭宋儒之说，力辟告子，把“生之谓性”和“食色性也”二语，欠了体会之故。

阳明研究孟荀两家学说，也未彻底。《传习录》载阳明之言曰：“孟子从源头上说来，荀子从流弊上说来。”我们试拿孟子所说“怵惕恻隐”四字来研究，由怵惕而生出恻隐，怵惕是“为我”之念，恻隐是“为人”之念，“为我”扩大，则为“为人”。怵惕是源，恻隐是流。荀子学说，从“为我”二字发出，孟子学说从“为人”二字发出。荀子所说，是否流弊，姑不深论，怵惕之上，是否尚有源头，我们也不必深考，惟孟子所说恻隐二字，确非源头。阳明说出这类话，也是由于读孟子书，忘却恻隐上面还有“怵惕”二字的缘故。

《传习录》是阳明早年讲学的语录，到了晚年，他的说法，又不同了。《龙溪语录》载，钱绪山谓“无善无恶心之体，有善有恶意之动，知善知恶是良知，为善去恶是格物”四语，是师门定本。王龙溪谓：“若悟得心是无善无恶之心，亦即是无善无恶之意，知即是无善无恶之知，物即是无善无恶之物。”时阳明出征广西，晚坐天泉桥上，二人因质之。阳明曰：汝中（龙溪字）所见，我久欲发，恐人信不及，徒增躐等之弊，故含蓄到今，此是傅心秘藏，颜子问道所不敢言。今既说破，亦是天机该发泄时，岂容复秘！阳明至洪都，门人三百余人来请益，阳明曰：“吾有向上一机，久未敢发，以待诸君之自悟，近被王汝中拈出，亦是天机该发泄时。”明年广西平，阳明归，卒于途中。龙溪所说，即是将天理人欲打成一片，阳明直到晚年，才揭示出来。因此知：门人提出剜肉做疮之问，阳明正色斥之，并非说他错了，乃是恐他躐（liè，践踏）等。

钱德洪极似五祖门下之神秀，王龙溪极似慧能。德洪所说，即神秀“时时勤拂拭”之说也，所谓渐也。龙溪所说，即慧能“本来无一物”之说也，所谓顿也。阳明曰：“汝中须用德洪功夫，德洪须透汝中本旨，二子之见，止可相取，不可相病。”此顿悟渐修之说也。《龙溪语录》所讲的道理，几于《六祖坛经》无异。此由心性之说，惟佛氏讲得最精，故王门弟子，多归佛氏，程门高弟，如谢上蔡、杨龟山诸人，后来也归入佛氏。佛家言性，亦谓之无善无恶，与告子之说同。宇宙真理，只要研究得彻底，彼此虽不相师，而结果是相同的。阳明虽信奉孟子性善说，卒之倡出“无善无恶心之体”之语，仍走入告子途径。儒家为维持门户起见，每曰“无善无恶，是为至善”。这又流于诡辩了，然则我们何尝不可说“无善无恶，是为至恶”呢？

有人难我道：告子说：“性无善无不善。”阳明说：“无善无恶心之体。”一个言性，一个言心之体，何为混为一谈？我说道：性即是心之体，有阳明之言可证。阳明曰：“心统性情，性心体也，情心用也，夫体用一源也。知体之所以为用，则知用之所以为体矣。”性即是心之体，这是阳明自己加的解释，所以我说：阳明的说法，即是告子的说法。

吾国言性者多矣，以告子无善无不善之说最为合理。以医病喻之，“生之谓性”和“食色性也”二语，是病源，杞柳湍水二喻，是治疗之方。孟荀杨墨申韩诸人，俱是实行疗病的医生，有喜用热药的，有喜用凉药的，有喜用温补的，药方虽不同，用之得宜，皆可起死回生。我们平日把病源研究清楚，各种治疗技术俱学会，看病情如何变，施以何种治疗即是了。

治国者，首先用仁义化之，这即是使用孟子的方法，把一般人可以为善那种天性诱导出来。善心生则恶心消，犹之治水者，疏导下游，自然不会有横溢之患。然人之天性，又可以为恶，万一感化之而无效，敢于破坏一切，则用申韩之法严绳之，这就等于治水者之筑堤防。治水者疏导与堤防二者并用，故治国者仁义与法律二者并用。孟子言性善，是劝人为善；荀子言性恶，是劝人去恶。为善去恶，原是一贯的事，我们会通观之可也。

持性善说者，主张仁义化民；持性恶说者，主张法律绳民。孟子本是主张仁义化民的，但他又说道：“徒善不足以为政，徒法不能以自行。”则又是仁义与法律二者并用，可见他是研究得很彻底的，不过在讲学方面，想独树一帜，特标“性善”二字以示异罢了。我们读孟子书，如果除去“性善”二字，再除去诋杨墨为禽兽等语和告子论性数章，其全部学说，都粹然无疵。

世界学术，分三大支，一中国，二印度，三西洋。最初印度学术，传入中国，与固有学术发生冲突，相推相荡，经过了一千多年，程明道出来，把它打通为一，以释氏之法治心，以孔子之法治世，另成一种新学说，即所谓宋学。这是学术上一种大发明。不料这种学说，刚一成立，而流弊跟着发生，因为明道死后，他的学说，分为两派，一派为程（伊川）朱，一派为陆王。明道早死，伊川享高寿，宋学中许多不近人情的议论，大概属乎伊川这一派。

中国是尊崇孔子的国家，朱子发现了一个道理，不敢说是自己发现的，只好就《大学》“格物致知”四字解释一番，说我这种说法，是为孔门真传。王阳明发现了一个道理，也不敢说是自己发现的，乃将《大学》“格物致知”四字加一番新解释，说道：朱子解释错了，我的说法，才是孔门真传，所以我们研究宋明诸儒的学说，最好的办法，是把我们所用名词及一切术语扫荡了，单看他的内容。如果拿浅俗的话来说，宋明诸儒的意思，都是说：凡人要想为圣为贤，必须先将心地弄好，必须每一动念，即自己考察，善念即存着，恶念即克去，久而久之，心中所存者，就纯是善念了。关于这一层，宋明诸儒的说法，都是同的。惟是念头之起，是善是恶，自己怎能判别呢？在程朱这一派人说道：你平居无事的时候，每遇一事，就细细研究，把道理融会贯通了，以后任一事来，你都可以分别是非善恶了。陆王这一派说道：不需那么麻烦，你平居无事的时候，把自家的心打扫得干干净净，如明镜一般，无纤毫渣滓，以后任一事来，自然可以分别是非善恶。这就是两派相争之点。在我们想来，一面把自家心地打扫得干干净净，一面把外面的事研究得清清楚楚，岂不是合程朱陆王而一之？然而两派务必各执一词，各不相下。此正如孟荀性善性恶之争，于整个道理中，各截半面以立论，即成对峙之两派，是之谓门户之见。

孙中山先生曾说：马克思信徒，进一步研究，发明了“生存为历史重心”的说法，而告子在二千多年以前，已有“生之谓性”一语，这是值得研究的。达尔文生存竞争之说，合得到告子所说“生之谓性”。达尔文学说，本莫有错，错在因生存竞争而倡言弱肉强食，成了无界域之竞争，已经达到生存点了，还竞争不已，驯至欧洲列强，掠夺弱小民族生存的资料，以供其无厌之欲壑。尼采则由达尔文之说更推进一步，倡超人主义，谓爱他为奴隶道德，谓剿灭弱者为强者天职，因而产出德皇威廉第二，造成第一次世界大战；产出墨索里尼、希特勒和日本军阀，又造成第二次世界大战。推原祸始，实由达尔文对于人生欠了研究之故。假使达尔文多说一句曰：“竞争以达到生存点为止。”何至有此种流弊？

中国之哲学家不然，告子“食色性也”的说法，孟荀都是承认了的，荀子主张限制，不用说了，孟子对于“食”字，只说到不饥不寒，养生丧死无憾为止，对于“色”字，只说到无怨女无旷夫为止，达到生存点，即截然止步，虽即提倡礼义，因之有“衣食足而礼义兴”的说法，这是中国一贯的主张，绝莫有西洋学说的流弊。

欲世界文明，不能于西洋现行学说中求之，当于我国固有学说中求之。我国改革经济政治，与夫一切制度，断不能师法欧美各国。即以宪法一端而论，美国宪法，算是制得顶好的了，根本上就有问题。美国制宪之初，有说人性是善的，主张地方分权，有说人性不能完全是善，主张中央集权，两派之争执，经过许久，最终后一派战胜，定为中央集权（详见孙中山先生民权主义），此乃政争上之战胜，非学理上之战胜，岂足为我国师法？据我们的研究，人性乃是无善无恶的，应当把地方分权与中央集权融合为一，制出来的宪法，自地主看之，则为地方分权，自中央看之，则为中央集权，等于浑然的整个人性，自孟子看之，则为性善，自荀子看之，则为性恶。

古今中外，讨论人性者，聚讼纷如，莫衷一是，唯有告子性无善无不善之说，证以印度佛氏之说，是合的。他说："生之谓性。"律以达尔文生存竞争之说是合的，律以马克思信徒"生存为历史重心"之说，也是合的。至于他说："食、色，性也。"现在的人，正疯狂一般向这二字奔去，更证明他的观察莫有错。我们说："心理依力学规律而变化。"而告子曰："性犹湍水也。"水之变化，即是力之变化，我们这条臆说，也逃不出他的范围。性善性恶之争执，是我国两千多年未曾解决之悬案，我们可下一断语曰：告子之说是合理的。

心理依力学规律而变化

人人有一心，即人人有一力，一人之力，不敌众人之力，群众动作，身入其中，我一己之力，被众人之大力相推相荡，不知不觉，随同动作，以众人的意识为意识，众人的情感为情感，自己的脑筋，就完全失去自主的能力了。因为有这个道理，所以当主帅的人，才能驱千千万万的平民效命疆场，当首领的人，才能指挥许多党徒为杀人放火的暴行。

宇宙之内，由离心向心两力互相作用，才生出万有不齐之事事物物，表面上看去，似乎参差错乱，其实有一定不移之轨道。人与物，造物是用一种大力，同样鼓铸之，故人事与物理相通。离心力与向心力，二者互相为变，所以世上有许多事，我们强之使合，他反转相离，有时纵之使离，他又自行结合了。疯狂的人，想逃走的心，与禁锢的力成正比例，越禁锢得严，越是想逃走，有时不禁锢他，他反不想逃走了。父兄约束子弟，要明白这个道理，官吏约束百姓，也要明白这个道理。

秦政苛虐，群盗蜂起，文景宽大，民风反转浑朴起来，其间确有规律可循，并非无因而至。我们手搓泥丸，是增加向心力，越搓越紧，若是紧到极点，即是向心力到了极点，再用大力搓之，泥丸立即破裂，呈一种离心现象。水遇冷则收缩，是向心现象，越冷越收缩，到了摄氏四度，再加冷也呈离心现象，越冷越膨胀，可知离心向心，本是一力之变。比方我们持一针向纸刺去，愈前进距纸愈近，这是向心现象，刺破了纸，仍前进不止，即愈前进距纸愈远，变为离心现象，此针进行之方向，并未改变，却会生出两种现象。因为凡物都有极限，水以摄氏四度为极限，纸以纸面为极限，过了极限，就会生反对的现象，父兄约束子弟，官吏约束百姓，须察知极限点之所在。

由上面之理推去，地球之成毁，也就可知了，地球越冷越收缩，到了极限点，呈反对现象，自行破裂，散为飞灰，迷漫太空，现在的地球，于是告终。又由引力的作用，历若干年，又生出新地球。我们身体上之物质，将来是要由现在这个地球介绍到新地球去的。人身体的物质，世世生生，随力学规律旋转，所以往古来今的人的心理，都是随力学规律旋转。

万物有引力，万物有离力，引力胜过离力，则其物存，离力胜过引力，则其物毁。目前存在之物，都是引力胜过离力的，故有万有引力之说，其离力胜过引力之物，早已消灭，无人看见，所以万有离力一层，无人注意。

地球是现存之物，故把地面外的东西向内部牵引，心是现存之物，故把六尘缘影向内部牵引，小儿是求生存之物，故看见外面的东西，即取来放入自己口中。人类是求生存之物，故见有利己之事，即牵引到自己身上去。天然的现象，无一不向内部牵引，地球也，心也，小儿也，人类也，将来本是要由万有离力作用，消归乌有的，但是未到消灭的时候，它那向内部牵引之力，无论如何，是不能除去的，宋儒去私之说，怎能办得到？

人心之私，既不能除去，我们只好承认其私，把人类画为一大圈，使之各遂其私，人人能够生存，世界才能太平。我们人类，当同心协力，把圈外之禽兽草木地球（如本书第三部分丙圈）当做敌人，搜取它的宝物，与人类平分，这才是公到极点。也可以说是私到极点。如其不然，徒向人类夺取财货，世界是永不得太平的。

心理之变化，等于水之变化，水可以为云雨，为霜露，为冰雪，为江湖，为河海，时而浪静波恬，时而奔腾澎湃，变化无方，几于不可思议，而科学家以力学规律绳之，无不一一有轨道可循。

人的心理，不外相推相引两种作用，自己觉得有利的事，就引之使近，自己觉得有害的事，就推之使远。人类因为有此心理，所以能够相亲相爱，生出种种福利；又因为有此心理，所以会相争相夺，生出种种惨祸。主持政教的人，当用治水之法，疏凿与堤防二者并用。得其法，则行船舟，灌田亩，其利无穷；不得其法，则漂房舍，杀人畜，其害也无穷。宋儒不明此理，强分义理之性，气质之性，创出天理人欲种种说法，无异于说，行船舟、灌田亩之水，其源出于天，出于理，漂房舍、杀人畜之水，出于人，出于气。我不知一部宋元明清学案中，天人理气等字，究竟是什么东西，只好说它迂曲难通。

我们细察己心，种种变化，都是依着力学规律走的，狂喜的时候，力线向外发展，恐惧的时候，力线向内收缩。遇意外事变，欲朝东，东方有阻，欲朝西，西方有碍，力线转折无定，心中就呈慌乱之状。对于某种学说，如果承认它，自必引而受之，如果否认它，自必推而去之，遇一种学说，似有理，似无理，引受不可，推去不能，就成狐疑态度。

我心推究事理，依直线进行之例，一直前进，推至甲处，理不可通，即折向乙处，又不可通，即折向丙处，此心之曲折，与流水之迂回相似。水本是以直线进行的，虽是迂回百折，仍不外力学规律。我们的心，也是如此。此外尚有种种现象，细究之，终不外推之引之两种作用。有时潜心静坐，万缘寂灭，无推引者，亦无被推引者，如万顷深潭，水波不兴，即呈一种恬静空明之象。此时之心，虽不显何作用，其实千百种作用，都蕴藏在内。人之心理，与磁电相通，电气中和的时候，毫无作用，一作用起来，其变态即不可思议。我们明白磁电的理，人的心理，就可了然了。

水虽是以直线进行，但把它放在器中，它就随器异形，器方则方，器圆则圆，人的心理，也是如此。人有各种嗜欲，其所以不任意发露者，实由于有一种拘束力，把他制住。拘束力各人不同，有受法律的拘束，有受清议的拘束，有受金钱的拘束，有受父兄师长朋友的拘束，有受因果报应及圣贤学说的拘束，种种不同，只要把他心中的拘束力除去，他的嗜欲，立时呈露，如贮水之器有了罅漏，即向外流出一般。

贪财好色之人，身临巨祸，旁人看得清清楚楚，而本人则茫然不知。因为他的思想感情，依直线进行公例，直线在目的物上，两旁的事物，全不能见。譬如寒士想做官，做了官还嫌小，要做大官，做了大官，还是向前不止；袁世凯做了大总统，还想做皇帝。秦皇汉武，做了皇帝，在中国称尊，还嫌不足，要起兵征伐四夷，四夷平服了，又要想做神仙。这就是人类嗜欲依直线进行的明证。

耶教志在救人，以博爱为主旨，其教条是：“有人批我左颊者，并以右颊献上。”乃新旧教之争，酿成血战惨祸，处置异教徒，有焚烧酷刑，竟与教旨显背，请问这是甚么道理？法国革命，以自由平等博爱相号召，乃竟杀人如麻，稍有反对的，或形迹可疑的，即加诛戮，与所标主旨全然违反，这又是甚么道理？我们要解释这个理由，只好求之力学规律。耶稣、卢梭的信徒，只知追求他心中之目的物，热情刚烈，犹如火车开足了马力向前奔走一般，途中人畜无不被其碾毙。凡信各种主义的人，都可本此公例求之。

凡事即都有变例，如本书甲乙两图，是指常例而言，是指静的现象而言，是指未加外力而言，若以变例言之，则有帮助外人攻击其兄者，则有爱花，爱石，爱山水，而忘其身命者。语云：“忠臣不事二君，烈女不嫁二夫。”心中加了一个“忠”字、“烈”字，往往自甘杀身而不悔。又云：“慷慨赴死易，从容就义难。”慷慨者，动的现象也，从容者，静的现象也。中日战争，我国许多无名战士，身怀炸弹，见日本坦克车来，即奔卧道上，己身与敌人同尽，彼其人既不为利，复不为名，而有此等举动，其故何哉？孟子曰：“所欲有甚于生者，所恶有甚于死者。”盖我之外，另有一物，为其视线所注也。耶稣、卢梭信徒，求达目的，忘却信条，吾国志士，求达目的，忘却己身，此其间确有一定的轨道，故老子曰：“民不畏死，奈何以死惧之。”目的可以随时转变，其表现出来者，遂有形形色色之不同，然而终不外力学规律。我们悟得此理，才可以处理事变，才可以教育民众。

人的思想感情，本是以直线进行，便表现出来，却有许多弯弯曲曲、奇奇怪怪的状态，其原因出于人群众多，力线交互错综，相推相引，又加以境地时时变迁，各人立足点不同，观察点不同，所以明明是直线，转变成曲线。例如，我们取一块直线板，就在黑板上，用白墨顺着直线板画一线，此线当然是直线，假使画直线之时，黑板任意移动，结果所画之线，就成为曲线了。我们如把爱因斯坦的相对论运用到人事上，就可把这个道理解释明白。

人人有一心，即人人有一力线，各力线俱向外发展，宜乎处处冲突，何以平常时，冲突之事不多见？因为力线有种种不同：有力与力不相交的，此人做甲事，彼人做乙事，各不相涉。有力与力相消的，例如有人起心，想害某人，旋想他的本事也大，我怕敌他不过，因而中止。有力与力相合的，例如抬轿的人，举步快慢，自然一致。有力与力相需的，例如卖布的和缝衣匠，有布无人缝，有人缝无布卖，都是不行，相需为用，自然彼此相安。又有大力制止了小力的，例如小孩玩得正高兴的时候，父母命他做某事，他心中虽是不愿，仍不能不做，是父母之力把他的反对力制伏了。又如交情深厚的朋友，小有违忤，能够容忍，因为彼此间的凝结力很大，小小冲突之力，不能表现。诸如此类，我们下细考察，即知人与人相接，力线交互错综，如网一般，有许多线，不惟不冲突，反是相需相成，人类能够维系，以生存于世界，就是这个原因。

通常的人，彼此之力相等，个个独立，大本事人，其力大，能够把他前后左右几个人吸引来成一个团体，成了团体以后，由合力作用，其力更大，又向外面吸引，越吸引越大，其势力就遍于天下。东汉党人，明季党人，就是这种现象。如果同时有一人，力量也大，不受他的吸引，并且把自己前后左右几个人吸引成一团体，也是越吸引越大，就成了对峙的两党。宋朝王安石派的新党，司马光派的旧党，是这种现象，程伊川统率的洛党，苏东坡统率的蜀党，也是这种现象，现在各党之对峙，也是这种现象。两党相遇，其力线之轨道，与两人相遇一样。凡当首领的人，贵在把内部冲突之力取消，一致对外，如其不然，他那团体，就会自行解散。有些团体，越受外界压迫，越是坚固，有些一受压迫，即行解体，其原因即在那当首领的人能否统一内部力线，不关乎外力之大小。

有人说：群众心理，与个人心理不同，个人独居的时候，常有明了的意识，正当的情感，一遇群众动作，身入其中，此种意识情感，即完全消失，随众人之动作为动作。往往有平日温良谦让的人，一入群众之中，忽变而为犷厉嚣张、横不依理的暴徒。又有平日柔懦卑鄙的人，一入群众之中，忽变而为热心公义、牺牲身命的志士。法人黎朋著《群众心理》一书，历举事实，认为群众心理，不能以个人心理解释之，其实不然，我们如果应用力学规律，就可把这个道理说明。

人人有一心，即人人有一力，一人之力，不敌众人之力，群众动作，身入其中，我一已之力，被众人之大力相推相荡，不知不觉，随同动作，以众人的意识为意识，众人的情感为情感，自已的脑筋，就完全失去自主的能力了。因为有这个道理，所以当主帅的人，才能驱千千万万的平民效命疆场，当首领的人，才能指挥许多党徒为杀人放火的暴行。

个人独居的时候，以自已之脑筋为脑筋，群众动作，是以首领之脑筋为脑筋。当首领的人，只要意志坚强，就可指挥如意。史称："李光弼入军，号令一施，旌旗变色。”俗语说“强将手下无弱兵”，就是这个道理。

水之变化，依力学规律而变化，吾人心理之变化，也是依力学规律而变化，每每会议场中，平静无事，忽有一人登台演说，慷慨激昂，激情立即奋发，酿成重大事变，此会议场中的众人，犹如深潭的水一般，堤岸一崩，水即汹涌而出，漂房舍，杀人畜，势所不免。所以我们应付群众暴动的方法，要取治水的方法，其法有三：(1) 如系堰塘之水，则登高以避之，等它流干了，自然无事；(2) 如系有来源之水，则设法截堵，免其横流；(3) 或疏通下游，使之向下流去。水之动作，即是力之动作，我们取治水之法，应付群众，断不会错。

两力平衡，才能稳定，万事万物以平为归，水不平则流，物不平则鸣，资本家之对于劳工，帝国主义之对于弱小民族，不平太甚，可断定他终归失败。处顺利之境，心要变危，处忧危之境，又要有一种迈往之气，使发散收缩二力保其平衡，才不失败。达而在上的人，态度要谦逊，穷而在下的人，志气要高亢，不如此则不平。倘若在上又高亢，我们必说他骄傲，在下又谦逊，我们必说他卑鄙。此由我们的心，是一种力结成的，力以平为归，所以我们的心中，藏得有一个平字，为衡量万事万物的标准，不过自己习而不察罢了。心中之力，与宇宙之力，是相通的，故我之一心，可以衡量万物，王阳明的学说，就是从这个地方生出的。

人事变化之轨道

逢蒙杀羿，是先生阻了学生之路；吴起杀妻，是妻子阻了丈夫之路；高祖分羹，是父亲阻了儿子之路；乐羊子食羹，是儿子阻了父亲之路；周公诛管蔡，唐太宗诛建成、元吉，是兄阻弟之路、弟阻兄之路。可见力线冲突了，就是父子兄弟夫妇，都不能幸免的。

我们既说“心理依力学规律而变化”，力之变化，可用数学来说明，故心理之变化，也可用数学来说明。力之变化，可绘出图来，寻求它的轨道。一部二十五史，是人类心理留下的影像，我们取历史上的事，本力学规律，把它绘出图来，即知人事纷纷扰扰，皆有一定的轨道。作图之法，例如心中念及某事，即把那作为一个物体。心中念及它，即是心中发出一根力线，与之联结。心中喜欢它，即是想把它引之使近，如不喜欢，即是想把它推之使远，从这相推相引之中，就可把轨道寻出来。

孙子曰：“吴人越人相恶也，当其同舟共济而遇风，其相救也，如左右手。”这是舟将沉下水，吴人越人，都想把舟拖出水来，成了方向相同的合力线，所以平日的仇人都会变成患难相救的好友。凡是历史上的事，都可本此法把它绘图研究。

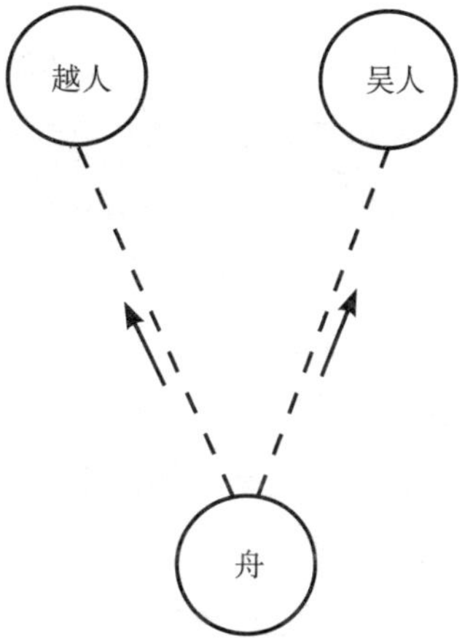

吴人越人相恶图

韩信背水阵，置之死地而后生，是汉兵被陈馀之兵所压迫，前面是大河，是死路，唯有转身去，把陈馀之兵推开，才有一条生路。人人如此想，即成了方向相同之合力线，所以乌合之众，可以团结为一。其力线之方向，与韩信相同，所以韩信就坐收成功了。

张耳、陈馀，称为刎颈之交，算是至好的朋友。后来张耳被秦兵围了，求陈馀救之，馀畏秦兵强，不肯往，二人因此结下深仇。这是张耳将秦兵向陈馀方面推去，陈馀又将秦兵向张耳方面推来，力线方向相反，所以至好的朋友，会变成仇敌，卒之张耳帮助韩信，把陈馀杀死在泜水之上。

嬴秦之末，天下苦秦苛政，陈涉振臂一呼，山东豪俊，一齐响应，陈涉并未派人去联合，何以会一齐响应呢？这是众人受秦的苛政久了，人人心中，都想把他推开，利害相同，心理相同，就成了方向相同之合力线，不消联合，自然联合。

刘邦、项羽，起事之初，大家志在灭秦，目的相同，成了合力线，所以异姓之人，可以结为兄弟。后来把秦灭了，目的物已去，现出了一座江山，刘邦想把他抢过来，项羽也想把他抢过来，力线相反，异姓兄弟就血战起来了。

再以高祖与韩彭诸人的关系言之，当项羽称霸的时候，高祖心想：只要把项羽杀死，我就好了。韩彭诸人也想：只要把项羽杀死，我就好了。思想相同，自然成为合力线，所以垓下会师，立把项羽杀死。项羽既灭，他们君臣，无合力之必要，大家的心思，就趋往权力上去了。但是权力这个东西，你占多了，我就要少占点，我占多了，你就要少占点，力线是冲突的，所以高祖就杀起功臣来了。

唐太宗取隋，明太祖取元，起事之初，与汉朝一样，事成之后，唐则弟兄相杀，明则功臣族灭，也与汉朝无异。大凡天下平定之后，君臣力线，就生冲突，君不灭臣，臣就会灭君，看二力之大小，定彼此之存亡。李嗣源佐唐庄宗灭梁灭契丹，庄宗之力，制他不住，就把庄宗的天下夺去了。赵匡胤佐周世宗破汉破唐，嗣君之力，制他不住，也把周之天下夺去了。这就是刘邦不杀韩彭诸人的反面文字。

光武平定天下之后，邓禹、耿弇诸人，把兵权交出，闭门读书，这是看清了光武的路线，自己先行走开。宋太祖杯酒释兵权，这是把自己要走的路线明白说出，叫他们自家让开，究其实，汉光武、宋太祖的心理，与汉高祖的心理是一样，我们不能说汉高祖性情残忍，也不能说汉光武、宋太祖度量宽宏，只能说是一种力学公例。

岳飞想把中原挽之使南，秦桧想把中原推之使北，岳飞想把徽钦挽之使南，高宗想把徽钦推之使北，高宗与秦桧，成了方向相同之合力线，其方向恰与岳飞相反，岳飞一人之力，不敌高宗、秦桧之合力，故三字冤成，岳飞不得不死。

历史上凡有阻碍路线的人，无不遭祸。刘先帝杀张裕，诸葛亮请其罪，先帝曰：“芳兰生门，不得不锄。”芳兰何罪？罪在生非其地。赵太祖伐江南，徐铉乞缓师，太祖曰：“卧榻之侧，岂容他人酣睡？”酣睡何罪？罪在睡非其地。古来还有件奇事：狂裔华士、昆弟二人，上不臣天下，下不友诸侯，耕田而食，凿井而饮，这明明是空谷幽兰，酣睡自家榻上，宜乎可以免祸了；太公至营丘，首先诛之，这是甚么道理呢？因为太公在那个时候，挟爵禄以驱遣豪杰，偏偏有两个不受爵禄的，横亘前面，这仍是阻了路线，如何容他得过？太公是圣人，狂裔华士是高士，高士阻了路线，圣人也容他不过，这可说是普通公例了。

逢蒙杀羿，是先生阻了学生之路；吴起杀妻，是妻子阻了丈夫之路；高祖分羹，是父亲阻了儿子之路；乐羊子食羹，是儿子阻了父亲之路；周公诛管蔡，唐太宗诛建成、元吉，是兄阻弟之路、弟阻兄之路。可见力线冲突了，就是父子兄弟夫妇，都不能幸免的。王猛明白这个道理，见了桓温，改仕苻秦；殷浩不然，即遭失败。范蠡明白这个道理，破了吴国，泛舟五湖；文种不然，即被诛戮。此外如韩非囚秦，子胥伏剑，嵇康见诛，阮籍免祸，我们试把韩非诸人的事实言论考一下，又把杀韩非的李斯，杀子胥的夫差，和容忍阮籍、诛戮嵇康的司马昭各人心中注意之点寻出，考他路线之经过，即知道：或冲突，或不冲突，都有一定的公例存乎其间。

王安石说："天变不足畏，人言不足恤，祖宗不足法。"道理本是对的，但他在当日，因这三句话，得了重谤，我们今日读了，也觉得他盛气凌人，心中有点不舒服，假使我们生在当日，未必不与他冲突。陈宏谋说："是非审之于己，毁誉听之于人，得失安之于数。"这三句话的意义，本是与王安石一样，而我们读了，就觉得这个人和蔼可亲。这是甚么道理呢？因为王安石仿佛是横亘在路上，凡有"天变"、"人言"、"祖宗"从路上经过，都被他拒绝转去。陈宏谋是把"己"字、"人"字、"数"字，列为三根平行线，彼此不相冲突。我们听了王安石的话，不知不觉，置身"人言不足恤"那个人字中，听了陈宏谋的话，不知不觉，置身"毁誉听之于人"那个人字中，我们心中的力线，也是喜欢他人相让，不喜欢他人阻拦，所以不知不觉，对于王陈二人的感情就不同了。我们如果悟得此理，应事接物，有无限受用。

力学中有偶力一种，也值得研究。宋朝王安石维新，排斥旧党，司马光守旧，排斥新党，两党主张相反，其力又复相等。自力学言之："两力线平行，强度相等，方向相反，是为偶力作用。"磨子之旋转不已，即是此种力之表现。宋自神宗以来，新旧两党，迭掌政权，相争至数十年之久，宋室政局遂如磨子一般，旋转不已，致令金人侵入，酿成南渡之祸。我国辛亥而后，各党各派，抗不相下，其力又不足相胜，成了偶力作用，政局也如磨子般旋转，日本即乘之而入。

人世一切事变，乃是人与人接触发生出来的，一个人，一个我，我们可假定为数学上之二元，一个 Y，一个 X，依解析几何，可得五线：（1）二直线；（2）圆；（3）抛物线；（4）椭圆；（5）双曲线。人事千变万化，总不外人与人相接，所以任如何逃不出这五种轨道。本章前面所举诸例，皆属乎二直线，第二章甲乙两图，第三章之丙图，则属乎圆，此外还有抛物线、椭圆、双曲线三种，叙述如下：

甚么是抛物线呢？我们向外抛出一石，这是一种离心力，地心吸力，吸引此石，是一种向心力，石之离心力，冲不破地心吸力，终于下坠，此石所走之路线，即是抛物线。弱小民族，对于列强所走路线，是抛物线。例如，高丽人民想独立，这是对于日本生出一种离心力，而日本用强力把它制伏下去。冲不破日本的势力范围，等于抛出之石，冲不破地心吸力，终于坠地一般。

我们抛出之石，假定莫得地面阻挡，此石会绕过地心，仍回到我之本位，而旋绕不已，成为地球绕日状态。这种路线，名曰椭圆，是离心力和向心力二者结合而成。自数学上言之，有一点至两定点之距离，其和恒等，此点之轨迹，名曰椭圆，其和恒等者，即其值恒等之谓也。买卖之际，顾客交出金钱，店主交出货物，二者之值相等，即可看做一物。这是顾客抛出一物，绕过店主，回到他的本位，在店主方面看来，也是抛出一物，绕过顾客，回到他的本位，成一种椭圆形，买卖二家，就心满意足了。顾客有金钱，不必定向某店购买，这是离心力，但他店中的货物，足以引动顾客，又具有引力。店主有货物，不必定卖与某客，这是离心力，但他怀中的金钱，足以引动店主，又具有引力。由引力离力的结合，顾客出金钱，店主出货物，各遂所欲，交易遂成，是为椭圆状态。

又如自由结婚，某女不必嫁某男，而某男之爱情，足以吸引她，某男不必定娶某女，而某女之爱情，足以吸引他，引力离力，保其平衡，也系椭圆状态。

地球绕日，引力和离力，两相平衡，成为椭圆状态，故宇宙万古如新。社会上一切组织，必须取法这种状态，才能永久无弊。我国婚姻旧制，由父母主持，一与之齐，终身不改，缺乏了离力，所以男女两方，有时常感痛苦。外国资本家专横，工人不入工厂做工，就会饿死，离不开工厂，缺乏了离力，所以要社会革命。至若有离力而无引力，更是不可，上古男女杂交，子女知有母而不知有父，这是缺乏了引力。我国各种团体，有如散沙，也是缺乏了引力，所以政治家创一制度，不可不把离心向心二力配置均平。

有一点至两定点之距离，其差恒等，此点之轨迹，名曰双曲线，其形状，有点像两张弓反背相向一般。凡两种学说，成两种行事，背道而驰，可称为走入双曲线轨道。例如性善说和性恶说，二者恰相反对，对方俱持之有故，言之成理，越讲得精微，相差越远，犹如双曲线越引越长，相离越远一样，究其实，无非性善恶之差，是谓其差恒等。又如入世间法，和出世间法，二者是背道而驰的，利己主义，和利人主义，二者也是背道而驰的，凡此种种，皆属乎双曲线。椭圆绘出图来，有两个心，双曲线绘出图来，也有两个心，椭圆之图，是两心相向，双曲线之图，是两心相背，所以我与人走入椭圆轨道，彼此相需相成，若走入双曲线轨道，心理上就无在不背道而驰。

我们把各种力线详加考察，即知我与人相安无事之路线有四：(1) 不相交之线。我与人目的物不同，路线不同，各人向着目的物进行，彼此不生关系。平行线，是永远不相交，有时虽不平行，而尚未接触，亦不生关系；(2) 合力线。我与人利害相同，向着同一之目的进行，如前面所说吴越人同舟共济是也；(3) 圆形宇宙事事物物，天然是排得极有秩序的。详玩甲、乙、丙三图，即知凡事都有一定范围，我与人有一定的界限，倘能各守界线，你不侵我之范围，我不侵你之范围，彼此自然相安；(4) 椭圆形。前面所说自由贸易、自由结婚等是也。凡属权利义务相等之事，皆属乎此种。

四线中，第一、第三两种线的结果，是利己而无损于人，或利人而无损于己。第二、第四两种线的结果，是人己两利。我们每遇一事，当熟察人己力线之经过，如走此四线，人与我绝不会生冲突。

我们把上述四种线求出，就可评判各家学说和各种政令之得失。我国古人有所谓“万物并育而不相害，道并行而不相悖”者，合得到第一种线，有所谓“通功合作”者，合得到第二种线，有所谓君君臣臣，父父子子者，合得到第三种线，有所谓“通功易事”者，合得到第四种线，西人谓：人人自由，以他人之自由为界限，合得到第三种线，都是对的。尼采的超人主义，其病在损人，托尔斯泰的无抵抗主义，其病在损己，律以四种，俱不合，故俱不可不行。

二直线也，圆也，抛物线也，椭圆也，双曲线也，五者，是人与人相遇之路线，而此五线是变动不居的，只要心理一变，其线即变。例如，吴之孙权，蜀之刘备，各以荆州为目的物，孙权把荆州向东拖，刘备把荆州向西拖，力线相反，故郎舅决裂，夫妇生离，关羽见杀，七百里之连营被烧，吴蜀二国，俨成不共戴天之仇。后来诸葛亮提出魏为目的物，约定共同伐魏，就成了方向相同之合力线，二国感情，立即融洽，合作到底，后来司马昭伐蜀，吴还起兵相救，听说刘禅降了，方才罢兵。这就是心理改变，力线即改变之明证。

我国从前闭关自守，不与外国相通，是不相交之二直线；五口通商而后，受帝国主义之压迫，欲脱其势力范围而不能，是走的抛物线；一旦起而抗战，与帝国主义成一反对形势，彼此背道而驰，即为两心相背之双曲线。我们联合被侵略者，向之进攻，即成为合力线。帝国主义，经过一番重惩之后，翻然悔悟，工业国和农业国，通功易事，以其所有，易其所无，就成为两心相向之椭圆状态。将来再进化，世界大同了，合全球而为一个国家，就成为一个圆心之圆形了。所以这几种线的轨道，是随时可以改易的，只看各人心理如何罢了。

性善说、性恶说，二者背道而驰，是双曲线状态，倘知人性是浑然一体，无所谓善，无所谓恶，即成为浑然之圆形了。入世法和出世法，背道而驰，利己主义和利人主义，背道而驰，这都是双曲线，倘能把它融会贯通，入世出世，原是一理，利己利人，原是一事，则又成为圆形了。

我们做一切事，与夫国家制定法令制度，定要把路线看清楚，又要把引力离力二者支配均平，才不至发生窒碍。我们详考世人的行事和现行的法令制度，以力学规律绳之，许多地方都不合，无怪乎纷纷扰扰，大乱不止。

孟子说：“规矩，方圆之至也，圣人，人伦之至也。”第一句是对的，第二句就不对。我们执规以画圆，执矩以画方，聚五洲万国之人而观之，不能说不圆，不能说不方。惟圣人则不然，孔子、释迦、耶稣、穆罕默德，皆所谓圣人也，诸圣人定下的规律，各不相同，以此圣人之规律，绳彼圣人之信徒，立生冲突，其故何哉？盖圣人之规律，乃尺也、斗也、秤也，非画圆之规、画方之矩也；诸圣人之尺斗秤，长短大小轻重，各不相同，只在本铺适用。今者世界大通，天涯比邻，一市之中，有了几种尺斗秤，此世界文化所由冲突也。所以法令制度，如果根据圣人的学说制定出来，当然不能通行世界。力学规律，为五洲万国所公认，本章所述五种线，是从力学规律出来的，是规矩，不是尺斗秤，依以制定法令制度，一定通行五洲万国。

世界进化之轨道

人事千变万化，都是由离心向心二力生出来的，离心者，力之向外发展也，向心者，力之向内收敛也，发展到极点，则收敛，收敛到极点又能发展，此即古人所说，盈虚消长，循环无端也。以虚为起点，由是而发展则为长，发展到极点则为盈，到了极点即收敛而为消，收敛到极点则为虚，由虚而又为长，为盈，为消，为虚，是之谓“循环无端”。

人世一切事变，从人类行为生出来的，人类行为，从心理生出来的，而人之心理，依力学规律而变化，故世界进化，逃不出力学规律。

世界进化，乃是一种力在一个区域内动作，经过长时间所成之现象也。其间共有三物，一曰力，二曰空间，三曰时间。我们可认为是数学上之三元，其最显著者，为摆线式与螺旋式。古人说：“天道循环无端，无往不复。”今人说：“人类历史，永无重复。”我们把两说合并起来，就成为摆线式与螺旋式。

凡人无论思想方面或行为方面，都是依着力学规律，以直线进行，然其结果，所表现者，乃是曲线，不是直线，这是甚么道理呢？因为向前进行之际，受有他力牵引，而两力又相等，遂成为圆形。古人说：“循环无端。”环即圈子即是说：宇宙一切事物之演进，始终是循着一个圈子，旋转不已。这个说法，可举例来说明：假如我们在地球上面，无论东西南北，任取一直线向前进行，无丝毫偏斜，结果仍回到原来之地点，因为我们站在地面，是被地心力吸着的，开步向前走，是摆脱地心吸力，而以离心力向前进行，然而仍被地心力吸着。由离心力向心力两相结合，其路线遂成为圆形，而回到原来之地点，任走若干遍，俱是如此，是之谓“循环无端”。然而世界之进化，则不为圆周形，而为摆线形或螺旋线形。

甚么是摆线呢？我们取一铜元，在桌上滚起走，其圆周所成之线，即是摆线。铜元能滚者，力也，滚过的地方，空间也，不断的滚者，时间也。铜元旋转不已，周而复始，是谓“循环无端”。其路线，一起一伏，对直前进，是谓“永无重复”。宇宙事物之演进，往往有此种现象，如日往月来，寒往暑来，周流不息，是为“循环无端”，然而日月递更，寒暑代运，积之则为若干万万年，虽是循环不已，实是前进不已，这算是摆线式的进化。

有人说："人的意志为物质所支配。"又有人说："物质为人的意志所支配。"殊不知：物质与意志，是互相支配的。欧洲机器发明而后，工业大兴，人民的生活情形，随之而变，固然是物质支配了人的意志，但机器是人类发明的，发明家费尽脑力，机器才能出现，工业才能发达，这又是人的意志支配了物质。这类说法，与英雄造时势、时势造英雄是一样的。有了物理数学等科，才能产生牛顿；有了牛顿，物理数学等科，又生大变化。有了咸、同的时势，才造出曾、左诸人；有了曾、左诸人，又造出一个时势，犹如鸡生蛋，蛋生鸡一般，看起来是辗转相生，其实是前进不已。后之蛋，非前之蛋，后之鸡，非前之鸡，物质支配人的意志，人的意志又支配物质，时势造英雄，英雄又造时势，而世界就日益进化了。鸡与蛋和心与物，都是一物体之两方面，鸡之外无蛋，蛋之外无鸡，心之外无物，物之外无心，二者之进化，都等于一个铜元在桌上滚起走，有点像摆线式的进化。

我们细加研究，即知日往月来，寒往暑来，和鸡生蛋，蛋生鸡这类现象，是纯粹的摆线式进化，因为日月也，寒暑也，鸡与蛋也，状态始终如一，等于一个铜元之状态始终如一，其画出之线，一起一伏，也始终如一。惟英雄造出的时势，较造英雄的时势，更为进步，物质与意志，辗转支配，也是后者较前者为进步。其现象则为历时愈久，社会文明愈进步，而政治家和科学家之智能，亦愈进步，其形式与摆线式微异，而为螺旋线的进化。

甚么是螺旋线呢？我们手执一块直角三角板，以长边为轴，旋转一周，所成体积，即是圆锥体。假如用圆锥体的钻子去钻木头，这钻子所走的路线，即是螺旋线，竖的方面越深，横的方面越宽，世界即是以此种状态而进化的。我们取一截竹子，用一针在竹上横起画一圈，此针本是以直线进行，然而始终是在这个圈上旋转不已，是之谓"循环无端"。假设此针进行之际，有人暗中把竹子轻轻拖起走，则此针画出之线，绝不能与经过之路线重合，是之谓"永无重复"。针之进行是力，画出之圈是空间，其拖起走，则属乎时间，但世界进化，不是在竹子上画，乃是在笋子画圈，乃是从尖笋画起走，有人持笋尖拖之，其线越画越长，圈子越画越大，因笋子即圆锥形也。

禹会诸侯于涂山，执玉帛者万国，成汤时三千国，周武王时一千八百国，春秋时二百四十国，战国时，只有七国，到了秦始皇时，天下就一统了。其现象是：历时越久，国之数目越少，其面积越大，这即是竖的方面越深，横的方面越宽，是为螺旋式进化。竖的方面者，时间也；横的方面者，空间也。现在五洲万国的形势，绝像我国春秋战国时代，由进化趋势看去，终必至全球混一而后止。所异者，从前是君主时代，嬴秦混一，有一个皇帝高踞其上，现在是民主时代，将来全球混一，是十八万万人共同做皇帝。

宇宙事事物物之演变，都是离心力和向心力互相作用生出来的，有一力以直线进行，同时又有一相反之力牵制之，遂不得不做回旋状态，而又前进不已，即成为摆线状态或螺旋线状态。日月迭更，寒暑代运，鸡与蛋辗转相生，是未掺有人类意志的，只是循着自然之道而行，故依摆线式进化，始终如一；机器与时势，是掺有人类意志，而人类天性，是力求进步的，故依螺旋式进化，历时愈久，路线愈扩大。国际之关系，全是人类的意志作用，所以依螺旋式进化，必至全球混一而后止。人类是日求进步的，社会是日益文明的，全球混一，特文明进步之一幕耳。全球混一后，社会文明，又依螺旋式前进，而无有终止，其现象亦犹日月迭更，寒暑代运，依摆线式前进，而无有终止也。

人事千变万化，都是由离心向心二力生出来的，离心者，力之向外发展也，向心者，力之向内收敛也，发展到极点，则收敛，收敛到极点又能发展，此即古人所说，盈虚消长，循环无端也。以虚为起点，由是而发展则为长，发展到极点则为盈，到了极点即收敛而为消，收敛到极点则为虚，由虚而又为长，为盈，为消，为虚，是之谓“循环无端”。春夏秋冬，即盈虚消长之现象也。春者长也，夏者盈也，秋者消也，冬者虚也。一部《易经》和老子《道德经》，俱是发明此理，所谓物极必反也。所以宇宙间事事物物，都是正负二力，互为消长，此古人治国，所以有一张一弛之说也。嬴秦苛虐，汉初则治之以黄老，刘璋暗弱，孔明则治之以申韩，都是顺应此种趋势的。

我们合古今事变观之，大约可分三个时期：以婚姻制度言之，上古时男女杂交，生出之子女，知有母而不知有父，这个时候的婚制，离心力胜过向心力，是为第一时期。后来制定婚制，子女婚姻，由父母主持，一与之齐，终身不改，向心力胜过离心力，是为第二时期。现在已入第三时期了，某女不必定嫁某男，而某男之爱情，足以吸引她，某男不必定娶某女，而某女之爱情，足以吸引他，离心向心二力，保持平衡，就成第三时期的自由婚制。此种婚制，本带得有点回旋状态，许多青年，看不清此种趋势，以为应该恢复到上古那种杂交状态，就未免大错了。

人民的自由，也可分三个时期。上古人民，穴居野处，纯是一盘散沙，是为第一时期。后来受君主之压制，言论思想，极不自由，是为第二时期。

经过一番革命，政府干涉的力量与人民自由的力量保持平衡，是为第三时期。自力学方面言之，第一时期，离心力胜过向心力，第二时期，向心力胜过离心力，第三时期，向心离心二力，保持平衡。第三时期中，掺得有第一时期的自由，带得有点回旋状态。卢梭生当第二时期之末，看见此种回旋趋势，误以为应当恢复第一时期，所以他的学说，完全取第一时期之制以立论，以返于原始自然为第一要义。他说："自然之物皆善，一入人类之手，乃变而为恶。"他的学说，有一半合真理，有一半不合真理。因其有一半合真理，所以当时备受一般人之欢迎。因其有一半不合真理，所以法国革命实行他的学说，酿成非常的骚乱，结果不得不由政府加以干涉，卒至政府之干涉与人民之自由保持平衡，法国方能安定。

民主主义流行久了，法西斯主义之独裁，因而出现，这都是正负二力互为消长之表现。自墨索里尼倡出法西斯主义后，希特勒和日本军阀，相继仿效，因而造成世界第二次大战，其独裁制度，已越过时势之需要，可断言：此种独裁制，不久必将倒毙，另有一种制度代之。此种制度，一定是民主主义和独裁主义两种结合而成的。

人类分配资财的方法，也分三个时期。上古时人民浑浑噩噩，犹如初生小儿，不知欺诈，不知储蓄，只有公共的资财，并无个人的私财，这是有公而无私，是为第一时期。再进化，人类知识进步，自私自利之心，日益发达，把公共的赀财攘为个人私有，这是有私而无公，是为第二时期。再进化，人类知识更进步，公私界限，有明了认识，把公有的资财归之社会，私有的资财归之个人，公与私并行不悖，是为第三时期。我们现在所处的时代，是第二时期之末，第三时期之始。关于经济方面，应该把公私界限划分清楚，公者归之公，私者归之私，社会才能相安无事。

中国从前，自诩为声明文物之邦，以为周公的制度和孔孟的学说好到极点，鄙视西欧，不值一顾，此为第一时期。自甲午、庚子两役而后，骤失自信力，以为西洋的制度和学说，无一不好到极点，鄙视中国，不值一顾，此为第二时期。至今则入第三时期了，既不高视西洋，也不鄙视中国，总是平心考察，是者是之，非者非之，这是折中于第一时期和第二时期之间。我国初与欧人接触，庞然自大，以为高出外国之上。自从两次战败，遂低首降心，屈处列强之下。到了第三时期，我国与列强立于平等线上，这也是折中于第一时期和第二时期之间。

总之，世界进化，都是正负二力互为消长，处在某一时期，各种现象，都是一致，犹如天寒则处处皆寒，天热则处处皆热。现在帝国主义盛行，同时资本主义也盛行，而工商界也就有汽车大王、煤油大王、钢铁大王、银行大王等出现，民族间就有自夸大和民族是最优秀民族，日耳曼民族是最优秀民族，凡此种种都是第二时期残余之说。跟着就入第三时期，帝国主义消灭，资本主义消灭，工商界某某大王和某某最优秀民族，这类名词也消灭，这是必然的趋势。所以主持国家大计者，必须看清世界趋势，顺而应之，如其不然，就会受天然之淘汰。

达尔文学说之修正

达尔文研究生物学数十年，把全世界的昆虫草木、飞禽走兽，都研究完了，独于他实验室中有个高等动物，未曾研究，所以他的学说，就留下破绽。请问甚么高等动物？答曰：就是达尔文本身，他把人类社会忽略了，把自己心理和行为忽略了，所以创出的学说，不能不有破绽。

我同友人谈及达尔文，友人规诫我道：“李宗吾，你讲你的厚黑学好了，切不可涉及科学范围。达尔文是生物学专家，他的种源论，是积数十年之实验，把昆虫草木，飞禽走兽，一一考察遍了，证明不错了，才发表出来，是有科学根据的。你非科学家，最好是不涉及他，免闹笑话。”我说道：“达尔文可称科学家，难道我李宗吾不可称科学家吗？二者相较，我的学力，还在达尔文之上，何以故呢？他的种源论，是说明禽兽社会情形，我的厚黑学，是说明人类社会情形。他研究禽兽，只是从旁视察，自身并未变成禽兽，与之同处，于禽兽社会情形，未免隔膜，我则居然变成人，并且与人同处了数十年，难道我的学力，不远在达尔文之上？达尔文在禽兽社会中，寻出一种原则，如果用之于禽兽社会，我们尽可不管，而今公然用到人类社会来了，我们当然可以批驳他，人类社会中，寻得出达尔文这类科学家，禽兽社会中，寻不出达尔文这类科学家，足证两种社会截然不同，故达尔文的学说，不适用于人类社会。”

今人动辄提科学家三字，恐吓我辈普通人，殊不知科学家聪明起来，比普通人聪明百倍，糊涂起来，也比普通人糊涂百倍。牛顿可称独一无二的科学家，他养有大小二猫，有天命匠人在门上开一大小二洞，以便大猫出入大洞,小猫出入小洞。任何人都知道：只开一大洞,大小二猫俱可出入，而牛顿不悟也，这不是比普通人糊涂百倍吗？牛顿说：地心有吸力，我们固然该信从，难道他说“大猫出入大洞，小猫出入小洞”，我们也信得吗？所以我们对于科学家的学说，不能不慎重审择，谨防他学说里面藏牛顿的猫洞。

因为科学家有时比普通人糊涂百倍，所以专家之学说，往往不通，例如，斯密士岂非经济家，而他的学说就不通。我辈之话，不足为证，难道专家之批评，都不可信吗？……呜呼，诸君休矣，举世纷纷扰扰，闹个不休者，皆达尔文、斯密士……诸位科学家之赐也。

达尔文讲竞争，一开口，即是豺狼也，虎豹也；鄙人讲厚黑，一开口，即是曹操也，刘备也，孙权也。曹刘诸人，是千古人杰，其文明程度，不知高出豺狼虎豹若干倍，他且不论，单是我采用的标本，已比达尔文采的标本高得多了。所以基于达尔文的学说造出的世界，是虎狼世界，基于鄙人的学说造出的世界，是极文明的世界，达尔文可称科学家，鄙人当然可称科学家，不过达尔文是生物学的科学家，鄙人是厚黑学的科学家罢了。

达尔文研究生物学数十年，把全世界的昆虫草木、飞禽走兽，都研究完了，独于他实验室中有个高等动物，未曾研究，所以他的学说，就留下破绽。请问甚么是高等动物？答曰：就是达尔文本身，他把人类社会忽略了，把自己心理和行为忽略了，所以创出的学说，不能不有破绽。

达尔文实验室中，有个高等动物，他既未曾研究，我们无妨替他研究，达尔文一生下地，我们就用采集动物标本的法子，把他连儿带母活捉到中国来，用中国的白米饭把他喂大，我们用达尔文研究动物的法子，从旁视察，一直到他老死，就可发现他的学说是自相矛盾的。

达尔文一生下地，就拖着母亲之乳来吃，把母亲的膏血吸入腹中，如不给他吃，他就大哭不止，哭着要吃，这可说是生存竞争，从这个地方视察，达尔文的学说莫有错；长大点能吃东西了，母亲手中拿一糕饼，他见了伸手来索，母亲不给他，放在自己口中，留半截在外，他立会伸手，把糕饼从母亲口中取出，放在他的口中。母亲抱着他吃饭，他就伸手来拖母亲之碗，如不提防，即会坠地打烂，这种现象，也是生存竞争，达尔文的学说也莫有错；若是再大点，自己能端碗吃饭了，他一上桌，就递一个空碗，请母亲与他盛饭，吃了又请母亲盛，母亲面前，现放着满满一碗饭，他再不去抢了，竞争的现象，忽然减少，岂非很奇的事吗？再大点，他自己会往甑中盛饭，再不要母亲与他盛，有时甑中饭不够，他未吃饱，守着母亲哭，母亲把自己的饭分半碗与他吃，他才好了，母亲不分与他，他断不能去抢。更大点，饭不够吃，母亲把自己碗中的饭分与他吃，他不要，他自己会拿囊中之钱在街上买食物来吃。到了此时，竞争的现象，一点莫有，岂不更奇吗？这是小孩下地时，只看见母亲身上之乳，大点即看见母亲碗中之饭，再大点即看见甑中之饭，更大点即看见街上之食物；不特此也，达尔文长大成人，学问操好了，当大学教授了，有穷亲友向他告贷，他就慨然给予，后来金钱充裕，还拿钱来做慈善事业或谋种种公益，这种现象，与竞争完全相反，岂非奇之又奇？于此我们可以定出一条原则："同是一个人，知识越进步，眼光越远大，竞争就越减少。"达尔文著书立说，只把当小孩时哭食母亲之乳抢夺母亲口中糕饼这类事告诉众人，不把他当教授时施舍金钱、周济家人，做慈善事业这类事告诉众人，此达尔文学说之应修正者一。

达尔文当小孩时抢夺食物，有一定的规律，就是"饿了就抢，饱了就不抢"。不惟不抢，并且让他吃，他都不吃。但有一个例外，见了好吃的东西，母亲叫他不要多吃，他不肯听，结果多吃了不消化，得下一场大病。由此知食物以饱为限，过饱即有弊害。我们可以定出第二第原则："竞争以适合生存需要为准，超过需要以上，就有弊害。"达尔文只说当小孩时，会抢夺食物，因而长得很肥胖，并不说因为食物多了，反得下病，于是达尔文之竞争，遂成了无界域之竞争，欧人崇信其说，而世界遂纷纷大乱，此达尔文学说之应修正者二。

达尔文说："万物都是互相竞争，异类则所需食物不同，竞争还不激烈，唯有同类之越相近者，竞争越激烈。虎与牛竞争，不如虎与虎竞争之激烈，狼与羊竞争，不如狼与狼竞争之激烈，欧洲人与他洲士人竞争，不如欧洲各国互相竞争之激烈。"他这个说法，证以第一次欧洲大战，诚然不错，但是达尔文创出这种学说，他自己就把他破坏了。达尔文的本传上说："1858 年，他的好友荷理士，从南美洲寄来一篇论文，请他代为刊布，达尔文读这篇论文，恰与自己十年来苦力思索得出的结果完全相合，自己非常失望。落在别人，为争名誉起见，一定起嫉妒心，或者会湮没他的稿子，乃达尔文不然，直把这篇论文交与黎埃儿和富伽二人发布。二人知达尔文平日也有这样的研究，力劝他把平日研究所得著为论文，于 1858 年 7 月 1 日，与荷理士论文同时发布，于是全国学者，尽都耸动。”本传之言如此，在替他作传的人，本是极力赞扬他，实际上是攻击他，无异于说：他的学说，根本不能成立。何以故呢？他与荷理士同是欧洲人，较之他洲人更相近，同是英国人，较之其他欧洲人更相近，他二人是相好的朋友，较之其他英人更相近，并且同是研究生物学的人，较之其他朋友更相近，荷理士的著作，宣布出来，足以夺去达尔文之名，于他最有妨害，达尔文不压抑他，反替他宣布，岂不成了同类中越相近越不竞争吗？达尔文是英国人，对于同类，能够这样退让，何以欧战中，那些英国人，竞争那么激烈？我们可以定出第三条原则：“同是一国的人，道德低下者，对于同类，越近越竞争，道德高尚者，对于同类，越近越退让。”达尔文不把自己让德可风的事指示众人，偏把他本国侵夺同洲同种的事指示众人，此达尔文学说之应修正者三。

达尔文说：“竞争愈激烈，则最适者出焉。”这个说法，又是靠不住的。第一次欧战之激烈，为有史以来所未有，请问达尔文：此次大战结果，哪一国足当最适二字？究其实战败者和战胜者，无一非创痛巨深。他这个说法，岂非毫无征验？乃返观达尔文不与荷理士竞争，反享千古大名，足当最适二字，他这个公例，又是他自己破坏了。他的论文，与荷理士同时发表后，他又继续研究，于 1859 年 11 月发布《种源论》，从此名震全球。荷理士之名，几乎无人知道，这是由于达尔文返而自奋，较荷理士用力更深之故。我们可以定出第四条原则：“竞争之途径有二：进而攻人者，处处冲突，常遭失败；返而自奋者，不生冲突，常占优胜。”达尔文不把自己战胜荷理士之秘诀教导众人，偏把英国掠夺印度的方法夸示天下，此达尔文学说之应修正者四。

有人问：我不与人竞争，别人要用强权竞争的策略，向我进攻，我将奈何？答曰：这是有办法的，我们可以定出第五条原则：“凡事以人己两利为主，二者不可得兼，则当利人而无损于己，抑或利己而无损于人。”有了这条原则，人与我双方兼顾，有人来侵夺，我抱定“不损己”三字做去，他能攻，我能守，他又其奈我何？此达尔文学说之应修正者五。

达尔文说，人类进化，是由于彼此相争，我们从各方面考察，觉得人类进化，是由于彼此相让。因为人类进化，是由于合力，彼此能够相让，则每根力线，才能向前直进，世界才能进化。譬如，我要赶路，在路上飞步而走，见有人对面撞来，我当侧身让过，方不耽误行程。照达尔文的说法，见人对面撞来，就应该把他推翻在地，沿途有人撞来，沿途推翻，遇着行人挤作一圈，我就从中间打出一条路，向前而走。请问世间赶路的人，有这种办法吗？我们如果要讲“适者生存”，必须懂得这种相让的道理，才是适者，才能生存。由达尔文的眼光看来，生物界充满了相争的现象，由我们的眼光看来，生物界充满了相让的现象，试入森林一看，即见各树俱是枝枝相让，叶叶相让，所有树枝树叶，都向空处发展，厘然秩然。树木是无知之物，都能彼此相让，可见相让乃是生物界之天然性，因为不相让，就不能发展，凡属生物皆然。深山禽鸟相鸣，百兽聚处，都是相安无事之时多，彼此斗争之时少。我辈朋友往还之际，也是相安无事之时多，彼此斗争之时少。我们可以定出第六条原则：“生物界相让者其常，相争者其变。”达尔文把变例认为常例，似乎莫有对，事势上遇着两相冲突的时候，我们就该取法树枝树叶，向空处发展。王猛见了桓温，而改仕苻秦，恽寿平见了王石谷之山水，而改习花卉，皆所谓向空处发展也。大宇宙之中，空处甚多，也即是生存之方法甚多，人与人无须互相争夺，此达尔文学说之应修正者六。

依达尔文的说法，凡是强有力的，都该生存，我们从事实上看来，反是强有力者先消灭。洪荒之世，遍地是虎豹，他的力比人更大，宜乎人类战他不过了，何以虎豹反会绝迹？第一次世界大战以前，德皇势力最大，宜乎称雄世界，何以反会失败？袁世凯在中国势力最大，宜乎成功，何以反会失败？有了这些事实，所以达尔文的学说，就发生疑点。我们细加推究，即知虎豹之被消灭，是由全人类都想打他，德皇之失败，是由全世界都想打他，袁世凯之失败，是由全中国都想打他。思想相同，就成为方向相同之合力线，虎豹也，德皇也，袁世凯也，都是被合力打败的。我们可以定出第七条原则：“进化由于合力。”懂得合力的就生存，违反合力的就消灭，懂得合力的就优胜，违反合力的就劣败。像这样的观察，则那些用强权欺凌人的，反在天然淘汰之列。此达尔文学说之应修正者七。

达尔文的误点，可再用比喻来说明：假如我们向人说道：“生物进化，犹如小儿身体一天一天地长大。”有人问：“小儿如何会长大？”我们答道：

“只要他不死，能够生存，自然会长大。”问：“如何才能生存？”答：“只要有饭吃，就能够生存。”问：“如何才有饭吃？”我们还未回答，达尔文从旁答道：“你看见别人有饭，就去抢，自然就有饭吃，越吃得多，身体越长得快。”诸君试看：达尔文的答案，错莫有错？我们这样的研究，即知达尔文说生物进化莫有错，说进化由于生存莫有错，说生存由于食物也莫有错，惟最末一句，说食物由于竞争就错了。我们只把他最末一句修正一下，就对了。问：“怎样修正？”就是通常所说的：“有饭大家吃。”平情而论，达尔文教人竞争，无有限度，固有流弊，我们教人相让，无有限度，也有流弊。问：“如何才无流弊？”我们可以定出第八条原则：“对人相让，以让至不妨害我之生存为止，对人竞争，以争至我能够生存即止。”此达尔文学说之应修正者八。

综而言之，人类由禽兽进化而来，达尔文以禽兽社会之公例施之人类，则是返人类于禽兽，这自违进化之说，而况乎禽兽相处，亦未必纯然相争也。他的学说，可分两部分看。他说“生物进化”，这部分是指出事实。他说“生存竞争，弱肉强食”，这部分是解释进化之理由，事实莫有错，理由错了。一般人因为事实不错，遂误以为理由也不错，殊不知：进化之原因多端，相争能进化，相让能进化，不争不让，返而致力于内部，也能进化。又争又让，改而向空处发展，也能进化。其或具备他种条件，如克鲁泡特金所谓互助，我们所谓合力，也未尝不能进化。达尔文置诸种原因于不顾，单以竞争为进化之唯一原因，观察未免疏略。兹断之曰：达尔文发明“生物进化”，等于牛顿发明“地心吸力”，是学术界千古功臣，唯有他说“生存竞争”，因而倡言“弱肉强食”，流弊无穷，我们不得不加以修正。

克鲁泡特金学说之修正

生物之进化，好比小儿一天一天地长大，由昆虫，而禽兽，而野蛮人，而文明人，好比吾人，由婴孩，而少年，而壮年。达尔文研究生物，以动物为主，正如小孩抢夺母亲口中饭物时代，故倡“互竞说”。克鲁泡特金所研究者，以原始时代人类为主，较动物更进化了，是小孩更大了点，不抢母亲口中食物，只请母亲与他盛饭，故倡“互助说”。

克鲁泡特金之误点，也与达尔文相同，达尔文是以禽兽社会状况，律之人类社会，故其说有流弊。克鲁泡特金，因为要指驳达尔文之错误，特别在满洲、西比利亚一带，考察各种动物及原始人类状况，发明互助说，以反驳达尔文之互竞说。他能注意到人类，算是比达尔文更进步了。然而原始人的社会，与文明人的社会，毕竟不同，且克鲁泡特金考察原始人，也是从旁观察，并未曾与之共同居处若干年，而我辈则置身文明人社会中，与之共同居处若干年，所以我辈能发现克鲁泡特金之误点，而指出其流弊。

原始人类，无有组织，成为无政府状态，克鲁泡特金的互助说，从原始社会得来，故他提倡无政府主义。所以克鲁泡特金的学说，也可分两部分看，他主张互助不错，因互助而主张无政府主义就错了。

生物之进化，好比小儿一天一天地长大，由昆虫，而禽兽，而野蛮人，而文明人，好比吾人，由婴孩，而少年，而壮年。达尔文研究生物，以动物为主，正如小孩抢夺母亲口中饭物时代，故倡“互竞说”。克鲁泡特金所研究者，以原始时代人类为主，较动物更进化了，是小孩更大了点，不抢母亲口中食物，只请母亲与他盛饭，故倡“互助说”。至于长大成人，独立生活的现象，他二人都未看见。

一个国家之进化，也好比小孩一天一天地长大。我国春秋战国时代，弱肉强食，正是小孩抢夺食物时代。后来进化了，汉弃珠崖，是母亲分饭与他吃，他都不要。再进化，到了明初，郑和下南洋，各国纷纷入贡，希望得中国的赏赐，这是穷亲友来告贷，慨然给予。再进化，到了明季和清朝，把蛮夷之地改土归流，每年还要倒贴若干金钱，等于做慈善事业，把贫人子弟收来，给以衣食，延师训读一般。我国进化程度，历历如绘。

西洋开化，比我国迟两千多年，其进化才至我国春秋战国时代，故其弱肉强食，与我国春秋战国极相似，而达尔文之互竞说，遂应运而生。要防小孩抢夺食物，不得不用专制手段，故墨索里尼之治意大利，希特勒之治德意志，与商鞅之治秦绝似，而皆收同一之效果，因其为同一时期之产物故也。秦始皇统一六国了，仍复厉行专制，二世而亡，这是世界更进化了，等于身体长大了，再穿小孩衣服，不得不破裂；文景之世，政尚宽大，号称郅治，这是儿子长大了，父母不加干涉，他能独立成为好人。后来历代常有变乱，这是儿子长大成人，父母过于放纵，遂日流于非的缘故。然因其日流于非，而遂欲以待婴孩之法，待长大成人之儿子，则又不可。故今之治国者，如模仿墨索里尼和希特勒，直是师法商鞅，返吾国于春秋战国时代，是谓违反进化，是谓开倒车。

今人每谓我国无三人以上之团体，很抱悲观，这未免误解。无三人以上之团体，正是人人能独立之表现，此时如用达尔文之互竞主义以治国，则是把人民当如怀中小儿，常常防他抢母亲口中食物，这是不可的。如用克鲁泡特金之互助主义以治国，则是把人民当如才能吃饭之小儿，须母亲与之盛饭，这也是不可的。今即长大成人矣，无三人以上之团体，人人能独立矣，故此时治国者，当采用合力主义。譬如射箭，悬出一个箭垛，支支箭向同一之箭垛射去，是之谓合力。我国无三人以上之团体，当采用此种方式，悬出一定之目的，四万万五千万根力线，根根独立，直向目的物射去，你不妨害我之路线，我也不求助于你，彼此不相冲突，不相倚赖，这种办法，才适合我国现情。非然者，崇信达尔文之互竞说，势必压制他人，使他人之力线郁而不伸，而冲突之事以起；崇信克鲁泡特金之互助说，势必借助他人，养成倚赖性，而自己不能独立，于我国现情俱不合。

达尔文说：互竞为人类天性，而他自己不与荷理士竞争，这条公例，算是他自己破坏了。克鲁泡特金说：互助为人类天性，这条公例也是克鲁泡特金自己破坏了的。请问：人类天性既是互助，为甚克鲁泡特金，要讲无政府主义，想推翻现政府，而不与政府讲互助？为甚政府要处罚他，推之下狱，而不与克鲁泡特金讲互助？有了这种事实，所以克鲁泡特金的学说，也不能不加以修正。

古人云："不识庐山真面目，只缘身在此山中。"故考察事物，非置身局外，不能得其真相。我辈是人类，站在人类社会之中，去考察人类，欲得真理，诚有不能。达尔文用的方法，是因人为动物之一，先把动物社会考察清楚了，把他的原则适用于人类社会，论理本是对的，无如动物社会与人类社会毕竟不同，故创出之学说，不无流弊。克鲁泡特金则更进步，从人类社会加以考察，他以为我辈处在现今之社会，不能见庐山真面目，乃考察原始人类社会，置身旁观地位，寻出一种原则，以适用于现今之社会，论理也是对的，无如野蛮人之社会与文明人之社会毕竟不同，故创出之学说，也有流弊。

婴儿在母胎，成形之初，其脑髓像鱼蛙之脑，再一二月则像禽鸟之脑，再一二月则像兔犬之脑，再一二月则像猿猴之脑，最后才成为人类之脑，而小儿之脑筋皱纹少，大人则皱纹多，野蛮人之脑筋皱纹少，文明人则皱纹多。小儿下地之初，脑筋与禽兽相去不远，故其抢夺食物，与禽兽相似，稍大点，脑筋之简单类于原始时代的人，故其天真烂漫，也与原始人类相似。然而禽兽之脑筋，与人类有异，故达尔文的学说，不适于人类；原始人类之脑筋，与文明人有异，故克鲁泡特金的学说，不适用于文明社会。

禽兽进化为人类，故人类有兽性，然既名之曰人，则兽性之外，还有一部分人性，达尔文只看见兽性这一部分，未免把人性这一部分忽略了。原始人进化为文明人，故文明人还带有原始人的状态，然既成为文明人，则原始状态之外，还有一部分文明状态，克鲁泡特金只看见原始状态这一部分，未免把文明状态这一部分忽略了。禽兽有竞争，无礼让，人类是有礼让的，达尔文所忽略的，是在这一点。原始人类，浑浑噩噩，无有组织，成为无政府状态，文明人则有组织，有政府，克鲁泡特金所忽略的是在这一点。

我们生在文明社会中，要考察人类心理真相，有两个方法：(1) 一部二十五史，是人类心理留下的影像，我们熟察历史事迹，即可发现人类心理真相，这是本书前面业已说明了的；(2) 凡物体，每一分子的性质，与全物体的性质是相同的，社会是积人而成的，人身是社会之一分子，我们把身体之组织法运用到社会上，一定成为一个很好的社会。

治国采用互竞主义有流弊，采用互助主义，也有流弊，必须采用合力主义。人身之组织，既是合力主义，身体是许多细胞构成，每一细胞都有知觉，等于国中之人民，大脑等于中央政府，全身神经，都可直达于脑，等于四万万五千万人，每人的力线，都可直达中央，成为合力之政府。目不与耳竞争，口不与鼻竞争，手不与足竞争，双方之间非常调协，故达尔文之互竞主义用不着；目不需耳之帮助而能视，口不需鼻之帮助而能言，手不需足之帮助而能执持，个个独立，自由表现其能力，克鲁泡特金之互助主义，也用不着。目尽其视之能力，耳尽其听之能力，口鼻手足，亦各尽各之能力，把各种能力，集合起来，就成为一个健全之身体，是之谓合力主义。我国古人有曰：“以天下为一家，以中国为一人。”已经发现了这个原则。

国有中央政府，有地方政府，人身亦然。我们的脚被蚊子咬了，脚政府报告脑政府，立派右手来，把蚊子打死。万一右手被蚊子咬，自己无法办理，报告脑政府，立派左手来，把蚊子打死。有时睡着了，脑政府失其作用，额上被蚊子咬，延髓脊髓政府代行职务，电知手政府把蚊子打死，脑政府还不知道。耳鼻为寒气所侵，温度降低，各处本救灾恤邻之道，输送血液来救济，于是耳鼻就呈红色。万一天气太寒，输送了许多血液，寒气仍进逼不已，各地方政府协商道：“我们再输送血液去，仍无济于事，只好各守防地，把输送到耳的血液，与他截留了。”于是耳鼻就呈青白色。

我说至此处，一定有人起而质问道：“你说的救灾恤邻之道，正是克鲁泡特金的互助主义，他的学说，何尝会错？”我说道：他讲的互助不错，错在无政府主义，必须有了政府，才能谈互助，无政府是不能互助的。举例来说：前清时，我们四川对于云贵各省有协饷，这可说是互助了，满清政府一倒，协饷即停止，这即是无政府即不能互助之明证。并且满清政府一倒，川滇黔即互相战争起来，由此知：在无政府之下，只能发生互竞的现象，断不会发生互助的现象。

人身有中央政府，有省县市区各种政府，脑中记忆的事，都由各政府转报而来，各政府仍有档案可查，施催眠术的人，是蒙蔽了中央政府，在省县市区政府调阅旧卷，所以人在催眠中，能将平素所做之事说出，而醒来时又全不知道。疯人胡言乱语，这是脑政府受病，中央政府失了作用，省县市区政府，乱发号令。所以疯人说的话，都是他平日的事，不过莫得中央政府统一指挥，故话不连贯；夜间做梦，是中央政府休职，各处政府的人，跳上中央舞台来了，人一醒，中央政府复职，他们立即躲藏。有时中央政府也能察觉，故梦中的事，也能略记一二。我们可以说：疯狂和做梦，都是讲无政府主义的。

古来亡国之时，许多人说要死节，及到临头，忽然战栗退缩。因为想死节，是出于理智，从脑中发出，是中央政府发的命令；战栗退缩，是肌肉收缩，是全国人民不愿意。文天祥一流人，从容就死，是平日厉行军国民教育，人民与中央政府，业已行动一致了。许多人平日讲不好色，及至美色当前，又情不自禁，因为不好色是脑政府的主张，情不自禁，是身体他部分的主张。我们走路，心中想朝某方走，最初一二步注意，以后即无须注意，自然会向前走去，这回是中央政府发布号令后，人民依着命令做去，如果步步注意，等于地方上事事要劳中央政府，那就不胜其烦了。我们每日有许多无意识的动作，都是这个原因。古人作诗，无意中得佳句，疑有神助。大醉后写出之字，比醒时更好，这是由于中央政府平日把人民训练好了，遇有事来，不需中央指挥，人民自动做出之事，比中央指挥办理还要好些。心理学书上，有所谓“下意识”者，盖指除政府以外其他政府而言。

理智从脑而出，能辨别事理，情欲从五官百骸而出，是盲目的，故目好色，耳好声，身体肌肤好愉快，往往与脑之主张相违反。古代哲学家，如希腊的柏拉图等，和中国的程朱等，都是崇奉理智，抑制情欲。例如程子说：“妇人饿死事小，失节事大。”又把韩昌黎“臣罪当诛，天王圣明”二语，极力称赞，只要脑中自认为真理，就可把五官百骸置之死地，与暴君之专制是一样。所以这样学说昌明时代，也即是君权极盛时代。后来君主打倒了，民主主义出现，同时学说上也盛行情欲主义，纵肆耳目之欲，任意盲动，无所谓理智，等于政治上之暴民专制。我们读历史，看出一种通例：君主时代，政府压制人民，同时哲学家即崇理智而抑情欲，民主时代，人民敌视政府，同时哲学家即重情欲而轻理智。

据上面之研究，可知身体之组织，与国家之组织是很相同的，我们反观吾身，知道脑与五官百骸是很调协的，即知道：我们创设一种学说，必使理智与情欲相调协，不能凭着脑之空想，以虐苦五官百骸，亦不能放纵五官百骸，而不受理智之裁判。建设一个国家，必使政府与人民调协，不能凭着脑政府之威力压制人民；而为人民者，亦不能对政府取敌视行为。吾身之组织，每一神经俱可直达于脑，故脑为神经之总汇处，与五官百骸，不言调协而自然调协。因此每一人民之力线，必使之可以径达中央，中央为全国力线之总汇处，政府与人民，不用调协而自然调协。能这样地办理，即是合力主义，才可以救达尔文和克鲁泡特金两说之弊，而与天然之理相合。

我国古哲学说含有力学原理

庄子学说，与爱因斯坦酷似，所异者，一个谈物理，一个谈人事，爱因斯坦谈物理，从空间时间立论，庄子谈人事，也从空间时间立论。爱因斯坦名之曰相对，在庄子则为比较，从空间上两相比较，从时间上两相比较，比较即是相对之意，庄子和爱因斯坦，所走途径，完全相同。

宇宙之力，是圆陀陀的，周遍世界，不生不灭，不增不减，吾人生存其中，随时都可看见，有人看见一端，即可发明一条定理。例如看见苹果坠地，即发明万有引力，看见壶盖冲动，即发明蒸汽，看见磁铁功用，即发明指南针，看见死蛙运动，即发明电气，种种发明，可说是同出一源。因为苹果坠地，是力之内敛作用，壶盖冲动，是力之外发作用，磁气电气，是力之内敛外发两种作用。达尔文看见此力向外发展，有如水然，能随河岸之曲折，而适应环境，向前流去，故创进化论。又见进化中所得着的东西，能借收敛作用把持不失，故说凡物有遗传性。此外种种科学，与夫哲学上种种议论，都是从那个圆陀陀的东西生出来的。譬如有人在树上摘下一果，有人在树上摘下一花，又有人在树上摘下一枝一叶，为物虽不同，其实都在树上摘下来的。所以百家学说，归于一贯，中西学说，可以相通。

我国《周易》一书，一般人都说它穷造化之妙，宇宙事事物物，都逃不出易理，这是甚么原因？因为《易经》所说的道理，包含有力学原理，宇宙事事物物，既逃不出力学规律，所以就逃不出《易经》所说的道理。我们如就卦爻来解说，读者未免沉闷，兹特另用一个法子来说明：

假定伏羲、文王、周公、孔子四位圣人都是现在的人，我们把他四位请来，对他们说道：现在西洋的科学，很进步了，一切物理，都适用力学规律，我们想把力学原理编译成一部书，不唯用在物理上，并且要应用到人事上。我们订有一个编译大纲，你们照此编译。(1）西洋的力字，译作气字，正负二力，译作阴阳二气。(2）发散的现象，用阳字表示，收敛的现象，用阴字表示。(3）正负二力相等时，阴阳二电中和时，俱是寂然不动的，这种现象，译作“太极”；它动作的时候，有发散收缩两种现象，称之曰“两仪”。(4)由内向外发展，称之曰“其动也辟”，辟是开放之意；由外向内收缩，称之曰“其静也翕”，翕是收合之意。(5)凡物运动，都是以直线进行，若不受外力，它是一直永远前进的，因此可下一定例曰“其动也直”，直是不弯曲之意；凡物静止的时候，若不受外力，它是永远静止的，因此可下一定例曰“其静也专”，专是不移易之意。(6)正负二力变化，有八种状态，可把它描画下来，名之曰八卦，又把这八卦错综变化起来，把它所有的变态，穷形尽致地表示出来。(7)每一卦作一说明书，把宇宙事事物物的变态包含其中，使读者能够循着轨道推往知来。(8)这部书言盈虚消长之理，由虚而长而盈，是发散作用，由盈而消而虚，是收缩作用，可定名为《易经》。易有变易、交易两解，经字即常字之意，使人见了“易经”二字，即知书中所说的，是阴阳二气变化的常理，换言之，即是正负二力变化的规律。以上八条，即是我们所订的编译大纲。他们果然这样做去，把书做成了，各书坊都有发售，阅者试读一部，检查一下，看与编译大纲合不合，即知与力学规律合不合。

我们说：周易与力学相通，更可引严又陵之言为证。严译《天演论》，曾说道：“夫西学之最切实而可以御蕃变者，名数质力四者之学而已。而吾《易》则名数以为经，质力以为纬，而合而名之曰《易》，大宇之内，质力相推，非质无以见力，非力无以呈质，凡力皆乾也，凡质皆坤也。”奈顿（牛顿）之三例，其一曰：“静者不自动，动者不自止，动路必直，速率必均。”此所谓旷古之虑，自其例出，而后天学明人事利者也。而《易》则曰：“乾，其静也专，其动也直。”后二百年，有斯宾塞尔者，以天演自然言化，著书造论，贯天地人而一理之，此亦晚近之绝作也。其为天演界说曰：“翕以合质，辟以出力，始简易而终杂糅。”而《易》则曰：“坤，其静也翕，其动也辟。”至于全力不增减之说，则有自强不息为之先。凡动必复之说，则有消息之义居其始，而《易》不可见，乾坤或几乎息之旨，尤与热力平均、天地乃毁之言相发明也，此岂可悉谓之偶合也？严氏之言如此，足为《周易》与力学相通之明证。

老子是周秦诸子的开山祖师，他在中国学术界之位置，等于西洋物理学中之牛顿。牛顿看见万物都向内部牵引，因创出万有引力的学说。其实这种现象，老子早已看见了。他说：“天得一以清，地得一以宁，神得一以灵，谷得一以盈，万物得一以生，侯王得一以为天下贞。天无以清将恐裂，地无以宁将恐发，神无以灵将恐歇，谷无以盈将恐竭，万物无以生将恐灭，侯王无以贞而贵将恐蹶。”老子的意思，即是说：天地万物，都有一个东西把他拉着，如果莫得那个东西，天就会破裂，地就会发散，神就会歇绝，谷就会枯竭，万物就会消灭，侯王就会倒下来。看他连下“裂发歇竭灭蹶”六个字，都是万有引力那个引字的反面字，也即是离心力那个离字的代名词，可见牛顿所说的现象，老子早已看见。牛顿仅仅用在物理上，老子并且应用到人事上，他的观察力，何等精密！他的理想，何等高妙！

近代的数学，以X代未知数，遇着未知物，也以X代之，如X光线是也。古代的数学，以一代未知，故中国古代的天元数，和西洋古代的借根方，都是以一代未知数，老子看见万物都向内部牵引，不知是个甚么东西，只好名之为一。

老子说：“有物混成，先天地生，寂兮寥兮，独立而不改，周行而不殆，可以为天下母，吾不知其名。”又说：“视之不见名曰夷，听之不闻名曰希，抟之不得名曰微，此三者不可致诘，故混而为一。”又说：“湛兮似或存，吾不知谁之子，象帝之先。”这究竟是个甚么东西，值得老子如此赞叹？如今科学昌明了，我们仔细研究，才知他所说的，即是向心离心二力稳定时的现象，也即是阴电阳电中和时的现象。他看见有一个浑然的东西，本来是寂然不动的，一动作起来，就非常奇妙，“一生二,二生三,三生万物。”这一个东西，动作起来，就生出一发散、一收缩两个东西，由这两个东西，就生出第三个东西，由此辗转相生，就生出千万个东西了。

数学上用X或一字代未知数，是变动不居的，可以代此数，又可代彼数，故用一字代未知物，可以代此物，又可代彼物。我们研究老子书中的一字，共有两种。他说“天得一以清”的“一”字，是指万物向内部牵引之现象而言。他说“一生二,二生三”的“一”字，是指离心向心二力稳定时之现象，也即是阴阳二电中和时之现象。我们这样的研究，老子书中的“一”字就有实际可寻了。

西人谈力学，谈电学，都是正负二者，两两对举；老子每谈一事，都是把相反之二者，两两对举。如云：“有无相生，难易相成。”有无难易对举。“虚其心,实其腹,弱其志,强其骨。”虚实强弱对举。他如：言静躁，言雌雄，言洼盈等，无一非两两对举，都是描写发散和收缩两种状态。

正负二力，是互相消长的。老子知道：发散之后，跟着即是收敛，收敛之后，跟着即是发展，所以他说：“将欲歙之，必固张之，将欲弱之，必固强之。”他以为要想向外发展，必先向内收敛，因此他主张俭，主张啬，俭的结果是广，啬的结果是长生久视，俭与啬者收敛也，广与长生久视者发展也。一般人都说老子无为，其实误解了。他是要想有为，而下手则从无为做起走，故曰："无为则无不为。"他的话，大概上半句是无为，下半句是有为。例如，"慈故能勇，俭故能广，不敢为天下先，故为成事长"等皆是。我们用科学的眼光看去，即知他是把力学原理应用到人事上。

我们生在今日，可以援用力学公例，老子那个时候，力学未成专科，当然无从援用，但老子创出的公例，又简单，又真确，即是用水作比喻，如"上善若水"、"江海能为百谷王"、"天下莫柔弱于水"等语，都是以水作比喻。水之变化，即是力之变化，他以水作比喻，即可说是援用力学规律。

学术是进化的，牛顿之后，出了一个爱因斯坦，发明了相对论，他的学说，比牛顿更进一步；老子之后，出了一个庄子，他的学说，也比老子更进一步。庄子虽极力推尊老子，然而却不甘居老子篱下，你看他《天下篇》所说，俨然在老子之外独树一帜，这是他自信比老子更进一步，才有那种说法。

庄子学说，与爱因斯坦酷似，所异者，一个谈物理，一个谈人事，爱因斯坦谈物理，从空间时间立论，庄子谈人事，也从空间时间立论。爱因斯坦名之曰相对，在庄子则为比较，从空间上两相比较，从时间上两相比较，比较即是相对之意，庄子和爱因斯坦，所走途径，完全相同。

庄子说："泰山为小，秋毫为大。"又说："彭祖为夭，殇子为寿。"这类话，岂不很奇吗？我们知道他是从比较上立论，也就不觉为奇了。拿泰山和秋毫比较，自然泰山很大，秋毫很小；如拿恒星行星和泰山比较，泰山岂不很小吗？拿原子电子和秋毫比较，秋毫岂不很大吗？拿彭祖和殇子比较，自然殇子为夭，彭祖为寿；但是大椿八千岁为春，八千岁为秋，拿彭祖与之比较，彭祖之命岂不很短吗？蜉蝣朝生暮死，木槿朝开暮落，拿殇子与之比较，殇子之命，岂不很长吗？庄子谈论事物，必从比较上立论，认为宇宙无绝对之是非善恶，世俗之所谓是非善恶者，乃是相对的。爱因斯坦在物理学上发明的原则，庄子谈论人事，早已适用了。爱因斯坦的相对论，必兼空间时间二者而言之，庄子学说亦然，泰山秋毫一类话，是从空间立论，彭祖殇子一类话，是从时间立论，所以说：庄子所走的途径，与爱因斯坦完全相同。

毛嫱西施，世人很爱她，而鱼见之则深入，鸟见之则高飞，同是毛嫱西施，人与鱼鸟之自身不同，则爱憎即异。骊姬嫁与晋献公，初时悲泣，后来又欢喜，同是骊姬，同是嫁与晋献公，时间变迁，环境改易，连自己的观察都不同。我们平日读庄子的书，但觉妙趣横生，今以爱因斯坦之原则律之，才知他的学说是很合科学的。

儒家的学说，把相对的道理忽略了，对于空间时间的关系，不甚措意，认为他们所定的大经大法，是万世不易的。庄子懂得相对的原理，故把儒家任意嘲笑，以为凡事须要看清空间时间的关系。儒家开口即谈仁义，庄子则曰："仁义先王之蘧庐也，止可以一宿而不可以久处。"此等见解，实较儒家为高。

儒家最重要的，是《大学》、《中庸》二书，《中庸》"放之则弥六合"，是层层放大，"卷之则退藏于密"，是层层缩小，具备了发散收缩两种现象；《大学》亦然。《大学》说："古之欲明德于天下者，先治其国；欲治其国者，先齐其家；欲齐其家者，先修其身；欲修其身者，先正其心；欲正其心者，先诚其意。"这是层层缩小。又说："意诚而后心正，心正而后身修，身修而后家齐，家齐而后国治，国治而后天下平。"这是层层放大。绘图如丁，阅之自明。孔子"上律天时，下袭水土"，仰观俯察，把宇宙自然之理看得清清楚楚，所以创出的学说，极合自然之理，而《大学》、《中庸》，遂成为儒家嫡派之书。

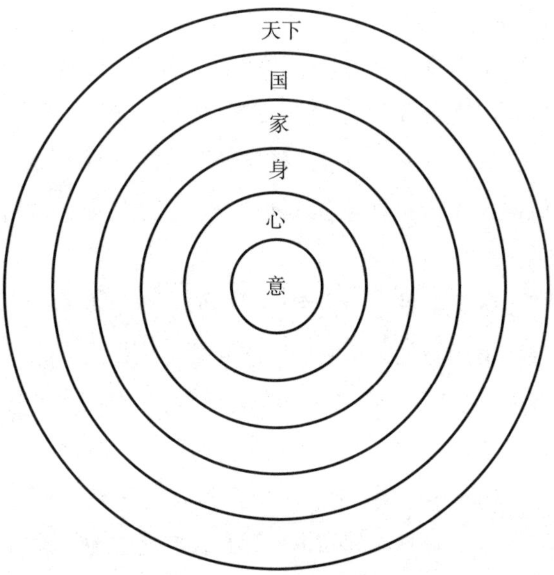

丁图　诚正修齐治平图

诚意之意字，朱子释之曰："意者，心之所发也。"而明儒王一庵、刘蕺山、黄宗羲诸人，均谓，身之主宰为心，心之主宰为意，故曰：主意。其说最确，故可绘图如丁：西欧学说，无论利己主义，利人主义，均以我字为起点，即是以身字为起点；中国则从身字推进两层，寻出意字，以诚意为下手功夫。譬之建屋，中国是把地上浮泥去了，寻出石底，方从事建筑；西人从我字起点，是在地面浮泥上建筑，基础未固，建筑愈高，倒塌下来，压毙之人愈多。所以由斯密士学说之结果，会酿成社会革命；由达尔文学说之结果，会酿成世界第一次大战，第二次大战；如实行中国学说，绝无此流弊。（详见拙著《中国学术之趋势》）

孔子问礼于老子，其学是从老子而来。老子曰："为道日损，损之又损，以至于无为。"这是向内收敛。又曰："无为则无不为矣。"这是向外发展。《中庸》"放之则弥六合，卷之则退藏于密。"正是老子家法。老子又曰："修之于身，其德乃真，修之于家，其德乃余，修之于乡，其德乃长，修之于邦，其德乃丰，修之于天下，其德乃普。"我们绘之为图，岂不与丁图一样？足知孔老学说，原是一贯。

仲尼祖述尧舜，《尧典》曰："克明俊德，以亲九族，九族既睦，平章百姓，百姓昭明，协和万邦，黎民于变时雍。"绘出图来，也与丁图一样，足知孔门学说，是尧舜家法。

西人讲个人主义的，反对国家主义和社会主义。讲国家主义的，反对个人主义和社会主义。讲社会主义的，反对个人主义和国家主义。个人即所谓我，社会即所谓天下。西人之我也，国家也，天下也，三者看为不相容之物，存其一必去其二。而中国之学说则不然，把此三者融合为一，细玩丁图，于三者之间，还要添一个家字，老子还要添一个乡字，看起来，并无所谓冲突。《礼记》曰："以天下为一家，以中国为一人。"此种学说，何等精粹。自西人眼光看来，世界处处冲突，此强权竞争，优胜劣败之说所由来也。《中庸》曰："万物并育而不相害，道并行而不相悖。"处处取平行线态度，绝无所谓冲突。所以要想世界太平，非一齐走入中国主义这条路不可。

中西人士，聪明才智是相等的，不过研究的方法，稍有不同，西人把他聪明才智用以研究物理，中国古人把他聪明才智用以研究人事，西人用仰观俯察的法子，把宇宙自然之理看出来了，创出物理上种种学说；中国古人，用仰观俯察的法子，把宇宙自然之理看出来了，创出人事上种种学说。然而物理上种种学说，逃不出力学规律，人事上种种学说，逃不出心理学。我们定出一条臆说："心理依力学规律而变化。"即可将人事与物理沟通为一，也即是将中西学说沟通为一。

中国古人所说上行下效，父慈子孝，与夫"绥之斯来，动之斯和"一类话，都含磁电感应原理，社会上一切组织，看似无有条理，而实极有条理，看似不科学，而实极合科学。本书所绘甲乙丙丁四图，纯是磁场现象，厘然秩然，可说中国古人是将磁电原理运用到人事上来了，西人则父子兄弟夫妇间的权利义务，都用簿式计算，以致人与人之间，冷酷无情，必须灌注以磁电，才有一种祥和之气。

中国古人，喜欢说与天地合德、与天地同流一类话，初看去，不过是些空洞的话，而今科学昌明了，大家都知道：所谓天体，是循着力学规律走的。古人窥见了真理，他说与天地合德同流，无异说：吾人做事，要与力学规律符合。

吾人做事，根于心理，心理依力学规律而变化。水之变化，即是力之变化，古人论事，多以水作喻，可以说：都是援引力学规律。老子曰："上善若水。"孔子在川上曰："逝者如斯夫。"孟子曰："源泉混混。"他如："防民之口，甚于防川。"与夫"器方则水方，器圆则水圆"等说法，无一不取喻于水。孙子曰："兵形像水，水之形避高而趋下，兵之形避实而击虚，水因地而制流，兵因敌而制胜，故兵无常形，水无常势。"故《孙子》十三篇，俱可以力学规律绳之。如本书第六章，举《孙子》所说："吴人越人，同舟济而遇风。"韩信背水阵，引孙子语："置之死地而后生。"俱可本力学规律，绘图说明。

宋儒子《孔记》中，特别提出《大学》、《中庸》二篇，程朱诸人，复精研易理，于真理都有所窥见。周子太极图，俨然是螺旋式的回旋状况，所以宋儒之理学，能于学术上开一新纪元。宋儒发明了理学，愈研究愈精微，到了明朝王阳明出来，他的学说风靡天下，我们只把阳明提出来研究即是了。他的学说，最重要者：(1) 致良知；(2) 知行合一。此二者均含有力学原理。

(1) 致良知。王阳明《传习录》说："人的良知，就是草木瓦石的良知。"草木暂不说，请问瓦石是无生之物，良知安在？我们把瓦石加以分析，除了泥沙，别无他物，细加考察，即知它有凝集力，能把泥沙分子结合拢来，对于外物有一种引力，把瓦石向空抛去，它能依力学规律向下而坠。由此知：阳明所谓良知，不外力之作用罢了。阳明所说的良知，与孟子所说的良知不同，孟子指仁爱之心而言，只是一种引力，阳明则指是非之心而言，是者自必引之使近，非者自必推之使远，具有向心离心二力之作用，故阳明学说，较孟子学说圆满。我们这样的研究，即知阳明所谓致良知者，无非把力学原理应用到事事物物而已。

(2) 知行合一。阳明说："知是行的主意，行是知的功夫，知是行之始，行是知之成。”他这个道理，可画根力线来说明。例如，我闻友人病重，想去看他。我心中这样想，即心中发出一根力线，直射到友人方面，我由家起身，即是沿着这根力线一直前进，直到病人面前为止。知友人病重，是此线之起点，故曰：“知是行之始。”走到病人面前，是此线之终点，故曰：“行是知之成。”两点俱在一根直线上，故曰：“知行合一。”一闻友病，即把这根路线画定，故曰：“知是行的主意。”画定了，即沿着此线走去，故曰：“行是知的功夫。”阳明把明德亲民二者，合为一事，把博学、审问、慎思、明辨、笃行五者合为一事，把格致诚正、修齐治平八者合为一事，都是用的这个方式，都是在一根直线上，从起点说至终点。

王阳明解释《大学 · 诚意章》“如好好色，如恶恶臭”二句，说道：“见好色属知，好好色属行，只见好色时，已自好了，不是见后又立个心去好，闻恶臭属知，恶恶臭属行，只闻恶臭时，已自恶了，不是闻后别立一个心去恶。”他这种说法，用磁电之理一说就明白了。“异性相引，同性相推”，是磁电的定例，能判别同性异性者，知也，引之推之者，行也。我们在讲室中试验，即知道：磁电一遇异性，立即相引，一遇同性，立即相推，并不是先把同性异性判定了，然后才去引之推之。知行二者，简直分不出来，恰是阳明所说“既知即行”的现象。

阳明说的“知行合一”乃是思想与行为合一，如把知字改为思想二字，更觉明了，因为人的行为，是受思想支配的。故阳明曰：“知是行的主意。”所以我们观察人的行为，即可窥见其心理，知道他的心理，即可预料其行为。古人说“诚于中，形于外。”又说：“中心达于面目。”又说：“根于心，见于面，盎于背，旋于四体”等语。我们下细研究，即知这些说法，很合力学规律。心中起了一个念头，力线一动，即依着直线进行的公例，达于面目，跟着即见于行事。但有时心中起了一个念头，竟未见诸实行，这是甚么缘故呢？是心中另起一种念头，把前线阻住了，犹如起身去看友人之病，行至中途，发生障故，路线被阻一般。此种现象，在阳明目中看来，仍与实行了无异，不必定要走到病人面前才算实行，只要动了看病人的念头，即等于行。故曰：知行合一。

阳明说：“见好色属知，好好色属行。”普通心理学，分知、情、意三者，这“好好色”，明明属乎情，何以谓之行呢？因为一动念，力线即射到色字上去了，已经是行之始，故阳明把情字看做行字，他说的“知行合一”乃是“知情合一”。所以我们要想彻底了解阳明学说，必须应用力学规律，根据他所说“知是行之始，行是知之成”，绘出一根直线，才知他的学说不是空谈，而是很合自然之理的。

经济、政治、外交三者应采用合力主义

合力主义，不但施之外交，且应施之内政。齐桓公能够称霸，是由管仲作内政，寄军令，内部力线是一致的；孔明治蜀，内部力线也是一致，故魏人畏之如虎。秦自商鞅而后，内部事事一致，六国既彼此相冲突，而各国内部复不讲内政，故秦兴而六国灭。管仲与宁鲍诸人，同心一德，合得到合力主义，故成功；苏秦有一个好友张仪，反千方百计，驱之入秦，违反合力主义，故失败。

我国古代，不但哲学家的学说，合得到力学原理，就是大政治家的政策，也合得到力学原理，以春秋战国言之，其时外交上发生两大政策，第一是管仲尊周攘夷的政策，第二是苏秦合六国以抗强秦的政策；这两大政策，俱合力学规律，故当时俱生重大的影响。管仲的政策是尊周攘夷，他提出尊周二字，九合诸侯，把全国力线集中于尊周之一点，内部力线，既已统一了，然后向四面打出，伐狄，伐山戎，伐楚，遂崛起而称霸了。春秋时楚国最强，齐自襄公之乱，国力微弱，远非楚敌，召陵之役，齐合鲁宋陈卫郑许曹诸国以击楚，是合众弱国以攻打一个强国，合得到力学上的合力方式，所以能取胜。后来晋文公合齐宋秦诸国以伐楚，也是师法管仲政策，采用合力主义。

苏秦合六国以攻强秦，这是齐、楚、燕、赵、韩、魏六国各发出一根力线，集中于攻打强秦之一点，其政策名曰合纵，是合六根力线，从纵的方向向强秦攻去，也是一种合力主义，故他的政策实行后，秦人不敢出关者十五年。

诸葛孔明，是三代下第一个政治家，他的外交政策，是联吴伐魏，合两个弱国，攻打一个强国。史称："孔明自比管仲乐毅。"孔明治蜀，略似管仲治齐，以之自比，尚属相似，请问孔明生平哪一点像乐毅，为甚以之自比？我们考《战国策》：燕昭王以乐毅为上将军，率燕、赵、楚、魏、宋五国之兵以伐齐；孔明的《隆中对》，主张西和诸戎，南抚夷越，东联孙权，然后北伐曹魏，与乐毅和燕昭王那篇议论完全相似，可知孔明自比管乐，全是取他合众弱国以攻打强国这一点。这是孔明在南阳同诸名士研讨出来的政策，不过古史简略，只载"自比管仲乐毅"一句，未及详言之耳。后来孔明的政策成功，曹操听说孙权把荆州借与刘备，二人实际联合了，他正在写字，手中之笔都落了，由此知合力主义之利害。

大凡列国纷争之际，弱小国之唯一办法，是采用合力主义，合众弱国以攻打强国，已经成了历史上铁则。而强国对付之唯一办法，是破坏他的合力主义，设法解散弱国之联盟，故六国联盟成功，秦即遣张仪出来挑拨离间，吴蜀联盟成功，曹操即设法使孙权败盟。

弱国能否战胜强国，以弱国之合力主义能否贯到彻底为断。齐合八国之师以伐楚，晋合四国之师以伐楚，燕合五国之师以伐齐，是合力到底，故能成功。苏秦合六国以抗秦，而六国自相冲突，故归失败；吴蜀联盟，中经孙权败盟，关羽被杀，后来虽重行联合，而势力大为衰减，故仍不能成功。

合力主义，不但施之外交，且应施之内政。齐桓公能够称霸，是由管仲作内政，寄军令，内部力线是一致的；孔明治蜀，内部力线也是一致，故魏人畏之如虎。秦自商鞅而后，内部事事一致，六国既彼此相冲突，而各国内部复不讲内政，故秦兴而六国灭。管仲与宁鲍诸人，同心一德，合得到合力主义，故成功；苏秦有一个好友张仪，反千方百计，驱之入秦，违反合力主义，故失败。

主持国家大计，贵在把全国力线，根根都发展出来，集中于中央政府，用以对外，自然绰有余裕，所以身负国家重责的人，必须有笼罩万有的气象。古人云："万方有罪，罪在联躬。"即是此种气象，秦曰："如有一介臣，断断猗，无他技，其心休休焉，其如有容焉，人之有技，若己有之，人之彦圣，其心好之，不啻如自其口出。"也是此种气象。刘邦豁达大度，能把敌人方面的韩信、陈平、黥布、彭越等诸人收己用，智者尽其谋，勇者尽其力。项羽则局量狭小，不惟韩彭诸人容留不住，连一个忠心耿耿的范增也不能用。刘邦用众人之力，项羽用一己之力，故汉兴而楚灭。

武王曰：“纣有臣亿万，惟亿万心。”这是违反了合力主义。“予有臣三千，惟一心。”这是合乎合力主义，故武王兴而殷纣灭。他如光武之推心置腹，诸葛孔明之集思广益，都可谓之实行合力主义。

互竞主义，力线是横的，彼此相互冲突；互助主义，彼此虽不冲突，然力线仍是横的，成立不起政府，不得不流而为无政府主义。若行合力主义，则力线是纵的，可以成立政府，而力线则根根直达中央，彼此不相冲突。讲尼采的超人主义，其弊流于你死我活。讲托尔斯泰的不抵抗主义，其弊流于你活我死。最好是行合力主义，你与我大家都活。

我国治国之术，有主张用仁义感化的，其说出于孟子一派的儒家，是建筑在性善说上面，性善说是一偏之见，故纯用仁义感化有流弊；有主张用法律制裁的，其说出于申韩一派的法家，是建筑在性恶说上面，性恶说是一偏之见，故纯用法律制裁，也有流弊。我们知道：心理依力学规律而变化，无所谓善，无所谓恶，这是把性善说和性恶说合而为一，施之治国，则一面用仁义感化，等于治水者之疏瀹，使之向下流去，一面用法律制裁，等于治水者之筑堤，不使其横流。治水者，既是疏瀹与筑堤并行不悖，所以治国者仁义法律亦可并行不悖。水之变化，即是力之变化，用治水之法治民，断不会错。

世界之所以纷争不已者，实由互相反对之两说同时并行之故，而此互相反对之两说，大都一则建筑在性善说上，一则建筑在性恶说上。例如，个人主义经济学之鼻祖是斯密士，他说：“人类皆有自私自利之心，利用这种自私自利之心，就可把人世利源尽量开发出来。”因主张营业自由。故知《原富》一书，是建筑在性恶说上。社会主义经济学之倡始者，是圣西门诸人，他们都说：“人性是善良的，上帝造人类，并莫有给人类罪恶痛苦，人类罪恶痛苦，都是恶社会制成的。”故知共产诸书，是建筑在性善说上，性善说与性恶说既两相冲突，故社会主义与个人主义就两相冲突。民主主义的学说，发源于卢梭，卢梭说：“自然之物皆善，经人类之手，乃变而为恶。”这是属乎性善说。倡独裁主义者，则谓人心好乱，必须采用独裁制，才能镇压下去，这是属乎性恶说，性善说与性恶说，既两相冲突，民主主义与独裁主义，遂两相冲突。达尔文倡优胜劣败之说，发挥人类自私自利之心，这是属乎性恶说。克鲁泡特金，起而反对之，说：“动物和原始人类，都知道互助。”这是属乎性善说。性善说与性恶说，既两相冲突，故达尔文学说，克鲁泡特金学说，遂两相冲突。我们试思：同一社会之中，有种种两相冲突之主张，同时并行，世界焉得不大乱？

我们要想解除世界纷争，非先把人性研究清楚不可，人性研究清楚了，再来定经济、政治、外交三者的实施办法。我们主张：性无善无恶，算是把性善说与性恶说合而一之，因此我们拟具的经济制度，是把个人主义和社会主义合而一之，拟具的政治方式，是把民主主义和独裁主义合而一之。至于外交方面，我们把被侵略者联合为一，算是互助主义，进而对侵略者抗战，算是互竞主义，这可说是把克鲁泡特金学说和达尔文学说合而一之。基于经济之组织，生出政治之组织，基于经济政治之方式，生出外交之方式，由民生，而民权，而民族，三者一以贯之，而三民主义，就成为整个的了。

孙中山先生学说，业经国内学者详加阐发，独于他的学说系根据力学原理立论，许多人都未注意。他讲五权宪法，曾说道："政治里头，有两个力量，好比物理学里头，有离心力与向心力一般。"他主张两力平衡，才能达到安全现象。他讲民权主义，以机器为喻，以机器中之活塞为喻。又说：放水制和接电钮等，都是把力学上原理运用到政治方面，中山先生把人事与物理会通为一，故创出的学说，很合宇宙自然之理。

此书初版，对于政治、经济、外交三者，本着合力主义，一一拟具实施办法。此次再版，因为曾写了一本《社会问题之商榷》，又写了一本《制宪与抗日》，后来又总括大意，写入《我的思想统系》中。其大旨：关于政治一层，人民行使四权，先从一村一场开始，各村各场办好了，联合为区，各区办好了，联合为县，由是而省而全国，四万万五千万人，有四万万五千万根力线，根根力线，直达中央，成一个合力政府。大总统去留之权，操诸人民之手，兴革大政，由全体人民裁决，大总统违法，可由人民总投票，撤职讯办，是为民主主义。大总统在职权内发出之命令，任何人不能违反，俨然专制时代之皇帝，是为独裁主义。像这样的办法，民主制和独裁制，即合而为一了。关于经济一层：土地、工厂、银行和经济贸易四者，一律收归国有，其他经济之组织，悉仍其归，个人主义、社会主义融合为一。人民私有之土地，始而收归一村一场公有，继而收归全区公有，全县公有，全省公有，终而收归全国公有。关于外交一层，由我国出来，组织"新的国际联盟"，喊出"人类平等"的口号，以弱小民族为主体，进而与列强联合，以这个新的国联为推行我国王道主义之机关，我们最终的目的，是全球十八万万人共同做皇帝，把全世界土地收归全人类公有。

自有历史以来，都是人同人争，其力线是横的，我们改为纵的方向，悬出地球为目的物，合全人类向之进攻，把它内部蕴藏的财富取出来，全人类平分，人同人争之现象，永远消灭，是为合力主义之终点。

第三部
厚黑别论

五伦中君臣是革了命的，父子是平了权的，兄弟朋友之伦，更是早已抛弃了，犹幸五伦中尚有夫妇一伦，巍然独存。我们就应当把一切文化，建筑在这一伦上，全国有了重心，才可以说复兴的话。

自序

我觉得儒家学说有许多缺点，心想与其宗孔子，不如宗自己，因改字宗吾。从此之后，我的思想，也就改变，每读古人的书，就有点怀疑，对于孔子，虽未宣布独立，却是“宗吾”二字，是我思想独立的旗帜，二十多年前，已经树立了。

我原来是孔子的信徒，小的时候父亲与我命的名，我嫌它不好，见《礼记》上孔子说，儒有今人与居，古人与稽，今世行之，后世以为楷，就自己改名世楷，字宗儒，表示信从儒教之意。光绪癸卯年，我从富顺赴成都读书，与友人雷君詧皆同路，每日步行百里，途中无事，纵谈时局，并寻些经史，彼此讨论。他对于时事，非常愤慨，心想铁肩担宇宙，就改字铁崖。我觉得儒家学说有许多缺点，心想与其宗孔子，不如宗自己，因改字宗吾。从此之后，我的思想，也就改变，每读古人的书，就有点怀疑，对于孔子，虽未宣布独立，却是“宗吾”二字，是我思想独立的旗帜，二十多年前，已经树立了。

我见二十四史上一切是非都是颠倒错乱的，曾做了一本《厚黑学》，说古来成功的人，不过面厚心黑罢了，民国元年，曾在成都报纸上发表。我对于尧舜禹汤文武周公孔子十分怀疑，做了一篇《我对于圣人之怀疑》。这篇文字，我从前未曾发表。

我作了那两种文字之后，心中把一部二十四史，一部宋元明清学案扫除干净，另用物理学的规律来研究心理学，觉得人心的变化，处处是跟着力学轨道走的，从古人事迹上，现今政治上，日用琐事上，自己心坎上，理化数学上，中国古书上，西洋学说上，四面八方，印证起来，似觉处处可通。我于是创设了一条臆说：心理之变化，循力学公例而行。这是我一人的拘墟（xū）之见，是否合理，不得而知，特著《心理与力学》一篇，请阅者赐教。

我应用这条臆说，觉得现在的法令制度很有些错误的地方，我置身学界把学制拿来研究，曾做了一篇《考试制之商榷》，又著了一篇《学业成绩考查会之计划》，曾在成都报纸发表，并经四川教育厅印行。那个时候，我这个臆说，还未发表，文中只就现在的学制陈说利弊，我的根本原理，未曾说出，诸君能把那两篇文字，与这篇《心理与力学》对看，合并赐教，更是感激。我近日做有一篇《推广平民教育之计划》，也附带请教。

我从癸卯年，发下一个疑问道，孔孟的道理，既是不对，真正的道理，究竟在甚么地方？这个疑团，蓄在心中，迟至二十四年，才勉强寻出一个答案，真可谓笨极了，我重在解释这个疑问，很希望阅者指示迷途，我绝对不敢自以为是，指驳越严，我越是感激。如果我说错了，他人说得有理，我就抛弃我的主张，改从他人之说，也未尝不可。诸君有赐教的，请在报纸上发表，如能交成都国民公报社社长李澄波先生，或成都新四川日刊社社长周雁翔先生代转，那就更好了。

我从前做的《厚黑学》及《我对于圣人之怀疑》，两种文字的底稿，早已不知抛往何处去了，我把大意写出来，附在后面，表明我思想之过程。凡事有破坏，才有建设。这两篇文字，算是一种破坏，目的在使我自己的思想独立，所以文中多偏激之论，我们重在寻求真理，无须乎同已死的古人争闹不休；况且我们每研究一理，全靠古人供给许多材料，我们对于古人，只有感谢的，更不该吹毛求疵。这两篇文字的误点，我自己也知道，诸君不加以指正也使得。

中华民国二十七年一月十五日，李世楷序，于成都

我对于圣人之怀疑

世间顶怪的东西，要算圣人，三代以上，产生最多，层见叠出，同时可以产生许多圣人。三代以下，就绝了种，并莫产出一个。秦汉而后，想学圣人的，不知有几千百万人，结果莫得一个成为圣人，最高的，不过到了贤人地位就止了。请问圣人这个东西，究竟学得到学不到？如说学得到，秦汉而后，有那么多人学，至少也该再出一个圣人；如果学不到，我们何苦朝朝日日，读他的书，拼命去学？

我先年对于圣人，很为怀疑，细加研究，觉得圣人内面有种种黑幕，曾做了一篇《圣人的黑幕》。民国元年本想与《厚黑学》同时发表，因为《厚黑学》还未登载完，已经众议哗然，说我破坏道德，煽惑人心，这篇文字，更不敢发表了，只好借以解放自己的思想。现在国内学者，已经把圣人攻击得身无完肤，中国的圣人，已是日暮途穷。我幼年曾受过他的教育，本不该乘圣人之危，坠井下石，但是我要表明我思想的过程，不妨把我当日怀疑之点，略说一下。

世间顶怪的东西，要算圣人，三代以上，产生最多，层见叠出，同时可以产生许多圣人。三代以下，就绝了种，并莫产出一个。秦汉而后，想学圣人的，不知有几千百万人，结果莫得一个成为圣人，最高的，不过到了贤人地位就止了。请问圣人这个东西，究竟学得到学不到？如说学得到，秦汉而后，有那么多人学，至少也该再出一个圣人；如果学不到，我们何苦朝朝日日，读他的书，拼命去学？

三代上有圣人，三代下无圣人，这是古今最大怪事，我们通常所称的圣人，是尧舜禹汤文武周公孔子。我们把他分析一下，只有孔子一人是平民，其余的圣人，尽是开国之君，并且是后世学派的始祖，他的破绽，就现出来了。

原来周秦诸子，各人特创一种学说，自以为寻着真理了，自信如果见诸实行，立可救国救民，无奈人微言轻，无人信从。他们心想，人类通性，都是悚慕权势的，凡是有权势的人说的话，人人都能够听从。世间权势之大者，莫如人君，尤莫如开国之君，兼之那个时候的书，是竹简做的，能够得书读的很少，所以新创一种学说的人都说道，我这种主张，是见之书上，是某个开国之君遗传下来的。于是道家托于黄帝，墨家托于大禹，倡并耕的托于神农，著本草的也托于神农，著医书的，著兵书的，俱托于黄帝。此外百家杂技，与夫各种发明，无不托始于开国之君。孔子生当其间，当然也不能违背这个公例。他所托的更多，尧舜禹汤文武之外，更把鲁国开国的周公加入，所以他是集大成之人。周秦诸子，个个都是这个办法，拿些嘉言懿行，与古帝王加上去，古帝王坐享大名，无一个不成为后世学派之祖。

周秦诸子，各人把各人的学说发布出来，聚徒讲授，各人的门徒，都说我们的先生是个圣人。原来圣人二字，在古时并不算高贵，依《庄子 · 天下篇》所说，圣人之上，还有天人、神人、至人等名称，圣人列在第四等；圣字的意思，不过是闻声知情、事无不通罢了，只要是聪明通达的人，都可呼之为圣人，犹之古时的“朕”字一般，人人都称得，后来把“朕”字、“圣”字收归御用，不许凡人冒称，“朕”字、“圣”字才高贵起来。周秦诸子的门徒，尊称自己的先生是圣人，也不为僭（jiàn）妄。孔子的门徒，说孔子是圣人，孟子的门徒说孟子是圣人，老庄杨墨诸人，当然也有人喊他为圣人。到了汉武帝的时候，表章六经，罢黜百家，从周秦诸子中，把孔子挑选出来，承认他一人是圣人，诸子的圣人名号，一齐削夺，孔子就成为御赐的圣人了。孔子既成为圣人，他所尊崇的尧舜禹汤文武周公当然也成为圣人。所以中国的圣人，只有孔子一人是平民，其余的是开国之君。

周秦诸子的学说，要依托古之人君，也是不得已而为之，这可举例证明。南北朝有个张士简，把他的文章拿与虞讷看，虞讷痛加诋斥。随后张士简把文改作，托名沈约，又拿与虞讷看，他就读一句，称赞一句。清朝陈修园，著了一本《医学三字经》，其初托名叶天士，及到其书流行了，才改归已名。有修园的自序可证。从上列两事看来，假使周秦诸子不依托开国之君，恐怕他们的学说早已消灭，岂能传到今日？周秦诸子，志在救世，用了这种方法，他们的学说才能推行，后人受赐不少。我们对于他们是应该感谢的，但是为研究真理起见，他们的内幕，是不能不揭穿的。

孔子之后，平民之中，也还出了一个圣人，此人就是人人知道的关羽。凡人死了，事业就完毕，唯有关羽死了过后，还干了许多事业，竟自挣得圣人的名号，又著有《桃园经》、《觉世真经》等书，流传于世。孔子以前，那些圣人的事业与书籍，我想恐怕也与关羽差不多。

现在乡僻之区偶然有一人得了小小富贵，讲因果的，就说他阴功积得多，讲堪舆的，就说他坟地葬得好，看相的，算命的，就说他面貌生庚与众不同。我想古时的人心与现在差不多，大约也有讲因果的人，看见那些开基立国的帝王，一定说他品行如何好，道德如何好，这些说法流传下来，就成为周秦诸子著书的材料了。兼之，凡人皆有我见，心中有了成见，眼中所见的东西，就会改变形象。戴绿眼镜的人，见凡物皆成绿色；戴黄眼镜的人，见凡物皆成黄色。周秦诸人，创了一种学说，用自己的眼光去观察古人，古人自然会改形变相，恰与他的学说符合。

我们权且把圣人中的大禹提出来研究一下。他腓（féi）无胈（bá），胫无毛，忧其黔首，颜色黎墨，宛然是摩顶放踵的兼爱家。韩非子说："禹朝诸侯于会稽，防风氏之君后至而禹斩之。"他又成了执法如山的大法家。孔子说："禹，吾无间然矣。菲饮食而致孝乎鬼神，恶衣服而致美乎黻（fú）冕，卑宫室而尽力乎沟洫。"俨然是恂恂儒者，又带点栖栖不已的气象。读魏晋以后禅让文，他的行径，又与曹丕、刘裕诸人相似。宋儒说他得了危微精一的心传，他又成了一个析义理于毫芒的理学家。杂书上说他娶涂山氏女，是个狐狸精，仿佛是《聊斋》上的公子书生；说他替涂山氏造敷面的粉，又仿佛是画眉的风流张敞；又说他治水的时候，驱遣神怪，又有点像《西游记》上的孙行者，《封神榜》上的姜子牙。据著者的眼光看来，他始而忘亲事仇，继而夺仇人的天下，终而把仇人逼死苍梧之野，简直是厚黑学中重要人物。他这个人，光怪陆离，真是莫名其妙。其余的圣人，其神妙也与大禹差不多。我们略加思索，圣人的内幕也就可以了然了。因为圣人是后人幻想结成的人物，各人的幻想不同，所以圣人的形状有种种不同。

我做了一本《厚黑学》，从现在逆推到秦汉是相合的，又推到春秋战国，也是相合的，可见从春秋以至今日，一般人的心理是相同的。再追溯到尧舜禹汤文武周公，就觉得他们的心理神妙莫测，尽都是天理流行，惟精惟一，厚黑学是不适用的。大家都说三代下人心不古，仿佛三代上的人心，与三代下的人心，成为两截了，岂不是很奇的事吗？其实并不奇。假如文景之世，也像汉武帝的办法，把百家罢黜了，单留老子一人，说他是个圣人，老子推崇的黄帝，当然也是圣人，于是乎平民之中，只有老子一人是圣人，开国之君，只有黄帝一人是圣人。老子的心，微妙玄通，深不可识。黄帝的心，也是微妙玄通，深不可识。其政闷闷，其民淳淳。黄帝而后，人心就不古：尧夺哥哥的天下，舜夺妇翁的天下，禹夺仇人的天下，成汤文武以臣叛君，周公以弟弑兄。我那本《厚黑学》，直可逆推到尧舜而止，三代上的人心，三代下的人心，就融成一片了。无奈再追溯上去，黄帝时代的人心，与尧舜而后的人心，还是要成为两截的。

假如老子果然像孔子那样际遇，成了御赐的圣人，我想孟轲那个亚圣名号，一定会被庄子夺去，我们读的四子书，一定是《老子》、《庄子》、《列子》、《关尹子》，所读的经书，一定是灵枢、素问，孔孟的书，与管商申韩的书，一齐成为异端，束诸高阁，不过遇着好奇的人，偶尔翻来看看，《大学》、《中庸》在《礼记》内，与《王制》、《月令》并列。人心惟危十六字，混在"曰若稽古"之内，也就莫得甚么精微奥妙了。后世讲道学的人，一定会向《道德经》中，玄牝（pìn）之门，埋头钻研，一定又会造出天玄人玄，理牝欲牝种种名词，互相讨论。依我想，圣人的真相不过如是。

儒家的学说，以仁义为立足点，定下一条公例，行仁义者昌，不行仁义者亡。古今成败，能合这个公例的，就引来作证据，不合这个公例的，就置诸不论。举个例来说，太史公《殷本纪》说："西伯归，乃阴修德行善。"《周本纪》说："西伯阴行善。"连下两个阴字，其作用就可想见了。《齐世家》更直截了当说道："周西伯昌之脱羑里归，与吕尚阴谋修德以倾商政，其事多兵权与奇计。"可见文王之行仁义，明明是一种权术，何尝是实心为民。儒家见文王成了功，就把他推尊得了不得。徐偃王行仁义，汉东诸侯朝者三十六国，荆文王恶其害己也，举兵灭之。这是行仁义失败了的，儒者就绝口不提。他们的论调，完全与乡间讲因果报应的一样，见人富贵，就说他积得有阴德，见人触电器死了，就说他忤逆不孝。推其本心，固是劝人为善，其实真正的道理，并不是那么样。

古来的圣人，真是怪极了！虞芮质成，脚踏了圣人的土地，立即洗心革面。圣人感化人，有如此的神妙，我不解管蔡的父亲是圣人，母亲是圣人，哥哥弟弟是圣人，四面八方被圣人围住了，何以中间会产生鸱鸮。清世宗呼允禩为阿其那，允禟为塞思赫，翻译出来，是猪狗二字。这个猪狗的父亲也是圣人，哥哥也是圣人，鸱鸮猪狗，会与圣人错杂而生，圣人的价值，也就可以想见了。

李自成是个流贼，他进了北京，寻着崇祯帝后的尸，载以宫扉，盛以柳棺，放在东华门，听人祭奠。武王是个圣人，他走至纣死的地方，射他三箭，取黄钺把头斩下来，悬在太白旗上。他们爷儿，曾在纣名下称过几天臣，做出这宗举动，他们的品行连流贼都不如，公然也成为惟精惟一的圣人，真是妙极了。假使莫得陈圆圆那场公案，吴三桂投降了，李自成岂不成为太祖高皇帝吗？他自然也会成为圣人，他那闯太祖本纪，所载深仁厚泽，恐怕比《周本纪》要高几倍。

太王实始翦商，王季、文王继之，孔子称武王缵（zuǎn）太王、王季、文王之绪，其实与司马炎缵懿师昭之绪何异？所异者，一个生在孔子前，得了世世圣人之名，一个生在孔子后，得了世世逆臣之名。

后人见圣人做了不道德的事，就千方百计替他开脱，到了证据确凿，无从开脱的时候，就说书上的事迹，出于后人附会。这个例是孟子开的，他说要“以至仁伐至不仁”，断不会有流血的事，就断定《武成》上“血流漂杵”那句话是假的。我们从殷民三叛，多方大诰，那些文字看来，可知伐纣之时，“血流漂杵”不假，只怕“以至仁伐至不仁”那句话有点假。

子贡曰：“纣之不善，不如是之甚也。是以君子恶居下流，而天下之恶皆归焉。”我也说：“尧舜禹汤文武周公不善，不如是之甚也。是以君子愿居上流，而天下之美皆归焉。”若把下流二字改作失败，把上流二字改作成功，更觉确切。

古人神道设教，祭祀的时候，叫一个人当尸，向众人指说道：“这就是所祭之神。”众人就朝着他磕头礼拜。同时又以至道设教，对众人说：“我的学说，是圣人遗传下来的。”有人问：“哪个是圣人？”他就顺手指着尧舜禹汤文武周公说道：“这就是圣人。”众人也把他当如尸一般，朝着他磕头礼拜。后来进化了，人民醒悟了，祭祀的时候，就把尸撤销，唯有圣人的迷梦，数千年未醒，尧舜禹汤文武周公，竟受了数千年的崇拜。

讲因果的人，说有个阎王，问阎王在何处，他说在地下。讲耶教的人，说有个上帝，问上帝在何处，他说在天上。讲理学的人，说有许多圣人，问圣人在何处，他说在古时。这三种怪物，都是只可意中想象，不能目睹，不能证实。惟其不能证实，他的道理就越是玄妙，信从的人就越是多。在创这种议论的人，本是劝人为善，其意固可嘉，无如事实不真确，就会生出流弊。因果之弊，流为拳匪圣人之弊，使真理不能出现。

汉武帝把孔子尊为圣人过后，天下的言论，都折中于孔子，不敢违背。孔融对于父母问题，略略讨论一下，曹操就把他杀了。嵇（jī）康非薄汤武，司马昭也就把他杀了。儒教能够推行，全是曹操、司马昭一般人维持之力；后来开科取士，读书人若不读儒家的书，就莫得进身之路。一个死孔子，他会左手拿官爵，右手拿钢刀，哪得不成为万世师表？宋元明清学案中人，都是孔圣人马蹄脚下人物，他们的心坎上受了圣人的摧残蹂躏，他们的议论，焉得不支离穿凿？焉得不迂曲难通？

中国的圣人，是专横极了，他莫有说过的话，后人就不敢说，如果说出来，众人就说他是异端，就要攻击他。朱子发明了一种学说，不敢说是自己发明的，只好把孔门的“格物致知”加一番解释，说他的学说是孔子嫡传，然后才有人信从。王阳明发明一种学说，也只好把“格物致知”加一番新解释，以附会己说，说朱子讲错了，他的学说才是孔子嫡传。本来朱、王二人的学说，都可以独树一帜，无须依附孔子，无如处于孔子势力范围之内，不依附孔子，他们的学说万万不能推行。他二人费尽心力去依附当时的人，还说是伪学，受重大的攻击。圣人专横到了这个田地，怎么能把真理搜寻得出来？

韩非子说得有个笑话：郢（yǐng）人致书于燕相国，写书的时候，天黑了，喊“举烛”，写书的人，就写上“举烛”二字，把书送去。燕相得书，想了许久，说道，举烛是尚明，尚明是任用贤人的意思，就对燕王说了。燕王听他的话，国遂大治。虽是收了效，却非原书本意，所以韩非说：“先王有郢书，后世多燕说。”究竟“格物致知”四字作何解释，恐怕只有手著《大学》的人才明白，朱、王二人中，至少有一人免不脱郢书燕说的批评，岂但“格物致知”四字，恐怕《十三经注疏》、《皇清经解》、《宋元明清学案》内面，许多妙论也逃不脱郢书燕说的批评。

学术上的黑幕，与政治上的黑幕，是一样的。圣人与君主，是一胎双生的，处处狼狈相依。圣人不仰仗君主的威力，圣人就莫得那么尊崇；君主不仰仗圣人的学说，君主也莫得那么猖獗。于是君主把他的名号分给圣人，圣人就称起王来了；圣人把他的名号分给君主，君主也称起圣来了。君主钳制人民的行动，圣人钳制人民的思想。君主任便下一道命令，人民都要遵从；如果有人违背了，就算是大逆不道，为法律所不容。圣人任便发一种议论，学者都要信从；如果有人批驳了，就算是非圣无法，为清议所不容。中国的人民，受了数千年君主的摧残压迫，民意不能出现，无怪乎政治紊乱；中国的学者，受了数千年圣人的摧残压迫，思想不能独立，无怪乎学术消沉。因为学说有差误，政治才会黑暗，所以君主之命该革，圣人之命尤其该革。

我不敢说孔子的人格不高，也不敢说孔子的学说不好，我只说除了孔子，也还有人格，也还有学说。孔子并莫有压制我们，也未尝禁止我们别创异说，无如后来的人，偏要抬出孔子，压倒一切，使学者的思想不敢出孔子的范围之外。学者心坎上被孔子盘踞久了，理应把他推开，思想才能独立，宇宙真理才研究得出来。前几年，有人把孔子推开了，同时杜威、罗素就闯进来，盘踞学者心坎上，天下的言论，又热衷于杜威、罗素，成一个变形的孔子，有人违反了他的学说，又算是大逆不道，就要被报章杂志骂个不休。如果杜威、罗素去了，又会有人出来，执行孔子的任务。他的学说，也是不许人违反的。依我想，学术是天下公物，应该听人攻击，如果说错了，改从他人之说，于己也无伤，何必取军阀态度，禁人批评?

凡事以平为本。君主对于人民不平等，故政治上生纠葛；圣人对于学者不平等，故学术上生纠葛。我主张把孔子降下来，与周秦诸子平列，我与阅者诸君一齐参加进去，与他们平坐一排，把杜威、罗素诸人欢迎进来，分庭抗礼，发表意见，大家磋商，不许孔子、杜威、罗素高踞我们之上，我们也不高踞孔子、杜威、罗素之上，人人思想独立，才能把真理研究得出来。

我对于圣人既已怀疑，所以每读古人之书，无在不疑，因定下读书三诀，为自己用功步骤。兹附寻于下。

读书三诀：

第一步，以古为敌。读古人之书，就想此人是我的劲敌，有了他，就莫得我，非与他血战一番不可。逐处寻他缝隙，一有缝隙，即便攻人；又代古人设法抗拒，愈战愈烈，愈攻愈深。必要如此，读书方能入理。

第二步，以古为友。我若读书有见，即提出一种主张，与古人的主张对抗，把古人当如良友，互相切磋。如我的主张错了，不妨改从古人；如古人主张错了，就依着我的主张，向前研究。

第三步，以古为徒。著书的古人，学识肤浅的很多，如果我自信学力在那些古人之上，不妨把他们的书拿来评阅，当如评阅学生文字一般。说得对的，与他加几个密圈；说得不对的，与他画几根杠子。我想世间俚语村言，含有妙趣的，尚且不少，何况古人的书，自然有许多至理存乎其中，我评阅越多，知识自然越高，这就是普通所说的教学相长了。如遇一个古人，知识与我相等，我就把他请出来，以老友相待，如朱晦庵待蔡元定一般。如遇有知识在我上的，我又把他认为劲敌，寻他缝隙，看攻得进攻不进。

我虽然定下三步功夫，其实并莫有做到，自己很觉抱愧。我现在正做第一步功夫，想达第二步还未达到。至于第三步，自量终身无达到之一日。

譬如行路，虽然把路径寻出，无奈路太长了，脚力有限，只好努力前进，走一截，算一截。

怕老婆的哲学

孩提之童，无不知爱其亲也，积爱成孝，所以古时的文化建筑在“孝”字上。世间的丈夫，无不爱其妻也，积爱成怕，所以今后的文化，应当建筑在“怕”字上。古人云：“天下岂有无父之国哉？”故“孝”字可以为全国重心。同时可说：“天下岂有无妻之国哉？”故“怕”字也可以为全国重心。这其间有甚深的哲理，诸君应当细细研究。

大凡一国之成立，必有一定重心，我国号称礼教之邦，首重的就是五伦。古之圣人，于五伦中，特别提出一个“孝”字，以为百行之本，故曰：“事君不忠非孝也，朋友不信非孝也，战阵无勇非孝也。”全国重心在一个孝字上，因而产出种种文明，我国雄视东亚数千年，良非无因也。自从欧风东渐，一般学者大呼礼教是吃人的东西，首先打倒的就是孝字，全国失去重心，于是谋国就不忠了，朋友就不信了，战阵就无勇了，有了这种现象，国家焉得不衰落，外患焉得不欺凌？

我辈如想复兴中国，首先要寻出重心，然后才有措手的地方。请问：应以何者为重心？难道恢复孝字吗？这却不能，我国有谋学者，戊戌政变后，高唱君主立宪，后来袁世凯称帝，他首先出来反对，说道：“君主这个东西，等于庙中之菩萨，如有人把他丢在厕坑内，我们断不能洗净供起，只好另塑一个。”他这个说法，很有至理，父子间的孝字不能恢复，所以我辈爱国志士，应当另寻一个字，以代替古之孝字，这个字仍当在五伦中去寻。

五伦中君臣是革了命的，父子是平了权的，兄弟朋友之伦，更是早已抛弃了，犹幸五伦中尚有夫妇一伦，巍然独存。我们就应当把一切文化，建筑在这一伦上，全国有了重心，才可以说复兴的话。

孩提之童，无不知爱其亲也，积爱成孝，所以古时的文化建筑在“孝”字上。世间的丈夫，无不爱其妻也，积爱成怕，所以今后的文化，应当建筑在“怕”字上。古人云：“天下岂有无父之国哉？”故“孝”字可以为全国重心。同时可说：“天下岂有无妻之国哉？”故“怕”字也可以为全国重心，这其间有甚深的哲理，诸君应当细细研究。

我们四川的文化，无一不落后，惟怕学一门，是很可以自豪的。河东狮吼，是怕学界的佳话，此事就出在我们四川。其人为谁？即是苏东坡所做《方山子传》上的陈季常。他是四川青神人，与东坡为内亲；他怕老婆的状态，东坡所深知，故作诗赞美之曰：“忽闻河东狮子吼，拄杖落手心茫然。”四川出了这种伟人，是应当特别替他表扬的。

我们读《方山子传》，只知他是高人逸士，谁知他才是怕老婆的祖师。由此知：怕老婆这件事，要高人逸士才做得来，也可说：因为怕老婆才成为高人逸士。《方山子传》有曰：“环堵萧然，而妻子奴婢，皆有自得之意。”俨然瞽（gǔ）腴（yú）底豫气象。天下无不是的父母，亦无不是的妻子，虞舜遭着父顽母嚣，从孝字做工夫，家庭卒收底豫之效；陈季常遭着河东狮吼，从怕字做工夫，闺房中卒收怡然自得之效，真可为万世师法。

怕老婆这件事，不但要高人逸士才做得来，并且要英雄豪杰才做得来。怕学界的先知先觉，要首推刘先生，以发明家而兼实行家。他新婚之夜，就向孙夫人下跪，后来困处东吴，每遇着不了的事，就守着老婆痛哭，而且常常下跪，无不逢凶化吉，遇难呈祥。他发明这种技术，真可谓渡尽无边苦海中的男子。诸君如遇河东狮吼的时候，把刘先生的法宝取出来，包管闺房中呈祥和之气，其乐也融融，其乐也泄泄。君子曰，刘先生纯怕也，怕其妻施及后人；怕经曰，“怕夫不匮，永锡尔类”，其斯之谓欤。

陈季常生在四川。刘先生之坟墓，至今尚在成都南门外。陈刘二公之后，流风余韵，愈传愈广，怕之一字，成了四川的省粹。我历数朋辈交游中，官之越大者，怕老婆的程度越深，几乎成为正比例。诸君闭目细想，当知敝言不谬。我希望外省到四川的朋友仔仔细细，领教我们的怕学，辗转传播，把四川的省粹变而为中华民国的国粹，那么，中国就可称雄了。

爱亲爱国爱妻，原是一理。心中有了爱，表现出来，在亲为孝，在国为忠，在妻为怕，名词虽不同，实际则一也。非读书明理之士，不知道忠孝，同时非读书明理之士，不知道怕。乡间小民，往往将其妻生捶死打，其人率皆蠢蠢如鹿豕（shǐ），是其明证。

旧礼教注重“忠孝”二字，新礼教注重“怕”字，我们如说某人怕老婆，无异誉之为忠臣孝子，是很光荣的。孝亲者为“孝子”，忠君者为“忠臣”，怕老婆者当名“怕夫”。旧日史书有“忠臣传”，有“孝子传”，将来民国的史书，一定要立“怕夫传”。

一般人都说四川是民族复兴根据地，我们既负了重大使命，希望外省的朋友，协同努力，把四川的省粹，发扬光大，成为全国的重心，才可收拾时局，重整山河，这是可用史事来证明的。

东晋而后，南北对峙，历宋齐梁陈，直到隋文帝出来，才把南北统一，而隋文帝就是最怕老婆的人。有一天独孤皇后发了怒，文帝吓极了，跑在山中，躲了两天，经大臣杨素诸人，把皇后的话说好了，才敢回来。兵法曰：“守如处女，出如脱兔。”怕经曰：“见妻如鼠，见敌如虎。”隋文帝之统一天下也宜哉！闺房中见了老婆，如鼠子见了猫儿，此守如处女之说也；战阵上见了敌人，如猛虎之见群羊，此出如脱兔之说也。《聊斋》有曰：“将军气同雷电，一入中庭，顿归无何有之乡；大人面若冰霜，比到寝门，遂有不堪问之处。”惟其入中庭而无何有，才能气同雷电，惟其到寝门而不堪问，才能面若冰霜，彼蒲松龄乌足知之。

隋末天下大乱，唐太宗出来，扫平群雄，平一海内。他用的谋臣，是房玄龄，史称“房谋杜断”。房是极善筹谋之人，独受着他夫人之压迫，无法可施，忽然想到唐太宗是当今天子，当然可以制伏她，就诉诸太宗。太宗说：“你喊她来，等我处置她。”哪知房太太几句话，就说得太宗哑口无言，私下对玄龄道：“你这位太太，我见了都害怕，此后你好好服从她的命令就是了。”太宗见了臣子的老婆都害怕，真不愧开国明君。当今之世，有志削平大难者，他幕府中总宜多延请几个房玄龄。

我国历史上，不但要怕老婆的人才能统一全国，就是偏安一隅，也非有怕老婆的人不能支持全局。从前东晋偏安，全靠王导、谢安，而他二人，都是怕学界的先进。王导身为宰相，兼充清谈会主席，有天手持麈（zhǔ）尾，坐在主席位上，正谈得高兴，忽报道“夫人来了”，他连忙跳上犊车就跑，把麈柄颠转过来，用柄将牛儿乱打。无奈牛儿太远，麈柄太短，王丞相急得没法。后来天子以王导功大，加他九锡，中有两件最特别之物，曰“短辕犊”、“长柄麈”。从此以后王丞相出来，牛儿挨得近近的，手中麈柄是长长的，成为千古美谈。孟子曰：“孤臣孽子，其操心也危，其虑患也深，故达。”王丞相对于他的夫人，真可谓孤臣孽子了，宜其事功彪柄。

苻坚以百万之师伐晋，谢安围棋别墅，不动声色，把苻坚杀得大败，其得力全在一个怕字。“周婆制礼”，这个典故，诸君想还记得，谢安的太太，把周公制下的礼改了，用以约束丈夫。谢安在他夫人名下，受过这种严格教育，养成泰山崩于前而色不变的习惯，苻坚怎是他的敌手？

苻坚伐晋，张夫人再三苦谏，他怒道：“国家大事，岂妇人女子所能知？”这可谓不怕老婆了，后来淝水一战，望见八公山上草木，就面有惧色，听见风声鹤唳，皆以为晋兵，他胆子怯得个这样，就是由于根本上欠了修养的缘故。观于谢安苻坚，一成功，一失败，可以憬然悟矣。

有人说外患这样的猖獗，如果再提倡怕学，养成怕的习惯，日本一来，以怕老婆者怕之，岂不亡国吗？这却不然，从前有位大将，很怕老婆，有天愤然道：“我怕她做甚？”传下将令，点集大小三军，令人喊他夫人出来，他夫人厉声道：“喊我何事？”他惶恐伏地道：“请夫人出来阅操。”我多方考证，才知道这是明朝戚继光的事。继光行军极严，他儿子犯了军令，把他斩了，夫人寻他大闹，他自知理亏，就养成怕老婆的习惯。谁知这一怕反把胆子吓大了，以后日本兵来，就成为抗日的英雄。因为日本虽可怕，总不及老婆之可怕，所以他敢于出战。诸君读过希腊史，都想知道斯巴达每逢男子出征，妻子就对他说道：“你不战胜归来，不许见我之面。”一个个奋勇杀敌，斯巴达以一蕞（zuì）尔小国，遂崛起称雄，倘平日没有养成怕老婆的习惯，怎能收此良果？

读者诸君，假如你的太太，对于你，施下最严酷的压力，你必须敬谨承受，才能忍辱负重，担当国家大事，这是王导、谢安、戚继光诸人成功秘诀。如其不然，定遭失败。唐朝黄巢造反，朝廷命某公督师征剿。夫人在家，收拾行李，向他大营而来。他听了愁眉不展，向幕僚说道：“夫人闻将南来，黄巢又将北上，为之奈何？”幕僚道：“为公计，不如投降黄巢的好。”此公卒以兵败伏法。假令他有胆量去迎接夫人，一定有胆量去抵抗黄巢，决不会失败。

我们现处这个环境，对日本谈抗战，对国际方面，谈外交手腕，讲到外交，也非怕学界中人不能胜任愉快。我国外交人才，李鸿章为第一。鸿章以其女许张佩伦为妻，佩伦年已四十，鸿章夫人，嫌他人老，寻着鸿章大闹。他埋头忍气，慢慢设法，把夫人的话说好，卒将其女嫁与佩伦。你想：夫人的交涉都办得好，外国人的交涉，怎么办不好？所以八国联军，那么困难的交涉，鸿章能够一手包办而成。

基于上面的研究，我们应赶急成立一种学会，专门研究怕老婆的哲学，造就些人才，以备国家缓急之用。旧礼教重在孝字上，新礼教，重在怕字上。古人求忠臣于孝子之门，今后当求烈士于怕夫之门。孔子提倡旧礼教，曾著下一部《孝经》，敝人忝任黑厚教主，有提倡新礼教的责任，特著一部《怕经》，希望诸君不必高谈“裁矗”，只把我的《怕经》早夜虔诵百遍就是了。

教主曰：夫怕，天之经也，地之义也，民之行也。五刑之属三千，而罪莫大于不怕。

教主曰：其为人也怕妻，而敢于在外为非者鲜矣。人人不敢为非，而谓国之不兴者，未之有也。君子务本，本立而道生，怕妻也者，其复兴中国之本欤！

教主曰：惟大人为能有怕妻之心，一怕妻而国本定矣。

教主曰：怕学之道，在止于至善，为人妻止于严，为人夫止于怕。家人有严君焉，妻之谓也。妻发令于内，夫奔走于外，天地之大义也。

教主曰：大哉妻之为道也，巍巍乎惟天为大，惟妻则之，荡荡乎无能名焉，不识不知，顺妻之则。

教主曰：行之而不着焉，习矣而不察焉，终身怕妻，而不知为怕者众矣。

教主曰：君子见妻之怒也，食旨不甘，闻乐不乐，居处不安，毕诚毕敬，勿之有触焉而矣。

教主曰：妻子有过，下气怡声柔色以谏，谏若不从，起敬起长；三谏不听，则号泣而随之；妻子怒不悦，挞之流血，不敢疾怨，起敬起畏。

教主曰：为人夫者，朝出而不归，则妻倚门而望，暮出而不归，则妻倚闾（lǘ）而望，是以妻子在不远游，游必有方。

教主曰：君子之事妻也，视于无形，听于无声，入闺房，鞠躬如也，不命之坐，不敢坐；不命之退，不敢退。妻忧亦忧，妻喜亦喜。

教主曰：谋国不忠非怕也，朋友不信非怕也，战阵无勇非怕也。一举足而不敢忘妻子，一出言而不敢忘妻子，将为善，思贻妻子令名，必果；将为不善，思贻妻子羞辱，必不果。

教主曰：妻子者，丈夫所指而终身者也。身体发肤，属诸妻子，不敢毁伤，怕之始也；立身行道，扬名于后世，以显妻子，怕之终也。

右经十二章，为怕学入门之道，其味无穷。为夫者，玩索而有得焉，则终身用之，有不能尽者矣。

新礼教夫妻一伦，等于旧礼教父子一伦，孔子说了一句“为人止于孝”，同时就说“为人父止于慈”，必要这样，才能双方兼顾。所以鄙人说“为人夫止于怕”，必须说“为人妻止于严”，也要双方兼顾。

现在许多人高唱“贤妻良母”的说法，女同志不大满意，这未免误解了。“贤妻良母”四字，是顺串而下，不是二者平列。贤妻即是良母，妻道也，而母道存焉。人子幼时，受父母之抚育，稍长出外就傅，受师保之教育，壮而有实，则又举而属诸妻子。故妻之一身，实兼有父母师保之责任，岂能随随便便，漫不经意呢？妻为夫纲，我女同志，能卸去此种责任吗？

男子有三从，幼而从父，长而从师，由壮至老则从妻，此中外古今之通义也。我主张约些男同志，设立“怕学研究会”，从学理上讨论；再劝导女同志，设立“吼狮练习所”，练习实行方法，双方进行，而谓怕学不昌明，中国不强盛者，未之有也。

六十晋一妙文

鄙人发明“厚黑学”，是千古不传之秘，而今而后，当努力宣传，死而后已。鄙人对于社会，既有这种空前的贡献，社会人士即该予以褒扬。我的及门弟子和私淑弟子，当兹教主六旬圣诞，应该作些诗文，歌功颂德。

鄙人今年（民国二十八年）已满六十岁了。即使此刻寿终正寝，抑或为日本飞机炸死，祭文上也要写享年六十有一上寿了。生期那一天，并无一人知道，过后我遍告众人，闻者都说与我补祝。我说：“这也无须。”他们说："教主六旬诞颂，是普天同庆的事，我们应该发出启事，征求诗文，歌颂功德。"我谓："这更勿劳费心，许多做官的人，德政碑是自己立的，万民伞是自己送的，甚至生祠也是自己修的。这个征文启事，不必烦诸亲友，等我自己干好了。"

大凡征求寿文，例应补叙本人道德文章功业，最要者，尤在写出其人特点，其他俱可从略。鄙人以一介匹夫，崛起而为厚黑圣人，于儒释道三教之外特创一教，这可算真正的特点。然而其事为众人所共知，其学已家喻户晓，并且许多人都已身体力行，这种特点，也无须赘述。兹所欲说者，不过表明鄙人所负责之重大，此后不可不深自勉励而已。

鄙人生于光绪五年已卯正月十三日，次日始立春，算命先生所谓："已卯生人，戊寅算命。"所以已卯年生的人，是我的老庚；戊寅年生的人，也是我的老庚。光绪已卯年，是公历一千八百七十九年，爱因斯坦生于三月十九日，比我要小一点，算是我的庚弟，他的相对论震动全球，而鄙人的《厚黑学》仅仅充满四川，我对于庚弟，未免有愧。此后只有把我发明的学问努力宣传，才能不虚此生。

正月十三日，历年上载明："是杨公忌日，诸事不宜"。孔子生于八月二十七日，也是杨公忌日，所以鄙人一生际遇，与孔子相同，官运之不亨通，一也；其被称为教主一也。天生鄙人，冥冥中以孔子相待，我何敢妄自菲薄！

杨公忌日的算法，是以正月十三为起点，以后每月退二日，如二月十一日，三月九日……到了八月，又忽然发生变例，以二十七日为起点，又每月退二日，又九月二十五日，十月二十三日……到了正月又忽然发生变例，以十三为起点。诸君试翻历史书一看，即知鄙言不谬。大凡教主都是应运而生，孔子生日即为八月二十七日，所以鄙人生日非正月十三日不可。这是杨公在千年前早已注定了的。

孔子生日定为阴历八月二十七日，考据家颇有异词。改为阳历八月二十七日，一般人更莫名其妙。千秋万岁后，我的信徒，饮水思源，当然与我建个厚黑庙，每年圣诞致祭，要查看阴阳历对照表，未免麻烦。好在本年（民国二十八年）正月十三日，为厚黑教主圣诞。将来每年阴历重九登高，阳历重三日入厚黑庙致祭，岂不很好？

四川自汉朝文翁兴学而后，文化比诸齐鲁，历晋唐以迄有明，蜀学之盛，足以江浙诸省相埒（liè）。明季献贼践蜀，杀戮之惨，亘古未有。秀杰之士，起而习武，蔚为风气。有清一代，名将辈出，公侯伯子男，五等封爵，无一不有。嘉道时，全国提镇，川籍占十之七八。于是四川武功特盛，而文学则蹶焉不振。六十年前，张文襄建立尊经书院，延聘湘潭王壬（rén）秋先生来川讲学，及门弟子，并研廖季平，富顺宋芸子，名满天下，其他著作等学者，指不胜屈，朴学大兴，文风复盛。考《湘绮楼日记》，己卯年正月十二日，王先生接受尊经书院聘书，次日鄙人诞生，明日即立春，万象更新，这其中实见造物运用之妙。

帝王之兴者也，必先有为之驱除者；教主之兴也，亦必先有为之驱除者，四时之序，成功者去。孔教之兴，已二千余年，皇矣上帝，乃眷西顾，择是四川为新教主诞生之所，使东鲁圣人，西蜀圣人，遥遥相对。无如川人尚武，已成风气，特先遣王壬秋入川，为之驱除，此所以王先生一受聘书，而鄙人即嵩生岳降也。

民国元年，共和肇造，为政治上开一新纪元，今为民国二十八年，也即是厚黑纪元二十八年。所以四川之进化，可分为三个时期：蚕丛鱼凫（fú），开国茫然，毋庸深论，秦代通蜀而后，由汉司马相如，以至明阳慎，川人以文学相长，是为第一期，此则文翁之功矣。有清一代，川人以武功见长，是为第二时期，此张献忠之功也。民国以来，川人以厚黑学见长，是为第三时期，此鄙人之功也。

民元而后，我的及门弟子和私淑弟子，努力工作，把四川造成一个厚黑国，于是中国高瞻远瞩之士，大声疾呼曰：“四川是民族复兴之根据地！”何想，要复兴民族，打倒日本，舍了这种学问，还有什么法子？所以鄙人于所著《厚黑丛话》内，喊出“厚黑救国”的口号，举出越王勾践为模范人物。其初也，勾践入吴，身为臣，妻为妾，是之谓厚。其初也，沼吴之役，夫差请照样的身为臣妻为妾，勾践不许，必置之死地而后已，是之谓黑。“九一八”以来，我国步步退让，是勾践退吴的方式，“七七事变”而后，全国抗战，是勾践沼吴的精神。我国当局，定下国策，不期而与鄙人之学说暗合，这是很可庆幸的。天下兴亡，匹夫有责，余岂好讲厚黑哉？余不得已也。

鄙人发明“厚黑学”，是千古不传之秘，而今而后，当努力宣传，死而后已。鄙人对于社会，既有这种空前的贡献，社会人士即该予以褒扬。我的及门弟子和私淑弟子，当兹教主六旬圣诞，应该作些诗文，歌功颂德。自鄙人的目光看来，举世非之，与举世誉之，有同等的价值。除弟子而外，如有志同道合的蘧伯玉，或走入异端的原壤，甚或有反对党，如楚狂沮溺，征生亩诸人，都可尽量地作些文字，无论为歌颂，为笑骂，鄙人都一敬谨拜受。将来汇刊一册，题目《厚黑教主荣录》。千秋万岁后，厚黑学如皎日中天，可谓其生也荣，其死也荣。中华民国万万岁！厚黑学万岁，厚黑纪元二十八年，三月十三日，李宗吾谨启。是日也，即我庚弟爱因斯坦六旬晋一之前一日也。

第四部

厚黑丛话

牛顿发明万有引力，这种引力，也不是牛顿带来的，自开辟以来，地心就有吸力，经过了百千万亿年，都无人知道，直至牛顿出世，才把他发现出来。厚黑这门学问，从古至今，人人都能够做，无奈行之而不著，习矣而不察，直到李宗吾出世，才把它发现出来。牛顿可称为万有引力发明家，李宗吾当然可称厚黑学发明家。

自序

我生平揭的标帜，是“思想独立”四字。因为思想独立，就觉得一部二十四史，和《四书》、《五经》，与宋元明清学案，无在不是破绽。《厚黑学》一文，是揭穿一部二十四史的黑幕；《我对于圣人之怀疑》一文，是揭穿一部宋元明清学案的黑幕。马克思的思想，是建筑在唯物史观上；我的思想，可说是建筑在厚黑史观上。

民国十六年，我将历年作品汇刊一册，名曰《宗吾臆谈》，内容计：(1) 厚黑学；(2) 我对于圣人之怀疑；(3) 心理与力学；(4) 考试制之商榷；(5) 解决社会问题之我见。十七年，我把“解决社会问题之我见”扩大为一单行本，题曰《社会问题之商榷》。第六章有云，“我讨论这个问题，自有我的根据地，并未依傍孙中山，乃所得结果，中山已先我而言之，真理所在，我也不敢强自立异。于是把我研究所得，作为阐发孙中山学说之资料”，云云。此书流传至南京，石青阳与刘公潜见之，曾电致四川省政府刘主席自乾，叫我入京研究党义，我因事未去。本年我到重庆，伍君心言对我说：“你著的《社会问题之商榷》，曾揭登南京《民生报》，许多人说你对于孙中山学说，有独到之见。你可再整理一下，发表出来，大家讨论。”我因把原作再加整理，名曰《改革中国之我见》。

《社会问题之商榷》理论多而办法少，我认为现在所需要者，是办法，不是理论，乃将原书大加删除，注重办法。原书偏于经济方面，乃再加入政治和外交，基于经济之组织，生出政治之组织，基于经济政治之方式，生出外交之方式。换言之，即是由民生而民权，而民族，三者连为一贯，三民主义就成为整个的东西了。书成拿到省党部，请胡素民、颜伯通二君批评。二君道：“此书精神上，对于三民主义完全吻合，但办法上，有许多地方，孙中山未曾这样说，如果发表出来，恐浅见者流生出误会，你可以不必发表。”我因把原稿收藏起。我是发明厚黑学的人，还是回头转来讲我的厚黑学，因此才写《厚黑丛话》。

我生平揭的标帜，是“思想独立”四字。因为思想独立，就觉得一部二十四史，和《四书》、《五经》，与宋元明清学案，无在不是破绽。《厚黑学》一文，是揭穿一部二十四史的黑幕；《我对于圣人之怀疑》一文，是揭穿一部宋元明清学案的黑幕。马克思的思想，是建筑在唯物史观上；我的思想，可说是建筑在厚黑史观上。

我的思想，既以厚黑史观为基础，则对于人性不能不这样的观察，对于人性既这样观察，则改革经济、政治、外交等，不能不有这样的办法。今之研究三民主义者，是置身三民主义之中，一字一句研究。我是把中国的《四书》、《五经》、二十四史和宋元明清学案，与夫外国的斯密士、达尔文、卢梭、克鲁泡特金、孟德斯鸠等，一齐扫荡了，另辟蹊径，独立研究，结果与三民主义精神相合，成了殊途同归，由此可以证明孙中山学说是合真理的。

孙中山尝说：“主义不能变更，政策可因时势而变更。”主义者精神也，政策者办法也，我们只求精神上与三民主义相合，至于办法上，大家可提些出来，公开讨论……办法生于理论，我的理论，以厚黑史观为基础，故从厚黑学讲起来。

此次所写《厚黑丛话》，是把我旧日作品和新近的感想糅合写之。我最近还作有一本《中国学术之趋势》，曾拿与友人舒君实、官梦兰二君看，二君都说可以发表，我也把它拆散写入，将所有作品冶为一炉，以见思想之一贯。中间许多说法，已越出厚黑学范围，而仍名之为《厚黑丛话》者，因种种说法，都是从厚黑学生出来，犹之树上的枝叶花果，是从树干生出来，题以厚黑二字，示不忘本也。

我这《厚黑丛话》，从二十四年八月一日起，逐日在成都《华西日报》发表，每日写一两段，每两个月合刊一册，请阅者赐教。旧著《宗吾臆谈》和《社会问题之商榷》，我送有两本在成都图书馆，读者可便中取阅。有不合处，一经指出，即当遵照修改。

民国二十四年十月十八日，李宗吾，于成都

致读者诸君

> 我研究这些问题，已闹得目迷五色，好像彷徨失路的人。诸君旁观者清，万望指我去路，我重再把这些道理研究明白。只要把真理寻出就好了，不必定要是我寻出的，犹之救国救民等事，只要人民的痛苦能够解除就好了，不必定要功自我出。

民国二十四年十一月十日，《成都快报》载有窦枕原君所写《读〈厚黑丛话〉与〈厚黑学的基础安在〉后的意见》，说道："《厚黑丛话》是李先生宗吾宗自己的意见写的。《厚黑学的基础安在》，是客尘先生批评厚黑而写的。我呢，因为站在壁上观的立场，不便有什么言论，来判定谁是谁非，但我亦不是和事老的鲁仲连。我的意见便是请求两先生的文章，按月刊成单行本，露布书店，使阅者得窥全豹，同时又可使阅者有研讨的可能。愚见如此，不知你们的尊意怎样？"窦君这种主张，我极端赞成，决定每两月刊一册，自八月一日至九月卅日，在成都《华西日报》发表的《厚黑丛话》，业已加以整理，交付印刷局，不日即可出版，余者续出。

同日快报载客尘君《答枕原先生兼请教读者》一文，内云："出单行本却不敢有此企图，最大的原因，便是囊空如洗，一钱莫名，并且文字是随便写的，异常拖沓拉杂……"客尘君既不自出单行本，我打算纂一部《厚黑丛话之批评》，以若干页为一册，挨次出版，册数之多寡，视批评者之多寡为断。快报十一月十日所载窦君及客尘君两文，决定刊入。又成都《新四川日报》十月十三日载子健君《健斋琐录》，对于厚黑学亦有批评，亦当录入。至客尘君所著《厚黑学的基础安在》，我希望客尘加以整理，力求短简明洁，在报上重新发表，以便刊行。如或过长，只好仍请客尘君自印单行本。

客尘君在快报上宣言要向我总攻击，所谓总攻者，无所不攻之谓也。客尘君写了如许长的文字，只攻击我"厚黑救国"四字，拙作中类此四字者很多，请一一攻击，俾知谬点所在。我为客尘君计，可每文标一题目，直揭出攻击之点，简简单单的数百字，一日登完，庶阅者一目了然。不必用《厚黑学的基础安在》那种写法，定一个大题目，每次登一两千字，几个星期都未登完，致流于拖沓拉杂之弊。客尘君以我的话为然否？并希望其他的批评者也这样办。

我这《厚黑丛话》，不断写去，逐日《华西日报》发表，究竟写好长，写好久，我也无一定计划。如无事故，而又心中高兴，就长期写去。凡批评的文字，只要在报章杂志上发表过的，无论赞成或反对，俱一一刊入；且反对愈烈者，我愈欢迎。我是主张思想独立的人，常喜欢攻击他人，因之也喜欢他人攻击我。有能痛痛快快地攻击我，我就认他是我的同志，当然欢迎。惟文字冗长，词意晦涩者则不录。其直接寄我之信函，而未经报章杂志披露者亦不录。

我平居无事，即寻些问题来研究，研究所得，究竟合与不合，自己无从知道，特写出来，请求阅者指正。我研究这些问题，已闹得目迷五色，好像彷徨失路的人。诸君旁观者清，万望指我去路，我重再把这些道理研究明白。只要把真理寻出就好了，不必定要是我寻出的，犹之救国救民等事，只要人民的痛苦能够解除就好了，不必定要功自我出。我只埋头发表我的意见，或得或失，一任读者批评，自己不能置辩一字，我说错了，自当改从诸君之主张，不敢固执己见。

我这《厚黑丛话》，是把平日一切作品和重庆《新蜀报》发表的《随录》，《济川报》发表的《汲心斋杂录》，连同近日的新感想，糅合写之，所讨论的问题，往往逸出厚黑二字之外。诸君可把这"厚黑丛话"四字当如书篇名目，如《容斋随笔》、《北梦琐言》之类，如把这四字认为题目，则我许多说法，都成为文不对题了。

诸君批评的文字，在报章杂志上发表后，请惠赠一份，交成都《华西日报》副刊部转交，无任感盼。

李宗吾，民国二十四年十一月十五日

厚黑丛话卷一

我著《厚黑学》，纯用春秋笔法，善恶不嫌同辞，据事直书，善恶自见。同是一厚黑，用以图谋一己之私利，是极卑劣之行为，用以图谋众人之公利，是至高无上的道德。所以不懂春秋笔法者，不可以读《厚黑学》。

著者于满清末年发明厚黑学，大旨言一部二十四史中的英雄豪杰，其成功秘诀不外面厚心黑四字，历引史事为证。民国元年，揭登成都《公论日报》，计分三卷，上卷《厚黑学》，中卷《厚黑经》，下卷《厚黑传习录》。发表出来，读者哗然。中卷仅登及一半，我受友人的劝告，也就中止。原文底稿，已不知抛弃何所。十六年，刊《宗吾臆谈》，把三卷大意摘录其中。去年舍侄等在北平，从《臆谈》中抽出，刊为单行本，上海某杂志，似乎也曾登过。

我当初本是随便写来开玩笑，不料从此以后，厚黑二字，竟洋溢乎四川，成一普通名词。我也莫名其妙，每遇着不相识的朋友，旁人替我介绍，必说道："这就是发明厚黑学的李某。"几于李宗吾三字和厚黑学三字合而为一，等于释迦牟尼与佛教合而为一，孔子与儒教合而为一。

有一次在宴会席上，某君指着我，向众人说道："此君姓李名宗吾，是厚黑学的先进。"我赶紧声明道："你这话错了，我是厚黑学祖师，你们才是厚黑学的先进。我的位置，等于佛教中的释迦牟尼，儒教中的孔子，当然称为祖师。你们亲列门墙，等于释迦门下的十二圆觉，孔子门下的四科十哲，对于其他普通人，当然称为先进。"

厚黑学，是千古不传之秘，我把它发明出来，可谓其功不在禹下。每到一处，就有人请我讲厚黑学，我身据绝学，不忍自私，只好勤勤恳恳地讲授，随即笔记下来，名之曰《厚黑丛话》。

有人驳我道："面厚心黑的人，从古至今，岂少也哉？这本是极普通的事，你何得妄窃发明家之名？"我说："所谓发明者，等于矿师之寻出煤矿铁矿，并不是矿师拿些煤铁嵌入地中，乃是地中原来有煤有铁，矿师把上面的土石除去，煤铁自然出现，这就谓之发明了。厚黑本是人所固有的，只因被《四书》、《五经》、宋儒语录和《感应篇》、《阴骘文》、《觉世真经》

等蒙蔽了，我把它扫而空之，使厚与黑赤裸裸地现出来，是之谓发明。

牛顿发明万有引力，这种引力，也不是牛顿带来的，自开辟以来，地心就有吸力，经过了百千万亿年，都无人知道，直至牛顿出世，才把他发现出来。厚黑这门学问，从古至今，人人都能够做，无奈行之而不著，习矣而不察，直到李宗吾出世，才把它发现出来。牛顿可称为万有引力发明家，李宗吾当然可称厚黑学发明家。

有人向我说道："我国连年内乱不止，正由彼此施行厚黑学，才闹得这样糟。现在强邻压迫，亡国在于眉睫，你怎么还在提倡厚黑学？"我说："正因亡国在于眉睫，更该提倡厚黑学，能把这门学问研究好了，国内纷乱的状况，才能平息，才能对外。"厚黑是办事上的技术，等于打人的拳术。诸君知道：凡是拳术家，都要闭门练习几年，然后才敢出来与人交手。从辛亥至今，全国纷纷扰扰者，乃是我的及门弟子和私淑弟子实地练习，他们师兄师弟，互相切磋。迄今二十四年，算是练习好了，开门出来，与人交手，真可谓"以此制敌，何敌不摧，以此图功，何功不克"。我基于此种见解，特提出一句口号曰：厚黑救国。请问居今之日，要想抵抗列强，除了厚黑学，还有甚么法子？此《厚黑丛话》，所以不得不做也。

抵抗列强，要有力量，国人精研厚黑学，能力算是有了的。譬之射箭，射是射得很好，从前是关着门，父子弟兄，你射我，我射你；而今以列强为箭垛子，支支箭向同一之垛子射去。我所谓厚黑救国，如是而已。

厚黑救国，古有行之者，越王勾践是也。会稽之败，勾践自请身为吴王之臣，妻入吴宫为妾，这是厚字诀。后来举兵破吴，夫差遣人痛哭乞情，甘愿身为臣，妻为妾，勾践毫不松手，非把夫差置之死地不可，这是黑字诀。由此知：厚黑救国。其程序是先之以厚，继之以黑，勾践往事，很可供我们的参考。

项羽拔山盖世之雄，其失败之原因，韩信所说"匹夫之勇，妇人之仁"，两句话就断定了。匹夫之勇，是受不得气，其病根在不厚。妇人之仁，是心有所不忍，其病根在不黑。所以我讲厚黑学，谆谆然以不厚不黑为大戒。但所谓不厚不黑者，非谓全不厚黑，如把厚黑用反了，当厚而黑，当黑而厚，也是断然要失败的。以明朝言之，不自量力，对满洲轻于作战，是谓匹夫之勇。对流寇不知其野性难驯，一意主抚，是谓妇人之仁。由此知明朝亡国，其病根是把厚黑二字用反了。有志救国者，不可不精心研究。

我国现在内忧外患，其情形很与明朝相类，但所走的途径，则与之相反。

强邻压境，熟思审处，不悻悻然与之角力，以匹夫之勇为戒……明朝外患愈急迫，内部党争愈激烈。崇祯已经在煤山缢死了，福王立于南京，所谓志士者，还在闹党争。福王被满清活捉去了，辅立唐王、桂王、鲁王的志士，还在闹党争。我国迩来则不然，外患愈紧迫，内部党争愈消灭，许多兵戎相见的人，而今欢聚一堂。明朝的党人，忍不得气，现在的党人，忍得气，所走的途径又与明朝相反，这是更为可喜的。厚黑先生曰："知明朝之所以亡，则知民国之所以兴矣。"我希望有志救国者，把我发明的"厚黑史观"仔细研究。

昨日我回到寓所，见客厅中坐一个很相熟的朋友，一见面就说道："你怎么又在报上讲厚黑学？现在人心险诈，大乱不已，正宜提倡旧道德，以图挽救，你发出这些怪议论，岂不把人心越弄越坏吗？"我说："你也太过虑了。"于是把我全部思想原原本本说与他听，直谈到二更，他欢然而去，说道："像这样说来，你简直是孔子信徒，厚黑学简直是救济世道人心的妙药，从今以后，我在你这个厚黑教主名下当一个信徒就是了。"

梁任公曾说："假令我不幸而死，是学术界一种损失。"不料他 56 岁就死了，学术界受的损失，真是不小。古来的学者如程明道、陆象山，是 54 岁死的。韩昌黎、周濂溪、王阳明，都是 57 岁死的。鄙人在厚黑界的位置，自信不在梁程陆韩周王之下，讲到年龄，已经有韩周王三人的高寿，要喊梁程陆为老弟，所虑者万一我一命呜呼，则是曹操、刘备诸圣人相传之心法，自我而绝，厚黑界受的损失，还可计算吗？所以我汲汲皇皇地写文字，余岂好厚黑哉？余不得已也。

马克思发明唯物史观，我发明厚黑史观。用厚黑史观去读二十四史，则成败兴衰，了如指掌，用厚黑史观去考察社会，则如牛渚燃犀，百怪毕现。……我们又可用厚黑史观攻击达尔文强权竞争的说法，使迷信武力的人失去理论上的立场。我希望阅者耐心读去，不可先存一个心说："厚黑学，是诱惑人心的东西。"更不可先存一个成见说："马克思、达尔文是西洋圣人，李宗吾是中国坏人，从古至今，断没有中国人的说法会胜过西洋人的。"如果你心中是这样想，就请你每日读《华西副刊》的时候，看见《厚黑丛话》一栏，就闭目不视，免得把你诱坏。

有天我去会一个朋友。他是讲宋学的先生，一见我，就说我不该讲厚黑学。我因他是个迂儒，不与深辩，婉辞称谢。殊知他越说越高兴，简直带出训斥的口吻来了。我气他不过，说道："你自称孔子之徒，据我看来，只算是孔子之奴，够不上称孔子之徒。何以言之呢？你们讲宋学的人，神龛上供的是‘天地君亲师之位’。你既尊孔子为师，则师徒犹父子，也可说等于君臣。古云：‘事父母几谏。’又云：‘事君有犯而无隐。’你为甚么不以事君父之礼事孔子？明知孔子的学说，有许多地方，对于现在不适用，不敢有所修正，直是谐臣媚子之所为，非孔子家奴而何？古今够得上称孔子之徒者，孟子一人而已，孔子曰：‘我战则克。’孟子则曰：‘善战者服上刑。’依孟子的说法，孔子是该处以枪毙的。孟子曰：‘仲尼之徒，无道桓文之事者。’又把管仲说得极不堪，曰：‘功烈如彼其卑也。’而《论语》上明明载，孔子曰：‘齐桓公正而不谲。’又曰：‘桓公九合诸侯，不以兵车，管仲之力也。如其仁，如其仁。’又曰：‘管仲相桓公，霸诸侯，一匡天下，民到于今受其赐。微管仲，吾其被发左衽矣。’孟子的话，岂不显与孔子冲突吗？孔子修《春秋》，以尊周为主，称周王曰‘天王’。孟子游说诸侯，一则曰：‘地方百里而可以王。’再则曰：‘大国五年，小国七年，必为政于天下。’未知置周王于何地，岂非孔教叛徒？而其自称，则曰：‘乃所愿则学孔子也。’孟子对于孔子，是脱了奴性的，故可称之曰孔子之徒，汉宋诸儒，皆孔子之奴也。至于你嘛！满口程朱，对于宋儒，明知其有错误，不敢有所纠正，反曲为之庇，直是家奴之奴，称曰‘孔子之奴’，犹未免过誉。”说罢，彼此不欢而散。阅者须知，世间主人的话好说，家奴的话不好说，家奴之奴，更难得说。中国纷纷不已者，孔子家奴为之也……达尔文家奴为之也，于主人何尤！

我不知有孔子学说，更不知有马克思学说和达尔文学说，我只知有厚黑学而已。问厚黑学何用？曰用以抵抗列强。我敢以厚黑教主之资格，向四万万人宣言曰：“勾践何人也，予何人也，凡我同志，快快地厚黑起来！何者是同志？心思才力，用于抵抗列强者，即是同志。何者是异党？心思才力，用于倾陷本国人者，即是异党。”从前张献忠祭梓潼文昌帝君文曰：“你姓张，咱老子也姓张，咱与你联宗罢。”我想，孔子在天之灵，见了我的宣言，一定说：“咱讲内诸夏，外夷狄，你讲内中国，外列强，咱与你联合罢。”

梁任公曰：“读春秋当如读《楚辞》，其辞则美人香草，其义则灵修也，其辞则齐桓、晋文，其义则素王制也。”呜呼，知此者可以读厚黑学矣！其词则曹操、刘备，其义则十年沼吴之勾践、八年血战之华盛顿也。师法曹操、刘备者，师法厚黑之技术，至曹刘之目的为何，不必深问。斯义也，恨不得起任公于九原，而一与讨论之。

我著《厚黑学》，纯用春秋笔法，善恶不嫌同辞，据事直书，善恶自见。同是一厚黑，用以图谋一己之私利，是极卑劣之行为，用以图谋众人之公利，是至高无上的道德。所以不懂春秋笔法者，不可以读《厚黑学》。

民国六年，成都国民公报社把《厚黑学》印成单行本，宜宾唐倜风作序，中江谢绶青作跋。绶青之言曰："宗吾发明厚黑学，或以为议评末俗，可以劝人为善，或以为凿破混沌，可以导人为恶。"余则谓："厚黑学无所谓善，无所谓恶，亦视用之何如耳。如利刃然，用以诛叛逆则善，用以屠良民则恶。善与恶，何关于刃？故用厚黑以为善，则为善人，用厚黑以为恶，则为恶人，或善或恶，于厚黑无与也。"绶青这个说法，是很对的，与我所说春秋笔法，同是一意。

倜风之言曰："孔子曰：'谏有五，吾从其讽。'昔者汉武帝欲杀乳母，东方朔叱令就死。齐景公欲诛圉（yǔ）人，晏子执而数其罪。二君闻言，惕然而止。宗吾此书，大有东方朔、晏子遗意，其言最诙谐，其意最沉痛，直不啻聚千古大奸大诈于一堂，而一一谳定其罪，所谓诛奸谀于既死者非欤！吾人熟读此书，即知厚黑中人比比皆是，庶几出而应世，不为若辈所愚。彼为鬼为蜮者，知人之烛破其隐，亦将惶然思返，而不敢妄试其技。审如是也，人与人之间，不得不出于赤心相见之一途，则宗吾此书之有益于世道人心也，岂浅显哉！厚黑学之发布，已有年矣，其名词人多知之。试执人而语之曰：'汝固素习厚黑学者。'无不色然怒，则此书收效为何如，固不俟辩也。"倜风此说固有至理，然不如绶青所说尤为圆通。

庄子曰："能不龟手，一也，或以封，或不免于洴（píng）澼（pì）絖（kuàng）。"呜呼！若庄子者，始可与言厚黑矣。禅让一也，舜禹行之则为圣人，曹丕、刘裕行之，则为逆臣。宗吾曰："舜禹之事，倘所谓厚黑，是耶非耶，余甚惑焉。"倜风披览《庄子》不释手，而于厚黑学，犹一间未达，惜哉！晚年从欧阳竟无讲唯识学，回成都，贫病而死。夏斧私挽以联，有云："有钱买书，无钱买米。"假令倜风只买厚黑学一部，而以余钱买米，虽至今生存可也，然而倜风不悟也。厚黑救国中，失此健将，悲夫！悲夫！

我宣传厚黑学，有两种意思：（甲）即倜风所说，"聚千古大奸大诈于一堂，而一一谳定其罪"。民国元年发布的《厚黑传习录》所说求官六字真言、做官六字真言和办事二妙法等，皆属甲种。（乙）即绶青所说："用厚黑以为善。"此次所讲厚黑救国等语，即属乙种。

阅者诸君对于我的学问，如果精研有得，以后如有人对于你行使厚黑学，你一入眼就明白，可直告之曰："你是李宗吾的甲班学生，我与你同班毕业，你那些把戏，少拿出来耍些。"于是同学与同学辟诚相见，而天下从此太平矣，此则厚黑学之功也。有人说："老子云'邦之利器，不可以示人。'你把厚黑学公开讲说，万一国中的汉奸，把它翻译为英法德俄日等外国文，传播世界，列强得着这种秘诀，用科学方法整理出来，还而施之于我，等于把我国发明的火药加以改良，还而轰我一般，如何得了？"我说："唯恐其不翻译，越翻译得多越好。"宋朝用司马光为宰相，辽人闻之，戒其边吏曰："中国相司马公矣，勿再生事。"列强听见中国出了厚黑教主，还不闻风丧胆吗？孔子曰："言忠信，行笃敬，虽蛮貊（mò）之邦可行也。"我国对外政策，应该建筑在一个诚字上，今可明明白白告诉他："我国现遍设厚黑学校，校中供的是'大成至圣先师越王勾践之神位'。厚黑教主开了一个函授学校，每日在报上发讲稿，定下十年沼吴的计划。这十年中，你要求什么条件，我国就答应什么条件，等到十年后，算账就是了。"我们口中如此说，实际上即如此做，决不欺哄他。但要敬告翻译的汉奸先生，译《厚黑学》时，定要附译一段，说："勾践最初对于吴王，身为臣，妻为妾。后来吴王请照样的身为臣，妻为妾，勾践不允，非把他置于死地不可，加了几倍的利钱。这是我们先师遗传下来的教条，请列强于头钱之外，多预备点利钱就是了。"从前王德用守边，契丹遣人来侦探，将士请逮捕之，德用说："不消。"明日，大阅兵，简直把军中实情拿与他看。侦探回去报告，契丹即遣人来议和。假如外国人知道我国朝野上下，一致研究厚黑学，自量非敌，因而敛戢（jí）其野心，十年后不开大杀戒，则厚黑学之造福于人类者，宁有暨耶。此即汉奸先生翻译之功也。彼高谈仁义者，乌足知之？传曰："火烈，民望而畏之，故鲜死焉。水懦弱，民狎而玩之，则多死焉。"厚黑先生者，其我佛如来之化身欤！

友人雷民心，发明了一种最精粹的学说，其言曰："世间的事，分两种，一种是做得说不得，一种是说得做不得。例如，夫妇居室之事，尽管做，如拿在大庭广众中来说，就成为笑话，这是做得说不得。又如，两个朋友，以狎亵语相戏谑，抑或骂人的妈和姐妹，闻者不甚以为怪，如果认真实现，就大以为怪了，这是说得做不得。"民心这个学说，凡是政治界学术界的人，不可不悬诸座右。厚黑学是做得说不得。

做得说不得这句话，是《论语》"民可使由之，不可使知之"的注脚，说得做不得这句话，是《孟子 · 井田章》和《周礼》一书的注脚。假令王莽、王安石聘民心去当高等顾问，决不会把天下事闹得那么坏。

辛亥年成都十月十八日兵变，全城秩序非常之乱，杨莘友出来任巡警总监，捉着扰乱治安的人，就地正法，出的告示，模仿张献忠七杀碑的笔调，连书斩斩斩，大得一般人的欢迎。全城男女长幼，提及杨总监之名，歌颂不已。后来秩序稍定，他发表了一篇《杨维（莘友名）之宣言》，说今后当行开明专制，于是物议沸腾，报章上指责他，省议会也纠举他，说："而今是共和时代，岂能再用专制手段！"殊不知莘友从前用的手段，纯是野蛮专制，后来改行开明专制，在莘友算是进化了，只因把专制二字明白说出，所以大遭物议。民心说："天下事有做得说不得的。"莘友之事，是很好的一个例证。观于莘友之事，孔子所说"民可使由之，不可使知之"，就算得了的解释。

我定有一条公例："用厚黑以图谋一己之私利，是极卑劣之行为；用厚黑以图谋众人公利，是至高无上之道德。"莘友野蛮专制，其心黑矣，而人反歌颂不已，何以故？图谋公利故。

厚黑救国这句话，做也做得，说也说得，不过学识太劣的人，不能对他说罢了。我这次把厚黑学公开讲说，就是想把他变成做得说得的科学。

胡林翼曾说："只要有利于国，就是顽钝无耻的事我都干。"相传林翼为湖北巡抚时，官文为总督。有天总督夫人生日，藩台去拜寿，手本已经拿上去了，才知道是如夫人生日，立将手本索回，折身转去。其他各官，也随之而去。不久林翼来，有人告诉他，他听了，伸出大拇指说道："好藩台！好藩台！"说毕取出手本递上去，自己红顶花翎地进去拜寿。众官听说巡抚都来了，又纷纷转来。次日官妾来巡抚衙门谢步，林翼请他母亲十分优待，官妾就拜在胡母膝下为义女，林翼为干哥哥。此后军事上有应该同总督会商的事，就请干妹妹从中疏通。官文稍一迟疑，其妾聒其耳曰："你的本事，哪一点比我们胡大哥？你依着他的话做就是了。"因此林翼办事，非常顺手。官胡交欢，关系满清中兴甚巨。林翼干此等事，其面可谓厚矣，众人不惟不说他卑鄙，反引为美谈，何以故？心在国家故。

严世蕃是明朝的大奸臣，这是众人知道的，后来皇上把他拿下，丢在狱中，众臣合拟一奏折，历数其罪状，如杀杨椒山、沈炼之类，把稿子拿与宰相徐阶看。阶看了说道："你们还是想杀他，想放他？"众人说："当然想杀他。"徐阶说："你这奏折一上去，皇上立即把他放出来，何以故呢？世蕃杀这些人，都是巧取上意，使皇上自动地要杀他。此折上去，皇上就会说：‘杀这些人明明出自我的意思，怎么诬在世蕃身上？’岂不立把他放出吗？”众人请教如何办。徐阶说：“皇上最恨的是倭寇，说他私通倭寇就是了。”徐阶关着门把折子改了递上去。世蕃在狱中探得众人奏折内容，对亲信人说道：“你们不必担忧，不几天我就出来了。”后来折子发下，说他私通倭寇，大惊道：“完了，完了！”果然把他杀了。世蕃罪大恶极，本来该杀，独莫有私通倭寇，可谓死非其罪。徐阶设此毒计，其心不为不黑，然而后人都称他有智谋，不说他阴毒，何以故？为国家除害故。

李次青是曾国藩得意门生，国藩兵败靖港、祁门等处，次青与他患难与共。后来次青兵败失地，国藩想学孔明斩马谡，叫幕僚拟奏折严参他，众人不肯拟。叫李鸿章拟，鸿章说道：“老师要参次青，门生愿以去就争。”国藩道：“你要去，很可以，奏折我自己拟就是了。”次日叫人与鸿章送四百两银子去，“请李大人搬铺”。鸿章在幕中，有数年的劳绩，为此事逐出。奏折上去，次青受重大处分。国藩此等地方手段狠辣，逃不脱一个黑字，然而次青仍是感恩知遇，国藩死，哭以诗，非常恳挚。鸿章晚年，封爵拜相，谈到国藩，感佩不已，何以故？以其无一毫私心故。

上述胡、徐、曾三事，如果用以图谋私利，岂非至卑劣之行为吗？移以图谋公利，就成为最高尚之道德。像这样的观察，就可把当伟人的秘诀寻出，也可说把救国的策略寻出。现今天下大乱，一般人都说将来收拾大局，一定是曾国藩、胡林翼一流人，但是要学曾、胡，从何下手？难道把曾、胡全集，字字读，句句学吗？这也无须，有个最简单的法子，把全副精神集中在抵抗列强上面，目无旁视，耳无旁听，抱定厚黑二字，放手做去，得的效果，包管与曾、胡一般无二。如嫌厚黑二字不好听，你在表面上换两个好听字眼就是，不要学杨莘友把专制二字说破。你如有胆量，就学胡林翼，赤裸裸地说道：“我是顽钝无耻。”列强其奈你何！是之谓厚黑救国。

我把世界外交史研究了多年，竟把列强对外的秘诀发现出来，其方式不外两种，一曰劫贼式，一曰娼妓式。时而横不依理，用武力掠夺，等于劫贼之明火劫抢，是谓劫贼式的外交。时而甜言蜜语，曲结欢心，等于娼妓媚客，结的盟约，毫不生效，等于娼妓之海誓山盟，是谓娼妓式的外交。

人问列强以何者立国？我答曰：“厚黑立国。”娼妓之面最厚，劫贼之心最黑，大概军阀的举动是劫贼式，外交官的言论是娼妓式。劫贼式之后，继以娼妓式，娼妓式之后，继以劫贼式，二者循环互用。娼妓之面厚矣，毁弃盟誓则厚之中有黑。劫贼之心黑矣，不顾唾骂则黑之中有厚。我国自五口通商以来，直至今日，都是吃列强这两种方式的亏。我们把他的外交秘诀发现出来，就有对付的方法了。

人问："我国当以何者救国？"我答曰："厚黑救国。"他以厚字来，我以黑字应之；他以黑字来，我以厚字应之。娼妓艳装而来，开门纳之，但缠头费丝毫不能出。如服侍不周，把她衣饰剥了，逐出门去，是谓以黑字破其厚。如果列强横不依理，以武力压迫，我们就用张良的法子对付他。张良圯上受书，老人种种作用，无非教他面皮厚罢了。苏东坡曰："高帝百战百败而能忍之，此子房所教也。"我们以对付项羽的法子对付列强，是谓以厚字破其黑。

全国人士都大声疾呼曰："救国！救国！"试问救国从何下手？譬诸治病，连病根都未寻出，从何下药？我们提出厚黑二字，就算寻着病根了。寒病当用热药，热病当用寒药，相反才能相胜。外人黑字来，我以厚字应；外人厚字来，我以黑字应。刚柔相济，医国妙药，如是而已。他用武力，我即以武力对付之，他讲亲善，我即与之亲善，是为医热病用热药，医寒病用寒药。以此等法医病，病人必死；以此等法医国，国家必亡。

《史记》：项王谓汉王曰："天下汹汹数岁者，徒以吾两人耳，愿与汉王挑战决雌雄。"汉王笑谢曰："吾宁斗智不斗力。"笑谢二字，非厚而何？后来鸿沟划定，楚汉讲和了，项王把太公、吕后送还，引兵东归，汉王忽然败盟，以大兵随其后，把项王逼死乌江，非黑而何？我国现在对于列强，正适用笑谢二字，若与之斗力，就算违反了刘邦的策略。语曰："安不忘危。"《厚黑经》曰："厚不忘黑。"问："厚不忘黑奈何？"曰："有越王勾践之先例在，有刘邦对付项羽之先例在。"

我在民国元年，就把《厚黑学》发表出来，苦口婆心，谆谆讲说，无奈莫得一人研究这种学问，把一个国家闹成这样。今年石青阳死了，重庆开追悼会，正值外交紧急，我挽以联云："哲人其萎乎，呜呼青阳，吾将安仰；斯道已穷矣，吁嗟黑厚，予欲无言。"袁随园谒岳王墓诗云："岁岁君臣拜诏书，南朝可谓有人无，看烧石勒求和币，司马家儿是丈夫。"吁嗟黑厚，予欲无言！往者不可谏，来者犹可追。凡我同志，快快地厚黑起来，一致对外。

著者住家自流井。我尝说我们自流井的人，目光不出峡子口；四川的人，目光不出夔（kuí）门口；中国的人，目光不出吴淞口。阿比西尼亚，是非洲弹丸大一个国家，阿皇敢于对意大利作战，对法西斯的怪杰墨索里尼作战，其人格较之华盛顿，有过之无不及，真古今第一流人杰哉！将来战争结果，无论阿国或胜或败，抑或败而至于亡国，均是世界史上最光荣的事。我们应当把阿皇的谈话，当如清朝皇帝颁发的《圣谕广训》，楷书一通，每晨起来，恭读一遍这就算目光看出吴淞口去了。

有人问我道："你的厚黑学，怎么我拿去实行，处处失败？"我问："我著的《宗吾臆谈》和《社会问题之商榷》二书，你看过莫有？"答："莫有。"我问："《厚黑学》单行本，你看过莫有？"答："莫有。我只听见人说：'做事离不得脸皮厚，心子黑。'我就照这话行去。"我说："你的胆子真大，听见厚黑学三字，就拿去实行，仅仅失败，尚能保全生命而还，还算你的造化。我著《厚黑学》，是用厚黑二字，把一部二十四史一以贯之，是为'厚黑史观'。我著《心理与力学》，定出一条公例：'心理变化，循力学公例而行。'是为'厚黑哲理'。基于厚黑哲理，来改良政治、经济、外交与夫学制等，是为厚黑哲理之应用。其详俱见《宗吾臆谈》及《社会问题之商榷》二书。你连书边边都未看见，就去实行，真算胆大。"

厚黑学这门学问，等于学拳术，要学就要学精，否则不如不学，安分守己，还免得挨打。若仅仅学得一两手，甚或拳师的门也未拜过，一两手都未学得，远远望见有人在习拳术，自己就出手伸脚地打人，焉得不为人痛打？你想：项羽坑降卒二十万，其心可谓黑到极点了，而我的书上，还说他黑字欠了研究，宜其失败。吕后私通审食其，刘邦佯为不知。后人诗曰："果然公大度，容得辟阳侯。"面皮厚到这样，而于厚字还是欠研究，韩信求封齐王时，若非有人从旁指点，几乎失败。厚黑学有这样的精深，仅仅听见这个名词，就去实行，我可以说越厚黑越失败。

人问："要如何才不失败？"我说："你须先把厚黑史观、厚黑哲理与夫厚黑哲理之应用彻底了解，出而应事，才可免于失败。兵法曰：'先立于不败之地。'又曰：'先为不可胜，以待敌之可胜。'厚黑学亦如是而已。"

孙子曰："战势不过奇正，奇正之变，不可胜穷也。"处世不外厚黑，厚黑之变，不可胜穷也。用兵是奇中有正，正中有奇，奇正相生，如循环之无端。处世是厚中有黑，黑中有厚，厚黑相生，如循环之无端。《厚黑学》与《孙子》十三篇，二而一，一而二。不知兵而用兵，必至兵败国亡。不懂厚黑哲理，而就实行厚黑，必至家破身亡。闻者曰："你这门学问太精深了，还有简单法子莫有？"我答曰："有。我定有两条公例，你照着实行，不需研究厚黑史观和厚黑哲理，也就可以为英雄，为圣贤。如欲得厚黑博士的头衔，仍非把我所有作品穷年累月地研究不可。”

就人格言之，我们可下一公例曰：“用厚黑以图谋一己之私利，越厚黑，人格越卑污；用厚黑以图谋众人之公利，越厚黑，人格越高尚。”就成败言之，我们可下一公例曰：“用厚黑以图谋一己私利，越厚黑越失败；用厚黑以图谋众人之公利，越厚黑越成功。”何以故呢？凡人皆以我为本位，为我之心，根于天性。用厚黑以图谋一己之私利，势必妨害他人之私利，越厚黑则妨害于人者越多，以一人之身，敌千万人之身，焉得不失败？人人既以私利为重，我用厚黑以图谋公利，即是替千万人图谋私利，替他行使厚黑，当然得千万人之赞助，当然成功。我是众人中之一分子，众人得利，我当然得利，不言私利而私利自在其中。例如，曾、胡二人，用厚黑以图谋国家之公利，其心中无丝毫私利之见存，后来功成了，享大名，膺厚赏，难道私人所得的利还小吗？所以用厚黑以图谋国家之利，成功固得重报，失败亦享大名，无奈目光如豆者，见不及此。从道德方面说，攘夺他人之私利，以为我有，是为盗窃行为，故越厚黑人格越卑污。用厚黑以图谋众人之公利，则是牺牲我的脸，牺牲我的心，以救济世人。视人之饥，犹己之饥，视人之溺，犹己之溺，即所谓“我不入地狱，谁入地狱？”故越厚黑人格越高尚。

人问：“世间有许多人，用厚黑以图谋私利，居然成功，是何道理？”我说：“这即所谓‘时无英雄，遂使竖子成名耳。’”与他相敌的人，不外两种：一种是图谋公利而不懂厚黑技术的人，一种是图谋私利，而厚黑之技术不如他的人，故他能取胜。万一遇着一个图谋公利之人，厚黑之技术与他相等，则必败无疑。语云：“千夫所指，无病而死。”因为妨害了千万人之私利，这千万人中只要有一个觑着他的破绽，就要乘虚打他。例如，《史记》中项王谓汉王曰：“天下汹汹数岁者，徒以吾两人耳。”其时的百姓，个个都希望他两人中死去一个，所以项王迷失道，问于田父，田父绐曰左，左乃陷大泽中，致被汉兵追及而死。如果是救民水火之兵，田父方保持之不暇，何至会绐他呢？我们提倡厚黑救国，这是用厚黑以保卫四万万人之私利，当然得四万万人之赞助，当然成功。

昔人云“文章报国”。文章非我所知，我所知者，厚黑而已。自今以往，请以厚黑报国。《厚黑经》曰：“我非厚黑之道，不敢陈于国人之前，故众人莫如我爱国也。”叫我不讲厚黑，等于叫孔孟不讲仁义，试问：能乎不能？我自问：生平有功于世道人心者，全在发明厚黑学，抱此绝学而不公之于世，是为怀宝迷邦，岂非不仁之甚乎！李宗吾曰：“鄙人圣之厚黑者也。夫天未欲中国复兴也，如欲中国复兴，当今之世，舍我其谁？吾何为不讲厚黑哉？”

昔人诗云：“锄禾日当午，汗滴禾下土。谁知盘中餐，粒粒皆辛苦。”众人都说饭好吃，哪个知道种田人的艰难？众人都说厚黑学适用，哪个知道发明人的艰难？我那部《厚黑学》，可说字字皆辛苦。

我这门学问，将来一定要成为专科，或许还要设专门大学来研究。我打算把发明之经过和我同研究的人写出来，后人如仿《宋元学案》、《明儒学案》，作一部《厚黑学案》，才寻得出材料，抑或与我建厚黑庙，才有配享人物。

旧友黄敬临，在成都街上遇着我，说道：“多年不见了，听说你要建厚黑庙，我是十多年以前就拜了门的，请把我写一段上去，将来也好配享。”我说：“不必再写，你看《论语》上的林放，见着孔子，只问了‘礼之本’三个字，直到而今，还高坐孔庙中吃冷猪肉。你既有志斯道，即此一度谈话，已足配享而有余。”敬临又说：“我今年已经62岁了，因为钦佩你的学问，不惜拜在门下。”我说：“难道我的岁数比你小，就够不上与你当先生吗？我把你收列门墙，就是你莫大之幸，将来在你的自撰年谱上，写一笔‘吾师李宗吾先生’，也就比‘前清诰封某某大夫’，光荣多了。”

往年同县罗伯康致我信说道：“许多人说你讲厚黑学，我逢人辩白，说你不厚不黑。”我复信道：“我发明厚黑学，私淑弟子遍天下，我曰‘厚黑先生’，与我书者以作上款，我复书以作下款，自觉此等称谓，较之文成公、文正公光荣多矣。俯仰千古，常以自豪。不谓足下乃逢人说我不厚不黑，我果何处开罪足下，而足下乃以此报我耶？呜呼伯康，相知有年，何竟自甘原壤，尚其留意尊胫，免遭尼山之杖！”近日许多人劝我不必再讲厚黑学。嗟乎！滔滔天下，何原壤之多也！

从前发表的《厚黑传习录》，是记载我与众人的谈话，此次的丛话，是把传习录扩大之。我从前各种文字，许多人都未看过，今把它全行拆散来，与现在的新感想混合写之。此次的丛话，是随笔体裁，内容包含五种：（1）厚黑史观；（2）厚黑哲理；（3）厚黑学之应用；（4）厚黑学辩证法；（5）厚黑学发明史。我只随意写去，不过未分门类罢了。

人问：“既是如此，你何不分类写之，何必这样杂乱无章地写？”我说：“著书的体裁分两种，一是教科书体，一是语录体。凡一种专门学问发生，最初是语录体，如孔子之《论语》，释迦之《佛经》，六祖之《坛经》，朱明诸儒之语录，都是门人就本师口中所说者笔记下来。老子手著之《道德经》，可说是自写的语录。后人研究他们的学问，才整理出来，分出门类，成为教科书方式。厚黑学是新发明的专门学问，当然用语录体写出。”

宋儒自称：“满腔子是恻隐。”而我则：“满腔子是厚黑。”要我讲，不知从何处讲起，只好随缘说法，想说什么，就说什么，口中如何说，笔下就如何写。或谈古事，或谈时局，或谈学术，或追述生平琐事，高兴时就写，不高兴就不写。或长长地写一篇，或短短地写几句，或概括地说，或具体地说，总是随其兴之所至，不受任何拘束，才能把我整个思想写得出来。

我们用厚黑史观去看社会，社会就成为透明体，既把社会真相看出，就可想出改良社会的办法。我对于经济、政治、外交，与夫学制等，都有一种主张，而此种主张，皆基于我所谓厚黑哲理。我这个丛话，可说是拉杂极了，仿佛是一个大山，满山的昆虫鸟兽、草木土石等，是极不规则的。惟其不规则，才是天然的状态。如果把他整理得厘然秩序，极有规则，就成为公园的形式，好固然是好，然而掺加了人工，非复此山的本来面目。我把我胸中的见解，好好歹歹，和盘托出，使山的全体表现，有志斯道者，加以整理，不足者补充之，冗芜者删削之，错误者改正之。开辟成公园也好，在山上采取木石，另建一个房子也好，抑或捉几个雀儿，采些花草，拿回家中赏玩也好。如能大规模的开采矿物则更好。再不然，在山上挖点药去医病，捡点牛犬粪去肥田，也未尝不好。我发明厚黑学，犹如瓦特发明蒸汽机，后人拿去纺纱织布也好，行驶轮船、火车也好，开办任何工业都好。我讲的厚黑哲理，无施不可，深者见深，浅者见浅。有能得我之一体，引而伸之，就可独成一派。孔教分许多派，佛教分许多派，将来我这厚黑教，也要分许多派。

写文字，全是兴趣，兴趣来了，如兔起鹘落，稍纵即逝。我写文字的时候，引用某事或某种学说，而案头适无此书，就用苏东坡“想当然耳”的办法，依稀恍惚地写去，以免打断兴趣。写此类文字与讲考据不同，乃是心中有一种见解，凭空白地，无从说起，只好借点事物来说，引用某事某说，犹如使用家伙一般，把别人的偶尔借来用用，若无典故可用，就杜撰一个来用，也无不可。

庄子寓言，是他胸中有一种见解，特借鲲鹏野马、渔父盗跖（zhí）以写之，只求将胸中所见达出。至鲲鹏野马，果否有此物，渔父盗跖，是否有此人，皆非所问。胸中所见者，主人也。鲲鹏野马，渔父盗跖，皆寓舍也。孟子曰："说诗者不以文害辞，不以辞害意，以意逆志，是为得之。"读诗当如是，读庄子当如是，读厚黑学也当如是。

昔人谓："文王周公，繫易，彖（tuàn）辞爻辞，取其象，亦偶触其机，假令易，而为之，其机之所触少变，则其辞之取象亦少异矣。"达哉所言！战国策士，如苏秦诸人，平日把人情世故揣摩纯熟，其游说人主也，随便引一故事，或设一个比喻，妙趣横生，头头是道，其途径与庄之寓言，易之取象无异。宋儒初读儒书，继则出入佛老，精研有得，自己的思想已经成了一个系统，然后退而注孔子之书，借以明其胸中之理，于是孔门诸书，皆成为宋儒之鲲鹏野马，渔父盗跖（zhí）。而清代考据家，乃据训诂本义，字字讥弹之，其解释字义固是，而宋儒所说之道理，也未尝不是。九方皋相马，在牝牡骊黄之外。知此义者，始可以读朱子之《四书集注》。无如毛西河诸人不悟，刺刺不休。嗟乎！厚黑界中，九方皋何其少，而毛西河诸人何其多也！

研究宋学者，离不得宋儒语录。然语录出自门人所记，有许多靠不住，前人已言之。明朝王学，号称极盛，然阳明手著之书无多，欲求王氏之学，只有求之传习录及龙溪诸子所记，而天泉证道一席话，为王门极大争点。我尝说"四有四无"之语，假使阳明能够亲手写出，岂不少去许多纠葛。大学"格物致知"四字，解释者有几十种说法。假使曾子当日记孔子之言，于此四字下加一二句解释，不但这几十种说法不会有，而且朱学与王学争执也无自而起。我在重庆有个姓王的朋友，对我说道："你先生谈话很有妙趣，我改天邀几个朋友来谈谈，把你的谈话笔记下来。"我听了，大骇，这样一来，岂不成了宋明诸儒的语录吗？万一我门下出了一个曾子，模仿《大学》那种笔法，简简单单地写出，将来厚黑学案中，岂不又要发生许多争执吗？于是我赶急仿照我家"聃大公"的办法，手写语录，名曰《厚黑丛话》，谢绝私人谈话，以示大道无私之意。将来如有人说"我亲闻厚黑教主如何说"，你们万不可听信。经我这样的声明，绝不会再有天泉证道这种疑案了。我每谈一理，总是反反复复地解说，宁肯重复，不肯简略，后人再不会像"格物致知"四字，生出许多奇异的解释。鄙人之于厚黑学也，可谓尽心焉耳矣。噫！一衣一钵，传之者谁乎！

厚黑丛话卷二

我著的《厚黑经》，说得有："不曰厚乎，磨而不薄。不曰黑乎，洗而不白。"后来我改为："不曰厚乎，越磨越厚。不曰黑乎，越洗越黑。"有人问我："世间哪有这种东西？"我说："手足的趼疤，是越磨越厚；沾了泥土尘埃的煤炭，是越洗越黑。"人的心，生来是黑的，遇着讲因果的人，讲理学的人，拿些仁义道德蒙在上面，才不会黑，假如把它洗去了，黑的本体自然出现。

有人问道："你这丛话，你说内容包含厚黑史观、厚黑哲理、厚黑学之应用、厚黑学辩证法及厚黑学发明史，共五部分，你不把它分类写出，则研究这门学问的人，岂不目迷五色吗？岂不是故意使他们多费些精神吗？"我说："要想研究这种专门学问，当然要用心专研，中国的十三经和二十四史，泛泛读去，岂不是目迷五色，纷乱无章吗？而真正之学者，就从这纷乱无章之中寻出头绪来。如果惮于用心，就不必操这门学问。我只揭出原则和大纲，有志斯道者，第一步加以阐发，第二步加以编纂，使之成为教科书，此道就大行了。所以分门别类，挨一挨二地讲，乃是及门弟子和私淑弟子的任务，不是我的任务。"

我从前刊了一本《宗吾臆谈》。内面的篇目：(1) 厚黑学；(2) 我对于圣人之怀疑；(3) 心理与力学；(4) 解决社会问题之我见；(5) 考试制之商榷。后来我把"解决社会问题之我见"扩大成为一单行本，曰《社会问题之商榷》，这是业已付印了的。近来我又作有一本《中国学术之趋势》，已脱稿，尚未发布。这几种作品，在我的思想上是一个系统，是建筑在厚黑哲理上，但每篇文字独立写去，看不出连贯性。因把它拆散来，在丛话中混合写去，一则见得各种说法互相发明，二则谈心理、谈学术是很沉闷的，我把它夹在厚黑学中，正论谐语错杂而出，阅者才不至枯燥无味。

我心中有种种见解，不知究竟对与不对，特写出来，请阅者指驳，指驳越严，我越是欢迎。我重在解释我心中的疑团，并不是想独创异说。诸君有指驳的文字，就在报上发表，我总是细细地研究，认为指驳得对的，自己修改了即是，认为不对，我也不回辩，免至成为打笔墨官司，有失研究学问的态度。我是主张思想独立的人，我的心坎上，绝不受任何人的压抑，同时我也尊重他人思想之独立，所以驳诘我的文字，不能回辩。我倡的厚黑史观和厚黑哲理，倘被人推翻，我就把这厚黑教主让他充当，拜在他门下称弟子。何以故？服从真理故。

宇宙真理，明明地摆在我们面前，我们自己可以直接去研究，无须请人替我研究。古今的哲学家，乃是我和真理中间的介绍人，他们所介绍的有无错误，不可得知，应该离开了他们的说法，直接去研究一番。有个朋友，读了我所作的文字，说道："这些问题，东西洋哲学家讨论的很多，未见你引用，并且学术上的专名词你也少用，可见你平时对于这些学说少有研究。"我听了这个话，反把我所作的文字翻出来，凡引有哲学家的名字及学术上的专名词，尽量删去，如果名词不够用，就自己造一个来用，直抒胸臆，一空依傍。偶尔引有古今人的学说，乃是用我的斗秤去衡量他的学说，不是以他的斗秤来衡量我的学说。换言之，乃是我去审判古今哲学家，不是古今哲学家来审判我。

中国从前的读书人，一开口即是诗云书云，孔子曰，孟子曰。戊戌政变以后，一开口即是达尔文曰，卢梭曰，后来又添些杜威曰，孟子曰，马克思曰，纯是以他人的思想为思想。究竟宇宙真理是怎样，自己也不伸头去窥一下，未免过于懒惰了！假如驳我的人，引了一句孔子曰，即是以孔子为审判官，以《四书》、《五经》为新刑律，叫李宗吾来案候审。引了一句达尔文诸人曰，即是以达尔文诸人为审判官，以他们的作品为新刑律，叫李宗吾来案候审。像这样的审判，我是绝对不到案的。有人问："要谁人才能审判你呢？"我说："你就可以审判我，以你自家的心为审判官，以眼前的事实为新刑律。"例如说道："李宗吾，据你这样说，何以我昨日看见一个人做的事不是这样，今日看见一只狗，也不是这样？可见你说的道理不确实。"如果能够这样的判断，我任是输到何种地步，都要与你立一个铁面无私的德政碑。

牛顿和爱因斯坦的学说，任人怀疑，任人攻击，未尝强人信从，结果反无人不信从。注《太上感应篇》的人说道："有人不信此书，必受种种恶报。"关圣帝君的《觉世真经》说道："不信吾教，请试吾刀。"这是由于这两部书所含学理经不得研究，无可奈何，才出于威吓之一途。我在厚黑界的位置，等于科学界的牛顿和爱因斯坦，假如不许人怀疑，不许人攻击，即无异于说："我发明的厚黑学，等于《太上老君感应篇》和关圣帝君的《觉世真经》。"

岂不是我自己诋毁自己吗？

有人说：假如人人思想独立，各创一种学说，思想界岂不成纷乱状态吗？我说：这是不会有的。世间的真理，只有一个，如果有两种或数种学说互相违反，你也不必抑制哪一种，只叫他彻底研究下去，自然会把真理发现出来。真理所在，任何人都不能反对的。例如，穿衣吃饭的事，叫人人独立地研究，得的结果，都是饿了要吃，冷了要穿，同归一致。凡所谓冲突者，都是互相抑制生出来的。假如各种学说，个个独立，犹如林中树子，根根独立，有何冲突？树子生在林中，采用与否，听凭匠师。我把我的说法宣布出来，采用与否，听凭众人，哪有闲心同人打笔墨官司？如果务必要强天下之人尽从己说，真可谓自取烦恼，而冲突于是乎起矣。程伊川、苏东坡见不及此，以致洛蜀分党，把宋朝的政局闹得稀烂。朱元晦、陆象山见不及此，以致朱陆分派，一部宋元学案，明儒学家，打不完的笔墨官司。而我则不然，读者要学厚黑学，我自然不吝教，如其反对我，则是甘于自误，我也只好付之一叹。

拙著《宗君臆谈》，流传至北平，去岁有人把《厚黑学》抽出翻印，向舍侄征求同意，并说道："你家伯父，是八股出身，而今凡事都该欧化，他老人家那套笔墨，实在来不倒。等我们与他改过，意思不变更他的，只改为新式笔法就是了。"我闻之，立发航信说道："孔子手著的《春秋》，旁人可改一字吗？"他们只知我笔墨像八股，殊不知我那部《厚黑学》，思想之途径，内容之组织，完全是八股的方式，特非老于八股者，看不出来。宋朝一代讲理学，出了文天祥、陆秀夫诸人来结局，一般人都说可为理学生色。明清两代以八股取士，出了一个厚黑教主来结局，可为八股生色。我的厚黑哲理，完全从八股中出来，算是真正的国粹。我还希望保存国粹的先生，由厚黑学而上溯八股，仅仅笔墨上带点八股气，你们都容不过吗？要翻印，就照原文一字不改，否则不必翻印。"哪知后来书印出来，还是与我改了些。特此声明，北平出版的《厚黑学》是赝本，以免贻误后学。

大凡有一种专门学问，就有一种专门文体，所以《论语》之文体与《春秋》不同，《老子》之文体与《论语》不同，佛经之文体与《老子》又不同。在心为思想，在纸为文字，专门学问之发明者，其思想与人不同，故其文字也与人不同。厚黑学是专门学问，当然另有一种文体。闻者说道："李宗吾不要自夸，你那种文字，任何人都写得出来。"我说："不错，不错，这是由于我的厚黑学，任何人都做得来的缘故。"

我写文字，定下三个要件：见得到，写得出，看得懂。只求合得到这三个要件就够了。我执笔时，只把我胸中的意见写出，不知有文法，更不知有文言白话之分，之字的字，乎字吗字，任便用之。民国十六年刊的《宗吾臆谈》，十八年刊的《社会问题之商榷》，都是这样。有人问我："是什么文体？"我说："是厚黑式文体。"近见许多名人的文字都带点厚黑式，意者中国其将兴乎！

有人说："我替你把《厚黑学》译为西洋文，你可把曹操、刘备这些典故改为西洋典故，外国人才看得懂。"我说："我的厚黑学，决不能译为西洋文，也不能改为西洋典故。西洋人要学这门学问，非来读一下中国书，研究一下中国历史不可，等于我们要学西洋科学，非学英文德文不可。"

北平赝本《厚黑学》，有几处把我的八股式笔调改为欧化式笔调，倒也无关紧要，只是有两点把原文精神失掉，不得不声明：(1) 我发明厚黑学，是把中外古今的事逐一印证过，觉得道理不错了，才就人人所知的曹操、刘备、孙权几个人，举以为例。又追溯上去，再举刘邦、项羽为例，意在使读者举一反三，根据三国和楚汉两代的原则，以贯通一部二十四史。原文有曰："楚汉之际，有一人焉，厚而不黑，卒归于败者，韩信是也。……楚汉之际，有一人焉，黑而不厚，亦归于败者，范增是也……"这原是就楚汉人物，当下指点，更觉亲切。北平赝本，把这几句删去，径说韩信以不黑失败，范增以不厚失败。诸君试想：一部二十四史中的人物，以不厚不黑失败者，岂少也哉！鄙人何至独举韩范二人？北平赝本，未免把我的本意失掉了。(2)《厚黑传习录》中，求官六字真言，先总写一笔曰"空、贡、冲、捧、恐、送"，注明此六字俱是仄声。做官六字真言，总写一笔曰"空、恭、绷、凶、聋、弄"，注明此六字俱是平声，以下逐字分疏。每六字俱是叠韵，念起来音韵铿锵，原欲宦场中人朝夕持诵，用以替代佛书上"唵嘛呢叭咪吽（hōng）"六字，或"南无阿弥陀佛"六字。倘能虔诚持诵，立可到极乐世界，不比持诵经咒或佛号，尚须待诸来世。这原是我一种救世苦心。北平赝本把总写之笔删去，径从逐字分疏说起来，则读者只知逐字埋头工作，不能把六字作咒语或佛号虔诚讽诵，收效必鲜。此则北平赝本不能不负咎者也。

近有许多人，请我把《厚黑学》重行翻印，我说这也无须。所有民国元年发表的厚黑学，我把它融化于此次丛话中，遇有重要的地方，就把原文整段写出，读者只读丛话就是了，不必再读原本。至于北平赝本，经我这样的声明，也可当真本使用，诸君前往购买，也不会贻误。

厚黑学，共分三步功夫。第一步："厚如城墙，黑如煤炭。"人的面皮，最初薄如纸一般，我们把纸叠起来，由分而寸，而尺，而丈，就厚如城墙了。心子最初做乳白状，由乳色而灰色，而青蓝色，再进就黑如煤炭了。到了这个境界，只能算初步。何以故呢？城墙虽厚，轰炸得破，即使城墙之外再筑几十层城墙，仍还轰炸得破，仍为初步。煤炭虽黑，但颜色讨厌，众人不敢挨近他，即使煤炭之上再灌以几坍缸墨水，众人仍不敢挨近他，仍为初步。

第二步："厚而硬，黑而亮。"深于厚学的人，任你如何攻打，丝毫不能动。刘备就是这样人，虽以曹操之绝世奸雄，都把他莫奈何，真可谓硬至极了。深于黑学的人，如退光漆招牌，越是黑，买主越是多，曹操就是这类人。他是著名的黑心子，然而天下豪杰，奔集其门，真可谓黑得透亮了。人能达到第二步，较之第一步，自然有天渊之别。但还着了迹象，有形有色，所以曹刘的本事，我们一着眼就看得出来。

第三步："厚而无形，黑而无色。"至厚至黑，天下后世皆以为不厚不黑，此种人只好于古之大圣大贤中求之。有人问："你讲厚黑学，何必讲得这样精深？"我说："这门学问，本来有这样精深。儒家的中庸，要讲到'无声无臭'才能终止。学佛的人，要到'菩提无树，明镜非台'，才能证果。何况厚黑学是千古不传之秘，当然要到'无形无色'才算止境。"

吾道分上中下三乘。前面所说，第一步是下乘，第二步是中乘，第三步是上乘。我随缘说法，时而说下乘，时而说中乘、上乘，时而三乘会通来说。听者往往觉得我的话互相矛盾，其实始终是一贯的，只要知道吾道分上中下三乘，自然就不矛盾了。我讲厚黑学，虽是五花八门，东拉西扯，仍滴滴归源，犹如树上千枝万叶，千花百果，俱是从一株树上生出来的，枝叶花果之外，别有树之生命在。《金刚经》曰："若以色见我，若以声音求我，是人行邪道，不能见如来。"诸君如想学厚黑学，须在佛门中参悟有得，再来听讲。

我民国元年发表《厚黑学》，勤勤恳恳，言之不厌其详，乃领悟者殊少。后阅《五灯会元》及《论语》、《孟子》等书，见禅宗教人以说破为大戒；孔子"举一隅，不以三隅反，则不复也"；孟子"引而不发，跃如也"；然后知禅学及孔孟之说盛行良非无因。我自悔教授法错误，故十六年刊《宗吾臆谈》，厚黑学仅略载大意，出言弥简，属望弥殷。噫！"无上甚深微妙法，百千万劫难遭遇。”世尊说法四十九年，厚黑学是内圣外王之学，我已说二十四年，打算再说二十六年，凑足五十年，比世尊多说一年。

有人劝我道：“你的怪话少说些，外面许多人指责你，你也应该爱惜名誉。”我道：“我有一自警之语：‘吾爱名誉，吾尤爱真理。’话之说得说不得，我内断于心，未下笔之先，迟回审慎，既著于纸，听人攻击，我不答辩。但攻击者说的话我仍细细体会，如能令我心折，即自行修正。”

有个姓罗的朋友，留学日本归来，光绪三十四年，与我同在富顺中学堂当教习。民国元年，他从懋功知事任上回来，我在成都学道街栈房内会着他，他把任上的政绩告诉我，颇为得意。后来被某事诖误，官失掉了，案子还未了结，言下又甚愤恨。遂谈及厚黑学，我细细告诉他，他听得津津有味。我见他听入了神，猝然站起来，把桌子一拍，厉声说道：“罗某！你生平做事，有成有败，究竟你成功的原因，在什么地方？失败的原因，在什么地方？你摸着良心说，究竟离脱这二字没有？速说！速说！不许迟疑！”他听了我的话，如雷贯耳，呆了许久，叹口气说道：“真是没有离脱这二字！”此君在吾门，可称顿悟。

我告诉读者一个秘诀，大凡行使厚黑学，外面定要糊一层仁义道德，不能赤裸裸地显露出来。王莽之失败，就是由于后来把它显露出来的缘故。如果终身不露，恐怕至今孔庙中，还有王莽一席地。韩非子说：“阴用其言而显弃其身。”这个法子，诸君不可不知。假如有人问你：“认得李宗吾否？”你须放出一种很庄严的面孔说道：“这个人坏极了，他是讲厚黑学的，我认他不得。”口虽如此说，心中却供一个“大成至圣先师李宗吾之神位”。果能这样做，包管你生前的事业惊天动地，死后还要在孔庙中吃冷猪肉。我每听见有人说道：“李宗吾坏极了！”我就非常高兴道：“吾道大行矣！”

还有一层，前面说“厚黑上面，要糊一层仁义道德”，这是指遇着道学先生而言，假如遇着讲性学的朋友，你向他讲仁义道德，岂非自讨莫趣？此时应当糊上“恋爱神圣”四字。若遇着讲马克思的朋友，就糊上“阶级斗争，劳工专政”八字，难道他不喊你是同志吗？总之，厚黑二字是万变不离其宗，至于表面上应该糊以什么，则在学者因时因地，神而明之。

《宗吾臆谈》中，载有求官六字真言、做官六字真言及办事二妙法，许多人问我是怎样的，兹把原文照录于下：

我把《厚黑学》发布出来，有人向我说："你这门学问，博大精深，我们读了，不能受用，请你指示点切要门径。"我问："你的意思打算做什么？"他说："我想做官。"我于是传他求官六字真言："空、贡、冲、捧、恐、送。"此六字俱是仄声，其意义如下：

1. **空**。即空闲之意，分两种：(1) 指事务而言，求官的人，定要把诸事放下，不工，不商，不农，不贾，书也不读，学也不教，跑在成都住起，一心一意，专门求官；(2) 指时间而言，求官要有耐心，着不得急，今日不生效，明日又来，今年不生效，明年又来。

2. **贡**。这个字是借用的，是我们川省的方言，其意义等于钻营之钻，钻进钻出，可说贡进贡出。求官要钻门子，这是众人都知道的，但定义很不好下。有人说："贡字的定义，是有孔必钻。"我说："错了，错了！你只说对一半，有孔才钻，无孔者其奈之何！"我下的定义是："有孔必钻，无孔也要入。"有孔者扩而大之，无孔者取出钻子，新开一眼。

3. **冲**。普通所说的吹牛，川省说是"冲帽壳子"。冲分为二，一口头上，二文字上。每门又分为二，口头上分普通场所及在上峰面前两种，文字上分报章杂志上及投递条陈说帖两种。

4. **捧**。即是捧场面那个捧字。戏台上魏公出来，那华歆(xīn)的举动，是绝好的模范。

5. **恐**。是恐吓之意，它是动词。这个理很精深，我不妨多讲几句。官之为物，何等宝贵，岂能轻易给人？有人把捧字做到十二万分，还不生效，就是少了恐字功夫。其方法是把当局的人要害寻出，轻轻点他一下，他就会惶然大骇，立把官儿送出来。学者须知：恐字与捧字，是互相为用的。善恐者捧之中有恐，旁观的人，见他在上峰面前，说的话句句是阿谀逢迎，其实上峰听之，汗流浃背。善捧者恐之中有捧，旁观的人见他丰骨棱棱，句句话责备上峰，其实听之者满心欢喜，骨节皆酥。"神而明之，存乎其人"，"大匠能与人规矩，不能使人巧"，是在求官者之细心体会。最要紧的，用恐字时，要有分寸，如用过度，大人先生恼羞成怒，与我作起对来，岂不与求官之宗旨大悖？这又何苦乃尔？非到无可奈何时，恐字不可轻用。切嘱！切嘱！

6. **送**。即是送东西，分大小二种：一大送，把银圆一包一包地拿出来送；二小送，如送春茶、火肘及请上馆子之类。所送之人有二：一操用舍之权者，二未操用舍之权而能予我以助力者。

有人能把六字一一做到，包管字字发生奇效。那大人先生，独居深念，自言自语道："某人想做官，已经说了许久（空字之效），他与我有某种关系（贡字之效），其人很有点才具（冲字之效），对于我也很好（捧字之效），但此人有坏才，如不安置，未必不捣乱（恐字之效）。想至此处，回顾室中，黑压压的或白亮亮的，摆了一大堆（送字之效），也就无话可说，挂出牌来，某缺着某人署理。求官至此，功行圆满，于是能走马上任，实行做官六字真言。

做官六字真言："空、恭、绷、凶、聋、弄。"此六字俱是平声，其意义如下：

1. **空**。即空洞的意思，分二种。一、文字上：凡批呈词，出文告，都是空空洞洞的，其中奥妙，我难细说，读者请往各官厅，把壁上的文字从东辕门读到西辕门，就可恍然大悟。二、办事上，任办任事，都是活摇活动，东倒也可，西倒也可。有时办得雷厉风行，其实暗中藏得有退路，如果见势不佳，就从那条路抽身走，绝不会把自己牵挂着，闹出移交不清及撤任查办等笑话。

2. **恭**。即卑躬折节，胁肩谄笑之类。分直接间接两种：直接指对上司而言，间接指对上司的亲戚朋友、丁役、姨太太等而言。

3. **绷**。即俗语所谓绷劲，是恭字的反面字，指对下属及老百姓而言。分两种：一、仪表上，赫赫然大人物，凛不可犯。二、言谈上，俨然腹有经纶，槃槃大才。

上述对上司用恭，对下属及老百姓用绷，是指普通而言。然亦不可拘定，须认清饭甑（zèng）子所在地，看操我去留之权者在乎某处。对饭甑子所在地用恭，非饭甑子所在地用绷。明乎这个理，有时对上司反可用绷，对下属及老百姓反该用恭。

4. **凶**。只要能达我之目的，就使人卖儿贴妇，亡身灭家，也不必管；但有一层要注意，凶字上面，定要蒙一层仁义道德。

5. **聋**。即耳聋，笑骂由他笑骂，好官我自为之。聋字包有瞎字之意，文字上的诋骂，闭目不视。

6. **弄**。即弄钱之弄，川省俗语，往往读作平声。千里来龙，此处结穴。前面十一字，都为此字而设。弄字与求官之送字相对，要有送，才有弄。但弄字要注意，看公事上通得过通不过。如果通不过，自己垫点腰包也不妨；如通得过，那就十万八万都不谦虚。

以上十二字，我不过粗举大纲，许多精义，都未发挥，有志于官者，可按着门类自去研究。

有人问我办事秘诀，我授以办事二妙法如下：

1．锯箭法。相传有人中箭，请外科医生治疗，医生将箭杆锯下，即索谢礼。问何不将箭头取出？答："这是内科的事，你去寻内科好了。"现在各官厅，与夫大办事家，都是用着这种方法。譬如，批呈词云"据呈某某等情，实属不合已极，仰候令饬该县知事，查明严办"等语。"不合已极"四字是锯箭杆，"该知事"已是内科。抑或云"仰候转呈上峰核办"，那"上峰"就是内科。又如，有人求我办一件事。我说："此事我很赞成，但是还要同某人商量。""很赞成"三个字是锯箭杆，"某人"是内科。又或说："我先把某部分办了，其余的以后办。""先办"是锯箭杆，"以后"是内科。此外有只锯箭杆，并不命寻内科的，也有连箭杆都不锯，命其径寻内科的。种种不同，细参自悟。

2．补锅法。家中锅漏，请补锅匠来补。补锅匠一面用铁皮刮锅底煤烟，一面对主人说道："请点火来我烧烟。"乘着主人转背之际，用铁锤在锅上轻轻敲几下，那裂痕就增长了许多。主人转来，指与他看道："你这锅，裂痕很长，上面油腻了，看不见。我把锅烟刮开，就现出来了，非多补几个钉子不可。"主人埋头一看，说道："不错！不错！今天不遇着你，我这锅恐怕不能用了。"及到补好，主人与补锅匠皆大欢喜而散。有人曾说："中国变法，有许多地方是把好肉割坏来医。"这即是用的补锅法。《左传》上郑庄公纵容共叔段，使他多行不义，才用兵讨伐，也是补锅法。历史上这类事很多，举不胜举。

大凡办事的人，怕人说他因循，就用补锅法，无中生有，寻些事办。及到事情棘手，就用锯箭法，脱卸过去。后来箭头溃烂了，反大骂内科坏事。我国的政治，大概前清官场是用锯箭法，变法诸公是用补锅法，民国以来是锯箭、补锅二法互用。

上述二妙法，是办事公例，合得到这公例的就成功，违反这公例的就失败。我国政治家，推管子为第一，他的本事，就是把这两个法子用得圆转自如。狄人伐卫，齐国按兵不动，等到狄人把卫灭了，才出来做"兴灭国，继绝世"的义举。这是补锅法。召陵之役，不责楚国僭称王号，只责他包茅不贡。这是锯箭法。那个时候，楚国的实力远在齐国之上，管仲敢于劝齐桓公兴兵伐楚，可说是把锅敲烂来补。及到楚国露出反抗的态度，他立即锯箭了事。召陵一役，以补锅法始，以锯箭法终。管仲把锅敲烂了，能把它补起，所以称为“天下才”。

明季武臣，把流寇围住了，故意放他出来，本是用的补锅法；后来制他不住，竟至国破君亡，把锅敲烂了补不起，所以称为“误国庸臣”。岳飞想恢复中原，迎回二帝，他刚刚才起了取箭头的念头，就遭杀身之祸。明英宗也先被捉去，于谦把他弄回来，算是把箭头取出了，仍遭杀身之祸。何以故？违反公例故。

晋朝王导为宰相，有一个叛贼，他不去讨伐，陶侃责备他。他复书道：“我遵养时晦，以待足下。”侃看了这封信，笑道：“他无非是遵养时贼罢了。”王导遵养时贼，以待陶侃，即是留着箭头，以待内科。诸名士在新亭流涕，王导变色曰：“当共戮力王室，克复神州，何至做楚囚对泣？”他义形于色，俨然手执铁锤要去补锅，其实说两句漂亮话，就算完事。怀、愍（mǐn）二帝陷在北边，永世不返，箭头永未取出。王导此等举动，略略有点像管仲，所以史上称他为“江左夷吾”。读者如能照我说的方法去实行，包管成为管子而后第一个大政治家。

我著的《厚黑经》，说得有：“不曰厚乎，磨而不薄。不曰黑乎，洗而不白。”后来我改为：“不曰厚乎，越磨越厚。不曰黑乎，越洗越黑。”有人问我：“世间哪有这种东西？”我说：“手足的趼疤，是越磨越厚；沾了泥土尘埃的煤炭，是越洗越黑。”人的心，生来是黑的，遇着讲因果的人，讲理学的人，拿些仁义道德蒙在上面，才不会黑，假如把它洗去了，黑的本体自然出现。

中国幅员广大，南北气候不同，物产不同，因之人民的性质也就不同。于是文化学术，无在不有南北之分。例如，北有孔孟，南有老庄，两派截然不同。曲分南曲北曲，字分南方之帖、北方之碑，拳术分南北两派，禅宗亦分南能北秀，等等尽是。厚黑学是一种大学问，当然也要分南北两派。门人问厚黑，宗吾曰：南方之厚黑欤，北方之厚黑欤？任金革，死而不愿，北方之厚黑也，卖国军人居之。革命以教，不循轨道，南方之厚黑也，投机分子居之。人问：“究竟学南派好，还是学北派好？”我说：“你何糊涂乃尔！当讲南派，就讲南派，当讲北派，就讲北派。口南派而实行北派，是可以的；口北派而实行南派，也是可以的，纯是相时而动，岂能把南北成见横亘胸中？民国以来的人物，有由南而北的，有由北而南的，又复南而北，北而南，往返来回，已不知若干次，独你还徘徊歧路，向人问南派好呢，北派好呢，我实在无从答复。”

有人问我道：“你既自称厚黑教主，何以你做事每每失败？何以你的学生本事比你大，你每每吃他的亏？”我说：“你这话差了。凡是发明家，都不可登峰造极。儒教是孔子发明的，孔子登峰造极了，颜曾思孟去学孔子,他们的学问,就比孔子低一层；周程朱张去学颜曾思孟,学问又低一层；后来学周程朱张的又低一层,一辈不如一辈。老子发明道教,释迦发明佛教，其现象也是这样，这是由于发明家本事太大了的缘故。惟西洋科学则不然，发明的时候很粗浅，越研究越精深。发明蒸汽的人，只悟得汽冲壶盖之理，发明电气的人，只悟得死蛙运动之理。后人继续研究下去，造出种种机械，有种种用途，为发明蒸汽、电气的人所万不及料。可见西洋科学，是后人胜过前人，学生胜过先生。我的厚黑学，与西洋科学相类，只能讲点汽冲壶盖、死蛙运动,中间许多道理,还望后人研究。我的本事,当然比学生小,遇着他们，当然失败。将来他们传授些学生出来，他们自己又被学生打败，一辈胜过一辈，厚黑学自然就昌明了。

又有人问我道：“你既发明厚黑学，为什么未见你做些轰轰烈烈的事？”我说道：“你们的孔夫子，为什么未见他做些轰轰烈烈的事？他讲的为政为邦，道千乘之国，究竟实行了几件？曾子著一部《大学》，专讲治国平天下，请问他治的国在哪里？平的天下在哪里？子思著一部《中庸》，说了些中和位育的话，请问他中和位育的实际安在？你去把他们问明了，再来同我讲。”

世间许多学问我不讲，偏要讲厚黑学，许多人都很诧异。我可把原委说明：我本来是孔子信徒，小的时候，父亲与我命的名，我嫌它不好，见《礼记》上孔子说：“儒有今人与居，古人与稽，今世行之，后世以为楷。”就自己改名世楷，字宗儒表示信从孔子之意。光绪癸卯年冬，四川高等学堂开堂，我从自流井赴成都，与友人雷砻（zhé）皆同路，每日步行百里，途中无事，纵谈时局，并寻些经史来讨论。砻皆有他的感想，就改字铁崖。我觉得儒教不能满我之意，心想与其宗孔子，不如宗我自己，因改字宗吾。这宗吾二字,是我思想独立之旗帜。今年岁在乙亥,不觉已整整三十二年了。自从改字宗吾后，读一切经史，觉得破绽百出，是为发明厚黑学之起点。

及入高等学堂，第一次上讲堂，日本教习池永先生演说道：“操学问，全靠自己，不能靠教师。教育二字，在英文为Education，照字义是‘引出’之意。世间一切学问,俱是我脑中所固有,教师不过‘引之使出’而已，并不是拿一种学问来，按入学生脑筋内。如果学问是教师给予学生的，则是等于此桶水倾入彼桶，只有越倾越少的，学生只有不如先生的。而学生每每有胜过先生者，即是由于学问是各人脑中的固有的缘故。脑如一个囊，中贮许多物，教师把囊口打开，学生自己伸手去取就是了。”他这种演说，恰与宗吾二字冥合，于我印象很深，觉得这种说法，比朱子所说“学之为言效也”精深得多。后来我学英文，把字根一查，果然不错。池永先生这个演说，于我发明厚黑学有很大的影响。我近来读报章，看见日本二字就刺眼，凡是日本人的名字，都觉得讨厌，独有池永先生，我始终是敬佩的。他那种和蔼可亲的样子，至今还常在我脑中。

我在学堂时，把教习口授的写在一个副本上，书面大书“固囊”二字。许多同学不解,问我是何意义,我说：“并无意义,是随便写的。这固囊二字，我自己不说明，恐怕后来的考古家考过一百年也考不出来。”“固囊者，脑是一个囊，副本上所写，皆囊中固有之物也。”题此二字，聊当座右铭。

池永先生教理化数学，开始即讲水素酸素，我就用“引而出之”的法子，在脑中搜索，走路吃饭睡觉都在想，看还可以引出点新鲜的东西否。以后凡遇他先生所讲的，我都这样的工作。哪知此种工作，真是等于王阳明之格竹子，干了许久许久，毫无所得。于是废然思返，长叹一声道：“今生已过也，再结后生缘。”我从前被八股缚束久了，一听见废举，兴学堂，欢喜极了，把家中所有《四书》、《五经》，与夫诗文集等，一火而焚之。及在堂内住了许久,大失所望。有一次,星期日,在成都学道街买了一部《庄子》。雷民心见了诧异道：“你买这些东西来做什么？”我说：“雷民心，科学这门东西，你我今生还有希望吗？它是茫茫大海的，就是自己心中想出许多道理，也莫得器械来试验，还不是等于空想罢了。在学堂中，充其量，不过在书本上得点人云亦云的知识，有何益处？只好等儿子儿孙再来研究，你我今生算了。因此我打算仍在中国古书上寻一条路来走。”他听了这话，也同声叹息。

我在高等学堂的时候，许多同乡同学的朋友都加入同盟会。有个朋友曾对我说：“将来我们起事，定要派你带一支兵。”我听了非常高兴，心想古来当英雄豪杰，必定有个秘诀，因把历史上的事汇集拢来，用归纳法搜求他的秘诀。经过许久，茫无所得。宣统二年，我当富顺中学堂监督（其时校长名曰监督)。有一夜，睡在监督室中，偶然想到曹操、刘备、孙权几个人，不禁捶床而起曰：“得之矣！得之矣！古之所谓英雄豪杰者，不外面厚心黑而已！”触类旁通，头头是道，一部二十四史，都可一以贯之。那一夜，我终夜不寐，心中非常愉快，俨然像王阳明在龙场驿大彻大悟，发明格物致知之理一样。

我把厚黑学发明了，自己还不知这个道理对与不对。我同乡同学中，讲到办事才，以王简恒为第一，雷民心尝呼之为“大办事家”。适逢简恒进富顺城来，我就把发明的道理，说与他听，请他批评。他听罢，说道：“李宗吾，你说的道理，一点不错。但我要忠告你，这些话，切不可拿在口头说，更不可见诸文字。你尽管照你发明的道理埋头做去，包你干许多事，成一个伟大人物。你如果在口头或文字上发表了，不但终身一事无成，反有种种不利。”我不听良友之言，竟自把它发表了，结果不出简恒所料。诸君！诸君！一面读《厚黑学》，一面须切记简恒真言。

我从前意气甚豪，自从发明了厚黑学，就心灰意冷，再不想当英雄豪杰了。跟着我又发明“求官六字真言”、“做官六字真言”及“办事二妙法”。这些都是民国元年的文字。反正后许多朋友，见我这种颓废样子，与从前大异，很为诧异，我自己也莫名其妙。假使我不讲厚黑学，埋头做去，我的世界或许不像现在这个样子。不知是厚黑学误我，还是我误厚黑学。

《厚黑学》一书，有些人读了，慨然兴叹，因此少出了许多英雄豪杰。有些人读了，奋然兴起，因此又多出了许多英雄豪杰。我发明厚黑学，究竟为功为罪，只好付诸五殿阎罗裁判。

我发表《厚黑学》的时候，念及简恒之言，迟疑了许久。后来想到朱竹垞所说：“宁不食两庑（wǔ）豚肩，《风怀》一诗，断不能删。”奋然道：“英雄豪杰可以不当，这篇文字不能不发表。”就毅然决然，提笔写去，而我这英雄豪杰的希望，从此就断送了，读者只知厚黑学适用，哪知我是牺牲掉一个英雄豪杰换来的，其代价不为不大。

其实朱竹垞删去《风怀》一诗，也未必能食“两庑豚肩”；我把厚黑学秘为独得之奇，也未必能为英雄豪杰。于何征之呢？即以王简恒而论，其于吾道算是独有会心，以他那样的才具，宜乎有所成就，而孰知不然。反正时，他到成都，张列五委他某县知事，他不干，回到自流井。民国三年，讨袁之役，熊杨在重庆独立，富顺响应，自流井推简恒为行政长。事败，富顺廖秋华、郭集成、刁广孚被捕到泸州，廖被大辟，郭、刁破家得免，简恒东藏西躲，昼伏夜行，受了雨淋，得病，缠绵至次年死，身后非常萧条。以简恒之才具之会心，还是这样的结果，所以读我《厚黑学》的人，切不可自命为得了明人的指点，即便自满。民国元年，我到成都，住童子街《公论日报》社内，与廖绪初、谢绶青、杨仔耘诸人同住，他们再三怂恿我把《厚黑学》写出来。绪初并说道：“你如果写出来，我与你作一序。”我想：“绪初是讲程朱学的人，绳趋矩步，朋辈呼之为‘廖大圣人’，他都说可以发表，当然可以发表。”我遂逐日写去，我用的别号，是独尊二字，取“天上地下，唯我独尊”之意，绪初用淡然的别号作一序曰：“吾友独尊先生，发明厚黑学，成书三卷，上卷《厚黑学》，中卷《厚黑经》，下卷《厚黑传习录》，嬉笑怒骂，亦云苛矣。然考之中外古今，与夫当世大人先生，举莫能外，诚宇宙至文哉！世欲业斯学而不得门径者，当不乏人，特劝先生登诸报端，以飨后学，他日更刊为单行本，普度众生，同登彼岸，质之独尊，以为何如？民国元年，月日，淡然。”哪知一发表，读者哗然。说也奇怪，我与绪初同是用别号，乃廖大圣人之称谓，依然如故，我则博得李厚黑的徽号。

绪初办事，富有毅力，毁誉在所不计。民国八年，他当省长公署教育科科长，其时校长县视学（县视学即后来之教育局长）任免之权，操诸教育科。杨省长对于绪初，倚畀（bì）甚殷，绪初签呈任免之人，无不照准。有时省长下条子任免某人，绪初认为不当者，将原条退还，杨省长不以为忤，而信任益坚。最奇的，其时我当副科长，凡是得了好处的人，都称颂曰：“此廖大圣人之赐也。”如有倒甑子的，被记过的，要求不遂的，预算被核减的，往往对人说道：“这是李厚黑干的。”成了个“善则归廖绪初，恶则归李宗吾”。绪初今虽死，旧日教育科同事诸人，如侯克明、黄治畋（tián）等尚在，请他们当天说，究竟这些事，是不是我干的？究竟绪初办事能不能受旁人支配？我今日说这话，并不是卸责于死友，乃是举出我经过的事实，证明简恒的话是天经地义，厚黑学三字，断不可拿在口中讲。我厚爱读者诸君，故敢掬诚相告。

未必绪初把得罪人之事向我推卸吗？则又不然。有人向他说及我，绪初即说道：“某某事是我干的，某人怪李宗吾，你可叫某人来，我当面对他说，与宗吾无干。”无奈绪初越是解释，众人越说绪初是圣人，李宗吾干的事，他还要代他受过，非圣人而何？李宗吾能使绪初这样做，非大厚黑而何？雷民心曰：“厚黑学做得说不得。”真绝世名言哉！后来我也挣得圣人的徽号，不过圣人之上，冠有厚黑二字罢了。

圣人也，厚黑也，二而一，一而二也。庄子说：“圣人不死，大盗不止。”圣人与大盗的真相，庄子是看清楚了。跖(zhí)之徒问于跖曰：“盗有道乎？”

跖曰："奚啻其有道也！夫妄意关内中藏，圣也；入先，勇也；出后，义也；知时，智也；分均，仁也。不通此五者而能成大盗者，天下无有。"圣勇义智仁五者，本是圣人所做的，跖能窃用之，就成为大盗。反过来说，厚黑二者，本是大奸大诈所做的，人能善用之，就可成大圣大贤。试举例言之，胡林翼曾说："只要于公家有利，就是顽钝无耻的事，我都要干。"又说："办事要包揽把持。"所谓顽钝无耻也，包揽把持也，岂非厚黑家所用的技术吗？林翼能善用之，就成为名臣了。

王简恒和廖绪初，都是我很佩服的人。绪初办旅省叙属中学堂和当省议会议员，只知为公二字，什么气都受得，有点像胡林翼之顽钝无耻。简恒办事，独行独断，有点像胡林翼之包揽把持。有天我当着他二人说道："绪初得了厚字诀，简恒得了黑字诀，可称吾党健者。"历引其事以证之。二人欣然道："照这样说来，我二人可谓各得圣人之一体了。"我说道："百年后有人一与我建厚黑庙，你二人都是有配享希望的。"

民国元年，我在成都《公论日报》社内写《厚黑学》，有天绪初到我室中，见案上写有一段文字："楚汉之际，有一人焉，厚而不黑，卒归于败者，韩信是也。胯下之辱，信能忍之，面之厚可谓至矣。及为齐王，果从蒯（kuǎi）通之说，其贵诚不可言，独奈何惓（quán）惓于解衣推食之私情，贸然曰：'衣人之衣者，怀人之忧，食人之食者，死人之事。'卒至长乐钟室，身首异处，夷及三族，谓非咎由自取哉！楚汉之际，有一人焉，黑而不厚，亦归于败者，范增是也。……"绪初把我的稿子读了一遍，转来把韩信这一段反复读之，默然不语，长叹一声而去。我心想道："这就奇了，韩信厚有余而黑不足，范增黑有余而厚不足，我原是二者对举，他怎么独有契于韩信这一段？"我下细思之，才知绪初正是厚有余而黑不足的人。他是盛德夫子，叫他忍气，是做得来，叫他做狠心的事，他做不来。患寒病的人，吃着滚水很舒服；患热病的人，吃着冷水很舒服；绪初所缺乏者，正是一黑字，韩信一段，是他对症良药，故不知不觉，深有感触。

中江谢绶青，光绪三十三年，在四川高等学堂与我同班毕业。其时王简恒任富顺中学堂监督，聘绶青同我当教习。三十四年下学期，绪初当富顺视学，主张来年续聘，其时薪水以两计。他向简恒说道："宗吾是本县人，核减一百两，绶青是外县人，薪仍旧。"他知道我断不会反对他，故毅然出此。我常对人说："绪初这个人万不可相交，相交他，银钱上就要吃亏，我是前车之鉴。"有一事更可笑，其时县立高小校校长姜选臣因事辞职，县令王琰备文请简恒兼任。有天简恒笑向我说道：“我近日穷得要当衣服了，高小校校长的薪水，我很想支来用。照公事说，是不成问题。像顺这一伙人，要攻击我，我倒毫不睬他，最怕的是廖圣人酸溜溜说道：‘这笔款似乎可以不支吧。’你叫我这个脸放在何处？只好仍当衣服算了。”我尝对人说：“此虽偶尔谈笑，而绪初之令人敬畏，简恒之勇于克己，足见一斑。”后来我发明《厚黑学》，才知简恒这个谈话，是厚黑学上最重要的公案。我尝同雷民心批评：朋辈中资质偏于厚字者甚多，而以绪初为第一。够得上讲黑字者，只有简恒一人。近日常常有人说：“你叫我面皮厚，我还做得来，叫我黑，我实在做不来，宜乎我做事不成功。”我说：“特患你厚得不彻底，只要彻底了，无往而不成功。你看绪初之厚，居然把简恒之黑打败，并且厚黑教主还送了一百银子的贽（zhì）见。世间资质偏于厚字的人，万不可自暴自弃。”

相传凡人的颈子上，都有一条刀路，刽子手杀人，顺着刀路砍去，一刀就把脑壳削下。所以刽子手无事时，同人对坐闲谈，他就要留心看你颈上的刀路。我发明厚黑学之初，遇事研究，把我往来的朋友作为实验品，用刽子手看刀路的方法，很发现些重要学理。滔滔天下，无在非厚黑中人。诸君与朋辈往还之际，本我所说的法子去研究，包管生出无限趣味，比读《四书》、《五经》、二十五史受的益更多。老子曰：“邦之利器，不可以示人。”老夫耄（máo）矣，无志用世矣，否则这些法子，我是不能传授人的。

我遇着人在我名下行使厚黑学，叨叨絮絮，说个不休。我睁起眼睛看着他，一言不发。他忽然脸一红，噗一声笑道：“实在不瞒你先生，当学生的实在没法了，只有在老师名下行使点厚黑学。”我说道：“可以！可以！我成全你就是了！”语云：“对行不对货。”奸商最会欺骗人，独在同业前不敢卖假货。我苦口婆心，劝人研究厚黑学，意在使大家都变成内行，假如有人要使点厚黑学，硬是说明了来干，施者受者，大家心安理顺。

我把厚黑学发明过后，凡人情冷暖，与夫一切恩仇，我都坦然置之。有人对我说：“某人对你不起，他如何如何。”我说：“我这个朋友，他当然这样做。如果他不这样做，我的厚黑学还讲得通吗？我所发明的是人类大原则，我这个朋友，当然不能逃出这个原则。”

辛亥十月，张列五在重庆独立，任蜀军政府都督，成渝合并，任四川副都督，嗣改民政长。他设一个审计院，拟任绪初为院长。绪初再三推辞，乃以尹仲锡为院长。绪初为次长，我为第三科科长。其时民国初成，我以为事事革新，应该有一种新学说出现，乃把我发明的厚黑学发表出来。及我当了科长，一般人都说：“厚黑学果然适用，你看李宗吾公然做起科长官来了。”相好的朋友，劝我不必再登。我就停止不登。于是众人又说道：“你看李宗吾，做了科长官，厚黑学就不登了。”我气不过，向众人说道：“你们只羡我做官，须知奔走宦场，是有秘诀的。”我就发明求官六字真言、做官六字真言，每遇着相好的朋友，就尽心指授。无奈我那些朋友资质太钝，拿来运用不灵，一个个官运都不亨通，反是从旁窃听的和间接得闻的，倒还很出些人才。

在审计院时，绪初寝室与我相连，有一日下半天，听见绪初在室内拍桌大骂，声震屋瓦，我出室来看，见某君仓皇奔出，绪初追而骂之：“你这个狗东西！混账……”直追至大门而止（此君在绪初办旅省叙属中学时曾当教职员）。绪初转来，看见我，随入我室中坐下，气愤愤道：“某人，真正岂有此理！”我问何事，绪初道：“他初向我说：某人可当知事，请我向列五介绍。我惟惟否否应之。他说：‘事如成了，愿送先生四百银子。’我桌子上一巴掌道：‘胡说！这些话，都可拿来向我说吗？’他站起来就走，说道：‘算了，算了，不说算了。’我气他不过，追去骂他一顿。”我说：“你不替他说就是了，何必为此已甚。”绪初道：“这宗人，你不伤他的脸，将来不知还要干些甚么事。我非对列五说不可，免得用着这种人出去害人。”此虽寻常小事，在厚黑学上却含有甚深的哲理。我批评绪初“厚有余而黑不足”，叫他忍气是做得来，叫他做狠心的事做不来，何以此事忍不得气？其对待某君，未免太狠，竟自侵入黑字范围，这是什么道理呢？我反复研究，就发现一条重要公例。公例是什么呢？厚黑二者，是一物体之两方面，凡黑到极点者，未有不能厚，厚到极点者，未有不能黑。举例言之：曹操之心至黑，而陈琳作檄，居然容他得过，则未尝不能厚；刘备之面至厚，刘璋推诚相待，忽然举兵灭之，则未尝不能黑。我们同辈中讲到厚字，既公推绪初为第一，所以他逃不出这个公例。

古人云：“夫道一而已矣。”厚黑二者，根本上是互相贯通的，厚字翻过来，即是黑，黑字翻过来，即是厚。从前有个权臣，得罪出亡。从者说道：“某人是公之故人，他平日对你十分要好，何不去投他？”答道：“此人对我果然很好。我好音，他就遗我以鸣琴，我好佩，他就遗我以玉环。他平日既见好于我，今日必以我见好于人，如去见他，必定缚我以献于君。”果然此人从后追来，把随从的人捉了几个去请赏。这就是厚脸皮变而为黑心子的明证。人问：世间有黑心子变而为厚脸皮的没有？我答道：有！有！《聊斋》上马介甫那一段所说的那位太太，就是由黑心子一变而为厚脸皮。

绪初辱骂某君一事，询之他人，迄未听见说过，除我一人而外，无人知之，后来同他相处十多年，也未听他重提。我尝说："绪初辱骂某君，足见其人刚正，虽暗室中，亦不可干以私，事后绝口不言，隐人之恶，又见其盛德。"但此种批评，是站在儒家立场来说，若从厚黑哲学上研究，又可得出一条公例："黑字专长的人，黑者其常，厚者其暂；厚字专长的人，厚者其常，黑者其暂。"绪初是厚字专长的人，其以黑字对付某君，是暂时的现象；事过之后，又回复到厚字常轨，所以后此十多年隐而不言。我知他做了此等狠心事，必定于心不安，故此后见面，不便向他重提此事。他办叙属学堂的时候，业师王某来校当学生，因事犯规，绪初悬牌把他斥退。后来我曾提起此事，他蹙（cù）然道："这件事我疚心。"这都是做了狠心的事，要恢复常轨的明证。因知他辱骂某君一定很疚心，所以不便向他重提。

绪初已经死了十几年，生平品行，粹然无疵。凡是他的朋友和学生，至今谈及，无不钦佩。去岁我作了一篇《廖张轶事》，叙述绪初和列五二人的事迹，曾登诸《华西日报》。绪初是国民党的忠实信徒，就是异党人，只能说他党见太深，对于他的私德，仍称道不置。我那篇《廖张轶事》，曾胪举其事，将来我这《厚黑丛话》写完了，莫得说的时候，再把他写出来，充塞篇幅。一般人呼绪初为廖大圣人，我看他，得力全在一个厚字。我曾说："用厚黑以图谋公利，越厚黑人格越高尚。"绪初人格之高尚，是我们朋辈公认的。他的朋友和学生存者甚多，可证明我的话不错，即可证明我定的公例不错。

我发表《厚黑学》，用的别号是独尊二字，与朋友写信也用别号，后来我改写为"蜀酋"。有人问我蜀酋作何解释？我答应道：我发表《厚黑学》，有人说我疯了，离经叛道，非关在疯人院不可。我说：那么，我就成为蜀中之罪酋了。因此名为蜀酋。我发表《厚黑学》过后，许多人实力奉行，把四川造成一个厚黑国。有人向我说道：国中首领，非你莫属。我说：那么，我就成为蜀中之酋长了。因此又名蜀酋。再者，我讲授厚黑学，得我真传的弟子，本该授以衣钵，但我的生活是沿门托钵，这个钵要留来自用，只有把我的狗皮褂子脱与他穿。所以独字去了犬旁，成为蜀字。我的高足弟子很多，弟子之足高，则先生之足短，弟子之足高一寸，则先生之足短一寸。所以尊字截去寸字，成为酋字。有此原因，我只好称为蜀酋了。

世间的事，有知难行易的，有知易行难的，唯有厚黑学最特别，知也难，行也难。此道之玄妙，等于修仙悟道的口诀，古来原是秘密传授，黄石老人因张良身有仙骨，于半夜三更传授他，张良言下顿悟，老人以王者师期之。无奈这门学问太精深了，所以《史记》上说：“良为他人言，皆不省，独沛公善之。”良叹曰：“沛公殆天授也。”可见这门学问不但明师难遇，就遇着了，也难于领悟。苏东坡曰：“项籍百战百胜，而轻用其锋。高祖忍之，养其全锋而待其敝，此子房教之也。”衣钵真传，彰彰可考。我打算作一部《厚黑学师承记》，说明授受渊源，使人知这门学问，要黄石公这类人才能传授，要张良、刘邦这类人才能领悟。我近倡厚黑救国之说，许多人说我不通，这也无怪其然，是之谓知难。

刘邦能够分杯羹，能够推孝惠、鲁元下车，其心之黑还了得吗？独至韩信求封假齐王，他忍不得气，怒而大骂，使非张良从旁指点，几乎误事。勾践入吴，身为臣，妻为妾，其面之厚还了得吗？沼吴之役，夫差遣人痛哭求情，勾践心中不忍，意欲允之。全亏范蠡悍然不顾，才把夫差置之死地。以刘邦、勾践这类人，事到临头，还需军师临场指挥督率才能成功，是之谓行难。

苏东坡的《留侯论》，全篇是以一个厚字立柱。他文集中论及沼吴之役，深以范蠡的办法为然。他这篇文字，是以一个黑字立柱。诸君试取此二字，细细研读，当知鄙言不谬。人称东坡为坡仙，他是天上的神仙下凡，才能揭出此种妙谛。诸君今日，听我讲说，可谓有仙缘。噫，外患迫矣，来日大难，老夫其为黄石老人乎！愿诸君以张子房自命。

厚黑丛话卷三

我不知过去生中，与孔子有何冤孽，他讲他的仁义，偏偏遇着一个讲厚黑的我，我讲我的厚黑，偏偏遇着一个讲仁义的他。我们两家的学说，极端相反，永世是冲突的。我想："冤家宜解不宜结。"我与孔子讲和好了。我想个折中调和的法子，提出两句口号："厚黑为里，仁义为表。"换言之，即是枕头上放一部《厚黑学》，案头上放一部《四书》、《五经》；心头上供一个大成至圣先师李宗吾之神位，壁头上供一个大成至圣先师孔子之神位。

有人读《厚黑经》，读至"盖欲学者于此，反求诸身而自得之，以去夫外诱之仁义，而充其本然之厚黑"，发生疑问道："李宗吾，你这话恐说错了。孟子曰：'仁义礼智，非由外铄我也，我固有之也。'可见仁义是本然的。你怎么把厚黑说成本然，把仁义说成外诱？"我说："我倒莫有说错，只怕你们那个孟子错了。孟子说：'孩提之童，无不知爱其亲也，及其长也，无不知敬其兄也。'他这个话究竟对不对，我们要实地试验。就叫孟子的夫人把他新生小孩抱出来，由我当着孟子试验。母亲抱着小孩吃饭，小孩伸手来拖，如不提防，碗就会落地打烂。请问孟子，这种现象是不是爱亲？母亲手中拿一块糕饼，小孩伸手来索，母亲不给他，放在自己口中，小孩就会伸手从母亲口中取出，放在他口中。请问孟子，这种现象是不是爱亲？小孩在母亲怀中食乳，食糕饼，哥哥走近前，他就要用手推他打他。请问孟子，这种现象是不是敬兄？只要全世界寻得出一个小孩，莫得这种现象，我的厚黑学立即不讲，既是全世界的小孩无一不然，可见厚黑是天性中固有之物，我的厚黑学当然成立。"

孟子说："人之所不学能者，其良能也，所不虑而知者，其良知也。"小孩见母亲口中有糕饼，就伸手去夺，在母亲怀中食乳食糕饼，哥哥近前，就推他打他，都是不学而能，不虑而知，依孟子所下的定义，都该认为良知良能。孟子教人把良知良能扩而充之，现在许多官吏刮取人民的金钱，即是把小孩时夺取母亲口中糕饼那种良知良能扩充出来的。许多志士，对于忠实同志，排挤倾轧，无所不用其极，即是把小孩食乳食糕饼时推哥哥、打哥哥那种良知良能扩充来的。孟子曰：“大人者，不失其赤子之心者也。”现在的伟人，小孩时那种心理，丝毫莫有失掉，可见中国闹到这么糟，完全是孟子的信徒干的，不是我的信徒干的。

我民国元年发表《厚黑学》，指定曹操、刘备、孙权、刘邦几个人为模范人物。迄今廿四年并莫一人学到。假令有一人像刘备，过去的四川，何至成为魔窟？有一人像孙权，过去的宁粤，何至会有裂痕？有一人像曹操，伪满敢独立吗？有一人像刘邦，中国会四分五裂吗？吾尝曰：“刘邦吾不得而见之矣，得见曹操斯可矣；曹操吾不得而见之矣，得见刘备、孙权斯可矣。”所以说中国闹得这么糟，不是我的信徒干的。

汉高祖分杯羹，是把小孩夺母亲口中糕饼那种良知良能扩充出来的。唐太宗杀建成、元吉，是把小孩食乳食糕饼时推哥哥、打哥哥那种良知良能扩充出来的。这即是《厚黑经》所说：“充其本然之厚黑。”昔人咏汉高祖诗云：“俎上肉，杯中羹，黄袍念重而翁轻。轑羹嫂，羹颉侯，一饭之仇报不休。……君不见汉家开基四百明天子，君臣父子兄弟夫妇朋友之间乃如此。”汉高祖把通常所谓五伦与夫礼义廉耻扫荡得干干净净，这即是《厚黑经》所说：“去夫外诱之仁义。”

有人难我道：“孟子曰：‘恻隐之心，人皆有之。’据你这样说，岂不是应该改为‘恻隐之心，人皆无之’吗？”我说：“这个道理，不能这样讲。孟子说：‘今人乍见孺子将入于井，皆有怵惕恻隐之心。’明明提出‘怵惕恻隐’四字。下文忽言‘无恻隐之心非人也。’‘恻隐之心，仁之端也。’凭空把‘怵惕’二字摘来丢了，请问是何道理？再者孟子所说：‘乍见孺子将入于井’，这是孺子对于井发生了死生存亡的关系，我是立在旁观地位。假令我与孺子同时将入井，请问孟子，此心作何状态？此时发出来的第一念，究竟是怵惕，是恻隐？不消说，这刹那间只有怵惕而无恻隐，只能顾我之死，不暇顾及孺子之死。非不爱孺子也，事变仓促，顾不及也。必我心略为安定，始能顾及孺子，恻隐心乃能出现。我们这样的研究，就可把人性真相看出。怵惕是为我的念头，恻隐是为人的念头。孟子曰：‘恻隐之心，仁之端也。’李宗吾曰：‘怵惕之心，厚黑之端也。’孟子讲仁义，以恻隐为出发点。我讲厚黑，以怵惕为出发点。先有怵惕，后有恻隐，孟子的学说是第二义，我的学说才是第一义。”

成都属某县，有曾某者，平日讲程朱之学，品端学粹，道貌岩岩，人呼为曾大圣人，年已七八十岁，当县中高小学校校长。我查学到校，问：“老先生近日还看书否？”答：“现在纂集宋儒语录。”我问：“孟子说：‘今人乍见孺子将入于井，皆有怵惕恻隐之心。’何以下文只说：‘无恻隐之心非人也。’‘恻隐之心，仁之端也。’把‘怵惕’二字置之不论，其意安在？”他听了沉吟思索。我问：“见孺子将入于井，发出来的第一个念头，究竟是怵惕，是恻隐？”他信口答道：“是恻隐。”我听了默然不语，他也默然不语。我本然想说：第一念既是恻隐，何以孟子不言“恻隐怵惕”而言“怵惕恻隐”？因为他是老先生，不便深问，只问道：“宋儒之书，我读得很少，只见他们极力发挥‘恻隐’二字，未知对于‘怵惕’二字，亦会加以发挥否？”他说：“莫有。”我不便往下再问，就谈别的事去了。

《孟子》书上，孩提爱亲章，孺子将入井章，是性善说最根本的证据。宋儒的学说，就是从这两个证据推阐出来的。我对于这两个证据，根本怀疑，所以每谈厚黑学，就把宋儒任意抨击。但我生平最喜欢怀疑，不但怀疑古今人的说法，并且自己的说法也常常怀疑。我讲厚黑学，虽能自圆其说，而孟子的说法，也不能说他莫得理由。究竟人性的真相是怎样？孟子所说孩提知爱和恻隐之心，又从何处生出来呢？我于是又继续研究下去。

中国言性者五家，孟子言性善，荀子言性恶，告子言性无善无恶，扬雄言善恶混，韩昌黎言性有三品。这五种说法，同时并存，竟未能折中一是。今之政治家，连人性都未研究清楚，等于医生连药性都未研究清楚。医生不了解药性，断不能治病；政治家不了解人性，怎能治国？今之举世纷纷者，实由政治家措施失当所致。其措施之所以失当者，实由对于人性欠了精密的观察。

中国学者，对于人性欠精密的观察，西洋学者，观察人性更欠精密。现在的青年，只知宋儒所说“妇人饿死事小，失节事大”这个道理讲不通……这都是对于人性欠了研究，才有这类不通的学说。学说既不通，基于这类学说生出来的措施，遂无一可通，世界焉得不大乱？

从前我在报章杂志上，常见有人说：“中国的礼教，是吃人的东西。”殊不知西洋的学说，更是吃人的东西。阿比西尼亚被墨索里尼摧残蹂躏，是受达尔文学说之赐，将来算总账，还不知要牺牲若干人的生命。我们要想维持世界和平，非把这类学说一律肃清不可。要肃清这类学说，非把人性彻底研究清楚不可。我们把人性研究清楚了，政治上的设施，国际上的举动，才能适合人类通性，世界和平才能维持。

我主张把人性研究清楚，常常同友人谈及。友人说：“近来西洋出了许多心理学的书，你虽不懂外国文，也无妨买些译本来看。”我说：“你这个话太奇了！我说个笑话你听：从前有个查学员视察某校，对校长说：‘你这个学校,光线不足。’校长道：‘我已派人到上海购买去了。’人人有一个心，自己就可直接研究，本身就是一副仪器标本，随时随地都可以试验，朝夕与我往来的人，就是我的试验品，你叫我看外国人著的心理学书，岂不等于到上海买光线吗？”闻者无辞可答。

我民国元年著的《厚黑学》，原是一种游戏文字，不料发表出来，竟受一般人的欢迎，厚黑学三字，在四川几乎成一普通名词。我以为此种说法能受人欢迎，必定于人性上有关系，因继续研究。到民国九年，我想出一种说法,似乎可以把人性问题解决了,因著《心理与力学》一文,载入《宗吾臆谈》内。我这种说法，未必合真理，但为研究学术起见，也不妨提出来讨论。

西洋人研究物理学研究得很透彻，得出来的结论，五洲万国无有异词，独于心理学却未研究透彻，所以得出来的结论，此攻彼讦（jié）。这是甚么道理呢？因为研究物理，乃是以人研究物，置身局外，冷眼旁观，把真相看得很清楚，毫无我见，故所下判断最为正确。至于研究心理学，则研究者是人，被研究者也是人，不知不觉就掺入我见，下的判断就不公平。并且我是众人中之一人，古人云：“不识庐山真面目，只缘身在此山中。”即使此心放得至公至平，仍得不到真相。因此我主张：研究心理学，应当另辟一个途径来研究。科学家研究物理学之时,毫无我见,等他研究完毕了,我们才起而言曰：“人为万物之一，物理与人事息息相通，物理上的公例也适用于人事。”据物理的公例，以判断人事，而人就无遁形了。声光磁电的公例，五洲万国无有异词。人之情感，有类磁电，研究磁电，离不脱力学公例，我们就可以用力学公例以考察人之心理。

民国九年,我家居一载,专干这种工作,用力学上的公例去研究心理学,觉到许多问题都涣然冰释。因创一公例曰：“心理变化，循力学公例而行。”从古人事迹上，现今政治上，日用琐事上，自己心坎上，理化数学上，中国古书上，西洋学说上，四面八方印证起来，似觉处处可通。有了这条公例，不但关于人事上一切学说若网若纲，有条不紊，就是改革经济政治等，也有一定的轨道可循，而我心中的疑团，就算打破，人性问题就算解决了。但我要声明：所谓疑者,是我心中自疑,非谓人人俱如是疑也。所谓解决者，是我自谓解决，非谓这个问题果然被我解决也。此乃我自述经过，聊备一说而已。

本来心理学是很博大精深的，我是个讲厚黑学的，怎能谈这门学问？我说“心理变化，循力学公例而行”，等于说“水之波动，循力学公例而行”。据科学家眼光看来，水之性质和现象，可供研究者很多，波动不过现象中之一小部分。所以我谈心理，只谈得很小很小一部分，其余的我不知道，就不敢妄谈。

为甚力学上的公例可应用到心理学上呢？须知科学上许多定理，最初都是一种假说，根据这种假说，从各方试验，都觉可通，这假说就成为定理了。即如地球这个东西，自开辟以来就有的，人民生息其上，不经经过了若干万万年，对于地球之构成就无人了解。距今二百多年以前，出了个牛顿，发明万有引力，说：“地心有吸力，把泥土沙石吸成一团，成为地球。”究竟地心有无吸力，无人看见，牛顿这个说法，本是假定的，不过根据他的说法，任如何试验，俱是合的，于是他的假说就成了定理。从此一般人都知道：“凡是有形有体之物，俱要受吸力的吸引。”到爱因斯坦出来，发明相对论，本牛顿之说扩大之，说：“太空中的星球发出的光线，经过其他星球，也要受其吸引。因天空中众星球互相吸引之故，于是以直线进行之光线，就变成弯弯曲曲的形状。”他这种说法，经过实地测验，证明不错，也成为定理。从此一般人又知道，有形无体之光线，也要受吸力的吸引。我们要解决心理学上的疑团，无妨把爱因斯坦的说法再扩大之，说：“我们心中也有一种引力，能把耳闻目睹、无形无体之物吸收来成为一个心。心之构成，与地球之构成相似。”我们这样的设想，牛顿的三例和爱因斯坦的相对论，就可适用到心理学方面，而人事上一切变化，就可用力学公例去考察他了。

通常所称的心，是由于一种力，经过五官出去，把外边的事物牵引进来，集合而成的。例如，有一物在我面前，我注目视之，即是一种力从目透出去，与那个物联结；我将目一闭，能够记忆那物的形状，即是此力把那物拖进来绾（wǎn）住了。听人的话能够记忆，即是把那人的话拖进来绾住了。由这种方式，把耳濡目染与夫环境所经历的事项一一拖进来，集合为一团，就成为一个心。所以心之构成，与地球之构成完全相似。

一般人都说自已有一个心，佛氏出来，力辟此说，说：“人莫得心，通常所谓心，是假的，乃是六尘的影子。”《圆觉经》曰：“一切众生，无始以来，种种颠倒，妄认四大为自身相，六尘缘影为自心相。”我们试思，假使心中莫得引力，则六尘影子之经过，亦如雁过长空，影落湖心一般，雁一去，影即不存。而吾人见雁之过，其影能留在心中者，即是心中有一种引力把雁影绾住的缘故。所以我们拿佛家的话来推究，也可证明心之构成与地球之构成是相似的。

佛家说："六尘影子落在八识田中，成为种子，永不能去。"这就像谷子豆子落在田土中，成为种子一般。我们知谷子豆子落在田土中，是由于地心有引力，即知六尘影子落在八识田中，是由于人心有引力。因为有引力绾住，所以谷子豆子在田土中永不能去，六尘影子在八识田中也永不能去。

我们如把心中所有知识一一考察其来源，即知其无一不从外面进来。其经过的路线，不外眼耳鼻舌身。虽说人能够发明新理，但仍靠外面收来的知识作基础。犹之建筑房屋，全靠外面购来的砖瓦木石。假如把心中各种知识的来源考出了，从目进来的，命他仍从目退出去，从耳进来的，令他仍从耳退出去，其他一一俱从来路退出，我们的心即空无所有了。人的心能够空无所有，对于外物无贪恋，无嗔恨，有如湖心雁影，过而不留，这即是佛家所说"还我本来面目"。

地球之构成，源于引力，意识之构成，源于种子，试由引力再进一步，推究到天地未有以前，由种子再进一步，推究到父母未生以前，则只有所谓寂兮寥兮的状况，而二者就会归于一了。由寂兮寥兮生出引力，而后有地球，而后有物。由寂兮寥兮生出种子，而后有意识，而后有人。由此知心之构成与地球之构成相似，物理与人事相通，故物理学的规律可适用于心理学。

心理的现象，与磁电现象很相像。人有七情，大别之，只有好、恶二种。心所好的东西，就引之使近；心所恶的东西，就推之使远。其现象与磁电相同。人的心，分知、情、意三者，意是知与情合并而成，其元素只有知、情二者。磁电同性相推，异性相引，他相推相引的作用，是情的现象。能够差别同性异性，又含有知的作用。可见磁电这个东西，也具有知、情，与我们的心理是一样的。阳电所需要的是阴电，忽然来了一个阳电，要分它的阴电，它当然把它推开。阴电所需要的是阳电，忽然来了一个阴电，要分它的阳电，它当然也把它推开。这就像小儿食乳食糕饼的时候，见哥哥来了，用手推他打他一般，所以成了同性相推的现象。至于磁电异性相引，犹如人类男女相爱，更是不待说的。所以我们研究心理学，可当如磁电学研究。

佛说："真佛法身，映物现形。"宛然磁电感应现象。又说："本性圆融，用遍法界。"又说："非有非无。"宛然磁电中和现象。又说："不生不灭，不增不减。"简直是物理学家所说"能量不灭"。因此之故，我们用力学公例去考察人性，想来不会错。

孟子讲性善，说："孩提之童，无不知爱其亲，及其长也，无不知敬其兄。"我讲厚黑学，说："小儿见母亲口中有糕饼，就取来放在自己口中。小儿在母亲怀中食乳食糕饼，见哥哥走近来，就用手推他打他。"这两种说法，岂不是极端相反吗？究竟人性的真相是怎样？我们下细观察，即知小儿一切动作，都是以我为本位，各种现象，都是从比较上生出来的。将母亲与己身比较，小儿更爱己身，故将母亲口中糕饼取出，放入自己口中。母亲是怀抱我、乳哺我的人，拿母亲与哥哥比较，母亲与我更接近，故更爱母亲。大点的时候，与哥哥朝夕一处玩耍，有时遇着邻人，觉得哥哥与我更接近，自然更爱哥哥。由此推之，走到异乡，就爱邻人；走到外省，就爱本省人；走到外国，就爱本国人。其间有一定之规律，其规律是："距我越近，爱情越笃，爱情与距离成反比例。"与牛顿万有引力定律是相像的。我们把它绘出来，如甲图所示，第一圈是我，第二圈是亲，第三圈是兄，第四圈是邻人，第五圈是本省人，第六圈是本国人，第七圈是外国人。这个图是人心的现象，我们详加玩索，就觉得这种现象很像讲堂上试验的磁场一般。距磁石越近的地方，铁屑越多，可见人的情感与磁力相像。我们从甲图研究，即知我说的小儿抢母亲口中糕饼，和孟子所说孩提爱亲，原是一贯的事，俱是以我字为出发点，性善说与厚黑学就可贯通为一。

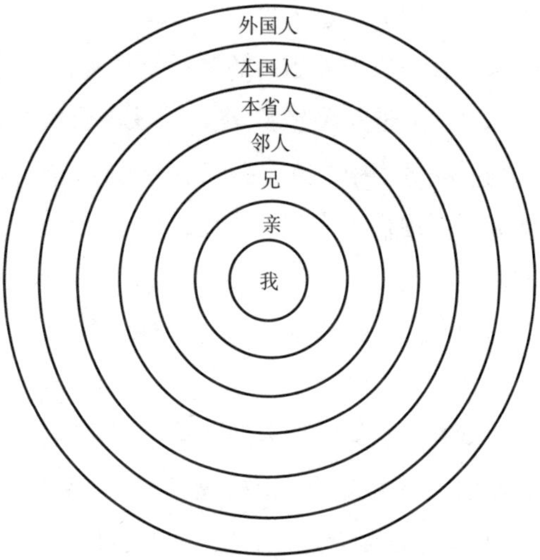

甲图　孟子的性善图

上面所绘甲图，是否真确，我们可再设法证明：假如暮春三月的时候，我们约着二三友人出去游玩，走至山明水秀的地方，心中觉得非常愉快，走至山水粗恶的地方，心中就戚然不乐，这是甚么缘故呢？因为山水是物，我也是物，物与我本是一体，所以物类好，心中就愉快，物类不好，心中就不愉快。我们又走至一个地方，见地上许多碎石，碎石之上，落花飘零，我们心中很替落花悲戚，对于碎石不甚动念，这是甚么缘故？因为石是无生之物，花与我同是有生之物，所以对于落花更觉关情。假如落花之上卧一将毙之犬，哀鸣婉转，那种声音，入耳惊心，骤闻之下，就会把悲感落花之心移向犬方而去了。这是甚么缘故？因为花是植物，犬与我同是动物，自然会起同情心。我们游毕归来，途中见一只犬拦住一个行人，狂跳狂吠，那人持杖乱击，人犬相争，难解难分，我们看见，总是帮人的忙，不会帮犬的忙。因为犬是兽类，那人与我同是人类，对乎人的感情，当然不同。假如我们回来，一进门就有人来对我说：某个友人，因为某事，与人发生绝大冲突，胜负未分，我就很替这个友人关心，希望他得胜。虽然同是人类，因为有交情的关系，不知不觉就偏重在我的友人方面去了。我把朋友邀入室中，促膝谈心，正在尔我忘情的时候，陡然房子倒下来，我们心中发出来的第一个念头，是防卫自己，第二个念头，才顾及友人。我们把各种事实、各种念头汇合拢来，搜求它的规律，即知每起一念，都是以我字为中心点，我们步步追寻，层层剥剔，逼到尽头处，那个我字，即赤裸裸地现出来了。我们可得一个结论：凡有两个物体，同时出现于我的面前，我无须计较，无须安排，心中自然会有亲疏远近之分。其规律是："距我越远，爱情越减，爱情与距离成反比例。"终不外牛顿万有引力的定律。我们把它绘出图来，如乙图：第一圈是我，第二圈是友，第三圈是他人，第四圈是犬，第五圈是花，第六圈是石。它的现象仍与磁场一般。我们绘这乙图，是舍去了甲图的境界，凭空另设一个境界，乃绘出之图与中图无异，可知甲图是合理的，乙图也是合理的。这两个图，都是代表人心的现象，既是与磁场相像，与地心引力相像，即可说心理变化不外力学公例。

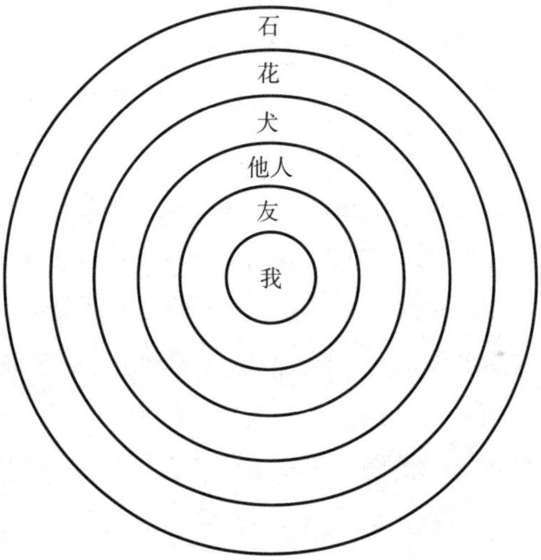

乙图　荀子的性恶图

孟子讲性善，有两个证据，第一个证据是："孩提之童，无不知爱其亲，及其长也，无不知敬其兄。"前已绘图证明，是发源于为我之心，根本上与厚黑学相通。他第二个证据是："今人乍见孺子将入于井，皆有怵惕恻隐之心。"我们细细推求，仍是发源于为我之心，仍与厚黑学相通。兹说明如下：

怵惕是惊惧的意思，是自己畏死的表现。假如我们共坐谈心的时候，陡见前面有一人提一把白亮亮的刀追杀一人，我们一齐吃惊，各人心中都要跳几下。这个现象，即是怵惕。这是因为各人都有畏死的天性，看见刀仿佛是杀我一般，所以心中会跳，所以会怵惕。我略一审视，晓得不是杀我，是杀别人，登时就会把畏死的念头放大，化我身为被追的人，对乎他起一种同情心，就想救护他。这就是恻隐。先有怵惕，后有恻隐，是天然的顺序，不是人力安排的。由此可知：恻隐是从怵惕生出来的，莫得怵惕，就不会恻隐，可以说恻隐二字，仍发源于我字。

见孺子将入井的时候，共有三物，一曰我，二曰孺子，三曰井。我们把他绘为图：第一圈是我，第二圈是孺子，第三圈是井。我与孺子同是人类，井是无生之物，孺子对于井生出死生存亡的关系，我当然对孺子表同情，不能对井表同情。有了第一圈的我，才有第二圈的孺子。因为我怕死，才觉得孺子将入井是不幸的事；假如我不怕死，就叫我自己入井，我也认为不要紧的事，不起怵惕心。看见孺子将入井，也认为不要紧的事，断不会有恻隐心。莫得我，即莫得孺子，莫行怵惕，即莫得恻隐，道理本是极明白的。孺子是我身的放大形，恻隐是怵惕的放大形，孟子看见怵惕心能放大而为恻隐心，就叫人把恻隐心再放大起来，扩充到四海。道理本是对的，只因少说一句："恻隐是怵惕扩充出来的。"就生出宋儒的误会。宋儒言性，从"恻隐"二字讲起，舍去"怵惕"二字不讲，成了有恻隐无怵惕，知有第二圈之孺子，不知有第一圈之我。宋儒学说，许多迂曲难通，其病根就在这一点。

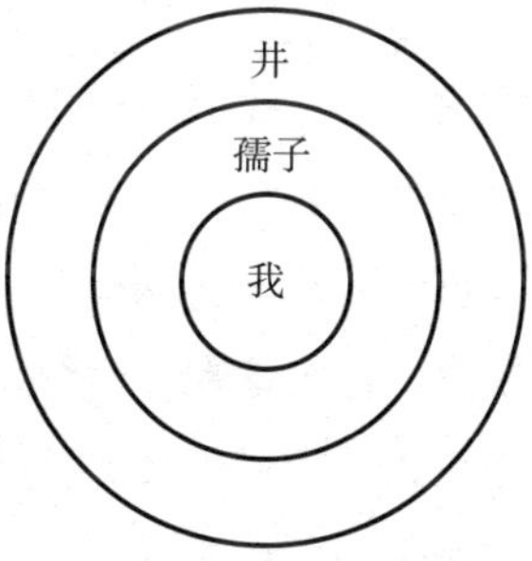

孺子入井图

我们把甲乙两图详加玩味，就可解决孟荀两家的争执。甲图是层层放大，由我而亲，而兄，而邻人，而本省人，而本国人，而外国人，其路线是由内向外，越放越大。孟子看见人心有此现象，就想利用它，创为性善说。所以他说："老吾老，以及人之老；幼吾幼，以及人之幼……举斯心，加诸彼……推恩足以保四海。"力劝人把圈子放大点。孟子喜言诗，诗是宣畅人的性情，含有利导的意思。乙图是层层缩小，由石而花，而犬，而人，而友，而我，其路线是由外向内，越缩越小。荀子看见人心有此现象，就想制止它，创为性恶说。所以他说："妻子具而孝衰于亲，嗜欲得而信衰于友，爵禄盈而忠衰于君。"又说："拘木待檃（yǐn）括蒸矫然后直，钝金待砻（lóng）厉然后利，人待师法然后正，得礼义然后治。"生怕人把圈子缩小了。荀子习于礼，礼是范围人的行为，含有制裁的意思。甲乙两图，都是代表人心的现象，甲图是离心力现象，乙图是向心力现象。从力学方面说，两种现象俱不错，即可说孟荀二人的说法俱不错。无奈他二人俱是各说一面，我们把甲乙二图一看，孟荀异同之点就可了然了。事情本是一样，不过各人的看法不同罢了。我们详玩甲乙二图，就可把厚黑学的基础寻出来。

王阳明讲的致良知，是从性善说生出来的。我讲的厚黑学，是从性恶说生出来的。王阳明说："满街都是圣人。"我说："滔滔天下，无在非厚黑中人。"此两说何以会极端相反呢？因为同是一事，可以说是性善之表现，也可说是性恶之表现。举例言之：假如有个友人来会我，辞去不久，仆人来报道："刚才那个友人，出门去就与人打架角孽，已被警察将双方捉去了。"我听了，就异常关心，立命人去探听。听说警察判友人无罪，把对方关起了，我就很欢喜。倘判对方无罪，把友人关起，我就很忧闷。请问我这种心理，究竟是善是恶？假如我去问孟子，孟子一定说："这明明是性善的表现，何以故呢？你的朋友与人相争，与你毫无关系，你愿你的朋友胜，不愿他败，这种爱友之心，是从天性中不知不觉流露出来的。此种念头，是人道主义的基础。所谓博施济众，是从此种念头生出来的，所谓民胞物与，也是从此种念头生出来的，所以人们起了此种念头，就须把他扩充起来。"假如我去问荀子，荀子一定说："这明明是性恶的表现，何以故呢？你的朋友是人，和他打架的也是人，人与人相争，你不考察是非曲直，只是愿友胜不愿友败，这种自私之心，是从天性中不知不觉流露出来的。此种念头，是扰乱世界和平的根苗。日本以武力占据东北四省，是从此种念头生出来的，墨索里尼用飞机轰炸阿比西尼亚，也是从此种念头生出来的，所以人们起了此种念头，即须把他制伏下去。"我们试看上面的说法，两边都有道理，却又极端相反，这是甚么缘故呢？我们要解决孟荀两家的争执，只消绘图一看，就自然明白了。如图所示：第一圈是我，第二圈是

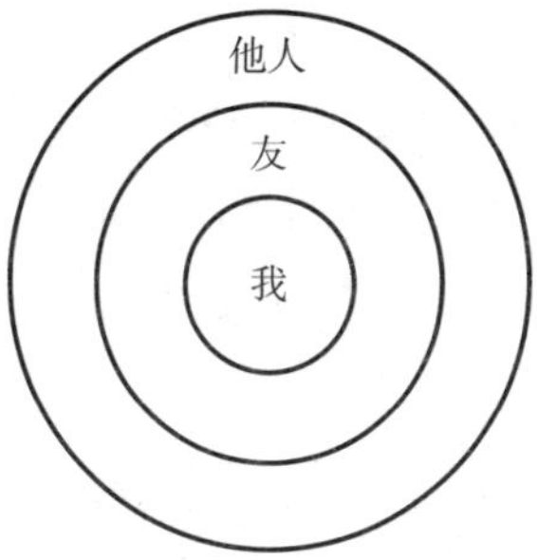

荀孟争论图

友，第三圈是他人，此心愿友得胜，即是第二圈。请问这第二圈是大是小呢？孟子寻个我字，与友字比较，即是在外面画个小圈来比较，说第二圈是个大圈。荀子寻个人字，与友字比较，即是在外面画个大圈来比较，说第二圈是个小圈。孟子以为第二圈是第一圈放大而成，其路线是向人字方面扩张出去，故断定人之性善。荀子以为第二圈是由第三圈缩小而成，其路线是向我字方面收缩拢来，故断定人之性恶。其实第二圈始终只有那么大，并未改变。单独画一个圈，不能断它是大是小；单独一种爱友之心，不能断他是善是恶。画了一圈之后，再在内面或外面画一圈，才有大小之可言。因爱友而做出的事，妨害他人，或不妨害他人，才有善恶之可言。

愿友胜不愿友败之心理，是一种天然现象，乃人类之通性，不能断他是善是恶，只看如何应用就是了。本此心理，可做出相亲相爱之事，也可做出相争相夺之事，犹之我们在纸上画了一圈之后，可以在内面画一小圈，也可以在外面画一大圈。孟子见人画了一圈，就断定他一定会把两脚规张开点，在外面画一个较大之圈。荀子见人画了一圈，就断定他一定会把两脚规收拢点，在内面画一个较小之圈。若问他二人的理由，孟子说："这个圈，明明是由一个小圈放大而成。依着它的趋势，当然会再放大，在外面画一个更大之圈。"荀子说："这个圈明明是由一个大圈缩小而成。依着它的趋势，当然会再缩小，在内面画一个更小之圈。"这些说法，真可算无谓之争。

我发表厚黑学后，继续研究，民国九年，创出一条公例："心理变化，循力学公例而行。"并绘出甲乙二图，因知孟子的性善说和荀子的性恶说，都带有点诡辩的性质。同时悟得：我民国元年讲的厚黑学，和王阳明讲的致良知，也带有点诡辩的性质。甚么是诡辩呢？把整个的道理蒙着半面，只说半面，说得条条有理，是之谓诡辩。战国策士，游说人主，即是用的此种方法。其时，坚白异同之说甚盛，孟荀生当其时，染得有点此种气习，读者切不可为其所愚。我是厚黑先生，不是道学先生，所以我肯说真话。

力有离心、向心两种现象，人的心理也有这两种现象。孟荀二人，各见一种，各执一词。甲乙两图，都与力学公例不悖，故孟荀两说，能够对峙二千余年，各不相下。我们明白这个道理，孟荀两说就可合而为一了。孟荀两说合并，就成为告子的说法。告子说："性无善无不善。"任从何方面考察，他这个说法都是对的。

人性本是无善无恶，也可说是：可以为善，可以为恶。孟子出来，于整个人性中裁取半面以立说，成为性善说。遗下了半面，荀子取以立论，就成为性恶说。因为各有一半的真理，故两说可以并存。又因为只占得真理之一半，故两说互相攻击。

有孟子之性善说，就有荀子之性恶说与之对抗。有王阳明的致良知，就有李宗吾的厚黑学与之对抗。王阳明说：“见父自然知孝，见兄自然知悌。”把良知二字讲得头头是道。李宗吾说：“小孩见着母亲口中糕饼，自然会取来放在自己口中。在母亲怀中食乳食糕饼，见哥哥近前，自然会用手推他打他。”我把厚黑二字也讲得头头是道。有人呼我为教主，我何敢当？我在学术界，只取得与阳明对等的位置罢了。不过阳明在孔庙中配享，吃冷猪肉，我将来只好另建厚黑庙，以廖大圣人和王简恒、雷民心诸人配享。

我的厚黑学，本来与王阳明的致良知有对等的价值，何以王阳明受一般人的推崇，我受一般人的訾（zǐ）议呢？因为自古迄今，社会上有一种公共的黑幕，这种黑幕，只许彼此心心相喻，不许揭穿，揭穿了，就要受社会的制裁。这算是一种公例。我每向人讲厚黑学，只消连讲两三点钟，听者大都津津有味，说道：“我平日也这样想，不过莫有拿出来讲。”请问：心中既这样想，为甚么不拿出来讲呢？这是暗中受了这种公例支配的缘故。我赤裸裸地揭穿出来，是违反了公例，当然为社会不许可。

社会上何以会生出这种公例呢？俗语有两句：“逢人短命，遇货添钱。”诸君都想知道，假如你遇着一个人，你问他尊龄？答：“今年五十岁了。”你说：“看你先生的面貌，只像三十几的人，最多不过四十岁罢了。”他听了，一定很欢喜，是之谓“逢人短命”。又如走到朋友家中，看见一张桌子，问他买成若干钱？他答道：“买成四元。”你说：“这张桌子，普通价值八元，再买得好，也要六元，你真是会买。”他听了一定也很喜欢。是之谓“遇货添钱”。人们的习性，既是这样，所以自然而然地就生出这种公例。主张性善说者，无异于说：“世间尽是好人，你是好人，我也是好人。”说这话的人，怎么不受欢迎？主张性恶说者，等于说：“世间尽是坏人，你是坏人，我也是坏人。”说这话的人，怎么不受排斥？荀子本来是入了孔庙的，后来因为他言性恶，把他请出来，打脱了冷猪肉，就是受了这种公例的制裁。于是乎程朱派的人，遂高坐孔庙中，大吃其冷猪肉。

《孟子》书上有“阉然媚于世也”一句话，可说是孟子与宋明诸儒定的罪案，也即是孟子自定的罪案。何以故呢？性恶说是箴世，性善说是媚世。性善说者曰：你是好人，我也是好人，此妾妇媚语也。性恶说者曰：你是坏人，我也是坏人，此志士真言也。天下妾妇多而志士少，真言为举世所厌闻，荀子之逐出孔庙也宜哉。呜呼！李厚黑，真名教罪人也！

近人蒋维乔著《中国近三百年哲学史》说："荀子在周末，倡性恶说，后儒非之者多，绝于一人左袒之者，历一千九百余年，俞曲园独毅然赞同之……我国主张性恶说者，古今只有荀俞二氏。"云云。俞曲园是经学大师，一般人只研究他的经学，他著的《性说》上下二篇，若存若亡，可以说中国言性恶之书，除荀子而外，几乎莫有了。真言为举世所厌闻，故敢于直说的人，绝无仅有。

滔滔天下，皆是讳疾忌医的人，所以敢于言性恶者，非天下的大勇者不能，非舍得牺牲者不能。荀子牺牲孔庙中的冷猪肉不吃，才敢于言性恶。李宗吾牺牲英雄豪杰不当，才敢于讲厚黑学。将来建厚黑庙时，定要在后面与荀子修一个启圣殿，使他老人家借着厚黑教主的余荫，每年春秋二祭，也吃吃冷猪肉。

常常有人向我说道："你的说法，未免太偏。"我说：诚然，惟其偏，才医得好病，芒硝大黄，姜桂附片，其性至偏，名医起死回生，所用皆此等药也。药中之最不偏者，莫如泡参甘草，请问世间的大病，被泡参甘草医好者自几？自孟子而后，性善说充塞天下，把全社会养成一种不痒不痛的大肿病，非得痛痛地打几针，烧几艾不可。所以听我讲厚黑学的人，当说道："你的议论，很痛快。"因为害了麻木不仁的病，针之灸之，才觉得痛；针灸后，全体畅适，才觉得痛快。

有人读了《厚黑丛话》，说道："你何必说这些鬼话？"我说：我逢着人说人话，逢着鬼说鬼话，请问当今之世，不说鬼话，说甚么？我这部《厚黑丛话》，人见之则为人话，鬼见之则为鬼话。

我不知过去生中，与孔子有何冤孽，他讲他的仁义，偏偏遇着一个讲厚黑的我，我讲我的厚黑，偏偏遇着一个讲仁义的他。我们两家的学说，极端相反，永世是冲突的。我想："冤家宜解不宜结。"我与孔子讲和好了。我想个折中调和的法子，提出两句口号："厚黑为里，仁义为表。"换言之，即是枕头上放一部《厚黑学》，案头上放一部《四书》、《五经》；心头上供一个大成至圣先师李宗吾之神位；壁头上供一个大成至圣先师孔子之神位。从此以后，我的信徒，即是孔子的信徒，孔子的信徒，即是我的信徒，我们两家学说，永世不会冲突了。千百年后，有人出来作一篇《仲尼宗吾合传》，一定说道："仁近于厚，义近于黑，宗吾引绳墨，切事情，仁义之弊，流于麻木不仁，而宗吾深远矣。"

讳疾忌医，是病人通例，因之就成了医界公例。荀子向病人略略针灸了一下，医界就哗然，说他违反了公例，把他逐出医业公会，把招牌与他下了，药铺与他关了。李宗吾出来，大讲厚黑学，叫把衣服脱了，赤条条地施用刀针。这是自荀子而后，二千多年，都莫得这种医法，此李厚黑所以又名李疯子也。

昨有友人来访，见我桌上堆些《宋元学案》、《明儒学案》一类书，诧异道："你怎么看这类书？"我说："我怎么不看这类书？相传某国有一井，汲饮者，立发狂。全国人皆饮此井之水，全国人皆狂。独有一人，自凿一井饮之，独不狂。全国人都说他得了狂病，捉他来，针之灸之，施以种种治疗，此人不胜其苦，只得自汲狂泉饮之。于是全国人都欢欣鼓舞，道：'我们国中，从此无一狂人了。'我怕有人替我医疯疾，针之灸之，只好读宋明诸儒的书，自己治疗。"

人性是浑然的，仿佛是一个大城，王阳明从东门攻入，我从西门攻入，攻进去之后，所见城中的真相，彼此都是一样。人性以告子所说，无善无不善，最为真确。王阳明倡致良知之说，是主张性善的，而他教人提出"无善无恶心之体，有善有恶意之动"等语，请问此种说法，与告子何异？我民国元年发表《厚黑学》，是性恶说这面的说法。民国九年，我创一条公例："心理变化，循力学公例而行。"这种说法，即是告子的说法。告子曰："性犹湍水也。"湍水之变化，即是循着力学公例走的，所以"性犹湍水也"五个字，换言之，即是"心理变化，循力学公例而行"。

有人难我道："告子说：'性无善无不善。'阳明说：'无善无恶心之体。'一个言性，一个言心体，何能混为一谈？至于你说的'心理变化'，则是就用上言之，更不能牵涉到体上。"我说：我的话不足为凭，请看阳明的话。阳明曰："心统性情，性，心体也，情，心用也，夫体用一源也，知体之所以为用，则知用之所以为体矣。"心体即是性，这是阳明自己下的定义。我说："阳明的说法，即是告子的说法。"难道我冤诬了阳明吗？

告之曰："性犹湍水也。"决诸东方则东流，决诸西方则西流，请问东流西流，是不是就用上言之？请问水之流东流西，能否逃出力学公例？我说："'性犹湍水也'五个字，换言之，即是'心理变化，循力学公例而行'。

似乎不是穿凿附会。”

阳明曰：“性，心体也，情，心用也。”世之言心言性者，因为体不可见，故只就用上言之，因为性不可见，故只就情上言之。孟子曰：“孩提之童，无不知爱其亲也。”又曰：“今人乍见孺子将入于井，皆有怵惕恻隐之心。”皆是就情上言之。也即是就用上言之。由此知：孟子所谓性善者，乃是据情之善。因以断定性之善。试问人与人的感情，是否纯有善而无恶？所以孟子的话，就会发生问题，故阳明易之曰：“有善有恶意之动。”意之动即用也，即情也。阳明的学力，比孟子更深，故其说较孟子更圆满。

王阳明从性善说悟入，我从性恶说悟入，同到无善无恶而止。我同人讲厚黑学，等于用手指月，人能循着手看去，就可以看见天上之月，人能循着厚黑学研究去，就可以窥见人性之真相。常有人执著厚黑二字，同我刺刺不休，等于在我手上寻月，真可谓天下第一笨人。我的厚黑学，拿与此等人读，真是罪过。

厚黑丛话卷四

古来的圣人，真是怪极了，虞芮质成，脚踏了圣人的土地，立即洗心革面，圣人感化人，有如此的神妙。我不解管蔡的父亲是圣人，母亲是圣人，哥哥弟弟是圣人，四面八方被圣人围住了，何以中间会产生鸱鸮？清世宗呼允禩为阿其那，允禟为塞思赫，翻译出来，是猪狗二字。这个猪狗的父亲是圣人，哥哥是圣人，侄儿也是圣人。鸱鸮猪狗，会与圣人错杂而生，圣人的价值，也就可以想见了。

两月前成都某报总编辑对我说：“某君在宴会席上说道：李宗吾作了一篇《我对于圣人之怀疑》，把孔子的面子大伤了，我当著一文痛驳之。”

静待至今，寂然无闻，究竟我那篇文字，对于孔子的面子，伤莫有伤，尚待讨论，原文于民国十六年载入拙著《宗吾臆谈》内，某君或许只听人谈及，未曾见过，故无从着笔。兹特重揭报端，凡想打倒厚黑教主者，快快地联合起来。原文如下：

我先年对于圣人，很为怀疑，细加研究，觉得圣人内面有种种黑幕，曾作了一篇《圣人之黑幕》。民国元年，本想与厚黑学同时发表，因为厚黑学还未登载完，已经众议哗然，这篇文字更不敢发表了，只好借以解放自己的思想。现在国内学者，已经把圣人攻击得体无完肤，中国的圣人，已是日暮途穷。我幼年曾受过他的教育，本不该乘圣人之危，坠井下石，但我要表明我思想之过程，不妨把当日怀疑之点略说一下。底稿早不知抛往何处，只把大意写出来。

世间顶怪的东西，要算圣人，三代以上，产生最多，层见叠出，同时可以产出许多圣人，三代以下，就绝了种，并莫产生一个。秦汉而后，想学圣人的，不知有几千百万人，结果莫得一个成为圣人，最高的不过到了贤人地位就止了。请问圣人这个东西，究竟学得到学不到？如说学得到，秦汉而后，有那么多人学，至少也该出一个圣人。如果学不到，我们何苦朝朝日日，读他的书，拼命去学？

三代上有圣人，三代下无圣人，这是古今最大怪事。我们通常所称的圣人，是尧舜禹汤文武周公孔子。我们把他分析一下，只有孔子一人是平民，其余的圣人，尽是开国之君，并且是后世学派的始祖，他的破绽，就现出来了。

原来周秦诸子，各人特创一种学说，自以为寻着真理了，自信如果见诸实行，立可救国救民，无奈人微言轻，无人信从。他们心想，人类通性，都是怂（sǒng）慕权势的，凡是有权势的人说的话，人人都肯听从，世间权势之大者，莫如人君，尤莫如开国之君；兼之那个时候的书，是竹简做的，能够得书读的很少，所以新创一种学说的人，都说道，我这种主张是见之书上，是某个开国之君遗传下来的。于是道家托于黄帝，墨家托于大禹，倡并耕的托于神农，著本草的也托于神农，著医书的，著兵书的，俱托于黄帝。此外百家杂技，与夫各种发明，无不托始于开国之君。孔子生当其间，当然也不能违背这个公例。他所托的更多，尧舜禹汤文武之外，更把鲁国开国的周公加入，所以他是集大成之人。周秦诸子，个个都是这个办法，拿些嘉言懿行，与古帝王加上去，古帝王坐享大名，无一个不成为后世学派之祖。

周秦诸子，各人把各人的学说发布出来，聚徒讲授，各人的门徒，都说我们的先生是个圣人。原来圣人二字，在古时并不算高贵，依《庄子·天下篇》所说，圣人之上，还有天人、神人、至人等名称，圣人列在第四等，圣字的意义，不过是“闻声知情，事无不通”罢了，只要是聪明通达的人，都可呼之为圣人，犹之古时的朕字一般，人人都称得，后来把朕字、圣字收归御用，不许凡人冒称，朕字、圣字才高贵起来。周秦诸子的门徒，尊称自己的先生是圣人。也不为僭（jiàn）妄。孔子的门徒，说孔子是圣人，孟子的门徒，说孟子是圣人，老庄杨墨诸人，当然也有人喊他们为圣人。到了汉武帝的时候，表彰六经，罢黜百家，从周秦诸子中把孔子挑选出来，承认他一人是圣人，诸子的圣人名号，一齐削夺，孔子就成为御赐的圣人了。孔子既成为圣人，他所尊崇的尧舜禹汤文武周公，当然也成为圣人。所以中国的圣人，只有孔子一人是平民，其余的都是开国之君。

周秦诸子的学说，要依托古之人君，也是不得已而为之。这可举例证明：南北朝有个张士简，把他的文字拿与虞讷看，虞讷痛加诋斥。随后士简把文改作，托名沈约，又拿与虞讷看，他就读一句，称赞一句。清朝陈修园，著了一本《医学三字经》，其初托名叶天士，及到其书流行了，才改归己名，有修园的自序可证。从上列两事看来，假使周秦诸子不依托开国之君，恐怕他们的学说早已消灭，岂能传到今日？周秦诸子，志在救世，用了这种方法，他们的学说，才能推行，后人受赐不少。我们对于他们是应该感谢的，但是为研究真理起见，他们的内幕不能不揭穿。

孔子之后，平民之中，也还出了一个圣人，此人就是人人知道的关羽。凡人死了，事业就完毕，唯有关羽死了过后，还干了许多事业，竟自挣得圣人的名号，又著有《桃园经》、《觉世真经》等书，流传于世。孔子以前那些圣人的事业与书籍，我想恐怕也与关羽差不多。

现在乡僻之区偶然有一人得了小小富贵，讲因果的，就说他阴功积得多，讲堪舆的，就说他坟地葬得好，看相的，算命的，就说他面貌生庚与众不同。我想古时的人心，与现在差不多，大约也有讲因果的人，看见那些开基立国的帝王，一定说他品行如何好，道德如何好。这些说法流传下来，就成为周秦诸子著书的材料了。兼之，凡人皆有我见，心中有了成见，眼中所见东西，就会改变形象，戴绿色眼镜的人，见凡物皆成绿色，戴黄眼镜的人，见凡物皆成黄色。周秦诸子，创了一种学说，用自己的眼光去观察古人，古人自然会改变形象，恰与他的学说符合。

我们权且把圣人中的大禹提出来研究一下。他腓（féi）无胈，胫无毛，忧其黔首，颜色黎墨，宛然是摩顶放踵的兼爱家。韩非子说：“禹朝诸侯于会稽，防风氏之君后至而禹斩之。”他又成了执法如山的大法家。孔子说：“禹，吾无间然矣。菲饮食而致孝乎鬼神，恶衣服而致美乎黻（fú）冕，卑宫室而尽力乎沟洫。”俨然是恂恂儒者，又带点栖栖不已的气象。读魏晋以后禅让文，他的行径，又与曹丕、刘裕诸人相似。宋儒说他得了危微精一的心传，他又成了一个析义理于毫芒的理学家。杂书上说他娶涂山氏女，是个狐狸精，仿佛是《聊斋》上的公子书生。说他替涂山氏造敷面的粉，又仿佛是画眉的风流张敞。又说他治水的时候，驱遣神怪，又有点像《西游记》上的孙行者，《封神榜》上的姜子牙。据著者的眼光看来，他始而忘亲事仇，继而夺仇人的天下，终而把仇人逼死苍梧之野，简直是厚黑学中重要人物。他这个人，光怪陆离，真是莫名其妙。其余的圣人，其神妙也与大禹差不多。我们略加思索，圣人的内幕，也就可以了然了。因为圣人是后人幻想结成的人物，各人的幻想不同，所以圣人的形状有种种不同。

我作了一本《厚黑学》，从现在逆推到秦汉是相合的，又逆推到春秋战国，也是相合的，可见从春秋以至今日，一般人的心理是相同的。再追溯到尧舜禹汤文武周公，就觉得他们的心理神妙莫测，尽都是天理流行，惟精惟一，厚黑学是不适用的。大家都说三代下人心不古，仿佛三代上的人心，与三代下的人心，成为两截了，岂不是很奇的事吗？其实并不奇。假如文景之世，也像汉武帝的办法，把百家罢黜了，单留老子一人，说他是个圣人，老子推崇的黄帝，当然也是圣人，于是乎平民之中，只有老子一人是圣人，开国之君，只有黄帝一人是圣人。老子的心，“微妙玄通，深不可识”。黄帝的心，也是“微妙玄通，深不可识”。“其政闷闷，其民淳淳”。黄帝而后，人心就不古了，尧夺哥哥的天下，舜夺妇翁的天下，禹夺仇人的天下，成汤文武以臣叛君，周公以弟杀兄。我那本《厚黑学》，直可逆推到尧舜禹而止。三代上的人心，三代下的人心，就融成为一片了。无奈再追溯上去，黄帝时代的人心，与尧舜而后的人心，还是要成为两截的。

假如老子果然像孔子那样际遇，成了御赐的圣人，我想孟轲那个亚圣名号，一定会被庄子夺去，我们读的四子书，一定是《老子》、《庄子》、《列子》、《关尹子》，所读的经书，一定是灵枢、素问、孔孟的书与管商申韩的书，一齐成为异端，束诸高阁，不过遇着好奇的人，偶尔翻来看看，《大学》、

《中庸》在《礼记》内，与《王制》、《月令》并列。“人心惟危”等十六字，混在“曰若稽古”之内，也就莫得甚么精微奥妙了。后世讲道学的人，一定会向《道德经》中，玄牝（pìn）之门，埋头钻研，一定又会造出天玄人玄、理牝欲牝种种名词，互相讨论。依我想圣人的真相，不过如是（著者按：后来我偶翻《太玄经》，见有天玄地玄人玄等名词，惟理牝欲牝的名词，我还未看见）。

儒家的学说，以仁义为立足点，定下一条公例：“行仁义者昌，不行仁义者亡。”古今成败，能合这个公例的，就引来作证据，不合这个公例的，就置诸不论。举个例子来说，太史公《殷本纪》说：“西伯归，乃阴修德行善。”《周本纪》说：“西伯阴行善。”连下两个阴字，其作用就可想见了。《齐世家》更直截了当地说道：“周西伯昌之脱羑里归，与吕尚阴谋修德以倾商政，其事多兵权与奇计。”可见文王之行仁义，明明是一种权术，何尝是实心为民？儒家见文王成了功，就把他推尊得了不得。徐偃王行仁义，汉东诸侯，朝者三十六国，荆文王恶其害已也，举兵灭之。这是行仁义失败了的，儒者就绝口不提。他们的论调完全与乡间讲因果报应的一样，见人富贵，就说他积的有阴德，见人触电器死了，就说他忤逆不孝，推其本心，固是劝人为善，其实真正的道理，并不是那么样。

古来的圣人，真是怪极了，虞芮质成，脚踏了圣人的土地，立即洗心革面，圣人感化人，有如此的神妙。我不解管蔡的父亲是圣人，母亲是圣人，哥哥弟弟是圣人，四面八方被圣人围住了，何以中间会产生鸱（chī）鸮（xiāo）？清世宗呼允禩（sì）为阿其那，允禟（táng）为塞思赫，翻译出来，是猪狗二字。这个猪狗的父亲是圣人，哥哥是圣人，侄儿也是圣人。鸱鸮猪狗，会与圣人错杂而生，圣人的价值，也就可以想见了。

李自成是个流贼，他进了北京，寻着崇祯帝后的尸，载以宫扉，盛以柳棺，放在东华门，听人祭奠。武王是个圣人，他走至纣死的地方，射他三箭，取黄钺把头斩下来，悬在太白旗上，他们爷儿，曾在纣名下称过几天臣，做出这宗举动，他的品行，连流贼都不如，公然也成为惟精惟一的圣人，真是妙极了。假使莫得陈圆圆那场公案，吴三桂投降了，李自成岂不成为太祖高皇帝吗？他自然也会成为圣人，他那闯太祖本纪所载深仁厚泽，恐怕比《周本纪》要高几倍。

太王实始翦商，王季、文王继之，孔子称武王缵（zuǎn）太王、王季、文王之绪，其实与司马炎，缵懿师昭之绪何异？所异者，一个生在孔子前，得了世世圣人之名，一个生在孔子后，得了世世逆臣之名。

后人见圣人做了不道德的事，就千方百计替他开脱，到了证据确凿，无从开脱的时候，就说书上的事迹出于后人附会。这个例是孟子开的。他说“以至仁伐至不仁”，断不会有流血的事，就断定《武成》上血流漂杵那句话是假的。我们从殷民三叛，多方大诰那些文字看来，可知伐纣之时，血流漂杵不假，只怕“以至仁伐至不仁”那句话有点假。

子贡曰：“纣之不善，不如是之甚也。是以君子恶居下流，而天下之恶皆归焉。”我也说：“尧舜禹汤文武周公之善，不如是之甚也。是以君子愿居上流，而天下之美皆归焉。”若把下流二字改作失败，把上流二字改作成功，更觉确切。

古人神道设教，祭祀的时候，叫一个人当尸，向众人指说：“这就是所祭之神。”众人就朝着他磕头礼拜。同时又以圣道设教，对众人说：“我的学说，是圣人遗传来的。”有人问：“哪个是圣人？”他就顺手指着尧舜禹汤文武周公说道：“这就是圣人。”众人也把他当如尸一般，朝着他磕头礼拜。后来进化了，人民醒悟了，祭祀的时候，就把尸撤销，唯有圣人的迷梦，数千年未醒，尧舜禹汤文武周公，竟受了数千年的崇拜。

讲因果的人，说有个阎王，问：“阎王在何处？”他说：“在地下。”讲耶教的人，说有个上帝，问：“上帝在何处？”他说：“在天上。”讲理学的人，说有许多圣人，问：“圣人在何处？”他说：“在古时。”这三种怪物，都是只可意中想象，不能目睹，不能证实。惟其不能证实，他的道理就越是玄妙，信从的人就越是多。在创这种议论的人，本是劝人为善，其意固可嘉，无如事实不真确，就会生出流弊。因果之弊，流为拳匪，圣人之弊，使真理不能出现。

汉武帝把孔子尊为圣人过后，天下的言论，都折中于孔子，不敢违背。孔融对于父母问题略略讨论一下，曹操就把他杀了。嵇康菲薄汤武，司马昭也把他杀了。儒教能够推行，全是曹操、司马昭一般人维持之力。后来开科取士，读书人若不读儒家的书，就莫得进身之路。一个死孔子，他会左手拿官爵，右手拿钢刀，哪得不成为万世师表？宋元明清学案中人，都是孔圣人马蹄脚下人物，他们的心坎上，受了圣人的摧残，他们的议论，焉得不支离穿凿？焉得不迂曲难通？

中国的圣人，是专横极了，他莫有说过的话，后人就不敢说，如果说出来，众人就说他是异端，就要攻击他。朱子发明了一种学说，不敢说是自己发明的，只好把孔门的格物致知加一番解释，说他的学说是孔子嫡传，然后才有人信从。王阳明发明一种学说，也只好把格物致知加一番新解释，以附会己说，说朱子讲错了，他的学说，才是孔子嫡传。本来朱、王二人的学说，都可以独树一帜，无须依附孔子，无如处于孔子势力范围之内。不依附孔子，他们的学说，万万不能推行。他二人费尽心力去依附，当时的人，还说是伪学，受重大的攻击，圣人专横到了这个田地，怎么能把真理研究得出来？

韩非子说得有个笑话：郢（yǐng）人致书于燕相国，写书的时候，天黑了，喊："举烛。"写书的人，就写上"举烛"二字，把书送去。燕相得书，想了许久，说道："举烛是尚明，尚明是任用贤人的意思。"以此说进之燕王。燕王用他的话，国遂大治。虽是收了效，却非原书本意。所以韩非说："先王有郢书，后世多燕说。"究竟"格物致知"四字作何解释，恐怕只有手著《大学》的人才明白，朱、王二人中，至少有一人免不脱"郢书燕说"的批评。岂但"格物致知"四字，恐怕《十三经注疏》、《皇清经解》、宋元明清学案内面许多妙论，也逃不脱"郢书燕说"的批评。

学术上的黑幕，与政治上的黑幕，是一样的。圣人与君主，是一胎双生的，处处狼狈相依。圣人不仰仗君主的威力，圣人就莫得那么尊崇；君主不仰仗圣人的学说，君主也莫得那么猖獗。于是君主把他的名号分给圣人，圣人就称起王来了；圣人把他的名号分给君主，君主也称起圣来了。君主钳制人民的行动，圣人钳制人民的思想。君主任便下一道命令，人民都要遵从；如果有人违背了，就算是大逆不道，为法律所不容。圣人任便发一种议论，学者都要信从；如果有人批驳了，就算是非圣无法，为清议所不容。中国的人民，受了数千年君主的摧残压迫，民意不能出现，无怪乎政治紊乱；中国的学者，受了数千年圣人的摧残压迫，思想不能独立，无怪乎学术消沉。因为学说有差误，政治才会黑暗，所以君主之命该革，圣人之命尤其该革。

我不敢说孔子的人格不高，也不敢说孔子的学说不好，我只说除了孔子，也还有人格，也还有学说。孔子并莫有压制我们，也未尝禁止我们别创异说，无如后来的人，偏要抬出孔子，压倒一切，使学者的思想不敢出孔子范围之外。学者心坎上，被孔子盘踞久了，理应把他推开，思想才能独立，宇宙真理才研究得出来。前时，有人把孔子推开了，同时达尔文诸人就闯进来，盘踞学者心坎上，天下的言论，又热衷于达尔文诸人，成一个变形的孔子，执行圣人的任务。有人违反了他们的学说，又算是大逆不道，就要被报章杂志骂个不休。如果达尔文诸人去了，又会有人出来执行圣人的任务。他的学说，也是不许人违反的。依我想，学术是天下公物，应该听人批评，如果我说错了，改从他人之说，于我也无伤，何必取军阀态度，禁人批评？

凡事以平为本。君主对于人民不平等，故政治上生纠葛；圣人对于学者不平等，故学术上生纠葛。我主张把孔子降下来，与周秦诸子平列，我与阅者诸君一齐参加进去，与他们平坐一排，把达尔文诸人欢迎进来，分庭抗礼，发表意见，大家磋商，不许孔子、达尔文诸人高踞我们之上，我们也不高踞孔子、达尔文诸人之上，人人思想独立，才能把真理研究得出来。

我对于圣人既已怀疑，所以每读古人之书，无在不疑。因定下读书三诀，为自己用功步骤。兹附录天下：

第一步，以古为敌：读古人之书，就想此人是我的劲敌，有了他，就莫得我，非与他血战一番不可。逐处寻他缝隙，一有缝隙，即便攻入；又代古人设法抗拒，愈战愈烈，愈攻愈深。必要如此，读书方能入理。

第二步，以古为友：我若读书有见，即提出一种主张，与古人的主张对抗，把古人当如良友，互相切磋。如我的主张错了，不妨改从古人；如古人主张错了，就依着我的主张，向前研究。

第三步，以古为徒：著书的古人，学识肤浅的很多。如果我自信学力在那些古人之上，不妨把他们的书拿来评阅，当如评阅学生文字一般。说得对的，与他加几个密圈；说得不对的，与他画几根杠子。世间俚语村言，含有妙趣的尚且不少，何况古人的书，自然有许多至理存乎其中。我评阅越多，知识自然越高，这就是普通所说的教学相长了。如遇一个古人，知识与我相等，我就把他请出来，以老友相待，如朱晦庵待蔡元定一般。如遇有知识在我上的，我又把他认为劲敌，寻他缝隙，看攻得进攻不进。

我虽然定下三步功夫，其实并莫有做到，自己很觉抱愧。我现在正做第一步功夫，想达第二步，还未达到。至于第三步，自量终身无达到之一日。譬如行路，虽然把路径寻出，无奈路太长了，脚力有限，只好努力前进，走一截，算一截。

以上就是《我对圣人之怀疑》的原文。这原是我满清末年的思想，民国十六年才整理出来，刊入《宗吾臆谈》内。因为有了这种思想，才会发明厚黑学。此文同《厚黑学》，在我的思想上，算是破坏工作。自民国九年著《心理与力学》起,以后的文字,算是我的建设工作。而《心理与力学》一文，是我全部思想的中心点。

民国九年，我定出一条公例：“心理变化，循力学公例而行。”又绘出甲乙两图，以后一切议论，都以之为出发点。批评他人的学说，就以之为基础，合得到这个方式的，我就说他对，合不到的，我就说他不对。这是我自己造出一把尺子，用以度量万事万物。我也自知不脱我见，但我开这间铺子，是用的这把尺子，不能不向众人声明。

我们试就甲乙两图,来研究孟荀杨墨四家的学说：孟子讲“差等之爱”，层层放大,是很合天然现象的,便他言“亲亲而仁民,仁民而爱物”与夫“老吾老，以及人之老”一类话，总是从第二圈说起，对于第一圈之我，则浑而不言。杨子主张为我，算是把中心点寻出了，他却专在第一圈之我字上用功，第二以下各圈，置之不论。墨子摩顶放踵，是抛弃了第一圈之我，他主张“爱无差等”，是不分大圈小圈，统画一极大之圈了事。杨子有了小圈，就不管大圈；墨子有了大圈，就不管小圈。他两家都不知：天然现象，是大圈小圈层层包裹的。孟荀二人，把层层包裹的现象看见了，但孟子说是层层放大，荀子说是层层缩小，就不免流于一偏了。我们取杨子的我字，作为中心点，在外面加一个差等之爱，就与天然现象相合了。孟言性善，荀言性恶，杨子为我，墨子兼爱，我们只用“扩其为我之心”一语，就可将四家学说折中为一。

孟子言“乍见孺子将入于井，皆有怵惕恻隐之心”。怵惕是自己畏死，恻隐是悯人之死。孟子知道人之天性，能因自己畏死，就会悯人之死，怵惕自然会扩大为恻隐，因教人再扩大之，推至于四海。道理本是对的，只因少说了一句“恻隐是从怵惕扩充出来”，又未把“我与孺子同时将入井，此心作何状态”提出来讨论，以致生出宋明诸儒的误会，以为人之天性一发出来，就是恻隐，忘却恻隐之上还有怵惕二字。一部宋元明清学案，总是尽力发挥恻隐二字，把怵惕二字置之不理，就流弊百出了。

怵惕是利己心之表现，恻隐是利人心之表现。怵惕扩大即为恻隐，利己扩大即为利人。荀子知人有利己心，故倡性恶说；孟子知人有利人心，故倡性善说。我们可以说：荀子的学说，以怵惕为出发点；孟子的学说，以恻隐为出发点，譬如竹子，怵惕是第一节，恻隐是第二节。孟子的学说，叫人把利人心扩充出来，即是从第二节生枝发叶。荀子的学说，主张把利己心加以制裁，是怕它在第一节就生枝发叶横起长，以致生不出第二节。两家都是勉人为善，各有见地，宋儒扬孟而抑荀，未免不对。我解释《厚黑经》，曾经说：“汉高祖之分杯羹，唐太宗之杀建成、元吉，是充其本然之厚黑。”这即是竹子在第一节，就生枝发叶横起长。

王阳明《传习录》说：“孟子从源头上说来，荀子从流弊说来。”荀子所说，是否流弊，姑不深论，怵惕之上，有无源头，我们也不必深求，惟孟子所讲之恻隐，则确非源头。怵惕是恻隐之源，恻隐是怵惕之流。阳明所下流源二字，未免颠倒了。

孟子的学说，虽不以怵惕为出发点，但人有为我之天性，他是看清了的，怵惕二字，是明明白白提出了的。他对齐宣王说：“王如好货，与民同之。”又说：“王如好色，与民同之。”知道自己有一个我，同时又顾及他人之我，这本是孟子学说最精粹处。无奈后儒乃以为孟子这类话是对时君而言，叫人把好货好色之根搜除尽净，别求所谓危微精一者，真是舍了康庄大道不走，反去攀缘绝壁，另寻飞空鸟道来走。

孟子说：“老吾老，以及人之老；幼吾幼，以及人之幼。”又说：“人人亲其亲长其长而天下平。”吾字其字，俱是我字的代名词。孟子讲学，不脱我字；宋儒讲学，舍去我字。所以孟子的话，极近人情；宋儒的话，不近人情。例如，程子说：“妇人饿死事小，失节事大。”这是舍去了我字。韩昌黎羑（yǒu）里操说：“臣罪当诛兮天王圣明。”程子很为叹赏，这也是舍去了我字。其原因就由宋儒读孺子将入井章，未能彻底研究，其弊流于自己已经身在井中，宋儒还怪他不救孺子。诸君试取宋儒语录及胡致堂著的《读史管见》读之，处处可见。

孟子的学说，不脱我字，所以敢于说：“闻诛一夫纣矣，未闻弑君也。”敢于说：“民为贵，社稷次之，君为轻。”敢于说：“君视臣如草芥，则臣视君如寇仇。”宋儒的学说，舍去我字，不得不说：“臣罪当诛，天王圣明。”

宋儒创出“去人欲存天理”之说，天理隐贴恻隐二字，把他存起，自是很好，惟人欲二字，界说不清。其流弊至于把怵惕认为人欲，想尽法子去铲除，甚至有身蹈危阶，练习不动心，这即是铲除怵惕的工作。于是“去人欲，存天理”变成了“去怵惕，存恻隐”。试思：怵惕为恻隐的来源，把怵惕去了，怎样会有恻隐？何以故呢？孺子为我身之放大形。恻隐为怵惕之放大形，我者圆心也，圆心既无，圆形安有？怵惕既无，恻隐安有？宋儒吕希哲目睹轿夫坠水淹死，安坐轿中，漠然不动。张魏公符离之败，死人三十万，他终夜鼾声如雷，其子南轩，还夸其父心学很精。宋儒自称上承孟子之学，孟子曰：“今有同室之人斗者救之，虽被发缨冠而救之可也。”吕希哲的轿夫，张魏公的部下，当然要算同室之人，像他们这样漠不动心，未免显违孟氏家法。大凡去了怵惕的人，就会流于残忍，杀人不眨眼的恶匪，身临刑场，往往谈笑自若，就是明证。

我们研究古今人之学说，首先要研究他对于人性之观察，因为他对于人性是这样的观察，所以他的学说，才有这样的主张。把他学说的出发点寻出了，才能批评他的学说之得失。

小孩与母亲发生关系，共有三个场所：(1）一个小孩，一个母亲，一个外人，同在一处，小孩对乎母亲格外亲爱。这个时候，可以说小孩爱亲。(2）一个小孩，一个母亲，同在一处，小孩对乎母亲依恋不舍。这个时候，可以说小孩爱亲。(3）一个小孩，一个母亲，同在一处，发生了利害冲突，例如，有一块糕饼，母亲吃了，小孩就莫得吃，母亲放在口中，小孩就伸手取来，放在自己口中。这时候，断不能说小孩爱亲。

孟子看见前两种现象，忘了第三种，故创性善说。荀子看见第三种现象，忘了前两种，故创性恶说。宋儒却把三种现象同时看见，但不知这三种现象原是一贯的，乃造出气质之性的说法，隐指第三种现象；又用“义理之性”四字，以求合于孟子的性善说。人的性只有一个，宋儒又要顾孟子，又要顾事实，无端把人性分而为二，越讲得精微，越轇（jiāo）輵（gé）不清。

孟子创性善说，以为凡人都有为善的天性，主张把善念扩充之以达于天下。荀子创性恶说，以为凡人都有为恶的天性，主张设法制裁，使不致为害人类。譬如治水，孟子说水性向下，主张疏瀹，使之向下流去。孟子喜言《诗》，《诗》者宣导人之意志，此疏瀹之说也。荀子说水会旁溢，主张筑堤，免得漂没人畜。荀子喜言《礼》，《礼》者约束人之行止，此筑堤之说也。告子曰：“性犹湍水也。”治水者疏瀹与筑堤二者并用。我们如奉告子之说，则知孟荀二家的学说可以同时并用。

苏东坡作《荀卿论》，以为荀卿是儒家，何以他的门下会有李斯，很为诧异，其实不足怪。荀卿以为人之性恶，当用《礼》以制裁之。其门人韩非，以为《礼》之制裁力弱，不若法律之制裁力大，于是改而为刑名之学，主张严刑峻法，以制止轨外的行动。李斯与韩非同门，故其政见相同。我们提出性恶二字，即知荀卿之学变而为李斯，原是一贯的事。所以说：要批评他人的政见，当先考察他对于人性之观察。苏东坡不懂这个道理，所以他全集中论时事，论古人，俱有卓见，独于这篇文字，未免说外行话。

学问是进化的。小孩对于母亲有三种现象，孟子只看见前两种，故倡性善说；荀子生在孟子之后，看见第三种，故倡性恶说；宋儒生在更后，看得更清楚，看见小孩抢夺母亲口中糕饼的现象，故倡物欲说。这“物欲”二字,是从《礼记》上“感于物而动,性之欲也”两句话生出来的。物者何？母亲口中糕饼是也。感于物而动，即是看见糕饼，即伸手去抢也。宋儒把三种现象同时看见，真算特识。所以朱子注孟子，敢于说：“以事理考之，程子较孟子为密。”其原因就是程子于性字之外,发明了一个气字,说道:“论性不论气不备。”问：“小孩何以会抢母亲口中糕饼？”曰：“气为之也，气质之性为之也。”宋儒虽把三种现象同时看见，惜乎不能贯通为一。把小孩爱亲敬兄认为天理，抢夺母亲口中糕饼认为人欲，把一贯之事剖分为二，此不能不待厚黑先生出而说明也。

宋儒造出物欲的名词之后，自己细思之，还是有点不妥，何也？小儿见母亲口中糕饼，伸手去抢，可说感于物而动，但我与孺子同时将入井，此时只有赤裸裸一个怵惕之心，孟子所谓恻隐之心，忽然不见，这是甚么道理呢？要说是物欲出现，而此时并无所谓物，于是又把物欲二字改为人欲。抢母亲口中糕饼是人欲，我与孺子同时将入井，我心只有怵惕而无恻隐，也是人欲，在宋儒之意，提出“人欲”二字，就可把二者贯通为一了。他们这种组织法，很像八股中作截搭题的手笔。我辈生当今日，把天理人欲物欲气质等字念熟了，以为吾人心性中，果有这些东西，殊不知这些名词，是宋儒凭空杜撰的。著者是八股先生出身，才把他们的手笔看得出来。

宋儒又见伪古文《尚书》上有“人心惟危,道心惟微”二语,故又以“人心”二字替代人欲,以“道心”二字替代天理。朱子《中庸章句 · 序》曰:“人莫不有是形，故虽上智不能无人心，亦莫不有是性，故虽下愚不能无道心。”无异于说：当小孩的时候，就是孔子也会抢母亲口中糕饼，我与孺子同时将入井，就是孔子也是只有怵惕而无恻隐。何以故？虽上智不能无人心故。因为凡人必有这种天性，故生下地才会吃乳，井在我面前，才不会跳下去。朱子曰：“人莫不有是形，虽上智不能无人心。”换言之，即是人若无此种心，世界上即不会有人。道理本是对的，无奈这种说法，已经侵入荀子学说范围去了。据阎百诗考证：“人心惟危”等十六字，是撰伪古文《尚书》者窃取荀子之语，故曰侵入荀子范围。因为宇宙真理，明明白白摆在我们面前，任何人只要留心观察，俱见得到，荀子见得到，朱子也见得到，故不知不觉与之相合。无如朱子一心一意,想上继孟子道统,研究出来的道理,虽与荀子暗合,仍攻之不遗余力,无非是门户之见而已。

细绎朱子之意,小孩抢母亲口中糕饼是人心,爱亲敬兄是道心,人心是气,是人欲,道心是性,是天理,人心是形气之私,道心是性命之正。这些五花八门的名词,真把人闹得头闷眼花。奉劝读者,与其读宋元明清学案,不如读厚黑学,详玩甲乙二图,则小孩抢母亲口中糕饼也,爱亲敬兄也,均可一以贯之,把天人理气等字一扫而空,岂不大快!

最可笑者,朱子《中庸章句 · 序》又曰:“必使道心常为一身之主,而人心每听命焉。”主者对仆而言,道心为主,人心为仆。道心者,为圣为贤之心,人心者,好货好色之心,听命者,仆人职供驱使,惟主人之命是听也。细绎朱子之意,等于说,我想为圣为贤,人心即把货与色藏起,我想吃饭,抑或想“男女居室,人之大伦”,人心就把货与色献出来。必如此方可曰:“道心常为一身之主,而人心每听命焉。”总而言之,宋儒有了性善说横亘胸中,又不愿抹杀事实,故创出的学说,无在非迂曲难通。此《厚黑丛话》之所以不得不作也。予岂好讲厚黑哉,予不得已也。

怵惕与恻隐,同是一物,天理与人欲也同是一物,犹之煮饭者是火,烧房子者也是火。宋明诸儒,不明此理,把天理人欲看做截然不同之二物,创出去人欲之说,其弊往往流于伤害天理。王阳明《传习录》说:“无事时,将好色好货好名等私,逐一追究搜寻出来,定要拔去病根,永不复起,方始为快。常如猫之捕鼠,一眼看着,一耳听着,才有一念萌动,即与克去,斩钉截铁,不可姑容,与他方便,不可窝藏,不可放他出路,方是真实用功,方能扫除廓清。”这种说法,仿佛是:见了火会烧房子,就叫人以后看见了一星之火,立即扑灭,断绝火种,方始为快。《传习录》又载:“一友问:欲于静坐时,将好名好色好货等根,逐一搜寻出来,扫除廓清,恐是剜肉做疮否?先生正色曰:这是我医人的方子,真是去得人病根。更有大本事人,过了十数年,亦还用得着。你如不用,且放起,不要作坏我的方法,是友愧谢。少间曰,此量非你事,必吾门稍知意思者,为此说以误汝,在座者皆悚然。”我们试思:王阳明是很有涵养的人,他平日讲学,任人如何问难,总是勤勤恳恳地说,从未动气。何以门人这一问,他会动气?何以始终未把那门人误点指出?又何以承认说这话的人是稍知意思者呢?因为阳明能把知行二者合而为一,能把明德亲民二者合而为一,能把格物、致知、诚意、正心、修身五者看做一事,独不能把天理人欲看做一物。这是他学说的缺点，他的门人这一问，正击中他的要害，所以他就动起气来了。究竟剜肉做疮四字，怎样讲呢？肉喻天理，疮喻人欲。剜肉做疮，即是把天理认作人欲，去人欲即未免伤及天理。门人的意思，即是说："我们如果见了一星之火，即把他扑灭，自然不会有烧房子之事，请问拿甚么东西来煮饭呢？换言之，即是把好货之心连根去尽，人就不会吃饭，岂不饿死吗？把好色之心连根去尽，就不会有男女居室之事，人类岂不灭绝吗？"这个问法何等厉害！所以阳明无话可答，只好忿然作色。宋明诸儒主张去人欲存天理，所做的即是剜肉做疮的工作。其学说之不能餍（yàn）服人心，就在这个地方。

以上一段，是从拙作《社会问题之商榷》第二章"人性善恶之研究"中录出来的，我当日深疑阳明讲学极为圆通，处处打成一片，何至会把天理、人欲歧而为二，近阅《龙溪语录》所载"天泉证道记"，钱绪山谓"无善无恶心之体，有善有恶意之动，知善知恶是良知，为善去恶是格物"四语，是师门定本。王龙溪谓："若悟得心是无善无恶之心，意即是无善无恶之意，知即是无善无恶之知，物即是无善无恶之物。"时阳明出征广西，晚坐天泉桥上，二人因质之。阳明曰："汝中（龙溪字）所见，我久欲发，恐人信不及，徒增躐（liè）等之弊，故含蓄到今。此是传心秘藏，颜子明道所不敢言，今既是说破，亦是天机该发泄时，岂容复秘？"阳明至洪都，门人三百余人来请益，阳明曰："吾有向上一机，久未敢发，以待诸君自悟。近被王汝中拈出，亦是天机该发泄时。"明年广西平，阳明归，卒于途中。龙溪所说，即是把天理、人欲打成一片。阳明直到晚年，才揭示出来，由此知：门人提出剜肉做疮之问，阳明愤然作色，正是恐增门人躐等之弊。《传习录》是阳明早年的门人所记，故其教法如此。

钱德洪极似五祖门下的神秀，王龙溪极似慧能，德洪所说，时时勤拂拭也，所谓渐也。龙溪所说，本来无一物也，所谓顿也。阳明曰："汝中须用德洪功夫，德洪须透汝中本旨，二子之见，止可相取，不可相病。"此顿悟渐修之说也。《龙溪语录》所讲的道理，几与《六祖坛经》无异，成了殊途同归，何也？宇宙真理，只要研究得彻底，彼此所见，是相同的。

就真正的道理来说，把孟子的性善说、荀子的性恶说合而为一，理论就圆满了。二说相合，即成为告子性无善无不善之说。人问：孟子的学说，怎样与荀子学说相合？我说：孟子曰："人少则慕父母，知好色则慕少艾。"荀子曰："妻子具而孝衰于亲。"请问二人之说，岂不是一样吗？孟子曰："大孝终身慕父母，五十而慕者，予于大舜见之矣。”据孟子所说：满了五十岁的人，还爱慕父母，他眼中只看见大舜一人。请问人性的真相究是怎样？难道孟荀之说不能相合吗？

性善说与性恶说，既可合而为一，则王阳明之致良知，与李宗吾之厚黑学，即可合而为一。人问：怎么可合为一？我说：孟子曰：“大孝终身慕父母。”《厚黑经》曰：“大好色终身慕少艾。”孟子曰：“五十而慕父母者，予于大舜见之矣。”《厚黑经》曰：“八百岁而慕少艾者，予于彭祖见之矣。”爱亲是不学而能，不虑而知的，好色也是不学而能，不虑而知的。用致良知的方法，能把孩提爱亲的天性致出来，做到终身慕父母，同时就可把少壮好色的天性致出来，做到终身慕少艾。昔人说：王学末流之弊，至于荡检逾闲，这就是用致良知的方法，把厚黑学致出来的缘故。

依宋儒之意，孩提爱亲，是性命之正，少壮好色，是形气之私。此等说法，真是穿凿附会。其实孩提爱亲，非爱亲也，爱其饮我食我也。孩子生下地，即交乳母抚养，则只爱乳母不爱生母，是其明证。爱乳母，与慕少艾，慕妻子，其心理原是一贯的，无非是为我而已。为我为人类天然现象，不能说他是善，也不能说他是恶，故告子性无善无不善之说，最为合理。告子曰：“食色性也。”孩提爱亲者，食也，少壮慕少艾慕妻子者，色也。食、色为人类生存所必需，求生存者，人类之天性也。故告子又曰：“生之谓性。”

告子观察人性，既是这样，则对于人性之处置，又当怎样呢？于是告子设喻以明之曰：“性犹湍水也，决诸东方则东流，决诸西方则西流。”又曰：“性犹杞柳也，义犹桮棬也，以人性为仁义，犹以杞柳为桮棬。”告子这种主张，是很对的。人性无善无恶，也即是可以为善，可以为恶。譬如，深潭之水，平时水波不兴，看不出何种作用。从东方决一个口，则可以灌田亩，利行舟；从西方决一个口，则可以漂房舍，杀人畜。我们从东方决口好了。又譬如，一块木头，可制为棍棒以打人，也可制为碗盏装食物。我们把它制为碗盏好了。这个说法，真可合孟荀而一之。

孟子书中载告子言性者五：曰性犹杞柳也，曰性犹湍水也，曰生之谓性，曰食色性也，曰性无善无不善也，此五者原是一贯的。朱子注《食色》章曰：“告子之辩屡屈，而屡变其说以求胜。”自今观之，告子之说，始终未变，而孟子亦卒未能屈之也。朱子注《杞柳》章，以为告子言仁义，必待矫揉而后成，其说非是。而注《公都子》章则曰：“气质所禀，虽有不善，而不害性之本善。性虽本善，而不可以无省察矫揉之功。”忽又提出矫揉二字，岂非自变其说乎？

朱子注“生之谓性”章曰：“杞柳湍水之喻，食色无善无不善之说，纵横缪戾（lì），纷纭舛（chuǎn）错，而此章之误，乃其本根。”殊不知告子言性者五，原是一贯说下，并无所谓纵横缪戾，纷纭舛错。“生之谓性”之生字，作“生存”二字讲，生存为人类重心，是世界学者所公认的。告子言性，以“生存”二字为出发点，由是而有“食色性也”之说，有“性无善无不善”之说，又以杞柳湍水为喻，其说最为合理。宋儒反认为根本错误，一切说法，离开生存立论，所以才有“妇人饿死事小，失节事大”一类怪话。然朱子能认出“生之谓性”一句为告子学说根本所在，亦不可谓非特识。

宋儒崇奉儒家言，力辟释道二家之说，在《尚书》上寻得“人心惟危，道心惟微，惟精惟一，允执厥中”四语，诧为虞廷十六字心传，遂自谓生于一千四百年之后，得不传之学于遗经。嗣经清朝阎百诗考出，这四句出诸伪古文《尚书》，作伪者系采自荀子，荀子又是引用道经之语。阎氏的说法，在经学界中，算是已定了的铁案。这十六字是宋儒学说的出发点，根本上就杂有道家和荀学的元素，反欲借孔子以排道家，借孟子以排荀子，遂无往而不支离穿凿。朱子曰：“气质所禀，虽有不善，而不害性之本善。性虽本善，而不可以无省察矫揉之功。”又要顾事实，又要回护孟子，真可谓“纵横缪戾，纷纭舛错”也。以视告子扼定“生存”二字立论，明白简易，何啻天渊。

告子不知何许人，王龙溪说是孔门之徒，我看不错。孔子赞《易》，说“天地之大德曰生”，告子以“生”字言性，可说是孔门嫡传。孟子学说，虽与告子微异，而处处仍不脱“生”字。如云：“黎民不饥不寒，然而不王者，未之有也。”又云：“内无怨女，外无旷夫，于王何有？”仍以“食色”二字立论，窃意孟子与告子论性之异同，等于子夏、子张论交之异同，其大旨要不出孔氏家法。孟子与告子之交谊，当如子夏与子张之交谊，平日辨疑析难，互相质证。孟子曰：“告子先我不动心。”心地隐微之际亦知之，交谊之深可想。宋儒有“道统”二字横亘在胸，左袒孟子，力诋告子为异端，而其自家之学说，则截去“生”字立论，叫妇人饿死，以殉其所谓节，叫臣子无罪受死，以殉其所谓忠。孟子有知，当必引告子为同调，而斥程朱为叛徒也。

孟子说：“人少则慕父母，知好色则慕少艾，有妻子则慕妻子，仕则慕君。”全是从需要生出来的。孩提所需者食也，故慕饮我食我之父母；少壮所需者色也，故慕能满色欲之少艾与妻子；出仕所需者功名也，君为功名所自出，故慕君。需要者目的物也，亦即所谓目标，目标一定，则只知向之而趋，旁的事物是不管的。目标在功名，则吴起可以杀其妻，汉高祖可以分父之羹，乐羊子可以食子之羹。目标在父母，则郭巨可以埋儿，姜诗可以出妻，伍子胥可以鞭平王之尸。目标在色欲，则齐襄公可以淫其妹，卫宣公可以纳其媳，晋献公可以烝（zhēng）父妾。著者认为：人的天性，既是这样，所以性善性恶问题，我们无须多作争辩，负有领导国人之责者，只须确定目标，纠正国人的目标就是了。我国现在的大患，在列强压迫，故当提出列强为目标，手有指，指列强，口有道，道列强，使全国人之视线集中在这一点。于是乎吴起也、汉高祖也、乐羊子也、郭巨也、姜诗也、伍子胥也、齐襄公也、卫宣公也、晋献公也，一一向目标而趋。救国之道，如是而已。全国四万万人，有四万万根力线，根根力线，直达列强。根根力线，挺然特立，此种主义，可名之曰“合力主义”，而其要点，则从人人思想独立开始。

有人问我道：“你既自称厚黑教主，当然无所不通，无所不晓。据你说，你不懂外国文，有人劝你看西洋心理学译本，你也不看，像你这样的孤陋寡闻，怎么够得上称教主？”我说道：“我试问，你们的孔夫子，不惟西洋译本未读过，连西洋这个名词，都未听过，怎样会称至圣先师？你进文庙去把他的牌位打来烧了，我这厚黑教主的名称，立即登报取消。我再问，西洋希腊三哲，不惟连他们西洋大哲学家康德诸人的书一本未读过，并且恐怕现在英法德美诸国的字，一个也认不得，怎么会称西洋圣人？更奇者，释迦佛，中国字、西洋字一个都认不得，中国人的姓名，西洋人的姓名，一个都不知道，他之孤陋寡闻，万倍于我这个厚黑教主，居然成为五洲万国第一个大圣人，这又是甚么道理？吁，诸君休矣！道不同不相为谋，我正在划出厚黑区域，建立厚黑哲学，我行我是，固不暇同诸君哓（xiāo）哓置辩也。”

我是八股学校的修业生，生平所知者，八股而已。常常有人向我说道：“可惜你不懂科学，所以你种种说法，不合科学规律。”我说：“我在讲八股，你怎么同我讲起科学来了？我正深恨西洋的科学家不懂八股，一切著作，全不合八股义法。”我把达尔文的《种源论》，斯密士的《原富》，孟德斯鸠的《法意》，以评八股之法评之，每书上面，大批二字，曰：“不通”……

天下文章之不通，至八股可谓至矣尽矣，蔑以加矣，而不谓西洋科学家文章之不通，乃百倍于中国之八股。现在全世界纷纷扰扰，就是几部死不通的文章酿出来的。因为达尔文和斯密士的文章不通，世界才会第一次大战，第二次大战。因为孟德斯鸠的文章不通，我国过去廿四年，才会四分五裂，中央政府，才会组织不健全。人问："这部书也不通，那部书也不通，要甚么书才通？"我说："只有厚黑学，大通而特通。"

幸哉！我只懂八股而不懂科学也！如果我懂了科学，恐怕今日尚在朝朝日日地喊："达尔文圣人也，斯密士圣人也，孟德斯鸠圣人也，墨索里尼、希特勒，无一非圣人也。怎么会写《厚黑丛话》呢！如果要想全世界太平，除非以我这《厚黑丛话》为新刑律，把古之达尔文、斯密士、孟德斯鸠，今之墨索里尼、希特勒，一一处以枪毙，而后国际上、经济上、政治上，乃有曙光之可言。"

中国的八股研究好了，不过变成迂腐不堪的穷骨头，如李宗吾一类人是也。如果把西洋科学家，达尔文诸人的学说研究好了，立即要"尸骨成山，血水成河"。等我把中国圣人的话说完了，再来怀疑西洋圣人。

我之所以成为厚黑教主者，得力处全在不肯读书，不惟西洋译本不喜读，就是中国书也不认真读。凡与我相熟的朋友，都晓得我的脾气，无论甚么书，抓着就看，先把序看了，或只看首几页，或从末尾倒起看，或随在中间乱翻来看，或跳几页看，略知书中大意就是了。如认为有趣味的几句，我就细细地反复咀嚼，于是一而二，二而三，就想到别个地方去了。无论甚么高深的哲学书和最粗浅的戏曲小说，我心目中都是一例视之，都是一样读法。

我认为世间的书有三种，一为宇宙自然的书，二为我脑中固有的书，三为古今人所著的书。我辈当以第一种、第二种融合读之，至于第三种，不过借以引起我脑中蕴藏之理而已，或供我之印证而已。我所需于第三种者，不过如是。中国之书，已足供我之用而有余，安用疲敝精神，读西洋译本为？

我读书的秘诀，是"跑马观花"四字，甚至有时跑马而不观花。中国的花圃，马儿都跑不完，怎能说到外国？人问："你读书既是跑马观花，何以你这《厚黑丛话》中，有时把书缝缝里细微事说得津津有味？"我说："说了奇怪！这些细微事，一触目即刺眼。我打马飞跑时，瞥见一朵鲜艳之花，即下马细细赏玩。有时觉得芥子大的花儿，反比斗大的牡丹更有趣味，所以书缝缝里细微事，也会跳入《厚黑丛话》中来。”

我是懒人，懒则不肯苦心读书，然而我有我的懒人哲学。古今善用兵者，莫如项羽，七十余战，战无不胜，到了乌江，身边只有二十八骑，还三战三胜。然而他学兵法，不过略知其意罢了。古今政治家，推诸葛武侯为第一，他读书也是只观大略。陶渊明在诗界中，可算第一流，他乃是一个好读书不求甚解的人。反之，熟读兵书者莫如赵括，长平之役，一败涂地。读书最多者莫如刘歆（xīn），辅佐王莽，以周礼治天下，闹得天怒人怨。注《昭明文选》的李善，号称书簏（lù），而做出的文章就不通。书这个东西，等于食物一般，食所以疗饥，书所以疗愚。饮食吃多了不消化，会生病；书读多了不消化，也会作怪。越读得多，其人越愚，古今所谓书呆子是也。王安石读书不消化，新法才行不走。程伊川读书不消化，才有洛蜀之争。朱元晦读书不消化，才有庆元党案，才有朱陆之争。

世界是进化的，从前的读书人是埋头苦读，进化到项羽和诸葛武侯，发明了读书略观大意的法子。夫所谓略观大意者，必能了解大意也，则并大意亦未必了解。进化到了陶渊明，好读书不求甚解，则并大意亦未必了解。再进化到厚黑教主，不求甚解，而并且不好读书。将来再进化，必至一书不读，一字不识，并且无理可解。呜呼，世无慧能，斯言也，从谁印证？

我写《厚黑丛话》，遇着典故不够用，就杜撰一个来用。人问：“何必这样干？”我说：“自有宇宙以来，即应该有这种典故，乃竟无这种典故出现，自是宇宙之罪，我杜撰一个所以补造化之穷。”人说：“这类典故，古书中原有之，你书读少了，宜乎寻不出。”我说：“此乃典故之罪，非我之罪。典故之最古者，莫如天上之日月，昼夜摆在面前，举目即见。既是好典故，我写《厚黑丛话》时，为甚躲在书堆中，不会跳出来？既不会跳出，即是死东西，这种死典故，要他何用！”

近日有人向我说：“你主张思想独立，讲来讲去，终逃不出孔子范围。”我说：岂但孔子，我发明厚黑学，未逃出荀子性恶说的范围；我说“心理变化，循力学公例而行”，未逃出告子“性犹湍水也”的范围；我作有一本《中国学术之趋势》，未逃出我家聃大公的范围；格外还有一位说法四十九年的先生，更逃不出他的范围。

宇宙真理，明明摆在我们面前，任何人只要能够细心观察，得出的结果，俱是相同。我主张思想独立，揭出宗吾二字，以为标帜，一切道理，经我心考虑而过。认为对的即说出，不管人曾否说过。如果自己已经认为是对的了，因古人曾经说过，我就别创异说，求逃出古人范围。则是：非对古人立异，乃是对我自己立异，是为以吾叛吾，不得谓之宗吾。孔子也、荀子也、告子也、老子也、释迦也，甚至村言俗语，与夫其他等也，合一炉而冶之，无畛（zhěn）域，无门户，一一以我心衡之，是谓宗吾。

宗吾者，主见之谓也。我见为是者则是之，我见为非者则非之。前日之我以为是，今日之我以为非，则以今日之我为主。如或回护前日之我，则今日之我，为前日之我之奴，是曰奴见，非主见，仍不得谓之宗吾。

老子曰："上士闻道，勤而行之；中士闻道，若存若亡；下士闻道则大笑，不笑不足以为道。"滔滔天下，皆周程朱张信徒也，皆达尔文诸人信徒也，一听见厚黑学三字，即破口大骂。吾因续老子之语曰："下下士闻道则大骂，不骂不足以为道。"

日前我同某君谈话，引了几句孔子的话。某君道："你是讲厚黑学的，怎么讲起孔子的学说来了？"我说：从前孔子出游，马吃了农民的禾，农民把马捉住。孔子命子贡去说，把话说尽了，不肯把马退还。回见孔子，孔子命马夫去，几句话说得农民大喜，立即退还。你想，孔门中，子贡是第一个会说的，当初齐伐鲁，孔子命子贡去游说，子贡一出而却齐存鲁，破吴霸越。以这样会说的人，独无奈农民何。其原因是子贡知识太高，说的话，农民听不入耳，马夫的知识与之相等，故一说即入。观世音曰：应以宰官身得度者，现宰官身而为说法。应以婆罗门身得度者，现婆罗门身而为说法。你当过厅长，我现厅长身而说法，你口诵孔子之言，我现孔子身而说法。一般人都说："今日的人，远不如三代以上。"果然不错。鄙人虽不才，自问可以当孔子的马夫，而民国时代的厅长，不如孔子时代的农民。

有一次我同友人某君谈话，旁有某君警告之曰："你少同李宗吾谈些，谨防把你写入《厚黑丛话》！"我说："两君放心，我这《厚黑丛话》中人物，是预备将来配享厚黑庙的，两君自问，有何功德，可以配享？你怕我把你们写入《厚黑丛话》，我正怕你们将来混入厚黑庙。"因此我写这段文字，记其事而隐其名。

我生怕我的厚黑庙中，五花八门的人，钻些进来，闹得来如孔庙一般。我撰有《敬临食谱序》一篇，即表明此意，录之如下：

我有个六十二岁的老学生，黄敬临，他要求入厚黑庙配享，我业已允许，写入《厚黑丛话》第一卷。读者想还记得，他在成都百花潭侧开一姑姑筵，备具极精美的肴馔（zhuàn），招徕顾主，读者或许照顾过。昨日我到他公馆，见他正在凝神静气，楷书《资治通鉴》。我诧异道："你怎么干这个事？"他说："我自四十八岁以后，即矢志写书，已手写《十三经》一通，补写新旧《唐书》合钞，李善注《文选》，相台《礼记》、《坡门唱和集》各一通，现打算再写一部《资治通鉴》，以完夙愿而垂示子孙。"我说："你这种主意就错了。你从前历任射洪、巫溪、荥经等县知事，我游踪所至，询之人民，你政声很好，以为你一定在官场努力，干一番惊人事业。归而询知，退为庖师，自食其力，不禁大赞曰：'真吾徒也。'特许入厚黑庙配享，不料你在干这个生活。须知：古今干这一类生活的人，车载斗量，有你插足之地吗？庖师是你特别专长，弃其所长而与人争胜负，何若乃尔！鄙人所长者厚黑学，故专读厚黑学，你所长者庖师，不如把所写《十三经》与夫《资治通鉴》等，一火而焚之，撰一部食谱，倒还是不朽的盛业。"

敬临闻言，颇以为然，说道："往所在成都省立第一女子师范学校充烹饪教师，曾分'熏、蒸、烘、爆、烤、酱、酢（cù）、卤、馂、糟'十门教授学生，今打算就此十门条分缕析，作为一种教科书。但兹事体大，苦无暇晷（guǐ），奈何！"我说："你又太拘了，何必一做就想做完善。我为你计，每日高兴时，任写一二段，以随笔体裁出之，积久成帙，有暇再把它分出门类，如不暇，既有底本，他日也有人替你整理。倘不及早写出，将来老病侵寻，虽欲写而力有不能，悔之何及？"敬临深感余言，乃着手写去。

敬临的烹饪学，可称家学渊源。其祖父由江西宦游到川，精于治馔，为其子聘妇，非精烹饪者不合选。闻陈氏女，在室，能制咸菜三百余种，乃聘之，即敬临母也。于是以黄陈两家烹饪法冶为一炉。清末，敬临官游北京，慈禧后赏以四品衔，供职光禄寺三载，复以天厨之味，融合南北之味。敬临之于烹饪，真可谓集大成者矣。有此绝艺，自己乃不甚重视，不以之公诸世而传诸后，不亦大可惜乎？敬临勉乎哉！

古者有功德于民则祀之。我尝笑：孔庙中七十子之徒，中间一二十人有言行可述外，其大半则姓名亦在若有若无之间，遑论功德？徒以依附孔子末光，高坐吃冷猪肉，亦可谓僭（jiàn）且滥矣。敬临撰食谱嘉惠后人，有此功德，自足庙食千秋，生前具美馔以食人，死后人具美馔以祀之。此固报施之至平，正不必依附厚黑教主而始可不朽也。人贵自立，敬临勉乎哉！

孔子平日饭蔬饮水，后人以其不讲肴馔，至今以冷猪肉祀之，腥臭不可向迩。他日厚黑庙中，有敬临配享，后人不敢不以美馔进，吾可傲于众曰：吾门有敬临，冷猪肉可不入于口矣！是为序。民国二十四年十二月六日，李宗吾，于成都。

近有某君发行某种月刊，叫我作文一篇。我说：我作则作，但有一种条件，我是专门讲厚黑学的，三句不离本行，文成直署我名，你则非刊不可。他惶然大吓，婉言辞谢。我执定非替他作不可，他没法，只好“王顾左右而言他”。读者只知我会讲厚黑学，殊不知我还会作各种散文。诸君如欲表彰先德，有墓志传状等件，请我作，包管光生泉壤，绝不会蹈韩昌黎谀墓之嫌。至于作寿文，尤是我的拿手好戏，寿星老读之，必多活若干岁。君如不信，有谢慧生寿文为证。寿文曰：

慧生谢兄，六旬大庆，自撰征文启事云：“知旧矜之而锡之以言，以纠过去六十年之失，乃所愿承。苟过爱而望其年之延，多为之辞，乃多持（慧生名）之惭且愧，益不可仰矣。”等语。慧生与我同乡，前此之失，惟我能纠之，若欲望其年之延，我也有妙法。故特撰此文为献。

民国元年二三月，我在成都报上发表《厚黑学》。其时张君列五，任四川副都督，有天见着我，说道：“你疯了吗？甚么厚黑学，天天在报上登载，成都近有一伙疯子，巡警总监杨莘友，成都府知事但怒刚，其他如卢锡卿、方琢章等，朝日跑来同我吵闹，我将修一疯人院，把这些疯子一齐关起。你这个乱说大仙，也非关在疯人院不可。”我说：“噫！我是救苦救难的大菩萨，你把他认为疯子，我很替你的甑子担忧。”后来列五改任民政长，袁世凯调之进京，他把印交了。第二天会着我，说道：“昨夜谢慧生说：‘下细想来，李宗吾那个说法，真是用得着。’”我拍案叫道：“田舍奴，我岂妄哉！疯子的话，都听得吗？好倒好，只是甑子已经倒了。今当临别赠言，我告诉你两句：往者不可谏，来者犹可追。”哪知他信道不笃，后在天津织袜，被袁世凯逮京枪毙。他在天牢内坐了几个月，不知五更梦醒之时，会想及四川李疯子的学说否？宣布死刑时，列五神色夷然，负手旁立，做微笑状。同刑某君，呼冤愤骂。列五呼之曰：“某君！不说了！今日之事，你还在梦中。”大约列五此时，大梦已醒，知道今日之死，实系违反疯子学说所致。

同学雷君铁崖，留学日本，卖文为活，满肚皮不合时宜，满清末年跑在西湖白云寺去做和尚。反正时，任孙总统秘书，未几辞职。作诗云："一笑飘然去，霜风透骨寒。八年革命党，半月秘书官。稷下竽方滥，邯郸梦已残。西湖山色好，莫让老僧看。"他对时事非常愤懑，在上海，曾语某君云："你回去告诉李宗吾，叫他厚黑学少讲些。"旋得疯癫病，终日抱一酒瓶，逢人即乱说，常常独自一人，倒卧街中，人事不省。警察看见，把他弄回，时愈时发，民国九年竟死。我这种学说，正是医他那种病的妙药，他不惟不照方服药，反痛诋医生，其死也宜哉！

列五、铁崖，均系慧生兄好友，渠二人反对我的学说，结果如此。独慧生知道，疯子的学说，用得着，居然活了六十岁。倘循着这条路走去，就再活六十岁也是很可能的。我发明厚黑学二十余年，私淑弟子遍天下，尽都轰轰烈烈，做出许多惊天动地的事业，偏偏同我讲学的几个朋友，列五、铁崖而外，如廖君绪初、杨君泽溥、王君简恒、谢君绶青、张君荔丹，对于吾道，均茫无所得，先后憔悴忧伤以死。慧生于吾道似乎有明了的认识了，独不解何以蛰居海上，寂然无闻？得非过我门而不入我室耶？然因其略窥涯涘，亦获享此高寿，足征吾道至大，其用至妙，进之可以干惊天动地的事业，退之亦可延年益寿。今者远隔数千里，不获登堂拜祝，谨献此文，为慧生兄庆，兼为吾党劝。想慧生兄读之，当亦掀髯大笑，满饮数觞（shāng）也。民国二十四年元月，弟宗吾拜撰。

后来我在重庆，遇着慧生侄又华新自上海归来，说道："家叔见此文，非常高兴，说道：'李先生说我还要再活六十岁，那个时候，你们都八九十岁了，恐怕还活我不赢！'"子章骷髅不过愈疟疾而已，陈琳檄文不过愈头风而已，我的学说，直能延年益寿。诸君试买一本读读，比吃红色补丸、参茸卫生丸，功效何啻万倍！

民国二年，讨袁失败后，我在成都会着一人，瘦而长，问其姓名，为隆昌黄容九。他问了我的姓名，而现惊愕色，说道："你是不是讲厚黑学那个李某？"我说："是的，你怎么知道？"他说："我在北京听见列五说过。"我想：列五能在北京宣传吾道，一定研究有得，深为之庆幸。民国三年下半年，我在中坝省立第二中校，列五由天津致我一信，历叙近况及织袜情形，并说当局如何如何与他为难，中有云："复不肯伈（xǐn）伈，乞怜于心性驰背之人！"我读了，失惊道："噫！列五死矣，知而不行，奈何！奈何！"不久，即闻被逮入京。此信我已裱作手卷，请名人题跋，以为信道不笃者戒。

列五是民国四年一月七日在天津被逮，三月四日在北京枪毙，如今整整的死了二十一年。我这疯子的徽号，最初是他喊起的。诸君旁观者清，请批评一下："究竟我是疯的，他是疯的？"宋朝米芾，人呼之为"米癫"。一日苏东坡请客，酒酣，米芾起言曰："人呼我为米癫，我是否癫？请质之子瞻。"东坡笑曰："吾从众。"我请诸君批评，我是不是疯子？诸君一定说："吾从众。"果若此，吾替诸君危矣！且替中华民国危矣！何以故？曰：有张列五的先例在，有民国过去二十四年的历史在。

厚黑从话卷五

我发明厚黑学，一般人未免拿来用反了，对列强用"厚"字，摇尾乞怜，无所不用其极；对国人用"黑"字，排挤倾轧，无所不用其极，以致把中国闹得这样糟。我主张翻过来用，对国人用"厚"字，事事让步，任何气都受，任何旧账都不算；对列强用"黑"字，凡可以破坏帝国主义者，无所不用其极，一点不让步，一点气都不受，一切旧账，非算清不可。

去岁元旦，华西报的元旦增刊上，我作有一篇文字，题曰《元旦预言》。我的预言，是"中国必兴，日本必败"八个字，这是从我的厚黑史观推论出来，必然的结果，不过其中未提明"厚黑"二字罢了。今年华西报发元旦增刊，先数日总编辑请我作篇文字。我说：作则必作，但我作了，你则非刊上不可，我的题目，是"厚黑年"三字。他听了默然不语，所以二十五年华西报元旦增刊，诸名流都有文字，独莫得厚黑教主的文字，就是这个原因，我认为民国二十五年，是中国的厚黑年，也即是1936年，为全世界的厚黑年。诸君不信，且看事实之证明。

昔人说："丈夫不能流芳百世，亦当遗臭万年。"我民国元年发表《厚黑学》，至今已二十五年，遗臭万年的工作，算是做了四百分之一，俯仰千古，常以自豪。所以民国二十五年，在我个人方面，也可说是厚黑年，是应该开庆祝大会的。我想我的信徒，将来一定会仿耶稣纪年的办法，以厚黑纪年，使厚黑学三字与国同休，每二十五年，开庆祝大会一次，自今以后，再开三百九十九次，那就是民国万年了。我写至此处，不禁高呼曰：中华民国万岁！厚黑学万岁！

去年吴稚晖在重庆时，新闻记者友人毛畅熙，约我同去会他。我说："我何必去会他呢？他读尽中外奇书，独莫有读过《厚黑学》。他自称是大观园中的刘姥姥，此次由重庆，到成都，登峨眉，游嘉定，大观园中的风景和人物，算是看遍了，独于大观园外面，有一个最清白的石狮子，他却未见过。欢迎吴先生，我也去了的，他的演说，我也听过，石狮子看见刘姥姥在大观园进进出出，刘姥姥独未看见石狮子！我不去会他，特别与他留点憾事。"

有人听见"厚黑学"三字，即骂曰："李宗吾是坏人！"我即还骂之曰："你是宋儒。"要说坏，李宗吾与宋儒同是坏人，要说好，李宗吾与宋儒同是圣人。就宋学言之，宋儒是圣人，李宗吾是坏人，就厚黑学言之，李宗吾是圣人，宋儒是坏人。故骂我为坏人者，其人即是坏人，何以故？是宋儒故。

我所最不了解者，是宋儒去私之说。程伊川身为洛党首领，造成洛蜀相攻，种下南渡之祸，我不知他的私字去掉了莫有？宋儒讲性善，流而为洛党，在他们目中视之，人性皆善，我们洛党，尽是好人，唯有苏东坡，其性与人殊，是一个坏人。王阳明讲致良知，满街都是圣人，一变而为东林党。吾党尽是好人，唯有力抗满清的熊廷弼是坏人，是应该拿来杀的。清朝的皇帝，披览廷弼遗疏，认为他的计划实行，满清断不能入关，悯其忠而见杀，下诏访求他的后人，优加抚恤。而当日排挤廷弼最力，上疏请杀他的，不是别人，乃是至今公认为忠臣义士的杨涟、左光斗等。这个道理，拿来怎讲？呜呼洛党！呜呼东林党！我不知仓颉夫子，当日何苦造下一个党字，拿与程伊川、杨涟、左光斗一般贤人君子这样用！奉劝读者诸君，与其研究宋学，研究王学，不如切切实实地研究厚黑学。研究厚黑学，倒还可以做些福国利民的事。

宋儒主张去私，究竟私是个甚么东西，非把它研究清楚不可。私字的意义，许氏说文，是引韩非子之语来解释。韩子原文，是"仓颉作书，自环者谓之私，背私谓之公”。环即是圈子。私字古文作厶，篆文是ᘓ，画一个圈圈。公字，从八从厶，八是把一个东西破为两块的意思，故八者背也。“背私谓之公”，即是说：把圈子打破了，才谓之公。假使我们只知有我，不顾妻子，这是环吾身画一个圈；妻子必说我徇私，我于是把我字这个圈子撤去，环妻子画一圈；但弟兄在圈之外，弟兄又要说我徇私，于是把妻子这个圈撤去，环弟兄画一个圈；但邻人在圈之外，又要说我徇私，于是把弟兄这个圈撤去，环邻人画一个圈；但国人在圈外，又说我徇私，于是把邻人这个圈撤去，环国人画一个圈；但他国人在圈外，又要说我徇私，这只好把本国人这个圈撤了，环人类画一个大圈，才可谓之公。但还不能谓之公。假使世界上动植矿都会说话，禽兽一定说：你们人类为甚么要宰杀我们？未免太自私了！草木问禽兽道：你为甚么要吃我们？你也未免自私。泥土沙石问木道：你为甚么要吸取我的养料？你草木未免自私。并且泥土沙石可以问地心道：你为甚么把我们向你中心牵引？你地心也未免自私。地球又问太阳道：你为甚么把我向你牵引？你未免自私。太阳又可问地球道：我牵引你，你为甚么不拢来！时时想向外逃走，并且还暗暗地牵引我？你也未免自私。再反过来说：假令太阳怕地球说它徇私，它不牵引地球，地球也不知飞向何处去了。地心怕泥土沙石说它徇私，也不牵引了，这泥土沙石，立即灰飞而散，地球也就立即消灭。

我们从上项推论，绘图如丙，就可得几个要件如下：

(1) 遍世界寻不出公字。通常所谓公，是画了范围的，范围内人谓之公，范围外人，仍谓之私。

(2) 人心之私，通于万有引

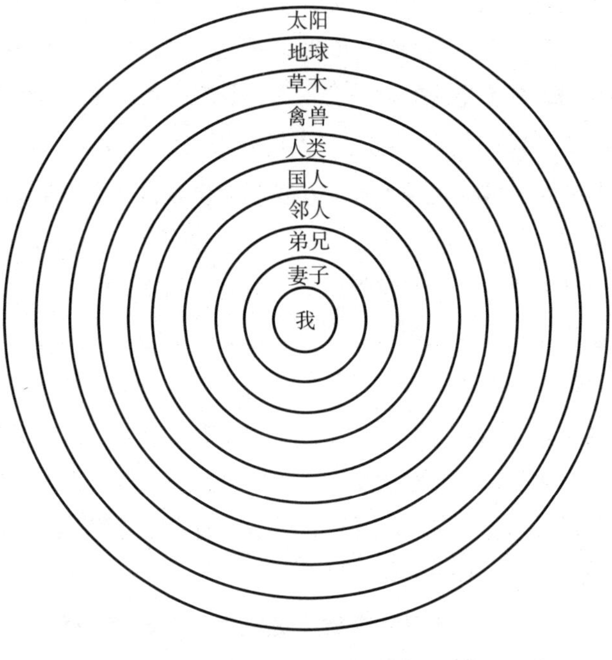

丙图　私与公的推演图

力，私字除不掉，等于万有引力之除不掉，如果除掉了，就会无人类，无世界。无怪宋儒去私之说，行之不通。

(3) 我们讨论人性善恶问题，曾绘出甲乙两图，说："心理的现象，与磁场相像，与地心引力相像。"现在讨论私字，绘出丙图，其现象仍与甲乙两图相合。所以我们提出一条原则："心理变化，循力学公例而行。"想来不会错。

我们详玩丙图，中心之我，仿佛一块磁石，周围是磁场，磁力之大小，与距离成反比例。孟子讲的差等之爱，是很合天然现象的。墨子讲兼爱，只画一个人类的大圈，主张爱无差等，内面各小圈俱无之，宜其深为孟子驳斥。

墨子志在救人，摩顶放踵以利天下。杨朱主张为我，叫他拔一毛以利天下，他都不肯。在普通人看来，墨子的品格，宜乎在杨朱之上，乃孟子曰："逃墨必归于杨，逃杨必归于儒。"认为杨子在墨子之上，去儒家为近，岂非很奇的事吗？这正是孟子的卓见，我非宜下细研究。

凡人在社会上做事，总须人己两利，乃能通行无碍。孔孟的学说，正是此等主张。孔子所说"己立立人，己达达人"，《大学》所说"修齐治平"，孟子所说"王如好货，与民同之"，"王如好色，与民同之"等语，都是本着人己两利的原则立论。叫儒家损人利己，固然绝对不做，就叫他损己利人，他也认为不对。观于孔子答宰我"井有人焉"之问，和孟子所说"君视臣如草芥，则臣视君如寇仇"等语，就可把儒家真精神看出来，此等主张，最为平正通达。墨子摩顶放踵以利天下，舍去我字，成为损己利人之行为，当然为孔门所不许。

杨子为我，是寻着了中心点，故孟子认为他的学说高出墨子之上。杨子学说中最精粹的，是"智之所贵，存我为贵；力之所贱，侵物为贱"四语（见《列子》）。他知道自己有一个我，把他存起；同时知道，他人也有一个我，不去侵犯他。这种学说，真是精当极了，然而尚为孟子所斥，这是甚么道理呢？因为儒家的学说，是人己两利，杨子只做到利己而无损于人，失去人我之关联。孔门以仁字为主，仁字从二人，是专在人我间做工作，以我之所利，普及于人人。所以杨子学说，亦为孟子所斥。

我因为穷究厚黑之根源，造出甲乙丙三图，据三图以评判各家之学说，就觉得若网在纲，有条不紊了。即如王阳明所讲的"致良知"，与夫"知行合一"，都可用这图解释。把图中之我字作为一块磁石，磁性能相推用引，是具有离心向心两种力量。阳明所说的良知，与孟子所说的良知不同：孟子之良知，指仁爱之心而言，是一种引力；阳明之良知，指是非之心而言，是者引之使近，非者推之使远，两种力量俱具备了的。故阳明的学说，较孟子更为圆通。阳明所谓致良知，在我个人的研究，无非是把力学原理应用到事事物物上罢了。

王阳明讲“知行合一”，说道：“知是行的主意，行是知的功夫；知是行之始，行是知之成。”这个道理，用力学公例一说就明白了。例如，我闻友人病重想去看他，我心中这样想，即是心中发出一根力线，直射到友人方面。我由家起身，走到病人面前，即是沿着这根力线一直前进。知友人病重，是此线之起点，走到病人面前，是此线的终点，两点俱一根直线上，故曰：“知行合一。”一闻友病，即把这根路线画定，故曰“知是行的主意”。画定了，即沿着此线走去，故曰：“行是知的功夫。”阳明把明德亲民二者合为一事，把博学、审问、慎思、明辨、笃行五者合为一事，把格致诚正、修齐治平八者合为一事，即是用的这个方式，都是在一根直线上，从起点说至终点。

王阳明解释《大学·诚意章》“如好好色，如恶恶臭”二句，说道：“见好色属行，好好色属行。只见好色时，已自好了，不是见后又立个心去好。闻恶臭属知，恶恶臭属行。只闻恶臭时，已自恶了，不是闻后别立一个心去恶。”他这种说法，用磁电感应之理一说就明白了。异性相引，同性相推，是磁电的定例。能判别同性异性者知也，推之引之者行也。我们在讲室中试验，即知磁电一遇异性，立即相引，一遇同性，立即相推，并不是判定同性异性后，才去推之引之，知行二者，简直分不出来，恰是阳明所说“即知即行”的现象。

历来讲心学者，每以镜为喻，以水为喻，我们用磁电来说明，尤为确切。倘再进一步，说：“人之性灵，与地球之磁电同出一源。”讲起来更觉圆通。人事与物理，就可一以贯之。科学家说：“磁电见同性自然相推，见异性自然相引。”王阳明说：“凡人见父自然知孝，见兄自然知弟。”李宗吾说：“小孩见母亲口中有糕饼，自然会取来放在自己口中，在母亲怀中吃乳吃糕饼，见哥哥近前来，自然会推他打他。”像这样地讲，则致良知也，厚黑学也，就成为一而二，二而一了。

万物有引力。万物有离力。引力胜过离力，则其物存；离力胜过引力，则其物毁。目前存在之物，都是引力胜过离力的，故有“万有引力”之说。其离力胜过引力之物，早已消灭，无人看见，所以“万有离力”一层，无人注意。地球是现存之物，故把外面的东西向内部牵引；心是现存之物，故把六尘缘影向内部牵引。小儿是求生存之物，故见外面的东西，即取来放入自己口中；人类是求生存之物，故见有利之事，即牵引到自己身上。我们旷观宇宙，即知天然现象无一不是向内部牵引，地球也，心也，小儿也，人类也，将来本是要由万有离力的作用，消归乌有的，但是未到消灭的时候，他那向内牵引之力，无论如何是不能除去的。宋儒去私之说，等于想除去地心吸力，怎能办得到？只好承认其私，提出“生存”二字为重心，人人各遂其私，使人人能够生存，天下自然太平。此鄙人之厚黑学所以不得不作，阅者诸君所以不得不研究也。

人人各遂其私，可说是私到极点。也即是公到极点。杨朱的学说，即是基于此种学理生出来的。他说道“智之所贵，存我为贵”，即是“各遂其私”的说法；同时他又恐各人放纵其私，妨害他人之私，所以跟着即说：“力之所贱，侵物为贱。”这种学说，真是精当极了，施之现今，最为适宜，我们应当特别阐扬。所以研究厚黑学的人，同时应当研究杨朱的学说。杨氏之学，在吾道虽为异端，然亦可借证，对钝根人不能说上乘法，不妨谈谈杨朱学说。

地球是一个大磁石，磁石本具有引之推之两种力量，其被地球所推之物，已不知推到何方去了，出了我们视觉之外，只能看见它引而向内的力量，看不出推而向外的力量，所以只能说地球有引力，不能说地球有推力。人心犹如一块磁石，是具备了引之推之两种力量，由这两种力相推相引，才构成一个社会，其组织法，绝像太空中众星球之相推相引一般。人但知人世相贼相害，是出于人心之私。不知人世相亲相爱，也出于人心之私，人但知私心扩充出来，可以造成战争，扰乱世界和平；殊不知人类由渔猎，而游牧，而农业，而工商业，造成种种文明，也由于一个私字在暗中鼓荡。斯义也，彼程朱诸儒，乌足知之！此厚黑学所以为千古绝学也。

“厚黑”二字，是从一个私字生出来的，不能说它是好，也不能说它是坏，这就是我那个同学朋友谢绶青跋《厚黑学》所说的：“如利刃然，用以诛盗贼则善，用以屠良民则恶，善与恶何关于刃，故用厚黑以为善则为善人，用厚黑以为恶，则为恶人……”我发明厚黑学，等于瓦特发明蒸汽机，无施不可。利用蒸汽，造成火车，驾驶得法，可以日行千里，驾驶不得法，就会跌下岩去。我提出“厚黑救国”的口号，就是希望司机先生驾驶火车，向列强冲去，不要向前朝岩下开，也不要在街上横冲直撞，碾死行人。

物质不灭，能力不灭，这是科学家公认的定律。吾人之性灵，算是一种能力，请问：其生也从何而来，其死也从何而去，岂非难解的问题吗？假定：吾人之性灵，与地球之磁电，同出而异名，这个问题，就可解释了。其生也，地球之物质，变为吾身之毛发骨血，同时地球之磁电，变为吾之性灵；其死也，毛发骨血，退还地球，仍为泥土，是谓物质不灭。同时性灵退还地球，仍为磁电，是谓能力不灭。我们这样的解释，则昔人所谓“浩气还太虚”，所谓“天地有正气……下则为河岳，上则为日星，于人曰浩然”，所谓“自其不变者而观之，则物与我皆无尽也？”种种说法，就不是空谈了。倘有人问，灵魂是否存在？我们可以说：“这是在各人的看法：吾人一死，此身化为泥土，性灵化为磁电，可谓之灵魂消灭。然吾身虽死，物质尚存，磁电尚存，即谓之灵魂尚存，亦无不可。性灵者吾人之灵魂也，磁电者地球之灵魂也，性灵与磁电，同出一源。”我所绘甲乙丙三图，即基于此种观察生出来的，是为厚黑哲学的基础。至于实际的真理是否如此，我不知道，我只自己认为合理，就写出来，是之谓宗吾。

我虽讲厚黑学，有时亦涉猎外道诸书，一一以厚黑哲理绳之。佛氏说：佛性是不生不灭，不增不减，无边际，无终始；楞严七处征心，说心不在内，不在外，不在中间。我认为吾人之性灵，与地球之磁电，同出而异名，则佛氏所说，与太空磁电何异？佛说：“本性圆融，周遍法世。”又说：“非有非无。”推此与磁电中和现象何异？黄宗羲著《明儒学案》自序，开口第一句曰：“盈天下皆心也。”高攀龙自序为学之次弟云：“程子谓‘心要在腔子里’，不知腔子何所指，果在方寸间否耶？觅注不得，忽于小学中见其解曰：‘腔子犹言身子耳。’以为心不专在方寸，浑身是心也。”我们要解释黄高二氏之说，可假定宇宙之内，有一至灵妙之物，无处不是灌满了的。就其灌满全身躯壳言之，名之曰心，就其灌满宇宙言之，名之曰磁电，二者原是二而一，一而二的。佛氏研究心理，西人研究磁电，其途虽殊，终有沟通之一日。佛有天眼通，天耳通，能见远处之物，能闻远处之语。西人发明催眠术，发明无线电，也是能见远处之物，能闻远处之语，这即二者沟通之初基。

我们把物质的分子加以分析，即得原子，把原子再分析，即得电子。电子是一种力，这是科学家业已证明了的。我们的身体，是物质集合而成，也即是电子集合而成。身与心本是一物，所以我们心理的变化，逃不出磁电学的规律，逃不脱力学的规律。

人类有夸大性，自以为万物之灵，仿佛心理之变化，不受物理学的支配。其实只能说，人是物中之较高等者，终逃不出物理学的大原则。我们试验理化，温度变更，或掺入他种药品，形状和性质均要改变。吾人遇天气大热，心中就烦躁，这是温度的关系。饮了酒，性情也会改变，这是掺入一种药品，起了化学作用。从此等地方观察，人与物有何区别？故物理学中的力学规律，可适用到心理学上。

王阳明说“知行合一”，即是“思想与行为合一”。如把“知”字改作“思想”二字，更为明了。因为人的行为，是受思想的支配，所以观察人的行为，即可窥见其心理，知道他的心理，即可预料其行为，古人说：“诚于中，形于外。”又说：“中心达于面目。”又说：“根于心，见于面，盎于背，施于四体。”这都是心中起了一个念头，力线一发动，即依着直线进行的公例，达于面目，跟着即见于行事了。但有时心中起了一个念头，竟未见诸实行，这是甚么缘故呢？这是心中另起一种念头，把前线阻住了，犹如我起身去看友人之病，行至中途，因事见阻一样。

阳明说的“知行合一”，不必定要走到病人面前才算行，只要动了看病人的念头，即算行了。他说：“见好色属行，好好色属行。”普通心理学，分知、情、意三者，这“好好色”，明明是情，何以谓之行呢！因为一动念，这力线即注到色字上去了，已经是行之始，故阳明把情字看做行字。他说的“知行合一”，可说是“知情合一”。

人心如磁石一般。我们学过物理，即知道：凡是铁条，都有磁力，因为内部分子凌乱，南极北极相消，才显不出磁力来。如用磁石在铁条上引导一下，内部分子，南北极排顺，立即发出磁力。我国四万万人，本有极大的力量，只因内部凌乱，致受列强的欺凌。我们只要把内部力线排顺，四万万人的心理，走在同一的线上，发出来的力量，还了得吗？问：内部分子，如何才能排顺？我说：你只有研究厚黑学，我所写的《厚黑丛话》，即是引导铁条的磁石。

我国有四万万人，只要能够联为一气，就等于联合了欧洲十几国。我们现受日本的压迫，与其哭哭啼啼，跪求国联援助，跪求英美诸国援助，毋宁哭哭啼啼，跪求国人，化除意见，协助中央政府，先把日本驱逐了，再说下文。人问：国内意见，怎能化除？我说：你把厚黑学广为宣传，使一般人了解厚黑精义及厚黑学使用法，自然就办得到了。

我发明厚黑学，一般人未免拿来用反了，对列强用“厚”字，摇尾乞怜，无所不用其极；对国人用“黑”字，排挤倾轧，无所不用其极，以致把中国闹得这样糟。我主张翻过来用，对国人用“厚”字，事事让步，任何气都受，任何旧账都不算；对列强用“黑”字，凡可以破坏帝国主义者，无所不用其极，一点不让步，一点气都不受，一切旧账，非算清不可。然此非空言所能办到，其下手方法，则在调整内部，把四万万根力线排顺，根根力线，直射列强，这即是我说的“厚黑救国”。

人问我：对外的主张如何？我说：我无所谓主张，日本是入室之狼，俄国是当门之虎，欧美诸强国，是宅左宅右之狮豹，请问诸君，处此环境，室内人当如何主张？

世界第二次大战，迫在眉睫，有主张联英美以抗日本的，有主张联合日本以抗俄国的，又有主张如何如何的，若以我的厚黑哲学推论之，都未免错误。我写的《厚黑丛话》第二卷内面，曾有“黑厚国”这个名词，迩来外交紧急，我主张将“厚黑国”从速建立起来，即以厚黑教主兼充厚黑国的国王，将来还要钦颁厚黑宪法。此时东邻日本，有甚么水鸟外交、啄木外交，我先把我的厚黑外交提出来，同我的厚黑弟子讨论一下：

我们学物理化学，可先在讲室中试验。唯有国家这个东西，不能在讲室中试验，据我看来，还是可以试验，现在五洲之中，各国林立，诸大强国，互相竞争，与我国春秋战国时代是一样的。我们可以说：现在的五洲万国，是春秋战国的放大形，当日的春秋战国，即是我们的试验品。

春秋战国，贤人才士最多，他们研究出来的政策，很可供我们参考。那个时候，共计发生两大政策：第一是春秋时代，管仲“尊周攘夷”的政策。第二是战国时代，苏秦“联六国以抗强秦”的政策。自从管仲定下“尊周攘夷”的政策，齐国遂崛起为五霸之首；后来晋文称霸，也沿袭他的政策；就是孔子修春秋，也不外“尊周攘夷”的主张。这个政策，很值得我们研究。战国时，苏秦倡“联六国以抗强秦”之议，他的从约成功，秦人不敢出关者十五年，这政策，更值得研究。我国现在情形，既与春秋战国相似，我主张把管仲、苏秦的两个法子融合为一，定为厚黑国的外交政策。管仲的政策，是完全成功的，苏秦的政策，是始而成功，终而失败。究竟成功之点安在？失败之点安在？我们可以细细讨论。

春秋时，周天子失了统御能力，诸侯互相攻伐，外夷乘间侵入，弱小国很受蹂躏，与现在情形是一样的。楚国把汉阳诸姬灭了，还要问鼎中原，与日本灭了琉球、高丽，进而占据东北四省，进而占据平津，是一样的。

那个时候，一般人正寻不着出路，忽然跳出一个大厚黑家，名曰管仲，霹雳一声，揭出“尊周攘夷”的旗帜，用周天子的名义驱逐外夷，保全弱小国家的领土，大得一般人的欢迎。他的办法，是九合诸侯，把弱小民族的力量集中起来，向外夷攻打，伐山戎以救燕，伐狄以救卫邢。这是用一种合力政策，把外夷各个击破。以那时国际情形而论，楚国是第一强国，齐虽泱泱大国，但经襄公荒淫之后，国内大乱。桓公即位之初，长勺之战，连鲁国这种弱国都战不过，其衰弱情形可想。召陵之役，竟把楚国屈服，全由管仲政策适宜之战。我国在世界弱小民族中，弱则有之，小则未也，绝像春秋时的齐国，天然是盟主资格。当今之世，“管厚黑”复生，他的政策，一定是：“拥护中央政府，把全国力量集中起来，然后进而联合弱小民族，把全世界力量集中起来，向诸大强国攻打。”基于此种研究，我国当“九一八”事变之后，早就该使下厚黑学，退出国际联盟，另组一个“世界弱小民族联盟”，与那个分赃集团的国联成一个对抗形势，由我国出来，当一个齐桓公，领导全世界被压迫民族，对诸大强国奋斗。

到了战国，国际情形又变，齐楚燕赵韩魏秦，七雄并立，周天子已经扶不起来，纸老虎成了无用之物，“尊周”二字，说不上了。秦楚在春秋时，为夷狄之国，到了此时，“攘夷”二字更不适用。七国之中，秦最强，骎骎(qīn)乎有并吞六国之势，于是第二个大厚黑家苏秦，挺身出来，倡议联合六国，以抗秦国，即是联合众弱国，攻打一强国，仍是一种合力政策，可说是“管厚黑政策的变形”。基于此种研究，我们可把日俄英美法意德诸国，合看为一个强秦，把全世界弱小民族看做六国，当然组织一个“弱小民族联盟”，以与诸强国周旋。

诸君莫把苏秦的法子小视了，他是经过引锥刺股的功夫，揣摩期年，才研究出来。他这个法子，含有甚深的学理。他读的是《太公阴符》，阴符是道家之书。古阴符不传，现行的阴符，是伪书。我们既知是道家之书，就可借老子的《道德经》来说明。《老子》一书，包藏有很精深的厚黑原理。战国时厚黑大家文种、范蠡，汉初厚黑大家张良、陈平等，都是从道家一派出来的。管子之书，《汉书 · 艺文志》列入道家，所以管仲的内政外交，暗中以“厚黑”二字为根据。鄙人发明厚黑学，进一步研究，创一条定理：“心理变化，循力学公例而行。”还读老子之书，就觉得处处可用力学公例来解释，将来我讲“中国学术”时，才来逐一说明。此时谈厚黑外交，谈到苏秦，我只能说，苏大厚黑的政策，与老子学说相合，与力学公例相合。

老子曰：“天之道，其犹张弓欤？高者抑之，下者举之，有余者损之，不足者补之。”这明明是归到一个平字上。力学公例，两力平衡，才能稳定。水不平则流，人不平则鸣。苏秦窥见这个道理，游说六国，抱定一个平字立论，与近世孙中山学说相合。他说六国，每用“宁为鸡口，毋为牛后”和“称东藩，筑帝宫，受冠带，祠春秋”一类话，激动人不平之气。孙中山说：中国人，连高丽、安南等亡国人都不如，位置在“殖民地”之下，当名曰“次殖民地”。其论调是一样的，无非是求归于平而已。苏秦对付秦国的法子，是“把六国联合起来，秦攻一国，五国出兵相救”。此种办法，合得到克鲁泡特金“互助”之说。秦虽强，而六国联合起来，力量就比他大，合得到达尔文“强权竞争”之说。他把他的政策定名为“合纵”，更可寻味。齐楚燕赵韩魏六国，发出六根力线，取纵的方向，向强秦攻打，明明是力学上的合力方式。他这个法子，较诸管仲政策，含义更深，所以必须揣摩期年，才研究得出来。他一研究出来，自己深信不疑地说道：“此真可以说当世之君矣。”果然一说就行，六国之君，都听他的话。《战国策》曰：“当此之时，天下之大，万民之众，王侯之威，谋臣之权，皆决于苏秦之策。”又曰：“廷说诸侯之王，杜左右之口，天下莫之能抗。”你想：战国时候，百家争鸣，是学术最发达时代，而“苏厚黑”的政策，能够风靡天下，岂是莫得真理吗？

管苏两位大厚黑家定下的外交政策，形式虽不同，里子是一样的，都是合众弱国以攻打强国，都是合力政策，然而管仲之政策成功，苏秦之政策终归失败，纵约终归解散，其原因安在呢？管仲和苏秦，都是起的联军，大凡联军，总要有负责的首领。唐朝九节度相州之败，中有郭子仪、李光弼诸名将，卒至溃败者，就由于莫得负责的首领。齐国是联军的中坚分子，战争责任，一肩担起，其他诸国，立于协助地位。六国则彼此立于对等地位，不相统辖，缺乏重心。苏秦当纵约长，本然是六国的重心，无奈他这个人，莫得事业心，当初只因受了妻不下机、嫂不为炊的气，才发愤读书，及佩了六国相印，可以骄傲父母妻嫂，就志满意得，不复努力。你想，当首领的人都这个样子，怎能成功？假令管大厚黑来当六国的纵约长，是决定成功的。

苏秦的政策，确从学理上研究出来，而后人反鄙视之，其故何也？这只怪他早生了二千多年，未克复领教李宗吾的学说。他陈书数十箧（qiè），中间缺少了一部《厚黑丛话》，不知道“厚黑为里，仁义为表”的法子。

他游说六国，纯从利害上立论，赤裸裸地把厚黑表现出来，忘却在上面糊一层仁义，所以他的学说，就成为邪说，无人研究，这是很可惜的。我们用厚黑史观的眼光看去，他这个人，学识有余，实行不足，平生事迹，可分两截看：从刺股至当纵约长，为一截，是学理上之成功；当纵约长以后，为一截，是实行上之失败。前一截，我们当奉以为师；后一截，当引以为戒。

我们把春秋战国外交政策研究清楚了，再来研究魏蜀吴三国的外交政策。三国中，魏最强，吴、蜀俱弱。诸葛武侯，在隆中，同刘备定的大政方针，是东联孙吴，北攻曹魏，合两弱国以攻一强国，仍是苏大厚黑的法子。史称：孔明自比管乐。我请问读者一下：孔明治蜀，略似管仲治齐，自比管仲，尚说得去，惟他平生政绩，无一点与乐毅相似，以之自比，是何道理？这就很值得研究了。考之《战国策》：燕昭王伐齐，是合五国之兵，以乐毅为上将军。他是联军的统帅，与管仲相桓公，帅诸侯之兵以攻楚是一样。燕昭王欲伐齐，乐毅献策道："夫齐霸国之余教，而聚胜之遗事也，闲于兵甲，习于战攻，王若欲攻之，则必举天下而图之。"因主张合赵楚魏宋以攻之。孔明在隆中，对刘先帝说道："曹操已拥百万之众，挟天子以令诸侯，此诚不可与争锋。"因主张：西和诸戎，南抚夷越，东联孙权，然后北伐曹魏，其政策与乐毅完全一样。乐毅曾奉昭王之命，亲身赴赵，把赵联好了，再合楚魏宋之兵，才把齐打破。孔明奉命入吴，说和孙权，共破曹操于赤壁，其举动也是一样，此即孔明自比乐毅所由来也。至于管仲纠合众弱国，以讨伐最强之楚，与孔明政策相同，更不待言。由此知孔明联吴伐魏的主张，不外管仲、乐毅的遗策。

东汉之末，天子失去统御能力，群雄并起，与春秋战国相似。孔明隐居南阳时，与诸名士讨论天下大势，大家认定：曹操势力最强，非联合天下之力，不能把他消灭，希望有春秋时的管仲和战国时的乐毅这类人才出现。于是孔明自诩有管仲、乐毅的本事，能够联合群雄，攻打曹魏。这是所谓"自比管乐"了。不过《古史简略》，只记"自比管仲乐毅"一句，把他和诸名士的议论概行删去了，及到刘先帝三顾草庐时，所有袁绍、袁术、吕布、刘表等，一一消灭，仅剩一个孙权，所以隆中定的政策，是东联孙吴，北攻曹魏。这种政策，是同诸名士细细讨论过的，故终身照着这个政策行去。

"联合众弱国攻打强国"的政策，是苏秦揣摩期年研究出来的，是孔明隐居南阳，同诸名士讨论出来的，中间含有绝大的道理。人称孔明为王者之才，殊不知：孔明淡泊宁静，颇近道家，他生平所读的，是最粗浅的两部厚黑教科书，第一部是《韩非子》，他治国之术，纯是师法申韩，曾手写申韩以教后主，申子之书不传，等我讲厚黑政治时再谈。第二部是《战国策》，他的外交政策，纯是师法苏秦。《战国策》载：苏秦说韩王曰："臣闻鄙谚曰：'宁为鸡口，无为牛后。'今大王西面交臂而臣事秦，何以异于牛后乎？"韩王愤然作色，攘臂按剑，仰天太息曰："寡人虽死，必不能事秦。"《三国志》载：孔明说孙权，叫他按兵束甲，北面降曹，孙权勃然曰："吾不能举全吴之地，十万之众，受制于人！"我们对照观之，孔明的策略，岂不是与苏厚黑一样？

"联众弱国，攻打强国"的政策，非统筹全局从大处着眼看不出来。这种政策，在蜀只有孔明一人能了解，在吴只有鲁肃一人能了解。鲁肃主张舍出荆州，以期与刘备联合，其眼光之远大，几欲驾孔明而上之。蜀之关羽，吴之周瑜、吕蒙、陆逊，号称英杰，俱只见着眼前小利害，对于这种大政策全不了解。刘备、孙权有相当的了解，无奈认不清，拿不定，时而联合，时而破裂，破裂之后，又复联合。最了解者，莫如曹操。他听见孙权把荆州借与刘备，二人实行联合了，正在写字手中之笔都落了。其实孙刘联合，不过抄写苏厚黑的旧文章，曹操是千古奸雄，听了都要心惊胆战，这个法子的厉害，也就可想而知了。

从上面的研究，可得一结论曰："当今之世，诸葛武侯复生，他的政策、决定是：退出国联，组织世界弱小民族联盟，向诸大强国进攻。"

我们倡出"弱小民族联盟"之议，闻者必惶然大骇，以为列强势力这样的大，我们组织弱小民族联盟，岂不触列强之怒，岂不立取灭亡？这种疑虑，是一般人所有的。当时六国之君，也有这样疑虑。张仪知六国之君胆怯，就乘势恐吓之，说道："你们如果这样干，秦国必如何如何地攻打你们。我劝你们还是西向事秦，将来有如何的好处。"六国听他的话，遂联袂事秦，卒至一一为秦所灭。历史俱在，诸君试取战国策细读一过，看张仪对六国的话，像不像拿现在列强势力，去恐吓弱小国一般？六国信张仪的话而灭亡，然则为小民族计，何去何从，不言而决。

苏秦说六国联盟，是从利害立论，说得娓娓动听；张仪劝六国事秦，也是从利害立论，也是说得娓娓动听。同是就利害立论，二说极端相反，何以俱能动听呢？其差异之点：苏秦所说利害，是就大者远者言之，张仪是就小者近者言之。常人目光短浅，只看到眼前利害，虽以关羽、周瑜、吕蒙、陆逊这类才俊之士，尚不免为眼前小利害所惑，何况六国昏庸之主？

所以张仪之言，一说即入。由后日的事实来证明，从张仪之说而亡国，足知苏秦之主张是对的。今之论者，怕触怒列强，不敢组织弱小民族联盟，恰走入张仪途径。愿读者深思之！深思之！

苏秦与张仪同学，自以为不及仪，后来回到家中，引锥刺股，揣摩期年，加了一番自修的苦功，其学力遂超出张仪之上，说出的话，确有真理。孟子对齐宣王曰："海内之地，方千里者九，齐集有其一，以一服八，何以异于邹敌楚哉？"这种说法，宛然合纵声口。孟子讥公孙衍、张仪以顺为正，是妾妇之道，独未说及苏秦。我们细加研究，公孙衍、张仪教六国事秦，俨如妾妇事夫，以顺为正，若苏秦之反抗强秦，正是孟子所谓"威武不能屈"之大丈夫。

孟子之学说，最富于独立性。我们读孟子答滕文公"事齐事楚"之问，答"齐人筑薛"之问，答"事大国则不得免焉"之问，独立精神，跃然纸上。假令孟子生今之世，绝不会仰承列强鼻息，绝不会接受丧权辱国的条件。

宇宙真理，只要能够彻底研究，得出的结果，彼此是相同的，所以管仲"尊周攘夷"的政策，律以孔子的《春秋》是合的，苏秦"合众弱国以抗一个强国"的政策，律以孟子的学说，也是合的，司马光著《资治通鉴》，也说合纵是六国之利，足证苏秦的政策是对的。我讲厚黑学有两句秘诀："厚黑为里，仁义为表。"假令我们明告于众曰："我们应当师法苏秦联合六国之法，联合世界弱小民族。"一般人必诧异道："苏秦是讲厚黑学的，是李疯子一流人物，他的话都信得吗？信了立会亡国。"我们改口说道："此孔孟遗意也，此诸葛武侯之政策也，此司马温公之主张也。"听者必欢然接受。

大丈夫宁为鸡口，无为牛后，宁为玉碎，无为瓦全。我国以四万万民众之国，在国联中求一理事而不可得，事事惟列强马首是瞻，亡国之祸，迫于眉睫。与其坐以待毙，孰若起而攻之？与其在国联中仰承列强鼻息，受列强之宰割，曷若退而为弱小民族之盟主，与列强为对等之周旋？春秋之义，虽败犹荣，而况乎断断不败也。

晋时李特入蜀，周览山川形势，叹曰："刘禅有如此江山而降于人，岂非庸才？"我国有这样的土地人民，而受制于东邻三岛，千秋万岁后，读史者将谓之何！余岂好讲厚黑哉，余不得已也，凡我四万万民众，快快地厚黑起来，一致对外！全世界被压迫民族，快快地厚黑起来，向列强进攻。

《孙中山演说集》载有一段故事，日俄战争的时候，俄国把波罗的海的舰队调来，绕过非洲，走入日本对马岛，被日本打得全军覆没。这个消息传出来，孙中山适从苏伊士河经过，有许多土人，看见孙中山是黄色人，现出很喜欢的样子来问道："你是不是日本人呀？"孙中山说道："我是中国人。你们为甚么这样的高兴呢？"他答应道："我们东方民族，总是被西方民族压迫，总是受痛苦，以为没有出头的日子。这次日本打败俄国，我们当如自己打胜仗一样，这是应该欢喜的，所以我们便这样的高兴。"我们试想：日本打败俄国，与苏伊士河边的土人何关？日本又从莫说过要替他们解除痛苦的话。他们现出这种样子，世界弱小民族心理，也就可想见了。威尔逊提出"民族自决"的口号，大受弱小民族的欢迎。我们组织弱小民族联盟，于"民族自决"之外，再加以"弱小民族互助"的口号，对内自决，对外互助，当然更受欢迎。且威尔逊不过徒呼口号而已，我们组织弱小民族联盟，有特设之机关提挈之，更容易成功。

威尔逊"民族自决"之主张，其所以不能成功者，由于本身是矛盾的。弱小民族，是被压迫者，威尔逊代表美国，美国是列强之一，是站在压迫者方面。威尔逊个人虽有这种主张，其奈美国之立场不同何？我国与弱小民族是站在一个立场，出来提倡"民族自决"，组织弱小民族联盟，彼此互助，是决定成功的。

至于和会上威尔逊之所以失败者，则由威尔逊是教授出身，不脱书生本色，未曾研究过厚黑学。美国参战之初，提出"十四条原则"，主张"民族自决"。巴黎和会初开，全世界弱小民族，把威尔逊当如救世主一般，以为他们的痛苦可以在和会上解除了。哪知英国的路易 · 乔治，法国的克利满梭，都是精研厚黑学的人，就说克利满梭，绰号"母大虫"，尤为凶悍，初闻威尔逊鼎鼎大名，见面之后，才知黔驴无技，时时奚落他，甚至说道："上帝只有十诫，你提出十四条，比上帝还多了四条，只好拿在天国去行使。"威尔逊只好忍受。后来意大利全权代表下旗归国，日本全权代表也要下旗归国，就把威尔逊吓慌了，俯首帖耳，接受他们要求，而"民族自决"四字遂成泡影。

假令我这个厚黑教主是威尔逊，我就装痴卖呆，听凭他们奚落，坐在和会席上，一言不发，直待意大利下旗归国，日本下旗归国，已经出了国门，猝然站起来，在席上一拍巴掌说道："你们要这样干吗？我当初提出'十四条原则'，主张'民族自决'，你们认了可，我美国才参战，而今你们这样干，使我失信于美国人民，失信于全世界弱小民族，而今只好领率全世界弱小民族，向你们英法意日四国决一死战，才可见应谅于天下后世。你母大虫说我这十四条应拿在天国行使，你看我于一个星期内，用鲜血将这个地球染红，就从这鲜血中现出一个天国，与你母大虫看！”说毕，退出和会，应用我的补锅法，把锅敲破了再说，三十分钟内，通电全世界，叫所有弱小民族一致起来，对列强反戈相向，由美国指挥作战。这样一来，请问英法敢开战吗？当日事实俱在，我们不妨研究一下，德国战斗力并未损失，最感痛苦者，食料被列国封锁耳。只要接济他粮食，单是一个德国，已够英法对付。大战之初，英法许殖民地许多权利，弱小民族抛弃旧日嫌怨，一致赞助。印度甘地，也叫他的党徒帮助英国，原想战胜之后，可以抬头，哪知和会上，列强食言，弱小民族，正在含血喷天。有了威尔逊这样的主张，他们在战地，还有不立即倒戈吗？兼之美国是生力军，国家又富，英法已是精疲力倦，如果实行开战，可断定：一个星期，把英法打得落花流水。这个战火，请问英法敢打吗？如果要我美国不打，除非十四条，条条实行，并须加点利息，格外增加两条。何以故呢？因为你英法诸国，素无信义，明明白白地承认了的条件，都要翻悔，所以十四条之外，非增加两条，以资保障不可。威尔逊果然这样干，难道“民族自决”之主张，不能实现吗？无奈威尔逊一见意大利和日本的使臣下旗归国，就手忙脚乱，用“锯箭法”了事，竟把千载一时之机会失去，惜哉！惜哉！不久箭头在内面陆续发作，我国东北四省，无端失去，阿比西尼亚，无端受意大利之摧残。世界第二次大战，行将爆发。凡此种种，都由威尔逊在和会席上少拍了一巴掌之故。甚矣，厚黑学之不可不讲也！

上述的办法，以威尔逊的学识，难道见不到吗？就说威尔逊是书呆子，不懂厚黑学，同威尔逊一路到和会的，有那么多专门人才，那么多外交家，一个个都是在厚黑场中来来往往的人，难道这种粗浅的厚黑技术都不懂得，还待李疯子来说吗？他们懂是懂得的，只是不肯这样干，其原因就是弱小民族是被压迫者，美国是压迫者之一，根本上有了这种大矛盾，美国怎能这样干呢？

威尔逊提出“民族自决”四字，与他本国的立场是矛盾的。日本是精研厚黑学的，窥破威尔逊有此弱点，就在和会上提出“人种平等”案，朝着他的弱点攻去，意若曰：“你会唱高调，等我唱个高调，比你更高。”这本是厚黑学的妙用，果然把威尔逊制住了。然而威尔逊毕竟是天禀聪明，他并莫有读过《厚黑学》译本，居然懂得厚黑哲理，他明知“民族自决”之主张为列强所不许，为本国所不许，竟大吹大擂起来，闹得举世震惊，此即是鄙人“办事二妙法”中之“补锅法”也，把锅之裂痕敲得长长的，乘势大出风头，迨至意大利和日本全权代表要下旗归国，他就马马虎虎了事，此“办事二妙法”中之“锯箭法”也。威尔逊可以昭告世界曰：“民族自决之主张，其所以不能贯彻者，非我不尽力也，其奈环境不许何！其奈英法意日之不赞成何！”是无异外科医生对人说道：“我之只锯箭杆而不取箭头者，非外科医生不尽力也，其奈内科医生袖手旁观何！”噫，威尔逊真厚黑界之圣人哉！

中国八股先生有言曰：“东海有圣人，西海有圣人，此心同，此理同也。”鄙人发明补锅法、锯箭法，此先知先觉之东方圣人也。威尔逊实行补锅法、锯箭法，不勉而中，不思而得，虽欲不谓之西方圣人，不可得矣。

我当日深疑：威尔逊是个老教书匠出身，是一个书呆子，何以会懂得补锅法、锯箭法？后来我多方考察，才知他背后站有一位军师，豪斯大佐，是著名的阴谋家，是威尔逊的脑筋。威尔逊之当总统，他出力最多。威尔逊的阁员，大半是他推荐的。所有美国绝交参战也，山东问题也，都是此公的主张。他专门唱后台戏，威尔逊不过登场之傀儡罢了。威尔逊听信此公的话，等于刘邦之听信张子房。我们既承认刘邦为厚黑圣人，就呼威尔逊为厚黑圣人，也非过誉。

一般人都以为巴黎和会，威尔逊厚黑学失败，殊不知威尔逊之失败，即是威尔逊之成功；他当美国第二十八届的总统，试问：从前二十七位总统，读者诸君，记得几人姓名？我想除了华盛顿、林肯二人鼎鼎大名而外，第三恐怕要数威尔逊了。任人如何批评，他总算是历史上有名人物。问其何修而得此，无非是善用补锅法、锯箭法罢了，假使他不懂点厚黑学，不过混在从前二十七位总统中间，姓名若有若无，威尔逊三字，安能赫赫在人耳目？由是知：厚黑之功用大矣哉！成则建千古不朽之盛业，败亦留宇宙大名，读者诸君快快地与我拜门，只要把脸儿弄得厚厚的，心儿弄得黑黑的，跳上国际舞台，包管你名垂宇宙，包管你把世界列强打得弃甲曳兵而逃。

巴黎和会，聚世界厚黑家于一堂，钩心斗角，仿佛一群拳术家在擂台上较技。我们站在台下，把他们的拳法看得清清楚楚，当用何种拳法才能破他，台下人了了然然，台上人反漠然不觉。当初威尔逊提出“民族自决”之主张，大得弱小民族之欢迎，深为英法意日所不喜，可知“民族自决”四字，可以击中列强的要害。及后日本提出“人种平等”案，威尔逊就哑口无言，而“民族自决”案就无形打消，可知“人种平等”四字，可以击中欧美人的要害。我国如出来提倡“弱小民族联盟”，把威尔逊的“民族自决”案和日本的“人种平等”案合一炉而冶之，岂不更足以击中他们的要害吗？

美国和日本，是站在压迫者方面的，威尔逊主张的“民族自决”，日本主张的“人种平等”，不过口头拿来说说，并无实行的决心，已经闹得举世震惊，列强大吓；我国是站在被压迫者方面，循着这个路子做去，口头这样说，实际上就这样做，并且猛力做，当然收很大的效果。

譬之打仗，先要侦探一下，再用兵略略攻打一下，才知敌人某处虚、某处实，既把虚实明了了，然后才向着他的弱点猛攻。陆逊大破刘先帝，就是用的这个法子。刘先帝连营七百里，陆逊先攻一营不利，对众人说道：“他的虚实，我已知道了，自有破之之法。”于是纵火烧之，刘先帝遂全军溃败。威尔逊提出“民族自决”案，举世震动，算替弱小民族侦探了一下，日本提出“人种平等”案，就把威尔逊挟持着了，算是向列强略略攻了一下。他们几位厚黑家，把自家的弱点尽情暴露，我们就向着这个弱点猛力攻去，他们的帝国主义，当然可以一举而摧灭之。

刘先帝之失败，是由于连营七百里，战线太摆宽了。陆逊令军士每人持一把茅，隔一营，烧一营，同时动作，刘先帝首尾不能相顾，遂至全军溃败。列强殖民地太宽，仿佛刘先帝连营七百里一般。我们纠约世界弱小民族，同时动作，等于陆逊烧连营，遍地是火，列强首尾不能相顾，他们的帝国主义，当然溃败。英国自夸：凡是太阳所照之地，都有英国的国旗。我们把“弱联会”组织好了，可说：凡是太阳所照之地，英国人都该挨打。

刘先帝身经百战，矜骄极了，以为陆逊是个少年，不把他放在眼里。不知陆逊能够忍辱负重，是厚黑界后起之秀，猝然而起，出其不意，把这位老厚黑打得一败涂地。列强自恃军械精利，把我国不看在眼，矜骄极了。我国备受欺凌，事事让步，忍辱负重，已经到了十二万分，当然学陆逊，猝然而起，奋力一击。

有人谓：弱小民族，极形涣散，不易联合。这也不必虑，以历史证之：嬴秦之末，天下苦秦苛政，陈涉振臂一呼，山东豪俊，群起响应，立即嬴秦灭了。这是甚么道理呢？因为人人积恨嬴秦已久，人人都想推倒他，心中发出的力线，成为方向相同的合力线，所以陈涉起事之初，并未派人去联络山东豪俊，而山东豪俊，自然与之行动一致。现在列强压迫弱小民族，苛虐情形，较诸嬴秦，有过之无不及，嬴秦亡国条件，列强是具备了的。我国出来，当一个陈涉，振臂一呼，世界当然闻风响应。

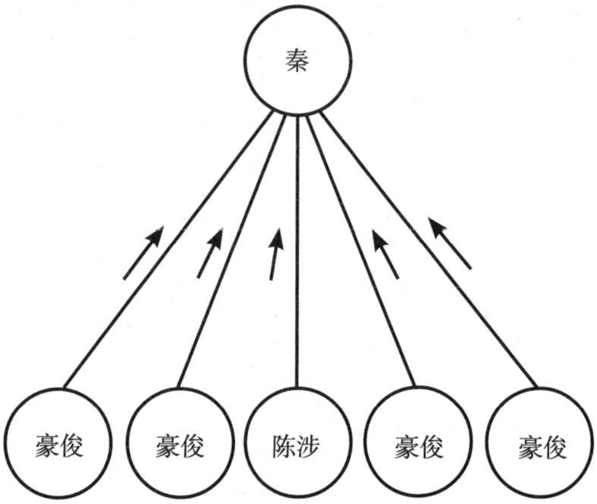

陈涉起义豪杰响应图

刘备、孙权两位厚黑家，本是郎舅之亲，大家的眼光注射在荆州上，刘备把他向西拖，孙权把他向东拖，力线相反，其图如A。于是郎舅决裂，夫妇生离，关羽被杀，七百里之连营被烧，刘先帝东征兵败，身死白帝城，吴蜀二国，几成了不共戴天之仇。后来诸葛亮遣邓芝入吴，约定同齐伐魏，目标一变，心理即变，其图如B。于是仇雠(chóu)之国，立即和好。心理变化，循力学公例而行。A图力线，是横的方向，彼此是冲突的，B图的力线，是纵的方向，是合力的方式，彼此不生冲突。

A

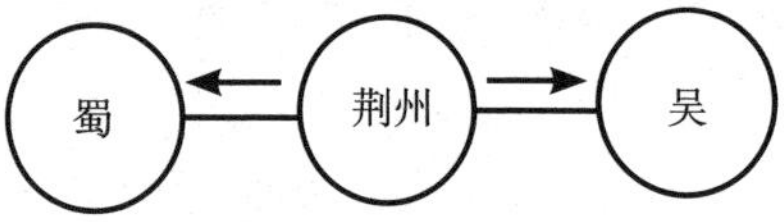

蜀吴争荆州图

B

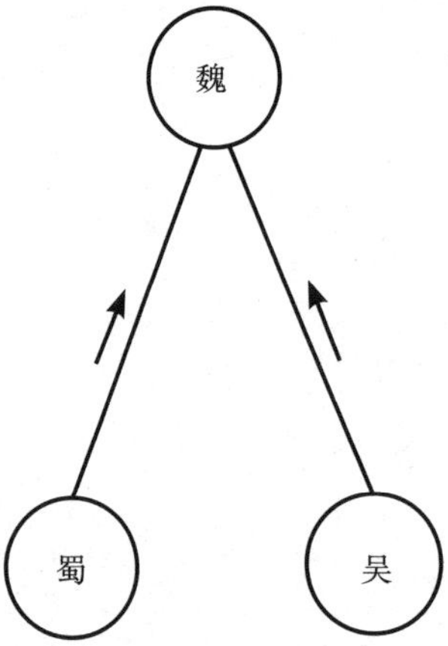

三国蜀吴联合抗魏图

我国连年内乱，其原因是由国人的目光注射在国内之某一点，彼此的力线，成了横的方向，当然生冲突。我们应当师法诸葛武侯，另提目标，使力线成纵的方向，国内冲突，立即消灭。问："提甚么目标？"答曰：提出组织弱小民族联盟之主张，全国人一致去干这种工作。譬之射箭，以列强为箭垛，四万万人，有四万万支箭，支支箭向同一只箭垛射去，成了方向相同之合力线，每支箭是不生冲突的。于是安内也，攘外也，就成为二而一、一而二了。奉劝读者诸君，如果有志救国，非研究我的厚黑学不可。

我们学过物理学，即知道凡是铁条，都有磁力。只因内部分子凌乱，南极北极相消，才显不出磁力来。如用磁石在铁条上引导了一下，内部分子，南北极排顺，立即发出磁力。我国四万万人，本有极大的力量，只因内部凌乱，故受外人的欺凌。我们只要把内部排顺了，四万万人的心理，走在同一的线上，发出来的力量，还了得吗？问：“四万万人的心理，怎能走在同一的线上呢？”我说：我发明的厚黑学，等于一块磁石，你把它向国人宣传，就等于在铁条上引导了一下，全国分子，立可排顺，以此制敌,何敌不摧？以此图功,何功不克？只要把厚黑学研究好了,何畏乎日本？何畏乎列强？

日本的厚黑家，可以反诘我道：据你说，吴蜀二国结下不解之深仇，诸葛武侯提出伐魏之说，以魏为目标，二国立即和好。而今你们中国人仇视日本，我日本提出“中日联合，抵抗苏俄”的主张，以苏俄为目标，岂不与诸葛武侯联吴伐魏的政策一样吗？怎么你这个厚黑教主，还说要攻打日本呢？我说：你这话可谓不通至极！荆州本是孙权借与刘备的，孙权取得荆州，物归原主，吴蜀二国，立于对等地位，故能说联合伐魏的话。日本占据东四省，进窥平津，纯是劫贼行为，世间哪有同劫贼联合之理？必须恢复了“九一八”以前的状况，荆州归还了孙权，才能说联合对俄的话。日本是入室之狼，俄国是卧门之虎，欧美列强，是宅左宅右之狮豹，必须把室中之狼驱逐出去了，才能说及门前之虎，才能说及宅左宅右之狮豹。

厚黑从话卷六

我讲厚黑学，分三步功夫，诸君想还记得。第一步：面皮之厚，厚如城墙；心子之黑，黑如煤炭。第二步：厚而硬，黑而亮。第三步：厚而无形，黑而无色。日本对于我国，时而用劫贼式，武力侵夺，时而用娼妓式，大谈亲善，狼之毒，狐之媚，二者俱备。所谓厚如城墙，黑如煤炭，他是做到了的，厚而硬，也是做到了的，唯有黑而亮的功夫，他却毫未梦见。

我是八股学校的修业生，中国的八股，博大精深，真所谓宗庙之美，百官之富。我寝馈数十年，只能说是修业，不敢言毕业。我作八股有两个秘诀：一曰：抄袭古本；二曰：作翻案文字。先生出了一道题，寻一篇类似的题文，略略改换数字，沐手敬书的写去，是曰抄袭古本。我主张弱小民族联盟，这是抄袭管仲、苏秦和诸葛亮三位的古本。人说冬瓜做不得甑子，我说，冬瓜做得甑子并且冬瓜做的甑子，比世界上任何甑子还要好些。何以故呢？世界上的甑子，只有里面蒸的东西吃得，甑子吃不得，唯有冬瓜做的甑子，连甑子都可以当饭吃。此种说法，即所谓翻案文字也。我说：厚黑可以救国，等于说冬瓜可以做甑子，所以我的学说最切实用，是可以当饭吃的。

剿袭陈言，为作文之大忌，俾斯麦唱了一出铁血主义的戏，全场喝彩；德皇威廉第二重演一出，一败涂地；日本接着再演，将来决定一败涂地。诸君不信，请拭目以观其后。

抄袭古本，总要来得高明，诸葛武侯，治国师法申韩，外交师法苏秦，明明是纵横杂霸之学，后人反说他们有儒者气象，明明是霸佐之才，反说他们是王佐之才。此公可算是抄袭古本的圣手。

剿写文字的人，每喜欢剿写中式之文，殊不知应当剿写落卷，“铁血主义”四字，俾斯麦中式之文也，我们万不可剿写，“民族自决”四字，是威尔逊的落卷，“人种平等”四字，是日本的落卷，如果沐手敬书出来，一定高高中式。“九一八”这类事，与其诉诸国联，诉诸英美，毋宁诉诸非洲澳洲那些野蛮人，诉诸高丽那些亡国民，表面看去，似是作翻案文字，实在是抄写威尔逊的落卷，抄写日本的落卷。

川省未修马路以前，我每次走路，见着推车的、抬轿的、邀驮马的、挑担子的，来来往往，如蚂蚁一般，宽坦的地方，安然过去，一到窄路，就彼此大骂，你怪我走得不对，我怪你走得不对。我心中暗暗想道：何尝是走得不对，无非是路窄了的关系。我国组织、政权集中在上面，任你有何种抱负，非握得政权施展不出来，于是你说我不对，我说你不对。其实非不对也，政治舞台，地位有限，容不了许多人，等于走入窄路一般。无怪乎全国中志士和志士，吵闹不休。

以外交言之，我们当辟一条极宽的路来走，不能把责任诿诸当局的几个人。甚么是宽路呢？提出组织弱小民族联盟的主张，这个路子就极宽了，舞台就极大了，任有若干人，俱容得下。在国外的商人、留学生和游历家，可以直接向弱小民族运动；在国内的，无论在朝在野，无论哪一界，都可担任种种工作。四万万人的目标，集中于弱小民族联盟之一点，根根力线，不相冲突，不言合作，而合作自在其中。有了这种宽坦的大路可走，政治舞台，只算一小部分，不需取得政权，救国的工作也可表现出来，在野党、在朝党，也就无须吵吵闹闹的了。

民主国人民是皇帝，无奈我国四万万人，不想当英明的皇帝，大家都以阿斗自居，希望出一个诸葛亮，把日本打倒，把列强打倒，四万万阿斗，好坐享其成。我不禁大呼道：陛下误矣！阿斗者，亡国之主也！有阿斗就有黄皓，诸葛亮千载不一出，且必三顾而后出，黄皓则遍地皆是，不请而自来。我国之所以濒于危亡者，正由全国人以阿斗自居所致。我只好照抄一句《出师表》曰："陛下不宜妄自菲薄。"我们何妨自己就当一个诸葛亮，自己就当一个刘先帝。我这个厚黑教主，不揣冒昧，自己就当起诸葛亮来，我写的《厚黑丛话》，即是我的"隆中对"。我希望读者诸君，大家都来当诸葛亮，各人提出一种主张，四万万人就有四万万篇"隆中对"。同时我们又化身为刘先帝，成了四万万刘先帝，把四万万篇"隆中对"加意选择。假令把李厚黑的"弱小民族联盟"选上了，我们四万万刘先帝，就亲动圣驾，做联吴伐魏的工作，想出种种法子，去把非洲澳洲那些野蛮国，与夫高丽、安南、缅甸那些亡国民联为一气，向世界列强进攻。

欲求我国独立？必先求四万万人能独立，四万万根力线挺然特立，根根力线，直射列强，欲求国之不独立，不可得矣。问：四万万力线何以能独立？曰：先求思想独立。能独立乃能合作，我国四万万人不能合作者，由于四万万人不能独立之故。不独立则为奴隶，奴隶者，受驱使而已，独立何有！合作何有！

野心家办事，包揽把持，视众人如奴隶，彼所谓抗日者，率奴隶以抗日以谓也。日本在东亚，包揽把持，视中国人如奴隶，彼所谓抗俄者，率奴隶以抗俄之谓也。既无独立的能力，哪有抵抗的能力，所以我们要想抵抗日本，抵抗列强，当培植人民的独立性，不当加重其奴隶性。我写这部《厚黑丛话》，千言万话，无非教人思想独立而已。故厚黑国的外交，是独立外交，厚黑国的政策，是合力政策。军商政学各界的厚黑家，把平日的本事直接向列强行使，是之谓厚黑救国。

孔子谓子夏曰："汝为君子儒，无为小人儒。"我教门弟子曰："汝为大厚黑，无为小厚黑。"请问大小厚黑如何分别？张仪教唆六国互相攻打，是小厚黑。孙权和刘备，互争夺荆州，是小厚黑。要管仲和苏秦的法子，才算大厚黑。日本占据东北四省，占据平津，是小厚黑。欧美列强，掠夺殖民地，是小厚黑。鄙人主张运动全世界弱小民族，反抗日本和列强，才算大厚黑。孟子曰："小固不可以敌大。"我们的大厚黑成功，日本和列强的小厚黑，当然失败。

我国只要把弱小民族联盟明定为外交政策，政府与人民打成一片，全国总动员，一致去做这种工作，全国目光，注射国外，成了方向相同的合力线，不但内争消灭，并且抵抗日本和列强，也就绰绰然有余裕了，开战也可，不开战也可。惜乎诸葛武侯死了，恨不得起斯人于地下，而与之细细商榷。

我们一谈及"弱小民族联盟"，反抗列强，闻者必疑道：列强有那样的武力，弱小民族如何敌得过？殊不知战争的方式最多，武力只占很小一部分。以战争之进化言之，最初只有戈矛弓矢，后来进化，才有枪弹，这是旧式战争。再进化有飞机炸弹，这是日本在淞沪之役用以取胜的，是墨索里尼在阿比西尼亚用以取胜的。再进化则为化学战争，有毒瓦斯、毒菌、死光等，这是第二次世界大战，一般人所凛凛畏惧的。再进化则为经济战争，英国对意制裁，即算是用这种战术。人问：经济战争之上，还有战术莫得？我答道：还有，再进化则为心理战争。三国时马谡曾说："用兵之道，攻心为上，攻城为下，心战为上，兵战为下。"这即是心理战争。心理战争的学说我国发明最早。战国时，孟子说："天时不如地利，地利不如人和。"此心理战争之说也。又云："……则邻国之民，仰之若父母矣，率其子弟，攻其父母，自生民以来，未有能济者也，如此则无敌于天下。”此心理战争之说也。我们从表面上看去，这种说法，岂非极迂腐的怪话吗？而不知这是战术中最精深的学说，一般人特未之思耳。

现在列强峙立的情形，很像春秋战国时代。春秋战国，为我国学术最发达时代，贤人才士最多。一般学者所倡的学说，都是适应环境生出来的，都是经过苦心研究，想实际地解决时局，并不是徒托空谈，所以他们的学说很可供我们今日之参考。即以兵争一端而论，春秋时战争剧烈，于是孙子的学说应运而生，他手著的《十三篇》，所谈的是军事上最高深的学理。这是中外军事家所公认的。到了战国时代，竞争更激烈，孙子的学说已经成了普通常识。于是孟子的学说，又应运而生，发明了心理战争的原则，说道：“可使制挺，以挞秦楚之坚甲利兵。”无奈这种理论太高深了，一般人都不了解，以为世间哪有这类的事！哪知孟子死后，未及百年，陈涉揭竿而起，立把强秦推倒，孟子的说法居然实现，岂非很奇的事吗？

现在全世界兵争不已，识者都认为非到世界大同，人民是不能安定的。战国时情形也是这样，所以梁襄王问：“天下恶乎定？”孟子对曰：“定于一。”也认为：非统一是不能安定的。然则用何种方法来统一呢？现今的人，总是主张武力统一，而孟子的学说则恰恰相反。梁襄王问：“孰能一之？”孟子曰：“不嗜杀人者能一之。”主张武力统一者，正是用杀字来统一，孟子的学说，岂非又是极迂腐的怪话吗？后来秦始皇并吞六国，算是用武力把天下统一了，迨至汉高祖入关，除秦苛政，约法三章，从“不嗜杀”三字做去，竟把秦的天下夺了。孟子的学说，又居然实现，岂不更奇吗？楚项羽坑秦降卒二十余万人于新安城南，又屠咸阳，烧秦宫室，火三月不绝，其手段之残酷，岂不等于淞沪之役，日本用飞机炸弹任意轰炸吗？岂不等于墨索里尼在阿比西尼亚种种暴行吗？然而项羽武力统一的迷梦，终归失败，死在汉高祖手里。这是甚么道理呢？因为高祖的谋臣，是张良、陈平，他二人是精研厚黑学的，懂得心理战争的学理，应用最高等战术，故把项羽杀死。这是历史上的事实，很可供我们的研究。

秦始皇和楚项羽，纯恃武力，是用一个“杀”字来统一；汉高祖不嗜杀人，是用一个“生”字来统一。生与杀二者，极端相反，然而俱有统一之可能，这是甚么道理呢？因为凡人皆怕死，你不服从我，我要杀死你，所以杀字可以统一；凡人皆贪生，你如果拥护我，我可以替你谋生路，所以生字也可以统一。孟子说的“不嗜杀人者能一之”，完全是从“利害”

二字立论，律以我的厚黑学，是讲得通的，所以他的学说，能够生效。

当举世战云密布的时候，各弱小国的人民，正在走投无路，不知死所，忽然有一个国家，定出一种大政方针，循着这个方针走去，是唯一的生路，这个国家，岂不等于父母替子弟谋生路吗？难道不受弱小国的人民热烈拥戴吗？孟子说：“邻国之民，仰之若父母，率其子弟，攻其父母，自生民以来，未有能济者也。”就是基于这种原则生出来的。不过我这种说法，道学先生不承认的，他们认为：“孟子的学说，纯是道德化人，若掺有‘利害’二字，未免有损孟子学说的价值。”这种说法，我也不敢深辩，只好同我的及门弟子和私淑弟子研究研究！

秦始皇、楚项羽，用“杀”字震慑人民，汉高祖用“生”字歆动人民，人之天性，好生而恶死，故秦皇、项羽为人民所厌弃，汉高祖为人民所乐戴。秦项败，而汉独成功，都是势所必至，理有固然。由此知“杀”字政策敌不过“生”字政策。日本及列强，极力扩张军备，用武力镇压殖民地，是走的秦皇、项羽的途径。大战爆发在即，全世界弱小民族，正在走投无路，我们趁此时机，提倡弱小民族联盟，向他们说道：“这是唯一的生路，所谓民族自决也，人种平等也，扫灭帝国主义也，唯有走这条路，才能实现。你们如果跟着列强走，将来大战爆发，还不是和第一次大战一样，只有越是增加你们的痛苦的。”我们倡出这种论调，弱小民族还有不欢迎的吗？我们获得弱小民族的同情，把弱联会组织起，以后的办法就很多很多，外交方面，就进退裕如了。

楚汉相争，项羽百战百胜，其力最强，高祖百战百败，其力最弱，而高祖卒把项羽打败者，他有句名言：“吾宁斗智不斗力。”这即是楚汉成败的关键。汉高祖是厚黑界的圣人，他的圣训，我们应该细细研究。日本和欧美列强，极力扩张军备，是为斗力，我们组织世界弱小民族联盟，采用经济战争和心理战争，是为斗智。我们也不是废去武力不用，只是专门研究经济和心理两种战争的方术，辅之以微弱的武力，就足以打倒帝国主义而有余了。

请问：汉高祖斗智，究竟用的甚么法子呢？他从彭城大败而回，问群臣有甚么策略，张良劝他把关以东之地捐与韩信、彭越、黥（qíng）布三人，信为齐王，越为梁王，黥布为九江王。高祖联合他们，仍是一种联军方式。高祖用主力兵，在荥（xíng）阳城，与项羽相持，而使信、越等三人，从他方面进攻，项羽遂大困。鸿沟议和后，项羽引兵东还，高祖追之，项羽还击，高祖大败，乃用张良之计，把睢阳以北之地划归彭越，陈以东之地划归韩信，于是诸侯之师，会于垓下，才把项羽杀死。由是知：汉高祖所谓斗智者，还不是袭用管厚黑、苏厚黑的故智，起一种联军罢了。

我们从历史上研究，得出一种公例："凡是列国纷争之际，弱国唯一的方法，是纠合众弱国，攻打强国。"任是第一流政治家，如管仲、诸葛武侯诸人，第一流谋臣策士，如张良、陈平诸人，都只有走这一条路，已成了历史上的定例。然而同是用这种法子，其结果则有成有败，其原因安在呢？我们可再加研究。

我们在前面，曾举出五个实例：（一）管仲纠合诸侯，以伐狄，伐戎，伐楚，这是成了功的。（二）乐毅合五国之兵以伐齐，这是成了功的。（三）苏秦联合六国以攻秦，卒之六国为秦所灭，这是失败了的。（四）汉高祖合诸侯之兵以攻项羽，这是成了功的。（五）诸葛亮倡吴蜀联盟之策，诸葛亮和孙权在时，尚能支持曹魏，他二人死后，后人秉承遗策做去，而吴蜀二国，终为司马氏所灭，这也算是失败了的。我们就这五种实例推求成败之原因，又可得出一种公例："各国联盟，中有一国为主干，其余各国为协助者，则成功；各国立于对等地位，不相统属者，则失败。"齐之称霸，是齐为主干，其他诸侯则为协助；燕之伐齐，燕为主干，其他四国则为协助；汉之灭楚，汉高祖为主干，众诸侯为协助，所以皆能成功。六国联盟，六国不能统属；吴蜀联盟，二国也不相统属，所以俱为敌人所灭。我国组织弱联会，我国当然是主干，当然成功。

现在国际的情形，既与春秋战国相似，我们就应该把春秋时管厚黑的方法和战国时苏厚黑的方法，融合为一而用之，管仲的政策，是尊周攘夷，先揭出尊周的旗帜，一致拥护周天子，把全国力量集中起来，然后才向外夷攻打，伐狄，伐戎，伐楚，各个击破。苏秦的政策，是合六个弱国，攻打一个强秦。我们可把全世界弱小民族，看做战国时之六国，把英法德美意俄日诸强国，合看为一个强秦，先用管仲的法子，把全国力量集中起来，拥护中央政府，以整个的中国与全世界弱小民族联合，组织一个联盟会；迨至这种联盟组织成功，即用堂堂之鼓，正正之旗，向列强一致进攻，他们赤白两色帝国主义，自然崩溃。

有人问："中国内部这样的涣散，全国力量，怎能集中起来？"我说："我所谓集中者，是思想集中，全国人的心理，走在一条线上，不必定要有何种形式。"例如，我李疯子提出"弱小民族联盟"之主张，有人说：这种办法是对的，又有人说不对，大家著些文字，在报章杂志上讨论，结果一致认为不对，则不用说，如一般人认为对，政府也认为对，我们就实行干去。如此，则不言拥护中央政府，自然是拥护中央政府，不言全国力量集中，自然是全国力量集中。所以我们要想统一全国，当先统一全国思想。所谓统一思想者，不是强迫全国人之思想必须走入某一条路，乃是使人人思想独立，从学理上、事势上彻底研究，大家公认为某一条路可以走，才谓之思想统一。

有人难我道："你会讲厚黑学，联合弱小民族，向列强进攻，难道列强不能讲厚黑学，一齐联合起来，向弱小民族进攻吗？"我说："这是不足虑的，证以过去的历史，他们这种联合，是不能成功的。"

战国时，六国联盟，有人批评他："连鸡不能俱飞。"六国之失败，就是这个原因。如果列强想联合起来，对付弱小民族，恰犯了连鸡不能俱飞之弊。语曰："蛇无头而不行。"列强不相统属，寻不出首领，是谓无头之蛇。我们出来组织弱小民族联盟，我国是天然的首领，是谓有头之蛇。列强与列强，利害冲突，矛盾之点太多，步调断不能一致，要联合，是联合不起的。弱小民族，利害共同，彼此之间，寻不出丝毫冲突之点，一经联合，团体一定很坚固。

前次大战，列强许殖民地许多权利，战后食言，不惟所许利益不能得，反增加许多痛苦。殖民地含恨在心，如果大战重开，断难得殖民地之赞助，且或乘机独立，这是列强所深虑的。日本精研厚黑学，窥破此点，所以"九一八"之役，悍然不顾，硬以第二次大战相威胁，列强相顾失色。就中英国殖民地更宽，怕得更厉害，因此国联只好牺牲我国的满洲，任凭日本为所欲为。德国窥破此点，乘机撕毁和约，英法也无如之何。墨索里尼窥破此点，以武力压迫阿比西尼亚，英国也无如之何。其唯一之方法，无非是以第二次大战相威胁而已，无非是实厚黑学而已。

世界列强，大讲其厚黑学，看这个趋势，第二次世界大战是断不能避免的。战争结果，无论谁胜谁负，弱小民族总是供他们牺牲的。我们应该应用厚黑哲理，趁大战将发未发之际，赶紧把弱小民族联盟组织好，乘机予列强一种威胁，这个大战，与其由列强造成，弱小民族居于被动地位，毋宁由弱小民族造成，使列强居于被动地位。明明白白告诉列强道："你不接受我们弱小民族的要求，我们就把第二次大战与你们造起来。"请问世界弱小民族，哪个敢谈这个话呢？这恐怕除了我中华民国，再莫有第二个。请问我中国怎敢谈这类强硬话呢？则非联合世界弱小民族为后盾不可。

从前陈涉起事，曾经说过："逃走也死，起事也死，同是一死，不如起事好了。"弱小民族今日所处地位，恰与陈涉相同，大战所以迟迟未发者，由于列强内部尚未准备完好，我们与其坐受宰割，毋宁先发制人，约集全世界弱小民族，死中求生。不然他们准备好了，大战一开，弱小民族就永无翻身之日了。

全世界已划为两大战线，一为压迫者，一为被压迫者，孙中山讲民族主义，已断定第二次世界大战是被压迫者对压迫者作战，是十二万万五千万人对二万万五千万人作战，无奈……日本人口，除去高丽而外，全国约计六千万，也辜负孙中山之期望，变为明火劫抢之恶贼。所以我们应当秉承孙中山遗教，纠集被压迫之十万万四千万人，向赤白两色帝国主义四万万六千万人作战，才算顺应进化之趋势。现在这伙强盗，互相火并，乃是全世界被压迫民族同时起事的好机会，我们平日练习的厚黑本事，正好拿出来行使，以大厚黑破他的小厚黑。不然，第二次大战仍是列强与列强作战，弱小民族，牵入旋涡，受无谓之牺牲，岂不违反中山遗训吗？岂不违反进化公例吗？

我讲厚黑学，分三步功夫，诸君想还记得。第一步：面皮之厚，厚如城墙；心子之黑，黑如煤炭。第二步：厚而硬，黑而亮。第三步：厚而无形，黑而无色。日本对于我国，时而用劫贼式，武力侵夺，时而用娼妓式，大谈亲善，狼之毒，狐之媚，二者俱备。所谓厚如城墙，黑如煤炭，他是做到了的，厚而硬，也是做到了的，唯有黑而亮的功夫，他却毫未梦见。曹操是著名的黑心子，而招牌则透亮，天下豪俊奔集其门，明知其为绝世奸雄，而处处觉得可爱，令人佩服。日本则"心子与招牌同黑"，成了世界公敌，如蛇蝎一般，任何人看见，都喊"打！打！"所以日本人的厚黑学越讲得好，将来失败越厉害。何以故？黑而不亮故。他只懂得厚黑学的下乘法，不懂上乘法，他同不懂厚黑学的人交手，自然处处获胜，若遇着名手，当然一败涂地。

我们组织弱小民族联盟，向列强攻打，用以消灭赤白两色帝国主义，本是用的黑字诀，然而这种方法，是从威尔逊"民族自决"四字抄袭出来，全世界都欢迎，是之谓黑而亮。闻者必起来争辩道："威尔逊主义，是和平之福音，是大同主义之初基，岂是面厚心黑的人干得来的？实行这种主义，尚得谓之厚黑吗？"李疯子闻而叹曰："然哉！然哉！是谓'厚而无形，黑而无色’。”

有人难我道：“你主张联合弱小民族，向列强攻打。我请问，一个日本，我国都对付不了，何敢去惹世界列强？日本以武力压迫我国，欧美列强，深抱不平，很同情于我国，我们正该联合他们，去攻打日本，你反要联合世界弱小民族，去攻打列强，这种外交，岂非疯子外交吗？你这类话，前几年说可以，再过若干年后来说也可以，现在这样说，真算是疯子。”我说：“我历来都是这样说，不是今日才说，数年前我写有一篇《世界大战：我国应走的途径》，即是这样说的。”四川省立国书馆，存有原印本，可资考证。这个话，前几年该说，现在更该说，再过若干年，也就无须说。你说是疯子外交，这是由于你不懂厚黑学的缘故。我讲厚黑学，不是有锯箭法和补锅法吗？我们把弱小民族联盟组织好了，就应用补锅法中之敲锅法，手执铁锤，向某某诸国说道：“信不信，我这一锤敲下去，叫你这锅立即破裂，再想补也补不起！”口中这样说，而手中之铁锤则欲敲下不敲下，这其间有无限妙用。如列强不睬，就略略敲一下，使锅上裂痕增一点；再不睬，再敲一下。如果日本和列强要倒行逆施，宰割弱小民族，供他们的欲壑，我们就一锤下去，把裂痕增至无限长，纠合全世界被压迫人类一齐暴动起来，十万万四千万被压迫者，对四万万六千万压迫者作战，而孙中山先生之主张，于是乎实现。但是我们着手之初，则在组织弱小民族联盟，把弱联会组织好，然后铁锤在手，操纵自如，在国际上才能平等自由。

敲锅要有艺术，轻不得，重不得。轻了锅上裂痕不能增长，是无益的；敲重了，裂痕太长补不起。要想轻重适宜，非精研厚黑学不可。戏剧中有《补缸》一出，一锤下去，把缸子打得粉碎。这种敲法，未免太不高明。我们在国际上，如果这样干，真所谓疯子外交，岂足以言厚黑学！

我讲厚黑学，曾说：“管仲劝齐桓公伐楚，是把锅敲烂了来补。”他那种敲法，是很艺术的。讲到楚之罪名共有二项，一为周天子在上，他敢于称王；二为汉阳诸姬，楚实尽之，这本是彰彰大罪。乃楚遣使问出师理由，桓公使管仲对曰：“尔贡包茅不入，王祭不共，无以缩酒，寡人是征。”又曰：“昭王南征而不复，寡人是问。”舍去两大罪，而责问此极不要紧之事，岂非滑天下之大稽？昭王渡汉水，船覆而死，与楚何关？况且事隔数百年，更是毫无理由。管子为天下才，这是他亲自答复的，难道莫得斟酌吗？他是厚黑名家，用补锅法之初，已留锯箭法地步。假令把楚国真实罪状宣布出来，叫他把王号削去，把汉阳诸姬的地方退出来，楚国岂不与齐拼命血战吗？你想长勺之役，齐国连鲁国这种弱国都战不过，他敢与楚国打硬战吗？只好借周天子之招牌，对楚国轻轻敲一下罢了。楚是堂堂大国，管仲不敢伤他的面子，责问昭王不复一事，故意使楚国有抗辩的余地。楚王可以对臣下说道："他责问二事，某一事，我与他骂转去，骂得他哑口无言，包茅是河边上芦苇一类东西，周天子是我的旧上司，砍几捆送他就是了。"这正是管仲的妙用，口骂无凭，贡包茅有实物表现，齐桓公于是背着包茅，进之周天子，作为楚国归服之实证。古者国之大事惟祀与戎，周天子祭祀的时候，把包茅陈列出来，贴一红纸签，写道："这是楚国贡的包茅。"助祭的诸侯看见，周天子面上岂不光辉光辉？楚国都降服了，众小国敢有异议吗？我写《厚黑传习录》曾说："召陵一役，以补锅法始，以锯箭法终。"其妙用如是如是。我们把弱小民族联盟组织好了，就用铁锤在列强的锅上轻轻敲他一下，到达相当时机，就锯箭杆了事。到某一时期，再敲一下，箭杆出来一截，又锯一截。像这样不断地敲，不断地锯，待到终局，箭头退出来了，轻轻用手拈去，于是乎锯箭法告终，而锅也补起了。

外交上，原是锯箭法、补锅法二者互用，如车之双轮，鸟之双翼，不可偏废。我国外交之失败，其病根在专用锯箭法。自五口通商以来，所有外交，无一非锯箭杆了事。"九一八"以后，尤为显著。应该添一个补锅法，才合外交方式。我们组织弱小民族联盟，即是应用补锅法的学理产生出来的。

现在日本人的花样，层出不穷，杀得我国只有招架之功，并无还兵之力，并且欲招架而不能。我们就应该还他一手，揭出"弱小民族联盟"的旗帜。你会讲"大亚细亚主义"，想把中国吞下去，进而侵略亚洲各国，进而窥伺全世界，我们就进"弱小民族联盟"，以中国为主干，而琉球，而高丽，而安南、缅甸，而暹罗、印度，而澳洲、非洲一切野蛮民族。日本把一个大亚细亚主义大吹大擂，我们也把一个弱小民族联盟大吹大擂，这才是旗鼓相当，才足以济补锅法之穷。

民国二年，我在某机关任职，后来该机关裁撤，我与同乡陈健人借银五十元，以作归计。他回信说道："我现无钱，好在为数无多，特向某某人转借，凑足五十元，与你送来。"信末附一诗云："五十块钱不为多，借了一塌又一坡，我今专人送与你，格外再送一道歌。"我读了，诗兴勃发，不可遏止，立复一信道："捧读佳作，大发诗兴。奉和一首，敬步原韵。辞达而已，工拙不论。君如不信，有诗为证。诗曰：'厚黑先生手艺多，哪怕甑子滚下坡。讨口就打莲花落，放牛我会唱山歌。'”诗既成，余举未已，又作一首：“大风起兮甑滚坡，收拾行李兮回旧窝，安得猛士兮守砂锅。”我出东门，走至石桥赶船，望见江水滔滔，诗兴又来了，又作一首曰：“风萧萧兮江水寒，甑子一去兮不复还。”千古倒甑子的人，闻此歌，定当同声一哭。

近来军政各机关，常常起大风，甑子一批一批地向坡下滚去，许多朋友，向我叹息道：“安得猛士兮守砂锅。”我说道：“我的学问，而今长进了，砂锅无须守，也无须请猛士，只须将你的手杖向对方的砂锅一敲，他的砂锅打破，你的砂锅遂岿然独存。你如果莫得敲破对方砂锅的本事，自己的砂锅断不能保存。”

东北四省，被日本占去，国人都有“甑子一去兮不复还”的感想，见日本在华北华南积极进行，又同声说道：“安得猛士兮守砂锅。”这都是我先年的见解，应当纠正。甑子与砂锅，是一物之二名，日本人想把我国的甑子打破，把里面的饭贮入他的砂锅内，国人只知双手把甑子掩护，真是干的笨事！我们四万万人，每人拿一根打狗棒，向日本的砂锅敲去，包管发生奇效。问：打狗棒怎样敲法？曰：组织弱小民族联盟。

我们对于日本，应该取攻势，不该取守势，对于列强，取威胁式，不取乞怜式。我们组织弱小民族联盟，即是对日本取攻势，对列强取威胁式。日本侵略我国，列强抱不平，对我国表同情，难道是怀好意吗？岂真站在公理立场上吗？日本希望的是独占，列强希望的是共管，方式虽不同，其为厚黑则一也。为我国前途计，应该极力联合世界弱小民族，努力促成世界大战，被压迫者对压迫者作战，全世界弱小民族，同齐暴动，把列强的帝国主义打破，即是把列强的砂锅打破，弱小民族的砂锅，才能保存。

威尔逊播下“民族自决”的种子，一天一天地潜滋暗长，现在快要成熟了。我国出来当一个陈涉，振臂一呼，揭出“弱小民族联盟”的旗帜，与威尔逊主义遥遥相应，全世界弱小民族，当然闻风响应。嬴秦亡国条件，列强是具备了的，而以日本具备尤多。一般人震于日本和列强之声威，“反抗”二字，生怕出诸口，这是由于平日不研究厚黑学，才会这样的畏惧。如果把我的《厚黑学》单行本熟读一万遍，立即发生一种勇气来，区区日本和列强，何足道哉！他们都是外强中干，自身内部矛盾之点太多，譬诸筑墙，基础莫有稳固。我们组织弱小民族联盟，直向墙脚攻打，“弱联”一成功，日本和列强的帝国主义，当然崩溃。

我们联合弱小民族之初，当取甘地不抵抗主义，任他何种压迫俱不管，只埋头干“弱联”的工作，并且加紧工作，哪有闲心同他开战？等到“弱联”组织成功了，任何不平等条约，撕了即是，到了那时，他们敢于不接受我们的要求，就纠合全世界弱小民族，同时动作，以武力解决，由我国当主帅，指挥作战，把苏秦的老法子拿来行使，“秦攻一国，五国出兵助之，或出兵挠秦之后”。像这样干去，赤白两色帝国主义，哪有不崩溃之理！以英国言之，他自夸凡是太阳所照之地，都有英国人的国旗，我们的“弱联”组织成功，可以说：凡是太阳所照之地，英国人都有挨打的资格。这样干，才是图谋和平的根本办法。机会一成熟，立把箭头取出，无须再用锯箭法。我们不从此种办法着手，徒悻悻然对日作战，从武力上同他决胜负，真是苏东坡所说的“匹夫见辱，拔剑而起，挺身而斗”了，律以我的厚黑哲理，是违反的。日本倡言亲善，如果就同他亲善，事事仰承日本鼻息，不敢反抗，不敢组织弱小民族联盟，更是厚黑界之小丑，够不上谈厚黑哲理。

日本是我国室中之狼，俄国是门前之虎，欧美列强，是宅左宅右之狮豹。日本是我国的仇国，当然无妥协余地，其他列强，为敌为友，尚不能预定，何也？因其尚在门前，尚在宅左宅右也。

威尔逊倡民族自决，想成一个国际联盟，以实现他的主张。哪知一成立，就被列强利用，成为分赃的集团，与威尔逊主义背道而驰。孙中山曾讲过“大亚细亚主义”，意在为黄种人吐气，哪知日本就想利用这种主张，以遂他独霸东亚之野心。所以我们成立“弱小民族联盟”，首先声明，英美德法意俄日等国永无入会之资格，日本不用说了。我们把英美等国划在会外，也不一定视为敌人，为敌为友，视其行为而定。如能赞助弱联，我们也可视为良友，但只能在会外，不能在会中说话，使他莫得利用操纵之机会。

我们对日抗战，当发挥自力，不能依赖某某强国，请他帮助。就是有时想列强帮助，也不能向他做乞怜语，更不能许以丝毫权利，只是埋头干“弱小民族联盟”的工作，一眼觑着列强的砂锅，努力攻打。要我不打破你的砂锅，除非帮助我把日本驱出东北四省，恢复“九一八”以前状况，我们也可以锯箭杆了事。因为“九一八”之变，是国联不能执行任务酿出来的，当然寻国联算账，当然成一个“弱联”，推翻现在的“国联”。所以对付列强，当如对付横牛，牵着鼻子走，不能同他善说。问：列强的鼻子，怎能受我们的牵？曰：努力的联合弱小民族，即是牵列强的鼻子，如列强扭着鼻子不受我们牵，我们就实行把砂锅与他打烂，实现孙中山之主张，十万万四千万被压迫者，对四万万六千万压迫者实行作战，忍一下痛苦，硬把箭头取出，废去锯箭法不用，更是直截了当。我认为这种办法，是我国唯一的出路，请全国厚黑同志研究研究。

和平是整个的，现在世界关联密切，一处发生战事，就波动全世界，就有第二次世界大战的可能。列强殖民地太宽，弱小民族受了威尔逊的宣传，早已蠢蠢欲动，大战争一发生，列强的砂锅就有破裂的危险。这一层，日本和列强都是看得很清楚的。日本自“九一八”以后，一切事悍然不顾，墨索里尼侵占阿比西尼亚，也悍然不顾，都是看清此点，以世界大战相威胁，料定国联不敢动作。果然国联顾忌此点，不敢实行制裁，只好因循敷衍，牺牲弱小民族利益，以饱横暴者之贪囊，暂维目前状况，于是国际联盟，就成为列强的分赃集团。我们看清此点，知道“国联”已经衰朽不适用了，就乘机推翻他，新兴一个“弱联”，以替代“国联”这种机构，催促威尔逊之主张早日实现。这种办法，才适合时代之要求。这种责任，应由我国出来担负，除了我国，其他国家是担负不起的。

我们组织弱小民族联盟，把甘地办法扩大之，改良之，当然发生绝大的效果。印度是亡了国的，甘地是赤手空拳，尚能有那样的成绩；我国是堂堂的独立大国，有强大的战斗力，淞沪之役，已经小小地表现一下，有这样的战斗力，而却不遽（jù）然行使，只努力干“弱联”工作，所得效果，当然百倍甘地。这种办法，我想一般厚黑同志绝对赞成的。

我是害了两重病的，一曰疯病，二曰八股病，而我之疯病，是从八股病生出来的。八股家遇着长题目，头绪纷繁，抑或合数章为一题，其做法，往往取题中一字，或一句，或一章作主，用以贯穿全题。曾国藩者，八股之雄也，其论作文之法曰：“万山磅礴，必有主峰，龙衮（gǔn）九章，但挈一领。”斯言也，通于治国，通于厚黑学。我国内政外交，处处棘手，财政军政，纷如乱丝，这就像八股家遇着了合数章书的长题目，头绪纷繁，无从着笔。如果枝枝节节而为之，势必费力不讨好，所以我们解决时局，就该应用八股，寻出问题之中心点，埋头干去，纷乱的时局，自必厘然就绪。我们作这篇八股，应该提出“抗日”二字为中心点，基于抗日之主张，生出内政外交之办法。内政外交的方针既定了，一切措施，都与这个方针适应，是之谓：“万山磅礴，必有主峰，龙衮（gǔn）九章，但挈一领。”我以后所写文字，就本此主张写去，但我从满清末年，就奔走宦场，发明求官六字真言，做官六字真言，八股一道，荒废已久，写出的文字，难免不通，希望八股老同志纠正纠正。

科举时代的功令，作八股必遵朱注，试场中片纸不准夹带，应考的人，只好把朱子的《四书集注》读来背得，所以朱子可称为八股界之老祖宗。而他解决时局的办法，是很合八股义法的。他生当南宋，初见宋孝宗即说道：“当今之世，要首先认定：金人是我不共戴天之敌，断绝和议，召还使臣，这层决定了，一切事才有办法。一般怀疑的人，都说根本未固，设备未周，进不能图恢复，退不能谋防御，故不得已而暂与金人讲和，以便从容准备，殊不知这话大错了。其所以根本不固，设备不周，进不能攻，退不能守者，正由有讲和之说的缘故。一有讲和之说，则进无决死之心，退有迁延之计，其气先馁，而人心遂涣然离沮。故讲和之说不罢，天下事无一可成。为今之计，必须闭门绝和，才可激发忠勇之气，才可言恢复。”这是朱子在隆兴元年对孝宗所说的话。他这篇文字，很合现在的题目，我们可以全部抄用。首先认定日本是仇国，使全国人有了公共的目标，然后才能说“对内团结，对外抵抗”的话。我国一般人，对于抗日，本下了最大决心，不过循着外交常规，口头不能不说说亲善和调整这类话，不知亲善和调整这类名词，是西洋的八股话，对于中国全不适用，其弊害，朱子说得很明白。

国人见国势日危，主张保存国粹，主张读经，这算是从根本上治疗了。八股是国粹的结晶体，我的厚黑学，是从八股出来的，算是根本之根本。我希望各校国文先生，把朱子对孝宗说的这段文字选与学生读，培养点中国八股知识，以便打倒西洋八股。

中国的八股，有甚深的历史，一般文人，涵濡其中，如鱼在水，所以今人文字，以鼻嗅之，大都作八股气，酸溜酸溜的。章太炎文字，韩慕庐一类八股也；严又陵文字，管韫（yùn）山一类八股也；康有为文字，“十八科闱（wéi）墨”一类八股也；梁启超文字，“江汉炳灵”一类八股也；鄙人文字，小试场中，截搭题一类八股也；当代文豪，某某诸公，则是《聊斋》上的贾奉雉，得了仙人指点，高中经魁之八股也。“诸君莫笑八股酸，八股越酸越革命。”黄兴、蔡松坡，秀才也；吴稚晖、于右任，举人也；谭延、蔡元培，进士翰林也。我所知的同乡同学，几个革命专家，廖绪初，举人也；雷铁崖、张列五、谢彗生，秀才也；曹叔实，则是一个屡试不售的童生。猗欤！盛哉！八股之功用大矣哉！满清末年，一伙八股先生，起而排满革命，我甚愿今之爱国志士，把西洋八股一火焚之，返而研究中国的八股，才好与我们的仇国日本奋斗到底。

唐宋八家中，我最喜欢三苏，因为苏氏父子，俱懂得厚黑学。老泉之学，出于申韩。申子之书不传，老泉《嘉祐集》，一切议论，极类韩非，文笔之峭厉深刻，亦复相似。老泉喜言兵，他对于孙子也很有研究。东坡之学，是战国纵横者流，熟于人情，明于利害，故辩才无碍，嬉笑怒骂，皆成文章。其为文诙诡恣肆，亦与《战国策》文字相似。子由深于老子，著有《老子解》。明李卓吾有言曰：“解老子者众矣，而子由独高。”子由文汪洋淡泊，在八家中，最为平易。渐于黄老者深，其文固应尔尔。《孙子》、《韩非子》和《战国策》，可说是古代厚黑学教科书。《老子》一书，包含厚黑哲理，尤为宏富。诸君如想研究孔子的学说，则孔子所研习的《诗经》、《书经》、《易经》，不可不熟读；万一想研究厚黑学，只读我的作品，不过等于读孔子的《论语》，必须上读《老子》、《孙子》、《韩非子》和《战国策》诸书，如儒家之读《诗》、《书》、《易》诸书，把这些书读熟了，参之以二十五史和现今东西洋事变，融会贯通，那就有得厚黑博士之希望了。

有人问我：“厚黑学”三字，宜以何字作对？我说：对以“道德经”三字。李老子的《道德经》和李疯子的《厚黑学》，不但字面可以相对，实质上，二者原是相通，于何证之呢？有朱子之言可证。《朱子全书》中有云：“老氏之学最忍，他闲时似个虚无卑弱的人，莫教紧要处，发出来，更教你支格不住，如张子房是也。子房皆老氏是学，如峣（yó）关之战，与秦将联合了，忽乘其懈击之。鸿沟之约，与项羽讲和了，忽回军杀之。这个便是他卑弱之发处，可畏可畏。他计策不需多，只消两三处如此，高祖之业成矣。”依朱子这样说，老子一部《道德经》，岂不明明是一部《厚黑学》吗？我在《厚黑丛话》卷二之末，曾说：“苏东坡的《留侯论》，全篇是以一个厚字立柱。”朱子则直将子房之黑字揭出，并探本穷源，说是出于老子，其论尤为精到。朱子认为峣关、鸿沟，这些狠心事，是卑弱之发处，足知厚黑二者原是一贯之事。

厚与黑，是一物体之二面，厚者可以变而为黑，黑者亦可变而为厚。朱子曰：“老氏之学最忍。”他以一个忍字，总括厚黑二者。忍于己之谓厚，忍于人之谓黑。忍于己，故闭时虚无卑弱；忍于人，故发出来教你支持不住。张子房替老人取履，跪而纳之，此忍于己也；峣关鸿沟，败盟弃约，置人于死，此忍于人也。观此则知厚黑同源，二者可以互相为变。我特告诉读者诸君，假如有人在你面前胁肩谄笑，事事要好，你须谨防他变而为黑。你一朝失势，首先坠井下石，即是这类人。又假如有人在你面前肆意凌侮，诸多不情，你也不须怨恨，你若一朝得志，他自然会变而为厚，在你面前，事事要好。历史上这类事很多，诸君自去考证。

我发明厚黑学，进一步研究，得出一条定理：“心理变化，循力学公例而行。”有了这条定理，厚黑学就有哲理上之根据了。水之变化，纯是依力学公例而变化。有时徐徐而流，有物当前，总是避之而行，总是向低处流去，可说是世间卑弱之物，无过于水。有时怒而奔流，排山倒海，任何物不能阻之，阻之则立被摧灭，又可说世间凶悍之物，无过于水。老子的学说，即是基于此种学理生出来的。其言曰：“天下莫柔弱于水，而攻坚强者，莫之能胜。”诸君能把这个道理会通，即知李老子的《道德经》和鄙人的《厚黑学》，是莫得甚么区别的。

忍于己之谓厚，忍于人之谓黑，在人如此，在水亦然。徐徐而流，避物而行，此忍于己之说也；怒而奔流，人物阻挡之，立被摧灭，此忍于人之说也。避物而行和摧灭人物，现象虽殊，理实一贯，人事与物理相通，心理与力学相通，明乎此，而后可以读李老子的《道德经》，而后可以读李疯子的《厚黑学》。

老子学说，纯是取法于水。《道德经》中，言水者不一而足，如曰：“上善若水，水善利万物而不争，处众人之所恶，故几于道。”又曰：“江海所以能为百谷王者，以其善下之，故能为百谷王。”水之变化，循力学公例而行，老子深有契于水，故其学说，以力学公例绳之，无不一一吻合。惟其然也，宇宙事事物物，遂逃不出老子学说的范围。

老子曰：“吾言甚易知，甚易行，天下莫能知，莫能行。”这几句话，简直是他老人家替厚黑学作的赞语。面厚心黑，哪个不知道？哪个不能做？是谓“甚易知，甚易行”。然而“厚黑学”三字，载籍中绝未一见，必待李疯子出来才发明，岂非“天下莫能知”的明证吗？我国受日本和列强的欺凌，管厚黑、苏厚黑的法子俱在，不敢拿来行使，厚黑圣人勾践和刘邦对付敌人的先例俱在，也不一加研究，岂非“天下莫能行”的明证吗？

我发明的厚黑学，是一种独立的科学，与诸子百家的学说绝不相类，但是会通来看，又可说诸子百家的学说无一不与厚黑学相通，我所讲一切道理，无一不经别人说过，我也莫有新发明。我在厚黑界的位置，只好等于你们儒家的孔子。孔子祖述尧舜，宪章文武，述而不作，信而好古，他也莫得甚么新发明。然而严格言之，儒家学说与诸子百家，又绝不相类，我之厚黑学，亦如是而已。孔子曰：“知我者，其惟春秋乎！罪我者，其惟春秋乎！”鄙人亦曰：“知我者，其惟厚黑学乎！罪我者，其惟厚黑学乎！”

老子也是一个“述而不作，信而好古”的人，他书中如“建言有之”，如“用兵有言”，如“古所谓”……一类话，都是明明白白地引用古书。依朱子的说法，《老子》一书，确是一部厚黑学，而老子的说法，又是古人遗传下来的，可见我发明的厚黑学，真是贯通古今，可以质诸鬼神而无疑，百世以俟圣人而不惑。

据学者的考证，周秦诸子的学说，无一人不渊源于老子，因此周秦诸子，无一不带点厚黑气味。我国诸子百家的学说，当以老子为总代表。老子之前，如伊尹，如太公，如管子诸人，《汉书 · 艺文志》都把他们列入道家，所以前乎老子和后乎老子者，都脱不了老子的范围。周秦诸子中，最末一人，是韩非子。与非同时，虽有《吕览》一书，但此书是吕不韦的食客纂集的，是一部类书，寻不出主名，故当以韩非为最末一人。非之书有《解老》、《喻老》两篇，把老子的话一句一句解释，呼老子为圣人。他的学问，是直接承述老子的，所以说：“刑名原于道德。”由此知周秦诸子，彻始彻终，都是在研究厚黑这种学理，不过莫有发明厚黑这个名词罢了。

韩非之书，对于各家学说俱有批评，足知他于各家学说，都一一研究过，然后才独创一派学说。商鞅言法，申子言术，韩非则合法、术而一之，是周秦时代法家一派之集大成者。据我看来，他实是周秦时代厚黑学之集大成者。不过其时莫得厚黑这个名词，一般批评者，只好说他惨刻少恩罢了。

老子在周秦诸子中，如昆仑山一般，一切山脉，俱从此处发出；韩非则如东海，为众河流之总汇处。老子言厚黑之体，韩非言厚黑之用，其他诸子，则为一支山脉或一支河流，于厚黑哲理，都有发明。

道法两家的学说，根本上原是相通，敛之则为老子之清静无为，发之则为韩非之惨刻少恩，其中关键，许多人都看不出来。朱子是好学深思的人，独看破此点。他指出张子房之可畏，是他卑弱之发处，算是一针见血之语。卑弱者，敛之之时也，所谓厚也；可畏者，发之之时，所谓黑也。即厚即黑，原不能歧而为二。

道法两家，原是一贯，故史迁修《史记》，以老庄申韩合为一传，后世一孔之儒，只知有一个孔子，于诸子学术源流，茫乎不解，至有谓李耳与韩非同传，不伦不类，力诋史迁之失，真是梦中呓语。史迁父子，是道家一派学者，所著《六家要指》，字字是内行话。史迁论大道则先黄老，老子是他最崇拜的人。他把老子与韩非同列一传，岂是莫得道理吗？还待后人为老子抱不平吗？世人连老子与韩非的关系都不了解，岂足上窥厚黑学？宜乎李厚黑又名李疯子也。

厚黑这个名词，古代莫得，而这种学理，则中外古今，人人都见得到。有看见全体的，有看见一部分的，有看得清清楚楚的，有看得依稀恍惚的，所见形态千差万别。所定的名词，亦遂千差万别。老子见之，名之曰道德，孙子见之，名之曰仁义，孙子见之，名之曰庙算，韩非见之，名之曰法术，达尔文见之，名之曰竞争，俾斯麦见之，名之曰铁血，马克思见之，名之曰唯物，其信徒威廉氏见之，名之曰生存，其他哲学家，各有所见，各创一名，真所谓“横看成岭侧成峰，远近高低各不同，不识庐山真面目，只缘身在此山中”。

有人诘问我道：“你主张‘组织弱小民族联盟，向列强攻打’。这本是一种正义，你何得呼之为厚黑？”我说：“这无须争辩，即如天上有两个亮壳，从东边溜到西边，从西边溜到东边，溜来溜去，昼夜不停。这两个东西，我们中国人呼之为日、月，英国人则呼之为 Sun 或 Moon，名词虽不同，其所指之物则一。我们看见英文中之 Sun、Moon 二字，即译为日、月二字。读者见了我的厚黑二字，把它译成正义二字可也，即译之为道德二字或仁义二字，也无不可。”

周秦诸子，无一人不是研究厚黑学理，惟老子窥见至深，故其言最为玄妙。非有朱子这类好学深思的人，看不出老子的学问。非有张子房这类身有仙骨的人，又得仙人指点，不能把老子的学问用得圆转自如。

周秦诸子，表面上，众喙争鸣，里子上，同是研究厚黑哲理，其学说能否适用，以所含厚黑成分多少为断。《老子》和《韩非》二书，完全是谈厚黑学，所以汉文行黄老之术，致治为三代下第一；武侯以申韩之术治蜀，相业为古今所艳称。孙吴苏张，于厚黑哲理，俱精研有得，故孙吴之兵，战胜攻取，苏秦、张仪，出而游说，天下风靡。由是知：凡一种学说，含有厚黑哲理者，施行出来，社会上立即发生重大影响。儒家高谈仁义，仁近于厚，义近于黑，所得者不过近似而已。故用儒术治国，不痒不痛，社会上养成一种大肿病，儒家强为之解曰：“王道无近功。”请问汉文帝在位，不过二十三年，武侯治蜀，亦仅二十年，于短时间收大效，何以会有近功？难道汉文帝是用的霸术吗？诸葛武侯，岂非后儒称为王佐之才吗？究竟是甚么道理？请儒家有以语我来，厚黑是天性中固有之物，周秦诸子无一不窥见此点，我也不能说儒家莫有窥见，惜乎窥见太少，此其所以“博而寡要，劳而少功”也。此其所以“迂远而阔于事情”也。

老庄申韩，是厚黑学的嫡派。孔孟是反对派。吾国两千余年以来，除汉之文景、蜀之诸葛武侯、明之张江陵而外，皆是反对派执政，无怪乎治日少而乱日多也。

我深恨厚黑之学不明，把好好一个中国闹得这样糟，所以奋然而起，大声疾呼，以期唤醒世人。每日报纸上，写厚黑丛话一二段，等于开办一个厚黑学的函授学校。经我这样的努力，果然生了点效。许多人向我说道：“我把你所说的道理，证以亲身经历的事项，果然不错。”又有个朋友说道：“我把你发明的原则，去读《资治通鉴》，读了几本，觉得处处俱合。”我听见这类话，知道一般人已经有了厚黑常识，程度渐渐增高，我讲的学理，不能不加深点，所以才谈及周秦诸子，见得我发明的厚黑学，不但证以一部二十五史，处处俱合，就证以周秦诸子的学说，也无一不合。读者诸君，尚有志斯学，请细细研究。

教授学生，要用启发式、自修式，最坏的是注入式。我民国元年发表《厚黑学》，只举曹操、刘备、孙权、刘邦、司马懿几人为例，其余的，叫读者自去搜寻，我写的《厚黑学》和《厚黑传习录》，也只简简单单地举出纲要，不一一详说，恐流于注入式，致减读者自修能力。此次我说：周秦诸子的学说，俱含厚黑哲理，也只能说个大概，让读者自去研究。

《诗经》、《书经》、《易经》、《周礼》、《仪礼》等书，是儒门的经典，凡想研究儒学的，这些书不能不熟读。周秦诸子的书，是厚黑学的经典，如不能遍读，可先读《老子》和《韩非子》二书，知道了厚黑的体用，再读诸子之书，自然头头是道。凡是研究儒家学说的人，开口即是“诗曰、书曰”，鄙人讲厚黑哲理，不时也要说几句“老子曰、韩非曰”。

《四书》、《五经》，虽是外道的书，苟能用正法眼读之，也可寻出许多厚黑哲理。即如孟子书上的“孩提爱亲”章、“孺子将入井”章，岂非儒家学说的基础吗？鄙人就此两章书，绘出甲乙两图，反成了厚黑学的哲学基础，这是鄙人治厚黑学的秘诀。诸君有志斯学，不妨这样研究。

第五部

社会问题之商榷

古今学说之冲突，都是由于人性之观察点不同，才生出互相反对之学说，其病根就在对于人性，务必与它加一个善字或恶字，最好是把善恶二字除去了，专研究人性之真相。如物理学家，研究水火之性质一般，只要把人性的真相研究出来，自然就有解决的方法。

自序

墨索里尼、希特勒和日本少壮军人，真是瞎子牵瞎子，一齐跳下岩。我国自辛亥革命，至今已二十五年，政治和经济，一切机构，完全打破，等于旧房子，全行拆掉，成了一片平地，我们应当斟酌国情，另寻一条路来走。如果盲目地模仿西洋，未免大错而特错。

我从民国二十四年八月一日起，在成都《华西日报》写《厚黑丛话》。每日写一二段，初意是想把平日一切作品拆散来，连同新感想，融合写之。乃写至二十五年四月底止，历时九月，印了三小册，觉得心中想写的文字，还莫有写出好多。长此写去，阅者未免讨厌，因变更计划，凡新旧作品，已经成了一个系统者，各印专册。《厚黑丛话》暂行停写，其他心中想写的文字，有暇时，再写一种《厚黑余谈》。

我打算刊为专册的，计：(1)《厚黑学》，(2)《心理与力学》，(3)《社会问题之商榷》，(4)《考试制之商榷》，(5)《中国学术之趋势》共五种。《厚黑学》业于本年五月内印行，兹特将《社会问题之商榷》付印。

民国十六年，我做了一篇《解决社会问题之我见》，载入《宗吾臆谈》内，十七年扩大为一单行本，十八年印行，名曰：《社会问题之商榷》。此书发表后，据朋友的批评，大概言："理论尚不大差，惟办法不易实行，并且有些办法，恐非数百年后办不到。"这种批评，我很承认。我以为，改革社会，等于修房子，应当先把图样绘出，然后才按照修造，如或财力不足，可先修一部分，陆续有款，陆续添修，最终就成为一个很完整的房子了。倘莫得全部计划，随便修几间来住，随后人多了，又随便添修几间，再多添几间，结果杂乱无章，不改修，则人在里面，拥挤不通，欲改修，则须全行拆掉，筹款另建，那就有种种困难了。东西各国，旧日经济之组织，漫无计划，就是犯了这种弊病。

大凡主持国家大计的人，眼光必须注及数百年后，断不能为区区目前计。斯密士著《原富》,缺乏此种眼光,造成资本主义,种下社会革命之祸胎。达尔文缺乏此种眼光，倡优胜劣败之说，以强权为公理，把全世界造成一个虎狼社会。孟德斯鸠，缺乏此种眼光，倡三权分立之说，互相牵制，因而激成反动，产出墨索里尼、希特勒等专制魔王，为扰乱世界和平的罪魁，这是很可痛心的。

我辈改革社会，当悬出最远大的目标，使人知道前途无有止境，奋力做去,社会才能日益进化。并且有了公共的目标,大家向之而趋,步骤一致，社会才不至纷乱。

《礼记》上有《礼运》一篇，本是儒家的书，又有人说是道家的思想，书中提出大同的说法，至今二千多年，并未实现。当日著书的人，明知其不容易实现，而必须这样说者，即是悬出最远大的目标，使数千年后之人，向之而趋。也即是绘出一个房子的样式，使后人依照这个样式修造，经过若干年，这个完整的房子，终当出现。著《礼运》的人，虽然提出此种目标，而实际上，则从小康下手，一步一步地做去。至于释迦佛所说的境界，更非历劫不能到，然而有了此种目标，学佛的人，明知今生不能达到，仍不能不苦苦修习。东方儒释道三个教主，眼光之远大，岂是西洋斯密士一类学者所能梦见，有了西洋这类目光短浅的学者，才会酿成世界第一次大战,直接间接死了数千万人。大战过后,仍不能解决,跟着又要第二次大战，如不及早另寻途径，可断跟着又要第三次大战，第四次大战。

墨索里尼、希特勒和日本少壮军人，真是瞎子牵瞎子，一齐跳下岩。我国自辛亥革命，至今已二十五年，政治和经济，一切机构，完全打破，等于旧房子，全行拆掉，成了一片平地，我们应当斟酌国情，另寻一条路来走。如果盲目地模仿西洋，未免大错而特错。

房子是众人公共住的,我们要想改修,当多绘些样式,经众人细细研究，认为某种样式好，才着手修去。不能凭着一己的意见，把众人公住的房子，随便拆来乱修。我心中有了这种想法，就不揣冒昧，先绘个样式出来，请阅者严加指驳,将不合的地方指出；同时就说“这个办法,应当如何修改”，另绘一个样式，我们大家斟酌。

本书前四章是理论，第五章是办法，有了这种理论，就不能不有这种办法。十八年刊行之本,有吴郝姚杨四君的序文。本年四月再版《厚黑学》,

已刻入，兹不赘刻，我有自序一首，也删去。第六章《各种学说之调和》，中间删去数段，其余一概仍旧，未加改窜。现在我觉得办法上，有许多地方，应该补充和修改，将来写入《厚黑余谈》，借见前后思想之异同。

中华民国二十五年六月十二日，李宗吾，于成都

公私财产之区分

各人有一个身体，这个身体即算是各人的私有物。身体既是各人私有物，则脑之思考力和手足之运动力，即该归诸个人私有，不能把它当做社会公有物，不能说使用了不给代价。故我主张的第三项，即是各人的脑力体力应该归诸个人私有。

我们要想解决社会问题，首先当研究的，就是世界上的财物，哪一种应当归诸社会公有，哪一种应当归诸个人私有，先把这一层研究清楚了，然后才有办法。兹将我所研究者分述如下：

第一项，地球的生产力：地球上未有人类，先有禽兽。禽兽渴则饮水，饥则食果实，那个时候地球上的天然物，是禽兽公有的，即可以说，那个时候的地球是禽兽公有物。随后人类出来，把禽兽打败了，也如禽兽一般，渴饮饥食，地球上的天然物，归人类所有。我们可以说，那个时候的地球是人类公有物，任何人都有享受地球上天然物的权利。后来人类繁兴，地球上的天然物不够用，才兴耕稼，把地球内部蕴藏的生产力，设法取出来，以供衣食之用。于是大家占据地球上面一段，作为私有物，就有所谓地主了。地主占据之方法有二，最初是用强力占据，后来才用金钱买卖。无论哪一种都是把地球的生产力攘为私有，我们须知这地球的生产力是人类的

公有物，不惟不该用强力占据，并且不该用金钱买卖，不惟资本家不该占有，就是劳动家也不该占有。为什么劳动家不该占有呢？例如，我们请人种树，每日给以工资口食费一元，这一元算是劳力的报酬，所种之树，经过若干年，出售与人，得十元百元或千元，我们所售者，是地球内部的生产力，不是种树人的劳力，因为他的劳力，是业已报酬了的。当初种树的工人，即无分取树价之权。地球是人类公有物，此种生产力，即该人类平摊，故我主张的第一项，即是地球生产力应该归诸社会公有。

第二项，机器的生产力：最初人民做工，全靠手足之力，后来机器发明，它那生产力就大得了不得。我们川省轿夫担夫的工价，大约每日一元，如用手工制出之货，每日至多不过获利一元，这一元算是劳力的报酬；如改用机器，一人之力，可抵十人百人千人之力，所获之利，十元百元或千元不等。这多得的九元，或九十九元，或九百九十九元，是机器生产力的效果，不是劳力的效果，也应该人类公有，不该私人占有。就说工人劳苦功高，有了机器，莫得劳力，它的生产力不能出现，我们对于工人，加倍酬报，每人每日给以二三元，或四五元罢了，所余的五元，或九十五元，或九百九十五元，也应该人类平摊。被资本家夺去，固是不平之事，全归工人享用，也是不平之事。因为发明家发明机器，是替人类发明的，不是替哪个私人发明的。犹之前辈祖人遗留的产业一般，后世子孙，各有一份，我们对发明家，予以重大的报酬，他那机器，就成为人类公有物。现在通行的机器，发明家早将发明权抛弃了，成了无主之物，他的生产力，即该全人类公共享受。故我主张的第二项，即是机器生产力应该归诸社会公有。

上面所举种树人及在工厂做工之人，是就劳力之显著者而言，若精密言之，则种树时尚有规划者，种后有守护者，砍售时有砍者售者，工厂中亦有经理监工售货种种劳工，除去此等人之报酬外，才是纯粹的地球生产力和机器生产力，才应归社会公有。

第三项，人的脑力体力：各人有一个身体，这个身体即算是各人的私有物。身体既是各人私有物，则脑之思考力和手足之运动力，即该归诸个人私有，不能把它当做社会公有物，不能说使用了不给代价。故我主张的第三项，即是各人的脑力体力应该归诸个人私有。

我们把上面三项的性质研究清楚了，就可定出一个公例曰："地球生产力和机器生产力，是社会公有物，不许私人用强力占据，或用金钱买卖。脑力体力，是个人私有物，如果要使用它，必须给予相当的代价。"

（1）斯密士的学说，律以上述公例，就发现一个大缺点，各工厂除开支工资而外，所得纯利，明明是机器生出来的效果，乃不归社会公有，而归厂主私有，这就是掠夺了机器的生产力，是极不合理的事。又田地中产出之物，地主把它划作两部分，一部分归佃农自用，这是劳力的报酬，是很正当的；另一部分，作为租息，由地主享用，这一部分明明是使用地球的代价，乃不归社会公有，而归地主私有，这就是掠夺了地球的生产力，也是极不合理的事。斯密士的学说，承认厂主有享受纯利之权，承认地主有享受租息之权，犯了夺公有物以归私之弊。有了这个缺点，所以欧美实行他的学说，会造成许多资本家，会酿出劳资的大纠纷。

（2）孙中山的学说，律以上述公例，就觉得他的学说是很圆满的，是与公例符合的。阅者如果不信，试取孙中山所著《三民主义》，反复熟读，再遍览他的著作及一切演说词，无论如何，总寻不出他夺私有物以归公的地方，也寻不出夺公有物以归私的地方。

人性善恶之研究

假如研究物理的人，甲说水火性善，乙说水火性恶，问他们理由，甲说水能润物，火能煮饭，是有益于人之物，是谓性善，乙说水能淹死人，火会烧房子，是有害于人之物，是谓性恶，像这样的说法，可以争辩数千年不能解决。不幸孟子之性善说，荀子之性恶说，其争辩的方式，纯是争辩水火善恶之方式，所以两说对峙两千余年而不能解决。

大凡研究古人之学说，首先要研究他对于人性之主张，把他学说之出发点寻出了，然后才能把他学说之真相研究得出来。我们要解决社会问题，非先把人性研究清楚了，是无从评判的。孟子主张性善，荀子主张性恶，二说对峙不下，是两千余年未曾解决之悬案。所以中国学术史上，生出许多纠纷，其实二说俱是一偏之见。宋以后儒者，笃信孟子之说，一部宋元明清学案，触处皆是穿凿矛盾，中国如此，欧洲亦然。因为性善说性恶说，是对峙的两大派。所以经济学上就生出个人主义和社会主义两大派，一派说人有利己心，一派说人有同情心，各执一词，两派就纠纷不已了。

斯密士认定人人都是徇私的，人人都有利己心，但他以为这种自私自利之心，不惟于社会上无损，并且是非常有益的。因为人人有贪利之心，就可以把宇宙自然之利开发无遗，社会文明就因而进步，虽说人有自私自利之心，难免不妨害他人，但是对方也有自私自利之心，势必起而相抗，其结果必出于人己两利，各遂其私之一途。他全部学说，俱是这种主张，他不料后来资本家专横到了极点，劳动家毫无抵抗能力，致受种种痛苦。他的学说，得了这样的结果。

社会主义之倡始者，如圣西门等一流人，都是悲天悯人之君子，目睹工人所受痛苦，倡为共产之说。他们都说："人性是善良的，上帝造人类，并没有给人类罪恶痛苦，人类罪恶痛苦，都是恶社会制成的。"我们看他这种议论，即知道共产主义的学说是以性善说为出发点。

孟子主张性善，他举出的证据，共有两个：(1)"孩提之童，无不知爱其亲"；(2)"乍见孺子将入井，皆有怵惕恻隐之心"。他这两个证据，都是有破绽的。他说"孩提之童，无不知爱其亲"，这话诚然不错，但是我们可以任喊一个当母亲的，把她的亲生孩子抱出来当众试验。母亲手中拿一块糕饼，小儿见了，就伸手来拖，母亲如不给他，把糕饼放在自己口中，小儿就会伸手，从母亲口中把糕饼取出，放入他的口中。请问孟子，这种现象算不算爱亲呢？孟子又说："今人乍见孺子将入于井，皆有怵惕恻隐之心。"这个说法，我也承认，但是我要请问孟子，这句话中，明明是"怵惕恻隐"四字，何以下文说"恻隐之心，仁之端也"，"无恻隐之心非人也"？凭空把"怵惕"二字摘来丢了，是何道理？又孟子所举的证据，是孺子对于井，生出死生存亡的关系，那个时候，我是立在旁边，超然于利害之外。请问孟子，假使我与孺子，同时将入井，此心作何状态？请问此刹那间发出来的念头，究竟是恻隐，还是怵惕？不消说，这刹那间，只是有怵惕而无恻隐，恻隐是仁，怵惕断不可谓之为仁，怵惕是惊惧的意思，是从自己怕死之心生出来的。吾人怕死之心，根于天性，乍见孺子将入井，是猝然之间，有一种死的现象呈于吾前。我见了不觉大吃一惊，心中连跳几下，这即是怵惕。我略一审视，知道这是孺子死在临头，不是我死在临头，立即化我身而为孺子，化怵惕而为恻隐。孺子是我身之放大形，恻隐是怵惕之放大形，先有我而后有孺子，先有怵惕而后有恻隐，天然顺序，原是如此。怵惕是利己之心，恻隐是利人之心，利人心是利己心放大出来的。主张性善说者，每每教人把利己心铲除了单留利人之心，皮之不存，毛将焉附？既无有我，焉得有孺子？既无怵惕，焉得有恻隐？

研究心理学，自然以佛家讲得最精深，但他所讲的是出世法，我们现在研究的是世间法。佛家言无人无我，此章是研究人我的关系，目的各有不同，故不能高谈佛理。孟子言怵惕恻隐，我们从怵惕恻隐研究起就是了。怵惕是利己心，恻隐是利人心。荀子知道人有利己心，故倡性恶说，孟子知道人有利人心，故倡性善说。我们可以说：荀子的学说，以怵惕为出发点；孟子的学说，以恻隐为出发点。王阳明《传习录》说："孟子从源头上说来，荀子从流弊上说来。"荀子所说，是否流弊，姑不深论。怵惕之上，有无源头，我们也不必深求。惟孟子所讲之恻隐，则确非源头。怵惕是恻隐之源，恻隐是怵惕之流，王阳明所下"源流"二字，未免颠倒了。

孟子的学说，虽不以怵惕为出发点，但"怵惕"二字，他是看清楚了的。他知道恻隐是从怵惕扩充出来的，因教人再扩而充之，以达于四海，其说未尝不圆满。他的学说，纯是推己及人，所以他对齐宣王说"王如好货，与民同之"，"王如好色，与民同之"，又说"老吾老，以及人之老；幼吾幼，以及人之幼"，又说"人人亲其亲，长其长，而天下平"。"吾"字"其"字，俱是"己"字的代名词，孟子的学说，处处顾及"己"字，留得有"己"字的地位，本无何种弊害，惜乎他的书上，少说了一句"恻隐是怵惕扩充出来的"。传至宋儒，就误以为人之天性，一发动出来，即是恻隐，以"恻隐"二字为源头，抹杀了"怵惕"二字。元明清儒者，承继其说，所以一部宋元明清学案，总是尽力发挥"恻隐"二字，把"怵惕"二字置之不理，不免损伤"己"字，因而就弊端百出。

宋儒创"去人欲存天理"之说，天理隐贴"恻隐"二字，把它存起，自是很好。惟"人欲"二字，界说不清，有时把怵惕也认为人欲，想设法把它除去，成了"去怵惕存恻隐"，那就坏事不小了。程子说："妇人饿死事小，失节事大。"他不知死之可畏，这可算是去了怵惕的。程子是主张去人欲之人，他发此不通之论，其病根就在抹杀了"己"字。这是由于他读孟子书，于"怵惕恻隐"四字，欠了体会的缘故。张魏公符离之败，死人无算，他终夜鼾声如雷，其子南轩，夸其父心学很精，这也算是去了怵惕的。怵惕是恻隐的根源，去了怵惕，就无恻隐，就会流于残忍，这是一定不移之理。许多杀人不眨眼的恶匪，身临刑场，谈笑自若，就是明证。

据上项研究，可知怵惕与恻隐，同是一物，天理与人欲，也同是一物，犹之煮饭者是火，烧房子者也是火一般。宋儒不明此理，把天理人欲看做截然不同之二物，创出“去人欲”之说，其弊往往流于伤天害理。王阳明说：“无事时，将好色好货好名等私，逐一追究搜寻出来，定要拔去病根，永不复起，方始为快。常如猫之捕鼠，一眼看着，一耳听着，才有一念萌动，即与克去，斩钉截铁，不可姑容，与他方便，不可窝藏，不可放他出路，方是真实用功，方能扫除廓清。”这种说法，仿佛是见了火会烧房子，就叫人以后看见了一星之火，立即把它扑灭，断绝火种，方始为快。《传习录》中又说：“一友问，欲于静坐时，将好名好色好货等根，逐一搜寻，扫除廓清，恐是剜肉做疮否？先生正色曰：这是我医人的方子，真是去得人病根，更有大本事人，过了十数年，亦还用得着，你如不用，且放起，不要作坏我的方子。是友愧谢。少间曰：此量非你事，必吾门稍知意思者，为此说以误汝。在座者悚然。”我们试思，王阳明是很有涵养的人，他平日讲学，任人如何问难，总是勤勤恳恳地解说，从未动气，何以门人这一问，他会动气了？何以始终未把那门人之误点指出？何以又承认说这话的人是稍知意思者呢？因为阳明能把知行二者合而为一，能把明德亲民二者合而为一，能把格物、致知、诚意、正心、修身五者看做一事，独不能把天理、人欲看做一物，这是他学说的缺点，他的门人这一问，正击中他的要害，所以他就动起气来了。

究竟“剜肉做疮”四字，怎样讲呢？肉喻天理，疮喻人欲，剜肉做疮，即是把无理认做人欲，去人欲即未免伤及天理，门人的意思，即是说：我们如果见了一星之火，即把它扑灭，自然不会有烧房子之事，请问拿什么东西去煮饭呢？换言之，即是把好货之心连根去尽，人就不会吃饭，岂不饿死吗？把好色之心连根去尽，就不会有男女居室之事，人类岂不灭绝吗？这个问法，何等厉害？所以阳明无话可答，只好愤然作色了。宋儒去人欲，存天理，所做的是剜肉做疮的工作。

我们如果知道怵惕与恻隐同是一物，天理与人欲同是一物，即知道个人主义与社会主义并不是截然两事。斯密士说人有利己心，是以怵惕为出发点，讲共产的人，说人有同情心，是以恻隐为出发点，前面曾说恻隐是怵惕之放大形，因而知同情心是利己心之放大形，社会主义、个人主义之放大形。

据我的研究，人性无所谓善，无所谓恶，“善恶”二字，都是强加之词。我举一例，就可证明了：假如有友人某甲来访我，坐谈许久，我送他出门去后，旋有人来报，说某甲走至街上，因事与人互殴，非常激烈，现刻正在难解难分之际。我听了这话，心中生怕某甲受伤，赶急前往救援。请问这种生怕某甲受伤之心，究间是善是恶？假使我们去问孟子，孟子一定说：“此种心理即是性善的明证。因为某甲是你的朋友，你怕他受伤，这即是爱友之心。此种心理，是从天性中不知不觉自然流出，人世种种善举，由此而生，古之大圣大贤，民胞物与，是从此念扩充出来的。现在所谓爱国，所谓爱人类，也是从此念扩充出来。此种心理是维持世界和平之基础，你应该把它好生保存，万不可失掉。”假如我们去问荀子，荀子一定说：“此种心理，即是性恶的明证。因为某甲是人，与某甲相殴之某乙也是人，人与人相殴，你不怕某乙受伤，而怕某甲受伤，不去救某乙，而去救某甲，这即是自私自利之心。此种心理，是从天性中不知不觉自然流出，人世种种恶事，由此而生。欧洲大战数年，死人无算，是从此念扩充出来的。日本在济南任意残杀，也是从此念扩充出来的。此种心理，是扰乱世界和平之根苗，你应该把它铲除净尽，万不可存留。”上面所举之例，同是一事，两面说来，俱是持之有故，言之成理，所以性善性恶之争，就数千年而不能解决。因为研究人性有两说对抗不下，所以个人主义和社会主义就对抗不下。

据我的研究，听见友人与人斗殴，就替友人担忧，怕他受伤，这是心理中一种天然现象，犹如磁电之吸引力一般，不能说它是善，也不能说它是恶，只能名之曰天然现象罢了。我们细加考察，即知吾人任发一念，俱是以“我”字为中心点，以距我之远近，定爱情之厚薄。小儿把邻人与哥哥相较，觉得哥哥更近，故小儿更爱哥哥。把哥哥与母亲相较，觉得母亲更近，故小儿更爱母亲。把母亲与己身相较，自然更爱自己，故见母亲口中糕饼，就取来放在自己口中。把朋友与别人相较，觉得朋友更近，故听见朋友与别人斗殴，就去救朋友。由此知人之天性是距我越近，爱情越笃，爱情与距离，成反比例，与磁电的吸引力相同，此乃一种天然现象，并无善恶之可言。我所说小儿夺母亲口中食物的现象，和孟子所说孩提爱亲、少长敬兄的现象，俱是一贯的事，并不生冲突。孟子看见小儿爱亲敬兄的现象，未看见夺母亲口中食物的现象，故说性善；荀子看见夺母亲口中食物的现象，未看见爱亲敬兄的现象，故说性恶。各人看见半截，就各执一词，我们把两截合拢来，孟荀两说，就合而为一了，现在所讲的个人主义和社会主义，也就联为一贯了。

古今学说之冲突，都是由于人性之观察点不同，才生出互相反对之学说，其病根就在对于人性，务必与它加一个“善”字或“恶”字，最好是把“善恶”二字除去了，专研究人性之真相。如物理学家研究水火之性质一般，只要把人性的真相研究出来，自然就有解决的方法。假如研究物理的人，甲说水火性善，乙说水火性恶，问他们理由，甲说水能润物，火能煮饭，是有益于人之物，是谓性善，乙说水能淹死人，火会烧房子，是有害于人之物，是谓性恶，像这样的说法，可以争辩数千年不能解决。不幸孟子之性善说，荀子之性恶说，其争辩的方式，纯是争辩水火善恶之方式，所以两说对峙两千余年而不能解决。物理学家，只是埋头研究水火之性质，用其利，避其害，绝不提及“善恶”二字，此种研究法，我们是应该取法的。

著者尝谓小儿爱亲敬兄，与夫夺母亲口中食物等事，乃是一种天然现象，与水流湿火就燥的现象，是一样的，不能说它是善，也不能说它是恶。我多方考察，知道凡人任起一念，俱以“我”字为中心点，曾依孟子所说性善之理，绘出一图，又依荀子性恶之理，绘出一图，拿来照规之，两图俱是一样，两图俱与物理学中磁场现象相似（见拙著《心理与力学》），因臆断人之性灵和地球之引力，与夫磁气电气，同是一物。我们把地球物质的分子解剖之，即得原子；把原子解剖之，即得电子。据科学家研究，电子是一种力，这是业已证明了的。吾身之物质，无一不从地球而来，将吾身之物质解剖之，亦是由分子而原子、而电子，也是归于一种力而后止。吾人的身体，纯是电子集合而成，所以吾人心理的现象，与磁电的现象绝肖，与地球的吸引力也绝肖。

人有七情，大别之只得好恶二者，好者引之使近，恶者推之使远，其现象与磁电相推相引是一样的。磁电同性相推，异性相引，与人类男女相爱，同业相嫉是一样。人的心，分知、情、意三者，意是知、情的混合物，只算有知、情二者。磁电相推相引，是情的作用。能判别同性异性，是知的作用。足知磁电之性与人性相同，小儿生下地即会吸乳，与草木之根能吸取地中水分，是一样的。小儿见了食物，伸手取来，放在口中，其作用与地心遇着物体就吸，是一样的。小儿有了这种天然作用，小儿才能生活。

地球有了这种天然作用，地球才能成立。小儿夺取食物，固然是求生存，地心吸引物体，草木之根吸取地中水分，与夫磁电之相推相引，都是求生存的现象，不如此，即无磁电，无草木，无地球，无人类了。基于此种研究，可知孙中山说“生存是社会问题的重心”，真是不错。

物理种种变化，逃不出力学公例。人为万物之一，故吾人心理种种变化，也逃不出力学公例。著者用物理学规律去研究心理学，觉得人心的变化，处处是循着力学轨道走的，可以一一绘图说明。于是多方考察，从历史事迹上，现今政治上，日常琐事上，自己心坎上，理化数学上，中国古书上，西洋哲学上，四面八方，印证起来，似觉处处可通。我于是创了一条臆说：“心理变化，循力学公例而行。”曾著一文，题曰：《心理与力学》。所有引证及图解，俱载原作，兹不备述。我于绪论中，曾说：“治国之术，有主张用道德感化的，其说出于孔孟，孔孟学说，建筑在性善说上，性善说有缺点，所以用道德治国，会生流弊。有主张用法律制裁的，其说出于申韩，申韩学说，建筑在性恶说上，性恶说有缺点，所以用法律治国，也会生出流弊。我主张治国之术当采用物理学，一切法令制度，当建筑在力学之上等语，我因此主张国家所定制度，当使离心向心二力保持平衡，犹如地球绕日一般。地球对于日，有一种离力，时时想向外飞去，日又有一种引力，去把地球牵引着，二力平衡，成椭圆状，所以地球绕日，万古如一，我们这个世界，就因而成立了。国家一切制度，当采用此种原理，才能维持和平。例如，甲女不必定嫁乙男，是谓离力，而乙男之爱情，足以吸引她，是谓引力；乙男不必定娶甲女，是谓离力，而甲女之爱情，足以吸引他，是谓引力。二力保其平衡，甲乙两男女之婚姻遂成，故自由结婚之制度，是具备了引离二力的，是为最良之制度。中国的旧婚制，父母之命，媒妁之言，一与之齐，终身不改，只有向心力而无离心力，故男女两方均以为苦。又如，欧洲资本家专制，工人不入工厂做工，就会饿死，离不开工厂，缺乏了离力，故酿成劳资的纠纷。”本书第五章，主张做工与否听其自由，这是一种离力。对于做工者，优予报酬，使人见而生羡，这是一种引力。二力保持平衡，愿做工者做工，不愿做工者听其自由，社会就相安无事了。

著者著了《心理与力学》过后，再去读孙中山的《三民主义》，觉得他的学说处处与力学公例符合。他讲民族主义说：“世界是天然力和人为力凑合而成，人为力最大的有两种，一种是政治力，一种是经济力。我们中国同时受这三种力的压迫，应该设个方法，去打消这三个力量。”他处处提出“力”字。又《孙中山演说集》讲五权宪法说：“政治里头，有两个力量，一个是自由的力量，一个是维持秩序的力量，政治中有这两个力量，好比物理学里头有离心力与向心力一样，离心力是要把物体里头的分子离开向外的，向心力是要把物体里头的分子吸收向内的，如果离心力过大，物体便到处飞散，没有归宿；向心力过大，物体愈缩愈小，拥挤不堪。总要两力平衡，物体才能够保持平常的状态。政治里头，自由太过，便成了无政府，束缚太紧，便成专制，中外数千年来，政治变化，总不外乎这两个力量之往来冲动。”又说：“兄弟所讲的自由同专制，这两个力量，是主张双方平衡，不要各走极端，像物体的离心力和向心力互相保持平衡一样。如果物体是单有离心力，或者是单有向心力，都是不能保持常态的，总要两力相等，两方调和，才能够令万物均得其平，成现在的安全现象。”这简直是明明白白地引用力学公例。

《民权主义》第六讲说：“现在分开权与能，所造成的政治机关，就是像物质的机器一样，其中有机器本体的力量，有管理机器的力量，现在用新发明来造新国家，就要把这两种力量分别清楚……像这样的分开，就是把政府当做机器，把人民当做工程师，人民对于政府的态度，就好比是工程师对于机器一样，有了这样的政治机关，人民和政府的力量，才可以此平衡。”这就是孙中山把力学上两力平衡之理，运用到政治上的地方。

他又说：“现在做种种工作的机器，像火车轮船，都是有来回两个方向的动力。蒸汽推动活塞前进以后，再把活塞推回，来往不息，机器的全体，便运动不已。人民有了这选举、罢免两个权，对于政府之中的一切官吏，一面可以放出去，又一面可以调回来，来去都可以从人民的自由，这好比是新式的机器，一推一拉，都可以用机器的自动。”推出去是离心力，拉回来是向心力，这也是应用力学原理的地方。这类话很多，不及备引。

孙中山《民权主义》第六讲：“中国有一段最有系统的政治哲学，在外国的大政治家，还没有见到，还没有说到那样清楚的，就是《大学》中所说的格物致知、诚意正心、修身齐家治国平天下那一段的话，把一个人从内发扬到外，由一个人的内部做起，推到平天下止，像这样精微开展的理论，无论什么政治哲学家，还没有见到，都没在说出。”我们试把《大学》这段文字拿来研究，格致诚正，是我身内部的工作，暂不必说，今从我身说起走：“身修而后家齐，家齐而后国治，国治而后天下平。”试绘一图，第一圈是我，第二圈是家，第三圈是国，第四圈是天下，层层放大，是一种离心力现象。“欲明明德于天下者，先治其国，欲治其国者，先齐其家，欲齐其家者，先修其身。”层层缩小，是一种向心力现象。这种现象，与磁场现象绝肖。孟子的学说，由怵惕扩充而恻隐，再扩充之以达于四海，又说“老吾老，以及人之老；幼吾幼，以及人之幼”，又说“亲亲而仁民，仁民而爱物”，都是层层放大。孟子主张爱有差等，即是大圈包小圈的现象，孟子的学说，是个人主义和社会主义两相调和的。杨子拔一毛而利天下不为也，有个人而无社会，照上面之法绘出图来，只有第一圈之我，我以外各圈俱无。墨子爱无差等，摩顶放踵以利天下，有了社会，却无个人，如果绘出图来，只有天下之一个大圈，内面各圈俱无。吾人的爱情，如磁气之吸引力一般，杨墨两家的学说，绘出图来，均与磁场现象不类，可知他们的学说，是违反了天然之理。孟子因为杨墨的学说不能把个人主义和社会主义调和为一，故出死力去排斥他。因为孔子的学说能把个人主义和社会主义调和为一，故终身崇拜孔子。现在欧洲讲个人主义的和讲社会主义的，都是落了杨墨两家的窠臼，把两主义看做截然不相容之二物，孙中山不取他们学说，返而取《大学》的说法，真是卓识。

他说：“外国是以个人为单位，他们的法律，对于父子弟兄姊妹夫妇，各个人的权利，都是单独保护的。打起官司来，不问家族的情形是怎么样，只问个人的是非怎么样。再由个人放大，便是国家，在个人和国家的中间，便是空的。”我们把它绘出图来，只有内部一个“我”字小圈和外部一个“国”字大圈，不像《大学》那个图层层包裹，故孙中山说它中间是空的。孙中山又说：“中国国民和国家结构的关系，先有家族，再推到宗族，再然后才是国族，这种组织，一级一级的放大，有条不紊。”我们细绎“一级一级的放大”这句话，俨然把磁场现象活画纸上，我们由此知，孙中山的学说，纯是基于宇宙自然之理的。

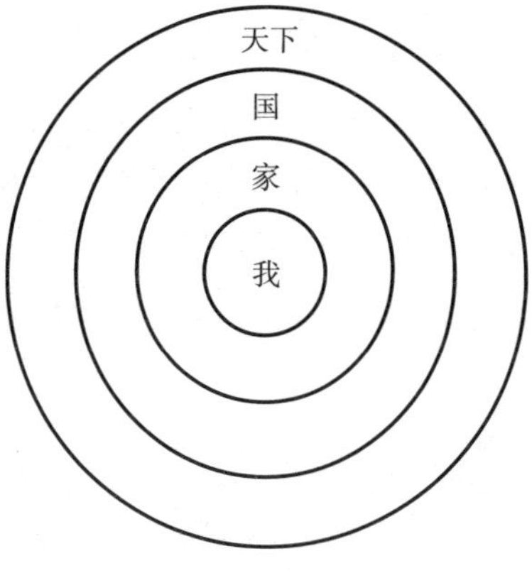

修齐治平图

中国的旧家庭，以父子弟兄叔侄同居为美谈，这种制度是渊源于儒家之性善说。欧洲社会主义倡始者，如圣西门诸人，都说“人性是善良的”，与儒家之学说相同，故生出来的制度也就相同。福利埃主张建筑同居舍，以一千六百人同居一舍，其制尤与中国家庭相似。讲共产的人，主张“各尽所能，各取所需”，我国圣贤所创的家庭制，即是想实行此种主张，一家之中，父子弟兄叔侄，实行共产，能读书的读书，能耕田的耕田，能做官的做官，其余能做何种职业，即做何种职业，各人所得之钱，一律归之公有，这即是“各尽所能”了；一家人的衣食费，疾病时药医费，儿童的教育费，老人的赡养费，一律由公上开支，这可谓“各取所需”了。我们试想，以父子兄弟叔侄骨肉之亲，数人以至数十人，在一个小小场所，施行“各尽所能，各取所需”的组织，都还行之不通，都还要分家，何况聚毫无关系之人，行大规模之组织，怎么会办得好？中国历代儒者，俱主张性善说，极力提倡道德，极力铲除自私自利之心，卒之他们自己的家庭，也无一不是分析了的，这都是由于性善说有破绽的缘故。

孙中山的理想社会则不然，他主张的共产，是公司式的共产，不是家庭式的共产。他建国方略之二，结论说：“吾之国际发展实业计划，拟将一概工业，组成一极大公司，归诸中国人民公有。”民国十三年，一月十四日，他对广州商团警察演说道：“民国是公司生意，赚了钱，股东都有份。”又说：“中华民国是一个大公司，我们都是这个公司内的股东，都是应该有权力来管理公司事务的。”十三年三月十日，对东路讨贼军演说道：“把国家变成大公司，在这个公司内的人，都可以分红利。”又说：“中华民国，是四万万人的大公司，我们都是这个公司内的股东。”由此可知孙中山的理想社会，是公司式的组织，绝非家庭式的组织，现在欧美的大公司，即可说是孙中山主义的试验场所。欧美各公司的组织法，比中国家庭的组织法好得多，这是无待说的，所以我们讲共产，应当来欧美公司式，不当采中国家庭式。家庭式的共产制，建筑在性善说上，带有道德作用和感情作用，公司式的共产制，是建筑在经济原则上，脱离了道德和感情的关系。欧洲人的家庭组织，与中国人不同，他不知中国家庭之弊，故理想中的社会走入了中国家庭式的轨道，孙中山是中国人，深知旧式家庭之弊，所以他的理想社会，采取欧美公司式，真可谓真知灼见，现在崇拜欧化的人，一面高呼打倒旧家庭，一面又主张“各尽所能，各取所需”的家庭式共产制度，未免自相矛盾。

孙中山民生主义，是建筑在经济原则上，脱离了道德和感情的关系，我这话，是有实证的。《民生主义》第四讲说：“洋布便宜过于土布，无论国民怎么提倡爱国，也不能够永久不穿洋布，来穿土布……或者一时为爱国心所激动，宁可愿意牺牲，但是这样的感情冲动，是和经济原则相反，是不能持久的。”我们读这一段文字，即知孙中山对于人性之观察……惟公司式的共产则不然，股东中有在公司中办事的人，予以相当的报酬，不愿在公司中办事的人，听其自由，如此则“有所能而不尽”，也就无妨于事了。股东要需用公司中所出物品，由各人拿钱来买，自然不会有“取所需而无厌”的事，这就是公司式的共产远胜家庭式共产的地方。中国的旧家庭，往往大家分小家，越分越小，欧美的公司，往往许多小公司，合并为一大公司，越合越大。中国旧家庭，数人或十数人，都会分裂，欧美大公司，任是几百万人，几千万人，都能容纳，我们把这种公司制扩大，使它容纳四万万人，就可成为全国共产，再扩之能容纳十五万万人，就可成为世界共产，这即是大同世界了。

我把中国的旧家庭，看做欧洲社会主义者的试验场所，把欧美的大公司，看做孙中山主义的试验场所，就试验的结果，下一断语曰：“公司式的共产制可以实行，家庭式的共产制不可实行。”将来我们改革社会，订立制度的时候，凡与中国家庭制类似的制度，都该避免，遇有新发生的事项，我们即在欧美公司中搜寻先例，看公司中遇有此类事项，是用什么方法解决，如此办去，方可推行无阻，著者有了此种意见，所以第五章解决社会问题的办法，是采用公司制的办法。

我著《心理与力学》，创一臆说曰：“心理变化，循力学公例而行。”此发表后，很有些人说我是牵强附会的，后来我曾经考得：欧洲十七世纪时，有白克勒者，曾说：“道德吸引，亦若物理之吸力。”他尝用离心力和向心力，以解释人类自私心和社交本能。又十八世纪与十九世纪之初，曾有人用牛顿之引力律，以解释社会现象。可知我所说的，古人早已说过，并不是何种新奇之说。又我主张性无善无恶，这个说法，中国告子早已说了的，告子说：“性犹湍水也。”湍水之动作，纯是循着力学公例走的。我说：“心理变化，循力学公例而行。”算是把告子和白克勒诸人之说，归纳拢来的一句话，既是中外古人，都有此种学说，我这个臆说，或许不会大错。我用这个臆说去考察孙中山的学说，就觉得他是深合宇宙自然之理的，他改革社会的办法，确与力学公例符合。兹再举两例如下：

孙中山主张平均地权，他说：“令人民自己报告地价，政府只定两种条件，一是照原报的价抽税，一是照价由政府收买。这个办法，可使人人不敢欺蒙政府，不敢以多报少，或以少报多，效用是很妙的。因为人民以少报多，原意是希望政府去买那块地皮，假设政府不买，要照原报之价去抽税，岂不受重税之损失吗？至于以多报少，固然可以减轻税银，假若政府要照原价收买，岂不是因为减税，反致亏本吗？地主知道了这种利害，想来想去，都有危险，结果只有报一个折中的实价，法则之善，是再无有复加的。”（见《孙中山演说集》第一编《三民主义》）他这个办法，即是暗中运用力学原理。地价报多报少，可以自由，这是离心力，但是报多报少，都怕受损失，暗中有一种强制力，即是向心力，两力平衡，就成为折中之价了。孙中山讲民权主义曾说：“机器之发动，全靠活塞，从前的活塞，只能推过去，不能推回来，必用一个小孩子，去把它拉转来，后来经一个懒孩子的发明，逐渐改良，就成了今日来往自如的活塞，推过去了之后，又可以自动地拉回来。”这是由于从前的机器只有推出去的离心力，没得拉回来的向心力，后来经懒孩子的发明，把二力配置停匀，机器就自能运动不已，不需派人拉动了。外国对于地价一层，设专官办理，不时还要发生诉讼之事，就像从前的活塞要派小孩子拉动一样，偶尔管理不周，机器就会发生毛病，这是由于此种制度，未把二力配置停匀之故。孙中山定地价的法子，内部藏有自由和强制两个力量，这两个力量是平衡的，所以不需派人去监督，人民自然不会报多报少，真是妙极了，非怪他自己称赞道：“法则之善，无有复加。”

更以孙中山之考试制言之，中国施行考试制的时候，士子愿考与否，听其自由，这是离力，考上了有种种荣誉，使人歆（xīn）羡，又具有引力，二力是平衡的，所以那个时候的士子，政府不消派人去监督他，他自己会三更灯火五更鸡，发愤用功。现在的学生，若非教职员督课严密，学生就不会用功，就像从前机器中的活塞，要派一个小孩子去拉动一般。现在各省设教育厅，设省视学，各县设教育局，设县视学，各校又设校长和管理员，督促不可谓不严，而教育之窳（yǔ）败也如故，学生之嬉惰也如故，其所以然之理，也就可以想见了。孙中山把考试制采入五权宪法，厘定各种考试制度，以救选举制度之穷，可算特识。

综上所述，可知孙中山主义，纯是基于宇宙自然之理，其观察人性，绝未落性善性恶窠臼，我们用物理学的眼光看去，他的主张，无一不循力学公例而行，无一不合科学原理。

世界进化之轨道

我的主张，可以二语括之曰："对内调和，对外奋斗。"现在列强以不平等待我，故当取奋斗主义，等到他们以平等待我了，对外即改取调和主义。我们此时唯一的办法，在首先调和内部，必须内部调和，才能向外奋斗，能够向外奋斗，内部才能调和，二者是互相关联的，但是根本上调和的方法，尤在使全国人思想一致，要想使全国人思想一致，非先把各种学说调和一致不能成功。

大凡一国之中，每一制度俱与其他制度有连带关系，我们试把古今中外会通视之，即知每一时期的制度都有共通的性质，都与那个时期的情形相适应，犹之冬寒夏暑一般，每一时期的饮食衣服，俱与那个时期气候相适应。我们如想改革社会，应当先把世界进化之趋势审察清楚，一切设施才不至违背潮流。前一章，人性善恶之研究，是置身在斯密士和孙中山学说之内部，搜寻它的立足点，这一章，是站在他们学说之外部，鸟瞰世界之趋势。譬如，疏导河流者，必须站在河侧高山之上，纵览山川形势，与夫河流方向，才知道何处该疏漏，何处该筑堤。兹将我所研究者，拉拉杂杂地写它出来。我这种研究，有无错误，还望阅者诸君指正。

禹会诸侯于涂山，执玉帛者万国，成汤时三千国；周武王时，一千八百国；到了春秋的时候，只有二百几十国；到了战国的时候，只有七国；到了秦始皇的时候，就成为一统。以后虽时有分裂，然不久即混一，仍不害其为一统之局。欧洲从前，也是无数小国，后来也是逐渐合并，成为现在的形势。由此知世界的趋势，总是由数小国，合并为一大国，由数大国，合并成一更大之国，渐合渐大，国数亦渐少，由这种趋势观去，终必至全球混一而后止。现在国际联盟，是全球混一的动机，发明了世界语，是世界同文的预兆，这种由分而合的趋势，我们是应该知道的。

我们熟察宇宙一切事变，即知道社会进化是以螺旋线进行，不是以直线进行。螺旋式的状态，是纵的方面越深，横的方面越宽。例如，现在列强并峙，仿佛春秋战国一般，但是现在范围更广大，文化更进步，这就是螺旋式的进化。古人每说："天道循环，无往不复。"可知他们已窥见这种回旋状态，但他们不知是螺旋形，误以为是环形，所以才有“循环无端”之说。假使宇宙事事物物之进行，都是循着一个圈子，旋转不已，怎么会有进化呢？我国古来流传有循环无端的谚语，所以才事事主张复古，这都是由于观察错误所致。古人说：“天遵循环。”今人说：“人类历史，永无重复。”我们把这两说合并拢来，就成一个螺旋式的状态了。

我国的兵制，可分为三个时期。春秋战国的时候，国际竞争剧烈，非竭全国之力，不足以相抗，故那时候行征兵制，全国皆兵，这算是第一个时期。后来全国统一了，没得国际的战争，虽间有外夷之患，其竞争也不剧烈，无全国皆兵之必要，故第二个时期，就依分工之原则，兵与民分而为二，民出财以养兵，兵出死以卫民，就改行募兵制。现在入了第三个时期，欧亚交通，列强并峙，国际竞争剧烈，非竭全国之力，不能相抗，又似有全国皆兵之趋势。但务必强迫人民当兵，回复第一时期的制度，社会上一定纷扰不堪。这个时期的办法，应取螺旋进化的方式，参用第一时期的征兵制而却非完全征兵制，把募兵制与全国皆兵之制，融为一致。平日用军事教育训练人民，即寓全国皆兵之意，有事时仍行招募法，视战事之大小，定招募之多寡，规定每省出兵若干，由各省酌派每县募若干，再由各县向各乡村分募，以志愿当兵者充之。我国人口四万万，世界任何国之人口，俱不及我国之多，故与任何国开衅，均无须驱全国之人与之作战，只须招募志愿当兵之人，已经够了。鼓之以名誉，予之以重赏，自不患无人应募，且此等兵出诸自愿，其奋勇敌忾之心，自较强迫以为兵者热烈得多。否则把那些怯懦无勇的人，强迫到军中来，凑足人数，反是坏事不小。这个办法，可用力学公例来说明。当兵与否，听其自由，这是一种离力；当兵者享美名，得厚赏，又足以使人欣羡，是为一种引力。二力保其平衡，愿当兵者与不愿当兵者，各得所欲，社会上自然相安。又战事终了之后，解散军队，最为困难，如用上述招募法，事平后，由原籍之省县设法安插，就容易办理了。

我国婚姻制度，也可分为三个时期。上古时男女杂交，无所谓夫妇，生出之子女，知有母而不知有父，这个时候的婚制，只有离心力而无向心力，是为第一个时期。后来制定婚制，一与之齐，终身不改，夫妇间即使有非常的痛苦，也不能轻离，是为有向心力而无离心力，这是第二个时期的婚制。到了现在，已经是入了第三个时期，这个时期，是结构自由，某女不必定嫁某男，而某男之爱情足以吸引她，某男不必定娶某女，而某女之爱情足以吸引他，由离心向心二力之结合，就成为第三时期的自由婚制。此种婚制，本来掺得有一半上古婚制，也是依螺旋式进化的，许多青年男女，看不清这种轨道，以为应该回复上古那种杂交状态，就未免大错了。

欧洲人民的自由，也可分为三时期。上古人民，穴居野处，纯是一盘散沙，无拘无束，极为自由，是为第一个时期。中古时，人民受君主之压制，言论思想，极不自由，是为第二个时期。自法国革命后，政府干涉的力量，和人民自由的力量，保持平衡，是为第三个时期。以力学公例言之，第一时期，有离心力而无向心力；第二个时期，有向心力而无离心力，第三时期，向心离心二力，保其平衡。从表面上观之，这第三时期中，掺有第一时期的自由状态，似乎是回复第一时期了，而实非回复第一时期，乃是一种似回复非回复的螺旋状态。卢梭生当第二时期之末，看见那种回旋的趋势，误以为应当回复到第一时期，所以他的学说，完全取第一时期之制以立论，以返于原始自然状态，为第一要义。他说："自然之物皆善，一入人类之手，乃变而为恶。"他的学说，有一半合真理，有一半不合真理，因其有一半合真理，所以当时备受一般人之欢迎，因其有一半不合真理，所以法国大革命的时候，酿成非常骚动的现象，结果不得不由政府加以干涉，卒至政府干涉的力量，与人民自由的力量，保持平衡，社会方才安定，此乃天然之趋势。惜乎卢梭倡那种学说之时，未把这螺旋式进化的轨道看清楚，以致法国革命之初，冤枉死了许多人。

人类分配财产的方法，第二章内，曾经说明，是分三个时期。第一个时期，地球上的货财，为人类公有；第二个时期，把地球上的货财，攘为各人私有；第三个时期，公有私有，并行不悖。到了第三时期，俨然是把个人私有物分出一半，公诸社会，带得有点回复第一时期的状态，实际是依螺旋式进化，并非回复到第一时期。

我们把时代划分清楚，就知道何种学说适宜，何种学说不适宜。我们现在所处的时代，是第二时期之末，将要入第三时期了，斯密士自由竞争的学说，达尔文优胜劣败的学说，都是第二时期的产物，故施行起来，能生效，其说能耸动一时，但律以第三时期，则格不相入。所以斯密士之学说，会生出资本家专制之结果，达尔文之学说，会生出欧洲大战之结果，穷则变，因而产出共产主义，以反对斯密士之学说，产出互助论，以反对达尔文之学说。这共产主义和互助论，宜乎是第三时期的学说了，而却又不然，因为第三时期之学说，当折中第一时期和第二时期之间。

克鲁泡特金之互助论，确是第三时期的人应当行的轨道，惜乎克鲁泡特金，发明这种学说，是旅行西伯利亚和满洲等处，从观察动物和野蛮人生活状态得来的，他理想中的社会，是原始的状态，换言之，即是无政府状态。因之他极力提倡无政府主义，他的学说，也是有一半可取，有一半不可取。

我们会通观之，凡是反对第二时期制度之人，其理想中的社会，俱是第一时期的社会，中国人之梦想华胥国，梦想唐虞，与夫欧洲倡社会主义的人，倡无政府主义的人，倡民约论的人，俱是把第一时期的社会，作为他们理想中的社会，俱是走入相同的轨道，他们这些人，都说人性皆善，也是走入相同的轨道，这是很值得研究的事。此外凡是不满意现在制度的人，其理想中的社会，无一不是原始状态，例如，打倒知识阶级，与夫恋爱自由等说法，都是回复原始时状态。我们用这种眼光，去研究现在各种学说，孰得孰失，就了如指掌了。

孙中山的学说，是公有的赀财和私有的赀财并行不悖。他主张把那应该归公有者，归还公家，似乎是回复第一时期了，然而私有权仍有切实之保障，则又非完全回复第一时期。这种似回复非回复的状态，恰是依着螺旋进化的轨道走的。

我们要解决社会问题，当知我国情形与欧美迥然不同，我国未通商以前，无论谁贫谁富，金钱总是在国内流转，现在国内金钱，如水一般，向外国流去。例如，外国运洋纱洋油，到中国来卖，我们拿金钱向他买，不久衣穿烂了，油点干了，金钱一去，永不回头，这是一种变相的抢劫。我国现在的情形，犹如匪徒劫城，全城之人，无一不被动，不过受害有轻重罢了。我们对付外国劫城，当行坚壁清野之法，不购外货，使他无从掠夺，才是正办。外国工人，受欧美资本家之压迫，我国人民，也受欧美资本家之压迫，彼此的敌人是相同的，我国抵制外货和外国工人罢工，乃是一贯的策略，欧美工人攻其内，我们防堵于外，那些大资本家，自然就崩溃了。孙中山主张收回关税，以免外货之压迫，即是坚壁清野的办法，所以孙中山主义，在我国是很适宜的。

资本家的剩余价值，是从掠夺机器生产力得来，换言之，即是掠夺了全人类的劳力，他并莫有掠夺自己厂内工人的劳力，因为厂内工人，他给了相当的工价，就不能坐以掠夺之罪，唯有他把厂内制出之货，销售于世界各国，全世界的人，就受其掠夺了。例如，我国人口四万万，男女各半，我国女子，自古以纺织为业，自从洋纱洋布输入中国，女子纺织之事，遂至绝迹，这就是掠夺了二万万女子的职业，虽有劳力，无所用之。诸如此类，不胜枚举。由此知欧美工业发达，全人类的劳力，都被资本家掠夺了，所以凡是由机器生出来的纯利，必须全人类平摊，在道理上才讲得通。

世界上的金钱，与夫一切物品，都是从地球中取出来的，我们人类，如果缺乏金钱，抑或想享受愉快的生活，只消向地球索取就是了。不料欧洲那些讲强权竞争、优胜劣败的学者，只教人向人类夺取，不知向地球索取，真可谓误人误己。地球是拥有宝库的主人翁，人类犹如盗贼一般，任你如何劫压，主人毫不抗拒。欧洲大战，杀人数千万，恰像一伙劫贼，在主人门外，互相劫杀，你剥我的衣服，我抢你的财物，并不入主人门户一步，闹到一齐受伤，遍体流血，这伙劫贼，才讲和而散。地球有知，当亦大笑不止，推原祸始，那充当群盗谋主的达尔文，实在不能辞其责。孙中山的实业计划，是劫夺地球的策略。

世界的纷争，实由机器生产力和地球生产力不相调协，才酿出来的。欧洲工业国，机器生产力，发达到了极点，不能不在国外寻销场，寻原料，所以酿成大战；而世界之农业国，则地中生产力，蕴藏而不能出，货弃于地，殊为可惜，有了这种情形，农业国，工业国，就有通功易事之必要了。无如列强专以侵夺为目的，迷梦至今未醒，奈何奈何！

列强既执迷不悟，我们断无坐受宰割之理，也无向他摇尾乞怜之理，只有修明内政，准备实力，与之周旋，一面组织弱小民族联盟，仿苏秦联合六国的办法，去对付五大强国即是了，以修明内政为正兵，以联合弱小民族为奇兵。苏秦的方法，是“秦攻一国，则五国各出锐师以挠秦，或救之，有不如约者，五国共攻之”。现在五大强国是秦人，世界弱小民族是六国，我们把世界弱小民族联合起来，互相策应，多方以挠之，这个办法，有种种胜算：（1）世界弱小民族人数多，各强国人数少；（2）弱小民族利害相同，容易联合，各强国利害冲突，举动不能一致；（3）弱小民族大概是农业国，列强大概是工业国，他们的原料和销场，尝仰给农业国，可以说强国人民的衣食，仰给予弱小民族，弱小民族的衣食，不仰给予他们。以上三者，皆是弱小民族占优胜。我们把弱小民族联合起来，向列强进攻，予他一个重大打击，其入手方法，即是不供给他的原料，不购他的货物，采用甘地的办法，为大规模之组织，列强能悔祸固好，如可开衅，我们就一致动作起来，明知世界大战终不能免，不如我们先动手，经过一次大战，然后才有和平之可言。这是弱小民族，生死关头，断无退让之理，等到各强国创痛巨深，向弱小民族求和的时候，才提出最平等之条件，与之议和，农业国出土地和工人，工业国出机器和技师，所得利益，按照全世界人口平均分摊，不达到此项目的，决不与之妥协。只要弱小民族能够努力，大同世界，未必不能实现。此种办法，是顺着进化轨道走的，这种轨道孙中山看得极清楚，他主张联合弱小民族的十二万万五千万人，去攻打列强的二万万五千万人，就是顺着这轨道走的。

苏秦联合六国以抗强秦的法子，是他发箧读书，经过了刺股流血的工夫，揣摩期年，才把他发明出来的，我们不可因苏秦志在富贵，人格卑下，就连他的法子都轻视了。苏秦的法子，含得有真理，是以“平”字为原则，与孙中山所讲民族主义相同。他说六国,纯用“宁为鸡口,毋为牛后”等语，以激动人不平之气，与孙中山所讲次殖民地等语，措辞相同。苏秦窥见了真理，自信他的法子会生效，所以他自己说道：“此真可以说当世之君矣。”果然出来一说就生效，六国都听他的话，以他为从约长，他的计划成了，秦人不敢出关者十五年，这个法子的效力，也就可以想见了。可惜苏秦志在富贵，佩了六国相印，就志满意得，不复努力，以致六国互相攻伐，从约破裂，后来误信张仪之话，联袂事秦，遂一一为秦所灭。今日主张亲美亲日亲英法等，都是走入了六国西向以事强秦之轨道，可为寒心！

现在弱小民族，被列强压制久了，一旦有人出来联合，是非常容易的。威尔逊揭出“民族自决”之标语，大得世界之欢迎，但自决云者，不过叫他自己解决罢了，还没有说帮助他，我们如果揭出“弱小民族互助”的标语，当然受加倍的欢迎。《孙中山演说集》说：日俄战争的时候，俄国由欧洲调来的舰队，被日军打得全军覆没，这个消息传出来，孙中山适从苏伊士运河经过，有许多土人，看见孙中山是黄色人，现出很欢喜的样子来问道：“你是不是日本人呀？”孙中山答应道：“我是中国人，你们为什么这样高兴呢？”他们答应道：“我们东方民族，总是被西方民族压迫，总是受痛苦，以为没有出头的日子，这次日本打败俄国，我们当做是东方民族打败西方民族，日本打胜仗，我们当做是自己打胜仗一样，这是一种应该欢喜的事,所以我们便这样的高兴。”（见《演说集》第五编《大亚洲主义》）我们读了这段故事，试想日本打败俄国，与苏伊士运河侧边的土人何关？日本又没有说过一句要替他们解除痛苦的话，他们表现出这种状态，世界弱小民族的心理，也可窥见一斑了。我们中国，如果揭出“弱小民族互助”的旗帜，真可谓世界幸福，这种办法，是促成世界大同的动机，将来世界大同了，不但是弱小民族之幸，也是列强之幸。

世界革命，是必然之趋势，社会主义国际化，也是当然之事，而今应该由中国出来，担负世界革命的任务，把三民主义普及全世界。其方法也和革满清的命一样，从宣传入手。我国人民四万万，世界各处都布散得有，宣传起来，非常容易。我们须知世界大战，爆发在即，一开战我国势必牵入旋涡，那时费尽气力，饱受牺牲，还不得好结果，不如我们早点从事此项工作，或许能够制止大战，使它不至发生。何以言之呢？因为前次欧战，列强全靠属国之兵助战，我国用宣传的方法，把他属国人民的心理改变了，釜底抽薪，未必非制止大战之一法。

现在之国际联盟，可以说是强国联盟，是他们宰割弱小民族之分赃团体，像我国济南惨案这类事，与其诉诸国际联盟，不如诉诸弱小民族，与其派人到欧美去宣传，不如派人到印度非洲南洋等处去宣传。我国在列强中，诚渺乎其小，但在被压迫民族中，则是堂堂一大国。我国素重王道，向不侵凌小国，在历史上久为世界所深信，由我国出来提倡世界革命，当然比俄国更足取信于人，兼之孙中山三民主义之学理，讲得更彻底，施行起来，任何民族都能满意。我们对世界弱小民族，以“平”字为原则；对五大强国，亦以“平”字为原则，决不为丝毫已甚之举，本着此项宗旨做去，一定收绝大效果。孙中山抱大同思想，以天下为公，将来把三民主义普及全世界，实现大同，完成孙中山之遗志，发扬中国之光辉，然后才可谓之革命成功。

我格外还有层意见，也可提出来研究。古人说：“外宁必有内忧。”几乎成了一定不移之理。晋武平吴过后，跟着就有八王之乱；洪秀全取了南京，跟着就有韦杨之乱；去岁革命军取得武汉江西南京之处，跟着就宁汉分裂；现在定都南京，全国统一，而内部意见分歧，明争暗斗，日益激烈。大家高呼打倒某某，铲除某某，其目标全在国内，我们应设法把目标移向国际去，使全国人的视线一致注视外国，内部冲突之事自然可以减免。我主张由我国出来组织弱小民族联盟，大家努力去做世界革命的工作，这即是转移目标之法。目标既已转移了，内部意见，自然可以调和。

举个例来说：刘备和孙权，本来是郎舅之亲，因为大家都以荆州为目的物，互相争夺，闹得郎舅决裂，夫妇生离，关羽被杀，七百里之连营被烧，吴蜀二国，俨然成了不共戴天之仇。后来诸葛亮提出联盟伐魏的政策，以魏为目的物，大家的视线，都注向魏国，吴蜀二国的感情，立即融洽，彼此合作到底。后来诸葛亮和孙权死了，后人还继续他们的政策，直到司马昭伐蜀，吴还遣兵相救，及闻后主降了，方才罢兵。这就是目标转移了，感情就会融洽的明证。诸葛亮和孙权，都是人杰，他们这种政策，我们很可取法。

我的主张，可以二语括之曰："对内调和，对外奋斗。"现在列强以不平等待我，故当取奋斗主义，等到他们以平等待我了，对外即改取调和主义。我们此时唯一的办法，在首先调和内部，必须内部调和，才能向外奋斗，能够向外奋斗，内部才能调和，二者是互相关联的，但是根本上调和的方法，尤在使全国人思想一致，要想使全国人思想一致，非先把各种学说调和一致不能成功。这个道理，留到第六章再说。

解决社会问题之办法

至于改革社会之程序，我主张从乡村办起走，以每一乡村为一单位，各办各的，因为改革之初，情形复杂，应该各就本地情形，斟酌办理，才能适合，如有窒碍处，随时改良。等到各乡村办好了，才把全县联合起来，各县办好了，才把全省联合起来，各省办好了，才把全国联合起来，将来世界各国办好了，把全球联合起来，就是大同世界了。

改革社会，犹如医生医病一般，有病之部分，应该治疗，无病之部分，不可妄动刀针；社会上有弊害的制度，应该改革，无弊害的制度，不可任意更张，致滋纷扰……这是我们应该注意的。前数章俱系理论上之讨论，这一章是讨论实施办法。关于办法上应该讨论者，可分作两层，一是旧社会之经济制度，应如何结束；二是新社会之经济制度，应如何规定。本章就是在这两点上加以讨论。

土地和机器，该归公有，理由是很正当的。但是已经归入私人之土地机器，究竟该用什么手段把它收归公家，这是亟待研究的。我国私人的土地和机器，都是用金钱购来的，细察他们金钱之来源，除少数人是用非理手段从人民手中夺取者外，余人的金钱，大概是由劳心劳力得来的，换言之，即是用私有的脑力体力换来的。我们既承认脑力体力是个人私有物，如果把地主的土地和厂主的机器无代价地没收了，就犯了夺私有物以归公之弊，社会上当然起绝大的纠纷，当然发生流血惨祸。凡事以平为本，把私人的土地和机器抢归公有，这算是极不平之事，不平则争……关于这一点，孙中山认得最清楚。《民主主义》第二讲："我们所主张的共产，是共将来不共现在，这种将来的共产，是很公道的办法，以前有了产的人，决不至吃亏，和欧美所谓收归国有，把人民已有了的产业，都抢去政府里头，是大不相同。"

从前美国北方各省，主张释放黑奴，南方各省，也未尝不赞成，只是要求给以相当的代价。那个时候，有几百万黑奴，其代价约需银几百万万元，政府无这笔款，去偿还黑奴的主人，才发生战事。一共血战五年，双方都非常激烈，为世界大战之一。此次战争，比美国独立战争，损失更大，流的血也更多，后来南方战败，才无代价地把黑奴释放了。我们可以说释放黑奴之战，是发源于债务的关系，假如当日的美国政府，有几百万万元去偿还黑奴的主人，这种流血惨祸，当然可以避免。后来虽说把黑奴释放了，目的得达，但这五年血战中，牺牲的生命财产，也就不少了，其代价也不可谓不大。犹幸是北方战胜了，万一战败，那更是无谓之牺牲了。现在把私人的土地和机器收归公有，其事与释放黑奴相类。美国当日勒令南方各省释放黑奴，不给代价，才发生大杀戮，我们为避免大战争、大杀戮起见，当然采用孙中山办法，购归公有。

现在政局纷乱，一切改革事项，当然说不上，但是，就学理上言之，将来改革经济制度，究竟当采用何种方式呢？我们不妨预先讨论，等到有了人民可以信托之廉洁政府，才好实行。据著者个人的主张，凡是使用机器的工厂、轮船和铁道等，一律由公家办理，其有私人业已办理者，由公家照价收买，全国土地，一律由公家备价收买，私人要使用土地者，一律向公家承佃，把旧日缴与地主的租价，缴与公家，公家收得此款，作为全国人民公用。如此则全国之人，无一不享受租金之利，即是无一不享受地主之权，换言之：无一人不是佃户，也即是无一人不是地主。孙中山所谓平均地权，就完全实现了。

但其中最困难者，就是收买的经费太大，无从筹措。现在中国工业未发达，使用机器的工厂也少，轮船、铁路也少，公家收买起来，倒还容易，只是中国土地如此之广，地价如此之昂，如果照价收买，比释放黑奴的代价不知高过若干万倍，美国当日，尚苦无款偿黑奴主人，我国今日，怎么会有这宗巨款，去偿还地主？关于这一层，孙中山是虑到了的，所以他于照价收买之外，再定一个照价抽税的法子。他的办法，是把地价确定了，令地主按年纳税，以后地价增长了，多得的利益，仍归公家，遇必要时，才照价收买。他就是因为政府无这笔巨款，来收买全国土地，才想出这种照价抽税的办法，以济照价收买之穷。

现在亟须筹划的，就是款项一端，这种收买全国土地的款，究竟从何筹措呢？著者主张第一步的办法，就是规定银行由国家设立，不许私人设立，人民有款者，应存入银行，需款者应向银行借贷，其有私相借贷者，将来有赖骗等事，法律上不予保护，人民以金钱存入外国银行者，查确后，取消国籍，逐出国外。又于华侨所在地，设立国家银行，存储华侨之款，有款不存入本国银行者，取消国籍，不予保护，一面由银行发行国家钞票，内地交易，纯用国家钞票，人民持外国钞票向银行存放者，不予收受。如此则外国钞票即被驱逐了，人民的金钱，完全集中于国家之手，国家要收买土地和举办大实业，就不患无款了，孙中山所谓发达国家资本就算办到了。

银行贷出之息，与存入之息，为二与一之比，例如，人民存入银行之款，定为月息六厘，人民向银行贷款，则定为月息一分二厘，如此则一进一出之间，银行可得月息六厘，人民有款放借者，无异于将资金缴一半与公家。现在购买土地者，其利也不过几厘，并且买地时须过税，每年须上粮，不时还有派逗等事，今定为银行存款，月息六厘，其利也不为薄。通常人民借贷之利，每月一分几或二三分不等，以著者所居自流井之地言之，每当银根枯窘时，月息有高至五六分者，今定为向银行贷款得，月息一分二厘，其利也不为贵。像这样办去，公家坐享大利，而于存款者，贷款者，仍两无所损，那些用大利盘剥的人，就无所用其技了。

有人主张废除利息，这却可以不必。因为人民的金钱，是从劳力得来的，人民以金钱存入银行，由公家拿去作社会上种种公益，即无异把劳力贡献到社会上，谋种种幸福。此等人是应该奖励的，银行给予之利息，即可视为一种奖励金。

又有主张废除金钱，发行劳动券者，更可以不必。资本家之专横，是由于土地和机器许私人占有，才生出来的，与金钱制度何干？我们把土地、机器收归公有，又不许私相借贷，虽有金钱，成了英雄无用武之地，也就无害于社会了。拿劳动券去换取衣食住，其实效与金钱何异？现在的金钱，我们又何尝不可把它当做一种劳动券呢？主张发行劳动券之人，其用心未免太迂曲了。

我们把银行组织好了，就可着手收买全国的土地了。照孙中山的办法，是命地主自将地价呈报到政府，我们收买之时，恐怕地主所报地价有以少报多之弊，可用投标竞佃法（川省各县教育局所辖产业，多作投标竞佃法，颇称便利），用投标竞佃，以定租金，然后据租金之多寡，以转定地价。例如，某甲在乡间，有地若干亩，由政府将其地投标竞佃，假定投标结果，得年租七百二十元，以月息六厘计，即定为地价一万元。由银行收入某甲存款一万元，月付息六十元，其欲用现款者，以钞票付给之，公家收入之租息，与银行支付之利息相等，仿佛公家是替私人经管产业一般，公家本然无利可图，但经公家收买过后，可用大规模之组织来改良土地，每年增加的利益，就完全归诸公有了。

投标之时，即以地主所报之价为标准，假定某甲所报地价是一万元，投标结果，租息最高额是七百二十元，我们即认定地主所报之价是确定的，即由银行收入某甲存款一万元。如果投标结果，依租息计算，该一万一千元，我们因为他原报之价是一万元，银行只能收入某甲一万元，如果依租息计算，只该九千元，我们就认定某甲有意欺蒙政府，罚他一千元，银行中只收他八千元的存账。我们定出此种办法，地主呈报地价，自必非常审慎，绝不敢以少报多。

著者主张“全国土地，应一律由政府备价收买，不许私人占有”。向友人谈及，友人即说道：中国哪有这笔巨款来收买？我即把组织银行和集中全国金钱的办法说与他听，见得收买土地，不愁无款，听者每每驳我道：孙中山定的法子，是“照价抽税”和“照价收买”两种，你单取“照价收买”这一种，把“照价抽税”那一种抹杀了，把私人所有权完全夺去，与孙中山主义不合；并且投标竞佃之法，孙中山也莫有说过，施行起来，未免与他的办法冲突。我说道：我所说的，与孙中山主义并无不合，办法也无冲突。孙中山的办法是：“由地主呈报地价，政府照价抽税，将来地价增加之利益，全归公家，公家如要收买，照原报之价，给予地主。”照他这个办法，则是地主报价之时，所有权已经转移与公家去了，所以日后增加之利益，全归公有，收买之时，只照原价给予；如果地主的所有权，尚未消失，则增加之利益，应归地主所有，政府收买之时，当另行议价。我们因此知“照价抽税”和“照价收买”，只算是一个办法，并不是两个办法。孙中山本来想把全国土地，一律照价购归公有，因为无此巨款，才想出照价抽税的办法，先把所有权转移了，把地价确定了。暂不付价，等到随后有钱之时才付价，我们只要有款，早点付价，又何不可之有？

土地是公有物，应该归公，金钱是私人脑力体力掉换来的，应该归私。孙中山的民生主义，我可以替他下一条公例曰：“金钱可私有，土地不能私有。”因此之故，他才规定以金钱给地主，把土地收归公有，所以我主张全国土地一律由公家备价收买，与孙中山主义并无违反。至于我所说投标竞佃的法子，乃是照价收买时，一种补充办法，对于地主所报之价，予以一种测验，与孙中山的办法，丝毫没有冲突。

社会问题中，最难解决的，就是土地问题，我们只要把土地问题解决了，其余的就容易解决了，收买工厂、轮船和铁道等项，都是很容易的事，我主张解决社会问题的办法，可括为数语曰：“地球生产力和机器生产力，完全归公，脑力和体力，完全归私，使用机器的工业归公，不用机器的工业归私，大商业归公，小商业归私，贷款的利息，一半归公，一半归私。”如此办理，则个人主义和社会主义，两相调和，与孙中山民生主义的精神就符合了。

我们既承认脑力体力是个人私有物，所以凡服务社会，就该给以相当代价，不能把他的脑力体力看做社会公有物，任意没收。各人的资禀不同，才能不同，应听其择业自由，各就其性之所近，自去选择职业，欲务农者，向公家承佃土地，欲做工者，向工厂寻觅工作，其愿当官吏教员及从事他种职业者亦同，因劳动的种类不同，所得的报酬也不同。表面上看去，似乎不平等，其实不然，这个道理，与民权主义是一样。孙中山说：“天生万物，除了水面以外，没有一物是平的，各人的聪明才力，有天赋的不同，所以造就的结果，当然不同，造就既不同，自然不能平等，如果把他们压下去，一律要平等，世界便莫有进步，人类便要退化。”所以孙中山主张的民权平等，是各人在政治上立足点平等，不是从上面压下去，成为平头线的平等。因此我们主张的经济平等，也不是把平等线放在平头上，成为国中贫富相等，是把平等线放在立足点，使各人致富的机会平等，或贫或富，纯视各人努力与否以为断。

关于商业问题，我以为日常生活必需之品，如果一律由国家经营，那就不胜其繁了，因此我主张大商业归公，小商业归私，但是大小界限，如何划分，这是很费研究的。我主张施行之初，可定为国际贸易归公，国内贸易归私，国家向外国购买大批货物，分售与人民，人民有货欲销售外国者，由国家承买，转售与外国。我国闭关数千年，并未产生何种大资本家，可知国内贸易并非造成资本制度之主因，故国内贸易，可以听人民自由经营。我们把国际贸易归公办到了，再看国内情形如何，并可进而规定国内某种商业亦应由国家经营，私人不得经营。关于机器方面，亦可规定某种机器，私人不得使用。此种办法，必须到了实施之时，斟酌现情而为之，此时不能一一预定。我们不许私人购买土地，不许私人使用机器，不许私人设立银行，不许私人经营国际贸易，孙中山所谓节制私人资本，就算达到了。

依上述办法，国家把土地、机器、银行和国际贸易收归公有过后，国家每年收入，当然非常之多，自当尽量扩充实业教育与增加民众利益之事。但是国家发达到了极点，每年余款，究竟作何用途呢？我也想有一个办法，孙中山屡屡向人演说，他要把中国变成一个大公司，四万万人都是股东，并且说："这个公司内的人，都可以分红利，子子孙孙，便不怕穷。"我们把土地、机器、银行和国际贸易四者收归公有，那么四万万人都成为地主、厂主，成为银行和国际贸易的股东，孙中山理想中的大公司，就出现了。这个大公司，是以每一个身体为一股，国中生了一人，即是增加一股，死了一人，即是取消一股，股权是非常明晰的。我们就可仿照公司分红的办法，政府每年除各项开支而外，其所有余款，即按照全国人口数目，平均分摊，作为生活费，其分摊数目之多少，以国家每年余款多少为断，最大限度，以能维持生活为止。

有了这个办法，社会上可以免去许多纠纷：(1) 中国所谓育婴恤嫠（lí）济贫诸局，可以裁撤，外国所谓失业者救济法，教员、工人养老金等，俱可废去了；(2) 现在许多富有哲学文学科学等天才的人，每因饥寒所迫，兼营他业，或改营他业，国家受无形之损失，倘能发给生活费，使无冻饿之忧，则各人能就其性之所近，专心深造，于社会之文明，增进不少；(3) 语云：衣食足而礼义兴。又云：饥寒起盗心。有了发给生活费的办法，则国民的道德可以增进。

有人问我道：人人都有饭吃，还有何人肯做工？还有何人肯努力？社会怎么能够进化？我道：人人有了饭吃，努力心或许减少一点，如谓人类就不努力，社会就不会进化，我却不以为然。请问牛顿和达尔文诸人，其目的岂是因为要吃饭，才去研究学问吗？难道他们有了饭吃，就不会研究学问吗？我恐怕正是因为他们有了饭吃，才能专心研究，才能有此空前绝后的大发明。

孙中山把生活程度分作三级：第一级是需要，有衣穿才不会冷死，有饭吃才不会饿死；第二级是安适，穿的求其舒服，吃的求其甘美；第三级是奢侈，穿的要轻绡细绢，海虎貂鼠，吃的要山珍海味，鱼翅燕窝。我所说的发给生活费，只算达到第一级，其第二级、第三级，则让那些勤勉做工的人享受。

努力向上之心，人人都有，凡是稍知奋勉的人，断莫有因为免去冻饿，就可满足他的欲望，就不前进，其例甚多，无待详举。平心论之，人之天性不一，有因为生活问题解决了，就不去做工的，却也有丰衣足食，还是孜孜不已的，若谓国家发了生活费，就无人做工，这层可以不虑。假使实施之时，果然有此现象，我们少发给点款，使他们所得者，不足维持生活，就不患无人做工了。做工与否，本是听人自由，但做工者优予报酬，使人见而生羡，又不得不做工，于是做工者，不做工者，各遂所愿，社会上就相安无事了。

有人问我道：全国人民，具何种资格，有坐领生活费之权利？政府为什么有发给生活费之义务？我说道：这有两个理由：（1）地球是人类公有物，使用土地者，对于公家缴纳租金，此项租金，即该人类平均分受；（2）发明家发明机器，是替人类发明的，由机器生出来的利益，应该人类平均分受。基于这两种理由，故人民有领受生活费的权利；政府是掌管全国土地和工厂的机关，故有发给生活费的义务。孙中山讲衣食住行四者曾说："一定要国家来担负这种责任，如果国家把这四种需要，供给不足，无论何人，都可以来向国家要求。"可见国家有保证人民生存的义务，人民有向国家要求生存的权利。我主张发给生活费，即是国家担负人民衣食等项的责任，保证人民的生存。此种办法，与民生主义是很合的。

我提出解决社会问题的办法，是采用公司式的组织，这是业经说明了的。我分配资财的方法，是从自然界中两个地方取法得来：

一是取法身体分配血液的方法。身体中某部分越劳动，血液之灌注越多，除了弥补消耗之外，还有剩余，因此人身越劳动的部分，就越发达，这就是人身奖励劳动的方法。所以我们对于劳动者，应该从优报酬。我们身体中，还有些无用的部分，例如，男子之乳，他是无用的东西，但是既已生在我们的身上，也不能不给以血液，不过男子之乳不劳动，灌注的血液很少，所以男子之乳，就渐渐缩小。我们发给生活费，不可过多，使不做工的人，如男子的乳一般，渐渐消缩，才合天然公理。

二是取法天空分配雨露的方法。自然界用日光照晒江海池沼，土地草木，把它的水蒸气取出来，变为雨露，又向地上平均洒下，不惟干枯之地，蒙其泽润，就是江海池沼，本不需水，也一律散给；最妙的，是把草木中所含水分蒸发出来，又还给它，一转移间，就蓬蓬勃勃地生长了；并且枯枝朽木，也一样散给，不因为它莫得生机，就剥夺它享受雨露之权。洒在地上之水，听凭草木之根吸取，无所限制，吸多吸少，纯是草木自身的关系，自然界固无容心于其间。公家收入的租息，与夫银行和工商业的纯利，原是从人民身上取出来的，除公共开支而外，不问贫富，一律平均分给，致富的机会，人人均等，这就是取法雨露之无私。

孙中山把生活程度分作三级：(1) 需要，即生存；(2) 安适；(3) 奢侈。现在的经济组织，是以“死”字为立足点，进而求生存，再进而求安适，求奢侈，因为立足点是“死”字，一遇不幸的事，就有冷死的饿死的。著者主张发给生活费，是以生存为立足点，进而求安适，求奢侈，照孙中山民生主义说来，生存是社会问题的重心，国家倘能每年发给生活费，使人人能够生存，这就算重心稳定了，重心既稳定，社会自然安静。著者谆谆以发给生活费为言，意盖在此。

本章所拟办法，把土地、机器、银行、国际贸易四者收归国有，则拥有金钱之人，任他如何努力，决不会造到钢铁大王、煤油大王、银行大王、汽车大王、商业大王诸人的地位，每年由政府发给生活费，则劳动家任如何不幸，决不会有冻饿之虞，像这样的办法，把富者的地位削低一级，把贫者的地位升高一级，贫富之间，就不会相差过远了。现在痛恨资本制度的人，对于有资财者，设种种法子去抑制他，我们施行此种经济制度之后，从上面削低一级，从下面升高一级，在两级中间的地方，就可任人发展，不加限制；不惟不当限制，并且还要尽力提倡，社会才能进步。我主张把国际贸易收归国有，把国内贸易留为人民活动之余地，又主张人民存款在银行者，应当付以利息，都是为提倡人民努力起见。有人说：这种办法，仍不免贫富不平。我说：惟其不平，人民才肯努力，世界才能进化，犹如水之趋入大海一般，惟其地势高下不平，才能奔趋不已，如果平而不流，就成为死水了。水不流则腐，人类不努力，世界便会退化，其理是相同的。世间至平者，莫过于水，故量物平否，以水为准，然而水之前进不已者，实在是由于不平，名为不平，实为至平。我们取水之原理，以改造社会，就与天然之理符合了。

政府每年发给生活费，其手续很麻烦，当由各都市、各乡村分头办理，每一都市和每一乡村，应设立户籍调查所，把人口调查清楚，确定某人的籍贯，隶属某处，生活费由原籍的户籍调查所转发，即无错误了。某处死了一人，即由该处的户籍调查所查明死者籍隶何处，即通知原籍的调查所，停止他的生活费，旅行在外，生下子女，就地报告该处调查所注册，将来的生活费，即向该调查所承领，但经申请后，得由所生地的调查所，备文移归原籍。人是活动之物，转徙不常，调查之时和发给生活费之时，从生死两点注意，就可杜绝流弊了。

我们既规定人民有款者当存入银行，需款者当向银行借，则各都市各乡村，都要遍设银行，人民取款存款，方才便利。政治方面之组织，是合各乡村而成为一县，合各县而成为一省，合各省而成为一国。经济方面，当与之相应，首都设中央银行，各省设省银行，各县设县银行，各乡村设乡村银行；各乡村之银行，隶属于县银行，各县之银行，隶属于省银行，各省之银行，隶属于中央银行。金钱是人民膏血，故银行之分布，当如脉络一般，使之成为网状，才能流通无阻。私人向银行借款者，须有担保人，担保人须银行中有存款，足供担保者，否则以借款者或担保者应得之生活费作抵押品。银行与户籍调查所，关系密切，二者宜并设一处。

施行本章所说办法，有当虑及者，土地、机器、银行、国际贸易四者集中于国家之手，全国人民的金钱，俱归于银行，政府每年又要发给生活费，国家的权责太大，当局的人，舞起弊来，人民就受害不浅了。如果防弊的方法尚未想好，就冒冒昧昧地着手改革，把土地、工厂等项收归公有，倒不如不改革，不收归公有还好点。所以我们要改革经济制度，当先从改革政治入手，先把政治改革了，把防弊之方法想完善，然后才能说改革经济制度。只要在政治方面，能把孙中山所说的选举、罢免、创制、复决四权完全办到了，则经济方面，无论什么弊，都可防止了。本章所说解决社会问题的办法，都是预定计划，不能立即就办，我们现在第一要着，就是努力去实行这四权，等到人民对于这四权能充分地行使了，再来改革经济制度，那就无有流弊了。

银行及户籍调查所之职员，与夫银行之监察员，及其他重要职员，由人民投票选举或罢免。属于一乡村者，由全乡村人民总投票，属于全县者，由全县人民总投票，属于全省全国者亦然，遇有大事，亦用总投票法公决。例如，原定银行存款月息六厘，有人提议，应改为四厘，又有人提议，应改为八厘，即将三者的理由，作具说明书，公布全国，定期总投票。各人向本地户籍调查所投票，其旅居异地者，可从邮局投递，由户籍调查所开票，总计主张四厘者若干票，主张六厘者若干票，主张八厘者若干票，汇报于县，由县汇报于省，由省汇报中央。假定主张四厘者占多数，即改为存入银行者，月息四厘，向银行借款者，月息八厘。又如，有人主张各人的赀财不可过多，存入银行之款，应该加以限制，又有主张不应加以限制。究竟应限制，或不应限制？如应限制，则每人存款，究应至多以若干为限，可由全国人民总投票决定之。全国是一个大公司，四万万人是公司中之股东，人人有切己利害，有分红息之希望，故投票时，不会受人运动，即使有舞弊者，亦必互相举发，在公家服务之人，如有侵蚀亏吞等弊，亦必互相稽查。假无发给生活费之规定，人民与国家，不生关系，即使他人营私舞弊，亦不愿因为公家之事，去开罪于私人。中国官吏，侵蚀公款，无人过问，其弊正在于此。今有发给生活费之规定，则人民与国家，居于利害共同的地位，侵蚀国家之款，即无异侵蚀私人之款，全国有四万万人，即是有四万万个监察员，侵蚀者无所藏其奸，孙中山主张的全民政治，即可出现。

关于遗产制一层，许多人都主张废除，如照本章所说的办法做去，土地、工厂，一律归公，私人也就无所谓产业了，所有者不过银行中所存之金钱，我们只研究此项金钱应否传给子孙就是了。此事于各个人都有关系，将来可用全民数投票法解决之。在我个人之主张，是可以听其传给的，因为我们既经承认各人的身体是各人私有物，由脑力体力换来的资财，就应该各人私有。各人所生子女，是他的身体化分出来的，当然有承受他的资财之权，如果归为公有，也就犯了“夺私有物以归公”之弊。普通人所以努力者，大都想积下资财，传之后人。如果积下的金钱，不许传之子孙，必会减少人类努力心，即是减少社会进化之速度。

富者过富，贫者过贫，欲废除遗产制，以化除贫富阶级，殊不知资本家之产生，与遗产制无甚关系。兹可举例为证：美国钢铁大王卡内基，为贫人子，三岁时，为丝厂工徒，一周得工资一弗二十仙。煤油大王洛克依兰，为农家儿，六七岁时，随其母往山下拾柴，或随其父在田间拔草。铁道大王介姆舍尔，十五岁，父死，无以为生，乃入商店为学徒。韦尔德以架设太平洋海底电线，名闻天下，十六岁时，也在纽约商店为学徒。法国大银行家劳惠脱，少时家贫，走至某银行，向主人陈述，愿执贱役，主人不许。他走出来之时，皮鞋上落下一钉，俯而拾之，主人因为他不忽细事，乃呼入，令在银行服役。美国大富豪休洼布，系小村中织毛工人之子，少时助其父工作，或佣于农家，或为邮局马夫。铜山王，章洛克，为农人子，少时随其父驱牛十余头，走数百里，夕与牛同寝，晨与牛同兴。砂糖王斯布累克，德国人，十八岁时，航海至美国，抵岸后，检视衣囊，左方余砂糖数块，右方剩金三弗，一身之外，别无长物。商业大王瓦纳迈尔，为造砖工人之子，幼时家贫，无力就学，无冬无夏，皆跣（xiǎn）行于街市。汽车大王福尔特，二十余年前，他尚为钟表职工。以上诸人，都是贫人之子，并未承受遗产。惟银行大王摩尔根之父，是美国著名富翁，但他之致富，全不依赖其父。他常说："余虽为斯派沙摩尔根之子，并不借此以立于世界，余必为一个独立之奇男子。"可见他之拥有巨资，也不是遗产的关系。我们细考诸人致富之源，都是掠夺地球和机器的生产力，否则经营国际贸易，抑或开设银行，惟休洼布一人未独立营业，但他终身辅佐钢铁大王，他之资财，仍是从掠夺地球和机器生产力而来。如果把土地、机器、银行和国际贸易四者收归国有，那些在实业界称王的人，断不会产生，这才是根本治疗之法。

至于改革社会之程序，我主张从乡村办起走，以每一乡村为一单位，各办各的，因为改革之初，情形复杂，应该各就本地情形，斟酌办理，才能适合，如有窒碍处，随时改良。等到各乡村办好了，才把全县联合起来，各县办好了，才把全省联合起来，各省办好了，才把全国联合起来，将来世界各国办好了，把全球联合起来，就是大同世界了。

改革社会，应该注意者有两点：（1）所定法令规程，要多留各地方伸缩之余地，越苛细，就窒碍越多，越是不能实行；（2）当从劝导入手，使各地人民喜喜欢欢地去办理，不能用严刑峻罚，强迫人民办理。其实施方法，当如下述：

政府把土地收归公有后，即统计此一乡村共有土地若干，命全乡村之人组织一个团体，公共管理，由这个团体把土地分佃与农民，全乡村每年共收租息若干，政府责成这个团体缴交银行，如租息是谷物等项，由这个团体公共变卖，以银缴入银行，政府立于监督地位，也就不繁难了。

全国土地，由国家出资财改善者，其利益归国家所得，由各乡村出资财改善者，其利益归各乡村所得，各乡村改善土地后，增加之收入，由本乡村人民平均分受。凡购置机器、改良肥料等，所需之款，向银行息借，其息可缓至获利后偿付。若建筑马路、疏凿沟渠等项，其工程施之土地上而含有永久性者，所用之款，政府与该乡村各担负一半。例如，某乡村因建路凿渠，向银行借款两千元，工毕之日，政府派员勘验认可后，政府担负一半，银行只列该乡村借银一千元就是了，政府名为负担一半，实则仍无所损。因为银行贷出之息与存入之息，为二与之一比。假定存入是月息六厘，贷出是一分二厘，人民向银行存款两千元，银行应付月息十二元，某乡村因筑路凿渠，借去两千元，银行只列该乡村去银一千元，其收入之月息十二元，恰与人民存款二千元之息相抵，不过政府多负担一千元无息之债务罢了，只要政府不付利息，此项债务，就多担负点也无妨。

孙中山所说农业上增加生产的方法，共计七种：第一是机器问题，第二是肥料问题，第三是换种问题，第四是除害问题，第五是制造问题，第六是运送问题，第七是防灭问题。应由政府派人到乡村去，把改良办法详加讲演，或用文字说明，务使农民心中了然，其采用与否，听人民自由，不必用强力干涉。语云："利之所在，人必趋之。"他们知道大利所在，自然会踊跃从事。孙中山曾说："对中国人说要他去争自由，他们便不明白，不情愿附和，但是对他说请他去发财，便有很多人跟上来。"我们叫各乡村组织团体，叫他改良土地，就是请他去发财，人民哪有不欢迎之理？即有怀疑之人，充其量不过不遵照改良就是了，断不会出来阻挠，因为公家叫他们组织个团体，担负缴纳全乡村租息，这个团体，尽可照公家原定租额转佃出去，团体中人，不过费点力，代公家收租息就是了，并不至于赔累，他们何至出头反对？只要这层办到，乡村中的事权，渐归统一，将来一切事都好办理，也就算收了效果了。

关于增加生产的事项，他们不愿意改良，只好听之，如其加以干涉，反转多事，反会生出反响。我们总是尽力提倡，尽力劝导，听其自由采用，只要某乡村获了大利，他们自然会争先恐后地仿办起来。这类事，如果督促严厉了，反转会弊病丛生，王安石的青苗法，就是前车之鉴。宋朝那个时候的人民，于青黄不接之时，每每出重利向富室借贷，王安石创青苗法，由公家以较轻之利，借与农民，于秋收后付还，使利归公家，而农民也不至受重利之苦，本是公私两利的好法子，王安石雷厉风行地督促官吏实行，据散放青苗钱之多少，以定官吏之成绩，于是那些地方官，就向民间估派，其有不需款之农民，与夫家资饶裕之富民，都强迫他领取青苗钱，闹得天怒人怨，以最良之法，收最恶之果，都是由于“强迫”二字生出来的。苏东坡说宋神宗求治太急，真是洞见症结之论，我辈改革社会，当引为大戒。

天下事有当强迫者，有不当强迫者，例如，把土地、机器、银行和国际贸易四者收归国有的时候，则当强制执行，任何人不能独异。至于乡村中改良事项，则当如上说的办法，听其自由。像这样办法，就与孙中山所主张“政府强制的力量和人民自由的力量，双方平衡”的原则相符合了。语云：十年树木，百年树人。教养人民，原是与种植树木一样，我们虽甚望树木长成，亦只能把土壤弄好，把肥料弄好，等它自家生长，我们是不能替树木帮忙的，这个道理，柳宗元的《种树郭橐驼传》，说得很明白。现在新政繁兴，民间大困，当局诸公，每每以福国利民之心，做出祸国害民之事，就是违反了柳宗元的说法。斯密士全部学论，纯取放任自由，他说：“人民好利之心，根于天性，政府只消替他把障碍物除去了，利之所在，人民自然会尽力搜求，一切天然之利，就因而开发出来了。”他这个学说，在欧洲是生了大效的，我们开发乡村利益的时候，本他这个学说做去，自然会生大效。

前面的办法，实行之后，一人之身，可得两重利益：(1)乡村中改善土地，增加生产的利益，每人可得一份；(2)每年由政府按照全国人口发给生活费，这又是一份利益。有了这个原因，全乡村之事和全国之事，人民就不能不过问了。现在的人，大都是“事不关己不劳心”。革命的人，拼命去争民权，争得之后，交给人民，叫他来行使。我恐怕乡间的老百姓，还会嫌我们多事，妨害他吃饭睡觉的时间，只好顺着他们喜欢发财的天性，把“民权”二字附着在“发财”二字上面，交与人民，人民接受发财这个东西，顺便就把民权那个东西携带去了。他们知道官吏是替他们经理银钱的管事，不得不慎选其人，遇有不好的管事，不得不更换。如此则选举权、罢免权，他们自然晓得行使了。他们知道一切章程如不定好，就有人舞弊，公款就要受损失，他们将来就要少分点红利，如此则创制权、否决权也就晓得行使了。所以政府每年必要发给生活费，人民与政府才生得起关系，才能行使民权，人人有切己关系，才不会为少数人所把持，全民政治，乃能实现。

改革社会，千头万绪，犹如钟表一般，中间的机械，只要有了点小小毛病，全部动作，都会停止。我国土地，有如此之大，各地情形不同，实施的详细办法，岂是政府中几个人能够坐而揣测的？只好划归各地人民自去斟酌办理，政府只消把大政方针与各种进行计划宣布出来，使人民知道政府的目的是怎么样，进行的途径是怎么样，他们自然会朝着那个途径做去，各乡各县，渐渐趋于一致，就可以渐渐联合起来了。现在世界的大势，是朝全民政治方面趋去，故一切事权，当散而给诸人民，才不至与潮流违反。民生主义与民权主义，是一个东西，不可分而为二，一面又须顾及世界民族的心理，顺着大同的轨道做去，三民主义，就成为整个之物了。

各种学说之调和

中国人研究学问，往往能见其全体，而不能见其细微。古圣贤一开口即是天地万物，总括全体而言之，好像远远望见一山，于山之全体是看见了的，只是山上之草草木木的真相，就说得依稀恍惚了。西人分科研究，把山上之一草一木看得非常清楚，至于山之全体，却不十分了然。将来中西学说，终必有融合之一日，学说汇归于一，即是思想一致，思想既趋一致，即是世界大同的动机。

现在世界上纷纷扰扰，冲突不已，我穷原竟委的考察，实在是由于互相反对的学说生出来的。孟子之性善说，荀子之性恶说，是互相反对的；宗教之利人主义，进化论派之利己主义，是互相反对的；个人主义之经济学，社会主之经济学，是互相反对的。凡此种种互相反对之学说，均流行于同一社会之中，从未折中一是，思想上既不一致，行为上当然不能一致，冲突之事，就在所不免。真理只有一个，犹如大山一般，东西南北看去，形状不同，游山者各见山之一部分，所说山之形状，就各不相同。我们研究事理，如果寻出了本源，任是互相反对之说，都可调和为一。性善与性恶，可以调和为一，利人与利已，可以调和为一，个人主义与社会主义，可以调和为一，这是前面业已说了的。著者把所有互相反对的学说加以研究，觉得无不可以调和。兹再举两例于下：

（甲）马克思说："人的意志为物质所支配。"又有人说："物质为人的意志所支配。"这两说可以调和为一的。兹用比喻来说明：假如我们租佃了一座房子，迁移进去，某处作卧房，某处作厨房，某处作会客室，器具如何陈设，字画如何悬挂，一一要审度屋宇之形势而为之。我们的思想，受了屋宇之支配，即是意志受了物质之支配，但是我们如果嫌屋宇不好，也可把它另行改造，屋宇就受我们之支配，即是物质受意志之支配。欧洲机器发明而后，工业大兴，人民的生活情形，随之而变，固然是物质支配了人的意志，但机器是人类发明的，发明家费尽脑力，机器才能出现，工业才能发达，这又是人的意志支配了物质。这类说法，与"英雄造时势，时势造英雄"是一样的，单看一面，未尝说不过去，但必须两面合拢来，理论方才圆满。有了物理、数学等科，才能产出牛顿，有了牛顿，物理、数学等科，又生大变化。有了咸同的时局，才造出曾左诸人，有了曾左诸人，又造出一个时局。犹如鸡生蛋，蛋生鸡一般，表面看去，是辗转相生，其实是前进不已的，后生蛋非前一蛋，后之鸡非前之鸡。物质支配人的意志，人的意志又支配物质，英雄造时势，时势又造英雄，而世界就日益进化了。倘若在进化历程中，割取半截以立论，任它引出若干证据，终是一偏之见。我们细加考究，即知鸡与蛋原是一个东西，心与物也是一个东西，鸡之外无蛋，蛋之外无鸡，心之外无物，物之外无心，唯心论，唯物论，原可合而为一的。

（乙）古人说："非知之艰，行之维艰。"孙中山说："知难行易。"这两说也可合而为一的。古人因为世人只知坐而研究，不去实行，就对他说道：知是很容易的，行是很艰难的，你们总是趋重实行就是了。孙中山研究出来的学理，党人不肯实行，孙中山就对他们说道：知是很艰难的，行是很容易的，我已经把艰难的工作做了，你们赶快实行就是了。古人和孙中山，都是注重在实行，有何冲突？"非知之艰，行之维艰"二语，出在伪古文《尚书》上，是傅说对武丁所说的，傅说原是勉励武丁实行，并没有说事情难了，叫武丁莫行，原书俱在，可以复按。发明轮船、火车的人，费了无限心力，方才成功，发明之后，技师照样制造，是很容易的，这是“知难行易”。初入工厂的学生，技师把制造轮船、火车的方法传授他，学生听了，心中很了然，做起来却很艰难，这是“知易行难”。孙中山的说法，和傅说的说法，其差异之点，即在“知”字的解释不同。孙中山是指发明家发现真理而言，傅说是指学生听讲时心中了解而言，我们试取“孙文学说”读之，他举出的证据，是饮食、作文、用钱等十事和修理水管一事，都是属乎发明方面的事。孙中山是革命界的先知先觉，他训诫党员，是发明家对技师说话，故说“知难行易”。傅说身居师保之位，他训诫武丁，是技师对学生说话，故说“知易行难”。就实际言之，发明家把轮船、火车发明了，交与技师制造，技师又传授学生，原是一贯的事，孙中山和傅说，各说半截，故二者可合而为一。由此知知易行难，和知难行易两说可以调和为一。世间的事，有知难行易者，有知易行难者，合二者而言之，理论就圆满了。

著者把性善和性恶，利人和利己，个人主义和社会主义，唯心和唯物，知难行易和知易行难种种互相反对之学说加以研究之后，乃下一结论曰：“无论古今中外，凡有互相反对之二说，双方俱持之有故，言之成理，经过长时间之争辩，仍对峙不下者，此二说一定可以并存，一定是各得真理之一半，我们把两说合而为一，理论就圆满了。”

著者从前对于孙中山的学说，也不甚满意，故去岁著《解决社会问题之我见》，系自辟蹊径，独立研究，不与民生主义相涉，自以为超出孙中山的范围了。今岁著此文时，复取孙中山学说研究之，意欲寻出缝隙，加以攻击，无如任从何方面攻击，他俱躲闪得开，始知他的学说理论圆满，他倡此种学说时，四面八方，俱是兼顾到了的，我去岁所拟解决社会问题各种办法，已尽包括于民生主义之中。我当初讨论这个问题，自有我的根据地，并未依傍孙中山，乃所得结果，孙中山早已先我而言之，因自愧学识之陋，而益服孙中山用力之深。真理所在，我也不敢强自立异，于是把我研究所得者，作为阐发孙中山学说之材料，阅者试取拙著《宗吾臆谈》，与此文对照观之，当知著者之信仰孙中山，绝非出于盲从。

著者幼年，极崇拜孔子，见《礼记》上有“儒有今人与居，古人与稽，今世行之，后世以为楷”等语，因改名世楷，字宗儒，后来觉得孔子学说有许多地方不满我意，乃改字宗吾，表示信仰自己之意，对于孔子宣布独立，而今下细研究，始知孔子的学问原自精深，确能把个人主义和社会主义调和为一，远非西洋哲学家所能企及。孔子学说，最贻人口实者，不过忠君一层，其实这是时代的关系，于他的学说，并无甚损。古时主权在君，故孔子说忠君，这不是尊君，乃是尊主权，现在主权在民，我们把它改为忠于民就是了。例如，孔子说："君使臣以礼，臣事君以忠。"我们改为"人民对政府要有礼，政府对人民要尽忠。"施行起来，就无流弊了。孙中山曾说：欧美人民，对于政府，常有反抗的态度。瑞士学者新发明一种说法，说"人民对政府要改变态度"。我们说"人民对于政府要有礼"，也可算是新学说。像这样的替孔子修正一下，他的学说，就成为现在最新的学说了。《大学》有格致诚正修齐治平一段话，把个人主义和社会主义融合为一，孙中山称赞他是中国独有的宝贝，外国大政治家没有见到。孔子说："大道之行也，天下为公。"孙中山常喜欢写"天下为公"四字，因为孔子理想的社会，是大同世界，孙中山理想的社会，也是大同世界，所以孙中山对于孔子，极为心折。

宇宙事物，原是滋生不已的，由最初之一个，滋生出无数个，越滋生，越纷繁，自其相同之点观之，无在其不同，自其相异之点观之，无在其不异。古今讲学的人，尽管分门别户，互相排斥，其实越讲越相合，即如宋儒排斥佛学，他们的学说中，掺得有禅理，任何人都不能否认。孟子排斥告子，王阳明是崇拜孟子之人，他说"无善无恶心之体"，其语又绝类告子。诸如此类，不胜枚举。因为宇宙真理，同出一源，只要能够深求，就会同归于一。犹如山中生出草草木木一般，从它相异之点看去，草与木不同，此木与彼木不同，同是一木，发生出来的千花万叶，用显微镜看之，无一朵相同之花，无一片相同之叶，可说是不同至极了，我们倘能会观其通，从它相同之点看去，则花花相同，叶叶相同，花与叶相同，此木与彼木相同，木与草相同，再进之，草木和禽兽相同，精而察之，草木禽兽，泥土沙石，由分子，而原子，而电子，也就无所谓不同了。我们明白此理，即知世间种种争端无不可以调和的。有人问我道：你说"心理变化，循力学公例而行"。请问各种学说，由同而异，又由异而同，是属乎力学公例之哪一种？我说：水之变化，即是力之变化，同出一源之水，可分为数支，来源不同之水，可汇为一流，千派万别，无不同归于海，任他如何变化，却无一不是循力学公例而行。宇宙事物，凡是可以用水来作比喻的，都可说是与力学公例符合。

中国人研究学问，往往能见其全体，而不能见其细微。古圣贤一开口即是天地万物，总括全体而言之，好像远远望见一山，于山之全体是看见了的，只是山上之草草木木的真相，就说得依稀恍惚了。西人分科研究，把山上之一草一木看得非常清楚，至于山之全体，却不十分了然。将来中西学说，终必有融合之一日。学说汇归于一，即是思想一致，思想既趋一致，即是世界大同的动机。现在世界纷争不已，纯是学说分歧酿出来的，我们要想免除这种纷争，其下手之方法，就在力求学说之一致。所谓一致者，不在勉强拉合，而在探索本源，只要把它本源寻出来，就自然归于一致了。所以我们批评各家学说，务于不同之中，寻出相同之点，应事接物，务于不调和之中，寻觅调和的方法，才不至违反进化之趋势，不是我们强为调和，因为它根本上，原自调和的。我看现在国中之人，往往把相同之议论，故意要寻它不同之点，本来可以调和的事，偏要从不调和方面做去，互相攻击，互相排挤，无一事不从冲突着手，大乱纷纷，未知何日方止。

现在各党各派，纷争不已，除挟有成见，意气用事者外，其他一切纷争，实由于学说冲突酝酿出来的。要调和这种纷争，依我想，最好是各人把各人所崇奉的学说，彻底研究，又把自己所反对的学说，平心观察，寻觅二者异同之点，果能反复推求，一定能把真正的道理搜寻出来，彼此之纷争，立归消灭。因为宇宙间的真理，只有一个，只要研究得彻底，所得的结果，必定相同。假使有两人所得结果不同，其中必有一人研究不彻底，或是二人俱不彻底，如果彻底了，断无结果不同之理，大家的思想，既趋于一致，自然就没得纷争了。

现在各种主义，纷然并立，仿佛世界各国纷然并立一样，有了国界，此国与彼国，即起争端，有了主义，此党与彼党，即起争端，将来世界各国，终必混合为一而后止，各种主义，也必融合为一而后止。无所谓国，无所谓主义，国界与主父同归消灭，这就是大同世界了。著者主张联合世界弱小民族，攻打列强，可说是顺着大同轨道走的，主张各种主义公开研究，也可说是顺着大同轨道走的。

耶教以博爱为主，后来宗教战争，同奉耶稣之人，互相焚烧屠杀，残酷到了极点，与博爱之宗旨，完全背道而驰。倡民约论的人，何尝不源于悲悯之一念，而其结果，则法国大屠杀，无复丝毫悲悯之念，并非咄咄怪事！著者求其故而不得只好返求之于力学公例。人之思想感情，俱是以直线进行，耶稣、卢梭诸人的信徒，只知朝着他们的目的物奔走，犹如火车、汽车，开足了马力，向前奔驰，途中人畜，无不被其碾毙一样。现在身操杀人之柄者，与夫执有手枪、炸弹者，如果明白这个道理，社会上也就受赐不少了。

欧洲新旧教之争，施行大屠杀，是学说冲突之关系，法国革命，施行大屠杀，也是学说冲突之关系，学说杀人，至于如此，真令人四顾苍茫，无从说起。宗教之说，根本上令人怀疑，欧洲殉教诸人，前仆后继，视死如归，自我们的目光看去，仿佛吃了迷药一般，而他们则自以为无上光荣。

第六部
中国学术之趋势

我国学术最发达有两个时期，第一是周秦诸子，第二是赵宋诸儒。这两个时期的学术，都有创造性。汉魏晋南北隋唐五代，是承袭周秦时代之学术而加以研究，元明是承袭赵宋时代之学术而加以研究，清朝是承袭汉宋时代之学术而加以研究，俱缺乏创造性。

自序

人类的思想，自以为自由极了，我们试把牛顿的学说扩大之，把它应用到心理学上，即知道：任你思想如何自由，终有轨道可循，人世上一切事变，无不有力学规律行乎其间，不过一般人习而不察，等于牛顿以前的人，不知有地心引力一样。

我生平喜欢研究心理学。于民国九年，作一文曰：《心理与力学》。创出一条臆说："心理依力学规律而变化。"有了这条臆说，觉得经济政治外交，与夫人世一切事变，都有一定轨道，于是陆陆续续，写了些文字，曾经先后发表。

后来我又研究诸子百家的学说，觉得学术上之演变，也有轨道可循。我们如果知道，从前的学术是如何演变，即可推测将来的学术，当向何种途径趋去，因成一文曰：《中国学术之趋势》。自觉此种观察，恐怕不确，存在箧（qiè）中，久未发表。去岁在重庆，曾将原稿交《济川公报》登载，兹把它印为单行本，让阅者指正。

我说："心理依力学规律而变化。"闻者尝驳我道："我的思想，行动自由，哪里有什么规律？"殊不知我们受了规律的支配，自己还不觉得。譬如书房里，有一鸟笼，鸟在笼中，跳来跳去，自以为活动自由了，而我们在旁观之，任它如何跳，终不出笼之范围。设使把笼打破，鸟在此室中，更是活动自由了，殊不知仍有一个书房，把它范围着。汉唐以后的儒者，任他如何说，终不出孔子的范围，周秦诸子和东西洋哲学家，可说是打破了孔子范围，而他们的思想，仍有轨道可循，既有轨道可循，即是有规律。

自开辟以来，人类在地球上，行行走走，自以为自由极了。三百年前，出了一个牛顿，发明地心引力，才知道：任你如何走，终要受地心引力的支配，这是业已成了定论的。人类的思想，自以为自由极了，我们试把牛顿的学说扩大之，把它应用到心理学上，即知道：任你思想如何自由，终有轨道可循，人世上，一切事变，无不有力学规律行乎其间，不过一般人习而不察，等于牛顿以前的人，不知有地心引力一样。

我写文字，有一种习惯，心中有一种感想，即写一段，零零碎碎，积了许多段，才把它补缀起来，成了一篇文字。此次所发表者，是把许多小段，就其意义相属者，放在一处，再视其内容，冠以篇名。因此成了四篇文字：（1）老子与程明道（程颢）；（2）宋学与蜀学；（3）宋儒之道统；（4）中西文化之融合。总题之曰：《中国学术之趋势》。

写文字是发表心中感想，心中如何想，即当如何写，如果立出题目，来作文字，等于入场应试，心中受了题之拘束，所有感想，不能尽情写出，又因题义未尽，不得不勉强凑补，于是写出来的，乃是题中之文，不是心中之文。我发表这本书，本想出以随笔体裁，许多朋友说不对，才标出大题目、小题目，我觉得作题目，比作文章更难，文章是我心中所有，题目是我心中所无，此书虽名《中国学术之趋势》，而内容则非常的简陋，对于题义，发挥未及十分之一，这是很抱歉的。

我写文字，只求把心中感想表达出，即算完事。许多应当参考的书，也未参考，许多议论，自知是一偏之见，仍把它写出来。是心中有了这种疑团，特发表出来，请阅读赐教，如蒙指驳，自当敬谨受教，不敢答辩，指驳越严，我越是感谢。

民国二十五年七月二日，李宗吾，于成都

老子与诸教之关系

道流而为德，德流而为仁，仁流而为义，义流而为礼，礼流而为刑，刑流而为兵。道德居首，兵刑居末。孙子言兵，韩非言刑，而其源皆出于老子。我们如果知道兵刑与道德相通，即知诸子之学无不与老子相通了。

（一）中国学术分三大时期

《老子》一书，当分两部分看，他说致虚守静、归根复命一类话，是出世法。庄列关尹诸人，是走的这条路。他说“以正治国，以奇用兵”一类话，是世间法。孔子以仁治国、墨子以爱治国、申韩以法治国等，皆是以正治国。

我国学术最发达有两个时期，第一是周秦诸子，第二是赵宋诸儒。这两个时期的学术，都有创造性。汉魏晋南北隋唐五代，是承袭周秦时代之学术而加以研究，元明是承袭赵宋时代之学术而加以研究，清朝是承袭汉宋时代之学术而加以研究，俱缺乏创造性。周秦是中国学术独立发达时期，赵宋是中国学术和印度学术融合时期。周秦诸子，一般人都认孔子为代表，殊不知孔子不足以代表，要老子才足以代表。赵宋诸儒，一般人都认朱子为代表，殊不知朱子不足以代表，要程明道才足以代表。

《老子》一书，当分两部分看，他说致虚守静、归根复命一类话，是出世法，庄列关尹诸人，是走的这条路。他说“以正治国，以奇用兵”一类话，是世间法，孔子以仁治国、墨子以爱治国、申韩以法治国等，皆是以正治国。在吴司马穰苴（jū），是以奇用兵，这都是走的世间法这条路。《老子》一书，是把世间法和出世法，一以贯之，两无偏重。所以提出老子，可以总括周秦学术的全体。

汉明帝时，印度佛教传入中国，历魏晋南北朝隋唐五代，愈传愈盛，与中国固有的学术成为两大派，相推相荡，到了程明道出来，把二者融合为一，是为宋明之理学，名为儒家，实是中国和印度两方学术融合而成的新学说。程明道的学说出来后，跟着就分为两大派：一派是程伊川（程颐）和朱子（朱熹），一派是陆象山（陆九渊）和王阳明（王守仁）。所以宋学，要以程明道为代表，朱子不足以代表。

从周秦至今，可分为三个时期。周秦诸子，为中国学术独立发达时期，赵宋诸儒，为中国学术印度学术融合时期。现在已经入第三时期了。世界大通，天涯比邻，中国印度西洋三方学说，相推相荡，依天然的趋势看去，这三者又该融合为一。故第三时期，为中西印三方学说融合时期。学术之进化，其轨道历历可循，知道从前中印两方学术融合，出以某种方式，即知将来中西印三方学术融合，当出以某种方式，我们用鸟瞰法，升在空中，如看河流入海，就可把学术上的大趋势看出来。

（二）《老子》一书是周秦学派之总纲

> 宇宙真理，是浑然的一个东西，最初是蒙蒙昧昧的，像一个绝大的荒山，无人开采。后来偶有人在山上拾得点珍宝归来，人人惊异，大家都去开采，有得金的，有得银的，有得铜铁锡的。虽是所得不同，总是各有所得。周秦诸子，都是上山开采的人，这伙人中，所得的东西，是以老子为最多。

宇宙真理，是浑然的一个东西，最初是蒙蒙昧昧的，像一个绝大的荒山，无人开采。后来偶有人在山上拾得点珍宝归来，人人惊异，大家都去开采，有得金的，有得银的，有得铜铁锡的。虽是所得不同，总是各有所得。周秦诸子，都是上山开采的人，这伙人中，所得的东西，是以老子为最多。

老子是道家，道家出于史官，我国有史以来，零零碎碎的，留下许多学说，直到老子出来，才把它整理成一个系统。他生于春秋时代，事变纷繁，年纪又高，眼见的事又多。身为周之柱下史，是国立图书馆馆长。读的书又多。他自隐无名，不问外事，经过了长时间的研究，所以能把宇宙真理发现出来。

老子把古今事变融会贯通，寻出了它变化的规律，定名曰道。道者路也。即是说，宇宙万事万物，非走这条路不可，把这种规律，笔之于书，即名之曰：《道德经》。德者有得于心也，根据以往的事变，就可以推测将来的事变，故曰："执古之道，以御今之有。"

他见到了真理的全体，讲出来的道理，颠扑不破，后人要研究，只好本着他的道理，分头去研究。他在周秦诸子中，真是开山之祖。诸子取他学说中一部分，引而申之，扩而大之，就独成一派。

前乎老子者，如黄帝，如太公（姜子牙），如鬻（yù）子（鬻熊）、管子（管仲）等，《汉书·艺文志》均列入道家，算是老子之前驱，周秦诸子中最末一人，是韩非，非之书有《解老》、《喻老》两篇，把老子的话，一句一句地解释，呼老子为圣人，可见非之学也出于老子。至吕不韦门客，所辑的《吕氏春秋》，也是推尊黄老。所以周秦时代的学说，彻始彻终，可用老子贯通之。老子的学说是总纲，诸子是细目，是从总纲中，提出一部分，详详细细地研究，只能说研究得精细，却不能出老子的范围。

至于老子年代问题，有人说：孔子问礼于老子，为春秋时人，著《道德经》之老子，为战国时人，是两人，不是一人，这层不必深问，我们只说《道德经》一书，可以总括周秦学术之全体。其书出现于周秦诸子之前，是诸子渊源于老子，出现于周秦诸子中间，或在其后。我们可说：《道德经》可以贯通诸子，而集周秦学术之大成，无论他生在春秋时，生在战国时，甚或生在嬴秦时，其为周秦学术之总代表则一也。

关于老子姓名问题，有种种说法，甚有谓老子姓老者。我想不必这样讲，古人的名字，有点像字学中之反切法，用两个字，切出一个字，举出其人之两个特点，即知其为某人，名字之上，不必一定冠以姓，如祝鮀（tuó）是名之上冠以官。行人子羽，是字之上冠以官。东里子产，是字之上冠以地，叔梁纥（hé），是名之上冠以字。司马迁是史官，故称史迁，曾受腐刑，又称腐迁。他如髯参军，短主簿，是官职之上，冠以形貌，只要举出两个特点，即可确定其为某人，大约老子耳有异状，故姓李名耳，他是自隐无名的人，埋头研究学问，世人得见他时，年已老矣，人人惊其学问之高深，因其须发皓然，又是一个大耳朵，因呼之为老聃（dān），聃是生前的绰号，不是死后之谥，他不是生而皓首，乃是世人得见他时，业已皓首了。一般学者，闻老子之名，都来请教。孔子也去问礼。各人取其学说之一部分，发辉光大之，就成为一家之言，发表出来，尽是新奇之说，人人都去研究。老子自隐无名，其出处存亡，世人也就不甚注意了。犹之四川廖平与康有为说一席话，康本其说，跟着著出《孔子改制考》、《新学伪经考》，震惊一世，而廖之书尚未出也，其人亦不甚为世注意。老子年龄，比孔子大二三十岁，孔子是七十几岁死的，老子修神养身，享年最高，或许活到二百多岁，著《道德经》时，已入了战国时代，这也是可能的事。

（三）无为之意义

老子所说的无为，是顺其自然、我无容心的意思。当为的就为，当不为的就不为，如果当为的不为，这是有心和自然反抗，这叫做有为，算不得无为。

老子的“无为”，许多人都误解了。《老子》一书，是有为，不是无为。他以为要想有为，当从无为下手，所以说“无为则无不为”。他的书，大概每句中，上半句是无为，下半句是有为。例如，“慈故能勇，俭故能广，不敢为天下先，故能成器长。”要想勇当从慈做起走。要想广，当从俭做起走。要想成器长，当从不敢为天下先做起走。慈与俭，不敢为天下先，是无为；能勇，能广，能成器长，即是有为。老子洞明盈虚消长之理，阴阳动静，互相为根，凡事当从相反方面下手，如作文欲抑先扬，欲扬先抑，写字欲左先右，欲右先左一般。老子说：“我无为而民自化，我好静而民自正，我无事而民自富，我无欲而民自朴。”我无为，我好静，我无事，我无欲，我无为；能使民化民正，能使民富民朴，是有为。“弱胜强，柔胜刚。”弱柔是无为，胜强胜刚，是有为。老子书中，这类话很多，都是“无为则无不为”的实证。

老子所说的无为，是顺其自然，我无容心的意思。当为的就为，当不为的就不为，如果当为的不为，这是有心和自然反抗，这叫做有为，算不得无为。王弼注老子，就是这种见解。他注《老子》二十七章说道：“须自然而行，不造不始。”注二十九章说道：“万物以自然为性，故可因而不可为也，可通而不可执也，物有常性而造为之，故必败也，物有往来而执之，故必失矣。”可算得了老子的真谛。老子说：“辅万物之自然而不敢为。”（韩非本作恃，按作辅义较长）。即是《阴符经》所说：“圣人知自然之不可违，因而制之。”（现在的《阴符经》，虽是伪书，但说的道理不错。）也即是《易经》所说：“裁成天地之体，辅相天地之宜。”曹参为相，日饮醇酒，诸事不为，只可谓之“不辅万物之自然”，“不裁成天地之道，不辅相天地之宜”，“知自然之不可违，因而不制之”。黄老之道，岂是这样吗？老子说：“其安易持，其未兆易谋，其脆易判，其微易散，为之于未有，治之于未乱，合抱之木，生于毫末，九层之台，起于累土，千里之行，始于足下。”老子把宇宙事事物物的来龙去脉，看得清清楚楚的，事未发动，或才发动，就把它弄好了。犹如船上掌舵的人，把水路看得十分清楚，只须轻轻地把舵一搬，那船就平平稳稳地下去了，这叫做无为。即是所谓，“善用兵者无赫赫之功”，何尝是曹参那种办法呢？文景行黄老，只是得点皮毛，于“为之于未有，治之于未乱”等工作，未免缺乏，所以不无流弊。但政治之修明，已成为三代下第一，黄老之道之大，也可想见了。

（四）“失道而后德，失德而后仁，失仁而后义，失义而后礼”之意义

> 老子洞明万事万物变化的轨道，有得于心，故老子言道德。孔子见老子后，明白此理，就用以治人，故孔子言仁。孟子继孔子之后，故言仁必带一“义”字。荀子继孟子之后，注重礼学。韩非学于荀卿，知“礼”字不足以范围人，故专讲刑名。

老子说：“失道而后德，失德而后仁，失仁而后义，失义而后礼。”“失”字作“流”字解。道流而为德，德流而为仁，仁流而为义，义流而为礼，道德仁义礼五者，是连贯而下的。天地化生万物，有一定规律，如道路一般，是之谓道，吾人懂得这个规律，而有得于心，即为德，本着天地生物之道，施之于人即为仁。仁是浑然的，必须制裁之，使之合宜，归为义。但所谓合宜，只是空空洞洞的几句话，把合宜之事，制为法式，是为饰文，即为礼。万一遇着不守礼之徒，为之奈何？于是威之以刑。万一有悖礼之人，刑罚不能加，又将奈何？于是临之以兵。我们可续两句曰：“失礼而后刑，失刑而后兵。”礼流而为刑，刑流而为兵。由道德以至于兵，原是一贯而已。

老子洞明万事万物变化的轨道，有得于心，故老子言道德。孔子见老子后，明白此理，就用以治人，故孔子言仁。孟子继孔子之后，故言仁必带一“义”字。荀子继孟子之后，注重礼学。韩非学于荀卿（荀子），知“礼”字不足以范围人，故专讲刑名。这都是时会所趋，不得不然。世人见道德流为刑名，就归咎于老子，说申韩之刻薄寡恩，来源于老子。殊不知中间还有道德流为仁义一层，由仁义才流为刑名的。言仁义者无罪，言道德者

有罪，我真要为老子叫屈。

孔子说："志于道，据于德，依于仁，游于艺。"都是顺着次序说的，韩昌黎（韩愈）说："博爱之谓仁，行而宜之之谓义，由是而之焉之谓道，存乎己无待于外之谓德。"把道德放在仁义之下，就算弄颠倒了。

老子说："失礼者忠信之薄而乱之首也。"这句话很受世人的痛骂，这也是误解老子。道流而为德，德流而为仁，仁流而为义，义流而为礼，礼流而为刑，刑流而为兵。这是天然的趋势，等于人之由小孩而少年，而壮，而老，而死一般。老子说："失道而后德，失德而后仁，失仁而后义，失义而后礼。"等于说："失孩而后少，失少而后壮，失壮而后老。"他看见由道德流而为礼，知道继续下去，就是为刑为兵，故警告人曰："夫礼者忠信之薄而乱之首也。"等于说："夫老者少壮之终而死之始也。"这本是自然的现象，说此等话的人，有何罪过?

要救死只有"复归于婴儿"。要救乱只有"复归于无为"。吾人身体发育最快，要算婴儿时代，婴儿无知无欲，随时都是半睡眠状态，分之修养家，叫人静坐，却用种种方法，无非叫人达到无知无欲，成一种半睡眠状态罢了。婴儿的半睡眠状态，是天然的，修养家的半睡眠状态，是人工做成的，只要此心常如婴儿之未孩，也就可以长生久存了。我们知：复归于婴儿，可以救死。即知：复归于无为，可以救乱。

国家到了非用礼不可的时候，跟着就有不礼之人，非用刑不可，跟着就有刑罚不能加的人，非用兵不可。所以到了用礼之时，乱兆已萌，故曰："乱之首。"然则为之奈何？老子曰："化而欲作，吾将镇之以无名之朴。"乱机虽动，用"无为"二字，即可把它镇压下去。老子用的方法是："我无为而民自化，我好静而民自正，我无事而民自富，我无欲而民自朴。"他这个话不是空谈，是有实事可以证明。春秋战国，天下大乱，延至嬴秦，人心险诈，盗贼纵横，与现在的时局是一样的。始皇二世，用严刑峻罚，其乱愈甚。到了汉初，刘邦的谋臣张良陈平，是讲黄老的人，曹参相惠帝用黄老，文景也用黄老，而民风忽然浑朴，俨然三代遗风，这就是实行"镇之以无名之朴"。人民就居然自化自正，自富自朴了，足知老子所说"复归于无为"，是治乱的妙法。"复归于婴儿"，可以常壮不老；"复归于无为"，可以常治不乱。

由道流而为德，为仁，为义，为礼，为刑，为兵，道是本源，兵是末流。老子屡言兵，他连兵都不废，何至会废礼？他说："以道佐人主者，可以兵强天下。”又说：“夫慈以战则胜。”慈即是仁，他用兵之际，顾及“道”字“仁”字，即是顾及本源之意。用兵顾及“仁”字，才不至穷兵黩武；用刑顾及“仁”字，才能衰矜勿喜；行礼顾及“仁”字，才有深情行乎其间，不至徒事虚文；行仁义顾及道德，才能到熙熙浩浩的盛世，不是相呴（xū）以湿，相濡以沫。我们读老子一书，当作如是解。老子用兵之际，都顾及本源，即知他无处不顾及本源。

老子说：“兵者不祥之器，非君子之器，不得已而用之，恬澹（dàn）为主。”他对于兵是这种主张；即知他对于礼的主张，是说：“礼者忠信之薄而乱之首，不得已而用之，道德为主。”老子明知：“兵之后必有凶年。”到了不得已之时，还是要用兵，即知他明知礼之后，必有兵刑，到了不得已之时，还是要用礼。吾故曰，老子不废礼。惟其不废礼，以知礼守礼名于世，所以孔子才去问礼。老子知兵之弊，故善言兵，知礼之弊，故善言礼。

用刑用兵，只要以道佐之，以慈行之，民风也可复归于朴。庄子曰：“假道于仁，托宿于义，以游于逍遥之虚……逍遥无为也。”由此知用刑用兵，也是假道于刑，托宿于兵，以达无为之域。我们识得此意，即知老子说“失义而后礼”，“礼仁忠信之薄”，与孔子所说“礼云礼云，玉帛云乎哉”同是一意。

（五）绝圣弃智之作用

老子是叫人把自己的意思除去，到了无知无欲的境界，才能窥见宇宙自然之理，一切事，当顺自然之理而行之，如果不绝圣弃智，本着个人的意见做去，得出来的结果，往往违反自然之理。宋儒即害了此病，并且害得很深。

老子说：“绝圣弃智，民利百倍，绝仁弃义，民复孝慈，绝巧弃利，盗贼无有。”又说：“天地不仁，以万物为刍狗，圣人不仁，以百姓为刍狗。”又说：“大道废有仁义，智慧出有大伪。”等语很受世人的訾（zǐ）议，这也未免误解。老子是叫人把自己的意思除去，到了无知无欲的境界，才能窥见宇宙自然之理，一切事，当顺自然之理而行之，如果不绝圣弃智，本着个人的意见做去，得出来的结果，往往违反自然之理。宋儒即害了此病，并且害得很深。例如“妇人饿死事小，失节事大”一类话，就是害的这个病，洛蜀分党，也是害的这个病。他们所谓理，完全是他们个人的意见，戴东原（戴震）说："宋以来儒者，以己之见，硬作为圣贤立言之意……其于天下之事也，以己所谓理，强断行之。"又曰："其所谓理者，同于酷吏所谓法，酷吏以法杀人，后儒以理杀人。"东原此语，可谓一针见血，假使宋儒能像老子绝圣弃智，必不会有这种弊病。

凡人只要能够洞明自然之理，一切事顺天而动，如四时之行，百物之生，不言仁义而仁义自在其中，《庄子》一书，全是发挥此理，苏子由（苏辙）解老子说道："大道之隆也，仁义行于其中，而民不知，大道废而后仁义见矣。世不知道之足以赡足万物也，而以智慧加之，于是民始以伪报之矣。六亲方和，孰非孝慈，国家方治，孰非忠臣，尧非不孝而独称舜，无瞽（gǔ）瞍（sǒu）也，伊尹周公非不忠也，而独称龙逢比干，无桀纣也，涸泽之鱼，相濡以沫，相呴以湿，不如相忘于江湖。"子由这种解释，深得老子本旨。昌黎（韩愈）说老子小仁义，读了子由这段文字，仁义乌得不小。嬴秦时代，李斯赵高，挟智术以驭天下，叛者四起，即是"智慧出有大伪"的实证。汉初行黄老之术，民风浑朴，几于三代，即是"绝巧弃利，盗贼无有"的实证。

老子绝圣弃智，此心浑浑穆穆，与造化相通，此等造诣极高。孔子心知之，亦曾身体力行之，但只能喻之于心，而不能喻之于口，只可行之于己，而不能责之于人，孔子不言性与天道，非不欲言也，实不能言也，即言之与人亦未必了解也。孔子曰："天何言哉，四时行焉，百物生焉，天何言哉？"此等处可见孔老学术，原是一贯。重言"天何言哉"，反复赞叹，与老子所说"吾不知其谁之子，象帝之先"，"恍兮惚兮，其中有物"等言绝肖。苏子由曰："夫道不可言，可言皆其似者也，达者因似以识真，而昧者执似以陷于伪。"子由识得此旨，所以明朝李卓吾（李贽）称之曰："解老子者众矣，而子由最高。"

要窥见造化流行之妙，非此心与宇宙融合不可，正常人自然做不到，我们既然做不到，而做出的事，如果违反了造化流行之理，又是要不得的，这拿来怎样办呢？于是孔门传下一个最简单最适用的法子，这个法子，即是孔子所说的良知良能，孔门教人，每发一念，就用自己的良心裁判一下，良心以为对的即是善，认为不对的即是恶。恶的念头，立即除去，善的念头，就把它存留下，这即是大学上的诚意功夫。这种念头，与宇宙自然之理是相合的，何以故呢？人是宇宙一分子，我们最初发出之念，并未参有我的私意私见，可说是径从宇宙本体发出来的，我把这个念头，加以考察，即与亲见宇宙本体无异，把这种念头推行出来的，就可修身齐家治国平天下，这个法子，岂不简单极了呢？有了这个法子，我们所做的事，求与自然之理相合，就不困难了，所难者，何者为善念，何者为恶念，不容易分别，于是孔门又传下一个最简单的法子，叫人闲居无事的时候，把眼前所见的事，仔细研究一下，何者为善，何者为恶，把它分别清楚，随着我心每动一念，我自己才能分别善恶，这就是格物致知了。孔门正心诚意，格物致知，本是非常简单，愚夫愚妇，都做得到，不料宋明诸儒，把它解得玄之又玄。朱子无端补入格致一章，并且说："至于用力之久，而一旦豁然贯通焉，则众物之表里精粗无不到，而吾心之全体大用无不明矣。"直是禅门的顿悟，岂不与中庸所说"愚夫愚妇，与知与能"相悖吗？我们把正心诚意，改作"良心裁判"四字，或改作"问心无愧"四字，就任何人都可做到了。

（六）盈虚消长之理

> 老子之学，纯是自处于虚，以盈为大戒，虚是收缩到了极点，盈是发展到了极点，人能以"虚"字为立足点，不动则已，一动则只有发展的，这即是长了。

老子的学说，是本着盈虚消长立论的，什么是盈虚消长呢？试作图说明之：如图由虚而长，而盈，而消，循环不已，宇宙万事万物，都不出道德轨道。以天道言之：春夏秋冬，是循着这个轨道走的。以人事言之：国家之兴衰成败，和通常所谓"贫贱生勤俭，勤俭生富贵，富贵生骄奢，骄奢生淫逸，淫逸又生贫贱"，都是循着这个轨道走的。老子之学，纯是自处于虚，以盈为大戒，虚是收缩到了极点，盈是发展到了极点。人能以"虚"字为立足点，不动则已，一动则只有发展的，这即是长了。如果到了"盈"字地位，则"消"字即随之而来，

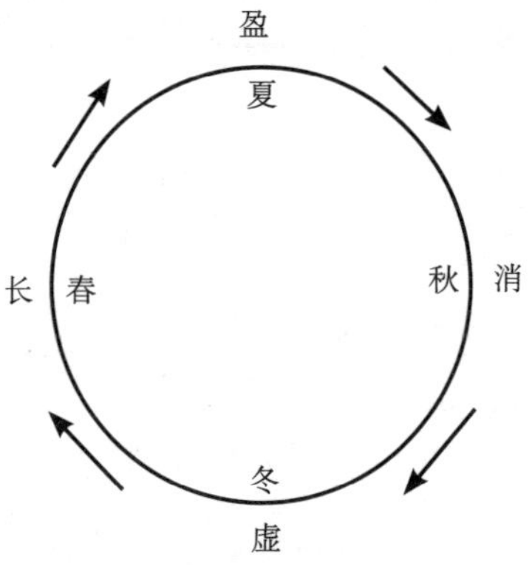

老子盈虚循环图

这是一定不移之理，他书中所谓："弱胜强，柔胜刚"，"高以下为基"，"功成身退天之道"，"强梁者不得其死"，"飘风不终朝，骤雨不终日"，"跂（qì）者不立，跨者不行"，"多藏必厚亡"，"高者抑之，下者举之"，"将欲歙（shè）之，必固张之，将欲弱之，必固强之，将欲废之，必固兴之，将欲夺之，必固与之。"种种说法，都是本诸这个原则立论。这个原则，人世上一切事都适用，等于瓦特发明蒸汽机，各种工业都适用。

（七）老子之兵法

可知老子用兵，是出于自卫，出于不得已，以慈为主。慈有二意：一是恐我的人民为敌人所杀；二是恐敌人的人民为我所杀。所以我不敢为造事之主，如若敌人实在要来攻我，我才起而战之，即所谓"不敢为主而为客"。

老子把盈虚消长之理，应用到军事上，就成了绝妙兵法。试把他言兵的话，汇齐来研究，即知他的妙用了。他说："以道佐人主者，不以兵强天下，其事好还……善者果而已。"又曰："夫佳兵者不祥之器，非君子之器，不得已而用之。"又曰："以奇用兵。"又曰："慈故能勇……夫慈以战则胜，以守则固，天将与之，以慈卫之。"又曰："善为士者不武，善战者不怒，善胜敌者不争。"又曰："用兵有言，不敢为主而为客，不敢进寸而退尺，祸莫大于轻敌，轻敌几丧吾宝，故抗兵相加，哀者胜矣。"又曰："勇于敢则杀，勇于不敢则活。"又曰："坚强者死之徒，柔弱者生之徒，是以兵强则不胜。"可知老子用兵，是出于自卫，出于不得已，以慈为主。慈有二意：一是恐我的人民为敌人所杀；二是恐敌人的人民为我所杀。所以我不敢为造事之主，如若敌人实在要来攻我，我才起而战之，即所谓"不敢为主而为客"。虽是起而应之，却不敢轻于开战，"轻敌几丧吾宝"。这个"宝"字，就是"我有三宝"的"宝"字，慈为三宝之一，轻于开战，即是不慈，就算失去一宝了。我既不开战，而敌人必来攻，我将奈何？老子的法子就是守，故曰："以守则固。"万一敌人猛攻，实在守不住了，又将奈何？老子就向后退，宁可退一尺，不可进一寸，万一退到无可退的地方，敌人还要进攻，如再不开战，坐视我的军士，束手待毙，这可谓不慈至极了。到了此刻，是不得已了，也就不得不战了，从前步步退让，极力收敛，收敛到了极点，爆发出来，等于炸弹爆裂。这个时候，我的军士，处处是死路，唯有向敌人冲杀，才是生路，人人悲愤，其锋不可当，故曰“哀者胜矣”。敌人的军士，遇着这种拼命死战的人，向前冲是必死的路，向后转是生路，有了这种情形，我军当然胜，故曰“以战则胜”。敌人的兵，恃强已极，“坚强者死之徒”，他当然败。这真是极妙兵法，故曰：“以奇用兵。”韩信背水阵，即是应用这个原理。

孙子把老子所说的原理，推演出来，成书十三篇，就成为千古言兵之祖。孙子曰：“卑而骄之。”又曰：“少则逃之，不若则避之。”又曰：“不可胜者守也。”又曰：“善守者藏于九地之下。”又曰：“投之无所往，死且不北。”又曰：“兵士甚陷则不惧，无所往则固，深入则拘，不得已则斗。”又曰：“投之无所往，诸刿之勇也。”又曰：“帅与之期，如登高而去其梯，帅与之深入诸侯之地，而发其机，若驱群羊，驱而往驱而来，莫知所之，聚三军之众，投之于险，此将军之事也。”又曰：“死地吾将示之以不活。”又曰：“投之亡地然后存，陷之死地然后生。”又曰：“始如处女，敌人开户，后如脱兔，敌不及拒。”凡此种种，我们拿来与老子所说的对照参观，其方法完全是相同的，都是初时收敛，后来爆发，孙子曰：“将军之事静以幽。”“静”字是老子书上所常用，“幽”字是老子书上“玄”字“杳”(yǎo)字“冥”字，合并而成的，足知孙子之学，渊源于老子。所异者：老子用兵，以慈为主，出于自卫，出于不得已，被敌人逼迫，不得不战，战则必胜；孙子则出于权谋，故意把兵士陷之死地，以激战胜之功，把老子“以奇用兵”的“奇”字，发挥尽致。开始凡是一种学说，发生出来的支派，都有这种现象，即是把最初之说，引而申之，扩而大之，唯其如此，所以独成一派。老子的清静无为，连兵事上都用得着，世间何事用不着。因为老子窥见了宇宙的真理，所以他的学说，无施不可。

(八)《史记》老庄申韩同传之原因

庄子与韩非，同是崇奉老子，一出世，一入世，途径绝端相反，而皆本之于无为。庄子事事放任，犹可谓之无为，韩非事事干涉，怎么可谓之无为呢？庄子是顺应自然做去，毫不掺加自己的意见，所以谓之无为。韩非是顺应自然，制出一个法律，我即依着法律实行，丝毫不出入，也是不参加自己的意见，故韩非之学说归于无为。

韩非主道篇曰："虚静以待令。"又曰："明君无为于上。"这虚静无为四字，是老子根本学说，韩非明明白白提出，足见他渊源所自。其书曰："若水之流，若船之浮，守自然之道，行无穷之令。"又曰："不逆天理，不伤情性，不吹毛而求小疵，不洗垢而察难知，不引绳之外，不推绳之内，不急法之外，不缓法之内，守成理，因自然，祸福生于道德，而不出于爱恶。"可见他制定的法律，总是本于自然之理，从天理人情中斟酌而出，并不强人以所难。他说："明主立可为之赏，设可避之斗，故贤者劝赏，而不肖者少罪。"可见他所悬的赏，只要能够努力，人人都可获得，所定的罚，只要能够注意，人人都可避免，又曰："明君之行赏也，暧（ài）乎如时雨，百姓利其泽，其行罚也，畏乎若雷霆，神圣不能解也，诚有功则虽疏贱必赏，诚有过则虽嬖（bì）而必诛。"事事顺法律而行，无一毫私见。他用法的结果是："因道全法，君子乐而大奸止，淡然闲静，因天命，持大体，上下交顺，以道为舍。"这是归于无为而止。

老子讲虚静，讲无为；韩非也是讲虚静，讲无为。黄老之术，发展出来，即为申韩，申韩之术，收敛起来，即为黄老。二者原是一贯。史迁（司马迁）把老庄申韩同列一传，即是这个道理。后人不知此理，反痛诋史迁，以为韩非与李耳同传，不伦不类。试思史迁父子，都是深通黄老的人，他论大道则先黄老，难道对于老氏学派，还会谈外行话吗？不过韩非之学，虽是渊源于老子，也是引而申之，扩而大之，独成一派。老子曰："我无为而民自化。"韩非曰："明君无为于上，群臣竦惧乎下。"同是"无为"二字，在老子口中，何等恬适，一出韩非之口，而凛然可畏，惟其如此，所以才独立成派。

庄子与韩非，同是崇奉老子，一出世，一入世，途径绝端相反，而皆本之于无为。庄子事事放任，犹可谓之无为，韩非事事干涉，怎么可谓之无为呢？庄子是顺应自然做去，毫不掺加自己的意见，所以谓之无为。韩非是顺应自然，制出一个法律，我即依着法律实行，丝毫不出入，也是不参加自己的意见，故韩非之学说归于无为，因为他执行法律时，莫得丝毫通融，不像儒家有议亲议贵这类办法，所以就蒙刻薄寡恩之名了。

韩非说："故设柙（xiá）非所以备鼠也，所以使怯弱能服虎也。"可见他立法是持大体，并不苟细。汉高祖用讲黄老的张良为谋臣，入关之初，"除秦苛法，约法三章，杀人者死，伤人及盗抵罪。""苛法"是捕鼠之物，把他除去，自是黄老举动；“杀人者死，伤人及盗抵罪”，是设柙股虎，用的是申韩手段。我们从此等地方考察，黄老与申韩，有何冲突？

（九）老子与其他诸子

道流而为德，德流而为仁，仁流而为义，义流而为礼，礼流而为刑，刑流而为兵。道德居首，兵刑居末。孙子言兵，韩非言刑，而其源皆出于老子。我们如果知道兵刑与道德相通，即知诸子之学无不与老子相通了。

道流而为德，德流而为仁，仁流而为义，义流而为礼，礼流而为刑，刑流而为兵。道德居首，兵刑居末。孙子言兵，韩非言刑，而其源皆出于老子。我们如果知道兵刑与道德相通，即知诸子之学无不与老子相通了。老子三宝，一曰慈，二曰俭，三曰不敢为天下先，孔子温良恭俭让，“俭”字与老子同，让即老子之不敢为天下先，孔子尝言仁，即是老子之慈，足见儒家与老子相通。墨子之兼爱，即是老子之慈，墨子之节用，即是老子之俭。老子曰：“用兵有言，不敢为主而为客，不敢进寸而退尺。”又曰：“以守则固。”墨子非攻而善守，足见其与老子相通。战国的纵横家，首推苏秦，他读的书，是阴符，揣摩期年，然后才出而游说，古阴符不传，他是道家之书，大约是与老子相类。老子曰：“天之道其犹张弓乎，高者抑之，下者举之。”老子此语，是以一个“平”字立论。苏秦说六国，每用“宁为鸡口，无为牛后”一类话，激动人不平之气，暗中藏得有天道张弓的原理，与自然之理相合，所以苏秦的说法，能够披靡一世。老子所说“欲取姑予”等语，为后世阴谋家所祖，他如杨朱庄列关尹诸人，直接承继老子之学，更不待说，周秦诸子之学，即使不尽出于老子，也可说老子之学，与诸子不相抵触，既不抵触，也就可以相通。后世讲神仙、讲符箓等，俱托始于老子，更足知老子与百家相通。

汉朝汲黯（àn），性情刚直，其治民宜乎严刑峻法了，乃用黄老之术，专尚清静。诸葛武侯，淡泊宁静，极类道家，而治蜀则用申韩。这都是由于黄老与申韩，根本上是共通的缘故。孔孟主张仁义治国，申韩主张法律治国，看是截然不同的两种，其实是一贯的。诸葛武侯说“法行则知恩”，这句话真是好极了，足补四书五经所未及。要施恩先必行法做起走，行法即是施恩，法律即是仁义。子产治郑用猛，国人要想杀他，说道："孰杀子产，吾其与之。"后来感他的恩，又生怕他死了，说道："子产而死，谁其嗣之。"难道子产改变了政策吗？他临死前还说为政要用猛，可见猛的宗旨，至死不变，而所收的效果，却是惠字，《论衡》载："子谓子产……其养民也惠。"又讲："或问子产，子曰，'惠人也'。"猛的效果是惠，此中关键，只有诸葛武侯懂得，所以他治蜀尚严，与子产收同一之效果。一般人说申韩刻薄寡恩，其实最慈惠者，莫如申韩。申子之书不传，试取韩非子与诸葛武侯本传，对照读之，当知鄙言之不谬。

韩非之学，出于荀子，是主张性恶的。荀子以为人性恶，当用礼去裁制他。韩非以为礼的裁制力弱，法律的裁制力强，故变而论刑名，由此可知：黄老申韩孟荀，原是一贯。害何种病，服何种药。害了嬴秦那种病，故汉初药之以黄老，害了刘璋那种病，故孔明药之以申韩，儒者见秦尚刑名，至于亡国，以为申韩之学，万不可行，此乃不知通变之论。商鞅变法，秦遂盛强，逮至始皇，统一中国，见刑名之学，生了大效，继续用下去，犹之病到垂危，有良医开一剂芒硝大黄，服之立愈，病已好了，医生去了，把芒硝大黄作为常服之药，焉得不病？焉得不死？于芒硝大黄何尤？于医生何尤？

（十）孔子不言性与天道之原因

老子曰："失道而后德，失德而后仁，失仁而后义，失义而后礼。"道德已被老子讲得透透彻彻，莫得孔子说的，孔子只好从"仁"字讲起走了。老子学说，虽包含有治世法，但是略而不详，他专言道德，于仁义礼三者，不加深论。孔子窥破此旨，乃终身致力于仁义礼，把治国平天下的方法，条分缕析地列出来。于是老子谈道德，孔子谈仁义礼，结果孔子与老子，成了对等地位。

《礼记》上，孔子屡言："吾闻诸老聃曰。"可见他的学问，渊源于老子。至大限度，只能与老子对抗，断不能驾老子而上之。《史记》载："孔子适周，问礼于老子，去，谓弟子曰：'鸟吾知其能飞，鱼吾知其能游，兽吾知其能走，走者可以为网，游者可以为纶，飞者可以为矰（zēng），至于龙，吾不能知其乘风云而上天，吾今日见老子，其犹龙耶。'”这种惊讶佩服的情形，俨如虬髯客见了李世民，默然心死一样。《虬髯客传》载，道士谓虬髯曰：“此世界非公世界，他方可也。”虬髯也就离开中国，到海外扶馀，另觅生活。孔子一见老子，恰是这种情形。老子曰：“失道而后德，失德而后仁，失仁而后义，失义而后礼。”道德已被老子讲得透透彻彻，莫得孔子说的，孔子只好从“仁”字讲起走了。老子学说，虽包含有治世法，但是略而不详，他专言道德，于仁义礼三者，不加深论。孔子窥破此旨，乃终身致力于仁义礼，把治国平天下的方法，条分缕析地列出来。于是老子谈道德，孔子谈仁义礼，结果孔子与老子，成了对等地位。孔子是北方人，带得有点强哉矫的性质，虽是佩服老子，却不愿居他篱下。这就像清朝恽寿平，善画山水，见了王岩谷的山水，自量不能超出其上，再画得好，也是第二手，乃改习花卉，后来二人竟得齐名。孔子对于老子，也是这样。他二人一谈道德，一谈仁义礼，可说是分工的工作。

《论语》载：子贡曰：“夫子之文章，可得而闻也，夫子之言性与天道，不可得而闻也。”孔子何以不言性与天道呢？因为性与天道，老子已经说尽，莫得孔子说的了。何以故呢？言性言天道，离不得“自然”二字，老子提出“自然”二字，业已探骊得珠，孔子再说，也不能别有新理，所以就不说了。老子说：“致虚极，守静笃。”请问致的是什么？守的是什么？这明明是言心言性，一部宋元明学案，“虚”字“静”字，满纸都是，说来说去，终不出“致虚守静”的范围，不过说得比较详细罢了。老子书中言天道的地方很多，如云“天地之间，其犹橐（tuó）籥（yuè）乎，虚而不屈，动而愈出。”“天长地久，天地所以长且久者，以其不自生，故能长生。”“飘风不终朝，骤雨不终日，孰为此者天地，天地尚不能长久，而况于人乎。”“天网恢恢，疏而不失。”“天之道其犹张弓乎，高者抑之，下者举之，有余者损之，不足者补之。”老子这一类话，即把天地化生万物，天人感应，天道福善祸淫，种种道理，都包括在内，从天长地久，说至天地不能长久，就叫孔子再谈天道，也不能出其范围，所以只好不说了。老子所说：“有物混成，先天地生。”孔子也是见到了的，他赞周易，名此物曰太极，曾极力发挥，惟理涉玄虚，对门人则浑而不言，故大学教人，从诚意做起走。

性与天道，离了“自然”二字，是不能讲的。何以见得呢？一般人说宋儒是得了孔子真传的，朱子是集宋学大成的，朱子毕生精力，用在《四书集注》上，试拿《集注》来研究，“性与天道，不可得而闻也”这一章，朱子注曰：“性者人所受之天理，天道者天理自然之本体，其实一理也。”这不是明明白白地提出“自然”二字吗？《中庸》：“天命之谓性，率性之谓道。”朱注：“率循也，道犹路也，人物各循其性之自然，则其日用事物之间，莫不各有当行之路，是则所谓道也。”岂不是又提出“自然”二字吗？孟子曰：“天下之言性也，则故而已矣，故者以利为本，所恶于智者，为其凿也，如智者若禹之行水也，则无恶于智矣，禹之行水也，行其所无事也，如智者亦行所无事，则智亦大矣。天之高也，星辰之远也，苟求其故，千岁之日至，可坐而致也。”此章言性又言天道，朱注：“利犹顺也，语其自然之势也……其所谓故者，又必本其自然之势……水之在山，则非自然之故矣……禹之行水，则因其自然之势则导之……程子（程颐）曰，此章专为智而发。愚谓事物之理，莫非自然，顺而循之，归为大智。”朱注五提“自然”二字，足见性与天道，离却“自然”二字，是讲不清楚的。老子既已说尽，宜乎孔子不再说了。

（十一）三教异同之点

老子重在窥探造化的本源，故绝圣弃智，无知无欲，于至虚至静之中，领会那寂然不动、虚而逍遥之妙，故而像一初生之婴儿。向后走是出世法，向前走是世间法。

春秋战国时，列国并争，同时学术界，也有百家争鸣，自秦以后，天下统一，于是学说随君主之旨意，也归于统一。秦时奉法家的学说，此外的学说，皆在所排斥。汉初改而奉黄老。到了汉武帝表章六经，罢黜百家，从此以后，专奉孔子之学。而老子的学说，势力也很大。孔老二教，在中国成为两大河流。随后佛教传入中国，越传越盛，成了三大河流。同在一个区域内，相推相荡，经过了很长的时间，天然有合并的趋势，于是宋儒的学说，应运而生。

我们要谈宋儒的学说，须先把三教异同研究一下。三教异同古人说的很多，无待我们再说，但我们可补充一下：三教均以返本为务。孟子曰：“天下之本在国，国之本在家，家之本在身。”但返至身，还不能终止。孟子又曰：“孩提之事，无不知爱其亲也，及其长也，无不知敬其兄也。”可知儒家返本，以返至孩提为止。老子一书，屡言婴儿，请问孟子之孩提，与老子的婴儿，同乎不同？答曰：不同。何以故呢？孟子所说之孩提能爱亲敬兄，大约是二三岁或一岁半岁。老子曰：“如婴儿之未孩。”说文：孩，小儿笑也。婴儿还未能笑，当然是指才下地者而言。老子又说：“骨弱筋柔而握固。”初生小孩，手是握得很紧的。可见老子所说的婴儿，确指才下地者而言。孟子所说的孩提知爱知敬，是有知识的。老子曰：“常使民无知无欲。”是莫有知识的。可知老子返本更进一步，以返至才下地的婴儿为止。

但老子所说的虽是无知无欲，然犹有心；故曰：“圣人当无心，以百姓心为心。”释氏则并心而无之，以证入涅槃，无人无我为止。禅家常教人“看父母未生前面目”。竟是透过娘胎，较老子的婴儿更进一步。他们三家俱是在一条线上，我们可作图表示，如图：儒家由庚返至丁，再由丁返至丙。老子由丁返至乙。佛氏由丁返至甲。我们可呼此线为“返本线”。由此可看出三家的异同。要说他们不同，他三家都沿着返本线向后而走，这是相同的。要说他们相同，则儒家返至丙点而止，老子返至乙点而止，释氏直返至甲点方止，又可说是不同。所从三教同与异俱说得去，总看如何看法。

大学说：“欲修其身者先正其心，欲正其心者先诚其意。”从“身”字追进两屋，直至“意”字，从诚意做起走。但是有意就有我，老子以为有了我即有人，人我对立，就生出许多胶胶扰扰的事，闹个不休。有我即身，故曰：“吾所以有大患者，为吾有身。”倘若无有我身，则人与我浑而为一，就成了与人无忤，与世无争，再不会有胶胶扰扰的事。故曰：“及吾无身，吾有何患？”庄子书上种种讥诮孔子的话，与夫老子谓孔子曰“去子之骄气与多欲，态色与淫志”等语，都是根据这个原理。试问如老子所说，是个什么境界呢？这就是所说的“恍兮惚兮，窈兮冥兮”了，也即是“婴儿未孩”的状态，自佛学言之，此等境界是为第八识，释氏更进一步，打破此识，而为大圆镜智，再进而连大圆镜智也打破，即是心经所说“无智亦无得”了。

据上面所说，似乎佛氏的境界，非老子所能到，老子的境界，非孔子所能到，则又不然，佛氏说妙说常，老子曰：“复命曰常。”又曰：“玄之又玄，众妙之门。”佛氏的妙常境界，老子何尝不能到呢？孔子毋意必固我，又曰：“无可无不可。”佛氏所谓法执我执，孔子何尝莫有破呢？但三教虽同在一根线上，终是个个独立。他们立教的宗旨，各有不同，佛氏要想出世，故须追寻至父母未生前，连“心”字都打破，方能出世，说是要出世，所以世间的礼乐刑政等，也就不详加研究了。孔门要想治世，是在人事上工作上，人事之发生，以意念为起点，而意念之最纯粹者，莫如孩提之童，故从孩提之童研究起来，以诚意为下手功夫，由是而正心修身，以至齐家治国平天下。他的宗旨，即是想治世，所以关于涅槃灭度的学理，也就不加探讨了。老子重在窥探造化的本源，故绝圣弃智，无知无欲，于至虚至静之中，领会那寂然不动、虚而逍遥之妙，故而像一初生之婴儿。向后走是出世法，向前走是世间法。他说道：“多言数穷，不如守中。”这个“中”字，即指乙点而言，是介于入世出世之中。佛氏三藏十二部，孔子《诗》、《书》、《易》、《礼》、《春秋》，可算说得很多了。老子却不愿意多说，只简简单单五千多字，扼着乙点立论，含有“引而不发，跃如也”的意思。他的意思，只重在把入世出世，打通为一，揭出原理，等人自去研究，不愿多言，所以讲出世法莫得释氏那么精，讲世间法莫得孔子那么详。综而言之，释氏专言出世法，孔子专言世间法，老子则把出世法和世间法，打通为一，这就是他三人立教不同的地方。

老子说：“致虚极，守静笃，万物并作，吾以观其后，夫物芸芸，各归其根，归根曰静，静曰复命。”他是用致虚守静的功夫，步步向内收敛，到了归根复命，跟着又步步向外发展，所以他说：“修之于身，其德乃真，修之于家，其德乃彰，修之于乡，其德乃长，修之于邦，其德乃丰，修之于天下，其德乃普。”孔子之学，得之于老子，其步骤是一样。《大学》说：“古之欲明明德于天下者，先治其国。欲治其国者，先齐其家。欲齐其家者，先修其身，欲修其身者，先正其心，欲正其心者，先诚其意。”这是步步向内收敛。“意诚而后心正，心正而后身修，身修而后家齐，家齐而后国治，国治而后天下平。”又是步步向外发展。老子归根复命的工作，与佛氏相同，从“修之于身”，以至“修之于天下”，与孔子相同，所以老子之学，可贯通儒释两家。

北方人喜吃面，南方人喜吃饭，孔子开店卖面，释迦开店卖饭，老子店中，面和饭皆有，我们喜欢吃某种，进某家店子就是了。不能叫人一律吃面，把卖饭的店子封了，也不能叫人一律吃饭，把卖面的店子封了。卖面的未尝不能做饭，卖饭的也未尝不能做面，不过开店的目的，各有不同罢了。儒释道立教，各有各的宗旨，三教之徒，互相攻击，真算多事。

（十二）宋学是融合儒释道三家学说而成

在宋儒尽管说他是孔门嫡派，与佛老无关，实际是融合三教而成，他们学说俱在，何能掩饰。其实能把三教融合为一，这是学术上最大的成功，他们有了这样的建树，尽可自豪，反弃而不居，自认孔门嫡派。这即是为“门户”二字所误。

最初孔老二教，迭为盛衰，互相排斥。故太史公说：“世之学老子则绌儒学，儒学亦绌老子。”到了曹魏时，王弼出来，把孔老沟通为一，他说：“圣人茂于人者神明也，情，应物而无累于物者也，今以无累便谓其不复应物，失之远矣。”（见《魏志钟会传》裴松之注）“冲和以通无”，指老氏而言。“哀乐以应物”，指孔氏而言。裴说：“应物而无累于物。”就把孔老二说，从学理上融合为一。王弼曾注《易经》和《老子》，《易经》是儒家的书，《老子》是道家的书，他注这两部分，就是做的融合孔老的工作，这是学术上一种大著作，算是一种新学说，大受一般人的欢迎，所以开晋朝清谈一派。

人情是厌故喜新的，清谈既久，一般人都有点厌烦了，适值佛教陆续传入中国，越传越盛，在学术上另开一新世界，朝野上下，群起欢迎，到了唐时，佛经遍天下，寺庙遍天下，天台、华严、净土各宗大行，禅宗有南能北秀，更有新兴之唯识宗，可算是佛学极盛时代。唐朝自称是老子之后，追尊老子为玄元皇帝，道教因之很盛。孔子是历代崇奉之教，当然也最盛行。三教相荡，天然有合并的趋势。那个时候的儒者，多半研究佛老之学，可说他们都在做三教合一的工作，却不曾把此融合为一，直到宋儒，才把这种工作完成了。

戴东原（戴震）谓："宋以前，孔孟自孔孟，老子自老子，谈老子者高妙其言，不依附孔孟，宋以来，孔孟之书，尽失其解，儒家杂袭老释之言以解之。"这本是诋斥宋儒的话，但我们从这个地方，反可看出宋儒的真本事来，最当注意的是"宋以前，孔孟自孔孟，老释自老释"二语，老释和孔孟，大家认为是截然不同之二派，宋时就把他们融合为一，创造力何等伟大。

在宋儒尽管说他是孔门嫡派，与佛老无关，实际是融合三教而成，他们学说俱在，何能掩饰。其实能把三教融合为一，这是学术上最大的成功，他们有了这样的建树，尽可自豪，反弃而不居，自认孔门嫡派。这即是为"门户"二字所误。惟其是这样，我们反把进化的趋势看出来了。儒释道三教，到了宋朝天然该合并，宋儒顺着这个趋势做去，自家还不觉得，犹如河内撑船一般，宋儒极力欲逆流而上，自以为撑到上流了，殊不知反被卷入大海，假令程朱诸人，立意要做三教合一的工作，还看不出天然的趋势，惟其极力反对三教合一，实际上反完成了三教合一的工作，这才见天然趋势的伟大。宋儒学说，所以不能磨灭掉，在完成三教合一的工作，其所以为人诟病者，在里子是三教合一，面子务必说是孔门嫡派，成了表里不一致。我们对于宋儒，只要他的里子，不问他的面子，他们既建树了这样大功，就应替他们表彰。

宋儒融合三教，在实质上，不在字面上。若以字面而论，宋儒口口声声，诋斥佛老，所用的名词，都是出在四书五经上，然而实质上却是三教合一。今人言三教合一者，满纸是儒释道书上的名词，我们却不能承认他们把三教融合了。这是什么缘故呢？譬如吃饮食，宋儒把鸡鱼羊肉，米饭菜蔬，吃下肚去，变为血气。看不出鸡鱼羊肉，米饭菜蔬的形状，实质上却是这些东西融合而成。他人是把这些东西吃下去，吐在地上，满地是鸡鱼羊肉米饭菜蔬的细颗，并未融化。我们把融合三教之功，归之宋儒，就是这个道理。世间的道理，根本上是共通的，宋儒好学深思，凡事要研究彻底，本无意搜求共通点，自然把共通点寻出，所以能够把三教融合。

由晋历南北隋唐五代，而至于宋，都是三教并行。名公巨卿，大部研究佛老之学，就中以禅宗为尤盛。我们试翻《五灯会元》一看，即知禅宗自达摩东来，源远流长，其发达的情形，较之宋元学案所载的道学，还要盛些。王荆公尝问张文定（方平）："孔子去世百年，生孟轲亚圣，自后绝人何也？”文定言：“岂无？只有过孟子上者。”公问是谁？文定言：“江南马大师，汾阳无业禅师，雷峰，岩头，丹霞，云门是也。儒门淡泊，收拾不住，皆归释氏耳。”荆公欣然叹服。(见宋《稗类钞宗乘》),佛教越传越盛，几乎把孔子地盘完全夺去，宋儒生在这个时候，受儒道的甄陶孕育，所以能够创出一种新学说。

周敦颐的学问，得力于佛家的寿涯和尚和道家陈抟（tuán）的太极图，这是大家知道的。程伊川说：“程明道出入于老释者几十年。”宋史说：范仲淹命张横渠读《中庸》，读了犹以为未足，又求诸老释。这都是“儒门淡泊收拾不住”的缘故。明道和横渠，都是“返求诸六经然后得之”。试问：他二人初读孔子书，何以得不到真传，必研究老释多年，然后返求诸六经，才把它寻出来？何以二人都会如此？此明明是初读儒书，继续佛老书，涵泳既久，融会贯通，心中恍若有得：然后还向六经搜求，见所说的话，有与自己心中相合者，就把它提出来组织成一个系统，这即是所谓宋学了。因为天下的真理是一样的，所以二人得着的结果相同。

著者往年著《心理与力学》一文，创一条臆说：“心理依力学规律而变化。”曾说：“地心有引力，把泥土沙石，有形有状之物，吸引来成为一个地球，人心也有引力，把耳濡目染、无形无体之物，吸引来，成为一个心。”宋儒研究儒释道三教多年，他们的心，已经成了儒释道的化合物，自己还不觉得，所以宋学表面上是孔学，里子是儒释道融合而成的东西。从此以后，儒门就不淡泊了，就把人收拾得住，于是宋学风靡天下，历宋元明清以至于今，传诵不衰。他们有了这种伟大工作，尽可独立成派，不必依附孔子，在他们以为依附孔子，其道始尊，不知依附孔子，反把宋儒的价值看小了。

（十三）宋学含老学成分最多

宋学是明道开创的，明道之学，既近于老子，所以赵宋诸儒，均含老氏意味。宋儒之学，何以会含老氏意味呢？因为释氏是出世法，孔子是世间法，老子是出世法世间法一以贯之。宋儒以释氏之法治心，以孔子之学治世，二者俱是顺其自然之理而行，把治心治世打成一片，恰是走入老子的途径。

宋学是融合三教而成，故处处含有佛老意味。其含有佛学的地方，前人指出很多，不必再加讨论。我们所要讨论的，就是宋学所含老氏成分，特别浓厚。宋儒所做的功夫，不外“人欲净尽，天理流行”八字。天理者天然之理，也即是自然之理。人欲者个人之私意。宋儒教人把自己的私意除掉，顺着自然的道理做去，这种说法，与老子有何区别？所异者，以“天”字代“自然”二字，不过字面不同罢了。

但是他们后来注重理学，忽略了“天”字，即是忽略了“自然”二字，而理学就成了管见，此戴东原所以说宋儒以理杀人也。

周子著《太极图说》云：“无极而太极。”这“无极”二字，即出自《道德经》。张横渠之易说，开卷诠乾四德，即引老子“迎之不见其首”二语。中间又引老子“谷神，刍狗，三十辐共一毂（gòu），高以下为基”等语，更是彰明其著的。

伊川（程颐）门人尹焞（chāo）言：“先生（指伊川）平生用意，惟在易传，求先生之学，观此足矣，语录之类，皆学者所记，所见有深浅，所记有工拙，盖不能无失也。”《二程全书》可见易学是伊川根本学问，伊川常令学者看王弼易注《二程全书》，《四库提要》说：“自汉以来，以老庄说易，始魏王弼。”伊川教人看此书，即知：伊川之学根本上掺有老学。

朱子号称是集宋学大成的人。《论语》开卷言：“学而时习之。”朱子注曰：“后觉者必效先学者之所为，乃可以明善而复其初。”戴东原曰：“复其初出庄子。”《东原年谱》明善复初，是宋儒根本学说，庄子是老氏之徒，这也是掺有老学之证。

大学开卷言：“大学之道，在明明德。”朱子注曰：“明德者人之所得乎天，而虚灵不昧，以其众理而应万事者也。”这个说法，即是老子的说法。我们可把这几句话，移注老子。老子曰：“谷神不死。”谷者虚也，神者灵也，不死者不昧也，“谷神不死”，盖言：虚灵不昧也。“具众理而应万事”，即老子“虚而不屈，动而愈出”之意。“虚”则冲漠无朕，“不屈”则万象森然，故曰“具众理”。“动”则感而遂通，“愈出”则顺应不穷，故曰“应万事”。这岂不是老子的绝妙注脚？

《中庸》开卷言：“天命之谓性，率性之谓道。”朱注提出“自然”二字。《论语》：“夫子之言性与天道，不可得而闻也。”朱注又提出“自然”二字。孟子“天下之言性也”一章，朱注五提“自然”二字，这是前面已经说了的。

又老子有“致虚极，守静笃”二语，宋儒言心性，满纸是“虚静”二字，

"静"字犹可说《大学》中有之，这"虚"字明明是从老子得来。

宋学发源于孙明复、胡安定、石守道三人，极盛于周程张朱诸人。程氏弟兄幼年曾受业于周子，其学是从周子传下来的，但伊川（程颐）作明道（程颢）行状说："先生生于一千四百年之后，得不传之学于遗经。"又说："先生为学，自十五六时，闻汝南周茂叔论道，遂嫌科举之业，慨然有求道之志，未知其要，泛滥于诸家，出入于老释者几十年，返求诸六经，然后得之。"可见宋学是程明道特创的，明道以前，只算宋学的萌芽，到了明道，才把它组织成一个系统，成为所谓宋学。周子不过启发明道求之志罢了。所以我们研究宋学，当从明道研究起走。

明道为宋学之祖，等于老子为周秦诸子之祖。而明道之学，即大类老子，老子曰："圣人无常心，以百姓心为心。"明道著定性书说："夫天地之常，以其心普万物而无心，圣人之常，以其情顺万物而无情。故君子之学，莫如廓然而大公，物来而顺应。"此等说法，与老子学说，有何区别？也即是王弼所说："体冲和以通无，应物而无累于物。"

二程遗书载：明道言："天地万物之理，无独必有对，皆自然而然，非有安排也。每中夜以思，不知手之舞之，足之蹈之也。"明道所悟得者，即是老子所说"有无相生，难易相成，长短相形，高下相倾，声音相和，前后相随"之理，老子书中，每用雌雄、荣辱、祸福、静躁、轻重、歙张、枉直、生死、多少、刚柔、强弱等字，两两相对，都是说明"无独必有对"的现象。明道提出"自然"二字，宛然老子的学说。

其他言自然者不一而足，如遗书中，明道云："言天之自然者，谓之天道。"又云"一阴一阳之谓道，自然之道也"皆是。故近人章太炎说："大程远于释氏，偏迩于老聃。"（见《检论卷·四通程篇》）

宋学是明道开创的，明道之学，既近于老子，所以赵宋诸儒，均含老氏意味。宋儒之学，何以会含老氏意味呢？因为释氏是出世法，孔子是世间法，老子是出世法世间法，一以贯之。宋儒以释氏之法治心，以孔子之学治世，二者俱是顺其自然之理而行，把治心治世打成一片，恰是走入老子的途径。宋儒本莫有居心要走入老氏途径，只因宇宙真理，实是这样，不知不觉，就走入这个途径，由此知：老子之学，不独可以贯通周秦诸子，且可以贯通宋明诸儒。换言之：即是老子之学，可以贯通中国全部学说。

伊川说："返求诸六经然后得之。"究竟他们在六经中得着些什么呢？他们在《礼记》中搜出《大学》、《中庸》两篇，提出来与《论语》、《孟子》，合并研究。在《尚书》中搜出“人心惟危，道心惟微，惟精惟一，允执厥中”十六字。又在《乐记》中搜出“人生而静,天之性也,感于物而动,性之欲也”数语,创出天理人欲等名词,互相研究,这即是所谓“得不传之学于遗经”了。

宋儒搜出这些东西，从学理上言之，固然是对的，但务必说这些东西是孔门“不传之学”，就未免靠不住，“人生而静”数语，据后人考证，是《文子》引《老子》之语,河间献王把它采入《乐记》的。而《文子》一书，又有人说是伪书，观其全书，自是道家之书，确非孔门之书。

阎百诗《尚书古文疏证》说：“虞廷十六字，盖纯袭用荀子，而世未之察也，荀子解蔽篇：昔者舜之治天下也云云，故道经曰：‘人心之危，道心之微，危微之几，惟君子而后能知之。’此文前文有精于道，一于道之语，遂概括为四字，复读以成十六字。”可见宋儒讲的危微精一，直接发挥荀子学说，间接是发挥道家学说。

朱子注《大学》说：“经一章，盖孔子之言，而曾子述之。其传十章。则曾子之意，而门人记之也。”朱子以前，并无一人说大学是曾子著的，不知朱子何所依据,大约是见诚意章,有“曾子曰”三字,据阎百诗说:《礼记》四十九篇中,称曾子者共一百个,除有一个是指曾申外,其余九十九个,俱指曾参，何以见得此篇多处提及“曾子”二字，就是曾子著的？

朱子说：《中庸》是孔门传授心法，子思学之于书以授孟子。此话也很可疑。《中庸》有“载华岳而不重”一语，孔孟是山东人，一举目即见泰山，所以论孟中言山之高者，必说泰山。华山在陕西，孔子西行不到秦，华山又不及泰山著名，何以孔门著书，会言及华山呢？明明是汉都长安，汉儒著书，一举目即见华山，故举以为例。又说“今天下车同轨，书同文”，更是嬴秦混一天下后的现象。这些也是经昔人指出了的。

据上所述，宋儒在遗经中，搜出来的东西，根本上发生疑问。所以宋儒的学问，绝不是孔孟的真传，乃是孔老孟荀混合而成的，宋儒此种工作，不能说是他们的过失，反是他们的最大功绩，他们极力尊崇孔孟，反对老子和荀子，实质上反替老荀宣传，由此知：老荀所说的是合理的，宋儒所说的也是合理的。我们重在考求真相，经过他们这种工作，就可证明孔老孟荀，可融合为一，宋儒在学术上的功绩，真是不小。

我们这样的研究，就可把学术上的趋势看出来了。趋势是什么？就是各种学说，根本上是共通的，越是互相攻击，越是日趋融合，何以故？因为越攻击，越要研究，不知不觉，就把共通之点发现出来了。

《宋元学案》载："明道不废观释老书，与学者言，有时偶举示佛语。伊川一切摒除，虽庄列亦不看。"明道把三教之理，融会贯通，把大原则发明了，伊川只是依着他这个原则研究下去，因为原则上含得有释老成分，所以伊川虽摒除释老之书不观，而传出来的学问，仍带有释老意味。

伊川尝谓门人张释曰："我昔状明道先生之行，我之道盖与明道同，异时欲知我者，求之此文可也。"伊川作明道行状，言出入于老释者几十年，既自称与明道同，当然也出入于老释。所谓不观释老书者，是指学成之后而言，从前还是研究过释老的。

宋儒的学说，原是一种革命手段。他们把汉儒的说法，全行推倒，另创一说，是具备了破坏和建设两种手段。他们不敢说是自己特创的新说，仍复托诸孔子，名为复古，实是创新。路德之新教，欧洲之文艺复兴，俱是走的这种途径。宋儒学说，带有创造性，所以信从者固多，反对者亦不少，凡是新学说出来，都有这类现象。

（十四）程明道死后之派别

明道学术分程朱和陆王两派，象山相当于伊川，阳明相当于朱子。有了朱子"万殊归于一本"之格物致知，跟着就有阳明"一本散之万殊"之格物致知，犹之有培根之归纳法，跟着就有笛卡儿之演绎法，培根之学类伊川和朱子，笛卡儿之学类象山和王阳明。

明道把三教融合的工作刚刚做成功，跟着就死了。死后，他的学术，分为两大派：一派是伊川朱子（朱熹），一派是陆象山和王阳明。明道死时，年五十四岁，死了二十多年，伊川才死。伊川传述明道的学问，就走入一偏，递传以至朱子。后人说朱子集宋学之大成，其实他未能窥见明道全体。宋元学者说："朱子谓明道说话浑论，然太高，学者难看。……朱子得力于伊川，于明道之学，未必尽其传也。"据此可知：朱子得明道之一偏，陆象山起而绍述明道，与朱子对抗，不但对于朱子不满，且对于伊川亦不满。他幼年闻人诵伊川语，即说道："伊川之言，奚为与孔孟不类。"又说："二程见茂叔后，吟风弄月而归，有'吾与点也'之意。后来明道此意却存，伊川已失此意。"又说："元晦似伊川，钦夫似明道，伊川锢蔽深，明道却疏通。"象山自以为承继明道的，伊川自以为承继明道的，其实伊川与象山，俱是得明道之一偏，不足尽明道之学。伊川之学，得朱子发挥光大之，象山之学，得阳明发挥光大之，成为对抗之两派。朱子之格物致知，是偏重在外，阳明之格物致知，是偏重在内。明道曰："与其非外而是内，不若内外之两忘。"明道内外两忘，即是包括朱陆两派。

朱陆之争，乃是于整个道理之中，各说半面，我们会通观之，即知两说可以并行不悖。(一）孔子说："学而不思则罔，思而不学则殆。"朱子重在学，陆子重思，二者原是不可偏废。(二）孟子说："博学而详说之，将以反说约也。"朱子宗的是这个说法。孟子又说："心之官则思，思则得之，不思则不得也，此天所与我者，先立乎其大者，则其小者不能夺也。"陆子宗的是这个说法。二说同出于孟子，原是不冲突的。(三）陆子尊德性，朱子道问学，中庸说："尊德性而远问学。"中间著一而字，二者原可联为一贯。(四）从伦理学上言之：朱子用的是归纳法，陆子用的是演绎法，二法俱是研究学问所不可少。(五）以自然现象言之：朱子万殊归于一本，是向心力现象，陆子一本散之万殊，是离心力现象，二者原是互相为用的。我们这样的观察，把他二人的学说，合而用之即对了。

明道学术分程（伊川）朱和陆王两派，象山相当于伊川，阳明相当于朱子。有了朱子"万殊归于一本"之格物致知，跟着就有阳明"一本散之万殊"之格物致知，犹之有培根之归纳法，跟着就有笛卡儿之演绎法，培根之学类伊川和朱子，笛卡儿之学类象山和王阳明。宇宙真理，古今中外是一样的，所以学术上之分派和研究学问的方法，古今中外也是一样的。

（十五）学术之分合

大凡一种学说，独立成派之后，本派中跟着就要分派。韩非说："儒分为八，墨分为三。"就是循着这个轨道走的。孔学分为八派，秦灭而后，孔学灭绝，汉儒研究遗经，成立汉学，跟着又分许多派。老氏之学，也分许多派。佛学在印度，分许多派，传入中国，又分若干派。

孔子是述而不作的人，祖述尧舜，宪章文武，融合众说，独成一派。老子书上有"谷神不死"及"将欲取之"等语，经后人考证，都是引用古书。他书中所说"用兵有言"及"建言有之"等语，更是明白援引古说，可见老子也是述而不作之人，他的学说，也是融合众说，独成一派。印度有九十六外道，释迦一一研究过，然后另立一说，这也是融合众说，独成一派。宋儒之学，是融合儒释道三教而成，也是融合众说，独成一派。这种现象，是学术上由分而合的现象。

大凡一种学说，独立成派之后，本派中跟着就要分派。韩非说："儒分为八，墨分为三。"就是循着这个轨道走的。孔学分为八派，秦灭而后，孔学灭绝，汉儒研究遗经，成立汉学，跟着又分许多派。老氏之学，也分许多派。佛学在印度，分许多派，传入中国，又分若干派。宋儒所谓佛学者，盖禅宗也。禅宗自达摩传至五祖。分南北两派，北方神秀，南方慧能，慧能为六祖，他门下又分五派。明道创出理学一派，跟着就分程（伊川）朱和陆王两派。而伊川门下分许多派，朱子门下分许多派，陆王门下也分许多派。这种现象，是由合而分的现象。

宇宙真理，是圆陀陀的，一个浑然的东西，人类的知识很短浅，不能骤窥其全，必定要这样分而又合，合而又分地研究，才能把那个圆陀陀的东西研究得清楚。其方式是每当众说纷纭的时候，就有人融会贯通，使它汇归于一，这是做的由分而合的工作。既经汇归于一之后，众人又分头研究，这是做的由合而分的工作。

我们现在所处的时代，是西洋学说传入中国，与固有的学说发生冲突，正是众说纷纭的时代。我们应该把中西两方学说融会贯通，努力做出分而合的工作。必定要这样，才合得到学术上的趋势，等到融会贯通过后，再分头研究，做合而分的工作。

宋学与蜀学

五代中原大乱，三教中的名人齐集成都，仿佛三大河流，同趋于最隘的一个峡口，天然该融合为一，大约这些名流麇集成都，互相讨论，留下不少的学说。明道弟兄来川，召集遗老筑台讲道，把它们集合来，融会贯通而断以己意，成为一个系统，就成为所谓宋学。

（一）二程与四川之关系

程明道的学说，融合儒释道三家而成，是顺应时代的趋势，已如前篇所说。至于地域关系，他生长河南，地居天下之中，为宋朝建都之地，人文荟萃，是学术总汇的地方，故他的学说能够融合各家之说，这层很像老子。

凡人的思想，除受时代影响之外，还要受地域的影响。孔子是鲁国人，故师法周公；管仲是齐国人，故师法太公；孟子是北方人，故推尊孔子；庄子是南方人，故推尊老子。其原因：（1）凡人生在一个地方，对于本地之事，耳濡目染，不知不觉，就成了拘墟（xū）之见。（2）因为生在此地，对于此地之名人，有精密的观察，能见到他的好处，故特别推崇他。此二者可说是一般人的通性，我写这篇文字，也莫有脱此种意味。

程明道的学说，融合儒释道三家而成，是顺应时代的趋势，已如前篇所说。至于地域关系，他生长于河南，地居天下之中，为宋朝建都之地，人文荟萃，是学术总汇的地方，故他的学说能够融合各家之说，这层很像老子，老子为周之柱下史，地点也在河南，周天子定都于此，诸侯朝聘往来，是传播学说集中之点，故老子的学说，能够贯通众说。

独是程明道的学说，很受四川的影响。这一层少人注意，我们可以提出来讨论一下：

明道的父亲，在四川汉州做官，明道同其弟伊川曾随侍来川，伊川文集中，有《为太中（程子父）作试汉州学生策问》三首，《为家君请宇文中允典汉州学书》、《再书》及《蜀守记》等篇，都是在四川作的文字，其时四川儒释道三教很盛，二程在川濡染甚深，事实俱在，很可供我们的研究。

（二）四川之易学

袁滋易学，伊川不与之讲授，命他入蜀访求，大约他在四川受的益很多，才自谦不如蜀人，于此可见四川易学之盛。

《宋史 · 谯定传》载：“程颐之父珦（xiàng），尝守广汉，颐与其兄颢（hào）皆随侍，游成都，见治蔑箍桶者，挟册，就视之，则易也，欲拟议致诘，而蔑者先曰：‘若尝学此乎？’因指‘未济男之穷’以发问，二程逊而问之，则曰‘三阳皆失位也’。兄弟涣然有所省，翌日再过之，则去矣。”伊川晚年注易，于未济卦，后载“三阳失位”之说，并曰：“斯义也，闻之成都隐者。”足观宋史所载不虚。据《成都县志》所载：“二程过箍桶翁时地方，即是省城内之大慈寺。”

谯定传又载：“袁滋入洛，问易于颐，颐曰：‘易学在蜀耳，盍往求之？’滋入蜀访问，久之，无所遇，已而见卖酱薛翁于眉邛（qióng）间，与语大有所得。”我们细玩“易学在蜀”四字，大约二程在四川，遇着长于易的人很多，不只箍桶翁一人，所以才这样说。

段玉裁做富顺县知县，修薛翁祠，作碑记云：“……继读东莱吕氏撰常州志，有云。袁道洁闻蜀有隐君子名，物色之。莫能得，末至一郡，有卖香薛翁，旦荷芨（jī）之市，午辄扃（jiōng）门默坐，意象静深，道洁以弟子礼见，且陈所学，叟漠然久之，乃曰：‘经以载道，子何博而寡要也？’与语，未见复去。”宋史云“眉邛间”，吕氏云“至一郡”，皆不定为蜀之何郡县，最后读浚仪王氏《困学纪闻》云：“谯天授之易，得于蜀夷族曩（nǎng）氏，袁道洁之易，得于富顺监卖香薛翁，故曰：‘学无常师。’宋之富顺监，即今富顺县也，是其为富顺人无疑。”（见段玉裁《富顺县志》）究竟薛翁是四川何处人，我们无须深考，总之有这一回事，其人是一个平民罢了。（按宋史作卖酱，吕王作卖香，似应从吕王氏，因东莱距道洁不久，宋史则元人所修也）

袁滋问易于伊川，无所得，与卖酱翁语，大有所得，这卖酱翁的学问，当然不小，《论语》上的隐者，如晨门、荷蒉（kuì）、沮溺、丈人等，不过说了几句讽世话，真实学问如何，不得而知，箍桶翁和卖酱翁，确有真实学问表现，他二人易学的程度，至少也足与程氏弟兄相埒（liè），卖酱翁仅知其姓薛，箍桶翁连姓亦不传，真是鸿飞冥冥的高人。

易学是二程的专长，二人语录中，谈及易的地方，不胜枚举。《宋史·张载传》称："载尝坐虎皮，讲易水师，听者甚众，一夕，二程至，与论易，次日语人曰：'比见二程，深明易理，吾所不如，汝可师之。'撤坐辍讲。"据此可见二程易学之深，然遇箍桶翁则敬谨领教，深为佩服，此翁之学问，可以想见。袁滋易学，伊川不与之讲授，命他入蜀访求，大约他在四川受的益很多，才自谦不如蜀人，于此可见四川易学之盛。

据《困学纪闻》所说，四川的夷族，也能传授高深的易学，可见那个时候，四川的文化是很普遍的，《易经》是儒门最重要之书，易学是二程根本之学，与四川发生这样的关系，这是很值得研究的。

（三）四川之道教

道教中各派，俱发源于四川，其原因就是由于汉朝张道陵，在四川鹤鸣山修道，其学流传民间，分为各派，历代相传不绝。

薛翁说袁道洁博而寡要，俨然道家口吻，他扃门默坐，意象静深，俨然道家举止，可见其时道家一派，蜀中也很盛。二程在蜀，当然有所濡染。

宋儒之学，据学者研究，是杂有方士派，而方士派，蜀中最盛，现在讲静功的人，奉《参同契》和《悟真篇》二书，为金科玉律，此二书均与四川有甚深之关系。

《悟真篇》是宋朝张伯端(字平叔号紫阳)所著。据他自序是熙宁巳酉年，随龙国陵公到成都，遇异人传授。考熙宁己酉，即宋神宗二年，据伊川新作《先公太中传》称："神宗即位年代，知汉州，熙宁中议行新法，州县嚣然，皆以为不可。公未尝深论也，及法出，为守令者奉行后，成都一道，抗议指其未便者，独公一人。"神宗颁行新法，在熙宁二年，即是张平叔遇异人传授之年，正是二程在四川的时候。平叔自序，有"既遇真筌，安敢隐默"等语。别人作的序有云："平叔遇青城丈人于成都。"又云："平叔传非其人，三受祸患。"汉州距成都只九十里，青城距成都，距汉州，俱只百余里，二程或者会与青城丈人或张平叔相遇，否则平叔既不甚秘惜其术，二程间接得闻也未可知。

现在流行的《参同契集注》，我们翻开一看，注者第一个是彭晓，第二个是朱子。彭晓字秀川，号真一子，仕孟昶为祠部员外郎，是蜀永康人。永康故治，在今崇庆县西北六十里。南宋以前，注《参同契》者十九家，而以彭晓为最先，通行者皆彭本，分九十一章，朱子乃就彭本，分上中下三卷，宁宗元年，蔡季通编置道州，在“寒泉精舍”与朱子相别，相与订正《参同契》，竟夕不寐，明年季通卒，越二年朱子亦卒，足见朱子晚年都还在研究《参同契》这种学说。

清朝毛西河和胡渭等证明：宋儒所讲，无极太极，河洛书是从华山道士陈抟传来。朱子解易，曾言“邵子得于希夷（陈抟），希夷源流，出自《参同契》”。宋学既与《参同契》，发生这种关系，而注《参同契》之第一个人是彭晓，出在四川，他是孟昶（chǎng）之臣，孟昶降宋，距二程到川，不及百年，此种学说，流传民间，二程或许也研究过。

义和团乱后，某学者著一书，说：“道教中各派，俱发源于四川，其原因就是由于汉朝张道陵，在四川鹤鸣山修道，其学流传民间，分为各派，历代相传不绝。”他这话不错，以著者所知，现在四川的学派很多，还有几种传出外省，许多名人俯首称弟子，这是历历可数的。逆推上去，北宋时候，这类教派当然很盛。二程在蜀当然有所濡染。

（四）四川之佛教

马祖教人，专提“心即是佛”四字，伊川曰“性即理也”，宛然马祖声口，这种学理，或许从雪门寺高僧得来。

佛教派别很多，宋儒所谓佛学者，大概指禅宗而言，禅宗至六祖慧能而大盛，六祖言：“不思善，不思恶，正凭么时，那个是明上座本来面目？”宋儒教人：“看喜怒哀乐未发前气象。”宛然是六祖话语。

四川佛教，历来很盛，华严宗所称为五祖的宗密，号圭峰，即是唐时四川西充人。唐三藏法师玄奘，出家在成都大慈寺。以禅宗而论，六祖再传弟子“马道一”，即是张文定所说马大师，是四川什邡（fāng）人，他在禅宗中的位置，与宋学中的朱子相等，有《五灯会元》可考。他的法嗣，布于天下，时号马祖，他出家在什邡罗汉寺，得道在衡岳，传道在江西，曾回什邡筑台说法，邑人称为活佛。（见《什邡县志》）二程到四川的时候，当然他的流风余韵，犹有存者。什邡与汉州毗连，现在什邡高景关内，有雪门寺，相传二程曾在寺中读书，后人于佛殿前，建堂祀二程，把寺名改为雪门，取“立雪程门”之义。（见《什邡县志》）二程为甚不在父亲署内读书，要跑到什邡去读？一定那个庙宇内有个高僧，是马祖法嗣，二程曾去参访。住了许久，一般人就说他去行医读书了。

马祖教人，专提“心即是佛”四字，伊川曰“性即理也”，宛然马祖声口，这种学理，或许从雪门寺高僧得来。

宋朝禅宗大师宗杲（gǎo），名震一时，著有《大慧语录》。朱子也曾看他的书，并引用他的话，如“寸铁伤人”之语。魏公道是四川广汉人，他的母亲秦国夫人，曾在大慧门下，参禅有得，事载《五灯会元》。大慧之师圆悟，是成都昭觉寺和尚。著有《圆悟语录》。成都昭觉寺，现有刻板，书首载有张魏公序文，备极推崇。圆悟与二程，约略同时，二程在川之时，四川禅风当然很盛，二程当然有所濡染。

（五）二程讲道台

现在汉州城内，开元寺前，有“二程讲道台”，可见二程在汉州，曾召集名流，互相讨论，把三教的道理，融会贯通，恍然有得，才发明所谓宋学，伊川所说的“返求诸六经，然后得之”，大约就在这个时候。

二程的父亲，卒于元祐五年庚午，年八十五岁，逆推至熙宁元年戊申，年六十三岁，其时王安石厉行新法，明道曾力争不听，他们弟兄不愿与安石共事，因为父亲年已高，所以侍父来蜀。明道生于宋仁宗明道元年壬申，伊川生于二年癸酉，二人入蜀时，年三十六七岁，正是年富力强的时候，他们抛弃了政治的生活，当然专心研究学问。王阳明三十七岁，谪居贵州龙场驿，大悟格物致知之旨，与二程在汉州时，年龄相同，不得志于政治界，专心研究学问，忽然发明新理，也是相同。

现在汉州城内，开元寺前，有“二程讲道台”（见《汉州志》），可见二程在汉州，曾召集名流，互相讨论，把三教的道理，融会贯通，恍然有得，才发明所谓宋学。伊川所说的“返求诸六经，然后得之”，大约就在这个时候。汉州开元寺，可等于王阳明的龙场驿。

宋明诸儒，其初大都出入佛老，其所谓佛者，是指禅宗而言，其所谓老者，不纯粹是老子，兼指方士而言，阳明早年，曾从事神仙之学，并且修习有得，几于能够前知，有阳明年谱可证。不过阳明不自讳，宋儒就更多方掩饰，朱子著《参同契考异》托名“华山道士邹诉”，不直署己名，掩饰情形，显然可见。

二程是敏而好学、不耻下问的人，遇着箍桶匠，都向他请教，当然道家的紫阳派、真一派，佛家的圆悟派，也都请教过的。我们看程子主张“半日读书，半日静坐”，形式上都带有佛道两家的样子，一定与这两家有关系。伊川少时，体极弱，愈老愈健，或许得力于方士派的静坐，不过从来排斥佛老，与这两家发生关系的实情，不肯一一详说，统以“出入佛老”一语了之，箍桶翁是他自己说出，并笔之于书，后人方才知道。

我们从旁的书考证，宋朝的高僧甚多，乃《宋史》仅有《方技传》，而高僧则绝不一载。此由宋儒门户之见最深，元朝修《宋史》的人，亦染有门户习气，一意推崇道学，特创道学传，以位置程朱诸人，高僧足与程朱争名，故削而不书，方技中人，不能夺程朱之席，故而书之。以我揣度，即使二程曾对人言：在蜀时，与佛老中人，如何往还，《宋史》亦必削而不书，箍桶翁和卖酱翁，不能与二程争名，才把他写上。其余的既削而不书，我们也就无从详考。

（六）孟蜀之文化

> 孟昶君臣，既这样地提倡文学，内政又修明，当然中原学者，要向四川来，所以儒释道三教的学问，普及到了民间，二程和袁滋，不过偶尔遇着两个，其余未遇着的，不知还有若干。因为有了这样的普遍的文化，所以北宋时，四川才能产出三苏和范缜诸人。

箍桶翁卖酱翁传易，张平叔彭晓传道，圆悟传禅，可见其时四川的学者很多，请问为什么那个时候四川有许多学者呢？因为汉朝文翁化蜀后，四川学风就很盛，唐时天下繁盛的地方，扬州第一，四川第二，有“扬一益二”之称。唐都陕西，地方与蜀接近，那个时候的名人，莫到过四川的很少，所以中原学术，就传到四川来。加以五代时，中原大乱，许多名流都到四川来避难，四川这个地方，最适宜于避难。前乎此者，汉末大乱，中原的刘巴许靖都入蜀避难。后乎此者，邵雍临死，说：“天下将乱，惟蜀可免。”他的儿子邵伯温携家入蜀，卒免金人之祸。昔人云“天下未乱蜀先乱，天下已治蜀后治”，这是对乎中原而言，因为地势上的关系，天下将乱，朝廷失了统御力，四川就首先与之脱离，故谓之先乱，等到中原平定了，才来征服，故谓之后治，其实四川关起门是统一的，内部是很安定的。

五代时，中原战争五十多年，四川内政报修明，王孟二氏，俱重文学，《十国春秋》说王建“雅好儒臣，礼遇有加”，又说王衍“童年即能文，甚有才思”。孟蜀的政治，比王蜀更好，孟氏父子二世，凡四十一年，孟昶在位三十二年，《十国春秋》说孟昶“劝善恤刑，肇兴文教，孜孜求治，与民休息”。又曰：“后主（指昶）朝宋时，自二江至眉州，万民拥道痛哭，恸绝者凡数百人，后主亦掩面而泣。藉非慈惠素著，亦何以深入人心至此哉？”这是孟昶亡国之后，敌国史臣的议论，当然是很可信的。清朝知县大堂面前牌坊，大书曰“尔俸尔禄，民膏民脂，下民易虐，上天难欺”这十六字，是宋太宗从孟昶训饬（chì）州县文中选出来，颁行天下的（见《容斋续笔 · 戒石铭条》），昶之盛饬吏治，已可概见。

后世盛称文景之治，文帝在位二十三年，景帝在位十六年，合计不过三十九年。孟氏父子，孜孜求治，居然有四十一年之久，真可谓太平盛世。国内既承平，所以大家都研究学问，加以孟昶君臣，都提倡文学。《十国春秋》曰：“帝（指昶）所学，为文皆本于理。居恒谓李昊徐光溥曰：‘王衍浮薄而好为轻艳之文，朕不为也。’”他的宰相，毋昭裔，贫贱时，向人借《文选》，其人有难色，他发愤说道：“我将来若贵，当镂板行之。”后来他在蜀做了宰相，请后主镂板印九经，又把九经刻石于成都学宫，自己出私财营学宫，立教舍，又刻《文选》、《初学记》、《白氏六帖》，国亡后，其子守素赍（jī）至中朝，诸书大章于世，纪晓岚著《四库提要》，叙此事，并且说：“印行书籍，创见于此。”他们君臣，在文学上的功绩，可算不小。

孟昶君臣，既这样的提倡文学，内政又修明，当然中原学者，要向四川来，所以儒释道三教的学问，普及到了民间，二程和袁滋，不过偶尔遇着两个，其余未遇着的，不知还有若干。因为有了这样的普遍的文化，所以北宋时，四川才能产出三苏和范缜诸人，苏子由说：“辙生十九年，书无不读。”倘非先有孟昶的提倡，他在何处寻书来读？若无名人指示门径，怎么会造成大学问？东坡幼年曾见出入孟昶宫中的老尼，二程二苏，与孟蜀相距不远，他们的学问，都与孟昶有关，子夏居西河，魏文侯受经于子夏。初置博士官，推行孔学。秦承魏制，置博士官，伏生、叔孙通、张苍，皆故秦博士。梁任公说：“儒教功臣，第一是魏文侯。”我们可以说：“宋学功臣，第一是孟昶。”

隋朝智者大师，居天台山，开天台宗，著有《大小止观》。唐朝道士司马承祯，字子微，也居天台山，著有《天隐子》，又著《坐忘论》七篇。《玉涧杂书》云：“道释二氏，本相矛盾。而子微之学，乃全本于释氏，大抵以戒定慧为宗……此论与智者所论止观，实相表里，子微中年隐天台玉霄峰，盖智者所居，知其渊源有自也。”（见《图书集成道教部杂录》）。由此知：凡是互相矛盾的学问，只要同在一个地方，就有融合之可能。五代中原大乱，三教中的名人齐集成都，仿佛三大河流，同趋于最隘的一个峡口，天然该融合为一，大约这些名流麇（qún）集成都，互相讨论，留下不少的学说。明道弟兄来川，召集遗老筑台讲道，把它们集合来，融会贯通而断以己意，成为一个系统，就成为所谓宋学。

（七）苏子由之学说

大家只知程氏弟兄是宋学中的泰斗，不知宋朝还有一个大哲学家，其成就较之程氏弟兄，有过之无不及，一般人都把他忽略了，此人为谁？即是我们知道的苏子由。

大家只知程氏弟兄是宋学中的泰斗，不知宋朝还有一个大哲学家，其成就较之程氏弟兄，有过之无不及，一般人都把他忽略了，此人为谁？即是我们知道的苏子由。程氏弟兄做了融合三教的工作，还要蒙头盖面，自称是孔孟的真传；子由著有《老子解》，自序著此书时，会同僧道商酌，他又把《中庸》“喜怒哀乐之未发”和六祖“不思善不思恶”等语，合并研究，自己直截了当地说出来，较诸其他宋儒光明得多。子由之孙苏籀（zhòu），记其遗言曰：“公为籀讲老子数篇曰：‘高出孟子二三等矣！’又曰：‘言至道无如五千文。’”苏籀又说：“公老年作诗云：近存八十一章注，从道老聃门下人。盖老而所造益妙，碌碌者莫测矣。”子由敢于说老子高出孟子二三等，自认从道老聃门下，这种识力，确在程氏弟兄之上。苏东坡之子苏迈等，著有《先公手泽》，载东坡之言曰："昨日子由寄老子新解，读之不尽卷，废卷而叹，使战国有此书，则无商鞅韩非，使汉初有此书，则孔老为一，使晋宋间有此书，则佛老不为二，不意晚年见此奇特。"我破读东坡此段文字，心想子由此书，有甚好处，值得如此称叹，后来始知纯是赞叹他融合三教的工作。

明朝有个李卓吾（李贽），同时的人，几乎把他当做圣人，他对于孔子，显然攻击，著《藏书》六十八卷，自序有曰："前三代吾无论矣，后三代汉唐宋是也，中间数百余年，而独无是非者，岂其人无是非哉？咸以孔子之是非为是非，因未尝有是非耳。"又曰："此书但可自怡，不可示人，故名藏书也，而无奈一二好事朋友，索观不已，予又安能以已耶，但戒曰：'览则一任诸君览，但无以孔夫子之定本行赏罚也则善矣。'"他生在明朝，思想有这样的自由，真令人惊诧，他因为创出这样的议论，闹得书被焚毁，身被逮捕，下场至自刎而死，始终持其说不变。其自信力有这样的坚强，独对苏子由非常佩服，万历二年，他在金陵刻子由《老子解》，题其后曰："解老子者众矣，而子由最高……子由乃独得微言于残篇断简之中，宜其善发老子之蕴，使五千余言，烂然如皎日，学者断断乎不可一日去手也，解或示道全，当道全意，寄子瞻，又当子瞻意，今去子由，五百余年，不意复见此奇特。"卓吾这样地推崇子由，子由的学问也就可知了。

苏子由在学术上，有了这样的成就，何以谈及宋学，一般人只知道有程朱，不知道苏子由呢？其原因：（一）子由书成年已老，子由死于政和二年壬辰，年七十四岁，此书是几经改删，至大观二年戊子十二月方才告成。程明道死于元丰八年乙丑，年五十四岁，伊川死于大观元年丁亥，年七十五岁，子由成书时，在明道死后二十三年。伊川死后一年，那个时候，程氏门徒遍天下，子由的学说，出来得迟，自不能与他争胜，子由书成后四年即死，也就无人宣传他的学说了。（二）那时党禁方严，禁人学习元祐学术，伊川谢绝门徒道："尊所闻，行所知可也，不必及吾门也。"连伊川都不敢宣传他的学问，子由何能宣传？伊川死时，门人不敢送丧，党禁之严可想。史称子由"筑室颍滨，不复与人相见，终日默坐，如是者几十年。"据此，则子由此书，能传于世，已算侥幸，何敢望其能行？（三）后来朱子承继伊川之学，专修洛蜀之怨，二苏与伊川不合，朱子对于东坡所著《易传》，子由所著《老子解》，均痛加诋毁，其诋子由曰："苏侍郎晚为是书，合吾儒于老子，以为未足，又并释氏而弥缝之，可谓舛矣，然其自许甚高，至谓当世无一人可以语此者，而其兄东坡公，亦以为‘不意晚年见此奇特’。以予观之，其可谓无忌惮者欤！因为之辩。”（见《宋元学案》）中庸有“大人而无忌惮”之语，朱子说他无忌惮，即是说他是小人。此段文字，几于破口大骂。朱子又把子由之说，逐一批驳，大都故意挑剔，其书俱在，可以复按。朱子是历代帝王尊崇的人，他既这样攻击子由，所以子由的学说，也就若存若亡，无人知道了。（四）最大原因，则孔子自汉武帝而后，取得学术界正统的地盘，程子做融合三教的工作，表面上仍推尊孔子，故其说受人欢迎，子由则赤裸裸地说出来，欠了程明道的技术，所以大受朱子的攻击，而成为异端邪说，朱子痛诋子由，痛诋佛老，是出于门户之见，我们不必管，只看学术演进的情形就是了。

（八）学术之演进

我们从进化趋势上看去，觉得到了北宋的时候，三教应该融合为一，程明道和苏子由，都是受了天然趋势的驱迫。程子读了许多书，来到四川加以研究，完成融合三教的工作。苏子由在四川读了许多书，又到颍滨闭门研究，也完成融合三教的工作。二者都与四川有关。

我们从进化趋势上看去，觉得到了北宋的时候，三教应该融合为一，程明道和苏子由，都是受了天然趋势的驱迫。程子读了许多书，来到四川，加以研究，完成融合三教的工作。苏子由在四川读了许多书，又到颍滨闭门研究，也完成融合三教的工作。二者都与四川有关。这都是由于五代时，中原大乱，三教名流，齐集成都，三大河流，同时流入最隘一个峡口的缘故。子由少时在蜀，习闻诸名流绪论，研究多年，得出的结果，也是融合三教，也是出于释氏而偏迩于老聃，与大程如出一辙。可见宇宙真理，实是如此。从前佛教传入中国，与固有学术生冲突，历南北隋唐以至五代，朝廷明令天下毁佛寺，焚佛经，诛僧尼之事凡数见，自宋儒之学说出，而此等冲突之事遂无，不过讲学家文字上小有攻讦而已，何也？根本上已融合故也。

世界第一次大战，第二次大战，纷争不已者，学说分歧使之然也。现在国府迁移重庆，各种学派之第一流人物，与夫留学欧美之各种专门家，大都齐集重庆，俨如孟蜀时，三教九流齐集成都一样，也都是无数河流，趋入一个最隘之峡口。我希望产生一种新学说，融合中西印三方学术而一之，而世界纷争之祸，于焉可免。（著者按：初版时，国府尚未迁移重庆，则只言。现在交通便利，天涯比邻，中国、印度、西洋三大文化接触，相推相荡，也是三大河流，趋入最隘的峡口，中西印三大文化，也该融合为一）

宋儒之道统

道统的“统”字，就是从“帝王创业垂统”那个“统”字窃取来，即含有传国玺的意思。那时禅宗风行天下，禅宗本是衣钵相传，一代传一代，由释迦传至达摩，达摩传入中国，达摩传六祖，六祖以后，虽是不传衣钵，但各派中仍有第若干代名称，某为嫡派，某为旁支。宋儒生当其间，染有此等习气，特创出道统之名，与之对抗。“道统”二字，可说是“衣钵”二字的代名词。

（一）道统之来源

宋儒最令人佩服的，是把儒释道三教从学理上融合为一；其最不令人佩服的，就在门户之见太深，以致发生许多纠葛。

宋儒最令人佩服的，是把儒释道三教从学理上融合为一；其最不令人佩服的，就在门户之见太深，以致发生许多纠葛。其门户之见，共有二点：

(1) 孔子说的就对，佛老和周秦诸子说的就不对。(2) 同是尊崇孔子的人，程子和朱子说的就对，别人说的就不对。合此两点，就生道统之说。

宋儒所说的道统，究竟是个什么东西呢？我们要讨论这个问题，首先要讨论唐朝的韩愈。韩愈为人很倔强，富于反抗现实的性质。唐初文体，沿袭陈隋余习，他就提倡三代两汉的古文，唐时佛老之道盛行，他就提倡孔孟之学。他取的方式，与欧洲文艺复兴所取的方式是相同的。二者俱是反对现代学术，恢复古代学术，是一种革新运动，所以欧洲文艺复兴，是一种惊人事业，韩愈在唐时，负泰山北斗之地位，也是一种惊人事业。

韩愈的学问，传至宋朝，分为两大派：一派是欧苏曾王的文学，一派是程朱的道学。宋儒所谓道统的“道”字,就是从昌黎（韩愈）《原道篇》“斯道也，何道也”那个“道”字生出来的。孟子在从前，只算儒学中之一种，其书价格，与荀墨相等，昌黎才把他表章出来，他读《荀子》说：“始吾得孟轲书，然后知孔子之道尊……以为圣人之徒没，尊圣人者孟氏而已，晚得扬雄书，益信孟氏，因雄书而益尊，则雄者亦圣人之徒欤！……孟子醇乎醇者也，荀与扬大醇而小疵。”经昌黎这样的推称，孟氏才崭然露头角。

宋儒承继昌黎之说，把孟子益加推崇，而以自己直发其传，伊川作明道行状，说道：“周公没圣人之道不行，孟轲死圣人之学不传，道不行百世无善治，学不传千载无真儒……先生生乎一千四百年之后，得不传之学于遗经……盖自孟子之后，一人而已。”史迁以孟子荀卿合传，寥寥数十字，于所历邹滕任薛鲁宋之事，不一书，朱子纲目，始于适魏之齐，大书特书。宋淳熙时，朱子才将《孟子》、《论语》、《大学》、《中庸》合称为四子书，至元延祐时，始悬为令甲。我们自幼读四子书，把孟子看做孔子化身，及细加考察，才知是程朱诸人，有了道统之见，才把他特别尊崇的。

昌黎是文学中人，立意改革文体，非三代两汉之书不观，他读孔子孟荀的书，初意本是研究文学，因而也略窥见大道，无奈所得不深，他为文主张辞必己出，字法句法，喜欢戛戛独造，因而论理论事，也要独造。他说：“斯道也，何道也，非向所谓老与佛之道也。尧以是传之舜，舜以是传之禹，禹以是传之汤，汤以是传之文武周公，文武周公，传之孔子，孔子传之孟轲，孟轲死，不得其传。”这个说法，不知他何所见而云然。程伊川曰：“轲死不得其传，似此言语，非蹈袭前人，非凿空撰出，必有所见。”这几句话的来历，连程伊川都寻不出，非杜撰而何？

宋儒读了昌黎这段文字，见历代传授，犹如传国玺一般，尧舜禹直接传授，文、武、周公、孔子、孟轲则隔数百年，都可传授，心想我们生在一千几百年之后，难道不能得着这个东西吗？于是立志要把这传国玺寻出，经过许久，果然被他寻出来了，在《论语》上寻出“尧曰咨尔舜……允执其中……舜亦以命禹”。恰好伪古文《尚书》，有“人心惟危，道心惟微，惟精惟一，允执厥中”十六字。尧传舜，舜传禹，有了实据，他们就认定这就是历代相传的东西，究禹汤文武周公，所谓授文者安在？又中间相隔数百年，何以能够传授？又孔子以前，何以独传开国之君，平民中并无一人能得其传？这些问题，他们都不加研究。

宋儒因为昌黎说孟子是得了孔子真传的，就把《孟子》一书，从诸子中提出来，上配《论语》。又从《礼记》中，提出《大学》、《中庸》二篇，硬说《大学》是曾子著的。又说《中庸》是子思亲笔写出，交与孟子，于是就成了孔子传之曾子，曾子传之子思，子思传之孟子，一代传一代，与传国玺一般无二。孟子以后，忽然断绝。隔了千几百年，到宋朝，这传国玺又出现，被濂洛关闽诸儒得着，又递相传授，这就是所谓道统了。

道统的“统”字，就是从“帝王创业垂统”那个“统”字窃取来，即含有传国玺的意思，那时禅宗风行天下，禅宗本是衣钵相传，一代传一代，由释迦传至达摩，达摩传入中国，达摩传六祖，六祖以后，虽是不传衣钵，但各派中仍有第若干代名称，某为嫡派，某为旁支。宋儒生当其间，染有此等习气，特创出道统之名，与之对抗。“道统”二字，可说是“衣钵”二字的代名词。

请问：濂洛关闽诸儒距孔孟一千多年，怎么能够传授呢？于是创出“心传”之说。说我与孔孟，心心相传，禅宗有“以心传心”的说法，所以宋人就有“虞廷十六字心传”的说法，这“心传”二字，也是模仿禅宗来的。

本来禅宗传授，也就可疑，所谓西天二十八祖，东土六祖，俱是他们自相推定的。其学简易，最合中国人习好，故禅宗风行天下。其徒自称“教外别传”，谓不必研究经典，可以直契佛祖之心，见人每问“如何是祖师西来意”。宋儒教人“寻孔颜乐处”，其意味也相同。

周子为程子受业之人，横渠是程子戚属，朱子绍述程氏，所谓濂洛关闽，本是几个私人讲学的团体，后来愈传愈盛，因创出道统之名。私相推走，自夸孔孟真传，其方式与禅宗完全相同。

朱子争这个道统，尤为出力，他注《孟子》，于末后一章，结句说道：“……百世之下，必将有神会而心得之者耳。故于篇中历序群圣之统，而终之以此，所以明其传之所在，而又以俟后圣于无穷也，其旨深哉。”提出“统”字“传”字，又说“神会心得”。即为宋学中所谓“心传”和“道统”伏根。最奇的，于“其旨深哉”四字之后，突然写出一段文字，说道：“有宋元丰八年，河南程颢伯醇卒，潞公文彦博题其墓曰‘明道先生’，而其弟正叔序之曰：周公没，圣人之道不行，孟轲死，圣人之学不传，道不行百世无善治，学不传千载无真儒。无善治，士犹得以明，夫善治之道，以淑诸人，以传诸后。无真儒，则天下贸贸焉莫知所之，人欲肆而天理灭矣，先生生乎千四百年之后，得不传之学于遗经，以兴起斯文为己任，辨异端，辟邪说，使圣人之道，焕然复明于世，盖自孟子之后，一人而已。然学者于道，不知所向，则孰知斯人之为功，不知所至，则孰知斯名之称情也哉。”此段文字写毕，即截然而止，不再著一语，真是没头没尾的。见得程子即是“后圣”。朱子于《大学》章句序，又说道：“河南两夫子出，而有以接孟氏之传，虽以熹之不敏，亦幸私淑而与有关焉。”“著”、“闻”字，俨然自附于“闻而知之”之列，于是就把道统一肩担上。

（二）道统之内幕

宋儒有了“道统”二字横塞胸中，处处皆是荆棘，我不知道“道统”二字，有何贵重，值得如许争执。幸而他们生在庄子之后，假使被庄子看见，恐怕又要发出些鹓雏腐鼠的妙论。我们读书论古，当自出见解，切不可为古人所愚。

宋儒苦心孤诣，创出一个道统，生怕被人分去，朱子力排象山，就是怕他分去道统，象山死，朱子率门人往寺中哭之，既罢，良久曰：“可惜死了告子。”硬派象山作告子，自己就变成宋学中的孟子了。

程朱未出以前，扬雄声名很大，他自比孟子，北宋的孙复，号称名儒，他尊扬雄为范模。司马光注《太玄经》说道：“余少之时，闻玄之名，而不获见……于是求之积年。乃得观之，初则溟涬（xìng）漫漶（huàn），略不可入，乃研精易虑，屏人事而读之，数十遍，参以首尾，稍得窥其梗概。

然后喟然置书叹曰：呜呼，扬子真大儒耶，孔子既没，知圣人之道者，扬子而谁，荀与孟殆不足拟，况其余乎！观玄之书，昭则极于人，幽则尽于神，大则包宇宙，细则入毛发，合天人之道以为一，刮其根本，示人所出，胎育万物，而兼为之母，若地履之而不可穷也，若海挹之而不可竭也，天下之道虽有善者，其蔑以易此矣。”司马光这样说法，简直把大玄推尊得如周易一般，俨然直接孔子之传，道统岂不被扬雄争去吗？孟子且够不上，何况宋儒？宋儒正图谋上接孟子之传，怎能容扬雄得过？适因班固《汉书》说扬雄曾仕新莽，朱子修纲目轻轻与他写一笔："莽大夫扬雄死。"从此扬雄成了名教罪人，永不翻身。孟子肩上的道统，无人敢争，濂洛关闽，就直接孟氏之传了。这就像争选举的时候，自料比某人不过，就清查某人的档案，说他亏吞公款，身犯刑事，褫（chǐ）夺他被选权一般。假使莫得司马光这一类称赞扬雄的文字，纲目上何至有莽大夫这种特笔呢？扬雄仕新莽，作《剧秦美新论》。有人说其事不确，我们也不深辩，即使其事果确，一部《紫阳纲目》中，类于扬雄、甚于扬雄的人很多，何以未尽用此种书法呢？这都是司马光诸人把扬雄害了的。

从前扬雄曾入孔庙，后来因他曾仕王莽，就把他请出来；荀子曾入孔庙，因为言性恶，把他请出来；公伯宁曾入孔庙，因为他毁谤子路，也把他请出来。我所不解者，司马光何以该入孔庙？扬雄是逆臣，司马光推尊扬雄，即是逆党。公伯宁不过口头毁谤子路罢了，司马光著《疑孟》一书，反孟子说的话，层层攻讦，对于性善说，公然愤疑，其书流传到今，司马光一身，备具了公伯宁、荀卿、扬雄三人之罪，公然得入孔庙，岂非怪事？推其原故，司马光是二程的好友，哲宗即位之初，司马光曾荐明道为宗正寺丞，荐伊川为崇政殿说书。司马光为宰相，连及二程也做官，所以二程入孔庙，连及司马光也配享。司马光之人品，本是很好，但律公伯五寮（liáo）荀、卿扬、雄三人之例，他就莫得入孔庙的资格，而今公然入了孔庙，我无以名之，直名之曰"徇私"。

宋儒口口声声，尊崇孔子，排斥异端，请问诸葛亮这个人为什么该入孔庙？诸葛亮自比管乐，管乐为曾西所不屑为，孔门羞称五霸，孟子把管仲说得一钱不值，管仲的私淑弟子，怎么该入孔庙？又诸葛亮手写申韩，以教后主，可见他又是申韩的私淑弟子，太史公作《史记》，把申韩与老子同传，还有人说申韩够不上与老子并列，老子是宋儒痛诋之人，诸葛亮是申韩私淑弟子，乃竟入孔庙，大书特书曰"先儒诸葛亮之位"，这个"儒"

字，我不知从何说起？

刘先主临终，命后主读商君书，又不主张行赦，他们君臣要研究的，都是法家的学说，我们遍读诸葛亮本传及他的遗集，寻不出“孔子”二字，寻不出《四书》上一句话，独与管仲商鞅申韩，发生不少的关系，本传上说他治蜀严，又说他“恶无识而不贬”，与孔子所说“赦小过”，孟子所说“省刑罚”显然违反，假如修个“申韩合庙”请诸葛亮去配享，写一个“先法家诸葛亮之位”倒还名实相符。

宋尽排斥异端，申韩管商之学，岂非异端吗？异端的嫡派弟子，高坐孔庙中，岂非怪事吗？最好是把诸葛亮请出来，遗缺以《史记》上的陈馀补授。《史记》称：“成安君儒者也，自称义兵，不用诈谋。”此真算是儒者，假使遇着庸儒之敌将，陈馀一战而胜，岂不是“仁者无敌”，深合孟子的学说吗？恐怕孔庙中早已供了“先儒陈馀之位”，无奈陈馀运气不好，遇着韩信是千古名将，兵败身死，儒者也就置之不理了。

诸葛亮明明是霸佐之才，偏称之曰王佐之才，明明是法家，却尊之曰先儒，岂非滑稽之至吗？在儒家谓诸葛亮托孤寄命，鞠躬尽瘁，深合儒家之道，所以该入孔庙，须知托孤寄命，鞠躬尽瘁，并不是儒家的专有品。难道只有儒家才出这类人才，法家就不出这类人才吗？这道理怎么说得通？我无以名之，直名之曰“慕势”。只因汉以后，儒家寻不出杰出人才，诸葛亮功盖三分，是三代下第一人，就把他欢迎入孔庙，借以光辉门面，其实何苦乃尔？

林放问“礼之本”，只说得三个字，也入了孔庙，老子是孔子曾经问礼之人，《礼记》上屡引老子的话，孔子称他为“犹龙”，崇拜到了极点。宋儒乃替孔子打抱不平，把老子痛加诋毁，这个道理，又讲得通吗？

两庑（wǔ）豚肩，连朱竹垞都不想吃，本来是值不得争夺的，不过我们须知：一部廿四史，实在有许多糊涂账，地方之高尚者，莫如圣庙；人品之高尚者，莫如程朱，乃细加考察，就有种种黑幕，其他尚复何说？

宋儒有了“道统”二字横塞胸中，处处皆是荆棘，我不知道“道统”二字有何贵重，值得如许争执。幸而他们生在庄子之后，假使被庄子看见，恐怕又要发出些鹓（yuán）雏（chú）腐鼠的妙论。我们读书论古，当自出见解，切不可为古人所愚。

《四库全书提要》载：“公是先生弟子记四卷，宋刘敞撰，敞发明正学，在朱程前，所见皆正，徒以独抱道经，澹于声誉，未与伊洛诸人，倾意周旋，故讲学家视为异党，抑之不称耳，实则元丰熙宁之间，卓然醇儒也。”刘敞发明正学，卓然醇儒，未与伊洛诸人周旋，就视为异党。此中黑幕，纪晓岚早已揭穿。司马光赞扬雄，诋孟子，因与伊洛诸人周旋，死后得入孔庙，此种黑幕，还没有人揭穿。

（三）宋儒之缺点

> 朱子的量，也是非常狭隘，他是伊川的嫡系，以道统自居，凡是信从伊川和他的学说的人，就说他是好人，不信从的，就是坏人。苏黄本是一流人物，朱子诋毁二苏，独不诋毁山谷，因为二苏是伊川的敌党，所以要骂他，山谷之孙黄昀，字子耕，是朱子的学生，所以就不骂了。

著者平日有种见解，凡人要想成功，第一要量大，才与德尚居其次。以楚汉而论，刘邦项羽二人，“德”字俱说不上，项羽之才，胜过刘邦，刘邦之量，大于项羽。韩信陈平黥布等，都是项羽方面的人，只因项羽量小，把这些人容纳不住，他们才一齐走到刘邦方面来。刘邦豁达大度，把这些人一齐容纳，汉兴楚败，势所必至。秦誓所说“一个臣”，反复赞叹，无非形容一个“量”字罢了。于此可见“量”字的重要。宋儒才德二者俱好，最缺乏的是“量”字，他们在政治界是这样，在学术界也是这样，君子排斥君子，故生出洛蜀之争，孔子信徒排斥孔子信徒，故生出朱陆之争。

邵康节临死，伊川往访之，康节举两手示之曰：“眼前路径令放宽，窄则自无着身处，如何使人行？”这一“窄”字，深中伊川的病。宋元学案载：“二程随侍太中，知汉州，宿一僧寺，明道入门而右，从者皆随之。先生（指伊川）入门而左，独行，至法堂上相会。先生自谓：‘此是某不及家兄处。’盖明道和易，人皆亲近，先生严直，人不敢近也。”又称：“明道犹有谑语……伊川直是谨严，坐间不问尊卑长幼，莫不肃然。”卑幼不说了，尊长见他，都莫不肃然。连走路都莫得一人敢与他同行，这类人在社会上如何走得通？无怪洛蜀分党，东坡戏问他：“何时打破诚敬？”此语固不免轻薄，但中伊川之病。

《宋元学案》又说：“大程德性宽宏，规模广阔，以光风霁月为怀。小程气质刚方，文理密察，以峭壁孤峰为体，道虽同而造德固自各有殊。”于此可见明道量大，伊川量小，可惜神宗死，哲宗方立，明道就死了，他死之后，伊川与东坡，因语言缘故，越闹越大，直闹得洛蜀分党，冤冤不解。假使明道不死，这种党争，必不会起。

伊川凡事都自以为是，连邵康节之学，他也不以为然，康节语其子曰：“张巡许远，同为忠义，两家子弟，互相攻并，为退之所贬，凡托伊川之说，议吾为数学者，子孙勿辩。”康节能这样的预诫后人，故程邵两家，未起争端。

朱子的量，也是非常狭隘，他是伊川的嫡系，以道统自居，凡是信从伊川和他的学说的人，就说他是好人，不信从的，就是坏人。苏黄本是一流人物，朱子诋毁二苏，独不诋毁山谷，因为二苏是伊川的敌党，所以要骂他，山谷之孙黄昀，字子耕，是朱子的学生，所以就不骂了。

林栗、唐仲友，立身行己，不愧君子，朱子与栗论一不合，就成仇衅。朱子的门人，至欲烧栗的书。朱子的朋友陈亮，狎台州官妓，嘱唐仲友为脱籍，仲友沮之，亮搆谗于朱子，朱子为所卖，误兴大狱，此事本是朱子不合，朱派中人就视仲友如仇雠（chóu）。张浚一败于富平，丧师三十万，再败于淮西，丧师七万，三败于苻离，丧师十七万。又尝逐李纲，引秦桧，杀曲端，斥岳飞，误国之罪，昭然共见，他的儿子张南轩，是朱子讲学的好友，朱子替张浚作传，就备极推崇。

最可怪者，朱子与吕东莱，本是最相好的朋友，《近思录》十四卷，就是他同朱子撰的。后来因为争论《毛诗》不合，朱子对于他的著作就字字讥弹，如云：“东莱博学多识则有之矣，守约恐未也。”又云：“伯恭之弊，尽在于巧。”又云：“伯恭教人看文字也粗。”又云：“伯恭聪明，看文理却不仔细，缘他先读史多，所以看粗着眼。”又云：“伯恭于史分外仔细，于经却不甚理会。”又云：“伯恭要无不包罗，只是扑过，都不精。”对于东莱，抵隙蹈瑕，不遗余力，朱派的人，随声附和，所以元人修史，把东莱列入儒林传，不入道学传，一般人都称“朱子近思录”，几于无人知是吕东莱同撰的。

朱子与陆象山，同是尊崇孔教的人，因为争辩无极太极，几至肆口谩骂，朱子的胸怀，狭隘到这步田地，所以他对于政治界、学术界，俱酿许多纠纷。门人承袭其说，朱陆之争，历宋元明清，以至于今，还不能解决。

纪晓岚著《四库提要》，将上述黄昫、林栗、唐仲友、张浚诸事，一一指出。其评朱吕之争，说道：“当其投契之时，则引之于《近思录》，使预闻道统之传，及其抵牾以后，则字字讥弹，身无完肤，毋亦负气相攻，有激而然欤。”别人訾（zī）议朱子不算事，《四库提要》是清朝乾隆钦定的书，清朝功令，四书文非遵朱注不可，康熙五十一年，文庙中把朱子从庑中升上去，与十哲并列，尊崇朱子，可算到了极点。乾隆是康熙之孙，纪著《四库提要》，敢于说这类话，可见是非公道，是不能磨灭的。纪文说：“刘敞卓然醇儒。未与伊洛诸人，倾意周旋，故讲学家视为异党。”这些说法，直是揭穿黑幕，进呈乾隆御览后，颁行天下，可算是清朝钦定的程朱罪案。

宋俞文豹《吹剑外集》（见《知不足斋丛书》第二十四卷）说：“韩范欧马张吕诸公，无道学之名，有道学之实，而人无闲言，今伊川晦庵二先生，言为世法，行为世师，道非不弘，学非不粹，而动辄得咎何也，盖人心不同，所见各异，虽圣人不能律天下之人，尽弃其学而学焉。……今二先生以道统自任，以师严自居，别白是非，分毫不贷，与安定角，与东坡争，与龙川象山辩，必胜而后已。浙学固非矣，贻书潘吕等，既深斥之，又语人曰：‘天下学术之弊，不过两端，永嘉事功，江西颖悟，若不极力争辩，此道何由而得明。’盖指龙川象山也。”程端蒙谓：“如市人争，小不胜辄至喧竞……”俞氏这段议论，公平极了。程朱的学问，本是不错，其所以处处受人攻击者，就在他以严师自居，强众人以从己。他说：“若不极力争辩，此道何由得明。”不知越争辩，越生反响，此道越是不明，大凡倡一种学说的人，只应将我所见的道理，诚诚恳恳的，公布出来，别人信不信由他，只要我说得有理，别人自然肯信，无须我去争辩，若是所说不确，任是如何争辩，也是无益的，惜乎程朱当日，未取此种方式。

伊川晦庵，本是大贤，何至会闹到这样呢？要说明这个道理，就不得不采用戴东原的说法了。东原以为：“宋儒所谓理，完全是他们的意见。”因为吾人之心，至虚至灵，着不得些子物事，有了意见，就不虚不灵，恶念固坏事，善念也会坏事，犹之眼目中，不但尘沙容不得，就是金屑也容不得。伊川胸中，有了一个诚敬，诚敬就变成意见，于是放眼一看，就觉得苏东坡种种不合。晦庵胸中，有了一个程伊川，放眼一看，就觉得象山、龙川、吕东莱诸人，均种种不合。是就像目中着了金屑，天地易色一般。佛氏主张破我执法执，不但讲出世法当如是，就是讲世间法，也当如是。然后知老子所说“绝圣弃智”，真是名言。东坡问伊川，“何时打破诚敬”？虽属恶谑，却亦至理。东坡精研佛老之学，故笔谈中，俱含妙谛。程明道是打破了诚敬的，观于“目中有妓，心中无妓”。这场公案，即可知道。

伊川抱着一个诚敬，去绳苏东坡，闹得洛蜀分党。朱子以道统自命，党同伐异，激成庆元党案，都是为着太执著的流弊。庄子讥孔子昭昭揭日月而行，就是这个道理。庄子并不是叫人不为善，他只是叫人按着自然之道做去，不言善而善自在其中，例如劝人修桥补路，周济贫穷，固然是善，但是按着自然之道做去，物物各得其所，自然无坏桥可修，无烂路可补，无贫穷来周济，回想那些想当善人的，抱着金钱，朝朝出门，寻桥来修，寻路来补，寻贫穷来周济，真是未免多事。庄子说：“泉涸鱼相与处于陆，相呴（xǔ）以湿，相濡以沫，不如相忘于江湖。”就是这个道理。程伊川、苏东坡，争着修桥补路，彼此争得打架。朱子想独博善人之名，把修桥补路的事，一手揽尽，不许他人染指，后来激成党案，严禁伪学，即是明令驱逐，不许他修桥，不许他补路。如果他们有庄子这种见解，何至会闹到这样呢？

宋朝南渡，与洛蜀分党有关，宋朝亡国，与庆元党案有关，小人不足责，程朱大贤，不能不负点咎。我看现在的爱国志士，互相攻击，很像洛蜀诸贤，君子攻击君子。各种学说，互相诋斥，很像朱子与陆子互相诋斥。当今政学界诸贤，一齐走入程朱途径去了，奈何！奈何！问程朱诸贤，缺点安在？曰：少一个“量”字。

我们评论宋儒，可分两部分：他们把儒释道三教，融合为一，成为理学，为学术上开一新纪元，这是做的由分而合的工作，这部分是成功了的。洛蜀分党，酿成政治上之纷争，朱陆分派，酿成学术上之纷争，这是做的由合而分的工作，这部分是失败了的。我们现在所处的时代，正与宋儒所处时代相同，无论政治上、学术上，如做由分而合的工作，决定成功，如做由合而分的工作，一定徒滋纠纷。问做由分而合的工作，从何下手。曰：从“量”字下手。

中西文化之融合

宇宙真理是浑然的一个东西，中国人、印度人、西洋人，分途研究，或从人事上研究，或从物理上研究，分出若干派，各派都分了又合，合了又分，照现在的趋势看去，中西印三方学说，应该融会贯通，人事上的学说，与物理上的学说，也应该融会贯通，我辈生当此时，即当顺应潮流，做这种融合工作，融合过后，再分头研究。

（一）中西文化冲突之点

西人一见人闲居无事，即叫他从事运动，把身体培养好。中国儒者，见人闲居无事，即叫他读书穷理，把心地培养好。西人培养身，中国培养心，西洋教人，重在"于身有益"四字，中国教人，重在"问心无愧"四字，这就是根本上差异的地方。

西人对社会、对国家，以"我"字为起点，即是以"身"字为起点。中国儒家讲治国平天下，从正心诚意做起点，即是以"心"字为起点。双方都注重把起点培养好。所以西人一见人闲居无事，即叫他从事运动，把身体培养好。中国儒者，见人闲居无事，即叫他读书穷理，把心地培养好。西人培养身，中国培养心，西洋教人，重在"于身有益"四字，中国教人，重在"问心无愧"四字，这就是根本上差异的地方。

斯密士（今译亚当·斯密）倡自由竞争，达尔文倡强权竞争，西洋人群起信从，因为此等学说，是"于身有益"的，中国圣贤，绝无类似此等学说，因为倡此等学说，其弊流于损人利己，是"问心有愧"的。我们遍寻四书五经，诸子百家，寻不出斯密士和达尔文一类学说，只有庄子上的盗跖（zhí），所持议论，可称神似。然而此种主张，是中国人深恶痛绝的。孟子曰："鸡鸣而起，孜孜为利者，跖之徒也。"自由竞争，强权竞争，正所谓孜孜为利，这就是中西文化有差异的地方。

孔门的学说："欲修其身，先正其心，欲正其心，先诚其意。"从"身"字向内，追进两层，把"意"字寻出，以诚意为起点，再向外发展。犹之修房子，把地上浮泥除去，寻着石底，才从事建筑。由是而修身，而齐家，而治国平天下，造成的社会，是“以天下为一家，以中国为一人”。人我之间，无所谓冲突，这是中国学说，最精粹的地方。

西人自由竞争等说，以利己为主，以“身”字为起点，不寻石底，径从地面建筑起走，基础未稳固，所以国际上，酿成世界大战，死人数千万。大战过后，还不能解决，跟着就是第二次世界大战。经济上造成资本主义。

孔门的正心诚意，我们不必把它太看高深了，把它改为“良心裁判”四字就是了。每做一事，于动念之初，即加以省察，“己所不欲，勿施于人”。孔门的精义，不过如是而已。然而照这样做去，就可达到“以天下为一家”的社会。如果讲“自由竞争”等说法，势必至“己所不欲，也可施之于人”。中国人把盗跖骂得一文不值，西洋人把类似盗跖的学说，奉为天经地义。中西文化，焉得不冲突。中西文化冲突，其病根在西洋，不在中国，是西洋人把路走错了，中国人的路，并没有走错，我们讲“三教异同”，曾绘有一根“返本线”，我们再把此线一看，就可把中西文化冲突之点看出来。凡人都是可以为善，可以为恶的。善心长则恶心消，恶心长则善心消，因此儒家主张，从小孩时，即把爱亲敬兄这份良知良能搜寻出来，在家庭中培养好，小孩朝夕相处的，是父亲母亲，哥哥弟弟，就叫他爱亲敬兄，把此种心理培养好了，扩充出去，“亲亲而仁民，仁民而爱物”，就造成一个仁爱的世界了。故曰：“孝悌也者其为仁之本欤。”所以中国的家庭，可说是一个“仁爱培养场”。西洋人从“我”字，径到“国”字，中间缺少了个“家”字，即是莫得“仁爱培养场”。少了由丁至丙一段，缺乏诚意功夫，即是少了“良心裁判”。故西洋学说发挥出来，就成为残酷世界，所以说：中西文化冲突，其病根在西洋，不在中国。

所谓中西文化冲突者，乃是西洋文化自相冲突，并非中国文化与之冲突。何以故呢？第一次世界大战，第二次世界大战，打得九死一生，是自由竞争一类学说酿成的，非中国学说酿成的。这就是西洋文化，自相冲突的明证。西人一面提倡自由竞争等学说，一面又痛恨战祸，岂不是自相矛盾吗？所以要想世界太平，非把中国学说发扬光大不可。

（二）中国学说可救印度西洋之弊

孔老讲仁慈，与佛氏相类，而又不废兵，足以抵御强暴。战争本是残忍的事，孔老能把战争与仁慈融合为一，这种学说，真是精粹极了。所以中国学说，具备有融合西洋学说和印度学说的能力。

西洋人，看见世界上满地是金银，总是千方百计想把它拿在手中，造成一个残酷无情的世界。印度人认为这个世界，是污浊到极点，自己的身子，也是污浊到极点，总是千方百计，想把这个世界舍去，把这个身子舍去。惟老子则有一个见解，他说"金玉满堂，莫之能守"，又说"多藏必厚亡"。世界上的金银，他是看不起的，当然不做抢夺的事，他说："吾所以有大患者，为吾有身，及吾无身，吾有何患。"也是像印度人，想把身子舍去，但是他舍去身子，并不是脱离世界，乃是把我的身子，与众人融合为一。故曰："圣人无常心，以百姓之心为心。"因此也就与人无忤，与世无争了。所以他说"陆行不避兕（sì）虎，人军不避甲兵"。老子造成的世界，不是残酷无情的世界，也不是污浊可厌的世界，乃是"如享太牢，如登春台，众人熙熙"的世界。

以返本线言之：西人从丁点起，向前走，直到己点或庚点止，绝不回头。印度人从丁点起，向后走，直到甲点止，也绝不回头。老子从丁点起，向后走，走到乙点，再折转来，向前走，走到庚点为止，是双方兼顾的。老子所说"归根复命"一类话，与印度学说相通。"以正治国，以奇用兵"一类话，与西洋学说相通。虽说他讲出世法，莫得印度那样精，讲治世法，莫得西人那样详，但由他的学说，就可把西洋学说和印度学说，打通为一。

我所谓："印度人直走到甲点止，绝不回头。"是指小乘而言，指末流而言，若释迦立教之初，固云"不度尽众生，誓不成佛"。原未尝舍去世界也。释迦本是教人到了甲点，再回头转来在人世上工作。无如甲点太高远了，许多人终身走不到。于是终身无回头之日，其弊就流于舍去世界了。老子守着乙点立论，要想出世的，向甲点走，要想入世的，就回头转来，循序渐进，以至庚点为止。孔子意在救世，叫人寻着丙点，即回头转来，做由丁到庚的工作，不必再寻甲乙两点，以免耽误救世工作，此三圣人立教之根本大旨也。

孔子的态度，与老子相同。印度厌弃这个世界，要想离去它。孔子则"素富贵，行乎富贵，素贫贱，行乎贫贱，素患难，行乎患难，素夷狄，行乎夷狄”。这个世界并不觉得可厌。老子把天地万物，融合为一，孔子也把天地万物，融合为一，宇宙是怎么一回事，还是怎么一回事。所谓“老者安少，少者怀之”，“天地位焉，万物宁焉”，就是这个道理。

曾子说：“暮春者，春服既成，冠者五六人，童子六七人，浴乎沂，风乎舞雩（yú），咏而归。”这几句话，与治国渺不相关，而独深得孔子的嘉许，这是什么缘故呢？因为这几句话，是描写我与宇宙融合的状态，有了这种襟怀，措施出来，当然人与我融合为一。子路可使有勇，冉有可使足民，公西华愿为小相，只做到人与我相安，未做到人与我相融，所以孔子不甚许可。

宋儒于孔门这种旨趣，都是识得的，他们的作品，如“绿满窗前草不除”之类，处处可以见得，王阳明“致良知”，即是此心与宇宙融合，心中之理，即是事物上之理，遇有事来，只消返问吾心，推行出来，自无不合，所以我们读孔孟老庄及宋明诸儒之书，满腔是生趣，读斯密士、达尔文、尼采诸人之书，满腔是杀机。

印度人向后走，在精神上求安慰；西洋人向前走，在物质上求安慰。印度人向后走，而越来越远，与人世脱离关系，他的国家就被人夺去了。西洋人向前走，路上遇有障碍物，即直冲过去，闹得非大战不可，印度和西洋，两种途径，流弊俱大，惟中国则不然。孟子曰：“养生丧死无憾，王道之始也。”又曰：“黎民不饥不寒，然而不王者，未之有也。”对于物质，只求是以维持生活而止，并不在物质上求安慰，因为世界上物质有限，要求过度，人与人就生冲突，故转而在精神上求安慰。精神在吾身中，人与人是不相冲突的，但是印度人求精神之安慰，要到彼岸，脱离这个世界，中国人求精神上之安慰，不脱离这个世界。我国学说，折中于印度西洋之间，将来印度和西洋，非一齐走入我国这条路，世界不得太平。

孔子曰：“学而时习之，不亦说乎？有朋自远方来，不亦乐乎？人不知而不愠，不亦君子乎？”孟子曰：“君子有三乐，而王天下不与存焉，父母俱存，兄弟无故，一乐也；仰不愧于天，俯不怍（zuò）于人，二乐也；得天下英才而教育之，三乐也。”中国人寻乐，在精神上，父兄师友间；西洋人寻乐，大概是在物质上，如游公园、进戏场之类。中西文化，本是各走一条路，然而两者可以调和，精神与物质，是不生冲突的，何以言之呢？我们把父兄师友，约去游公园、进戏场，精神上的娱乐和物质上的娱乐就融合为一了。中西文化可以调和，等于约父兄师友游公园、进戏场一般。但是不进公园戏场，父兄师友之乐仍在，即是物质不足供我们要求，而精神上之安慰仍在。我们这样设想，足见中西文化，可以调和。其调和之方式，可括为二语："精神为主，物质为辅。"今之采用西洋文化者，偏重物质，即是专讲游公园、进戏场，置父兄师友于不顾，所以中西文化就冲突了。

中西文化，许多地方，极端相反，然而可以调和，兹举一例为证：中国的养生家，主张静坐，静坐时，丝毫不许动，而西洋的养生家，主张运动，越运动越好，二者极端相反，此可谓中西学说冲突，我们静坐一会，又起来运动，中西两说就融合了。我认为中西文化，可以融合为一，其方式就是这样。

有人说："孔门讲仁爱，西人讲强权，我们行孔子之道，他横不依理，以兵临我，我将奈何？"我说：这是无足虑的，孔子讲仁，并不废兵，他主张"足食足兵"，又说"我战则克"，又说"仁者必有勇"，何尝是有了仁就废兵？孔子之仁，即是老子之慈，老子三宝，慈居第一，他说："夫慈以战则胜，以守则固。"假使有了仁慈，即把兵废了，西人来，把我的人民杀死，这岂不是不仁不慈至极吗？西洋人之兵，是拿来攻击人，专作掠夺他人的工具，孔老之兵，是拿来防御自己，是维持仁慈的工具，以达到你不伤害我，我不伤害你而止，这也是中西差异的地方。

孔老讲仁慈，与佛氏相类，而又不废兵，足以抵御强暴。战争本是残忍的事，孔老能把战争与仁慈融合为一，这种学说，真是精粹极了。所以中国学说，具备有融合西洋学说和印度学说的能力。

西洋的学问，重在分析；中国的学问，重在会通。西人无论何事，都是分科研究；中国古人，一开口即是天地万物，总括全体而言之。就返本线来看，西洋讲个人主义的，只看见线上的丁点（我），其余各点，均未看见。讲国家主义的，只看见己点（国），其余各点，也未看见。他们既未把这根线看通，所以各种主义互相冲突。孔门的学说，是修身齐家治国平天下，一以贯之。老子说："修之于身，其德乃真，修之于家，其德乃余，修之于乡，其德乃长，修之于邦，其德乃丰，修之于天下，其德乃普。"孔老都是把这根线看通了，倡出"以天下为家，以中国为一人"的说法，所谓个人也，国家也，社会也，就毫不觉得冲突。（以天下为一家，二语，出《礼运》，本是儒家之书，或以为是道家的说法，故浑言孔老）中国人能见其会通，但嫌其浑囵疏阔，西人研究得很精细，而彼此不能贯通，应该就西人所研究者，以中国之方法贯通之，各种主义，就无所谓冲突，中西文化，也就融合了。

印度讲出世法，西洋讲世间法，老子学说，把出世法、世间法打通为一，宋明诸儒，都是做的老子工作，算是研究了两三千年，开辟了康庄大道，我们把这种学说，发挥光大之，就可把中西印三方文化，融合为一。

世界种种冲突，是由思想冲突来的，而思想之冲突，又源于学说之冲突，所谓冲突，都是末流的学说，若就最初言之，则释迦孔老和希腊三哲，固无所谓冲突。我想将来一定有人出来，把儒释道三教、希腊三哲、宋明诸儒学说和西方近代学说，合并研究，融会贯通，创出一种新学说，其工作与程明道融合儒释道三教，成为理学一样。假使这种工作完成，则世界之思想一致，行为即一致，而世界大同，就有希望了。

就返本线来看，孔子向后走，已经走到丙点，老子向后走，已经走到乙点，佛学传入中国，不过由乙点再加长一截，走到甲点罢了，所以佛学传入中国，经程明道一番工作，就可使之与孔老二教融合。

孔老二氏，折身向前走，由身而家，而国，而天下，与西人之由个人而国家，而社会，也是同在一根线上，同一方向而走，所以中国学说与西洋学说，有融合之可能。

西洋、印度、中国，是世界三大文化区域，印度文化首先与中国接触，经宋儒的工作，已经融合了，现在与西洋文化接触，我们应该把宋儒的理学，加以整理，去其拘迂者，取其圆通者，拿来与西洋学说融会贯通，世界文化就融合为一了。

（三）中国学术界之特点

九方皋相马，在牝牡骊黄之外。我国古哲，师法古人，全在牝牡骊黄之外。遗貌取神，为我国学术界最大特色。书家画家，无不如此。我们本此精神，去采用西欧文化，就有利无害了。

有人问道："西洋自由竞争诸说，虽有流弊，但施行起来，也有相当效果，难道我们一概不采用吗？"我说："我国学术界，有一种很好的精神，只要能够应用此种精神，西洋的学说，就可采用了。”兹说明如下：

鲁有男子独处，邻有嫠（lí）妇亦独处，夜雨室坏，妇人趋而托之，男子闭户不纳，妇人曰：“子何不学柳下惠？”男子曰：“柳下惠则可，我则不可，我将以我之不可，学柳下惠之可。”孔子闻之曰：“善学柳下惠者，莫如鲁男子。”这种精神，要算我国学术界特色。孔子学于老子，老子尚阴柔，有合乎“坤”。孔子赞周易，以阳刚为贵，深取乎“乾”，我们可说：“善学老子者，莫如孔子。”孟子终身愿学孔子，孔子言“性相近”，孟子言“性善”。孔子说：“我战则克。”孟子则说：“善战者服上刑。”孔子说：“齐桓公正而不谲（jué）。”又说：“桓公九合诸侯，不以兵车，管仲之力也，如其仁，如其仁。”又曰：“微管仲，吾其披发左衽（rèn）矣。”孟子则大反其说，曰：“仲尼之徒，无道桓文之事者。”又曰：“管仲曾西之所不为也，而子为我愿之乎。”诸如此类，与孔子之言，显相抵触，然不害为孔门嫡系。我们可说：“善学孔子者，莫如孟子。”韩非学于荀子，荀子言礼，韩非变而为刑名，我们可说：“善学荀子者，莫如韩非。”非之书，有《解老》、《喻老》两篇，书中言虚静，言“无为”，而无一切措施，与老子全然不类，我们可说：“善学老子者，莫如韩非。”其他类此者，不胜枚举。九方皋相马，在牝（pìn）牡骊黄之外。我国古哲，师法古人，全在牝牡骊黄之外。遗貌取神，为我国学术界最大特色。书家画家，无不如此。我们本此精神，去采用西欧文化，就有利无害了。

孟子曰：“规矩方圆之至也，圣人人伦之至也。”规矩是匠师造房屋的器具，人伦是匠师造出的房屋，古人当日相度地势，计算人口，造出一座房屋，原是适合当时需要的。他并未说：“传之千秋万世，子子孙孙，都要住在这个屋子内。”又未说：“这个房子，永远不许改造修补。”匠师临去之时，把造屋的器具，交给我们，将造屋的方法，传给我们。后来人口多了，房屋不够住，日晒雨淋，房子朽坏，既不改造，又不修补，徒是朝朝日日，把数千年以前造屋的匠师痛骂，这个道理，讲得通吗？

中国一切制度，大概是依着孔子的主义制定的，此种制度，原未尝禁人修改。孔子主张尊君，孟子说：“君之视臣如土芥，则臣视君如寇仇。”又说：“民为贵，社稷次之，君为轻。”又说：“闻诛一夫纣矣，未闻弑君也。”孔子说：“入公门，鞠躬如也。”孟子曰：“说大人则藐之，勿视其巍巍然，堂高数仞，榱（cuī）题数尺，我得志弗为也。”孔子尊君的主张，到了孟子，几乎莫得了。孔子作春秋，尊崇周天子，称之曰天王，孟子以王道说各国之君，其言曰：“地方百里，而可以王。”那个时候，周天子尚在，孟子视同无物，岂不显悖孔子的主张吗？他是终身愿学孔子的人，说：“自生民以来，未有圣于孔子。”算是崇拜到了极点的。他去孔子，未及百年，就把孔子的主张，修改得这样厉害，孔子至今两三千年，如果后人也像孟子的办法，继续修改，恐怕欧人的德谟克拉西，早已见诸中国了。孟子懂得修屋的法子，手执规矩，把孔子所建的房屋，大加修改，还要自称是孔子的信徒，今人现放着规矩，不知使用，只把孔子痛骂，未免不情。

从前印度的佛学，传入我国，我国尽量采用，修改之，发挥之，所有“天台宗”，“华严宗”，“净土宗”等，一一中国化，非复印度之旧，故深得一般人欢迎，就中最盛者，厥惟“禅宗”，而此宗在印度，几等于无，唯有“唯识”一宗，带印度色彩最浓，此宗自唐以来，几至失传，近始有人出而提倡之。我们可以得一结论：“印度学说，传至中国，越中国化者越盛行，带印度色彩越浓者，越不行，或至绝迹。”我们今后采用西洋文化，仍用采用印度文化方法，使斯密士、达尔文诸人，一一中国化，如用药之有炮制法，把他有毒那一部分除去，单留有益这一部分。达尔文讲进化不错，错在因竞争而妨害他人，斯密士发达个性不错，错在因发达个性而妨害社会，我们去其害存其利就对了，第一步用老子的法子，合乎自然趋势的就采用，不合的就不采用。第二步用孔子的法子，凡是先经过良心裁判，返诸吾心而安，然后才推行出去。如果能够这样的采用，中西文化，自然融合。今之采用两法者，有许多事项，律以老子之道，则为违反自然之趋势，律以孔子之道，则为返诸吾心而不安，及至行之不通，处处荆棘，乃哓（xiāo）哓然号于人曰：“中西文化冲突，此老子之过也，此孔子之过也。”天乎冤哉！

（四）圣哲之等级

我国周秦之间，学说纷繁，佛学虽是印度学说，但传入中国已久，业已中国化，就我个人的意见，与它定一个等级，名曰“圣哲等级表”。一佛氏，二庄子，三老子，四孔子，五告子，六孟子，七荀子，八韩非，九杨朱，十墨翟。

我国周秦之间，学说纷繁，佛学虽是印度学说，但传入中国已久，业已中国化，就我个人的意见，与它定一个等级，名曰“圣哲等级表”。一佛氏，二庄子，三老子，四孔子，五告子，六孟子，七荀子，八韩非，九杨朱，十墨翟。

此表以老子为中心，庄子向后走，去佛氏为近，是为出世法，孔子以下，向前走，俱是世间法，告子谓性无善无不善，其湍水之喻，实较孟荀之说为优，古来言“性”之人虽多，唯有告子之说，任从何方面说，俱是对的，故列孟荀之上。凡事当以人己两利为原则，退一步言之，亦当利己而无损于人，或利人而无损于己，杨朱利己而损于人，故列第九，墨翟利人而有损于己，故列第十。此表以十级为止。近来的人，喜欢讲斯密士达尔文尼采诸人的学说，如把这三人列入，则斯达二氏的学说，其弊流于损人，斯氏当列第十一，达氏当列第十二。尼采倡超人主义，说：“剿灭弱者，为强者天职。”说：“爱他主义，为奴隶道德。”专做损人利己的工作，其学说为最下，当列第十三，共成十三级。尼采之下，不能再有了。中国之盗跖，和西洋之希特勒、墨索里尼，就其学说言之，应与尼采同列一栏。

我们从第十三级起，向上看，越上越精深，研究起来，越有趣味。从第一级起，向下看，越下越粗浅，实行起来越适用。王弼把老孔融合为一，晋人清谈，则趋入老庄，尤偏重庄子，这是由于老子的谈理，比孔子更精深，庄子谈理，比老子更精深的缘故。程明道把儒释道三教，融合为一，开出“理学”一派，而宋明诸儒，多流入佛氏。这是由佛氏谈理，比孔老更精深的缘故。从实施方面言之，印度行佛教而亡国，中国行孔老之教而衰弱，西人行斯密士达尔文诸人之说而盛强，这即是越粗浅越适用的明证，我们研究学理，当力求其深，深则洞见本源，任他事变纷乘，我都可以对付，不致错误。至于实践方面，当力求其浅，浅则愚夫愚妇能知能行，才行得起走。

西人崇奉斯密士之说而国富，崇奉达尔文之说而国强，而世界大战之机，即伏于其中。德皇威廉第二，崇奉尼采之说，故大战之前德国最为昌盛，然败不旋踵。现在希特勒、墨索里尼和日本军阀，正循威廉覆辙走去，终必收同一之结果，故知斯密士等三人之学说，收效极大，其弊害亦极大。

墨子学说，虽不完备，但确是救时良药，其学说可以责己，而不可以责人，只有少数圣贤才做得到，当今之世，滔滔者皆是损人利己之流，果有少数圣贤，反其道而行之，抱定损己利人之决心，立可出斯民于水火。墨子之说偏激，惟其偏才能医好大病，现在斯密士、达尔文、尼采诸人之言盈天下，墨子之学说，恰是对症良药。

墨子之损己，是出乎自愿，若要强迫他受损，这是不行的，墨子善守，虽以公输之善攻，且无如之何！如果实行墨子之道，决不会蹈印度亡国覆辙，我国学说理论之不完备，莫如墨子，然而施行起来，也可救印度学说和西洋学说两方之偏。所以要想世界太平，非西洋和印度人一齐走入中国这条路不可。

杨朱的学说，也是对症之药，现在的弊病，是少数人争权夺利，大多数人把自己的权利，听凭别人夺去，以致天下大乱。杨朱说："智之所贵，存我为贵，力之所贱，侵物为贱。"守着自己的权利，一丝一毫，不许人侵犯，我也不侵犯人一丝一毫。人人不利天下，天下自然太平。孟子说："杨氏为我，是无君也。"君主是从每人身上，掠取些许权利，积而成为最大的权利，才有所谓君王，人人守着自己的权利，丝毫不放，即无所谓君王。犹之人人守着包裹东西，自然就莫得强盗。实行杨朱学说，则那些假借爱国名义，结党营私的人，当然无从立起。各人立在地上，如生铁铸成的一般，无侵夺者，亦无被侵夺者，天下焉得不太平？不过由杨朱之说，失去人我之关联，律以天然之理，尚有未合。

孟子说："杨朱墨翟之言盈天下，天下之言，不归杨，则归墨。"这个话很值得研究。因为孟子那个时代，人民所受痛苦，与现在一样，所以杨墨的学说，才应运而生，春秋战国，是我国学术最发达时代，杨墨的学说，自学理上言之，本是一偏，无如害了那重病，这类办法，确是良药，所以一般学者，都起来研究，而杨墨之言就盈天下了。

孔子的学说，最为圆满，但对于当时，不甚切要。所以身死数十年后，他在学术上的地盘，会被杨墨夺去，孟子说："天下之言，不归杨，则归墨。"可见孔子三千弟子的门徒，全行变为杨墨之徒，大约孟子的师伯师叔，和一切长辈，都是杨墨之徒了，因此孟子才出来，高呼："打倒杨墨，恢复孔教。"

孟子的学说，本来较杨墨更为圆满，但对于我们现在这个时代，不免稍微地带了唱高调的性质，应该先服点杨墨之药，才是对症。现在须有人抱定墨子牺牲自己的精神，出来提倡杨墨的学说，叫人人守着自己的权利，丝毫不放，天下才得太平，并且还要先吃点韩非之药，才能吃孔孟之药，何以故呢？诸葛武侯曰："法行则知恩。"现在这些骄兵悍将、贪官污吏、劣绅土豪、奸商贵族，非痛痛地用韩非的法子，惩治一下，难免不养痈（yōng）遗患，故我们应当从第十级逆行上去，第十一级以下，暂不必说。

（五）老子与西洋学说

西洋有了自由主义，跟着就有法西斯主义，与中国有了黄老之放任，跟着就有申韩之专制，也是一样的。我们知道黄老之道德，与申韩之刑名，原是一贯，即可把各种学说之贯通性和蜕变之痕迹看出来。

我国学说，当以老子为总代表，他的学说与佛氏相通，这是无待说的，而其学说又与西洋学说相通，兹举严批老子为证：严又陵于老子第三章说道："试读布鲁达奇英雄传中，来刻谷士一首，考其所以治斯巴达者，则知其作用，与老子同符。此不佞所以云：黄老为民主治道也。"于第十章批曰："夫黄老之道，民主之国所用也……君主之国，未有能用黄老者也，汉之黄老，貌袭而取之耳。"于三十七章批曰："文明之进，民物熙熙，而文物声名皆大盛，此欲作之且宜防也，老子之意，以为亦镇之以朴而已。此旨与卢梭正同。"又曰："老子言作用，则称侯王，故知道德经是言治之书。"然孟德斯鸠《法意》篇中言："民主乃用道德，君主则用礼，至于专制乃用刑。"中国未尝有民主之制也，虽老子不能为未见其物之思想。于是道德之治，于君主中求之不得，乃游心于黄老以上，意以为太古有之，盖太古君不甚尊，民不甚贱，事本与民主为近也，此所以下篇有小国寡民之说，夫甘食美服，安居乐俗，邻国相望，如是之世，正孟德斯鸠《法意》篇中，所指为民主中之真相也，世有善读二书者，必将以我为知矣，呜呼，老子者，民生之治之所用也。"于第四十六章批曰："纯是民主主义，读法儒孟德斯鸠《法意》一书，有以征吾言之不妄也。"据严氏这种批评，可见老子学说，又可贯通西洋最优秀的民主思想。

现在西洋经济上所实行的，以斯密士学说为原则，政治上所采用的，以卢梭学说为原则。斯密士在经济上主张自由，卢梭在政治上主张自由，我国的老子，正是主张自由的人，我们提出老子来，就可贯通斯卢二氏之学说，斯密士的自由竞争，一变而为达尔文的强权竞争，再变而为尼采的超人主义，与中国所谓"道德流为刑名"是一样的。西洋有了自由主义，跟着就有法西斯主义，与中国有了黄老之放任，跟着就有申韩之专制，也是一样的。我们知道黄老之道德，与申韩之刑名，原是一贯，即可把各种学说之贯通性和蜕变之痕迹看出来。

我不是说中国有了老子，就可不去研究西洋的学问，我只是提出老子，见得各种学说，可以互相贯通，只要明白这个道理，就可把西洋的学问，尽量地研究。

（六）学道应走之途径

> 中国古人定的制度，许多地方极无条理，却极有道理，如所谓父慈子孝，兄友弟恭，在上者仁民爱物，在下者亲上事长之类，隐然磁电感应之理，不言权利义务，而权利义务，自在其中，人与人之间，生趣盎然。

西人用仰观俯察的法子，窥见了宇宙自然之理，因而生出理化各科。中国古人，用仰观俯察的法子，窥见了宇宙自然之理，因而则定各种制度。同是窥见自然之理，一则用之物理上，一则用之人事上，双方文化，实有沟通之必要。

中国古人定的制度，许多地方极无条理，却极有道理，如所谓父慈子孝，兄友弟恭，在上者仁民爱物，在下者亲上事长之类，隐然磁电感应之理，不言权利义务，而权利义务，自在其中，人与人之间，生趣盎然。西人则与人之间，划出许多界线，所以西洋的伦理，应当灌注以磁电，才可把冷酷的态度改变。中国则未免太浑囵了，应当参酌西洋组织，果能如此，中西文化即融合了。

研究学问，犹如开矿一般，中国人、印度人、西洋人，各开一个洞子，向前开采。印度人的洞子和中国人洞子，首先打通。现在又与西洋的洞子接触了。宇宙真理是浑然的一个东西，中国人、印度人、西洋人，分途研究，或从人事上研究，或从物理上研究，分出若干派，各派都分了又合，合了又分，照现在的趋势看去，中西印三方学说，应该融会贯通，人事上的学说，与物理上的学说，也应该融会贯通，我辈生当此时，即当顺应潮流，做这种融合工作，融合过后，再分头研究。像这样的分了又合，合了又分，经了若干次，才能把那个浑然的东西，研究得毫发无遗憾，依旧还它一个浑然的特性。

宇宙真理，只有一个，只要研究得彻底，彼此是不会冲突的，如有互相冲突之说，必有一说不彻底，或二说俱不彻底。冲突愈甚，研究愈深，自然就把本源寻出，而二者就融合为一。故冲突者，融合之预兆也。譬如数个泥丸放至盘中，不相接触，则永久不生冲突，永久是个个独立，取之挤之捏之，即可合为一个大泥丸。中国、印度、西洋，三方学术，从前是个独立，不相接触。自佛法西来，与中国固有学术发生冲突，此所谓挤之捏之也，而程明道之学说，遂应运而生。欧化东渐，与中国固有学术又发生冲突，此亦所谓挤之捏之也。就天然趋势观之，又必有一种新学说应运而生，将中西印三方学术融合为一。

然则融合中西印三方学术，当出以何种方式呢？我们看从前融合印度学术的方式，就可决定应走的途径了。佛教是出世法，儒教是入世法，二者是相反的。程明道出来，以释氏之法治心，孔氏之法治世，入世出世，打成一片，是走的老子途径。苏子由著一部《老子解》，融合儒释道三教，也是走的老子途径，王阳明在龙场驿，大彻大悟，独推象山，象山推崇明道，也是走入老子途径。思想自由如李卓吾，独有契于苏子由，仍是走入老子途径。又明朝陈白沙，学于吴康齐，未知入处，乃揖耳目，去心智，久之然后有得，而白沙之学，论者谓其近于老庄，可见凡是扫除陈言，冥心探索的人，得出的结果，无不走入老子途径。因老子之学，深得宇宙真理故也。据严批老子所说，老子之学，又可贯通西洋学说，我们循着老子途径做去，必可将中西印三方学术，融合为一。

老子之学，内圣外王，其修之于内也，则曰："致虚静，万物并用，吾以观其复。"其推之于外也，则曰："修之于身，其德乃真，修之于家，其德乃余，修之于乡，其德乃长，修之于邦，其德乃丰，修之于天下，其德乃普。"孔门诚意、正心、修身、齐家、治国、平天下，一以贯之，与老子之旨正同，此中国学说之特色也。佛学传入中国，与固有的学术，发生冲突，程明道就用孔门的正心诚意，与佛学的明心见性，打通为一。现在西洋的个人主义、国家主义，传入中国，与固有学术，又生冲突，我们当用孔门的修齐治平，打通为一。西人把个人也，国家也，社会也，看为互不相容之三个物体，而三种主义，遂互相冲突。孔门则身也，家也，国也，天下也，一以贯之，于三者之中，添一个"家"字，老子更添一"乡"字，毫不冲突，此中国主义之所以为大同主义也。中印学术，早已融合，现在只做融合中西学术之工作就是了。此种工作，一经完成，则世界学说，汇归于一，学术一致，行为即一致，人世之纷争可免，大同之政治可期。这种责任，应由中国人出来担任，西洋人和印度人是不能担负的，何也？西印两方人士，对于中国学术，素乏深切之研究，而中国人对于本国学术研究了数千年。对于印度学术研究了两千年，甲午庚子之役后，中国人尽量地研究西洋学术，已四十五年，所以融合中西印三方学术的工作，应该中国人出来担负，是在我国学者，顺应此种之趋势，努力为之而已。

他的为人，既不面厚，也不心黑，却偏偏自称为“厚黑教主”。

【附录】

厚黑教主传

张默生

教主的家世

我因为避寇入川，得读李氏的许多著作，由彼此通信，而得相晤识，而结为好友，始尽知他的生平行事和言论思想，他并不是像外间所传的虚妄怪诞，立意在惊世骇俗的人。他的为人，既不面厚，也不心黑；但他偏偏提倡“厚黑学”，偏偏自称为“厚黑教主”，这种“反话正说”的作风，究竟是所为何来？

大概在南宋年间，广东嘉应州长乐县崛起一个姓李的人家，家长李子敏和他的儿子李上达，创家立业，慢慢家道兴旺。子孙繁衍，就成了一方有名的氏族。后来代代相传，传到第十世上，有位名叫李润唐的，于清代雍正三年，携眷迁到四川来，先住隆昌萧家桥，后迁富顺自流井，遂在那里落籍了。四川自明末连年战争蹂躏以后，地旷人稀，湖广一带的人民，都纷纷迁来居住；这个李姓人家的迁居，当亦不外此种原因。自李润唐入川以来，家道又慢慢兴旺，子孙繁衍，传到第八代上，出了一颗思想界的彗星，读书穷理，好立异说，那便是以“面厚心黑”创教立宗的李宗吾氏；这人自民国以来，已成为四川的名人了。

我因为避寇入川，得读李氏的许多著作，由彼此通信，而得相晤识，而结为好友，始尽知他的生平行事和言论思想，他并不是像外间所传的虚妄怪诞，立意在惊世骇俗的人。他的为人，既不面厚，也不心黑；但他偏偏提倡“厚黑学”，偏偏自称为“厚黑教主”，这种“反话正说”的作风，究竟是所为何来？世人不必笑他骂他，应当先加以深切的反省才是。释迦并不应该入地狱，耶稣并不应该钉十字架；但释迦偏说：“我不入地狱，谁入地狱？”耶稣偏说：“凡不背着十字架走的人，不配做我的门徒。”这又是所为何来？我们同样是应该加以反省的。至于李氏的谈教育、谈政治、谈学术思想等，都是一本正经的立论；不过他的思想有些奇僻，往往发前人之所未发，言近人之所未言，于是一般传统的学者，就骂他是旁门外道罢了。如今李氏已作古人，再不要怕他放言高论了；可是他一生的行事，尚为世人所不尽知，生前的言论思想，也有许多是被忽略的。我为纪念这位亡友起见，不惜多费笔墨，作此《厚黑教主传》，好教世人借以评定他的功罪。

李宗吾氏，生于光绪五年（一八八〇年）正月十三日。“宗吾”二字，不是他的原名，这是他后来一再改定的。他的名号几经改变：当他幼年的时候，脾气非常蛮横，毫不依理，见者呼为“人王”；他的父亲就把“人王”二字，合为“全”字，加上辈名“世”字，名为世全。算命先生说他命中少“金”，就加上金旁，成为世铨。后来私塾先生又说他命中少“木”，并不少“金”。他也正嫌父亲为他命的名不好，便自己改名世楷，字宗儒，这是表示信从孔子的意思。二十五岁时，思想大变，对于儒教颇不满意，心想与其宗法孔子，不如宗法自己，因改字宗吾。他常说：“这‘宗吾’二字，是我思想独立的旗帜。”以后宗吾字行，而世楷的名字，就几乎无人知道了。

宗吾兄弟七人，姊妹二人。在兄弟中他是行六，三哥早死，其余六房均得成立，他的父亲命名为“六谦堂”。除他一人外，兄弟皆务农；惟他的七弟后来开机房，略具商业性质。宗吾是相信遗传和胎教的，他说他之好读书，是决定在先天的，因为生他的那几年，正是他父亲闭户读书的时候。并且他还引苏氏父子为证，他说：“世称苏老泉二十七岁，才发愤读书。考老泉生于宋真宗祥符二年己酉，仁宗明道二年乙亥满二十七岁。苏东坡生于丙子年十二月十九日，苏子由生于己卯年二月二十日。他们弟兄二人，正是老泉发愤读书时代生的。历史上二十七岁才发愤读书的，只有老泉一人，生出两位文豪；四十岁才发愤读书的，只有我父亲一人，生出一位教主，岂非奇事？东坡才气纵横，文章豪迈；子由则人甚沉静，好黄老之学，所著《老子解》，推为古今杰作。大约老泉发愤读书，初时奋发踔厉，后则入理渐深，渐归沉静，故东坡子由二人，禀赋不同。我生于我父发愤读书的末年，故我性沉静，喜读老子，颇类子由；惜我生于农家，为学不得门径，未免有愧子由了。”他说他的奇怪思想，也是禀自他的父亲；实则他家一连几代，个性都有点特殊。我不妨先追溯到他的曾祖说起，来剖视一下他的血统看看。

宗吾的曾祖，名永枋，性格异常严肃，虽是一位开染房的老板，可是道貌岸然，无人不敬畏他。凡族亲子弟，衣冠不整者，酒醉者，如果走到他的店门，立即屏气敛容，才敢经过。但他对人，并无疾言厉色，仍是具着一副慈祥温和的态度。生平从未做过亏心事，享寿七十岁；临死之前，命家人捧水进巾，自浴其面，帽微不正，手自整理，然后凭几而卒。

宗吾的祖父，名乐山，一生务农，兼种小菜出售；暇时，则贩油烛及草鞋，沿街叫卖。身形魁伟，性情朴质，上街担粪，有人和他说话，他必站立对答，粪担在肩上，不知放下；遇见狡猾的人，就故意拿他开心，久谈不止，他便左肩换右肩，右肩换左肩，引得满街人捧腹大笑。他于晚饭后即睡，及至家人就寝时，他已睡醒了，以后即不再睡。睡熟时，呼亦不醒，如呼“强盗来了”即惊然而起。他于晚睡之后，即整理明日应卖小菜，整理完了，便手持一棍，往守菜圃。菜圃临近大路，贼人偷得东西从此经过的，往往被他夺下，交还失主。所以贼人非常怕他，常常绕道而行。家中平日是舍不得吃肉的，到了年终，他才割肉十斤，准备腌起。自己持刀修削边角，削下来的约有半斤，便命他的妻子去拔萝卜做汤；并切切嘱她道：“大的留着出售，小的留待长成，须择一窝双生和破裂不能卖的，才可拔来。”他的妻子找遍圃中，不得一枚，他才忍痛允许拔来使用了。汤熟，他亲自持勺，盛入碗内，又倒在锅中，再盛再倒，再倒再盛。他的妻子问道：“你这是干什么？”他说：“我想分给家人和工人，苦于不能公平普遍啊！”这事过了不久，即一病而死。他的妻子割肉一方，献于灵前，一见即痛哭，自言“泪比肉多”！又因痛惜不已，即取他生前所用的扁担珍藏起来，并且说：“后世子孙如昌达，当用红绫包裹，悬挂正堂梁上，永留纪念！”据说这条扁担经他的子孙保留到一九二〇年竟被贼人毁坏了。他的妻子曾氏，是高山寨富家女儿，出嫁以后，终年陪着丈夫劳作，挑水担粪，从无劳怨。有时归宁，看见猫犬剩余的食物，即暗暗想道，我家怎能得到这样的剩饭而食呢？宗吾幼时，听到他的父母屡次述及此事，告诫他们兄弟说：“先人这样穷困，这般勤苦，一食之难，竟到如此地步，做儿孙的千万不可忘记啊！”

宗吾的父亲名高仁，字静安。他原是在外学生意的，自父亲去世后，便归家务农，与他的妻子共同操作、终日勤劳的情形，一如他的父母。常常取出他的父亲遗留的扁担，以作警戒，因而家道渐裕，得以购置田产。不幸在四十岁上，因劳致疾，医生警告他说：“赶紧把家务丢下，安心静养，否则非死不可！”他便把家务完全交付妻子，自己专心养病，三年之后，始得痊愈。他在养病期间，才得到看书的机会。先寻些《三国演义》、《列国演义》等书来看，以后就看起《四书》讲章来，他一看再看，于是从中就看出道理来，便是“书即世事，世事即书”。他后来只看三本书，其他各书全不看了。哪三本书呢？一是《圣谕广训》，这书是乾隆所著，颁行天下的，后附朱柏庐的《治家格言》。二是《刿心要览》，还只看全书中的一本，中载司马光及唐翼修等名言，他呼之为格言书。三是杨继盛参严嵩十恶五奸的奏折，后附遗嘱（是椒山赴义前夕，书以训子的，所言皆居家处世之道）。此外还有一本《三字经注解》，但不常看。就是那三大本书中，还只有前二书是他手不释卷的，临死前数日，犹阅读不忍放下。他常说：“书读那样多干什么？每一书中，自己觉得哪一章好，即把它死死记下，照着去行；其余不合心意的，就不必看了。”他最爱高声朗诵的，在《圣谕广训》中，有这两句：“人子不知孝父母，独不思父母爱子之心乎？”在《刿心要览》中，有这几句：“贫贱生勤俭，勤俭生富贵，富贵生骄奢，骄奢生淫逸，淫逸又生贫贱。”他读书固然是如此之少，而平生从未写过一个字，尤是稀奇。当宗吾七八岁时，发生一件急事，他父亲便叫他拿笔墨来，想要写信，等他拿来了，他父亲又说不写了。但是宗吾偏说：“我的奇怪思想，是发源于我父；读书的方式，也取法于我父。”这事，入后当加以证明。

宗吾的父亲自大病之后，即不敢再做笨重的工作，不过偶尔扯扯甘蔗叶，或种胡豆时盖盖灰罢了；但有暇即看书，自然是他心爱的那几本书。每当工人到田里做工时，他便携着叶烟杆，或火笼（一种烤手炉），挟着书，坐在田边，时而同工人谈天，时而自己看书。他对于农事，异常内行，每晨必巡视田垄一次，常说：“我睡在家中，工人在田间工作的情形，我都知道。”当家人自田间归来，他常问：“工人做到何处了？”如果因未留心，对答得不确实，他便笑着道：“不要瞎说！”他一生注重早起，他说曾读过三个人的治家格言，都是主张早起的。朱柏庐云：“黎明即起。”唐翼修云：“早眠早起，勤理家务。”韩魏公云：“治家早起，百务自然舒展；纵乐夜归，凡事恐有疏虞。”因此，他虽不像父亲那样早起，但他总是鸡鸣即起，无一日间断，就是隆冬大雪，亦无不如此。那时还没有火柴，他每晨起来，便用火镰敲火石，将灯燃着，随即以木炭生着火笼，温酒独酌，然后口含叶烟，一直坐到天明。这时，便将工人应做的工作，及自己应办的事，一一规划妥当了。所以他处理家务，都是有条有理；工人做工，时间也无片刻的浪费。他怕工人起晚了，耽误工作；而每晨呼喊他们，又觉得讨厌；于是他把堂屋门做得很紧，一见窗上发了白色，即把堂屋门砰一声打开，工人自然也就惊醒了。

他因为爱早起，好思考，所以生平与人交涉，没有一次失败。他常说：“凡与人交涉，必须将他如何来，我如何应，四面八方都想过，临到交涉时，任他从哪面来，我都可以应付。”当他病愈之后，邻居有一宅院想要卖给他，他也很想买，但是苦于索价太高，就故意对卖主说：“价钱太高，我买不起。”可是彼此钩心斗角，牵牵连连，总不肯把此事放过。邻人怨他当买不买，声言要到官府控告，他也不理；甚至把他家的出路掘了，他就由屋后绕道而行，也不与邻人计较。结果，那处宅院，还是卖给了他；买时又生种种纠葛，他仍收到最后的胜利。宗吾对我说，他的七弟世本，便是他父亲与邻人钩心斗角时生的。果然世本为人处世，精干机警，后来他的父母死，哥嫂死，丧事都由他一人包办，办得条条有理。世本还对人说：“我无事，坐起就打瞌睡；有事办，则精神百倍。这几年，幸而家中死了几个人，还算有事可办；不然，这日子真难过啊！”于是宗吾又据以证明他的遗传及胎教之说，他希望科学家研究一下。他的父亲死时，享寿六十九岁，那时已成小康之家了。

广东人的祖宗观念、乡土观念，以及团结的精神，是很强的。李家自迁蜀以来，对于原籍的先人坟墓，和同族的安全，仍是深深地纪念着的。所以有时他们还派人赴粤扫墓，并慰问同族的父老子弟。在四川更是设有宗祠。宗祠的设立，据说是外省人来川，常被本地人欺凌，于是他们相约：凡广东姓李的人家，成立一会，叫做“棒棒会”，有来欺凌的，就一齐同他们拼命。以后有人说棒棒会是违法的，才改立宗祠。广东人入川的，嫁女娶媳，必择广东人；偶然破例娶本地女子入门也必须学说广东话。家庭及亲戚往来，更要说广东话，否则就叫卖祖宗。李家自润唐至宗吾一辈，已迁来八世了；但他兄弟姊妹九人，都是和广东人结亲的。有这样强烈的民族性格，再加以代代相传的个性血统，假若我们相信遗传学的话，则产生出一位富有奇怪思想的李宗吾，就是不足为奇的事了。

“迂夫子”和“老好人”

他那时的看书，不是想求上进，也不是为读书明理，只觉得手中有书，心中才舒服，成了一种嗜好的样子。所看的书，也不加选择，无论是圣经贤传，或是鄙俗不堪的唱本小说，他都一律看待，都看得津津有味，不肯放手。他父亲对于他的看书，完全取放任主义，不为他选择应读何书，也不问他看何书，既不催他看，也不禁他看，不过常常喊他为“迂夫子”，他也很喜欢这个绰号。

宗吾到了八岁才开始入塾读书。这时，因为父母的勤劳操作，又加几位哥哥的帮助，家道已渐见宽裕，故他自幼即未做过农田的工作。只有放学归来时，叫他抱草喂牛，牵牛饮水；种胡豆时，叫他停学在家，到田里撒种；或有时叫他牵牛到邻近佃户家帮助碾碾米罢了。笨重的工作，他是没有做过的。在他入塾以前，他已识字不少，因他父亲常常把自己所喜欢的三本书拿来教他。他天资颇高，一教便会，所以到正式入塾时，他已把父亲终身爱读的三本书读完了。

他初从一位姓陈的先生读，陈是他家的佃户，是个堪舆先生，他从他一直读了四年。后从一位姓郑的先生读，又读了一年。这两位先生，除教他背书外，一无所授。后来他父亲请了一位关先生来家，教他们几弟兄读书，这位关先生，名海洲，虽是一位未进学的童生，但学问却不错。教书的方法，也比陈郑二师好得多。读了两年，就开始学作八股文试帖诗了。他开始作八股，即能由破承起讲，而至入手，算是成了半篇；作试帖诗，亦能作四韵；很快的时间，就可作满篇了。他从关师二年，得的益处不少。据他后来自称：“关师教书虽不脱村塾中陈旧的法子，但至今想来，受益之处，约有三点：（一）每日讲龙文鞭影典故四个，要紧处用笔圈出，次日合起书回讲，圈出的必须背得，我因而养成记典故的习惯，看书时遇要紧处，便用笔圈出熟读。（二）每日讲《千家诗》和四书，命我把槐轩《千家诗注解》及《四书备旨》，用墨笔点句，点毕送他改正。我第一次把所点的《千家诗》送他看时，他夸奖道：你居然点对了许多，错的很少，你父亲得知，不知若何欢喜。我听了，愈加奋勉，因而养成看书点书的习惯。到了次年，不待老师讲解，就请父亲为我买部《诗经备旨》来点。（三）关师借一部《凤洲纲鉴》来看，我也拿来看，我生平最爱看史书，其发端即在于此。关师又借到一部《三国演义》，我也拿来看，反复看了几遍，甚为得意。所以我后来发明‘厚黑学’时，便首先举孙曹刘为证；但那是陈寿《三国志》的材料，非演义中材料，不过最初的印象，是由于《三国演义》。”这是他深深感念于关师的。关师到了后来，有些教不了他了。有一次命一试帖诗题，中有“雪”字，他第一韵用有“同云”二字。关师在“同”字上打了一个“×”，改作“彤”字，说道“彤云密布，瑞雪纷纷”，是这个“彤”字。但关师所引，是出自《三国演义》上的。于是他回道：我用的是《诗经》上“上天同云雨雪纷纷”的“同云”。关师听了，默然不语。以后这类的事，常常发生。关师自觉不能胜任，因而解馆；他也在那时病了，父命辍读，是年他十四岁。

宗吾自六岁时，因受冷而得咳嗽病，经久不愈，遂成哮喘症，遇冷即发。因此身体最弱，终年不离药罐。从关师读时，读几天，嗓音即哑，医数日，好了，一读又哑。所以趁关师自行解馆时，他的父亲便命他辍读养病了。不过到这时，他已养成自己看书的习惯了，虽是在养病时期，但手中却不离书本，不惟白天看书，夜间也看书。每夜，父亲在堂屋里同家人聚谈，他便把神龛上的清油灯，取下来放在桌上看书，有时或倚着神龛阅览。他那时的看书，不是想求上进，也不是为读书明理，只觉得手中有书，心中才舒服，成了一种嗜好的样子。所看的书，也不加选择，无论是圣经贤传，或是鄙俗不堪的唱本小说，他都一律看待，都看得津津有味，不肯放手。他父亲对于他的看书，完全取放任主义，不为他选择应读何书，也不问他看何书，既不催他看，也不禁他看，不过常常喊他为“迂夫子”，他也很喜欢这个绰号。那时，他父亲命他的四哥辍学务农，把他的五哥送到茂源井一家刘姓所设的私塾去读，家中虽然也请了一位姓侯的老师，但只是为他的七弟请来发蒙认字的，谈不到什么学问。他不管这些，他只知不分昼夜地自行看书罢了。后来，他的大哥见他终日书不离手，就对他父亲说：“六弟在家，活路也不能做，他既爱看书，不如仍将他送进塾中，与五弟同住，可向老师说明，这是送来养病的，读不读，随便他，以后送点学钱就是了。”他父亲赞同这种意见，就把他送进了刘姓的私塾里。他对这事曾说：“这是我生平第一个大关键！在大哥不过是无意中的几句话，而对于我的前途关系极大，否则我以农人终老了。”

那家刘姓的私塾，有老师三位，是三辈人。祖辈之名已忘去，学生呼为刘二公；父辈之名为刘应文，号焕章，是个秀才，学生呼他为七老师；子辈之名为刘树仁，号建侯，也是个秀才，学生呼他为建侯老师。刘二公的文章是小试一派；七老师是墨卷一派；建侯老师善书法，娴于词章，论文眼力极高。学生的八股文，是刘二公和七老师分改；诗赋，则由建侯老师批阅。建侯老师高兴时，也拿八股去改。背书则随便到哪位老师面前俱可。宗吾本来是去养病的，得了特许，听他自由；但他到了这种读书环境，竟忘记自己是在养病，一样地用功，一样地作八股诗赋，只是不背书罢了。他还记得当时塾中的大门上，每扇贴有一斗方红纸，一扇写的是："枣花虽小能成宝，桑叶虽粗解作丝；唯有牡丹如斗大，不成一事又空枝。"一扇写的是："劝君莫惜金缕衣，劝君惜取少年时；花开堪折直须折，莫待无花空折枝。"他读了，非常感动，就更加用功。对于所有同学，都倍致友爱。因此，又获得一个绰号，叫做"老好人"。

自流井那一带的习惯，是某处有私塾，家长就把子弟送去读书，时间大概在正月二十以后。到了二月底，或三月间，老师才请众家长来议脩金，叫做"议学"。议学时，老师避去，众家长你劝我，我劝你，把脩金议定，然后开列学生姓名及所认钱数为老师送去。老师看了无话，这脩金就算议定了。当三位刘老师议学时，学生数十人，最高额是十二串，宗吾的五哥世源，出了最高额；议到宗吾的名下，他的父亲便声明是送来养病的，就随便写了几串。等到把脩金清单送与老师，老师传话出来说："全堂中唯有李世铨（宗吾初名）读书最好，应该比李世源还要多出些，怎么才出这点呢？"于是他的父亲也就改写十二串。老师对他这样重视，殊出他意料之外，所以在精神上受到一种很大的鼓励。

建侯老师，每呼学生，必缀以"娃娃"二字，有时还出以嘲弄口吻；独对于宗吾，则无此态度，不过呼他名时，仍缀以"娃娃"二字罢了。一夜，三位老师都睡了，学生还在嬉笑。建侯老师在床上高声道："你们哪些娃娃还没有睡？"众人举名以对。次日，建侯老师说道："那么夜深，你们还在闹，不知干些什么？及听见有李世铨这个娃娃在，我也就放心了！"这些地方，又很能使他自尊自重。

在三位老师中，刘二公人甚忠厚，七老师严重自持，而建侯老师则性情诙谐。他不惟对学生加以嘲弄，即对刘二公也常开玩笑；只有在七老师面前，不敢放肆，但有时也不免要说一二句趣话。一次，他们宴会归来，建侯老师便对学生道："今天席上每碗菜来，二公总是一筷子夹两块三块；

后来端上一碗肉圆子，二公才用筷子把一个夹成两半。我心想：二公为什么忽然这样斯文了？哪知他把半个圆子搭在一个整圆子上，夹起来一口吃下了。”说得大家哈哈大笑，而宗吾听了，也觉得非常有趣。他本来是生性朴讷的，后来他的口中和笔下，常常诙谐百出，固然有种种原因；但据他说，建侯老师，却是影响他的原因之一。

那个私塾中，规定五天作文一次，叫做“课日”。宗吾对于作文章，格外用心：得了题目，坐着想，走着想，睡在床上想，睡在板凳上想，必待想好，才肯下笔。写出的稿子，改了又改，一个题目，往往起两三次稿，稿子还是改得稀烂；但老师批阅的结果，常为全塾之冠。他的五哥往往叫他代笔，他就把不要的稿子，交给他誊，仍不时被老师大加称道。一年之后，他的五哥辍读务农；而他的七弟，又来和他同读一年。

他越来越被老师赏识起来，尤其是建侯老师。那时宗吾正看《凤洲纲鉴》，这已是第二遍了。同学王大衢见他看这书，也买了一部来看。建侯老师见了，就责他道：“你怎么也看此书？李世铨这个娃娃，是养病的，而且学力也高，才准他看。此等书，要进了秀才方能看；我若不说，让别人知道，还说我是外行哩！”这是科场时代的风气，但于此也可见宗吾之被赏识的一斑。

他那时的心思，随时都放在书理上，且学且思，且思且学，尤其偏重在思考的功夫。有一次，建侯老师率领学生到凤凰坝某家行“三献礼”(类似吊唁)。老师同众学生在茶馆内吃茶，惟宗吾一人在桥头上徘徊独步。他回头看见老师和同学正望着他笑，他不知何故，回到茶馆，悄悄问一同学道：“你们方才为何笑我？”答道：“老师说你很儒雅，将来一定可以进学。”他听了这话，虽然口中尽是谦逊之词，但心中却在想：这莫非是孟子所说“睟然见于面，盎于背”的缘故吗？他在当日，本把秀才看得甚高，不敢妄想，所以听了这话，不免惊异起来。

晚上行“三献礼”时，照例应讲有关孝道的书，这是四川的风俗。那家的死者是祖母，建侯老师登台讲《孝哉闵子骞》一章，他把闵子的孝行说完，跟着即说“后数百年而有李密者”云云，这明明是运用太史公《屈贾列传》的笔法。宗吾站在台下听讲，老师讲至此处，即目注于他，微作笑容。老师的意思，是说：“此等文法，众学生中，只有你一人才懂得。”这一件事，他得到的印象最深，老师的形态，他说数十年后，犹宛在目前，这都是精神上给予他的极大鼓励。

自流井有罗氏兄弟，宗吾称他们为罗大老师罗二老师者，和他的父亲是好友，学问都极好，二老师尤称博闻强记，他也时时向他们请教。当时，建侯老师的文章，注重才气，给学生们选文，也是随他的性之所好。他所选给学生读的，是名八股家周犊山的文章，是张之洞所提倡的《江汉炳灵集》的八股。一日，宗吾即问罗大老师说：“我正在读《江汉炳灵集》的文章，究竟合适不合适？”他说：“这些文章，好是好，但小试时代不可读，容易把心读乱了，做起文章来，就要打野战。”这又是科制时代的一种风气。宗吾又问：“我现在买有一部《书经体注》自己点看，唯有《禹贡》的水道，真是难懂，不知看何书为宜？”他说：“《禹贡》的水道，你只看这种注，当然懂不得；如果要懂得，须看《禹贡锥指》。”《禹贡锥指》是清朝有名的书，可见罗大老师并不孤陋。宗吾常向罗大老师请教，得到许多益处；罗大老师也爱宗吾的才学，就想把女儿许给他。宗吾幼年，原定有古姓女，其叔古威侯，以善书闻名，宗吾的字写得太坏，怎样写也写不好。某老师见着他的字，就说：“你这笔大挥，将来怎么见你的叔丈人？”好在古姓女未等出嫁即死，宗吾才免得向古府去献丑。可是字虽写不好，但他嗜书成癖，这时尤甚，他知道罗家藏书甚多，所以一听见罗大老师有意将女儿许给他，就非常高兴，他当时心里想：不管他的女儿怎样，就只为借此可以多看些书起见，他的女儿也是可以娶的。但他父亲不愿做这门亲事，白白使他失掉了这个好机会。

罗二老师，也是他时常请教的一位先生。罗二老师嗜吸鸦片，自己设有私馆，终日睡在烟盘子侧边，不肯起来，学生背四书五经，他就卧在床上听，背错一字，他都知道。背四书朱注，偶错一字，他也知道。他夜间为学生讲书，命学生在灯下看着，他在暗处讲解，口诵各书小注，且讲且问学生道：“你们看书上是不是这样？”当然是一字不会错的，这便是罗二老师的本领。一年，宗吾所在的塾中，因为老师病了，请罗二老师去代教，学生要读八股，他就把昔人的佳作默写一篇出来；读熟了，又默写一篇，试帖诗亦然，真是取之不尽，用之不竭。那时他已五六十岁了，不知他胸中蕴藏有若干八股，若干试帖诗？但他们兄弟二人，连一名秀才也没有取得，这又是科制时代的一种实例。

宗吾在三位刘老师门下，共读了两年。次年的某月，学屋中忽然纷纷传说有鬼，某生某生都听见过，伙房也看见过，一时吓得他们惊慌失措。建侯老师得知，便说道：“你们这些娃娃，真是乱说，哪里会有鬼？”因此，学生才心定，鬼也不见了。年终解馆的前夕，师徒聚谈，建侯老师才说："这些地方很不清净，硬是有鬼！某夜响起来，我还喊七爷你听；我虽口说无鬼，心中也是很怕。"那时，宗吾正看史书，心中在想："苻坚以百万之师伐晋，谢安石围棋别墅，坦然若无事者，也不过等于建侯老师的口说无鬼。"于是他深悟到"矫情镇物"的道理，后来他出而办事，往往学建侯老师的口说无鬼。

三位刘老师散学以后，就离开茂源井，各在一处设教了。宗吾又专从七老师读，自十七岁至二十岁，一直读了四年。七老师对于学生用功，逼得很紧；改文尤其用心，并且改得很好。他为学生改文，往往坐至半夜，还是一灯荧然，尽在焦眉愁眼地改个不休。他改过的文章，有通篇只留几句的，至少也要改一大半，每批云："将改处细玩。"又云："须多读多看。"那时的塾师所谓多读多看，就是多读八股文章，多看四书朱注，乃是为考秀才用的。但这时宗吾看书，已越过了这种范围，可说是于书无所不窥的了；对于老师所改的文字，也不愿仔细去看。他心中在想："老师改得再好，总不如古人的好，与其看你的，不如读古人的。"所以他后来做校长时，每对国文教员说，善改不如善留，若是改多了，不惟教员吃苦，反减学生的兴趣，这是他从七老师方面亲身经验来的。可是他对七老师的人格，却异常敬佩。到了第四年，七老师便很郑重地对他说："你在我的名下读久了，我也再没有什么特殊的心得，可以启发你；你最好转到书院去读，以便增广见闻。"其时宗吾的脩金，已经增至二十四串了。七老师不顾自身的利益，竟说出这样的话来，这是宗吾毕生感念不忘的。于是他于二十岁的下半年，即转入自流井三台书院，从李济平先生读；次年又转入自流井炳文书院，从卢翊廷先生读，这样，便结束了他的私塾时代。

思想开始要飞翔

他每得到一部新书，先将序文看完了，前面再看几页，就随便乱翻，中间看，后面看，每页也未必细看；但是寻着一二句合他的意思，他就口诵心维，反复咀嚼；将书抛去了，还是一而再再而三地推究下去。他因此所获的心得，便以为世间的道理，乃我心中所固有，读书不过借以引起我心中的道理罢了。

宗吾在他的一切著作中，常常以开玩笑的态度，自称为八股专家。如他在《迂老随笔》中说："道家者流，出于史官；儒家者流，出于司徒之官；厚黑学，则出于八股之官。"在《厚黑丛话》中说："国人见国势日危，主张保存国粹，主张读经，这算是从根本上治疗了。八股，是国粹的结晶体；我的厚黑学是从八股出来的，算是国粹中之国粹，根本中之根本。"又说："中国的八股，有甚深的历史，一般文人，涵濡其中，如鱼在水，所以今人文字，以鼻嗅之，大都有八股气，酸溜溜的。章太炎文字，韩慕庐一类八股也；严又陵文字，管韫山一类八股也；康有为文字，《十八科闱墨》一类八股也；梁启超文字，《江汉炳灵集》一类八股也；鄙人文字，小试场中截搭题一类八股也；当代文豪，某某诸公，则是聊斋上的贾奉雉，得了仙人指点，高中经魁之八股也，'诸君莫笑八股酸，八股越酸越革命！'黄兴、蔡松坡，秀才也；吴稚晖、于右任，举人也；谭延闿、蔡元培，进士翰林也。我所闻知的同乡同学，几个革命专家，廖绪初，举人也；雷铁崖、张列五、谢慧生，秀才也。猗欤盛哉！八股之功用大矣哉！"此外他也有比较郑重的说法，如说："八股文规律极严。《四书备旨》、《四书味根录》等，虽是庸俗，而却字字推敲，细如茧丝牛毛。我思想上受过这种训练，故作出的文字，罅漏较少。朋辈中，惟我最善作截搭题，凡是两不相关之事，我都可把它联合来，融成一片。故我著书谈理，颇能自圆其说。"我们不管他是"正话反说"，或是"反话正说"，或是"正话正说"，要之，他对于八股文章，确实是有一段功夫的。

他学八股文，开始于十四五岁，不久即能满篇，遂而参加"考课"。考课是八股时代的名词，是政府用以津贴士子的，也可说是牢笼士子的；

但那时的读书人，想有出头之日，也只有遵循这条道路。自流井是富顺的分县，一年有四季课；富顺县城，则有月课；自流井的鸿文书院及贡井的旭川书院，不时也有课。宗吾在私塾及书院读书，米是由家中挑去；惟靠参与考课，得些奖金，作为零用及购书之费。这样，文字非翻新立异，不能夺阅者之目。故他每一题到手，即另出一说，不遵朱注。本来清朝的功令，四书文必遵朱注，及到末年，藩篱渐破，才得以发挥他的自由思想。间或也遵朱注，但他必把众人应说的不说，力求新异。兹举两例如下：

（一）有一次，月课题是《孟子》上的“彼恶敢当我哉”一句。他便暗用“曹操伐吴，孙权拔剑击案，起兵拒之”的情形。他的意思，是把“彼”字，指秦楚燕赵韩魏六国，分作六比。那时他已读过《战国策》，对于战国的情势已相当明了。大旨是说：彼秦国如何，而我齐国则如何……彼秦恶敢当我？彼楚国如何，而我齐国则如何……彼楚恶敢当我？……彼魏恶敢当我？

（二）又一次，月课题是《论语》上的“子曰：直哉史鱼，邦有道如矢，邦无道如矢；君子哉蘧伯玉，邦有道则仕，邦无道则可卷而怀之”一章。他把这题作了两卷：第一卷是说，此章书是孔子在陈绝粮时所说。因为“卫灵公问陈（同阵）于孔子”，孔子对曰：“俎豆之事，则尝闻之矣，军旅之事，未之学也。’明日遂行。在陈绝粮，从者病，莫能兴，子路愠见。”众人有怪孔子所对不该那么直率的，有怪不该立即就走的，于是孔子就举卫国二人为证。说道：你们怪我不该那么对答，你看卫国的史鱼，邦有道如矢，邦无道如矢；我若不直对，岂不为史鱼所笑吗？你们怪我不该立即就走，你看卫国的蘧伯玉，邦有道则仕，邦无道则可卷而怀之；我若不即走，岂不为蘧伯玉所笑吗？第二卷的立意，因为“直哉史鱼”和“君子哉蘧伯玉”的文法，与“孝哉闵子骞”是一样的。《聊斋》上王黾齐一段，不是曾说“孝哉”二字是别人说的话吗？因此，他便说“直哉史鱼”和“君子哉蘧伯玉”，都是世俗之言；而孔子的家法，与世俗不同。子为父隐，父为子隐为直；证父攘羊，不为直。邦有道，危言危行；邦无道，即该危行言逊。故孔子对于史鱼，深有不满，意思是说：你们说“直哉史鱼”，他不过邦有道如矢，邦无道如矢罢了。直正的直，岂是这样吗？春秋之世，亦可谓无道之世了，而孔子志在救民，栖栖不已，见蘧伯玉卷怀而退，也是深所不满，意思是说：你们说“君子哉蘧伯玉”，请问邦有道则仕，邦无道则卷而怀之，可乎哉？重读原文“可”字。按朱注明明说：“蘧伯玉出处，合于圣人之道。”他这种说法，就显然与朱子违反。

这三本卷子，当时全被录取。他说，他未曾读过古注，不知昔人有无此种说法？即是有之，也是暗合。他每次考课，都取这种方式。八股文，本是对偶；而他偏偏欢喜作散行文。题目到手，每一本立出一个意思，意思写完，即另换一本。他说这个方法，既不费力，又易夺阅者之目，所以每战必捷。后来改试策论，那更可以由他发挥了。他当时所作此等文字，已经成了习惯，没有新意的文字，他是不肯作的。

宗吾与雷铁崖（名昭性）雷民心（名昭仁）弟兄，是炳文书院的同学，大家作文，都爱翻新立异。铁崖读书很苦，他家中本来命民心读书，命他在家工作。他常对宗吾说："家中命我割青草，挑到咸涌井去，每挑在百斤上下，真是把我压够了！"他见民心挑行李，进书院，有如登仙，于是苦苦请求读书，经家中许可，才得以免去工作。但一切费用，家中不能担负，因当时他家实无供给二人读书的力量，所以铁崖考课，每次至少要作两本卷子，而民心则可作可不作。假若当时没有所谓"考课"的话，则铁崖只有在家以做工终老了。以后他留学日本，还是由他岳家出银五十两作路费；到日本后，则纯以卖文为生。民心的天资较高，铁崖则靠用功，作起文章，真是"语不惊人死不休"。因此宗吾说他文笔笨拙，他就说宗吾文笔轻浅，彼此各不相下。铁崖每日必写小楷日记，长或数百言，等于作一篇文章；及留学日本，遂把笨拙气脱去，就大有文名了。

某年，宗吾与雷氏兄弟到县中去应试，在路上他们就说："我们倒起身了，不知长案起身没有？"因为县试五场，府试四场，终场第一名为案首，俗呼长案，到院试是一定入学的，第二名以下，则在不可知之数。后来县试案首，就是宗吾；府试案首，就是民心；铁崖则县试终场第二，府试终场第七。他们到了院试，都一齐入学。富顺应小试者有一千数百人，入学的定额是二十四名，可见想要考取秀才，也是不容易的。

雷民心应县试时，前几场本是前十名，到了第四场，题为"陈平论"，民心便数了陈平的十大罪。在那个时代，应考童生，甚有不知陈平为何许人的，而民心竟能数出十大罪，也算是颇有本领；哪知县官看了他的卷子，就说："这个人如此刻薄，将来进了学，一定是个包揽词讼的烂秀才，把他丢在后十名好了。"当时阅卷的人，是叙府知府荐来的；府试时，他仍回府阅卷。府官见了民心的卷子，就问："此人文笔很好，为何把他列在后十名呢？"那位阅卷人答道："因他作了一篇《陈平论》，县官说他刻薄，我力争无效呢！”按县试的卷子，照例应该送府。府官调来一阅，不禁大加赞赏，因而取得案首。倘非县试被摈斥，他也未必取得案首，可称奇遇。这都是宗吾和他当年的八股朋友，爱作翻新文字的效果。

宗吾因着读《昭明文选》，就想试作骈体韵文，也想花样翻新地干一下。一次，在县试的头场，题目是《孟子》上的“而不见与薪”至“与薪之不见”一段，于是照作起来，全篇都成骈体韵语，据他说，这是等于开玩笑的；不料发榜时，竟列为第七。以后他便循规蹈矩地作去，终场才得案首，他就是因这次成绩，到院试时入学的。又一次，在富顺月课，题目是《孟子》上的“使弈秋诲二人奔，其一人专心致志”两句。他作了两卷，第一卷是循规蹈矩作的，第二卷又全篇用起韵语来，前者是用心作的，后者是信笔写的。哪想第一卷摈落，第二卷反被录取了。得的批语，是“古音古节，文有赋心”。实则令他暗中好笑，他常常是在这样玩弄着主考官的。于此，我们可以看出他在八股时代，无论在思想上，在文字的形式上，已是常常冲破藩篱的。宜乎他后来所著各书，就愈是肆无忌惮地大放厥词了。

可是他这种奇僻思想，他一再地对人声明，说是受了他父亲的影响，他父亲不是曾说：“书读那样多干什么？每一书中，自己觉得哪一章好，即把它死死记下，照着去行；其余不合心意的，就不必看了。”于是他便采取了这种读书方式，任何书都是跑马看花地读去，只将惬心的地方记着就是了。所以他每得到一部新书，先将序文看完了，前面再看几页，就随便乱翻，中间看，后面看，每页也未必细看；但是寻着一二句合他的意思，他就口诵心维，反复咀嚼；将书抛去了，还是一而再再而三地推究下去。他因此所获的心得，便以为世间的道理，乃我心中所固有，读书不过借以引起我心中的道理罢了。世间的书是读不完的，譬如吃菜，听说某家馆子的菜好，就进去取菜牌子来，点几样尝尝就是了，岂能按着菜牌子一一吃完呢？又如到商店中游逛，今日见一合意之物，把它买回来，明日见一合意之物，再把它买回来，久之则满室琳琅，件件都能合用；岂能把所有商店中的货物，全行购归呢？他因为采取这种读书方式，固然不容易成为一位专门学者，但他因此却不受书籍的拘束，往往“读书得间”，每发前人之所未发。

他从师初学八股时，父亲命他拿文章来看。他父亲看了，便说道：“你们开口即说恨不生逢尧舜禹汤之世；试问那个时候，有什么好呢？尧有九年的水患，汤有七年的旱灾，我们农家，如果几个月不下雨，或是几个月不晴，就喊着不得了，何况九年七年之久呢？我方深幸未生尧舜禹汤之世，你们怎么朝朝日日地希望，并且还以不生在那时为恨呢？”他当时听了，非常诧异，心想父亲怎么发这样怪议论呢？但仔细想来，也觉得父亲的话很有道理，于是便把这个疑问，存在胸中，久而久之，忽然想道：我们所谓圣人者，是尧舜禹汤文武周公孔子诸人，何以尽都是开国之君，只有孔子一人是平民？又何以三代以上有许多圣人，孔子而后便不再出一个圣人呢？由此推寻下去，觉得一部廿四史，就有不少破绽，不但尧舜禹汤这些圣人可疑，就连孔子这个圣人也可疑。直到他后来作出一篇《我对于圣人之怀疑》，才算把这个疑团打破。但他饮水思源，不能不感谢父亲当年的启示之功。

他父亲一日问他道：“孟子说，今人乍见孺子将入于井，皆有怵惕恻隐之心。这是孺子入井，我站在旁边，才是这样；假令我与孺子同时入井，我当如何？”他听了，茫然不能致答。他父亲接着解释道：“此时应该先救自己，第二步才来救孺子。”他听了，更觉诧异，心想，父亲怎么没有恻隐之心，纯是为己之私呢？这是由于乡下人读书读少了，满腔子私欲，才发出这种议论；如果说出去，岂不为识者所笑吗？但当面却不敢驳他。退后想来，又觉得他父亲的话，也很有道理，可是苦思而不得其解。直到若干年后，他把这个问题，重加研究，才发觉孟子之书，上文明明是“怵惕恻隐”四字，下文“无恻隐之心，非人也”，“恻隐之心，仁之端也”，凭空把“怵惕”二字摘去,这就是一个大破绽。为什么呢？怵惕,是自己怕死；恻隐，是怜人之死。乍见孺子将入于井，恍如死临头上，心中不免跳几下，是为怵惕。转念之间，知道这是孺子将死，非我将死，立刻把自身扩大为孺子，怵惕扩大为恻隐，这是人类的天性。孟子教人把此心再扩大，以至于四海，立论未尝不是；可惜著书时，也许是为行文简洁起见，又未将“怵惕”二字加以解释，少说了这样一句话：“恻隐，是从怵惕扩充出来的啊。”于是后人便寻不出恻隐的本根了。宋儒读书欠理会，忘却恻隐上面，还有“怵惕”二字，由此创出的学说，怎能不迂谬百出呢？因此，他才明白了父亲的议论，原是从“怵惕”二字发出来的，在学理上很有根据。所以他后来著《心理与力学》，讨论到人性论时，就把这种议论写上去。这又是他父亲的一大启示。

他们父子二人，在家常常讨论书中的道理。有一天，宗吾正拿着一本《论语》，他父亲要过来，翻了翻，就指着问道：“这章书怎么讲？”就是“子曰：

贤哉回也！一箪食，一瓢饮，在陋巷，人不堪其忧，回也不改其乐，贤哉回也”一章。他父亲接着发出问题道：“颜回终日读书，不理家务，还幸有箪食瓢饮；如果长此下去，连箪食瓢饮都没有了，岂不饿死吗？”他父亲一连问了几回。他慢慢把答案想起了，他父又问，他就答道：“这个道理很明白，颜回有他父亲颜路在，颜路极善理财，所以不患匮乏。于何证之呢？《论语》载：颜渊死，颜路请子之车，以为之椁。你想，孔子那么穷，家中只有一车，颜路也是孔子的学生，他都忍心要卖他老师的车，叫孔子出门徒步而行，可见平日颜路找钱的方法，是无微不至的。颜渊有了这样好父亲，自然可以安心读书；不然，像颜渊那般迂酸酸的人，叫他经理家务，不惟不能积钱，恐怕还会把已有的家业出脱光了呢。”他父亲听了，不禁哈哈大笑。原来这里边是大有文章的，宗吾是只知读书，不能做工的人；他的父亲呢，既勤且俭，是一位治家的能手。在他父亲问时，问得有意思；不料他的回答，答得更有意思。真可说是“有其父必有其子”了！他们父子常常讨论这些问题，也是他善用思考的原因之一。

此外，他们父子讨论的问题还多，都是很有启发性的，不及一一细述。要之，他的奇异思想，确实是导源于他父亲的不少，并非像世人故意宣扬先人的懿德者可比。自他入了私塾以后，老师初则只教背书，继则只讲八股诗赋，有些老师甚至连诗赋都不讲，专讲八股。像他父亲所说的“书即世事，世事即书”一类话，从未说过，孺子入井及尧舜禹汤这类问题，也从未讨论过。老师提倡看的书，只是《四书备旨》及《四书味根录》之类。高明一些的老师，也不过叫他读四史读古文罢了。至于周秦诸子及说文经解等，连提都没有提过。这种情形，在当时他还常常引以为恨；以后他仔细想来，幸而未叫他研究说文经解，否则他这厚黑教主是当不成的。所谓塞翁失马，焉知非福？因为八股诗赋，既不能使他满意，而说文经解等书，又无人指示，不得门径而入，所以只好拈出一些问题，东想西想。他读书既是跑马观花，故任何书中所说的道理，都不能范围他；而书中的要紧所在，他却记得。因此，马越跑得快，他看的花就越多，等于蜂之采花酿蜜，故能贯通众家，而独成一说，他后来的一切著作，都是这样慢慢酝酿成的。所以他自父亲方面受到若干启示之后，他的思想就开始飞翔，虽在专制君主的科第功令限制之下，他还是时时想要脱颖而出的。

不知其人视其友

宗吾的思想，这时益见解放，因为康梁主张变法维新的书报，已风行天下，给予他的启发不少。并且，除了经史文章以外，尚可自行研究格致数理的新籍。中西文化的交流，新旧学问的演变，那时的全中国，已萌动起来。本来就好翻新立异的宗吾，处在这种时代，更使他有英雄用武之地了。

宗吾在炳文书院，一共住了四年，可说是他在学问上的潜修时期。山长卢翊廷先生，是当时的八股名家，学识也极为渊博，不过那时已渐由八股改行“策”、“论”、“义”了。书院中的生活，每日由山长规定时间开讲，大部分的时间是由学生自修看书，或是同学互相研究，遇有不明了的地方，或是发现了不能解决的问题，再请山长解答。每五天定为“课日”，还是像私塾中一样，或作八股，或作诗赋，或作策论义，由山长临时指定。富顺县及自井分县的“月课”或“季课”，书院的学生，也是照常参加。宗吾的思想，这时益见解放，因为康梁主张变法维新的书报，已风行天下，给予他的启发不少。并且，除了经史文章以外，尚可自行研究格致数理的新籍。中西文化的交流，新旧学问的演变，那时的全中国，已萌动起来。本来就好翻新立异的宗吾，处在这种时代，更使他有英雄用武之地了。

当时书院的学生，有廪广生、秀才、并童生不等，约只四五十人。且在数年之中，还很有几位考中举人的。宗吾是入书院的第二年，年二十三岁，才考取秀才的，这也因为他蔑视功令的限制，所以终不能登入高第；但他也无所惋惜。他的同学中，那时已有不少人潜伏下革命的思想，当然他也不能例外。其中如雷铁崖雷民心兄弟，廖绪初、张易吾、谢伟虎、李小亭诸人，是他至好的朋友，后来均曾献身革命事业，都是卓卓有声的人物。

雷民心，后来与宗吾一同考入高等学堂，参加创办叙属旅省联合中学，暗中策动革命，今尚健在。其兄铁崖后留学日本，同屏山邓亚琛等，在东京办鹃声报，时在民报上发表文字，又同张荔丹入南社做诗人，更在南洋光华等报社任主笔，极力鼓吹革命，颇得华侨信仰。后来，因不满意于革命同志所为，就跑到西湖白云庵去做和尚，曾屡为宗吾来信，附有许多诗篇，满腔悲愤，痛不可遏；他要求宗吾和他的诗，宗吾是不喜作诗的，但也勉强和了他数首，其中有用杜工部《招君咏》原韵的一首云：“空阶斜月锁柴门，老屋荒烟绕半村。四野鸡声孤剑啸，中宵蝶梦一灯昏。秦庭笑洒荆轲血，蜀国哀啼望帝魂。青史有名甘白刃，留芳遗臭且无论。”旋得他复信，对于末二句，大发议论，历叙在西湖的状况，又言患病，极尽潦倒抑郁之苦，信中有云：“……循钱塘江……至岳王坟……见古柏南枝，则又长吁而返。……病中穷鬼，视钱如命，何来宵小，窃我青蚨！……古佛无言，寂坐上方，吹灯就枕，梦我黄粱。”此时他早已入疯狂状态了。一次，川籍留日学生归国，同乡饯别，正在欢呼痛饮时，他忽然放声大哭，向众人叩头道：“请诸君不要这样高兴，现在国势……希望……”又泣不成语，闹得众人不欢而散。辛亥革命成功，南京开会追悼黄花岗烈士，他又作诗，中有句云：“高牙大纛不军幕，荒草斜阳烈士坟！”终以疯狂而死。死前，曾至自流井故乡，手中抱一酒瓶，且走且饮，见旧日熟人即问：“你做不做官？哈哈哈！”其狂态可以想见。死后，南京政府因他以文字鼓吹革命，其功甚大，正议从厚抚恤；不意某君起而反对说：“他跑到西湖去做和尚，这就叫做不革命！”因此，仅得恤金三千元，为其子女学费了事。宗吾说：“此君想即是高牙大纛的将军了。”

廖绪初，自流井人，与宗吾同学的后四年，由副榜而中癸卯科举人。不久，即加入同盟会，与张列五等同办旅省叙属中学，实则是革命的根据地，炸弹及秘密文件，均藏校内。他是讲程朱学的人，绳趋矩步，朋辈呼他为“廖大圣人”。川人初闻革命之说，甚为骇怪；继知绪初加入，遂深信不疑，革命势力，为之一振。他办叙属中学时，以身作则，管理最严，丝毫不肯苟且。他的业师王某，和旧同学戴某，来校肄业，执学生礼。犯规一律悬牌斥退。对于党的信仰，尤为坚定，所以又被人呼为“党痴”。他办事的坚苦卓绝，持身的廉洁公正，每使异党的人，也不禁倾服。有一共和党健将某君说：“只要国民党人，尽都像绪初，我还有什么话说！”民国初年，他任审计院次长，所有器物，都是由都督府领的，裁撤时一一退还都督府。外有新购零星小物，他便令院中同事照原价购买，以款交还公家。剩下的洋灯茶碗，及其他不适用之物，则由他全行购买，运回家中。这恐怕是移交案中之史无前例的了。据宗吾说：绪初任次长时，他充科长，他们是隔房而居的。一次，听见绪初在室中拍案大骂，旋见某君即仓皇从他的室中奔出，绪初在后面逐骂不休，直追出大门乃止。随即入宗吾室中说道：“某人真是岂有此理！他向我说某人可为县长。请我向民政长介绍。他见我唯唯否否，接着又说：‘事情若成了，愿送四百两银子。’我听了登时把桌子一拍，骂道：‘胡说！这类的话，都可向我说吗？’他遂而嬉笑着说：‘算了算了,不说也罢。’起身就走。我气愤不过,所以追去骂他一顿。”宗吾说：“你不替他说就是了,何必使他难堪呢？”他说：“这类人不痛痛地骂他一顿，将来还不知干些什么事呢！我非对民政长说不可，免得用了这类人，出来害人！”此后宗吾和绪初相处十几年，从未听他重提此事。宗吾对这事批评道：“怒骂某君，足见其刚正；终身不提此事，又见其盛德。”

还有一事，也至为感人。绪初是一九二二年死的，死前数日，宗吾去看他，其父便说：“绪初的病，系为党中某事失败而起，看见报纸，就愤恨不已，病益加重。已嘱家人不拿报纸给他看了。”宗吾见了绪初，就说他的病，由过劳所致，总宜善为休养。他说：“劳碌尚是小事，惟党事败坏，精神上大受痛苦，今日之病，实由于此。”次日临别，他就向宗吾说：“我现在尚有一事未了。”宗吾即问何事，他于床头取出一表，指着说：“就是此事。这是富顺范秋岚的遗物，秋岚革命，在西藏被赵尔丰捕杀，表落某手，经隆昌黄容九等，辗转取得，托我转交范子。以作纪念。数年未见范子，甚是抱歉！某年曾见某人，想托他，恐交不到；现在你能替我交到吗？”宗吾见绪初自知不起，等于托孤寄命，即慨然答道：“交得到。”他又问：“你如何交法？”宗吾答：“我如进富顺城，即找到范子亲手交给他；如不进城，陈文垓在城内做生意，即托他转交。”他点首说：“文垓这个人，倒可以信得过。”于是双手将那表交给宗吾道：“此后即由你负责了！”其临死犹丝毫不苟如此。他的事迹甚多，宗吾另有专文记录，此处不及详述。

张易吾，也是自流井人，惟他的事迹不详；但知他后为山东高等审判厅厅长，即在厅长任内，以勾通革命的罪名，为张宗昌所杀。当审讯时，易吾一语不发，两手被打得血肉模糊，仍是若无其事；临刑时，从容就义，面无改色。所以当时主事的人，无不众口一词地说：“真是一条好汉！”

谢伟虎，荣昌人，后来一面教书，一面奔走革命，时常化名，出没无定。于光绪三十四年被捕，解往叙府，发交宜宾县审问。县知事赵国泰是翰林出身，品学兼优，很想为伟虎开脱，审问时，屡次暗示他，说道：“你的事，大约是那样吧？……”他回道：“不是，是这样的！……”直供无隐，卒定斩罪。赵知事临斩回来，走进二堂，把顶帽取下丢了，很愤慨地说：“这种人才，都拿来问斩，国家还干什么，这个官我不做了！”是日有人请他宴会，他也不去，跟即辞官返里了。反正后，南京政府追赠伟虎为左将军。

李小亭，宜宾人，与宗吾为同榜秀才，后追随国父奔走革命，联俄容共，曾参与机要。后受嫌疑，被通缉，隐匿十余年，七七抗战后，始将通缉令取消。因宗吾后来发明厚黑学，小亭送他诗中有云：“玄之又玄玄乃黑，含德之厚厚不测；老子手写厚黑经，世俗强名为道德！……”宗吾对于诗中三四两句，认为妙极了。所以后来有人问他：“‘厚黑学’三字，宜以何字作对？”他说：“应对以‘道德经’三字。李老子的‘道德经’，和李疯子（他亦有此外号）的‘厚黑学’，不但字面可以相对，实质上，二者原是相通的。”因此他后来常常将二者加以征验，这是他和小亭的会心处。

在炳文书院时代，宗吾和这些同学们，相与期许的，绝不是功名富贵；相与切磋的，也不是师承道统；然则他们的抱负究是什么呢？不知其人视其友，我们看了以上诸人离开书院不久即开始的种种作为，就可知道当年他们用力之所在了。

革命舞台上的丑角

宗吾在高等学堂时代，即和以上所举的这一班同学结为至友，像列五的宽宏大度，简恒的精干笃实，绶青的坦白真诚，泽溥的公正廉洁，此外还有许多同学，共同研究学问，共同兼办教育，共同努力革命，造成了当年宗吾所处的环境。虽然他在这群人中，似乎是以“丑角”出场，但在他后来所写的文字中，对于这些朋友们的所行所为所遭遇，常常追念不已，涕泣而道，则当年宗吾的深心抱负，也就不言而喻了。

宗吾于光绪二十七年考取秀才，次年赴省补行思正两科乡试。闱后，他同雷民心及县中数人，便考取四川高等学堂。因该校总理胡雨岚先生赴日本考察，迟了一年才开办。二十九年，宗吾与雷铁崖、雷民心、张荔丹、曾龙骧数人，在乡间共同看书，没有从师。到了冬间，高等学堂开办，宗吾遂赴省入学，三十年春始正式上课。

校中设甲乙两班为普通班，三年毕业。附设速成师范一班，一年半毕业。优级理科师范一班，四年毕业，宗吾就是入的这一班。这一班，是由中西算学馆的学生，及其他曾经学过算学者，加以考试编成的，共选取三十二名。宗吾虽取入是班，其实他并未从师范学过算学。在家庭中，他曾学过“七盘清”、“斤求两”之类；从刘七老师读书时代，他曾买了一部“中国旧式算学书”，其中九章算法及开方等，他也逐一研究过。但都是珠算，而非笔算。在炳文书院时代，才买了一部笔算书，叫做《数学启发》，自行研究，全部都已了然。他在乡间同雷氏兄弟等共同看书时，又买了一部《中西算学大成》，及其他讲代数的书来研究。这是未入学堂以前自修的情形。那时懂得算学的人很少，凡入理科师范班者，众人皆刮目相待。他赴省乡试时，见中西算学馆的学生，把《代数备旨》和《代形合参》中，有问题而无答案的，解释出来，刊印发卖，心中非常羡慕。及入高等学堂，竟得与这些人同班，真是无限的高兴。

他第一次上课时，日本教习池永演说道：“要造学问，全靠自己，不能靠教师。‘教育’二字，在英文上为Education，照字义是引出之意。世间一切学问，俱是我脑中所固有，教师不过引之使出罢了。并不是拿一种学问来，硬硬地塞入学生的脑筋里。如果学问是教师给予学生的，那便等于以此桶水，倾入彼桶，只有越倾越少，学生就永远不如先生；但事实上则不然，学生每每有胜过先生的，这即是由于学问乃人人脑中所固有的缘故。要之，脑如一个囊，中贮许多物，教师把囊口打开，让学生自己伸手去取就是了。”这时他刚刚改字“宗吾”，正要谋思想的独立，所以听了池永的这种演说，得的印象极深，觉着这种说法，比朱熹所说“学之为言效也”，精深得多了。他说池永这演说，于他发明“厚黑学”，有很大的影响。他后来阅读报章，看见“日本”二字，就觉得刺眼；凡是日本人的名字，也觉得讨厌；独有池永先生，他始终是敬佩的。他说那种和蔼可亲的态度，永远留在他的脑中。

自此以后，他便把教习口授的，写在一个副本上，封面大书“固囊”二字。许多同学不解，就问他道：“这‘固囊’二字，是何意义？”他说：“并无意义，是随便写的。”实则这“固囊”二字，他自己不说明，恐怕后来的考证学者，也是无从索解的。于是他自己下一定义说：“‘固囊’者，脑是一个囊，副本上所写，皆囊中固有之物也。”所以题此二字，以作他当时的座右铭。不过他因着过于相信这种看法，据说还是失败了的。例如池永教授理化，开始讲水素和酸素，他就用“引而出之”的法子，在脑中搜索，走路吃饭睡觉都在想，看能不能引出点新鲜东西来。以后凡遇先生所讲的，他都这样地想去。哪知他这样去工作，真是等于王阳明的格竹子，干了许久许久，毫无所得。于是废然思返，长叹一声道：“今生已过也，再结来生缘！”这是觉得科学这门东西，于他是失望了。他从前深恨八股文字来束缚人，一听见废科举，兴学堂，欢喜极了，把家中所有的四书五经，与夫诗文集等，一火而焚之；及在学堂内，住了许久，终日“固囊、固囊”，也固不出什么道理来，于是又想从学术思想方面悟入。一次，他买了一部《庄子》来研究，同学雷民心见了诧异道：“你研究这个干什么？”他说：“民心，科学的部门，你我今生还有希望吗？科学是茫茫大海的，就是自己心中想出许多道理，也没有充分的仪器来供我们试验，还不是等于空想吗？在目前的学堂中，充其量，不过在书本上，得点人云亦云的知识，有何益处呢？只好等儿孙辈再来研究，你我今生算了！因此我打算仍在中国古书中，寻一条路来走。”民心听了，也同声叹息。初期学校的书本教育，不能满足有思想的青年，于此可见。但后数十年的教育如何呢！

他在校时，除了不愿只在书本上学习理化外，对于数学一门还是研究得很精的。他的心思缜密，据他自己说，乃是因为研究数学磨炼所得。不过在校的后二年，他大部分的时间，是用来博览有关学术思想一类的书籍。他以为很多的学科，都是可以自修而通的，像按着钟点上课的制度，实在无聊。这便是他后来想要改革学制解放学校的起因。同时他自改字“宗吾”后，已满腔子都是厚黑学理，只是“厚黑”二字还点不出来，可以说他在校四年，正是“厚黑学”孕育的时期。

那时他们叙属的同学，一面在校肄业，一面创办一旅省叙属中学。当时发起者，有陈本初、张列五、王简恒、杨泽溥、雷民心及宗吾等十余人。先推陈本初主持校政，其人有毅力，有担当，不幸病故。继由张列五接充，聘廖绪初为学监，叙属中学的发展，张廖二人的功绩最大。廖虽名为学监，实则校长、教务、文牍、书记、会计、庶务，全由他一身负担。张则为四川同盟会的领袖，当时与谢慧生不相上下，以后谢慧生逃往陕西，川省同盟会遂由张列五主持。所谓叙属中学者，实即川省的革命机关，凡秘密文件，都在校中油印发布。叙校的一批发起人，皆因列五绪初的关系，先后加入同盟会。宗吾的朋友中，列五、绪初是他极端佩服赞不绝口的两位，此外王简恒、谢绶青、杨泽溥，他也称道不止。现在将这几位高等学堂的同学略加介绍：

张列五，隆昌人，与宗吾同入优级理科师范班。同时创办叙属中学，作为革命机关，领导全川党人，图谋独立，屡次发动各地同志起事，或联络袍哥军队，且仆且起，不遗余力，任劳任怨，在所不辞。一次，趁南校场开运动会时，想刺杀护理总督赵尔丰，谢慧生到高等学堂请列五届时到场指挥，炸弹由叙校学生送来。慧生去后，列五约宗吾入寝室谈些事，宗吾把窗子撑开，见斜日在天，想起嵇康临刑，顾视日影之事，宗吾便说："列五，你要多看一下天色和日光，恐怕你要与它分别了。"他摸着颈项笑道："我这颈项，数日来常常发痒，大约怕会有那桩事，将来我解往杀场时，你去不去看我？"宗吾说："我一定去看，但是袍哥说的话，要值价点（即硬气之意）！"列五说："这是当然的！砍头的事，我是学过的，凡刽子手杀人，是犯人跪在地下，前面一人，拿刀一晃，犯人头一埋，后面即一刀砍下。我们有几人，平日练习，一人坐在地上，打一盘脚，两手掌相叠，平放面前，一人拿刀在前面一晃，坐地者用力把颈项一硬，脑壳向后一撑，后面的刀砍来，脑壳恰落在自己手中捧着。所以我是练习过的，你不必过虑。"说毕一笑而散。同列五练习的，有谢伟虎，闻伟虎被捕临刑时，态度很豪爽，笑向列五说："你如不幸被戮，临刑时，也能这样吗？"列五应道："当然要这样！"可见列五牺牲的决心，是早已抱定的。刺赵的事，因炸弹未运到，不曾得手。未几事泄。杨莘友被捕，谢慧生逃往西安，川省党务，遂归列五主持。他维护党人，无微不至。宣统三年，四川因铁路事件，官绅意见不合，总督赵尔丰逮捕士绅，纵兵屠掠。列五大恸，于是奔走密谋，预备大举。即于是年十月二日与杨庶堪谢慧生辈，逐除伪吏，光复重庆，列五被举为蜀军政府都督。当时清廷又遣端方入川，列五即以计诛之。不久，成都亦反正。云南都督蔡松坡拟遣兵入川，不承认成都军政府，尊列五为四川都督，屡次来文，愿助他统一四川，列五坚不接受。旋即派遣代表，力谋与成都军政府合并。滇黔两都督，又电推列五为川滇黔北伐军总司令，他也婉言辞谢了。成渝合并条约，原定正副两都督，在省投票公决，列五由渝赴省途中，即通电推尹昌衡为正都督，而自己甘居其副。后因军民分治，列五便改任民政长。袁世凯调他入京，许多人劝他不去，他不听，解职北上，袁即聘他为政治顾问。后见袁有异图，遂辞职，变姓名，匿名天津织袜，终被袁世凯逮捕入京枪杀。

列五被捕入京，交军政执法处。其时隆昌黄肃方，也因革命关系，拘禁在执法处，后得释放。肃方乃对宗吾报告当时的情形：原来列五在天津织袜，与邹汉卿、魏荣权及陈某同住，袁世凯的侦探李某，串通陈某，介绍与列五相识，愿出款入股，将袜厂扩充办理。一日李某约往某处会饮，商议扩充办法，上了电车，李某递了一卷纸给列五，说道：这是我拟的章程，请你暂行拿着，我下去买点纸烟等物，列五接来，也未开视，顺便交给邹汉卿，插在衣包内。到了开车之时，李某还未来。及电车开到站口，许多军士围着搜查，搜出纸卷，乃是图谋暗杀袁世凯的文件，就把列五同邹汉卿、魏荣权和陈某，一并逮捕。又列五在天津时，旧日学生，有些去找他，他就留他们在厂中，供其食宿，也被捕入京。

到了鞫讯的时候，列五纯为别人辩护，关于自己的事，则不置一词。对于所捕的学生，则说："这些学生，晓得什么？"学生因此得释，并且也为肃方极力辩护，问官说："别人的事，你不必管，你说你自己的事就是了。"列五对于自己的事，仍是不辩，只是替肃方开脱，所以肃方也得释放。

宣布死刑时，列五站在一旁，负手于背，微笑不语。同时，邹汉卿、魏荣权及陈某，也宣布死刑。陈某大惊，说道："当初许我的官，叫我这样办，如今连我都要枪毙吗？"列五呼其字说道："某人，不必说了，今日之事，你还在梦中。"看守所长某君，与列五很相得，前夜，二人曾谈至夜深，次日忽提出来枪毙，列五看见他，举手说道："我们请了！"某君一见，即回头大哭。列五见兵役站在两旁，仍如平日一般，从从容容地向兵役左右招呼，说道："请了，请了！"兵役也有不少下泪的。是日风卷黄沙，天地晦暝，为多年所未有。囚车至刑场，列五下车，仰天四顾，说道："今日天变，未必还是因为我们吗？"独立徘徊许久，兵士催他道："张先生，快走吧！"列五回头笑道："已经到了此处，还有什么话说？你们忙什么？"又站了一会，才慢慢地走进去。兵士在后，以枪射击，立毙，流血非常之多。这个兵士，常对人说："我经手枪毙的人很多，从未见过这样从容的，视死如儿戏，真是异人！"

宗吾常对人说："列五温文尔雅，同学们都说他像戏剧中的小生；后来始知其娴于拳术，能敌数人。他家尚有石弹二枚，即其练拳时所用。但他在学堂时，并未说曾习拳术，只对我说：'星期日，常同友人到野外练习手枪，务期左右前后，四方都能命中，尤要在反手射击；练好后，一旦敌人追来，一面跑，一面可以反手射击追者。’”

宗吾和列五同班时，既然满腔子都是厚黑学理，就常常和他研究将来出而办事，究竟可不可用权术。列五说：“办事应从正当的路做去，万一正路走不通，也可参用权术，但有一定的界限。”宗吾问：“什么界限？”列五说：“事过之后，公开出来，众人都能见谅，甚或受了权术的人，也能相谅，这样的权术，就可以用；如果公开不得，宁肯失败，不可妄用。”我们于此，也可知列五的为人了。

王简恒，是宗吾的同乡，也是高等的同学。宗吾曾说，在他的同乡同学中，讲到办事才，以简恒为第一；雷民心也常称他为“大办事家”。他为人刚正不阿，自爱自重。他于当时的一般朋友中最佩服而且最敬畏的是廖绪初。他曾说：“绪初做事，丝毫不苟，就其行谊而论，贤人中寻不出，简直是一个圣人！”“廖圣人”的绰号，就是由简恒开始喊起的。当时他们所一致推戴的，自然是张列五；但简恒私自评论起来，还是说廖胜于张。一次，他对宗吾说道：“你们一般人，都推张列五，说他会说话，其实他不如廖绪初。列五谈话，是从表面上过，只是说得漂亮，绪初则见理能深入。你们不信，可以试验：每逢议事，列五所说，本是对的，你故意与他驳转去，他就随着你的话滚；惟绪初则不然，说话是格格塞塞的，可是他见到的地方，任你如何驳，他始终坚持不变。”后来列五做了都督，做了民政长，他还是说他不如绪初。宗吾就替列五解释说：“他不坚持己见，正是量大的表现，正是堪为领袖的作风。”简恒虽亦承认这种看法，但他对于绪初，总是特别信服的。后来简恒做了富顺中学监督，并兼高等小学的校长，绪初适任富顺县视学，宗吾任中学的教习，有一天简恒笑向宗吾说：“我近来穷得要当衣服了，小学校长的薪水，我很想支来用，照公事说，是不生问题的。就是县中人攻击我，我也不怕；最怕的，是廖圣人酸溜溜地说道：‘这笔款似乎可以不支吧！’你叫我这个脸放在何处？只好仍当衣服算了。”宗吾常对人说：“此虽偶尔笑谈，而绪初之令人敬畏，简恒之勇于克己，亦可见一斑。”

宗吾把“厚黑学”的道理，孕育了好久，自己还不敢决定对与不对，适逢简恒来看他，宗吾便把所见的道理，说与他听，请他批评。他听了，就说道：“宗吾，你说的道理，一点不错；但我要忠告你，这些话，切不可拿在口头说，更不可见诸文字，你尽管照你发明的道理，埋头去做，包你干出许多事，成一个伟大人物。你如果在口头或文字上发表了，不但终身一事无成，反有种种不利。”即此亦可见简恒的为人。但宗吾未听他的劝告，竟将《厚黑学》发表了。并且还常常开简恒的玩笑，说他主张“厚黑学”是“做得说不得”的，足见其深藏若谷，是得了“黑”字诀，可以称他的高足了。

一九一二年，张列五为民政长，简恒到了成都，列五就委他出任县长，他不肯干，旋回到自流井故乡。一九一四年，讨袁之役，重庆独立，富顺响应，众推简恒为行政长。事败，富顺廖秋华、郭集成、刁广孚被捕解至泸州，廖判死刑，郭刁破家得免。简恒东藏西躲，昼伏夜行，受雨淋得病，缠绵至次年而死，身后非常萧条。

谢绥青，四川中江人，自幼颖悟过人。精于数学，年十六即为秀才，后考入高等学堂，与列五宗吾同班，彼此交情最深。因他年龄最幼，同学们都呼他小弟弟。当时列五宗吾已加入同盟会，从事革命工作，但因他口快心直，怕他于无意中泄露，许多事都不肯告诉他。例如慧生列五策动炸赵尔丰的那一次，宗吾绥青皆同在一室，列五想和慧生密商，即先请宗吾把绥青调开。一入邻室，绥青就与宗吾高谈阔论起来，接着便放浪形骸地说道：“大丈夫不能流芳百世，亦当遗臭万年！”宗吾正想故意和他拖延时间，就对他说道：“绥青，你也太不自量力了！你我够得上遗臭万年吗？挂名青史，谈何容易？一部二十四史，挂名其中的，究竟有若干数目，无从统计，我想，至多不过一百万人罢了。我国号称四万万人，每一百年中，这四万万人可以说死得净尽，请问五千年中，有若干四万万人？而挂名青史者，乃不过一百万人，此百万人中，除去因事连带书及，姓名附见者外，经过史臣详列事实的，至多不过十万人；事迹彪炳的，不过万人；其为文人学士所共知，不翻书本即能信口举出的，大约不过千人；此千人中，无论好人坏人，为妇孺皆知的，不过数十人；此数十人者，又须借稗官小说的吹嘘，戏台上的扮演，且有子虚乌有的人物，掺杂其间，你我有何本事，可以厕身此数十人之中？为好人困难，为坏人也不容易。是猛虎方能噬人，小犬一张牙，已被人踢出数步之外了，虽欲害人，其何可得？你我莫说万年，要想在偌大的中国，遗臭三日，恐怕也不可得吧！”绥青听了，也只好叹息，而列五与慧生已把事情商量完了。

及至清帝和西太后相继死去，川中党人，就想乘机起事，绥青闻之大喜，也就要求入党，参与密谋了。反正后，列五为四川副都督，绥青在成都《公论日报》社闲居。一日列五问宗吾道："听说绶青来省已久，为何不来见我？"宗吾答："他还未得工夫。"列五笑说："不是！他是讲气节的，我未先去看他，无怪他不来，我是真不得闲，绝不敢疏慢故人，请为代致歉意，彼此至交，千万不要如此计较！"宗吾把此意转达了他，他才去看列五。不久，他便先后在审计院和财政司任事。

讨袁军失败后，绶青抑郁无聊，日与友人借酒浇愁。一夜宗吾宿成都第二小学内，二更后全校寂无人声，忽闻绶青大醉独归，入邻室大哭，且哭且骂当局捕杀党人，声达校外，宗吾要去劝阻，又怕更激其怒，因此作罢。他一直哭骂至四更，才酣然睡去。次日问他，他茫然不知。时列五在天津，宗吾去信提及绶青的近况，列五复函有云："绶青放浪于酒，固谓借浇块垒，究与祈死何异？况绶青酒后狂骂，甚易招尤，事会之来，岂有终极？此身摧折，悔何可追？还望足下忠告之！"宗吾即以此函交阅，终不能改。

绶青性极诚笃，待人恳挚而冷峭，常诵"科头箕踞长松下，冷眼看他世上人"二语，诵时抱膝、闭目、摇首，别人笑他，他也不管。因此，许多人都说他不谙世故，没有办事才；但他历任富顺、叙府、中坝、遂宁、成都、县立联立省立各校教员，却能循循善诱，使学生倾服。在潼川中学做校长一年，即卓著成绩，大家才知道他的才能。民九以后，益郁郁不快，沉酣于酒，或终日不进一餐，又数年，竟抑郁以死。

杨泽溥，也是宗吾的同乡同学，他的生平行事，不甚知悉，只举一事，即可见其为人。民国初年，泽溥奉委为雅州关监督，临行前一夕，他备有几肴菜，请宗吾同绪初等小酌，他很客气地说道："此去一切事当如何办理？请诸先生赐教。"其时宗吾发表《厚黑学》不久，首先说道："此等事有何办法？一言以蔽之曰：'拿钱而已！'你依着我发明的那种学问，放手做去就是了。"泽溥悚然说："不敢！不敢！"绪初皱眉说道："宗吾，你只知开玩笑！真是！"后泽溥解款回省，就对宗吾说："西征兵至雅州哗变，到处抢劫，城内有哥老会首领，我赶急请他来，他拖一把高椅子坐在门口，乱兵至，即麾之去，公款无丝毫损失。次日，我办鱼翅席酬谢那位首领，但此等费不能支用公款，只好自垫。"宗吾说："泽溥，你干些什么？财神菩萨进门，你都要驱他出去吗？乱兵不来，还该磕头请他们来，只要他们进来走一遭，即可报十万八万的损失，终身就吃着不尽了。我发明的学问，至好的朋友先不照着去干，将来我这一个教还能行得通吗？"其时雅州关薪俸微薄，泽溥携眷而往，又时时资助故旧，交卸时欠了公款八百元，友人刘公潜在浚川源银行替他借贷，未几即病卒，贷款累公潜偿付。他死时一无所有，同人集资棺敛，并资助其妻女扶榇回富顺，宗吾曾抚其尸而哭道："泽溥！泽溥！别人做官，朋友亲戚都沾光；你做官回来，睡在地下骗我们吗？"以后若干年，有宗吾的一位友人方琢章对他说："雅州关的关税，自民元至今，以泽溥任内，收入最丰。"宗吾叹息道："公家的收入固然是多了，又谁知当年经手者的状况一至于此呢！"

宗吾在高等学堂时代，即和以上所举的这一班同学结为至友，像列五的宽宏大度，简恒的精干笃实，绶青的坦白真诚，泽溥的公正廉洁，此外还有许多同学，共同研究学问，共同兼办教育，共同努力革命，造成了当年宗吾所处的环境。虽然他在这群人中，似乎是以"丑角"出场，但在他后来所写的文字中，对于这些朋友们的所行所为所遭遇，常常追念不已，涕泣而道，则当年宗吾的深心抱负，也就不言而喻了。

《去官吟》与《厚黑学》

宗吾发现了这种"厚黑"的秘诀，当夜即为之喜而不寐。于是他由三国时代推上去，推到刘邦张良，推到孙武商鞅，推到黄石公姜太公；更由三国时代推下来，推到司马氏父子，推到唐太宗，推到明太祖，推到张居正，甚而推到曾国藩胡林翼：他们这些人，有的长于厚，有的长于黑，有的厚黑兼长，所以不愧为历史上的显赫人物。

宗吾在高等学堂于光绪三十三年年底，以最优等毕业，清廷还奖了他一名举人。三十四年及宣统元年，在富顺中学做教习。二年及三年，改充富顺中学的监督（校长）。于三年暑假时，被四川提学使司委为四川小学教员检定委员，同委者有同学李古香由伯芬二人。他们刚把成都华阳二县检定完了，就发生了铁路风潮。他们三人到双流县去检定时，正遇着"保路同志会”在围城，这便是辛亥革命的导火线。他们因不能进城，就折返成都去了。其时总督赵尔丰与“保路同志会”大事为难，并逮捕与保路有关的士绅，张澜（字表方）即曾被捕入狱，因此激怒了全川的党人。于是张列五谢慧生杨庶堪等率领同志，在重庆揭举义旗，驱逐伪吏，于十月初二日宣布独立，众推张列五为蜀军政府都督。十月初七日，成都亦响应反正，推蒲殿俊为四川都督。十八日成都兵变，杨莘友（宗吾高等学堂的同学）出任巡警总监，捉住扰乱治安的人，便就地正法；他出的告示，是模仿张献忠七杀碑的笔调，连书“杀杀杀”字样，秩序因以恢复。不久，成渝两军政府宣告合并，张列五力推尹昌衡为四川正都督，主持军政；而自居副都督，主管民政，于是四川革命统一。这些事都是宗吾亲见目睹的。但他虽是同盟会的同志，却未参加实际工作，他见革命大业既已告成，许多同志好友，亦各膺重任，他便偷偷地回自流井去了。

宗吾回去不久，张列五便于一九一二年正月，打电到自流井，请宗吾和廖绪初即日起程赴省，他们二人也只好应命前往。当时民政方面，新设一个审计院，列五的意思，是打算委绪初为院长，委宗吾为次长。他们到后一再谦辞，乃改委尹昌龄为院长，绪初为次长，宗吾为第三科科长。他们这位绰号“圣人”的次长，前文已经提及，是坚苦卓绝，以廉洁自持的。其时，尹昌衡奉命西征，临行时召开大会，正副两都督讲话时曾提到军费不足的情形，绪初便登台讲演，大旨是说：军饷支绌，即应裁减浮费，例如各机关的次长一职，都应该裁撤。……话犹未毕，列五便起而说道：“廖先生的意思很好，我们改日讨论，今天我还有话要说……”就这样混过去了。事后，列五就对宗吾说：“绪初太不识时务了！他自己肯牺牲次长不当，敢保别人也都愿意陪着牺牲吗？这类话如果听他说下去，立即要出事，我才把他的话打断了。”但绪初既说过这话，跟即呈请辞职。院长见了很诧异，也不到院办公了，声言绪初不复职，他也决定辞职，而绪初则务要贯彻他的主张。闹得列五无法，乃将绪初降为科长，兼任次长职务，支科长薪俸，方才了事。后来审计院裁撤时，绪初又有令职员购买器物，以款缴还公家的奇事。宗吾常常对人说：绪初这种廉洁的风范，使他十分感动。

宗吾受了这种感动，所以当审计院裁撤后，财政司委他为重庆关监督，他立即把委任状退回去；该司又命刘公潜（宗吾高等学堂的同学）前去劝驾，他也未就。当时很惹得一般人怪异：为什么这样的优缺，他偏偏不干呢？以后又委他为四川官产竞卖经理处的总经理，他才应命了；不过他非要求减薪不可，当时的薪水是二百元，直到为他减至一百二十元，他才肯就职。他常对人说：“当时我还不知道银圆是用得的，可算害了幼稚病；幸而重庆关的监督没有就，否则不知还要闹些什么笑话！”他就职竞卖处以后，因着某种关系，官产不能竞卖，改委他为四川官产清理处处长。听说又因某种关系，官产也不能清理，于一九一三年冬，乃将此机关干脆裁撤，于是他顿觉“无官一身轻”，就打算回家安守田园去。可是路费无着，便写信向同乡陈健人借银圆五十元，以作归计。陈回信说：“我现无钱，好在为数不多，特向某某人转借，凑足五十元与你送来。”信末附一诗云：

五十块钱不为多，
借了一坡又一坡。
我今专人送与你，
格外再送一首歌。

宗吾读了，诗兴勃发。不可遏止，立复一信道：捧读佳作，大发诗兴。奉和一首，敬步原韵，辞达而已，工拙不论。君如不信，有诗为证：

厚黑先生手艺多，
哪怕甑子滚下坡。
讨口就打莲花落，
放牛我会唱山歌。

诗既成，余兴未已，又作一首：

大风起兮甑滚坡，
收拾行李兮回旧窝，
安得猛士兮守炒锅。

他走出成都东门至石桥赶船，望见江水滔滔，诗兴又来了，再作一首：

风萧萧兮江水寒，
甑子一去兮不复还！

就这样两袖清风，一面唱着《去官吟》，一面顺路回自流井去了。

一九一四年正月，教育司委他充任富顺县视学（即后来的教育局长），到任方十天，又奉省电。及抵省，始知已被委为省立第二中学校长了。省立二中，设中江油县中坝地方，是新添的学校，他便奉令前往开办。在校二年，卓著成绩（此校后迁绵阳，改为省立绵阳中学）。一九一五年调他任省视学（即后来的省督学）。一九一八年，廖绪初任省长公署教育科长，宗吾任副科长。一九一九年冬，绪初欲辞职恐当局不允，就托故请假归家，行至龙泉驿，上一辞呈，当局慰留不得，即命宗吾暂代；宗吾不惟不干，连自己的副科长也坚意辞去了。因此，一九二〇年，他才得以在家作潜修的工夫。这一年，在他的思想上，是一重大关键。他的思想，可分破坏建设两部分：破坏部分的《厚黑学》和《我对于圣人之怀疑》，是发生于前清末年；建设部分的思想，就开始于一九二〇年。

我们于此要谈谈他的“厚黑学”：

我在上文，不是说他在高等学堂时，已满腔子都是厚黑学理了吗？他自己也说是在校四年，正是“厚黑学”孕育时期。例如他和张列五讨论“权术”问题，那便是厚黑学理在他心里作怪。张列五也看出他有些本领，一日，就对他说：“将来我们起事，定要派你带一支兵。”当时他也颇自期许，心想，英雄豪杰的成功，必有秘诀。遂取历史上的名人，加以研究，并用归纳法，去寻求他们的秘诀，久之无所得。宣统二年，他做富顺中学监督，一夜卧在床上，忽然想起曹操刘备孙权几个人，不禁恍然大悟道：“所谓英雄豪杰者，不过面厚心黑而已！”他以为曹操的特长，全在心肠黑，他杀吕伯奢、杀孔融、杀杨修、杀董承伏完，又杀皇后皇子，悍然不顾，并且明目张胆地说：“宁我负人，毋人负我！”心肠之黑，真是达于极点了。刘备的特长，全在脸皮厚，他依曹操、依吕布、依刘表、依孙权、依袁绍，东奔西走，寄人篱下，恬不知耻；而且生平善哭，遇到不能解决的事情，对人痛哭一场，立即转败为功。脸皮之厚，也算达于极点了。孙权也有“厚黑”的本领，他本和刘备同盟，忽然袭取荆州，此之谓黑；无奈他黑不到底，跟即向蜀请和。他本与曹操争相称雄，忽然在曹丕驾下称臣，此之谓厚；无奈他厚不到底，跟即与魏绝交。他虽是黑不如操，厚不如备，却是二者兼具，也不能不算一个英雄。他们三人，把各人的本领施展出来，你不能征服我，我不能征服你，那时的天下，就不能不分而为三。宗吾发现了这种“厚黑”的秘诀，当夜即为之喜而不寐。于是他由三国时代推上去，推到刘邦张良，推到孙武商鞅，推到黄石公姜太公；更由三国时代推下来，推到司马氏父子，推到唐太宗，推到明太祖，推到张居正，甚而推到曾国藩胡林翼：他们这些人，有的长于厚，有的长于黑，有的厚黑兼长，所以不愧为历史上的显赫人物。此外他又在二十四史的人物中，横推竖推，有多大的“厚黑”便成多大的人物，几乎无一不合。“厚黑学”到了此时，可说由孕育时期而至成形了。但他还不能完全信得过，就常常向知己的友人讲这种道理，请他们批评，看可不可以发表。首先就遇着王简恒严切地警告他，说道理是不错，但不可讲在口头上，更不可形诸文字。以后雷民心，也说这种道理是“做得说不得”的。此外还有别的友人也是谆谆地劝告他，不可形诸言语文字。他受到良友的劝诫，于是就暂把这种道理压在心头了。

直到一九一二年，他到了成都，和同学廖绪初谢绶青杨仔耘诸人，住在《公论日报》社内，报社请他写稿，他们就再三地怂恿他，请把“厚黑学”写出来发表，绪初并对他说“如果你写出来，我还可为你作一篇序”。宗吾想：绪初是讲程朱学的人，绳趋矩步，朋辈呼他为“廖大圣人”，他都说可以写出发表，当然是无问题的。于是逐日写去，而《厚黑学》便诞生于世了。不过初期的《厚黑学》，并不像后来流传的本子，没有所谓《厚黑经》及《厚黑传习录》之类，那只是标题为《厚黑学》的短篇而已。文字是用的古文体，这在宗吾的所有著作中，是仅有的体裁。今为保留这篇《厚黑学》的原形式起见，也可让读者看看这位厚黑教主的古文笔法如何，将全文照录于下：

吾自读书识字以来，见古之享大名膺厚实者，心窃异之。欲究其致此之由，渺不可得：求之六经群史，茫然也；求之诸子百家，茫然也；以为古人必有不传之秘，特吾人赋性愚鲁，莫之能识耳。穷索冥搜，忘寝与食，如是者有年。偶阅《三国志》而始憬然大悟曰：得之矣，得之矣，古之成大事者，不外面厚心黑而已！三国英雄，曹操其首也，曹逼天子，杀皇后，粮罄而杀主者，昼寝而杀幸姬，他如吕伯奢、孔融、杨修、董承伏完辈，无不一一屠戮，宁我负人，毋人负我，其心之黑亦云至矣。次于操者为刘备，备依曹操、依吕布、依袁绍、依刘表、依孙权，东窜西走，寄人篱下，恬不为耻，而稗史所记生平善哭之状，尚不计焉，其面之厚亦云至矣。又次则为孙权，权杀关羽，其心黑矣，而旋即媾和，权臣曹丕，其面厚矣，而旋即与绝，则犹有未尽黑未尽厚者在也。总而言之，操之心至黑，备之面至厚，权之面与心不厚不黑，亦厚亦黑。故曹操深于黑学者也；刘备深于厚学者也；孙权于厚黑二者，或出焉，或入焉，黑不如操，而厚亦不如备。之三子，皆英雄也，各出所学，争为雄长，天下于是乎三分。迨后，三子相继而殁，司马氏父子乘时崛起，奄有众长，巾帼之遗而能受之，孤儿寡妇而忍欺之，盖受曹刘诸人孕育陶铸，而集其大成者，三分之天下，虽欲不混一于司马氏不得也。诸葛武侯天下奇才，率师北伐，志决身坚，卒不能兴复汉室，还于旧都，王佐之才，固非厚黑名家之敌哉！

吾于是返而求之群籍，则向所疑者，无不涣然冰释。即以汉初言之，项羽喑哑叱咤，千人皆废，身死东城，为天下笑，亦由面不厚，心不黑，自速其亡，非有他也。鸿门之宴，从范增计，不过一举手之劳，而太祖高皇帝之称，羽已安坐而享之矣；而乃徘徊不决，俾沛公乘间逸去。垓下之败，亭长舣船以待，羽则曰：籍与江东子弟八千人渡江而西，今无一人还，纵江东父兄怜而王我，我何面目见之？纵彼不言，籍独不愧于心乎？噫，羽误矣，人心不同，人面亦异，不一审他人所操之术，而曰此天亡我，非战之罪也，岂不谬哉？沛公之黑，由于天纵，推孝惠于车前，分杯羹于俎上，韩彭菹醢，兔死狗烹，独断于心，从容中道。至其厚学，则得自张良，良之师曰圯上老人，良进履受书，顿悟妙谛，老人以王者师期之。良为他人言，皆不省，独沛公善之，尽得其传。项王愤与挑战，则笑而谢之，郦生责其倨见长者，则起而延之上坐；韩信乘其困于荥阳，求为假王以镇齐，亦始怒之，而终忍之，自非深造有得，胡能豁达大度若是？至吕后私辟阳侯，佯为不知，尤其显焉者。彼其得天既厚，学养复深，于流俗所传君臣父子兄弟夫妇朋友之伦，廓而清之，剪灭群雄，传祚四百余载，虽曰天命，岂非人事哉？

楚汉之际，有一人焉，厚而不黑，卒归于败者，韩信是也。胯下之辱，信能忍之，其厚学非不优也。后为齐王，果听蒯通之说，其贵诚不可言。奈何拳拳于解衣推食之私情，贸然曰，衣人之衣者，怀人之忧，食人之食者，死人之事？长乐钟室，身首异处，夷及三族，有以也。楚汉之际，有一人焉，黑而不厚，亦归于败者，范增是也。沛公破咸阳，系子婴，还军灞上，秋毫无犯，增独谓其志不在小。必欲置之死地而后已。既而汉用陈平计，间疏楚君臣，增大怒求去，归未至彭城，疽发背死。夫欲图大事，怒何为者！增不去，项羽不亡，苟能稍缓须臾，阴乘刘氏之敝，天下事尚可为；而增竟以小不忍，亡其身，复亡其君，人杰固如是乎？

夫厚黑之为学也，其法至简，其效至神，小用小效，大用大效。沛公得其全而兴汉，司马得其全而兴晋；曹操刘备得其偏，割据称雄，烜赫一世。韩信范增，其学亦不在曹刘下，不幸遇沛公而失败，惜哉！然二子虽不善终，能以一得之长，显名当世，身死之后，得于史传中列一席地，至今犹津津焉乐道之不衰，则厚黑亦何负于人哉？由三代以迄于今，帝王将相，不可胜数，苟其事之有济，何一不出于此？书策俱在，事实难诬。学者本吾说以求之，自有豁然贯通之妙矣。

世人论者，动谓成败利钝，其权不操于人，而操于天。不知惟厚惟黑，为人力所能尽。吾人处世，当竭其所能尽之力，以战胜乎不可必之天。而天降祸于吾也，吾必反躬自省，吾行而未修乎，吾则改图焉，吾行而已至乎，吾则加勉焉；所造果精，彼苍自退而听命。若浅尝辄止，而归咎于厚黑之无灵，厚黑岂任受哉？天之生人也，予以面而厚即随之，予以心而黑即随之，面与心先天也，厚与黑根于先天者也。自形式观之，块然一面，广不数寸，藐乎一心，大不盈掬，精而察之，其厚无限，其黑无伦，举世之富贵功名宫室妻妾衣服舆马，靡不于此区区间求之自足，造物之妙，诚有不可思议者！人之智慧，有时而穷，人之精神，有时而困，惟天赋厚黑，与生俱生，阅世愈多，其功愈著。得其道者，磨之不薄，洗之不白。面可毁，心可死，而厚黑之灵，亘万古而不可灭，则知人禀于天者富，而天之爱乎人者笃矣。

世之衰也，邪说充盈，真理汩没，下焉者，诵习感应篇阴骘文，沉迷不返；上焉者，狃于礼义廉耻之刁，破碎吾道，弥近理而大乱真。若夫不读书不识字者，宜乎至性未漓，可与言道矣；乃所谓善男信女，又幻出城隍阎老牛头马面刀山剑树之属，以慑服之，缚束之，而至道之真，遂隐而不见矣。我有面，我自厚之；我有心，我自黑之，取之裕如，无待于外。钝根众生，身有至宝，弃而不用，薄其面而为厚所赋，白其心而为黑所欺，穷蹙终身，一筹莫展，此吾所以叹息痛恨上叩穹苍而代诉不平也。虽然，厚黑者，秉彝之良，行之非艰也。愚者行而不著，习而不察；黠者阳假仁义之名，阴行厚黑之实。大道锢蔽，无所遵循，可哀也已！

有志斯道者，毋忸怩尔色，与厚太忒；毋坦白尔胸怀，与黑违乖。其初也，薄如纸焉，白如乳焉。日进不已，由分而寸而尺而寻丈，乃垒若城垣然。由乳色而灰色而青蓝色，乃黯若石炭然。夫此犹其粗焉者耳；善厚者必坚，攻之不破；善黑者有光，悦之者众。然犹有迹象也：神而明之者，厚而无形，黑而无色，至厚至黑，而常若不厚不黑，此诚诣之至精也。曹刘诸人，尚不足以语此。求诸古之大圣大贤，庶几一或遇之。吾生也晚，幸窥千古不传之秘，先觉觉后，舍我其谁？亟发其凡，以告来哲。君子之道，引而不发，跃如也。举一反三，贵在自悟。老子曰：上士闻道，勤而行之；中士闻道，若存若亡；下士闻道，大笑之，不笑不足以为道，闻吾言而行者众，则吾道伸；闻吾言而笑者众，则吾道绌。伸乎绌乎？吾亦任之而已。

他把这篇文字写出来，果然廖绪初就为他作了一序，以后谢绶青也为他写了一跋。当时他未用本名，是用的别号“独尊”二字，盖取“天上地下，唯我独尊”之意。绪初也是用的别号，取名“淡然”。廖的序云：

吾友独尊先生，发明“厚黑学”，恢诡谲怪，似无端崖；然考之中外古今，验诸当世大人先生，举莫能外，诚宇宙间至文哉！世欲业斯学而不得门径者，当不乏人。特劝先生登诸报端，以飨后学。异日将此理扩而充之，刊为单行本，普渡众生，同登彼岸，质之独尊，以为何如？民国元年，三月，淡然。

谢的跋云：

独尊先生《厚黑学》出，论者或以为讥评末俗，可以导人为善；或以为凿破混沌，可以导人为恶。余则曰：“厚黑学”无所谓善，无所谓恶，如利刃然，用以诛盗贼则善，用以屠良民则恶，善与恶何关于刃？用厚黑以为善则为善人，用厚黑以为恶则为恶人，于厚黑无与也。读者当不以余言为谬。谢绶青跋。

于是“厚黑学”就从此问世了。果然不出王简恒雷民心诸人所料，《厚黑学》发表出来，读者哗然，他虽是用的笔名，却无人不知《厚黑学》是李宗吾作的。“淡然”二字，大家也晓得是廖绪初的笔名。但“廖大圣人”的称谓，依然如故；而宗吾则博得了“李厚黑”的徽号。当时，他也曾后悔不听良友的劝告；继而以为此事业已做了，后悔又有什么用呢？倒不如把心中所蓄积的道理痛痛快快地说出来，任凭世人笑骂好了。于是又采用四书的文句，写了一篇《厚黑经》，袭取宋儒的语录体，写了一篇《厚黑传习录》，在他的传习录中，又特别提出“求官六字真言”、“做官六字真言”及“办事二妙法”三项，加以详说，以为古今来的“官场现行”绘出一逼真的写照，而自己便索性以“厚黑教主”自命，甘愿一身担当天下人的罪恶，大有耶稣背十字架的精神，笑骂也由他，杀戮也由他，却不能动摇教主的尊严。同时，他还写了一篇《我对于圣人之怀疑》，抨击儒家的四书五经和宋元明清学案，这篇文章，当时虽未发表，但知道的人却不少。于是社会上对他的非议，就日甚一日了。当廖绪初任省长公署的教育科长时，宗吾任副科长。其时各校的校长，各县的县视学，任免之权，操诸教育科。凡是得了好处的人，都称颂说：“这是廖大圣人的恩赐呀！”如有被免职的，被记过的，要求不遂的，预算被核减的，他们便对人说：“这一定是李厚黑从中玩的把戏！”简直成为“善则归廖绪初，恶则归李宗吾”了。若说是绪初把得罪人的事情向他身上推卸吗？则又不然，有人向绪初说及宗吾的坏话，他立刻便说：“某某事是我主张办的，某人怪李宗吾，你可叫某人来，我当面对他说，与宗吾无干。”无奈绪初越是解释，众人越说绪初是圣人，你看，李宗吾干的事，他还要替他受过，非圣人而何？李宗吾能使绪初这样做，非大厚黑而何？虽然宗吾后来也博得圣人的徽号，不过圣人之上，还冠有“厚黑”二字罢了。

他既已发表了这种学说，便收不住马了，独居即思考厚黑，见人即讲说厚黑，甚且把他的朋友们一一加以分析，看谁是厚，谁是黑，谁是厚黑兼备。相传人的颈子上，都有一条刀路，刽子手杀人，顺着刀路砍去，一刀就把脑壳削下。所以刽子手无事时，与人对坐闲谈，就留心看你颈上的刀路。他自发明了“厚黑学”之后，遇事遇人，无不拿出厚黑的尺度去衡量一番，这便是用的刽子手看刀路的方法。他说，滔滔天下，无在非厚黑中人，平日与朋辈往还之际，若是本着他的法子去研究，包管生出无限趣味，比读四书五经二十五史受的益处还多。

因此，他遇着人想在他身上行使厚黑，叨叨絮絮，说个不休；他便瞪起眼睛看着那人，一言不发。于是那人便脸红起来，扑哧一声笑道：“实在不瞒你，先生，当学生的真是无法了，只有在老师名下，行使点‘厚黑学’。”他便说：“可以！可以！我成全你就是了！”关于这类的事，他有一种说明：俗语“对行不发货”，奸商最会欺骗人，独在同业前不敢弄假。他苦口婆心，劝人研究“厚黑学”，意在使大家都变成内行。假如有人想玩弄点厚黑把戏，不妨说明了来干，如此则施者受者，可以心安而理顺。

他说，“厚黑学”这门学问，就等于拳术，想学就要学得精；否则不如不学，安分守己，还免得挨打。若仅仅学得一两手，甚或连拳师的门也未拜过，一两手都未学得，远远望见有人在习拳术，自己就要向前伸手伸脚，怎能不遭人痛打呢？所以有人问他道：“你的‘厚黑学’，怎么我拿去实行，处处失败呢？”他问：“我著的《厚黑丛话》，你读过没有？”答：“没有。”又问：“《厚黑学》单行本，你读过没有？”答：“没有。我只听说你的主张：做事离不得面皮厚，心肠黑，我就试照这话去行。”他冷笑说：“你的胆子真大！听见‘厚黑学’三字，就拿去实行，仅仅失败，尚能保全一条性命，还算是你的造化呢！”

他又说，世间的事有知难行易的，有知易行难的，唯有“厚黑学”最特别，知也难，行也难。此中的玄妙，等于修仙悟道的口诀，古来原是秘密传授，黄石老人因张良身有仙骨，半夜三更传授给他，张良言下顿悟，老人即以王者师期许他。无奈这门学问太精深了，所以《史记》上说：“良为他人言，皆不省，独沛公善之，良叹曰，沛公殆天授也！”可见这门学问，不但明师难遇，就是遇着了，也不易领悟。苏东坡曰：“项羽百战百胜，而轻用其锋；高帝忍之，养其锋而待其弊，此子房教之也。”衣钵真传，彰彰可考。所以他打算做一部《厚黑学师承记》，说明此中的传授渊源，使人知道黄石公这类人，才能传授；像张良刘邦这类人，才能领悟。——此之谓“知难”。再则刘邦能够分一杯羹，能够推孝惠鲁元下车，其心地之黑还了得吗？独至韩信求封假齐王，他忍不住了，怒而大骂；倘非张良从旁指点，就几乎误事。勾践入吴，身为臣，妻为妾，其面之厚还了得吗？沼吴之役，夫差遣人痛哭求情，勾践心中不忍，意欲允之；幸而范蠡悍然不顾，才把夫差置于死地。你想，就凭刘邦勾践这类人，事到临头，还须军师指挥督率，才能成功。——此之谓“行难”。

因此，他就把“厚黑学”的施行，分出三种步骤：第一步，厚如城墙，黑如煤炭；第二步，厚而硬，黑而亮；第三步，厚而无形，黑而无色。这三步功夫，也可说是上中下三乘。他说他是随缘说法，时而说下乘，时而说中乘，时而说上乘，时而三乘会通来说，听者往往觉得他的话互相矛盾，其实是始终一贯的。他讲“厚黑学”，虽是五花八门，东拉西扯，但仍是滴滴归源，犹如树上的千枝万叶，千花百果，都是从一株树上生出来的，枝叶花果之外，另有树的真生命在。所以他常引证《金刚经》道：“若以色见我，若以声求我，是人行邪道，不能见如来。”

他更说：厚黑二者，是一物的两面：凡黑到极点者，未有不能厚；厚到极点者，未有不能黑。举例来说：曹操的心至黑，而陈琳作檄，居然容他得过，则未尝不能厚；刘备的面至厚，而刘璋推诚相待，忽然把他灭掉，则未尝不能黑。可见在根本上说，二者是互相贯通的："厚"字翻过来，即是黑；"黑"字翻过来，即是厚。从前有个权臣，得罪出亡，从者说道："某人是你的故人，他平日对你很好，何不前去投他？"答道："此人对我果然很好！我好音，他就遗我以鸣琴；我好珮，他就遗我以玉环。可是他平日既见好于我，今日必以我见好于人，若是去见他，他一定把我缚献于君了。"果然此人从后追来，把随从的人，捉了几个去请赏，这就是面厚变而为心黑的明证。有人问他：也有心黑变而为面厚的吗？他说：有！有！《聊斋》上马介甫那一段，所说的那位太太，就是由心黑一变而为面厚的明证。不过此中有一条公例："黑"字专长的人，黑者其常，厚者其暂；"厚"字专长的人，厚者其常，黑者其暂。

他如此这般地大说其法，自称教主，自然是惊世骇俗，只有令人怪异。于是友人就善意劝他道："你的怪话少说些吧！外面许多人指责你，你也应该爱惜名誉。"他说："吾爱名誉，吾尤爱真理。话之说得说不得，我内断于心，在未说出未下笔之先，我必审慎考虑；既已说出，即听人攻击，我并不答辩。但攻击者说的话，我仍细细体会，如能令我心折，我还是加以修正的。"有时友人不客气地责他道："你何必天天说这些鬼话呢？"他说："我是逢人说人话，逢鬼说鬼话。请问，当今之世，不说鬼话，说什么？但我发表的许多文字，又可说'人见之则为人话，鬼见之则为鬼话'，亦无不可。"如有人对他说："某人对你不起，他如何如何。"他便说："我这个朋友，他当然这样做；如果他不这样做，我的'厚黑学'还讲得通吗？我所发明的是人类的大原则，我这个朋友，当然不能逃出这个原则。"也有人为他提倡"厚黑学"，当面骂他是个坏人；他即还骂他道："你是宋儒！"听者不解他的意思，还以为得胜而去。接着他便自加说明道："要说坏，李宗吾与宋儒，同是坏人；要说好，李宗吾与宋儒，同是圣人。就'宋学'而言，宋儒是圣人，李宗吾是坏人；就'厚黑学'而言，李宗吾是圣人，宋儒是坏人。故骂我为坏人者，其人即是坏人，何以故？是宋儒故。"

他这样的嬉笑怒骂，毫无顾忌，自然得罪了社会，尤其得罪了以卫道自命的大人先生。据说有一位关心世道的军人，首先出来对他声罪致讨，并著一《薄白学》，在成都某报纸连续发表，满口的道德话，对于厚黑学说，大肆攻击，并且说道："李宗吾呀，赶快把你的厚黑学收回去吧！"但他读后置之不理，许多人劝他著文驳辩，他便说："这又何必呢？世间的学问，各人讲各人的，信不信，听凭众人。譬如粮食果木的种子，我说我的好，你说你的好，彼此无须争执，只是把它种在土里，将来看它的收获就是了。”他们就说：“你不答辩，可见你的理屈，是你的学说被他打倒了；我们如今不再奉你为师，要去与他拜门，学‘薄白学’去。”他说：“你们去向他拜门，是很可以的，但是我要忠告你们几句话：《厚黑经》曰‘厚黑之人，能得千乘之国；苟不厚黑，箪食豆羹不可得。’将来你们讨口饿饭，不要怪我！”后来那位“薄白学”的发明家，因着有贪污横暴的事实，他的脑壳被人截下来，挂在成都少城公园的纪念碑上示众若干日，人人反大为称快，这真是一件怪事了！

如今我们再反观一下厚黑教主的操行如何呢？他以为“薄白学”是可以藏在心里去实行，不必拿在口头上说的；“厚黑学”也是可以藏在心里去实行，绝不许拿在口头上说的。当年王简恒雷民心所说“厚黑学”是“做得说不得”的话，他承认是至理名言。但他既把“厚黑学”公然发表了，而且还逢人对人地强聒不休，于是就又变出了一条公例，那便是“厚黑学”是“说得做不得”的。所以自他发表了《厚黑学》以来，反成了天地鬼神，临之在上，质之在旁，每想做一事，刚一动念，自己就想道：“像这样做去，别人岂不说我实行‘厚黑学’吗？”因此凡事不敢放手做去。你想，重庆关的监督，是何等的天字第一号的肥缺呀！但他不肯干，即使有人劝驾也不干。官产竞卖处和官产清理处的经理处长，也不能不说是发财的机会吧！但前者他要求减薪，后者被裁撤时，落得没有归家的路费。于是他自己解嘲说：“我之不能成为伟人者，根源实在于此。‘厚黑学’呀，‘厚黑学’呀，你真是把我误了！”

他对于“厚黑学”的见解，约分前后两期。前期的“厚黑学”，大略如此；后期的“厚黑学”，是他思想发展后的另一种看法，等到若干章以后，再为叙述。

心理与力学

> 他以为“厚黑学”与“心理学”有关，乃追寻中外心理学诸书来阅读，久之亦无所得。他既陷于茫然无所适从，于是索性将古今人的说法，尽行扫去，另用物理学的规律，来研究心理学。一日，他在街上行走，忽然觉得人的天性，以“我”字为本位，仿佛面前有许多圈子，将“我”围住，层层放大，有如磁场一般；而人心的变化，处处是循着力学规律走的。

我们千万不可忘记，一九二〇年，是宗吾思想发展史上的新纪元。他的“厚黑学”，实在说，是渊源于荀子性恶说的，在学理上，也不能说是没有根据；但在这时，他自己也觉得这种根据的不满足了。一日，他与同学曾圣瞻在茶馆内闲谈，圣瞻就向宗吾道：“朋辈中要算你的思想最锐敏，你何必老是用在开玩笑的方面呢？应该好好地研究一种学理，如果有所发明，也是朋辈的光荣啊。”他对这话深为感动，又从“厚黑学”做进一步的研究。他以为“厚黑学”与“心理学”有关，乃追寻中外心理学诸书来阅读，久之亦无所得。他既陷于茫然无所适从，于是索性将古今人的说法，尽行扫去，另用物理学的规律，来研究心理学。一日，他在街上行走，忽然觉得人的天性，以“我”字为本位，仿佛面前有许多圈子，将“我”围住，层层放大，有如磁场一般；而人心的变化，处处是循着力学规律走的。他从古今事迹上，现今政治上，日用琐事上，自己心坎上，理化数学上，西洋学说上，四方八面，印证起来，处处觉得可通。在这时候，大有禅宗顿悟的光景。其时爱因斯坦的“相对论”，已传至中国，他将爱氏的学说，和牛顿的学说，应用到心理学上，创一臆说：“心理依力学规律而变化。”就在这一年中，写一专论，标题为《心理与力学》，将人世一切事变，悉用力学和数学来解释。后经十余年的研究，补充整理，才扩大为一专书问世，此书就算是他思想的中心。

当时，他既创出这一臆说，便想使之成为公例。他首先从孟荀的“人性论”研究起，孟子说：“孩提之童，无不知爱其亲也，及其长也，无不知敬其兄也。”他说这个说法，就是有破绽的。试任请一位当母亲的，把她亲生的孩子抱出来，当众试验，如母亲抱着他吃饭，他就伸手来拖母亲的碗，若不提防，就会把碗打碎，这种现象，何尝是爱亲？又母亲手中拿一块糕饼，小孩见了，就伸手去夺，如不给他，放在自己口中，他立刻会伸手从母亲口中取出，放在他的口中，这种现象，又算不算爱亲？当小孩在母亲怀中吃东西的时候，哥哥走近前，他就推他打他，这种举动，又何尝是敬兄？五洲万国的小孩，无一不如此，事实上既有了这种现象，孟子的性善说，岂不是显然有破绽吗？然则孟子所说的“孩提爱亲，及长敬兄”，究竟从什么地方生出来的？要解释这个问题，只好用研究物理学的法子去研究，盖人的天性，以“我”为本位，我与母亲相对，小儿只知有我，故从母亲口中，把糕饼取出，放在自己口中。母亲是哺乳我的人，哥哥是分我食物的人，把母亲与哥哥比较，觉得母亲与我更接近，所以小儿就爱母亲。稍长的时候，与邻人相遇，把哥哥与邻人比较，觉得哥哥与我更接近，自然就爱哥哥。由此推之，走到异乡，就爱邻人；走到异省，就爱本省人；走到外国，就爱本国人，其间有一定的规律。他的规律，是距我越近，爱情越笃，爱情与距离成反比例，可见孟子所说的爱亲敬兄，内部藏了一个“我”字，不过没有说明出来；若是补个“我”字进去，绘图一看，就自然明白了。如下图（图一），第一圈是我，第二圈是亲，第三圈是兄，第

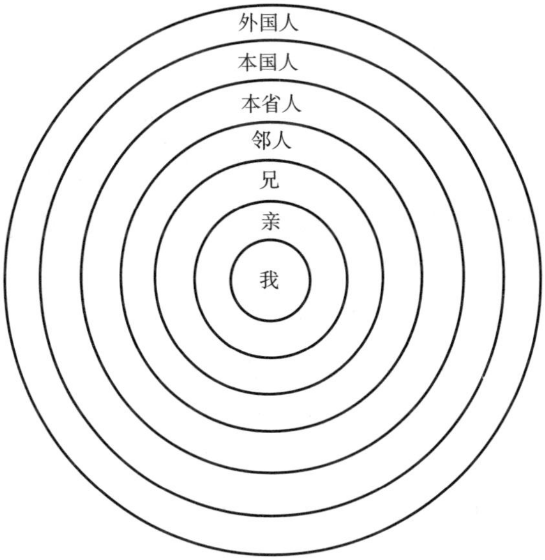

图　一

四圈是邻人，第五圈是本省人，第六圈是本国人，第七圈是外国人。这个图，就是人心的现象。这个现象，很像物理学上所讲的磁场一般，其规律与地心引力相似。由此知人的心性，与磁电相同，与地心引力相同，故牛顿所创的公例，可适用于心理学。

但上图是否正确，还须加以考验：假如暮春三月，我们约同二三友人，出外游玩，看见山明水秀，心中非常愉快；走至山水粗恶的地方，心中就不免烦闷。这是什么缘故呢？因为山水是物，我也是物，物我本是一体，所以物类好，心中就愉快，物类不好，心中就不愉快。又走至一个地方，见地上许多碎石，碎石之上，落花飘零，心中对于落花，不胜悲感，对于碎石，则不甚注意。这是什么缘故呢？因为石是无生之物，花与我同是有生之物，所以常常有人作落花诗，落花赋，而不作碎石歌，碎石行；古今诗词中，吟咏落花，推为绝唱者，无一不是连同人生来描写的。假如落花之上，卧一将毙之犬，哀鸣宛转，入耳惊心，立把悲感落花之心打断。这是什么缘故呢？因为花是植物，犬与我同是动物，故不知不觉，对于犬特表同情。又假如途中见一狞狰恶犬，拦着一人狂噬，那人持杖乱击，当此人犬相争之际，我们只有帮人之忙，断不会帮犬之忙。这是什么缘故呢？因为犬是兽类，我与那人同是人类，故不知不觉，对于人更表同情。我与友人分手归家，刚一进门，便有人跑来报道：你先前那个友人，走在街上，同一个人打架，正在难解难分；我听了立即奔往营救，本是人与人打架，因为友谊的关系，故我只能营救友人，不能营救那人。我把友人拉至我的书房，询问他打架的原因，正在倾耳细听，忽然房子倒下来，我先急忙跳出门外，回头再喊友人道："你还不跑出来吗？"请问一见房子倒下，为什么不先喊友人跑，必待自己跑出门了，才回头来喊友人呢？这就是人的天性，以"我"为本位的明证。(图二)

我们把上述事实，再绘如下图：第一圈是我，第二圈是友，第三圈是他人，第四圈是犬，第五圈是花，第六圈是石。其规律，是"距我越远，爱情越减，爱情与距离成反比例"。此图与前图是一样的。此图所设的境界，与前图全不相同，而得出的结果，还是一样，足证天然之理，实是如此。今再总而言之：凡有二物，同时呈于吾前，我心不假安排，自然会以"我"为本位，视距离我的远近，定爱情的厚薄，正与地心引力，电磁吸力，无有区别。

孟子主张性善，还有一个证据，他说："今人乍见孺子将入于井，皆

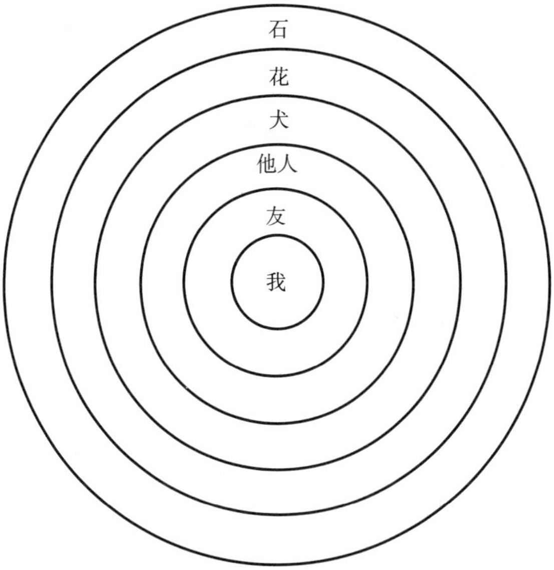

图　二

有怵惕恻隐之心。”其中的破绽，就在文字上都可看得出来。他上文明明提出“怵惕恻隐”四字，何以下文只说“恻隐”不说“怵惕”了呢？这就是一个破绽。怵惕是惊惧的意思，其源出于“我”字。当乍见孺子将入井的时候，心目中共有三物，一是“我”，二是“孺子”，三是“井”。我与孺子，同是人类，井是无生之物。见孺子将入井，突有一“死”的现象呈于吾前，所以会怵惕，接着便向孺子表同情，不能向井表同情；但必须先有我，才有孺子，因为我怕死，才觉得孺子入井是不幸的事。假如我不怕死，就叫我自己入井，也认为是无足轻重的事，不会起怵惕心；看见孺子将入井，当然也认为是无足轻重的事，断不会有恻隐心。没有我，即没有孺子；没有怵惕，即没有恻隐。孺子是我的放大形，恻隐是怵惕的放大形。孟子教人把恻隐之心扩充起来，本是很好的；只是少说了这样一句：“恻隐是怵惕扩充出来的。”于是就引起后人的误会，生出流弊来。尤其是后来的宋儒，未能察出此点，以为“恻隐”是人性的本源，忘却恻隐之上，还有“怵惕”二字，一切议论，以“恻隐”为出发点，不以“怵惕”为出发点，就未免泯灭人性了。他们的学问，以去人欲存天理为入手功夫，于是竟把“怵惕”认为人欲，想尽法子去铲除，那便是去怵惕存恻隐了；殊不知怵惕是恻隐的来源，把怵惕去了，怎么会有恻隐呢？程子的门人，专做“去人欲”的工作，即是专做“去怵惕”的工作，门人中有吕原明者，乘轿渡河坠水，从者溺死，他安坐轿中，漠然不动，他是去了怵惕的人，所以见从者溺死，不生恻隐心。程子这派学说传至南渡，张南轩的父亲张魏公，苻之战，丧师十数万，终夜鼾声如雷，南轩还夸他父亲的心学很精，张魏公也是去了怵惕的人，所以死人如麻，不生恻隐心。程子自己，自然是去了怵惕的人，所以发出“妇人饿死事小，失节事大”的议论，无怪戴东原说宋儒是“以理杀人”。

人类的心理，是依力学规律而变化的。力有离心向心二种：第一图层层向外发展，是离心力的现象；第二图层层向内收缩，是向心力的现象。孟子站在第一图里面，向外看去，见得凡人的天性，都是孩提爱亲，稍长爱兄，再进则爱邻人，爱本省人，爱本国人，层层放大，如果再放大，还可放至爱人类爱物类为止，因断定人性是善的，总是叫人把这种固有的善性扩充起来。荀子站在第二图外面，向内看去，见得凡人的天性，都是看见花就忘了石，看见犬就忘了花，看见人就忘了犬，看见朋友就忘了他人，层层缩小，及至房子倒下来，赤裸裸地只有一个“我”，连至好的朋友都忘去了，因断定人性是恶的，总是叫人把这种固有的恶性抑制下去。实则这种现象，无关于性善性恶，只须假定“心理依力学规律而变化”，把牛顿的引力说，爱因斯坦的相对论，应用到心理学上，把心理物理，打成一片去研究，岂不简便而明确吗？何苦将性善性恶的名词，哓哓然争论不休呢？

孟子所说的爱亲敬兄，所说的“怵惕恻隐”，内部俱藏有一个“我”字；但他总是从第二圈说起，对于第一圈之“我”，则略而不言。杨朱取“为我”，算是把第一圈明白揭出了，但他却专在第一圈上用功，第二圈以下各圈，则置之不管。墨翟摩顶放踵，是抛弃了第一圈之我，主张爱无差等，是不分大圈小圈，统画一极大之圈了事。杨子有了小圈，就不管大圈；墨子有了大圈，就不管小圈。他们两家，都不知道：天然现象是大圈小圈层层包裹的。孟荀二人，把层层包裹的现象看见了；但孟子说是层层放大，荀子说是层层缩小，就不免流于一偏。我们取杨子的“我”字，作为中心点，在外面加些差等的爱，就与天然现象相合了。

至于宋儒“去私”之说，也应当加以分析的研究。私对公而言，二者是相对的，不是绝对的。假使只知有我，不顾妻子，环吾身画一个圈，妻子必说我徇私；于是把“我”字这个圈撤去，环妻子画一个圈，而弟兄在圈之外，弟兄又说我徇私；于是把“妻子”这个圈撤去，环弟兄画一个圈，而邻人在圈之外，邻人又说我徇私；于是把“弟兄”这个圈撤去，环邻人画一个圈，而国人在圈之外，国人又说我徇私；于是把“邻人”这个圈撤去，环国人画一个圈，而他国人在圈之外，他国人又说我徇私；这只好把“国人”这个圈撤去了，环人类画一个大圈，才可说是“公”。但还不能说是公，假使世界动植矿都会说话，禽兽一定说：“你们人类为什么要宰杀我们？未免太自私了。”草木问禽兽道：“你为什么要吃我们？未免太自私了。”泥土沙石问草木道：“你为什么要在我们身上吸取养料？未免太自私了。”并且泥土沙石可以问地心道：“你为什么把我们向你中心牵引？你地心未免自私。”太阳又可以问地心道：“我牵引你，你为什么不拢来，时时想向外逃走？并且还暗暗地牵引我，你地球也未免自私。”再反过来说，假令太阳怕地球说它徇私，它不牵引了，这地球早不知飞向何处去了。地心怕泥土沙石说它徇私，也不牵引了，这泥土沙石立即灰飞而散，地球也就立即消灭了。这样推想起来，即知道：遍世界寻不出一个“公”字，通常所谓公，是画了范围的，范围以内的人谓之公，范围以外的人仍谓之私。又可知道：人心之私，通于万有引力，“私”字之除不去，等于万有引力之除不去；如果除去了，就会无人类，无世界。宋儒“去私”之说，如何行得通？（图三）

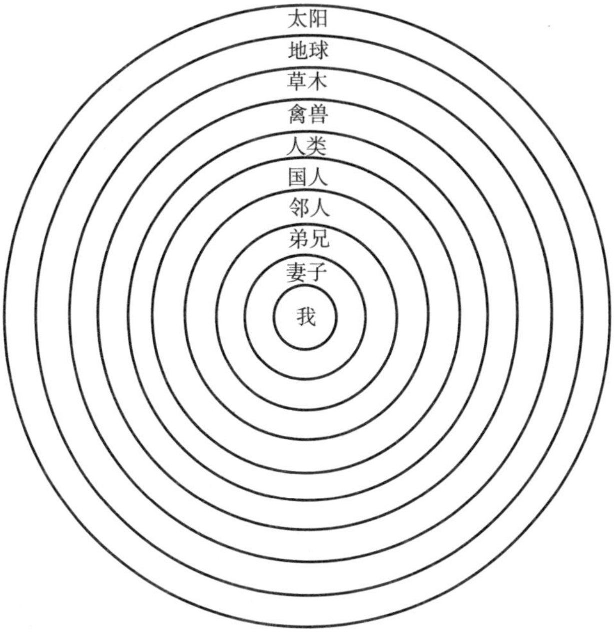

图　三

请问私字既然是除不去，而私字留着，又未免害人，应当如何处置呢？答曰：这是有办法的，人心之私，既是通于万有引力，我们用处置万有引力的法子，处置人心的私就是了。就如所绘三图，大圈小圈层层包裹，完全是地心引力现象，厘然秩然，我们应当取法它，把世间一切事物，安排得厘然秩然，像天空中众星球相维相系一般，而人世就可相安无事了。

次从古人事迹上求心理的轨道：

他说：人心虽是不可测度，但从他所做的事上，即可把他的心理考察出来。一部二十四史，是人类心理留下来的影像，我们取历史上的事迹，本力学规律，把它绘出图来，即知人事纷纷扰扰，皆有一定的轨道。作图之法，例如心中念及某事，即把那事作为一个物体。心中一念及它，即是心中发出一根力线，与之联结。心中喜欢它，即是想把它引之使近；如不喜欢它，即是想把它推之使远。从这个相推相引之中，就可把轨道寻出来。

孙子说：“吴人越人相恶也，当其同舟济而遇风，其相救也如左右手。”这是舟将沉下水去，吴人越人，都想把舟拖出水来，成了方向相同的合力线，所以平日的仇人，都会变成患难相救的好友。凡是历史上的事，都可本此法，把它绘图研究。（图四）

韩信的背水阵，置之死地而后生，是汉兵被陈馀的兵所压迫，前面是大河，是死路，唯有转身来，把陈馀的兵推开，才有一条生路，人人如此想，即成了方向相同的合力线，所以乌合之众，可以团结为一。其力线的方向，与韩信相同，韩信就坐收成功了。（图五）

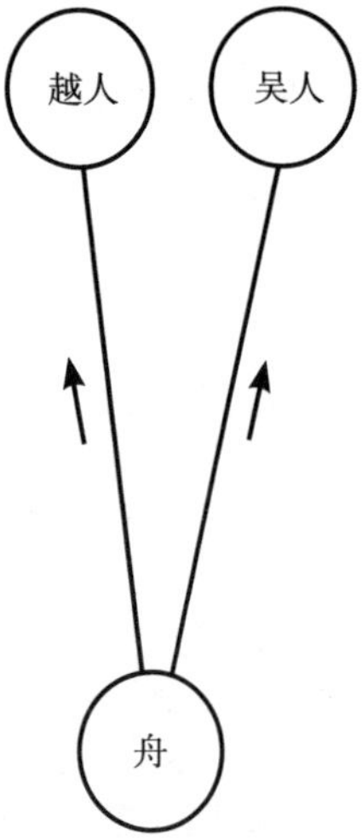

图　四

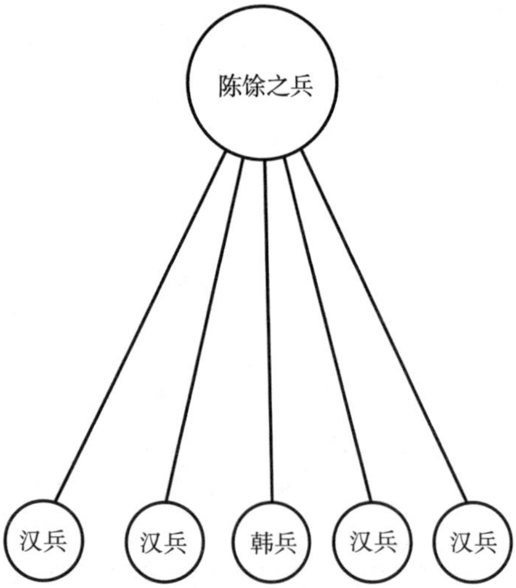

图　五

张耳陈馀，称为刎颈之交，算是至好的朋友，后来张耳被秦兵围困，向陈馀求救，陈馀畏秦，不肯应援，二人因此结下深仇，这是张耳将秦兵向陈馀方面推去，陈馀又将秦兵向张耳方面推来，力线方向相反，所以至好的朋友，会变成仇敌。结果，张耳帮助韩信，把陈馀杀死在泜水之上。（图六）

图　六

嬴秦之末，天下苦秦苛政，陈涉一呼，山东豪俊，群起响应，无人从中联络，自然结合起来。这是众人受秦的压迫久了，人人心中都想把它打倒，利害相同，心理相同，成了方向相同的合力线，不消联合，自然联合。（图七）

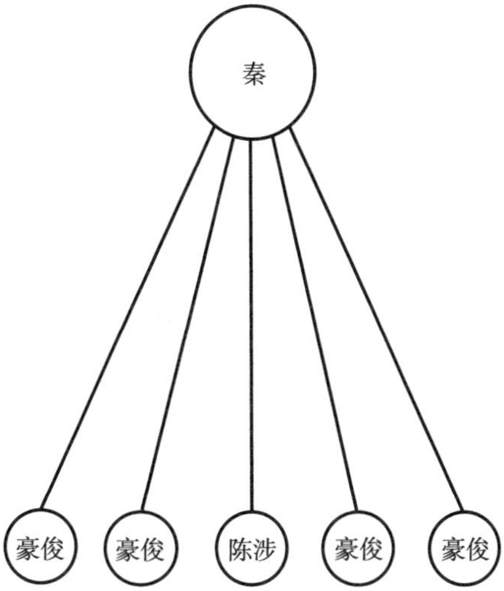

图　七

刘邦项羽，起事的时候，大家志在灭秦，目的相同，成了合力线，所以异姓之人，可以结为兄弟。后来把秦灭了，目的物已去，现出了一座江山，刘邦想把它抢过来，项羽也想把它抢过来，力线相反，异姓兄弟，就血战起来了。

当项羽称霸的时候，刘邦心想：只要把项羽灭了，我就好了！韩信彭越也想：只要把项羽灭了，我就好了。他们思想相同，自然成为合力线，所以垓下会师，立把项羽扑灭。项羽既灭，他们君臣，更无合力的必要，彼此的心思，就趋往权力上去：但权力这个东西，你多占了，我就少占，我多占了，你就要少占，力线是冲突的，所以汉高祖就杀起功臣来了。

唐太宗取隋，明太祖取元，起事之初，与汉朝一样；事成之后，唐则兄弟相杀，明则功臣族灭，也与汉朝无异。大凡天下平定以后，君臣力线，就生冲突，君不灭臣，臣就会灭君，看二者的大小，定彼此的存亡。李嗣源佐唐庄宗，灭梁灭契丹，庄宗之力，制他不住，他就把庄宗的天下夺去了。赵匡胤佐周世宗，破汉灭唐，嗣君之力，制他不住，他也把周之天下夺去了。这就是刘邦不杀韩彭诸人的反面文字。

汉光武平定天下之后，邓禹耿弇诸人，把兵权交出，闭门读书，这就是看清了光武的路线，先行让开。宋太祖杯酒释兵权，这就是把自己要走的路线，明白说出，叫他们自家让开。究其实，汉光武宋太祖的心理，与汉高祖是一样的。我们不能说汉高祖性情残忍，也不能说汉光武宋太祖度量宽宏，只能说，这是一种力学公例。

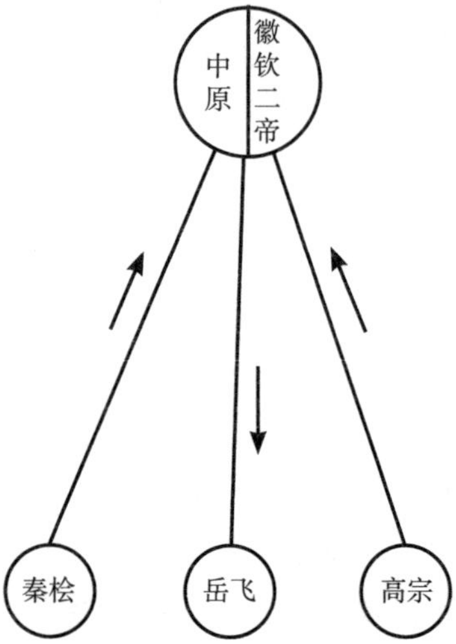

图　八

岳飞想把中原挽之使南，秦桧想把中原推之使北；岳飞想把徽钦二帝迎之使南，高宗想把徽钦二帝推之使北，高宗与秦桧，成了方向相同的合力线，其方向恰与岳飞相反，岳飞一人之力，不敌高宗秦桧的合力，故“三字狱”成，岳飞不得不死。（图八）

历史上，凡有阻碍路线的人，无不遭祸。刘先帝杀张裕，诸葛亮请其罪，先帝说：“芳兰生门，不得不锄。”芳兰何罪？罪在生非其地。赵太祖伐江南，徐铉乞缓师，太祖说：“卧榻之侧，岂容他人酣睡！”酣睡何罪？罪在睡非其地。古来还有一件奇事：狂矞华士兄弟二人，上不臣天子，下不友诸侯，耕田而食，凿井而饮，这明明是空谷幽兰，明明是鼾睡自己榻上，宜乎可以免祸了；太公至营丘，首先诛之。这是什么道理呢？因为太公在那个时候，正想以爵禄驱使豪杰，偏偏有两个不受爵禄的人，横亘前面。这仍是阻碍了路线，如何容得他们？太公是圣人，狂矞华士是高士，高士阻碍了路线，圣人也容他不过，这可说是普通公例了。

逢蒙杀羿，是先生阻了学生的路；吴起杀妻，是妻子阻了丈夫的路；汉高祖分羹，是父亲阻了儿子的路；乐羊子食羹，是儿子阻了父亲的路；周公诛管蔡，唐太宗诛建成元吉，是兄阻弟之路，弟阻兄之路。可见力线冲突了，就是父子兄弟夫妻，都要起杀机的。王猛见了桓温，即仕苻秦，殷浩不明白这个道理；范蠡灭了吴国，即泛舟五湖，文种不明白这个道理，所以都遭失败。此外如韩非囚秦，子胥伏剑，嵇康见诛，阮籍免祸，我们试把韩非诸人的事实言论研究一番，又把杀韩非的李斯，杀子胥的夫差，以及容忍阮籍、诛戮嵇康的司马昭，各人心中注意之点寻出，考察他们路线的经过，即知道或冲突，或不冲突，确有一定不移的公例，存乎其间。

王安石说："天变不足畏，人言不足恤，祖宗不足法。"道理本是对的，但他在当日，因这三句话，得了重谤。我们今日读了，也觉得他是盛气凌人，心中有些不舒服，假使我们生在当日，未必不与他冲突。陈宏谋说："是非审之于己，毁誉听之于人，得失安之于数。"这三句话的意义，本是与王安石一样，而我们读了，就觉得这个人和蔼可亲。这是什么道理呢？因为王安石仿佛是横亘在路上，凡有"天变"、"人言"、"祖宗"，从路上经过，都被他拒绝转去。陈宏谋是把"己"字、"人"字、"数"字，列为三根平行线，彼此不相冲突。我们听了王安石的话，不知不觉，置身"人言不足恤"的那个"人"字中；听了陈宏谋的话，不知不觉，置身"毁誉听之于人"的那个"人"字中。我们心中的力线，也是喜欢人家相让，不喜欢人家阻拦，所以不知不觉，对于王陈二人的感情就不同了。如果悟得此理，应事接物，必有无限受用。

再次，则按照力学及磁电学的规律，说明各种心理的轨道：

他说：我们把物体的分子，加以分析，就得原子，把原子加以分析，就得电子，电子是一种力，这是科学家已经证明了的。人是物体中的一种，我们的身体，是电子集合而成，身与心本是一物，所以我们的心理，不能逃力学的规律，不能逃磁电学的规律。

磁电的作用，是相推相引；人的心理，也是如此。人有七情，大别之只有好恶二种。心所好的东西，就引之使近，心所恶的东西，就推之使远，其现象与磁电相同。人的心分"知"、"情"、"意"三者，"意"是"知"、"情"的混合物，只算有"知"、"情"二者。磁电同性相推，异性相引，它相推相引的作用，是"情"的现象，能够判别同性异性，又含有"知"的作用，可见磁电也是有"知"、"情"的。人类男女相爱，是异性相引；同业相嫉，是同性相推。阳电正在需要阴电的时候，假使再来一个阳电，要分它的阴电，它自然要把它推开，阴电推阴电，其理亦同，犹如小儿吃东西时，见他哥哥来了，用手推他打他是一般。至于阴阳电相遇，各遂所欲，自然相吸相引，其现象也与人性一样。

宇宙间无论有形之物，无形之物，都含有向内牵引之力，通常所称的心，是由于一种力，经过五官出去；把外边的事物，牵引进来，集合而成的。例如有一物在我面前，我注目视之，即是一种力从目透出，与那个物联结。我将目一闭，能够记忆那物的形状，即是此力把物拖进来绾住了。我们把心中所有的知识，一一细考其来源，即知无一不是从外面进来的。其经过的路线，不外眼、耳、鼻、舌、身，虽说人能够发明新理，但是仍靠外面收来的知识作基础；犹之建筑房屋，全靠外面购来的砖瓦木石一般。假如把各种知识的来源查出了，从目进来的，令它仍从目退出去，从耳进来的，令它仍从耳退出去，其他一一从来路退出去，我们的心，即空无所有，只有一团浑然的力。

我们细察己心，种种变化，都是依着力学轨道走的。狂喜的时候，力线向外发展；恐惧的时候，力线向内收缩。遇着意外变故，欲朝东，东方有阻，欲朝西，西方有碍，力线转折无定，心中就成慌乱之状。对于某种学说，如果承认它，自必引而受之，如果否认它，自必推而去之。遇一种学说，似有理，似无理，引受不可，推去不能，就成狐疑态度。人心推究事理，依直线进行之例，一直前进，推至甲处，理不可通，即折向乙处，又不可通，即折向丙处，此心之曲折，与溪水的迂回相似。水本是以直线进行的，虽是迂回百折，仍不出力学公例；我们的心，也是如此。此外尚有种种现象，细加研究，终不外推之引之两种作用。有时澄心静坐，万缘寂灭，无推引者，亦无被推引者，如万顷深潭，水波不兴，即呈一种恬静空明之象。此时之心，虽不显何种作用，其实千百种作用都蕴藏于内。人的心理，与磁电相通，电气中和的时候，毫无作用，一起作用，其变态即不可思议，如能明白磁电之理，则人的心理就可了然了。

人人有一心，即人人有一力线，各力线俱向外发展，宜乎触处冲突，何以平常时候，冲突之事不多见？这是因为力线有种种不同的缘故。有力与力不相交的，此人做甲事，彼人做乙事，各不相涉。有力与力相消的，例如有人起意想害某人，旋想他的本事也不小，我怕惹不了他，因而中止。有力与力相合的，例如抬轿的人，举步的快慢，自然能够一致。有力与力相需的，例如卖布的与缝衣匠，有布无人缝，有人缝无布卖，都是不行的，相需为用，自然彼此相安。又有大力制止小力的，例如小孩玩得正高兴的时候，父母忽命他做某事，他心中虽是不愿，仍不能不做，这是父母之力，把他的反对力压服了。又如交情深厚的朋友，小有违忤，也能够容忍，这是因为彼此间的凝集力很大，小小冲突之力，自然不能表现。更有大力吸引了小力的，如有一人，吸引力特大，他能够把前后左右的人，吸引来成一小团体，成了团体后，由合力作用，其力更大，又向外面吸引，越吸引越大，就可以风行天下了。我们仔细考察，即知人与人相接，力线交互错综，如网一般，有许多线，不惟不冲突，反是相需相成，人类能够维系，以生存于世界，就是这个道理。

人世一切事变，都是人与人接触而生的。一个人，一个我，可假定为数学上的二元；一个 Y，一个 X，依解析几何，可得五种线：(一)直线；(二) 圆；(三) 抛物线；(四) 椭圆；(五) 双曲线。人事千变万化，总不外人与人相接，所以无论如何，也逃不出这五种轨道。前面所举历史上的例子，皆属乎“二直线”；由“我”为中心所绘的三个圆圈，则属于“圆”。此外还有抛物、椭圆、双曲三种，说明如下：

什么是抛物线呢？我们向外抛出一石，这是一种离心力；地心引力，吸引此石，是一种向心力。石的离心力，冲不破地心吸力，终于下坠，此石所走的路线，即是抛物线。弱小民族，对于列强所走的路线，就是抛物线，例如印度人民想独立，这是对于英国生出一种离心力；而英国用强力把他们制伏下去，冲不破英国的势力范围，这等于抛出之石，冲不破地心引力，终于坠地一般。

什么是椭圆呢？我们抛出之石，假定不受地面阻挡，此石会绕过地球，仍回到我之地位，而旋绕不已，成为地球绕日状态，这种路线，叫做椭圆，是离心力和向心力二者结合而成。自数学上而言，有一点至两定点的距离，其和恒等，此点的轨迹，名曰椭圆。所谓其和恒等，也就是其值恒等。例如买卖之际，顾客交出金钱，店主交出货物，二者之值相等，即可看做一物。这是顾客抛出一物，绕过店主，回到他的本位；在店主方面看来，也是抛出一物，绕过顾客，回到他的本位，成一种椭圆形，买卖两家就心满意足了。顾客有金钱，不必定向某店购买，这是离心力；但某店中的货物，足以引动顾客，又具有引力。店主有货物，不必定卖与某客，这是离心力；但某客怀中的金钱，足以引动店主，又具有引力。此引力离力的结合，顾客出金钱，店主出货物，各遂所欲，交易乃成，是为椭圆状态。又如自由结婚，某女不必定嫁某男，而某男的爱情，足以吸引她；某男不必定娶某女，而某女的爱情，足以吸引他，引力离力，保其平衡，也是椭圆状态。

地球绕日，引力和离力，两相平衡，成为椭圆状态，故宇宙万古如新。社会上一切组织，必须取法这种状态，才能永久无弊。我国婚姻旧制，由父母主持，一成夫妇，终身不改，缺乏了离力，所以男女两方，有时感到痛苦。外国资本家专横，工人不入工厂做工，就会饿死，离不开工厂，缺乏了离力，所以要社会革命。至若有离力而无引力，更是不可。上古男女杂交，子女知有母而不知有父，这是缺乏了引力。我国各种团体，有如散沙，也是缺乏了引力。所以政治家创立制度，不可不把离心向心二力，配置均平。

什么是双曲线呢？有一点至两定点的距离，其差恒等，此点的轨迹，就叫做双曲线，其形状，有点像两张弓反背相向一般。凡两种学说，或两种行事，背道而驰，即可称为走入双曲线的轨道。例如性善说和性恶说，恰相反对，双方俱持之有故，言之成理，越讲越精微，相差越远，犹如双曲线越引越长，相离越远一样。究其实，无非性善性恶之差，是谓其差恒等。又如世间法和出世间法，二者是背道而驰的；利己主义和利人主义，二者也是背道而驰的，凡此种种，皆属乎双曲线。

我们把各种力线，详加考察，即知我与人相安无事的路线有四：（一）不相交之线，我与人目的物不同，路线不同，各人向着目的物进行，彼此不生关系。平行线，是永远不相交，有时虽不平行，而尚未接触，亦不生关系。（二）合力线，我与人利害相同，向着同一目的进行，如前面所说的吴越人同舟共济者是。（三）圆形，宇宙间事事物物，天然是排得极有秩序的，凡事都有一定的范围，我与人有一定的界限，倘能各守界限，你不侵我的范围，我不侵你的范围，彼此自然相安。（四）椭圆形，凡属权利义务相等之事，皆属乎此种，此四线中，第一第三两种线的结果，是利己而无损于人，或利人而无损于己。第二第四两种线的结果，是人己两利。我们每遇一事，当熟察人己力线的经过，如走此四线，人与我绝不会发生冲突。

此外，他更说中国古代哲学典籍中，多藏有力学原理，而加以引证。然后下一结论道：宇宙之力，是圆陀陀的，周遍世界，不生不灭，不增不减，吾人生存其中，随时都可以发现其理。有人看见一端，即可发明一条定理：例如看见苹果坠地，即发明万有引力；看见壶盖冲动，即发明蒸汽机；看见磁铁的功用，即发明指南针；看见死蛙运动，即发明电气。所有种种发明，可说是同出一源。因为苹果坠地，是力的内敛作用；壶盖冲动，是力的外发作用；磁气电气，是力的外发内敛两种作用。达尔文看见宇宙之力，向前发展，如水在河中，能适应环境，就创出“进化论”。又见进化中所得着的东西，能够借收敛作用，把持不失，就说有遗传性。此外种种科学，与夫哲学上的种种议论，都是从那个圆陀陀的东西生出来的。譬如有人在树上摘下一果，有人在树上摘下一花，又有人在树上摘下一枝一叶，为物虽是不同，其实都是在一株树上摘下来的。所以百家学说，归于一贯；中西学问，可以相通。——这便是宗吾在一九二〇年的一种大收获，也是他的思想由破坏而走到建设方面的转折点。

吊打校长的奇案

请问校长是来干什么的呢？是来受气的。教员教错了怪校长，功课排错了怪校长，学生不守规怪校长，以及账目上有错，公文上有错，厨房饮食不好，下至地上未扫干净，无一不怪校长。教职员有气，学生有气，甚至杂役有气，都可从校长这个地方发出去，他就等于泄水的阴沟，如果校长也要讲气节，那就糟了！

宗吾于一九二一年，再任省视学，即逢到一个离奇的案件，命他彻查。那个案件是四川混乱局面中教育上的重要文献，可以反映当时的社会动态；同时,也可以看出宗吾办事的真本领。他充当省视学数次,前后任职近十年，我们举出此一事，更可以见出他充任此职时的作风了。

那个案件是这样的：川北遂宁省立第三师范校长王某，奉委到校接事，被学生痛打一顿，禁闭起来；接着又倒吊起来，再打一顿；后由当地驻军范司令营救出来。于是一场大波，遂轩然而起。

四川自改元以来，军政极端混乱，无论大小官吏，及各校校长，委任之权，并不完全操诸省政当局。即如省立学校的校长一职，驻军可以委任，道尹可以委任，甚至县长也可以委任。这位被禁闭被两次吊打的王校长，是由嘉陵道尹黄肃方委任的。他到校被打被关起之后，遂宁县知事，同管狱员李某，即到校对学生说道："新校长来接事，你们不要他接也罢，为什么不放他出来呢？"学生说："校中没有所谓新校长，只来一个偷儿，已经被我们捉住，随后即与知事送去。"那位知事，是一位老宦场，说话时总是自称“本知事”字样，学生笑道：“起初不知你贵姓，如今才知你姓本，你这个本知事……”对他百般讥嘲，他也只得退出。其时王校长拘禁在会客室的隔壁，听见知事说话，就想呼喊，看守他的学生，把木棒高举起来说：“你喊，立刻把你打死！”知事出来后，又请各机关首长，前往请把校长释放，学生不允。这时知事只得电呈道尹，道尹立即复电，令他率队入校，将校长救出。不料复电一到县，即被校中探知了。于是他们连夜准备，校中本有木棒哑铃，及练习兵操的废枪若干支，又教职员中某甲有手枪一支，都一齐准备应战了。

次日，知事的队伍一到，学生便提起木棒哑铃一齐打上去，队丁即用枪筒还击，接着学生方面督战的人喊道：“向前夺枪啊！”队丁见势不好，枪声响了，于是“乒乒乓乓”地打起来。知事听见枪声大作，也唬慌了，就急命退兵，但双方已多有负伤，血淋淋地躺了一地，只好抬入医院。学生见同学负伤，愤怒极了，于是又把王校长拖出来，指着他说道：“因为你要做校长，才闹得这样！”接着用袍哥的话说，“拿来把他称起！”称起者，吊起之谓也。随即反缚两手，从背后吊起，这种方式，俗呼为“打鸭儿扑水”。吊起即打，打后重行禁闭。其时学生把守校门，断绝交通，教职员一律禁止出外，延至半下午，遂宁各机关不得消息，恐校长有生命危险，乃请驻军范司令营救，范司令带队入校，声言非将校长交出不可，学生不得已，才将校长交范司令带去。

学生将校长交出后，遂即办一公函与范司令道：“王某来校接事，因为声望不孚，我们否认他，他跑在知事衙门住了许久，怂恿知事率队来校，枪伤多人，我等义愤填膺，奋不顾身，立将该王某当场捕获，兹特送交贵司令，请予从严惩办。”于是王校长遂由拘禁室的囚徒，变而为战场上的俘虏了。然而学生的妙计尚不止此；当王校长第一次被打时，他的私章被学生搜去，即替他撰些电文，呈报上峰，并通电各处，弄得军政各机关及社会人士，均莫名其妙，及至送交范司令后，又替王校长发出通电云：“某读书有年，粗知自爱，校长不当，何关荣辱？不谓知事记恨学生，率队到校，枪伤多人。特电声明，用免牵累。”学生的计策，已经很妙了，哪想还有更妙的呢！

该校修身教员郚某，是遂宁高等小学的校长，开枪的那一天，他适来上课，随后知事的队伍即到，及至队伍退去，他知本日不能上课了，就要回去。不意刚出校门，学生在后呼道：“郚某你转来！”他也只得转回，学生便对他说："你是知事的侦探！你一到，知事的兵也到，这些兵就是你带来的！"大家喊："把他扣留起！"于是邬某又失却自由。学生一面拍案，一面指着自己的鼻梁骂道："邬某，你以为老子们好惹吗？老子们里头棒老二（土匪）都有，你晓得吗？"高小教职员来校，请求释放他们的校长，学生不允。直到下半天，王校长被范司令索去了，学生忽然又向邬某说："我们误会了，此事与你无干，很对不起！"邬某方欲起身要走，学生说："不忙走，还要开教职员联合会，请你也参加。"邬某即以高小校长的资格与会，把高小来接校长的那些人，连同本校教职员，开了一个联合会。教职员中某甲口撰电文，请邬某笔录，大意是说：王校长如何卑污，黄道尹如何违法，某知事如何蛮横，学生如何受屈，我辈旁观者清，义难坐视，特将真相陈明，以彰公道。此电用教职员名义发出，由邬某以遂宁高小校长领衔，命人回校将校印及私章取来印了，邬某方得脱身回校。

学生跟即发出许多印刷品，请求各界主持公道，请求各县父老援助。成渝各报揭载该校风潮经过，大旨与教职员通电相同。其时杨省长下野，由政务厅长向楚暂代，却不能对外发布命令；遇有非办不可的案件，则用快邮代电行之。遂宁此案，只好函请嘉陵道尹办理。但经此真相淆乱，省议会提案弹劾黄道尹，并派代表质问向厅长，学生受此冤屈，为何置之不理？京沪同乡会亦来电质问黄道尹，并言速将某知事及王校长送交法庭惩办，否则就要宣布他的罪状于全国。当时，重庆又成立各军联合办事处，主持川政，学生即分派代表赴成渝两地呼吁，宗吾正赋闲家居，研究他的"心理与力学"，不意省方竟委他为嘉陵道的省视学，于是这件纷如乱丝的奇案，就落到他的头上来了。

此案便是厚黑教主试验他的本领的时候了。他任职后，即出省查学，省署教育科长曾浴春即对他说："省立三师的风潮，黄道尹和王校长时时有文电来省，牛头不对马面，真相不知如何，此案已委黄道尹查办，你于查学之便，不妨去调查一下。"他出省行至龙泉驿，前面来了两个学生，看见他行李上的标记，即问他道："你是不是省视学李先生？"他答道："我即是李宗吾。"学生说："我们是三师学生的代表，校中听说先生重任省视学，素知先生办事认真，主张公道，我们受了黄道尹王校长的蹂躏，非先生来，我们的冤是不能申的，所以特派我二人前来欢迎，并到省署议会请愿，今既相遇，请从速前往！"他答应了，二生仍向省垣而去。

他行至乐至县，正遇该县学款发生纠葛，即劝学所的产业，被强有力者佃去，又转佃于别人，从中获利数倍，已有多年了。历任主持县教育者，亦无如之何。他过这县，便与县视学蒋恕凡商议，议定章程，呈上峰核准，投票竞佃，结果增加学款四五倍。当他正在乐至县召集学界人士开会讨论章程的时候，省立三师又派学生前来催往。他开会一毕，即前往遂宁，竟把行李搬入校中住起，从此就身落虎口了。

校中既陷入无政府状态，学生便成立一个自治会，主持全校事务。校中教职员，一律隶属于自治会之下，教职员出进，非向自治会请假得允，不许外出。有位张姓教员，家有病人，向自治会请假五次未允，竟不得归。宗吾到校后，即有教职员多人，向他诉说当局如何黑暗，学生如何受屈，接着学生又来诉说。其时遂宁知事已经重庆联合办事处撤任查办，尚住县署内，听见宗吾来查此案，便命人来说："明早定准起身赴重庆，请今晚到署一谈。"他因时间已晚，恐回来校中关门，答应明日早膳后去会。

次日早起，学生即派代表来说："我们要开欢迎会，请先生去一下。"他说："查学是我的职务，不能说欢迎才查，此种会我不能到。"学生又说："我们有话陈述。"他说："好，那我可以到会。"他走到讲台上，学生纷纷向他诉说冤屈。他说："你们既是这样说，我就照这几点查去，将来自有正当解决，此时照常上课就是了。"此后校中即雍雍肃肃照常上课，秩序良好。

他跟即到县公署去会某知事，新知事姓赵，他说旧任业已上船，此时赶去，还能会面。他赶至船上，旧任说："你来得恰好！我的队丁受伤若干人，学生只有一人是枪伤，余均木器伤。这是混打之际，学生开枪误伤自己人，反诬说我的队丁开枪，因受撤任处分，我当赴重庆申诉。"他诧异道："据我所闻，学生打校长是实，开枪则是队丁，学生哪有枪来？"知事说："有外国医生可证，医院伤单注明是土炮伤，县公署哪得有土炮？我已把伤单取下，带到重庆与学校打官司就是了。"

他立刻回到县署，对赵知事说："此案太离奇了！此事本是委黄道尹查办，但黄道尹已被学生攻击得体无完肤，将来不是委省视学复查，即委新知事复查，抑或双方会查，都说不定。学生方面太厉害了！查此案者一定不得好结果；但我总是抱定排难解纷的宗旨做去，结果好坏，听之而已。此时我们可先结一密约，关于此案要点，我们即可着手查去，将来委我二人会查不说了，如单委你查，你的复文中即书明我是证人，如单委我查，我的复文中即书明你是证人。此事旧知事如何如何说，我们可到医院查去。"

赵知事允诺，即同赴医院去了。据外国医生说：“学生队丁抬入医院的有若干人，均系木器伤，轻重不等；唯有一学生的脚上，受了子弹的擦伤。”宗吾问：“是不是土炮？”他说：“分不出是否系土炮，但知为一颗子弹擦伤。”宗吾问：“为何伤单上填为土炮？”他说：“并无其事。”遂入房中，取出英文伤单，解释给二人听。宗吾问：“除了这伤单外，曾否有中文伤单，或英文伤单，交与看护妇或贴在病人室中？”答：“只写此一张存在我的房中。”又问：“旧知事曾来过医院吗？”答：“不曾来。”又问：“县署曾派人来询问过吗？”答：“亦不曾派人来。”问答完毕，宗吾即与赵知事分手回校。

不意到了第三日，宗吾几乎挨打，是日，学生请他上讲堂，问他查得的情形如何，他说：“尚未查明，等到查明后再说。”学生要求说：“将来你回复的呈文，须先拿给我们看过，方能缮发。”他说：“这就奇了！我们查案子的人，政府授予全权；如果查报不实，你们可以依法起诉，在未呈复以前，慢说学生不能过问，就是省长也不能过问，他委我出来查案，我查错了，可以撤职，可以交法庭，可以判坐监狱；独不能叫我先把呈稿拿与他看，再发下来命我缮呈。”学生哗然说：“那倒不行！我们受此冤屈，业已对你说得明明白白，一切证据，也都检与你看了，你还说未查明白，这显系袒护王某（即王校长）！呈文不经我们看过，由你呈复上去，我们的冤还能申吗？今天非先说清楚不可！”接着学生纷纷起来喊道：“那不行！那不行！”他见当时的情势，学生快要向他动武了，随即说道：“你们的意思，我完全了解，权且坐下听我说。”

他接着对全体学生说：“此案有两个要点：（一）你们说知事开枪，知事说你们开枪。（二）王某说你们打了他，你们说没有打他。只要把这两点查明，全案即算解决，其他皆是闲话，可以不管，我已经同赵知事如何结约，旧知事如何说，外国医生如何说，足见知事开枪是实，第一点总算是已经查明。只有第二点，我同赵知事查明后，再商量如何解决，总是朝息事宁人方面做去。至于今日你们疑我的原因，我也知道，我在校中查寝室，查自习室，查讲堂，事事都查，唯独有个受伤的学生卧病在床，我没有去看，队丁开枪，校门上有个子弹孔，也未去看。你们因疑我袒护王某，殊不知二者我都是清清楚楚的，校门上那个子弹孔，外面入口小，内面出口大，足证队丁向内射击，我业已看见了的。其所以未请校中人领导去看者，也有个原因：我既同赵知事结有密约，关于案中要点，即当共同负责，我既去拜见了他，他也应来回拜我，我等他来时，才请校中人领导去共同查看，共同判断。今日你们既有疑于我，我也不必多说，你们可派人拿我的名片去请赵知事来，让他径上讲堂，请他把我和他谈的密话，和同到医院查明的情形，向你们宣布就是了。”说毕，他即退下讲台。

不久，赵知事来了，一直走到讲堂上，他便对赵知事说：“我在县署说的话，和同到医院查询的情形，已向学生全行说出了，请你当众再说一遍，看与我说的符不符。”赵知事一一说毕，宗吾又问道：“当日我对你说查办此案应抱何种宗旨？”赵知事说：“你说应抱排难解纷的宗旨。”宗吾便向学生说：“现在你们可明白了，难道我还有意陷害你们吗？本来我们查案的人，不应将内容宣布出来，因为你们既有疑于我，也不妨暂把查明的这一半告诉你们，其余的一半，我再同知事会查，你们不必过问，此案既委黄道尹查办，我们不能从他手中抓过来办，此事总是将事实查明，随后再说好了。我可忠告你们几句话：此事闹得这样大，总要想个解决的法子，我同赵知事既抱定排难解纷的宗旨而来，除了我二人，恐怕别人解决不了，你们总是安心上课，听候办理就是了。”学生遂无异说，这个难关，也竟安然渡过。

事后，他探知学生欲勒逼他依着他们的意思，作一呈文呈报上峰，如不允许，就打他一顿，把他同黄道尹王校长旧知事视为同一阵线的人，同样地攻击，免得他站在第三者方面说公道话。他们定下了这种计策，才派人欢迎他来校，初时对他很客气，这是所谓先礼后兵的作风；继而见他的态度，似乎于他们不利，遂准备动作；及至他到讲台上宣布出来，所谓外国医生伤单啦，所谓排难解纷啦，都是于他们有利的，他们的气愤才消下去了。又加他在外面还结有一个攻守同盟的人，坐在衙门里面，是不受威胁的，古人云：“卫青不败由天幸。”他之不挨打，也真是天幸。他同赵知事结有密约，及到医院查伤单，也不过是就事办事；哪知到了后来，竟成了他的护身符。

从此以后，学生就与他讲亲善了，并且向他道歉说：“我们不知先生这样爱护学生，语言冒犯，要请先生原谅！”他说：“这算什么！怎说得上‘冒犯’二字？我从前办学校，那些学生闹起事来，再三开导都不听，哪能像你们一说就明白？”从此以后，他也与他们讲亲善，颇为融洽。该校的经费，是按月在遂宁征收局拨领，风潮起后，黄道尹电饬征收局停发。他与赵知事合衔，请黄道尹转令照常发给，学生更是喜欢。

他初到校时，每请监学来说话，监学只二人，来时必掺加两个教员，他很诧异。后来有人告诉他说，他们一切办法都是布置好了的，见省视学如何说，他们即如何答，教职员为避嫌计，怕人说他私见省视学，说出真情，所以一来就是四人。他得知此情，心想："你们要避嫌，我偏要你们避不了。"因此他每日查学回来，就同教职员谈天，几个人在一处他也去，一人在房内他也去。有时也在教员寝室里，拿一本书躺在床上看，教员上课去了，他就睡一觉，与他们相忘于无形。有时又跑到学生寝息室，东谈西谈，一大群学生他也去，一个学生独处他也去。过了不久，教员学生也能单独到他的室中去闲谈了。

他表面上虽是装得坦然无事，而心里却是时时戒严，怕学生跑来打他。一晚，他业已睡了，忽然有人叩门，他问："何人？"外面答："我是学生。"他心里着急道："完了，来打我了！"只得披衣起床，将灯燃着，一开门，进来两位学生，他问："有什么事？"一生说："校中没有校长，先生就如同我们的校长，我二人有点事请先生裁判一下。我同他赌钱，他输了七八串，我一让再让，只让他还我三千五百文。他约期几次未付，最后约定今天付，他仍是不付，我才把他的被条抱走了，请省视学裁判一下，看是谁的不对。"另一生说："我欠他钱，并非不付，实在是弄不出钱来，我今天借了几处，都未借得，将来无论如何，是要还他的。今夜他把我的被条抱去，叫我怎么睡呢？"他听了二人的话，一块石头才算落了地，就对先说话的学生道："这件事，包在我身上，今夜你先把被条还他，明天我请监学与你们裁判，如果此钱无着，你从我手中来取三千五百文就是了。"二人随即退去。次日，学生自治会听说这事，认为有损大家的名誉，就用学校的名义把二生斥退了。

他是发明"厚黑学"的人，教职员有时问及，他就向他们大谈特谈，听者皆大欢喜。有一天，他对他们说："校长是很容易当的，校长的资格，主要的条件，是不讲气节。省立学校的校长，我也当过，上课有教员，排功课有教务，管理学生有监学，造报预决算有庶务会计，办公事有文牍，其他杂务书记，莫不有人。校长大可一事不管，整日睡觉，月支一百元（当时的校长薪数）。请问校长是来干什么的呢？是来受气的。教员教错了怪校长，功课排错了怪校长，学生不守规怪校长，以及账目上有错，公文上有错，厨房饮食不好，下至地上未扫干净，无一不怪校长。教职员有气，学生有气，甚至杂役有气，都可从校长这个地方发出去，他就等于泄水的阴沟，如果校长也要讲气节，那就糟了！我当校长时，每逢教职员发生事故，我就说道：各位先生不要闹，我是不讲气节的，我来与你赔个礼，我先前当教员时，也像你们这样讲气节；而今干了这种营生，说不得了，这种气我受了就是，你们再不听，我要咒你们将来也是当校长下场。”次日，有位历史教员对他说：“你的话真是不错！今日早餐时，某某两教员，因小有口角，几至决裂，假使有校长在，两句话即可了事；没有校长，气就没得泄处。”他说：“岂但校长？你是研究历史的，汉文帝致赵佗书，第一句：‘朕高皇帝侧室之子’。开口就说：‘我是小婆子生的！’赵佗见了，惶然大恐，知道汉文帝是不讲气节的人，立把帝号削去。所以只要不讲气节，就可以治天下而有余。”他常常在校内说这种怪话，因而职员学生都与他处得很好，而案中真相，也就被他查得清清楚楚了。

风潮的发生是这样的：原因虽很复杂，而主动者全是教职员中的某甲。最初他曾为此校校长，宗吾到校时，某甲亲口对他说：“我当此校校长时，有同学某乙，穷途流落，他来见我，身上只穿单衣一件，我即留他做教务，他办事也很认真，他要嫁女，我借钱给他，并聘他的女婿做教员，荐他的女儿任遂宁女校校长，又聘他的儿子来校任某事，我之对乙，可谓仁至义尽。后来川省政变，军界某公至重庆，由遂宁经过，乙即竭力钻营，某公遂委乙为校长，来接我的事，我不交，乙又串通一些兵来，把我弄去看管，甚至殴辱我，力逼我把事交了。学生不齿乙之所为，驱他出校，才生出种种风潮。”甲之言如此，可惜宗吾到遂宁时，乙已他去，不知乙又有何说法，乙接事以后，即聘同学某丙为教务，丙又想当校长，学生就闹起风潮，驱乙拥丙，省中无主，遂宁知事即委丙为校长。丙接事后，又聘甲任教务，甲寻报复，对乙痛加攻击，说他交代不清，但乙亦健者，双方遂大起冲突。

就在这时候，黄道尹便委王某为校长。王校长并未另约教职员，只带一庶务前来接事。丙见王的名片上是省立三师校长头衔，就大为诧异，便出来问道：“校长是我！怎么是你？”王立即取出委任状与他看，丙说：“这是省立学校，怎么道尹能委校长？”王问：“你这个校长是哪里委的？”丙说：“学校起了风潮，县知事请我维持现状，已呈请上峰加委去了。”王问：“委状到了没有？”答称：“尚未到。”王说：“然则你这个校长是县知事委的！省立学校校长，道尹不能委，县知事反能委吗？”丙搪然语塞，但是不能交代，王只得觅旅馆住着。

丙往见县知事，知事说：“你不必交代，有我做主，王某来接事，不要理他。”王既不能接事，便在遂宁接洽机关法团，意欲请其援助。其时，乙虽去职，尚在城内，王与乙曾一度晤面，校中遂宣传有王已聘乙任教务之说。于是教职员学生大起恐慌，心想乙若回校，我们还了得吗？这就是王校长挨打的根由。当时校中相约：所有教职员学生一律不许去会王某。修身教员邬某是高小校长，王曾去拜会他，他到王寓回拜，众人就说他破坏公约，所以后来被认为是侦探，扣留起来。

王在遂宁住了许久，不能接事，重返道署，黄道尹打电与某公说明情形，某公电令知事，饬丙移交，措辞非常严厉。知事得电，才知王亦来历不小，心下慌了，就对王说："你到校接事，丙敢不交，我逮捕他就是了。"丙得知此息，即带着校印，率全校学生到安岳去旅行。王校长奉令借县印入校视事，丙知大势已去，乃携带校印到成都去了。全体学生交由甲及教职员率领回校。行至离城三里的广德寺时，甲集合学生演说，末后说道："你们一入校，抓住王某即打，打死了有我负责！"于是整队回校，学生闯入办公室，抓住王校长即打，王带去的庶务，也被捆起毒打。知事电禀道尹，遂发生枪伤学生之事。

此案王校长真是冤枉极了。所有一切神出鬼没之计，都是出自某甲。此人可称盘盘大才，听说任何事来，他立即有办法，撰拟电文，下笔千言，一挥而就。他把鸦片烟盘子摆起，学生聚在床前说说笑笑，要发通电，他躺在烟盒侧边，一面口念，一面笔录，就可成一极有力量的电文。直到宗吾到校时，他才把烟盘撤去。甲曾对学生说："当今之世，读书何用？事情闹翻了，我帮你们各人买一杆枪去办招安军。"他之所以敢打王校长，并派人欢迎宗吾到校，而且预备打他，原来是有这条道路。

宗吾在校住了好久，学生已知他深悉底蕴，但不便向他承认打王校长之事，只是与他亲善，好替他们设法开脱，并且还托人代为求情。正当这个时候，忽传重庆各军联合办事处委李宗吾查办，他想此时不走，更待何时？万一重庆的公事到了，学生叫他将回复的呈文拿出来看，如何得了？于是他就对校中声明，说潼南有一案件，出省时就奉委查办，如今再不能迟延了。学生听了来留他道："重庆方面已委先生查办此案，怎能他去呢？"他说："潼南那件案子搁置太久了，好在离此地不远，案情也简单，很快即可结束。重庆公事一到，即专人与我送去，我即回来。不过我告诉你们：旧知事说学生开枪打队丁，我已查明是诬枉的；只是王校长一口咬定说你们打了他，你们从速提出证据，证明未曾打他，我才好办。"学生说："有证据！"遂检出京沪同乡会的来电，成都报上的批评，省议会的提案，遂宁教职员联合会的通电；又范司令来校将王校长取去后呈报各军联合办事处的呈文，报纸上俱已揭登。学生说："先生根据这些证据，即可以呈复了。"他说："这些证据，我可留作参考；但王校长现有很强硬的证据，你们还须收集些更强有力的证据来，才可以抵对，将来我总是根据证件来说话的。"学生遂去。

但此案他以为最困难之点，就是内容尽管查得清清楚楚，却不能获得实据。凡告诉他的人都这样说："我把真情详细告诉你，但是公文上可不能把我牵进去，他们学生是不好得罪的！你如果把我牵进去，我就具呈声明没有这样说。"这层就把他难住了。他想了许久，忽然想出文章，就跑到高等小学，把邬校长请在密室，对他说道："此案真相，我已查明，实对你说，我呈请上峰，首先把你撤职归案，送交法庭讯办！"邬一听慌了，就问："你怎么这样干法？"宗吾说："不这样干叫我怎样干？此案我已查得明明白白，只有你领衔发的那个通电，在中间作怪，不把你逮交法庭，我所查皆是白费。"邬说："你不知道我是受了威胁的吗？"宗吾说："我是明明知道的，如今我要自行解脱，也顾不得你了。我当省视学，这种案情都查不清，能不受处分吗？发通电时，你固然受威胁；脱离出校后，你为何不通电声明呢？把你逮交法庭，难道还算冤枉了你吗？"邬慨然说道："本来学生这样无法无天地干法，如果让他们得胜，世上还有公理吗？我置身学界，本该挺身出来，维持正义，无奈川局这样混乱，请问政府能够办得彻底吗？若是办不彻底，我出而作证，像他们这样厉害，我岂无生命危险吗？省视学如能保证此案彻底严办，我出来作证就是了。"宗吾说："你的话说得不错，现在的政府我也不敢保证。你先写一张证明书与我，我以人格担保绝不披露。我把他们的黑幕揭呈政府，他们倘敢狡赖，我就把他们拖到法庭，和他们对质。如果头一堂辩诉不清，第二堂我才把证明书呈出来请你到案。"邬说："省视学既肯这样负责，我出具证明书就是了。"他提起笔来，原原本本写了一大篇，签名盖章，当即交与宗吾。宗吾得了这个东西，如获异宝，随即宣称次日起身赴潼南。

次日，他把行李先担入知事衙门，就对赵知事说："我是省视学，无须奉令，即可查报此案，我负责报上去，请你做个证人就是了。王校长现住征收局内，请你派人约他来，我要向他讲几句话；前知事到校叫学生释放校长，有个姓李的管狱员同去，也约他来！"二人到后，也当着赵知事问了当日情形。又对知事说："请派你的文案同我到范司令营部去一下，并请把遂宁各机关法团人员请到县署来，等我往营部回来开会。"他同文案便到营部去了，范司令因事去重庆，书记官出来接见。宗吾问及当日情形，书记官细说一番。宗吾又问："实情既是如此，何以你们司令呈报上峰的措辞全与事实违反呢？"因把成都报纸检与他看。他说："呈文是我起稿，哪里是这样？"他也检卷与宗吾看，宗吾便照抄下来。他回到县署，各机关法团的人士业已到齐，遂问及当日的情形，各人说得吞吞吐吐的。宗吾便说："此案我已查明，先让我说，看看有错无错。"于是他说当日学生把校长打了关起，知事去说不放，转请各位先生去说，各位先生到校如何说，第二次学生又把校长吊起打，各位恐校长有生命危险，才请范司令营救，情形又如何。他说完后，就问看他说得对不对。众人答道："丝毫不错！"宗吾说："既无有错，我就宣布结论了。此案重要之点有二：前知事说学生开枪打队丁是诬枉的；王校长说学生打了他是确实的。真相既是如此，学生反而文电纷驰，痛骂黄道尹，请严办王校长，试问王校长能甘心吗？黄道尹受得下这种侮辱吗？此案肇事诸人，惩办不惩办，抑或办轻办重，尚在其次。道理总要放端正。我主张把事实弄明白，在公事上我替学生说几句好话，黄道尹王校长是我的老友，我以私人资格从中调停，我的呈文将来要披露，各位可以看见，我是不欺哄人的。学生种种证据，我都收集全了，此时暂不宣布；伙同动作的人，许多向我悔罪输诚，并且出证明书交我保存。请各位先生转告他们，以后干这类事，手段还要高明。第一，证据不要被人拿住；第二，自己的团体要结紧，不要中途解体。请他们安分守己，听候解决，李省视学自可笔下超生。如果敢于捏造黑白，妄发文电，拿对付黄道尹王校长的手段对付我，我是不受的！"大家听了他这一席话，无不口服心服；而他在校所受的闷气，也得以发泄了不少。

散会后，他即起身要走，知事留他多住一天，他不肯，一出衙门，他便催着轿车赶紧走，一气走了六十里才歇宿。次日到了潼南，潼南人对他说："闻某军队中人言，川北有个学校派人来交涉，全校学生愿一齐来当兵，校长当团长，交涉尚未办妥云云。"足证某甲叫学生买枪办招安军，并非虚语。

他一到潼南，便将此案真相，上呈省府了。开始叙述学生队丁伤若干人，受伤情形如何，到医院查得情形如何，校门上弹痕系由外入内，足知队丁开枪是实。现可考查者，一枪打得甚高，从校门上方穿入，一枪甚低，从学生膝下擦过，又知队丁是开枪恐吓。如果有意射击，学生岂能幸全？关于校长被殴，则说，初时请人坚不肯言，他告以此案不到法庭绝不将告者姓名披露，于是校内外诸人始尽情报告，并有出具证书交他执存者。以后他便将查得的情形，一一叙述。叙毕，则附以个人的意见道：惟念青年俊秀，大都可造之才，一涉法庭，悔将莫及，务恳厅长商明黄道尹曲予矜全。但求曲直是非，昭然共喻，不必依刑律，严法相绳。他日者，该生等学业有成，皆出厅长玉成之赐。倘该生等必欲颠倒是非，不承认有殴辱校长之事，即请将此案移交法庭，视学当亲赴法庭与该生等对质，如有虚诬，甘受法律上之处分，无有异词。又言：“某知事措置乖方，既已撤任，似可免于深究。校长丙抗不移交，酿成重变，推寻祸首，咎无可辞；惟该员由安岳径赴成都，校中一再殴辱校长，实未与闻。王校长学识优良，经验宏富，应请优予调用，俾展所长。校长一职，另简贤员，用资整理。”

他的呈文中，虽将一切内幕全行揭露，但总是略掺游移不定之词。如叙某乙倾陷某甲之事，则云：“某甲口称，真相如何，无从悬揣，且事在案外，未予彻查。”又云：“校中一再殴辱校长，历询诸人，佥称某甲主使，所有虚称事实及伪造文电，皆其所为；惟学生并未出头证明，是否不虚，尚难确定。”末云：“伏望厅长刀斩乱丝，从兹了结，若予彻究，徒快私仇，辗转牵连，将无底止。被三人原系同学好友，昔为胶漆，今为仇雠，各人所受痛苦，略足相当；或者大梦同醒，言归于好。最难堪者，黄道尹苦心维持，反遭痛诋；王校长老成硕望，既蒙奇辱，又受奇冤。光怪陆离，一至于此！负重伤者，卧床未起，抱不平者，攘臂而兴，万口喧腾，几至天翻地覆，现相如彼，真相如此，视学彻查案情，太息不已，不觉私心弥痛，吐词弥繁，而献计遂弥拙也。”这是他深知时局混乱，办不彻底；只好这样措辞，便于收拾。

此案发生后，报纸上的批评，省议员的质问，都说黄道尹王校长太野蛮了，都替学生抱不平，自省署收到他的呈文，抄付报馆披露后，社会人士才明白此案真相。当时成都川报，对他彻查此案，刊为重要新闻，大标题为《遂宁师校燃犀录》，小标题为《李省视学铁面无私》。后来他见到川报的主笔，对于“铁面无私”四字加以修正道：“我对于此案，无私则有之，铁面则未也；假使包龙图处此，断不会说‘曲予矜全’，也不会说‘是否不虚，尚难确定’的字样吧。”

事后闻知他离遂宁后，某甲对首要学生说：“李省视学居心叵测，你们可赶快走开，我也要回家去了。”不久，学生在报上见到宗吾的呈文，要打通电攻击他，开会讨论，竟无从着笔，因文中所叙，皆属事实，究竟省视学所获证据是何物，出具证明书者是何人，皆不得而知；且文中只把殴打校长一层说得确确实实，究竟行凶者何人，亦未指出姓名，谁肯出头对质？因此讨论几天，不得结果而散。

省府关于此案的办法，是另委校长，令其查明行凶学生；一面命宗吾交出证据，以便送交法庭；一面令黄道尹查明主使者，逮捕归案。后来黄道尹查复，请通缉甲丙二人，此二人终未缉获，宗吾的证据也未交出，随后二人的通缉令也取消了。当他们通缉令未取消时，丙忽然致宗吾一信，说他查得很公道，真是有口皆碑。丙的心意必是这样：我正要设法取消通缉，请你不要出来说话，你的呈文中本与我留得有开脱的路子，我就朝此路走去，总是不违背原案，不说你查错就是了。宗吾接得此信，也未管他。

新任校长查复说道："殴辱王校长，是某某四生，业经学校斥退，惟该生等是受人嗾使，请恩施格外，免究余罪。"要问这四生是谁？真是滑天下之大稽！我们还该记得那两位赌钱的学生吧，新校长呈复开除的就有这两位。此外两位，一位是因到王校长的寓中，去报告校中的内容，被学生自治会用学校的名义早已斥退了的；一位是因某种事件，早经丙校长任内斥退了的，这四位早经斥退的学生，竟成了殴辱校长的凶犯，真是千古奇冤！但是这含冤的四生，却不知他们在名义上又被开除一次，所以此案自始至终，无一不奇，可说是古今中外教育史上第一奇案。

关于此案中的甲，这里还当予以特写，宗吾对于此人，是极端钦佩，极端畏惧的。今借宗吾自己的话，来看看这位教育界的英雄吧。宗吾说："我在遂宁县署会议席上说殴辱王校长者手段欠高明，这是瞒心昧己的话，是我辈宦场中人敷衍面子的话。其实甲高明极了，我遇着他真是怕死了！我由潼南转到某县，正是他的故乡。我住在劝学所，听说他回来了，在各机关来来往往，谈及此事，兴高采烈。此时报上已把我的呈文披露，我很怕他跑来打我。有一天，我下乡查学，问轿夫道：'你们认识甲否？'轿夫答：'怎么不认识呀？他很文雅的，曾任县中某某等职。我们抬他的轿子，小钱给得很多，待人真好！手下的弟兄，一呼就是千多人。'我一听，骇极了！才脱虎口，又入虎穴。从此不敢下乡，终日躲在劝学所，外面不露声色，里面却是提心吊胆。因说暑假将临，我要回富顺视察一周，顺便回家休息。声言某日起身，取道资州而行，并把轿子雇定；起身之日，临到上轿，又对轿夫说，省中有事，我要回省，不回富顺了，轿钱照样算结，我就转道向省而去。心想：报上披露的呈文，说我获有证据，万一甲命手下弟兄在路上装作匪人拦截住我，打我一顿，把我的行箧挑去了，然后他再向我索证据，叫我如何应付？我转道走了六十里，到一镇上，住在一个小学内，称病不走。心想你在资州路上等我，我已经改道了，即使探知赶来，我已住在学校内了，其奈我何！住了几天，我又怕他派人在赴省的路上等我，一日清晨起来，我口称病已好了，仍回富顺，直向资州走去，到了资州，心才放下，才算真正出了险地。甲把一个厚黑教主骇得这样，也就可以不朽了。甲是否有此心，不得而知；如果他知道我当时的心理，也必失笑。我说这话，是证明我说他手段欠高明，实是瞒心昧己的话。我以后常常探询某甲的起居，听说他在故乡很好，何时我们睹面煮酒侈谈往事，或许他会说：'天下英雄，惟使君与操耳！'我每听人提起此公大名，就震惊不已，大有闻雷失箸光景。平心而论，此公的本领，比我大多了，我之所以未失败者，'天幸'二字救了我。昔人云：'天下奇谋妙计，无过脚踏实地。'此公谋非不奇，计非不妙，所惜者未脚踏实地；我则谋不能奇，计不能妙，但处处脚踏实地做去：这是我二人的不同。"

宗吾对于"吊打校长的奇案"，作了如此结论，我们也可借此窥见他办事的态度了。当年张列五对他说的"权术公开"四字，他认为可补圣经贤传所未及，是牢牢记在心头的。他查办此案，不免略掺"权术"，但事后公开出来，就让甲乙丙三人批评一下，再请当日参加此役的人也批评一下，在他当日的处境，是不是可以获得原谅与同情呢？

至于他经常的查学态度，他认为省视学的职务，是在整顿教育。大凡地方上办学的人，哪个不想办好呢？其所以办不好的缘故，总有他的困难，查学的人就应该帮助他去解决其中的困难。所以每遇办学的人，自己心中须先想道：我是来帮助他的，不是来捉强盗的。许多省视学专门搜索办学者的隙缝，以弹劾几个人为精明，未免有失设置省视学的本旨。因他有此看法，所以他查学多年，从不主张轻易更换人，遇着失错的地方，他便对当事人说："某某几点，你可以改正，继续办下去；我二次查得你不知改进，非据实纠举不可。"他觉得这样办，比另行换人收的效果大得多，若有非换人不可者，他就秘密对当事人说："你不能再干下去了，可递个辞职书与我，公事上我为你敷衍面子，否则我只得呈报上去，请明令撤换了。"如他得到辞职书后，即报上去说："某人去志坚决，我再三慰留，他也不肯打消辞意，请另简贤能接替为便。"其有人被攻击者，他就说："趁我在此，约集机关法团及地方官到场，将经手款项清算明白，免得去职后再受人攻击，为学务上多添纠纷。”这类的事，不能悉举。他多年来查学的报告，四川教育厅都有案可稽，都不失为一纯教育家的风度。唯有像“吊打校长的奇案”这类事件，他才肯掺入事后可以公开的“权术”进去。

“只要打不死，又来！”

> 他对于现在法定的学校，主张有两种解放：第一种解放，是破除学校与私塾的界限，把在校肄业的，和在家自修的，同等待遇，并不必限定年龄，使为工为商为农的，及早年失学的，都给他们一条出路；第二种解放，是学校内部的组织，得由教员体察情形，酌量变通，不必拘守那种死板的办法，可随学生的程度，为适宜的诱导。但有了这两种解放，自然呈现一种纷乱的状态，再设立一种考试制度于其上，悬出一定的标准去考试，于是参差之中，就寓于划一之制了。

一九二二年，宗吾同省视学游子九奉命赴各省考察教育，见到南北各省学校办理的成绩，比较上虽不无优劣的差异，但同在现行教育制度束缚之下，是不会有理想的发展的。因此他考察归来，即力主实行考试制，以救其弊。一九二三年下学期，成都开“新学制会议”，他便同几位省视学，及会员多人，提出考试案，开会讨论，未蒙通过。会毕，他即单独上一呈文，主张各校学生毕业，应由政府委员考试，即后此十年教育部才颁令全国的会考制度。他于呈文中列举理由十六项，并请在原籍富顺试办，经省署核准，委他为主试委员，一九二四年暑假举行，后来推广于川南各县。一九二五年年假，叙州府联立中学学生毕业，他复为主试委员，考了几场，一夜学生多人，手持木棒哑铃，把他拖出寝室，痛打一顿。据他说，打时秩序非常之好，全场静悄悄，学生寂无一语，他也默不做声，学生只是打，他就只是挨，学生打够了，临走，骂道：“你这个狗东西，还主不主张严格考试？”他躺在地下，想道：“只要打不死，又来！”学生走后，他请宜宾知事来验伤，将伤单粘卷，木棒哑铃，存案备查，次晨，又请该校邓校长到床前，他便口授电文，由邓录出，呈报上峰，历述经过情形，末云：“自经此次暴动，愈见考试之必要，视学身受重伤，死生莫卜，如或不起，尚望历行考试，挽此颓风，生平主张，倘获见诸实行，身在九泉，亦当引为大幸！”疗养稍愈，即宣布继续考试，他裹伤上堂，勒令全体学生，一律就试，不许一人不到，就是打他的学生也无例外；但场规较前更加严厉了，学生也只得规规矩矩地考下来。事后，他特作一书，叫做《考试制之商榷》，说明考试的必要，尤其注重学制的改革，由教育厅印发各县讨论。他常常对人说：“不经这一次痛打，我这本书是作不出的，所以对于该生等，不能不深深感谢！”

他以为这次的挨打，是十分应该的，因为当时各地的学生，都在运动废除考试，而他偏偏主张严格考试，又不曾宣布详细的理由，哪能不挨打呢？自经这次苦打以后，他才得了一种觉悟，凡事固然重在实行，尤其重在宣传，他之所以被打，是由于一般人对考试制怀疑，所以才生出反对的事来。王安石的新法，本来是对的，当他在鄞县做官的时候，曾经试办过，人人都称便利。但他做了宰相，把他的新法推行天下，就遭了一个大大的失败。要说他没有毅力吗？他是“天变不畏，人言不恤”的，其担当宇宙的气概，是古今不可多得的人物。要说他的新法不好吗？他死去以后，他的法子几乎完全被人采用，还有许多法子一直行到今日，不过把名称改一下或把办法略略修正一下就是了。然则王安石何以当时会失败呢？这就是他少了一层宣传的手续。当时的名流，如司马光苏东坡诸人，都不能了解，一齐反对他，彼此各走极端，结果两败俱伤，不但人民吃亏，国家吃亏，反种下后来亡国的因素，真可说是不幸之至！假使王安石不亟亟实行，先从宣传入手，把他的法子提出来，听人指驳，取消那种执拗态度，容纳诸贤的意见，把那法子酌量修改，诸贤也不泥守祖宗的成法，把那法子悉心研究，经过长时间的辩论，然后折中一致，大家同心协力做去，岂不是很好的事吗？宗吾心中有了这个见解，所以他把主张考试的意见，就发表了出来。

他主张施行考试制，并不专在考试的本身，是想借着这种制度，以求教育的普及，和造就真实的人才。他对于现在法定的学校，主张有两种解放：第一种解放，是破除学校与私塾的界限，把在校肄业的，和在家自修的，同等待遇，并不必限定年龄，使为工为商为农的，及早年失学的，都给他们一条出路；第二种解放，是学校内部的组织，得由教员体察情形，酌量变通，不必拘守那种死板的办法，可随学生的程度，为适宜的诱导。但有了这两种解放，自然呈现一种纷乱的状态，再设立一种考试制度于其上，悬出一定的标准去考试，于是参差之中，就寓于划一之制了。

他说：人的本性，原是不齐的，现在的学校，处处求整齐划一，他以为“整齐划一”这句话，是戕贼个性的名词。古时有个强盗，捉住人即按他在铁床上，身比床长的，把他截短点，身比床短的，把他拉长点。现在的学校，注重学年制，学年一满，就可毕业，资质高的，把他按下去，资质劣的，把他拖起来，究竟学生感不感到痛苦，办学的人是不管的，而且美其名曰“整齐划一”，试问这与铁床主义，有何区别？青年个性，如此被戕贼的，就不知有若干了。

现在的学校，是按钟点授课。本日应授的功课，即使学生业已了解，钟点一到，还是叫他们上堂听讲；其有程度太差，听了茫然不解的，也要叫他们上堂听讲。因为不如此，就不算整齐划一了！牺牲学生的精力与时间，去换取形式上的整齐划一，这便是现行制度。实则所说的三年毕业四年毕业，并不是所习的学业，要三年或四年才能完毕，不过是讲堂上规定了若干钟点，必须去坐满罢了。仿佛是三年的有期徒刑，或是四年的有期徒刑。所以现在的学校，也可以说是监狱式的学校。

按现在学校的组织法而言，管理人对于形式上负责任，铃子一响，只要他能把学生弄上讲堂，他的责任就算尽了；教员对于时间负责任，只要他每点钟能在讲堂上讲过五十分钟或讲过四十分钟，他的责任也就算尽了。孔子说：“不愤不启，不悱不发。”这本是很好的教授法，但如今用不着了，铃子一响，就须上堂听讲，不愤者也要启，不悱者也要发，学校的组织如此，怎么会不生流弊呢？

拿斯密士的“分工原理”研究一下，就知道学校内的学生损失的劳力和时间，真是不可思议了。据斯密士的调查，一个人做针，每天只能做二十枚；倘把做针的工作分开来，一个人拉，一个人截，一个人钻，一个人磨……共分为十八人，每天可做八万六千枚，平均每人每天做四千八百枚，所得成绩增加二百多倍。现在学校的组织，每日要学几种学科，每科以一点钟为限，这就像一人做针，时而拉，时而截，时而钻，时而磨是一样，当然有许多劳力和时间，作为无益的消耗了。虽说学生肄习各种学科，与做针的情形不同；但明白了这个原理，就知道每点钟改习一种学科，是最不经济的。中学校应习的各科不该同时并进，所有各科学习的先后，和学习的时间，都应该酌量变通，取消那每天学习五六科的办法，所得的效果，一定要增加许多。

若取一种未经学习过的学科，自己去研究，就知道其中的甘苦了。遇着不了解的地方，往往钻研许久，都不了解，一经了解，以下的即迎刃而解。有时发生了兴趣，津津有味，自己不忍释手，进行非常之快，比那教师讲授的速度，真有天渊之隔，而且是自己钻研得来的，心中也格外畅快。好比煨肉的方法，初时用猛火，到了沸腾后，改用微火，只要能够保持沸腾的温度，虽是微火，所得的效果仍与猛火无异。凡人看书，有时发生兴趣，津津有味，这就是煨肉到了沸点的时候，就该一直看下去，这是用力少而成功多；倘此时无故把它放下，隔许多时候又来看，自己也觉得兴趣没有先前那样好，看下去就较为艰难了，这便是煨肉停了火的缘故。必要耐心再看许久，方才发生兴趣。若把平日自己看书的经验，下细思考一番，就可发现学校每一点钟换习一科的弊病了。

例如学校内，学生上讲堂，听教员讲某种学科，初时一二十分钟，还没有什么趣味，这就是因为煨肉的水还是冷的。入后越听越有趣味，就是到了沸点的时候了。忽然铃子一响，改授他科，这就像肉还未煨好，就把罐子提开，改为煮饭一样。学生又要经过一二十分钟，才能发生兴趣，正在津津有味的时候，钟点又到了，又须改授他科，这就是饭还未熟，又改而炒菜。每天学习五六科，改变五六次，结果时间耗费了，精力也疲倦了，所受的益处，依然没有好多。

有人说：“每日功课，难易相间，才不亏脑力；每一点钟换一种学科，使脑筋变换，才不受损伤。”宗吾对于这个说法，也有点怀疑。请问世间的事何者为难？何者为易？依他的解释：（一）前进无阻则易，前进有阻则难，所以行平直的路易，行崎岖的路难。（二）顺其习惯则易，违其习惯则难，所以读书人以写字为易，挑担为难，而劳工则以写字为难，挑担为易，当学生学习某种学科，正在津津有味的时候，如果听他一直做下去，岂不是前进无阻吗？忽然换一种学科喊他去学，这就像行路的人，正在顺利前进时，忽然有了障碍，不得不折而他走是一样。又学生正在发生兴趣时，顺着他的惯性让他前进，自然是很便利的；为什么要改授他科，阻止他的惯性呢？这明明是化易为难，何尝是难易相间？我们也只能讲明这个道理，使学生自择其所谓难所谓易，不能钻入学生的脑中代择其所谓难所谓易。学生习某科，他要想继续下去，不肯中止，这是可以的；他自觉厌烦了，想另换一科，也是可以的。当纯由学生自动。教师在旁边辅导，随时指点，却不可强制他。这样学生的进步，自然很快，脑筋也不会损伤。

工场的管理法，是以最少的消耗收最大的效果为原则，对于金钱材料劳力时间四者，俱有精密的计划。金钱材料，不能妄费，自不必说；就是工人的劳力，与做工的时间，都是用科学的方法去研究，不使他有丝毫的虚耗。如果用管理工场的眼光，来考察现在的学校，他那金钱材料劳力时间四者的虚耗，真要令人惊骇不已，几乎无一个学校不是以最大的消耗收最小的效果，无怪乎教育日形退化。

现在的学制，劳力与时间的虚耗，既如上述，至于金钱材料的虚耗，更是所在多有。例如，各学校的仪器标本，封锁的时候多，利用的时候少，为什么不把它公开，使一般人都享受利益？这就是材料不经济的地方。从前书院的山长，得了几百串钱，那全书院的学生数十个，或是百多个，都由山长一人去教，此外没有一个冗员；现在教育上的组织，就是拿钱的人多，教书的人少。教育厅设厅长、科长、科员、几十个人，是拿钱不教书的；省设省视学若干人，是拿钱不教书的；各县设教育局长视学员，是拿钱不教书的；各中小学校校长，多半未担任功课，是拿钱不教书的。从前书院时代，学生的品性，由山长负责，未另支薪，现在把它划分出来，每校设管理员数人，这些人所得薪水，都比从前山长优厚，但他们可无须教书，实际上在教书的只有所谓教员罢了，此外还有文牍、庶务、会计、书记等，都是拿钱不教书的。至于教育局董事，教育委员或学董，都支所谓车马费，也是拿钱不教书的。拿钱不教书的人有如此之多，教育经费哪能不支绌？用了那么多的金钱，费了那么大的劳力，所得的结果，不过是造成一个读书不自由的组织罢了。倘把所有的组织细加考察，无在不是荆棘丛生，诸多窒碍，维新之初，手订学制的诸公，未免太不思索了。

其次则谈到学校以外的情形：从前科举时代，自然是弊病不少；但那个时代，却有一个极好的精神，只要立志读书，就有书可读。国家衡文取士，只问学业，不问贫富，试场之中，贫如乞丐的，富同王侯的，是一样待遇，无丝毫的区别。现在学校的组织，完全是家资富裕的占便宜，学校的等级越高，所需的费用越多，于是高深的学问，就成为家资富裕的私有物了。贫苦人家的子弟，是终身得不到高深学问的；即使实行义务教育，也不过得点粗浅知识罢了。

但就全人民而论，贫穷的人多，富足的人少。现在的学制，只有富家子弟才有入学的机会，贫家子弟，是在摈弃之列，立法未免太偏枯了。我们实地考察，凡是富家子弟，多半怠惰，贫家子弟，多半奋勉，中国历史上，许多名儒硕学，都是从贫寒的家庭出来的。若照现在的学制，继续行下去，国家必要少出许多人才，无形之中就是受了极大的损失。

从前科举时代，可以一面谋生活，一面自己用功，国家行使考试时，对于此等人，与在书院肄业的人，同样待遇，没有什么歧视之心。现在学校的组织，定要身在学校之内，住上若干年，才能承认他是某某毕业生；至于校外自修的，任他学问如何好，政府是不能承认的，依然把他当做弃材。若把科举时代名人的历史一查，在他们未遇之时，有教学糊饭口的，有充当书佣的，有务农下力的；假若这些人生在今日，可以断定他们永无出头之日。现在充当小学教师和充当书记的一流人物，要想得个硕士博士，是终身不可能的，这不能不说是学制上的缺点吧。

宗吾既见到现行教育制度的诸多缺点，于是就想出一种补救的办法。他以为学校中的学科，大半是可以自修的，最好让学生自动去研究，教员可处于辅导的地位，不必死守学年制和钟点制，但为要考查他们的成绩，自当予以严格的考试。可是那些在校外自修的，也不可遗弃他们，只要他们的学力，和某一学校阶段的程度相当，亦应准其参与考试，考试及格，即当与在校学生同等待遇。因此他所主张的考试制，有两个目的：一是杜绝学校的积弊，使天才优越的学生不受学年制的限制，而程度较低的学生，不能侥幸毕业；二是把学校开放了，使校外学生，亦能参加毕业考试，方可多造就一些人才。似此，则消极积极两方面，都可以顾到了。但他的意思，尤重在后一目的，他是以“求学自由”四字为主旨的，因此，现在学校的组织，非设法解放不可；欲求解放，非先把考试制确立了不可。

他主张举行毕业考试时，私塾生和自修生一律准其与考，正是想弥补上面所说的缺点，使家务贫寒资质可造的学生，不至成为弃材；并且校内学生见有校外自修的与之竞争，万一成绩不及他们，岂不为人非笑？自己也就不能不用功了。所以考试时加入校外的学生，不惟不能妨害校内的学生，并且可以催促他们用功，同时可以成就校外的寒士，一举两得，又何苦而不为呢？公家所办的学校，见有私塾与他竞争，恐怕相形见绌，自然也就不能不力加整顿了。

他这种主张，当时也生出许多疑难的问题，但他都一一地予以解答：

有人说：从前的科举，注重文字，是可以自修的；现在的学科，有许多非经讲授，是不易了解的，还有许多注重实验，并不是课本上的知识，是更不能自修的。他说：这种见解，他是承认的，他从前也虑及此，所以他上的主张考试的呈文中，即说得多设补习学校，并可于适中地点，设公共理化室，图书标本室，专聘教师，常住其中，许人自由请问等语，也就是救济这种缺陷。他以为中学的课程，很多是可以自修的，间或有不了解的地方，只要有人指示门径，仍然可以循序进行的。他的主张，是先把考试制确定了，并且把校外自修生准其与考一层也确定了；然后基于考试制上，再想出种种方法去扶助它就是了，现在的学校，各置仪器标本一套，封锁的时候多，利用的时候少，这是很不经济的。依他的意见，可以各校共同置购，放在适中的地方，各校先在校中把理论讲明白了，到了规定的时间，由各校把学生引到那个地方去实验，如此办法，一套标本仪器，可供几个学校之用；并且还可以把它开放，使校外之人，也能享受这种利益。如果有了这种设备，又有指导者居住其中，那些贫苦子弟，可以一面谋他的生活，一面抽暇自修，遇有不了解的地方，可以向人请问，倘若无人请问，就可赴公共场所请指导人指示，又有仪器标本可供实验，所得的知识，即与在校的无异。自己把学问造好了，与在校学生受同样考试，所得的结果，亦与在校者无有区别。如此办法，那些贫家子弟，有出身之路，有求高深学问的机会，于文化上是很有增进的。

有人说：依照这种办法，那个指导员就难以物色了，他必要学问极高深，又必须各种学科无所不通，各种书籍无所不览的，方能胜任。他说：这也不必虑及，此事着手之初，可先就中学的课程，分科聘请专员，负指导之责；并可先把教科书标示出来的，指导员对于这几部教科书，负充分指导之责，若来问的人，出了范围以外，指导员如能了解，不妨先说与他听；如不了解，就可谢绝他。如此办去，只消能够充当中学教师的，就可充当指导员了，此项人才，又有什么难以物色呢？先把中学程度的一步办到了，中学以上的各科，再慢慢想法子去办。

有人说：照你这样的办法，私塾学生也可毕业，现在的学生，岂不尽向私塾去了吗？学校内还招得到学生吗？他说：施行考试时，所考的是学校内应授的学科，并不在其他书籍中出题目，私塾如不改良，它的学生断不会侥幸及格，自然学生不会到它那里去，即使去了，也是要回来的；如果它的学生考试能及格，可见他的私塾，业已改良，与学校无异，岂不是很好的事吗？国家兴设学校的目的，原在造就人才，现在有私塾也在帮助造就，不支公家款项，造出的学生，又能合格，应当奖励之不暇，又何必阻止它呢？如果私塾尽都改良了，学校的学生，全体都向私塾去，也是无妨的，正好把造就人才的事，让与私塾去办，国家只消设一个考试制，去考试私塾的学生就是了。所有办学校的款项，可移来办平民学校，教育无力入私塾的学生，或是去办高级的学校，教授私塾所不能教的学科，岂不是很好吗？所以私塾发达，是很好的事，并不是悲观的事。但他所说的私塾，是包括私立学校，未向政府立案者在内，不仅仅是指乡村的私塾。

他又说：现在学界中的争端很多，穷源竟委，细细推寻，可断言有一大半是由于位置上的关系。这也无怪其如此：全省教育局长、与夫校长教员，位置是有限的，具有局长、校长、教员的资格者，又是很多的，并且这种人才是逐年增加，实在是消纳不完；兼之实业不发达，各项人才没有出路，只有汇集于教育之一途，怎能不起争端呢？现在公家所办的学校，颇为人所诟病，富厚之家，每出重金延师训读，所苦的就是得不到毕业证书，如果施行考试制，私塾学生，与在校学生，同样地可以毕业，那些家资富有的人，把各项人才礼聘去充当教师，也就可以消纳了。或者自己约集几个朋友，组织私立学校，征收学费自行办理，无形之中，又增加了许多学校，对于社会也是很有利益的，这类私立学校，互相竞争，大家都想办好，自然教育事业就发达起来。公家所办的学校，见有私塾与它竞争，恐怕相形见绌，就不能不整顿内容，于是公家的学校自然可以好起来。有了那些具有校长教员资格的人，去充当私家教师，那些腐败的塾师，也就被天然淘汰了。

他查学所到的地方，往往有些校长对他说："本年招收新生一班，投考的有数百人，我选取了几十名，其余很有些程度好的，因为额满了，都未收入，我这班学生，程度很整齐。"他听了这话，口虽不言，心中不免纳闷。因为政府是要行强迫教育的，不就学的，还要勒令就学，为什么想来就学的，反而叫他们废学呢？调查未考取的那些学生的去路，除废学而外，有往别处寻学校入的，也有投入私塾的，幸而尚有私塾这条路，不然，废学的就更多了。

有人说："现在学校内，教授各种学科，与中国旧学不同，不能不分班教授，每班程度不能不整齐，所以招收学生，不得不加以限制。"他说："程度整齐，固然好；就是程度不齐，也未见得没有办法。现在学校内的国文、历史、地理等科，中国旧学是有的；现在学校内的英文，是外国字外国音，从前讲说文讲音韵的，是研究古字古音，都是一样的艰难；理化等科，也未见得比经学词章艰深好多；至于数学一科，从前的经师也有精通的，并且程度很高，看他们所著作品，就可以知道。那时的老师学生，并未取现在的形式，居然能够把学生教得好，这岂是没有办法吗？”

有人说：“你既如此主张，我如果充当中学校长，定要聘你做教员，教一百个程度不齐的学生，请你去教授，看你有甚么办法？”他说：“这件事我能够担任，你把学科排定了，并规定学期之末，学生程度要教至某个地方为止；到学期满了你来试验，如果学生达不到限定的程度，我受罚就是了；至于教授的方法，可以听我自由，你不必过问。”那人又问：“学生程度，参差不齐，你有什么办法呢？”他说：“惟其参差不齐，就更有办法了。我提倡学生看书，养成自修的能力，只须指示门径，说过大概，叫他们自己研究，互相切磋，有不了解的，先问同学，再不了解，才来问我。如此辩理，那程度高的学生，就成为我的助教了，人的天性，是喜欢为师的，程度高的学生，有人向他请问，他一定乐于讲解，每与人讲解一次，犹如自己复习一次，于他也是很有益处的。当教师的，只立于考察地位，考察各生是否了解，某生的指导有无错误，如有不合，即予指正。再者，学生的通性，大都喜欢问同学，不十分肯问教师，其有来问教师的，已经是苦心思索，不得其解，这等人即是孔子所谓愤悱的人，只消就他怀疑之点，略加指点，他就会恍然领悟，无须多费言辞。我用这个法子做去，即使一百个学生，有一百等程度，教起来也不费好大的气力。”

有人说：“整顿教育，当从各方面进行，不单是一个考试制，就能整理好的。”他说：“我当省视学十余年，所有查学报告，无一篇不谈整理的方案，考试制仅是整理方案中的一种，我并不是不知道。实则现在教育上的病状甚多，凡热心教育的人，不妨分途治疗，或治内病，或治外伤，或治一切杂症，我于各症中担任小小的一种，大家悬壶问世，我想教育上的病症，或有医好的希望。”

有人说：“东西各国，教育方法很多，为何舍去不谈，只谈考试呢？”他说：“教育家有良好的整顿方法，尽管办去，东西各国的教育法，尽管采用，考试制于其他方法并无妨害。像现今的学制，有了部令限制，眼见许多良好的办法，也行使不出来。且各人的见解不同：甲所谓良好的，乙未必以为良好。我敢断言：任何教育家上台，制出一部教育法令，都不能尽满人意。既是这样，就不如索性把现行学制打破了，使全国的教育家，把各人心中所谓良好的办法，拿出来实行，分头并进，教育才能尽量发展。我所说的考试制，对于各种主张，均能容纳，可再设比喻来说明：假如有城一座，我们想攻下它，所有进攻的路，东南西北，不必拘定。攻取的方法，或用大炮轰击，或是肉搏而上，或用飞机，或挖地道，也不必拘定，总以攻入城内为胜。毕业考试，就是考查他攻入没有。至于进攻的路线与攻取的方法，应由前敌将士考察地势，侦探敌情，自行选择；当主帅的，只严令各将士限期攻入就是了。我对于教育的主张，就是如此。”

有人说：“关于考试的法子，应当讨论的地方很多，何故忽略不谈？”他说：“考试的法子，自应详加讨论，这是不待说的；施行考试，有种种流弊，也是当然的事。我的意思，是先把考试制确定了，才能讨论考试的法子和救弊的方法。现在考试制尚未确定，故只说明原则，未说到具体的办法。大体说来，现在学校的考试，仅出简单题目，既不足以借此考验出某些学生的真实学问，又容易使某些学生生出侥幸的心理；将来的考试，问题宜多，时限宜宽，并须采用测验的方法，以期精密。关于博物理化等科，当罗列标本仪器，令学生详细说明，实地试验，如此则考试时，非确有心得的学生，即不能及格，侥幸的弊病，也就无从发生了。不过这仍是一种原则，将来考试制实行时，还须做精密的研讨，总以使学生不冤屈，不侥幸，才合乎考试的理想。”

有人说：“考试制，只能考查学生的知识，不能考查学生的操行，施行此制，未免把德育方面抛弃了。”他说：“考试制固然不能改正学生的操行，可是现在学校中的办法，也不能改正学生的操行。要想学生有良好操行，首先要改变学生不正当的心理。改变心理的方法，在不断地予以暗示，教师人格高尚，即是一种很好的暗示。耶稣的教理，并非如何精深，是他的人格足以感化人，他的毅力足以转移人，才造成了全世界无量的信徒。现在的学校内，对于学生的操行，不用耶稣传教的法子，去行商鞅秉国的政策，并且是秦始皇钳制人民的办法。所以遇有可趁之隙，学生中有人出来振臂一呼，就应者四起了。全国学潮的根源，就在于此。”

他把以上的种种疑难，一一加以辩解，然后他在文化进步的阶段上，又给予考试制一种评价。他说中国比欧洲开化得早，当然也比欧洲进化得多，我们考察欧洲的社会，如果把近代的物质文明部分除去，单看它的组织法，就可见出它社会进化的程度了。欧洲政治上的许多制度，如征兵制，如选举制，中国都曾施行过。后来渐渐进化，那些设施就渐渐弃去，其间蜕化的痕迹，都是彰彰可考，由选举而变为考试，是进化必经的阶段。美国近三十年来，也施行考试制度了。美国的考试制度，和现在各国的考试制度，都是学英国的。英国的考试制度，又是学中国的（见中山先生《五权宪法》）。欧美正在向着考试制那条路进化，我们反把考试制废除了，退转去行选举制，违反了进化原则，所以选举省县议员的时候，就弊病丛生了。

他说：中国的考试制，发源最远，汉朝对策，固然是考试；其实战国的游说，也是一种考试，不过是人君当面口试罢了。我们可以说：战国重游说，是考试的起点，后来越久越进化，于是中国的考试制度，就成为世界上最好的制度了，进化较后的欧美，自然要来取法。我们在历史上，还看出一个进化的痕迹：周初学制，区分为小学中学大学几个阶段，以次递升，肄业年限，是有定时的，政府用人，自然也是选用毕业生。最奇的，是那种学制刚刚破除，继之而起的，便是考试制的出现，可见考试制，正是替代那种学制的。所以他主张施行考试，不问肄业年限，不问曾否入校，一律以程度为准。

他说：现在要整顿教育，只有把那中断了的考试制，继续施行下去，才能铲除现在的积弊，才能企图将来的发展，今人一闻“考试”二字，依心理上的联想作用，就想及八比试帖，认为这个法子，陈腐不堪，其实大错了，考试是一事，八比试帖是一事，八比试帖可说是腐败，考试断不能说是腐败。现在的学校，如果不教科学，仍教八比试帖，还是腐败不堪的。可见腐败与否，全在学科上，不在形式上。有人说：“依你的主张，莫非要把现在的学校一齐废了吗？”他说：现在中国的学校，已经有若干年的历史，哪有废去之理？他是主张学校与私塾，二者并存，愿进学校的进学校，愿进私塾的进私塾，愿自修的听其自修，统以考试制汇其归就是了。

他所主张的考试制，经他从各方面加以说明，并且著为专书，由教育厅印发各县讨论，不久便得到教育界的赞同。我们应当知道他对于考试制的一切理论，乃含有他所说的“力学公例”。人类都是求上进的，政府既施行了考试制，准许私塾学生、自修学生与在校学生，一律参与考试，考试及格，即发给毕业证书，使贫苦有志的青年，也同样地有了出路，自然他们对于考试制度，即不禁生出向往之心，这便是所谓“向心力”的作用。人类又是不愿受拘束的，他主张学校中应打破学年制钟点制，在规定的学科之内，提倡自由研究的精神；同时，除正式学校外，不干涉私塾的设立，使校外的学生，也可以自由研究，这便是所谓“离心力”的作用。他以为制定法令制度，定要把路线看得清楚，又要把引力离力二者，支配均匀，才能推行无阻，我国纷乱不已，实由于许多法令制度，违反了天然的规律，引力离力，支配不均。他见全国学校，日趋窳败，主张彻底改革，拟有几种办法，考试制便是其中的一种，每种办法，都是把引力离力支配均匀的，所以这其间仍适合于“力学公例”。

他主张的考试制度，实在说，就是开放学校。下手从小学开放起，所以就从小学考试起，小学收了效，再开放中学，由是以至于大学。一九二四年暑假，他在富顺试办，中学修业年满者，方能与试；小学则不分私塾与学校，只要程度及格，即给予毕业证书。这是因为小学考易办，中学则较难，各校办法参差，教科书多不一致，且集合多数学生于一处，一校学生借故闹事，势必波及全体，考试制难免不发生动摇，不如先每校分考，由考试委员酌量办理，即使一校同事，与他校无关。等到考试制基础稳固了，各中学渐归划一了，再举办中学会考，仿照小学的办法，自修生和私塾生，也能参与中学考试了。依此类推，以至于大学，均可借考试而予以开放。他以为这种办法，果然能通行全国，在十数年之内，即可为国家多造就许多人才，毫无疑义。一九二五年二月，四川省署根据他的呈请建议，制定各级学校毕业考试暂行条例，通令办理，于是各县就逐渐推行了。我们知道国家颁行的中学会考制，是一九三四年才实行的，于此可见四川的会考制，几乎早过国家颁布的法令十年，这不能不归功于他了。但中央颁行中学会考制时，同时即取消小学会考，于是成都华阳等六十一县教育局长，以川省小学会考，颇收成效，联名协请保留此项制度，奉指令姑准再办一年。一九三五年，四川省政府咨教育部，胪举理由，请予保留，结果又准再办一年。到了一九三六年，各县遂一律奉令停止小学会考，也未另办私塾学生的考试，宗吾不禁慨叹道：“我在川省教育界遗留的痕迹，就算完全肃清了！”不但如此，到了一九三八至一九三九年之间，竟有好几省的省政当局，连他所著的《考试制之商榷》一书也下令禁止起来，至此，则他主张改革教育制度的苦心，不惟无功，反而有罪了！

一次试验，一种计划

他这种成绩考查法，是提倡私塾与学校竞争。学校对于私塾，胜之不武，不胜为笑；如果私塾学生，占了优胜，学校就没得面子了。学校的教员，报酬虽是微薄，总是得了公家的钱；私塾未得公家一文，而其成绩反在学校之上，相形之下，未免太难为情。所以实行这种办法，各学校是特别戒严的，自然成绩就好起来。

宗吾在省视学的任内，可说是无时无刻不在为教育上想办法。上面是说他主张考试制的建立，各学程毕业考试，无论是在校的，不在校的，一律准他们参与考试，由政府委派专员，主持此事。但他并非只知重视毕业考试，而不注重平时。平时的考试，他是更为看重的，因此他做了一篇《学业成绩考查会之计划》，首先请求在他的故乡自流井试办——其实自流井也在他的视学区域之内。他设立的学业成绩考查会，是约集地方教育界人士，筹备经费，每月会合在校学生，及私塾自修学生，按照部定科目，会考一次，及格者从优给奖，鼓励学生的兴会；而贫生得奖，更可以缴纳学费，或购置书籍，不致因贫废学。考试科目，及所用教科书，均先期公布，使私塾自修学生，预为肄习。张榜时注明肄业地点，及校长或塾师的姓名，以资比较，使学校与私塾，互相竞争。这是办法的大概。

此项办法，是重在提倡私塾，并借以警觉正式学校。但是还有困难的地方，因为国文国语等科，私塾教师大半能教，其他各科也有能教的；唯有工用艺术、象形艺术、音乐体育等科，如其要考，则私塾一向无此科目，一定考不及格，学生就会绝迹不来，有失提倡私塾的本旨，如其不考，则公家所办的学校，就会把这些科目抛弃。于是他主张先把这些科目指定范围，明白宣示。例如第一次考试象形艺术，通告上规定作四个图，考试时可择试一图；工用艺术，规定做两种物件，音乐规定两首歌，体操规定某某段，考试时择试其一，这样各私塾也就可以按照学习。第二次又另行规定几种，过了数次之后，把私塾引上路了，通告上又把这些科目改为某科用某种教科书，私塾就不感困难了。同时，还聘有私塾指导员，巡回指导。考试算学时，并考试珠算，规定用旧式算盘书，取其私塾教师及学生父兄，多能指导，而且便于实用。考试科目，有必考的，有择考的，可由主考人临时酌定，不让学生事先知道。试场外摆列桌子数张，分派教员数人，专司非笔试的考试，如学生交卷出来，即命他在某处打算盘，某处讲故事，某处唱歌等。试卷用弥封，无论及格与否，批阅后一律发还。榜上注明某某先生评阅某科，所以阅卷的先生，也十分认真。每次以平均满六十分为及格。后来发现一个弊病，有的学生投考几次，因见榜上无名，就兴味索然，不想来考了。因此，他和与事人商量，把那六十分以下的，再择些出来，列为副取，也略为发奖。如此用钱不多，取录一批人，这些人回去，一定要用功，想着下次考入正取。这就好像彩票的对尾，凡是买彩票得了对尾的人，下次还想再买。

经他如此试办之后，所有自流井一带的学校私塾的教师学生，无不兴奋起来，教者尽心教，学者也努力学。当时有许多人向他说："你这个法子真好！我们是外行人，不经这一考试，家中的老师究竟好不好，我们怎能知道？"于是教师学生及家庭的心理，就可窥见一斑了。他以为教师与学生，不必用法令强迫他，或是派人去督促他，他们自己是知道着急的；但是把学生的竞争心提倡得过高了，于青年的脑力也有妨害，又当随时告诫教师，使他们注意，他又向坊间去调查，问他们教科书销售如何，他们都说一连销去好几批了，购者还是络绎不绝，于是他知道私塾是改良了，从教科书销数的增加，便是经书杂书减少的明证。

当时自流井的教育经费，是很不充足的，各校教员的待遇，自然也很微薄。他便特许各校的小学教师，自由征收学费，并可仿照先年议学金的办法，随家境的贫富，定出钱的多寡，有人说："教员收费应加以限制吧，否则他们会任意多收的。"他说：只规定极贫的学生免征一条就是了。他们有钱之家，是担负得起的，我们何苦替他们俭省，使教师们饿着肚皮去教他们的子弟呢？但是教师征收学费，他自己也会酌量情形；如果取多了，学生会往私塾去，他校中无人来学，于他是很不利的。他以为教师越认真，来学的越多，教师的收入就越增加，劳力与报酬成正比例，这是一种天然的奖金。公家给教师奖金，还有考核不公的毛病；唯有这种天然奖金，教师如不能得，只有怪自己，不能怪他人。因此，他主张与其筹款奖励教师，不如筹款奖励学生，学生得奖，教师得名，教师有了名誉，天然的奖金，即随之而至。他所主张的成绩考查会，正是公家拿钱奖励学生的，但学生又拿钱去缴纳学费，仔细推寻起来，公家的钱还是入于教师之手，不过由学生方面周转一次罢了。学生想得奖，非认真用功不可；教师想增加收入，非认真教授不可。其实公家出钱是一样的，但多此一番周折，效果就迥然不同了。

他这种成绩考查法，是提倡私塾与学校竞争。学校对于私塾，胜之不武，不胜为笑；如果私塾学生，占了优胜，学校就没得面子了。学校的教员，报酬虽是微薄，总是得了公家的钱；私塾未得公家一文，而其成绩反在学校之上，相形之下，未免太难为情。所以实行这种办法，各学校是特别戒严的，自然成绩就好起来。凡当塾师的，只要他的学生考取了，他就要称赞现行教科书的好处，表彰他自己的本领，这种塾师，也就变成改进教育的劝学员了。假使私塾发达起来，人人都愿送子弟入私塾，就不妨把小学教育，让给私塾去办。剩下的学款，可以拿来办平民读书处，教授力不能入私塾的学生；或是办师范学校，储备私塾教师；或是增加每月考试的奖金；或是添设公共实验所及公共导师。到了这种地步，就无妨承认私塾是小学教育的主体，公家只是设法补助私塾的不及就是了。

当时四川各县私塾的数目，大约十倍于初小学校。全县私塾的学金，和供给先生的伙食费，合计起来，大约也是十倍于全县初小学校的经费。他以为兴设学校，筹款既很困难，私塾中藏有这样大的一笔款，就该设法使它发生好的作用。学校与私塾的区别：一是照章教授，一是不照章教授。若是想出方法，诱导各私塾，也肯照章教授，便是凭空添了十倍的学校。私塾中藏有巨款，仿佛山中藏有金银矿一般；如此每月的考试奖金，也不过是开矿的一点费用罢了。因此可以说，他所举办的那个成绩考查会，犹如设立一个大规模的小学校，那些私塾，可认为是他们的分校。分校的校舍校具，薪金伙食，都由学生自备；唯有举行月终考试时，学生来本校试验一次。他从此着想，实觉得用力少而成功多，也可说是用少数的金钱，收到最大的效果。——这是他在自流井举行“学业成绩考查会”简要的叙述。

此外他对于平民教育，也是计划周详，当时中华平民教育促进会四川分会，选举董事，宗吾被选为董事之一。会中希望他发表意见，他便作了一篇《推广平民教育之计划》。那篇文字，可以说是补《考试制之商榷》及《学业成绩考查会之计划》所未及的。

他看到当时有些地方，私塾日益发达，许多家庭都甘愿出钱把子弟送入私塾，学校日益退化，以致学生寥寥，有名无实。依他的意见，各地有名无实的那些初级小学，不妨改为平民学校，内容可取私塾的组织，个别教授，有读整天的，有读半天的，有读一二小时的，有来问字的，均可听其自便。每逢赶场的日期（“场”即四川乡镇中交易的处所，每隔几日，人民前往买卖，名曰赶场），教师并可兼负讲演的责任。筹措学款，既是非常艰难，即不妨把平民教育、社会教育、通俗教育及义务教育等项，合为一起办理。一般贫民，并非不知读书的好处，实在是为生活所迫，要谋衣食，不能来读。若是有这样的一种平民学校：听人民来去自由，一面谋衣食，一面来读书，学者不感困难，自然就容易推行了。初级小学的弊病，在分班教授，按钟点授课；民间早膳午膳，早晚不一，学生来校，自然先后不齐，又学生常常耽误时间，缺课甚多，也是补不胜补。各家父兄，见课本中有许多未教，就很不满意，因之把子弟送入私塾，而私塾的组织，恰能弥补这种缺陷，这也是私塾发达的原因之一。所以他主张初级小学的内容应该改组，平民学校也应该改组。通常的平民学校，大半是夜间授课，因为做工的人，到了夜间才得暇；但情形各有不同，白日也有得暇的。如果平民学校的教师，白日夜间都在校内，来学的人就很感便利了。

他以为平民教育，应该扩大办理，教育一般民众，不仅仅教不识字的人。吾国人民，除一字不识者外，有读过一二年书的，有读过三四年书的，还有些人读书虽多，对于时局却茫然不知，其程度是参差不齐的；兼之有男的，有女的，有老的，有少的，有些是有职业的，有些是无职业的，种种情形，也是万有不齐。因此供给人民所读的书籍，也应该万有不齐，方能与他们相应。民间通行的读物，都是印版书；唱本戏本一类的，他们尤其喜欢看。主持平民教育的机关，就应该顺着这种趋势办法，多征集些著作品，或白话的，或浅近文言的，都不必拘定，总以富于趣味为主。通行的唱本戏本，字迹非常恶劣；但因为富于趣味，词句浅显，只要读过一两年书的人就能看，间有不认识的字，也可以意会。因此编著平民读物的人，或用教科书的体裁，或用戏本小说的体裁，或用功世文、三字经、四字经，以及其他各种体裁，当应有尽有。更可把外国压迫我国的情形，诸弱小民族被侵略的事实，和其他应该知道的常识，分别编入，把字迹刻端正些，发交卖唱本戏本的人，沿街售卖，并派人讲演。人民纵有不认识的字，有不了解的意义，但有了问难的地方，他们读起来，一定很有趣味，辗转传播，如此人民的程度，自然就培养起来了。

他主张各街宣讲“格言”的人，和在茶馆内说“评书”的人，应该由教育局把他们召集起来，传习改良，授给他们一些新知识，把应该供给民众的读物，叫他们拿去传播，讲给众人听，这等人的语言态度，与街市上的人是一致的，他们说的话，众人都肯听；若是上流社会的人去讲，反觉得是异言异服了，所说的话，必不能深入人心，这就好比孔子出游时所发生的一段故事一样：当年孔子出游，他的马吃了农人的禾苗，农人把马牵去，孔子叫子贡去要，子贡百般解说，农人坚不肯还；孔子又叫马夫去要，马夫几句话，说得农人欢欢喜喜，就把马送还了。因为子贡与农人，知识不相等，说的话是隔阂的；马夫与农人，知识很接近，一说就投机。所以教导民众，不可不明白这道理。

他以为现在阻碍文化的，就是教科书有版权一事。我们中国，本来是读书很自由的；改行学校而后，订出种种法令，有了许多限制，读书就不自由了。从前无所谓版权，如今所用的教科书，概有版权，人民不能自由翻印，于是购书也不自由了。外县购置教科书很难，往往有钱也买不到书。他查学所见：有些初小教师，手写教科书，拿与学生读的；又有命大学生帮助小学生抄写的，这就是"版权"二字生出来的现象。有了这种制度存在，教育怎么能够普及？所以他提倡平民教育，首先要自编书籍，放弃版权；促进会再征集各种读物，加以审查，认为合格，即刻成木板或铅印，把著者姓名印上，予以名誉上的报酬；把所有书籍的名目，公布出来，各处要购某种，只要寄函到会，会中雇有工人代印，只取纸本，不取工资版费，如有愿翻印的，那就更好了，其刊版的用费，除募集外，并请求公家筹拨巨款；再则劝人捐资刊版，把捐者姓名，附刊版末。果能照此办去，则历年越久，存储的版片越多，各种书籍都有，就与万有不齐的程度相适应了。

他以为现行学制，处处都是束缚人的，因主张彻底改革。他认为施行教育，应该有三种方式：一是正式的学校，即现在的小学中学专科大学；二是私塾，即是现在有一般人，不愿把子弟送入学校，愿送入私塾，也应该听其自便；三是平民学校，有些人不能入学校，又不能入私塾，就设这种平民学校去容纳他们。另外再设一个考试制，立于其上，有来应考的，不管他男女老少，只看他的程度，到了某个地步，就发给他某种毕业文凭，如此办去，才可以多造就些人才。尤其现在的时代，是民众的势力，指导民众，如得其道，自然有很大的利益，如不得其道，发生出来的弊害也是无穷的。所以他希望热心救国的人，借平民教育，为指导民众的机关，使民众洞明事理，庶可为国家民族尽人民一分子的天职。

别有怀抱

> 他查学所到的地方，无不是尽心尽力，去帮助办学的人解决困难，或是鼓励他们热心教育；但得到的报酬，往往是被呈控，被发攻击的传单，第一大罪，就是说他讲“厚黑学”。由此而推演下去，便说，他既是提倡面厚心黑，他自己必首先是面厚心黑，他既是面厚心黑，更何事而不可为呢？于是由第一罪状，而第二罪状……以至于十大罪状，是不难罗织成的。

我在前面介绍的可以作宗吾一生思想中心的那篇《心理与力学》，一直到一九二七年他才肯拿出来交给成都《新四川日刊》连续发表。在以前，大家都知道他是讲“厚黑学”的，知道他是为坚决主张施行考试制度几乎被学生打死的。他虽是对世界风行的学说颇有研究，对解决社会问题颇有独见，对改革教育制度尤具苦心。即对自身担任的省视学一职，也是求着如何做到合理的地步；但是这一切一切，当时的人是不能了解他的。他们所揣想他的，必以为此人是诡计多端，否则也是一位玩世不恭者。他查学所到的地方，无不是尽心尽力，去帮助办学的人解决困难，或是鼓励他们热心教育；但得到的报酬，往往是被呈控，被发攻击的传单，第一大罪，就是说他讲“厚黑学”。由此而推演下去，便说，他既是提倡面厚心黑，他自己必首先是面厚心黑，他既是面厚心黑，更何事而不可为呢？于是由第一罪状，而第二罪状……以至于十大罪状，是不难罗织成的。大概这些可笑的情形，如今四川省府和教育厅还有案可稽吧。但自他的《心理与力学》发表以后，一般知识界的人士，就对他忽然改观了。同时在这一年中，他把历年来经研究所得写出的文字，刊印一单行本，叫做《宗吾臆谈》。臆谈者，只是他自己的一种臆说，不敢说是定理，让学术界及社会人士给他一种严厉的批评；但很少是对他不佩服，不心折，而更有若何訾议的。那本书所收入的文字，除已经差不多算是定本的《厚黑学》外，更有《我对于圣人之怀疑》、《心理与力学》、《解决社会问题之我见》、《考试制之商榷》、《学业成绩考察查之计划》、《推广平民教育之计划》若干专论。关于前两种的要点，我已写入《厚黑教主别传》中，不再赘述。以下各篇的要点，就是我在以上各章中业已介绍了的。其中《心理与力学》和《解决社会问题之我见》，后来都加以研究扩充，刊为专书，流传于世。前者几经修正，直到他临死的前一年(一九四二年)，才算成为定本。后者于修正后，改名为《社会问题之商榷》，这书他自己并不十分满意，所以在他临死的前二年，更写了一篇专论《改革政治经济之我见》，来替代此书。《考试制之商榷》后来也略加修正，附有若干文件，刊为专书流行。我们可以说，一九二七年，才是整个的李宗吾向社会人士正式揭幕的一年。

这时他已是近五十岁的人了，平日体质又不甚健康，省视学的职务，是终年奔波劳碌的，计他自一九二一年再任省视学，算来已六七年了，很可找个机会休息一下，他自问对于教育上的意见，可说是贡献的已不算少；假使全省的教育界人士，上下调协，采纳他贡献的种种方案，一齐动员起来，文盲的扫除，中小教育的发展，必是不难实现的。就是单照他在自流井试行的学业成绩考查办法，各县一齐仿行起来，也是很容易做到教育普及的。他肯出而再任省视学的目的，也无非是借着身在其位，即可以谋其政，庶乎可以把他的教育意见贡献出来，让大家由研究而至于实施。尤其主要的，他以为闭门造车，固然是不能合辙；但完全模仿欧美的办法，也未必适合于国情。因此，他也要借着这视学的职务，可以到各地去考察现行教育的实际情形，何者宜提倡，何者宜改革，何者立刻即办，何者逐渐进行，然后再按此时此地的需要，来决定教育上的实施方案。所以我在前面所列举他的种种主张，种种办法，既不中，又不西，既不守旧，又不趋新；也可以说是亦中亦西，亦旧亦新；这正可反映中国教育在过渡时期的实际需要来，因为他的主张和办法，不是由“闭门造车”得来的，也不是由模仿欧美得来的。就凭他在教育上的一些贡献，一段努力，或者说是一种功绩，也应让他略资休息了。

适逢他的许多著作正在他想要倦勤的时候公表于世，突然惹起了各界的重视，于是这方面也要拉他，那方面也要争他，都被他一概谢绝。可是他的谢绝，并不是自高身价，也不是沽名钓誉；他是看到世事不可为了，自问没有力量出来担当大任，甚且在现实政治的旋涡中，即想洁身自好也是很难保持的。他自民国初年，即已绝意政途，如万不得已，出任政治上的工作，也只有请求担任低级的职务，这层我在前面已是叙述过了。在这方面说，他的心理，实在和人家不同：人家做官，是愿意越做越大；他做官，是愿意越做越小。在另一种意义上说，他这种态度，是消极的，不革命的；

但是他孤掌难鸣，当年志同道合的朋友，大半都死去了，黑暗势力越来越大，所以他自忖爝火之光，是不易冲破黑暗的。他早已看惯各省军阀们的全武行带打，更看惯四川一省的蛮触相争，这些英雄好汉们，看起来是剑拔弩张，有不可一世之概，其实对国家的兴建上，是消极而又消极，破坏而又破坏的。至于举国的政治人物：有的则唯恐天下不乱，借以朝秦暮楚；有的则托庇在枪杆之下，足以逞快一时；此外则“滔滔者，天下皆是也”。只因他看惯了这些现象，所以才有《厚黑学》的出世。《厚黑学》出世了，他也只有退出局外，冷眼作壁上观了。但他对于人民大众，青年学子，依然是不失望的，所以才有十余年来在教育上的一番努力。他在这种培养国本的事业中，不惜被打，被控告，被发传单，他仍是兴致勃勃地干去，一直到他在教育上的主张和办法，统统贡献出来为止。

自一九二七年至一九三四年，他先后充任刘文辉刘湘部中的顾问及编撰委员；自一九三五年至一九三八年，又改任省府的政闻编审委员。我们看他数十年来的做人、为学，以及平日的抱负，他岂是想借着一时显赫的军人有所贪图吗？古来的高士，原有隐于朝、隐于市、隐于山林的不同。隐于山林的人，多半是矫俗立异，自高而卑人，还有“身处江湖之上，而心在廊庙之中”的，这等人可说是隐而不隐；隐于市的人，那是愿意“和光同尘”，既不矫俗，也不立异，但他过去的一段生平，总不能为众人所忘，这等人，仍可说是隐而不隐；唯有隐于朝的人，权且处在一种清闲的位置，在一般人看来，他还是做官，不用另样的眼光去看他，在当权的人看来，以为这个人还算就范，也不怎样地疑忌他，但他本人则正是“身处廊庙之中，而心在江湖之上”的，这等人，可说是隐而不隐，不隐而隐，是谓之真隐。宗吾当时处身的方式，当是属于这一类吧。他本是好主张好做计划的人，但他在二刘的军部中，不声不响，没有听说他做过什么主张，出过什么计划，于此就可以看出他的心迹了。

他那时也不愿交朋友，只和几个洁身自爱的熟人，还有来往，经常是独自一人，坐坐茶馆，游游公园的，听当时的成都人谈：宗吾在茶馆中，往往一坐半天，闭目凝神，似乎在作遐想，也不知他想些什么。有时在公园中的树阴遮蔽处，独自一人在散步，见有熟人来，则好似不经意地掩藏起来，真是游魂般的生活。据我所知：他那时似乎有一位好友，就是全国闻名的“姑姑筵”餐馆的老板兼厨师黄敬临老先生，此人真可说是隐于“庖刀”者，不信，有宗吾为他撰的《食谱》序为证：

我有个六十二岁的老学生黄敬临，他要求入厚黑庙配享，我业已允许把他写入《厚黑丛话》。大家想还记得，他在成都百花潭侧，开一“姑姑筵”，备具极精美的肴馔，招徕顾主，大家或许光顾过。昨日我到他公馆，见他正在凝神静气，楷书《资治通鉴》，诧异道：“你怎么干这等事？”他说：“我自四十八岁以后，即矢志写书，已手写十三经一遍，补写《新旧唐书合钞》、《李善注文选》、《相台礼记》、《坡门唱和集》各一遍；现在打算再写一部《资治通鉴》，以完夙愿。”我说：“你这种主意就错了！你从前历任射洪、巫溪、荥经等县知事，我游迹所至，询之人民，你的政声很好，以为你一定在官场努力，干一番惊人的事业；归而询知你退为庖师，自食其力，不禁大赞曰：真吾徒也！特许入厚黑庙配享，不料你在干这等生活！须知古今干这一类生活的人，车载斗量，有你插足之地吗？庖师是你的特别专长，弃其所长而与人争胜负，何苦乃尔！鄙人所长者是厚黑学，故专讲厚黑学；你所长者是庖师，不如把所写十三经《文选》与夫《资治通鉴》等，一火而焚之，撰一部《食谱》，倒还是不朽的盛业。”

敬临闻言，颇以为然，说道：“往年在成都省立女子师范，充任烹饪教师，曾分：熏、蒸、烘、爆、烤、酱、炸、卤、煎、糟十门，教授学生，今打算就此十门，条分缕析，作为一种教科书，但兹事体大，苦无暇晷，奈何！”我说：“你又太拘了，何必一做就想做完善？我为你计，每日高兴时，任写一二段，以随笔体裁出之，积久成帙，有暇再把它分出门类；如不暇，既有底本，他日也有人替你整理。倘不及早写出，将来老病侵寻，虽欲写而力有不能，悔之何及！”敬临深感余言，乃着手写去。

敬临的烹饪学，可称家学渊源。他的祖父，由江西宦游到川，精于治馔，为其子聘妇，非精烹饪者不合选。闻陈氏女在室，能制咸菜三百余种，乃聘之，这便是敬临的母亲。于是以黄陈两家烹饪法冶为一炉。清末，敬临宦游北京，慈禧后赏以四品衔，供职光禄寺三载，复以天厨之味，融合南北之味，敬临之于烹饪，真可谓集大成者矣。有此绝艺，自己乃不甚重视，不以之公诸世而传诸后，不亦大可惜乎？敬临勉乎哉！

古者有功德于民则祀之。我尝笑：孔庙中七十子之徒，中间一二十人有言行可述者外，其大半则姓名亦在若有若无之间，遑论功德？徒以依附孔子末光，高坐吃冷猪肉，亦可谓僭且滥矣。敬临撰《食谱》嘉惠后人，有此功德，自足庙食千秋。生前具美馔以食人，死后人具美馔以祀之，此固报施之至平，正不必依附厚黑教主，而始可不朽也。人贵自立，敬临勉乎哉！

孔子平日饭蔬饮水，后人以其不讲肴馔，至今以冷猪肉祀之，腥臭不可向迩。他日厚黑庙中，有敬临配享，后人不敢不以美馔进。吾可傲于众曰：吾门有敬临，冷猪肉可不入于口矣！是为序。

民国二十四年十二月六日，李宗吾，于成都

由宗吾这篇文字看来，敬临非一当代的奇人而何？他曾蒙慈禧太后的赏识，曾历任各县的知事，而且政声很好；忽然由士大夫阶级，一退而为厨师，若不是别具怀抱的人，可以断言他万万不能，他做了厨师以后，竟于事务之暇，一连楷书十五年的古籍，而犹不中辍，这种修养功夫，更不是常人所能及的了。计他所抄各书，如连《资治通鉴》已抄完的话，当不下数千万言。以这样具有毅力的人物，在过去又有政治上的经验，倘若出而为国家社会做任何的事业，还怕没有成绩吗？但他甘心退而开饭馆，为厨师，这不能说与时代环境没有关系吧。宗吾不结交王公大人，不和趋炎附势的世人为友，独对敬临大为赏识，一隐于朝，一隐于市，真可谓无独有偶了！

宗吾在那几年中，身子是清闲的，但脑子绝不是清闲的。他天天在研究，天天在思考。他继续研究他的“心理与力学”，研究社会科学，研究中国学术，研究民主政治等。当中央定期召开国民大会时，他又研究制定宪法问题；抗战军兴，他更草拟抗日计划。他在茶馆中闭目凝神，在公园内独步徘徊，正是思考他研究的种种问题。不知他几经酝酿，才又写出了以下的文字：（一）《厚黑丛话》，刊为单行本；（二）《中国学术之趋势》，刊为单行本；（三）《达尔文学说之修正》、《克鲁泡特金学说之修正》、《经济政治外交三者应采用合力主义》，这三篇是《心理与力学》一书的补充，合刊单行本；（四）《制宪私议》、《抗日计划之商榷》，合刊单行本，书名为《制宪与抗日》。这是他在十年清闲的岁月中，另一阶段的大收获。我想在以下的各章中，将他这些作品的内容，扼要地介绍出来。

“厚黑学”变质了

宗吾所讲的“厚黑学”，原分前后两期。前期的“厚黑学”，是从暴露人类的罪恶方面立论，是摘奸发伏的一种看法，是官场现形的内在原理，其立论的方式，可说是“反话正说”，不惜自居为厚黑教主，而以己身担当了天下人的罪恶。后期的“厚黑学”，是从鼓励人类的行为向善良方面发展立论，他把“厚”字解释成“忍辱负重”，把“黑”字解释成“刚毅果断”，可说是“借题发挥”，厚黑学到了后期，虽是袭用原来的名词，但已可说是有些变质了。

宗吾所讲的“厚黑学”，原分前后两期。前期的“厚黑学”，是从暴露人类的罪恶方面立论，是摘奸发伏的一种看法，是官场现形的内在原理，其立论的方式，可说是“反话正说”，不惜自居为厚黑教主，而以己身担当了天下人的罪恶。后期的“厚黑学”，是从鼓励人类的行为向善良方面发展立论，他把“厚”字解释成“忍辱负重”，把“黑”字解释成“刚毅果断”，可说是“借题发挥”，厚黑学到了后期，虽是袭用原来的名词，但已可说是有些变质了。这种变质的原因，想是他觉得前期的说法，得罪了社会，受到了许多的非议，虽是把面厚心黑的罪恶自己担当了起来，但是社会人士总不免有些心凉，所以在一般的舆论上，依然是不肯饶恕他的。他受不住舆论的攻击，于是就与社会妥协了，这当是“厚黑学”变质的一种原因。其次，他最初是相信“性恶论”的，自从他打破了性善性恶的偏见，发现了“心理变化是循力学规律而行”的，于是便决定一种力量，只看它发展的方向如何，才可以断定它的价值；厚黑的行为，根于心理的变化，所以厚黑的价值，也全视其发展的方向而定。当年谢绶青为《厚黑学》作的跋语说：“‘厚黑学’……如利刃然，用以诛盗贼则善，用以屠良民则恶，善与恶何关于刃？”此种看法，到后来他是承认了的，所以他对“厚黑”二字的诠释，也不能不随着改变。再则他对张列五“权术公开”的主张，是深深服膺的；施行厚黑，如果是一种权术，在施行过后，必须能公开出来的，才不是罪过。有此几种原因，“厚黑学”的变质，是理所当然的。因此，“厚黑学”当有三种看法：一是“做得说不得”，一是“说得做不得”，一是“做得也说得”。古今来的大奸巨恶，以及世上一般坏心肠不要脸的人，是实行的第一种；宗吾自发表《厚黑学》以后，便时时避免做出丢德丧行之事，是实行的第二种；到了后来，他才觉得施行厚黑也不妨，只看你的动机如何，效果如何，这便进入第三种看法了。

于是他很郑重地说道：“就人格言之，我们可下一公例曰：用厚黑以图谋一己之私利，越厚黑，人格越卑污；用厚黑以图谋众人之公利，越厚黑，人格越高尚。就成败言之，我们可下一公例曰：用厚黑以图谋一己之私利，越厚黑，越失败；用厚黑以图谋众人之公利，越厚黑，越成功。何以故呢？凡人皆以‘我’为本位，为我之心，根于天性，用厚黑以图谋一己之私利，势必妨害他人之私利，越厚黑则妨害于人者越多，以一人之身，敌千万人之身，焉得不失败？人人既以私利为重，我用厚黑以图谋公利，即是替千万人图谋私利，替他们行使厚黑，自然得千万人之赞助，所以必能成功。我是众人中的一分子，众人得利，我当然也得利，不言私利而私利自在其中了。从道德方面说，攘夺他人之私利，以为我有，是为盗窃行为，故越厚黑，人格越卑污。若用厚黑以图谋众人之公利，则是牺牲我的脸，牺牲我的心，以救济世人，视人之饿，犹己之饿，视人之溺，犹己之溺，此即所谓，我不入地狱，谁入地狱的精神，故越厚黑，人格越高尚。”

他曾举胡林翼的故事为例。胡林翼曾说：“只要有利于国，就是顽钝无耻的事我都干。”相传林翼为湖北巡抚时，官文为总督，有一天，是总督夫人的生日，藩台去拜寿，手本已经拿上去了，才知道是如夫人的生日。立将手本索回，折身转去，其他各官，也随之而去了。不久，林翼到来，有人告知此事，他听了，伸出大拇指道：“好藩台！好藩台！”但他说毕即取出手本递上去，自己竟红顶花翎地进去拜寿；众官听说巡抚也来拜寿，又纷纷地转回了。次日，官妾来巡抚衙门回谢，林翼就请他母亲好好招待，官妾竟拜胡母为干娘，林翼为干哥哥。此后，林翼在军事上有应该与总督会商的事，就请干妹妹从中疏通；官文稍有迟疑，其妾便聒耳说道：“你的本事，比胡大哥差得多，你还是依他的话去做就是了。”因此，林翼办事，非常顺手；官胡交欢，关系满清中兴甚大。试想林翼肯干此等事，他的脸皮真算是厚了；但众人不惟不说他卑鄙，反引为美谈，何以故？心在国家故。

他又举徐阶的故事为例。严世蕃是明朝的大奸臣，后来皇帝把他下在狱中。众臣合拟了一个奏折，历数世蕃的罪状，如杀忠臣杨椒山沈炼等，把稿子拿给宰相徐阶去看。徐阶看了就问道：“你们是想杀他，还是想放他呢？”众人说：“当然想杀他！”徐阶说：“这奏折一上去，我敢断定皇上立即把他放出来！何以故呢？世蕃杀这些人，都是巧取上意，使皇上自动地要杀他们。此折上去，皇上就会说：杀这些人明明是我的意思，怎么诬在世蕃的身上呢？这样，岂不立把世蕃放出吗？”众人问：“如何办才好呢？”徐阶说：“现在皇上最恨的是倭寇，就说他私通倭寇好了。”于是徐阶关起门把折子改了递上去。在先，世蕃在狱中探得众人奏折的内容，就对亲信说：“你们不必担忧，不几天我就出去了。”后来折子发下，说他私通倭寇，世蕃大惊道：“完了！完了！”果然把他杀死。试想世蕃罪大恶极，诚然该杀，但不曾私通倭寇，可谓死非其罪。徐阶设此毒计，他的心肠可说是黑极了；但后人都称他为有智谋，不说他阴毒，何以故？为国家除害故。

因此他在这时极力提倡“厚黑救国”，尤其当着国际形势日趋恶化而不讲信用不顾正义的时候。他最爱举的例子，是越王勾践的故事，他说：“厚黑救国，古有行之者，越王勾践是也。会稽之败，勾践自请身为吴王之臣，妻入吴宫为妾，这是厚字诀。后来举兵破吴，吴王遣人痛哭乞情，甘愿身为臣，妻为妾，勾践毫不松手，非把他置之死地不可，这是黑字诀。由此知厚黑救国，其程序是先之以厚，继之以黑，勾践往事，很可供我们参考。”除此以外，他更列举太公的佐周伐殷，管仲的尊王攘夷，苏秦的合纵六国，张良的扶汉灭楚，以及近代国际上的钩心斗角，无一不是实行厚黑，他都不惮烦琐地引证说明。于是他不辞以厚黑教主的资格，向四万万人宣言道：“勾践何人也……予何人也，凡我同志，快快地厚黑起来吧！何者是同志？心思才力，用于抵抗列强者，即是同志。何者是异党？心思才力，用于倾陷国人者，即是异党。”因此他大声疾呼提倡“团结御侮”，譬之射箭，精研“厚黑学”，就是练习射箭。从前是关着门，父子兄弟，你射我，我射你；现在应当以列强——尤其是日本为箭垛子，四万万支箭支支都向同一箭垛子射去，才有得救的希望。他所说的“厚黑救国”，便是如此。

他说他把各国外交史，研究了多年，才把列强对外的秘诀，发现出来。其方式不外两种：一是劫贼式，一是娼妓式。他们时而横不依理，用武力掠夺，等于劫贼的明火抢劫，是谓劫贼式的外交。时而甜言蜜语，曲结欢心，等于娼妓的媚客；结的盟约，毫不生效，等于娼妓的山盟海誓，是谓娼妓式的外交。

当时有人问他：日本以何者立国？他答道：以厚黑立国。娼妓之面最厚，劫贼之心最黑，大概日本军阀的举动，是劫贼式，外交官的言论，是娼妓式。劫贼式之后，继以娼妓式，娼妓式之后，继以劫贼式，二者循环互用，而我国就吃不消了。但娼妓之面固厚，而毁弃盟誓，则是厚中有黑；劫贼之心固黑，而不顾唾骂，则又是黑中有厚。他一面用武力掠夺我们的土地，一面又高谈中日亲善，娼妓与劫贼，融合为一，是之谓大和魂。

又问：我国当以何者自救？他答道："当以厚黑自救。即是日本以厚字来，我以'黑'字应之，日本以'黑'字来，我以'厚'字应之。譬如娼妓艳装而来，我即开门纳之，但缠头费丝毫不出，如果服侍不周，把她衣饰剥了，逐出门去，这便是以'黑'字破其厚。日本横不依理，以武力压迫，我们就用张良的法子来对付，张良圯上受书，老人种种作用，无非教他面皮厚罢了；楚汉战争，高祖用张良计策，睢水之战败了，整兵又来，荥阳成皋败了，整兵又来，卒把项羽逼死乌江。若用这个法子对付日本，便是以'厚'字破其黑。厚黑与救国融合为一，是之谓中国魂。"

他在后期大谈其"厚黑学"时，是在"九一八"以后，见日本侵华益急，吾国岌岌可危，而当时所谓国际联盟者，无非是列强讨论分赃的一种机关。他们对于弱小民族，可说是"阎王不嫌鬼瘦"的；况且像中国这样"弱而不小"的国家，还更足以惹动列强的垂涎呢！国际间的假仁假义，万不可轻于信赖；某一国的强取豪夺，是必须思患预防的。因此，他当时所谈的"厚黑学"，多不出"厚黑救国"的范围。他认为现在的世界，是战国时代的放大形。战国时代的国际间，都是实行厚黑的；现在的国际间，更是实行厚黑的。能厚黑者富强，不知厚黑者弱亡。只要有国际的存在，"厚黑学"便是自救自存的至宝，一切国际上好听的名词，都是骗死人不偿命的。他把战国时代的国际情势，和二十世纪的国际情势，都加以详细的分析，越发证明了这种道理。

请看他拆穿第一次世界大战后巴黎和会上的一幕吧：

他说，美国参战之初，威尔逊提出十四条原则，主张"民族自决"，可说是弱小民族的一种福音。当巴黎和会初开时，全世界的弱小民族，把威尔逊当做救世主一般，以为他们的痛苦可以在和会上解除了；哪知英国的劳合乔治、法国的克里蒙梭都是精研"厚黑学"的人，而克里蒙梭绰号"母老虎"，尤为凶悍。他初闻威尔逊鼎鼎大名，还有些畏惧；及至见面以后，才知黔驴无技，就时时奚落他，甚至说道："上帝只有十诫，你今提出十四条，比上帝的还多了四条，只好拿到天国去行使吧！”威尔逊听了，也只好忍受。后来意大利全权代表下旗归国，日本全权代表也要下旗归国，就把威尔逊吓慌了，于是俯首帖耳，接受了他们的要求，而“民族自决”的问题，遂成泡影。

他说，假使他是威尔逊的话，他就装痴卖呆，听凭他们奚落，坐在和会席上，一言不发，直待意大利和日本的代表退席之后，就猝然站起来，大拍桌子道：“你们要这样干吗？我当初提出十四条原则，主张民族自决，经你们认可，我美国才参战；而今你们竟这样干，使我失信于美国人民，失信于全世界弱小民族，那么我只好领率全世界弱小民族，向你们英法日意决一死战，才可见谅于天下后世。你‘母老虎’说我这十四条应拿到天国去行使，你看我于短短的时间，要用鲜血染红这个地球，就从这鲜血中，现出一个天国来，给你‘母老虎’看看！”说毕，立刻退出和会，就用《厚黑学》中所谓“办事二妙法”中的“敲锅法”，把锅敲破了再说。三十分钟内，通电全世界，叫所有弱小民族，一致起来，对列强反戈相向，由美国指挥作战，这样一来，请问英法敢开战吗？因为当时的情势是这样的：德国的战斗力并未损失，他所感痛苦的，是食粮被列强封锁了，只要接济他的食粮，单是一个德国，已够英法对付。再则大战之初，英法答应殖民地许多权利，弱小民族才抛弃旧日嫌怨，一致赞助，印度的甘地，还叫他的党徒帮助英国，他们如此作为，原想大战结束，可以抬头，哪知堂堂的和会席上，列强竟自食其言！弱小民族，正在含血喷天，有了威尔逊这样的主张，它们在战地上，还有不立即倒戈的吗？况且美国是生力军，国家又富，英法已是筋疲力倦，如果实行开战，可断定在一星期之内，即把英法打得落花流水。这样的情势，试问英法敢打吗？如果请求不打，除非十四条原则，条条实行，并须加点利息，格外再增两条。何以故呢？因为你英法诸国，素无信义，明明是承认了的条件，还要翻悔，所以十四条之外，非增两条以资保障不可。威尔逊果肯这样干去，难道“民族自决”的主张，还怕不能实现吗？无奈威尔逊一见意日两国的代表下旗归国，手忙脚乱起来，就用“锯箭法”了事，竟把千载一时的机会失去，岂不可惜！不久，箭头在里面陆续发作，我国东北四省，无端失去，阿比西尼亚，也无端遭受意大利的摧残，而世界第二次大战，就不得不爆发了。凡此种种，都是由于威尔逊在和会席上，少了拍桌子之故。

接着他又分析下去：上述的办法，以威尔逊的学识，难道见不到吗？

就算威尔逊是个书呆子，不懂得厚黑的道理；但同着威尔逊赴会的，有那么多的专门人才，那么多的外交家，一个个都是在厚黑场中来来往往的人物，难道这种粗浅的厚黑技术也不懂得吗？于是他下一判断说：他们懂是懂得的，只是不肯这样干呢！其原因，就是弱小民族是被压迫者，美国是压迫者之一，根本上有了这种大矛盾在。日本是精研“厚黑学”的，他窥破威尔逊有些弱点，就在和会上提出“人种平等”案，朝着他的弱点攻去，意思是说：“你会唱高调，我唱的高调，比你更高！”这本是“厚黑学”的妙用，果然把威尔逊制住了。然而威尔逊竟是天禀聪明的人，他是深懂得厚黑哲理的。他明知“民族自决”的主张，为列强所不许，也为本国所不许；但不妨大吹大擂起来，闹得举世震惊，这即是《厚黑学》中所说的“敲锅法”。先把锅的裂痕，敲得长长的，趁势大出风头；及至意大利和日本的代表，要下旗归国，他就马马虎虎了事，这即是《厚黑学》中所说的“锯箭法”。有此一着，威尔逊可以昭告世界曰：“民族自决之主张，其所以不能贯彻者，非我不尽力也，其奈环境不许何！其奈英法意日之不赞成何！”这就好像外科医生对人说道：“我之只锯箭杆，而不取箭头者，非外科医生不尽力也，其奈内科医生袖手旁观何！”

他继此而再事追究：威尔逊是个老教书匠出身，是一个书呆子，何以懂得“敲锅法”、“锯箭法”呢？经他多方考察，才知他背后站有一位军师豪斯大佐，是著名的阴谋家，是威尔逊的灵魂。威尔逊得被选为总统，他出力最多；威尔逊的阁员，大半是由他推荐的。所有美国绝交参战啦，山东问题啦，都是此公的主张，他专门唱后台戏，威尔逊不过是登台的傀儡罢了。但威尔逊之听信此公，等于刘邦之听信张良。我们既承认刘邦为厚黑圣人，就呼威尔逊为厚黑圣人亦非过誉。一般人都以为威尔逊在巴黎和会上是失败了的；殊不知他的失败，正是他的成功。他当美国第二十八代的总统，试问从前二十七位总统，彰彰在人耳目的，究有几位？恐怕除了华盛顿林肯二人鼎鼎大名而外，就要推威尔逊了。任人如何批评，他总算是历史上的有名人物。问其何修而得此？无非是善用“敲锅法”、“锯箭法”罢了。假使他不懂点“厚黑学”，不过混在从前的二十几位总统中间，姓名若有若无，“威尔逊”三字安得赫赫在人耳目？由此知“厚黑学”的功用：成则建千古不朽的伟业，败亦可留大名于宇宙的。

宗吾对于列强的对策，是主张组织“弱小民族联盟”的。他说当时的巴黎和会，聚世界厚黑家于一堂，钩心斗角，仿佛一群拳术家，在擂台上较技，我们站在台下，已经看得清清楚楚，当用何种拳法才能破他们，但是台上人反漠然不觉。当初威尔逊提出“民族自决”的主张，大得弱小民族的欢迎，而深为英法日意所不喜，足知“民族自决”四字，可以击中列强的要害。及至日本提出“人种平等”案，威尔逊就哑口无言，而“民族自决”案，也无形打消，足知“人种平等”四字，又可击中欧美人的要害。似此，我国如出来提倡“弱小民族联盟”，把威尔逊的“民族自决”案，和日本的“人种平等”案，合一炉而冶之，岂不更足以击中他们的要害吗？

宗吾关于“厚黑救国”的言论，在这里是说不完的。此外，他更谈到思想的独立，谈到“厚黑”的面面观，谈到他作书的文体，谈到许多好友的种种情事。这些妙趣横生的文字，从一九三五年八月一日起，在成都《华西日报》上，每天发表一二段，积若干字即刊印一册，至次年五月，共刊印三册，以后又加以增删，即为合订本，这便是他有名的《厚黑丛话》。这丛话，他本想无限止地继续写下去，将他的观察所及，无论是上天下地，物理人情，统统用随笔式的体裁把它写出来；不意正在按日发表的时候，四川省政府突然奉到中央的命令：“严予禁止，以遏乱萌！”于是《厚黑丛话》就只得中断了。但只就发表的部分看来，已是峦峰重重，群壑竞秀，五光十色，令人目不暇接的。

他在前期发表的《厚黑传习录》，是记载他与众人的谈话；此次的丛话，是把传习录的范围扩大了，内容包括四种：（一）厚黑史观；（二）厚黑哲理；（三）“厚黑学”的应用；（四）“厚黑学”发明史。其立论的方式，完全是自由的，想说什么，就说什么，口中如何说，笔下就如何写。或谈古事，或谈时局，或谈学术，或追述平生琐事，高兴时就写，不高兴就不写，或长长地写一篇，或短短地写几句，或概括地说，或具体地说，总是随其兴之所至，不愿受任何的拘束。他写这些文字的时候，如引用某事，或某种学说，而案头适无此书，就用苏东坡“想当然耳”的办法，依稀恍惚地写去，以免打断兴趣。他说写这类文字，和讲考据不同，乃是心中有一种见解，凭空无从说起，只好借点物事来说，引用某事某说，犹如使用家伙一般，把别人的偶尔借来用用就是了。若无典故可引，就杜撰一个来用，亦无不可。这好比庄子的寓言：是他心中有一种见解，特借鲲鹏野马，渔父盗跖来立论，只求把胸中所见表达出来；至于鲲鹏野马是否有此物，渔父盗跖是否有此人，他是一概不问的。

他是主张思想独立的人，所以他说：“宇宙真理，明明是摆在我们的面前，我们自己可以直接去研究，无须请人替我们研究。古今的哲学家，乃是我和真理中间的介绍人，他们所介绍的，有无错误，不得而知，应该离开他们的说法，直接去研究一番才是。”有一个朋友，曾读到他丛话中的文字，就对他说：“这些问题，东西洋哲学家，讨论的很多，未见你引用；并且学术上的专有名词，你也很少用；可见你平时对于这些学说，还是欠研究的。”哪想他听了这话，也不答辩，反把平日所作的文字检出来，凡引有哲学家的名字，及学术上的专有名词，竟尽量删去。如果名词不够用，他就自行杜撰，直抒胸臆，一空依傍。偶尔引有古今人的学说，总是用自己的斗秤，去衡量古今的学说；不是用古今人的斗秤，来衡量自己的学说。换言之，乃是他去审判古今的哲学家，不是古今的哲学家来审判他。因此，他常对人说：“中国从前的读书，一开口就是诗云书云，孔子曰，孟子曰；戊戌政变以后，一开口就是达尔文曰，卢梭曰；后来又添些杜威曰，罗素曰，纯是以他人的思想为思想。究竟宇宙真理是怎样，自己也不伸头去窥察一下，未免过于懒惰了！假如驳我的人，引了一句孔子曰或孟子曰，即是以孔子孟子为审判官，以四书五经为新刑律，叫我来案候审；引了一句达尔文诸人曰，即是以达尔文诸人为审判官，以他们的著作为新刑律，叫我来案候审。像这样的审判，我是绝对不到案的。”有人问他道：“要谁人才能审判你呢？”他说：“你就可以审判我。以你自己的心为审判官，以眼前的事实为新刑律，例如说道：李宗吾，据你这样说，何以我昨日看见一个人做的事不是这样？今日看见一只狗也不是这样？可见你说的道理不确实吧！如果能够这样地判断，我任是输到何种地步，都要与你立一个铁面无私的德政碑。”他这种独立自由的意思，充满了他的《厚黑丛话》中。但他并不是野马狂奔，却有他一定的观点和原理，那便是他本店自造的《厚黑史观》和《厚黑哲理》。请看他自己的说明吧：

我们用厚黑史观去看社会，社会就成为透明体，既把社会真相看出，就可想出改良社会的办法。我对于经济、政治、外交、与夫学制等，都有一种主张，而此种主张，皆基于我所谓厚黑哲理。我这部丛话，可说是拉杂极了，仿佛是一座大山，满山的昆虫鸟兽，草木土石等，是极不规则的；惟其不规则，才是天然的状态。如果把它整理得厘然秩然，极有规则，就成为公园的形式，好固然是好，然而参加了人工，非复此山的本来面目了。我把胸中的见解，好好歹歹，和盘托出，使山的全体显现，有志斯道者，加以整理，不足者补充之，冗芜者删削之，错误者改正之。开辟成公园也好；在山上采取木石，另建一处房子也好；抑或捉几个雀儿，采些花草，拿回家中赏玩也好；如能大规模地开采矿物，则更好；再不然，在山上挖点药去医病，捡点牛犬粪去肥田，也未尝不好。我发明“厚黑学”犹如瓦特发明蒸汽，后人拿去纺纱织布也好，行驶轮船火车也好，开办任何工业都好。我讲的厚黑哲理，也是无施不可，深者见深，浅者见浅。有能得我之一体，引而申之，就可独成一派，孔教分许多派，佛教分许多派，将来我这厚黑教，也要分许多派。

“返本线”的发明

吾国儒家主张从小孩时，即把爱亲敬兄的心理，在家庭中培养好，然后扩充出去，以至“亲亲而仁民，仁民而爱物”，就造成一个仁爱的世界了。所以中国的家庭，可说是一个“仁爱培养场”。西洋人从“我”字径到“国”字，中间缺少一个“家”字，即是莫得“仁爱培养场”；少了由“丁”至“丙”一段，缺乏“诚意”功夫，即是少了“良心裁判”。所以西洋学说发挥出来，就成为残酷的世界了。

一九三六年七月，宗吾又刊一书，叫做《中国学术之趋势》，内容包括四大篇：(一) 老子与程明道；(二) 宋学与蜀学；(三) 宋儒之道统；(四) 东西文化之融合。每篇又各分若干段，以成此书。他在序文中说：“写文字是发表心中感想，心中如何想，即当如何写，如果立出题目来做文章，等于入场应试，心中受了题目的拘束，所有感想，即不能尽情写出；又因题义未尽，不得不勉强凑补，于是写出来的，乃是题中之文，不是心中之文。我写此书，本想出以随笔体裁，许多朋友说是不妥，才标出大题目小题目。

我觉得做题目，比做文章更难，文章是我心中所有，题目是我心中所无，此书虽名为《中国学术之趋势》，而内容则非常简陋，对于题义的发挥，未及十分之一，这是很抱歉的。”可见他即便讲述具有体系的学术，仍是抱有他一贯的自由作风，这是与近代流行的教科书式的著作有些不同的。

我们当还记得他发明的一条公例：“心理变化，循力学公例而行。”于是他想适用这条公例，觉得学术上的演变，也有轨道可循，如果知道了从前的学术是如何演变，即可推测将来的学术当向何种途径发展。他说：“自开辟以来，人类在地球上走来走去，自以为自由极了，三百年前，出了一个牛顿，发明地心引力，才知道任你如何走，终要受地心引力的支配。人类的思想，自以为自由极了，若试把牛顿的学说扩而大之，应用到心理学上，即知道任思想如何自由，终有轨道可循。人世上一切事变，无不有力学公例行乎其间，不过一般人习而不察，等于牛顿以前的人，不知有地心引力一样。”因此，他对于中国学术的趋势和世界学术的交流，也是持此看法的。

他说：我国已往的学术有最发达的两个时期：第一是周秦诸子，第二是赵宋诸儒，这两个时期的学术，都带有创造性。汉魏晋南北朝隋唐五代，是承袭周秦时代的学术而加以研究，元明是承袭汉宋时代的学术而加以研究，清朝是承袭汉宋时代的学术而加以研究，俱缺乏创造性。周秦是中国学术独立发达时期，赵宋是中国学术和印度学术融合时期。周秦诸子，一般人都认孔子为代表，殊不知孔子不足代表，要老子才足以代表；赵宋诸儒，一般人都认朱子为代表，殊不知朱子不足以代表，要程明道才足以代表。现在已经入第三时期了，世界大通，天涯比邻，中国印度西洋三方学说，相推相荡，依天然的趋势看去，此三者又该融合为一。故第三时期，为中西印三方学术融合时期，学术的进化，其轨道是历历可循的。知道从前中印两方学术融合出以某种方式，即知将来中西印三方学术融合当出以某种方式。我们用鸟瞰法升在空中，如看河流入海，就可把学术上的大趋势看出来。

他说，《老子》一书，是周秦学派的总纲，诸子书是细目。诸子是从总纲中提出一部分，加以发挥，只能说他们研究得精细，却不出老子的范围。宇宙真理，是浑然的一个东西，最初是蒙蒙昧昧的，像一座绝大的荒山，无人开采。后来偶有人在山上拾得点珍宝归来，人人惊异，于是大家相约上山开采，有得金的，有得银的，有得铜铁锡的，虽然所得不同，总是各有所得。作河图洛书的，是偶尔拾得珍宝的人；周秦诸子，是相约上山开采的人；这伙人中，所得的东西，要以老子为最多。老子把宇宙真理、古今事变融会贯通，寻出它变化的规律，定名曰“道”。道者，路也，即是说，宇宙万事万物，非走这条路不可。把这种规律，笔之于书，即名之曰《道德经》。根据已往的事变，就可推测将来的事变，故曰：“执古之道，以御今之有。”

老子洞明万事万物变化的轨道，有得于心，故老子言“道德”。孔子在老子后，明白此理，就用以治人，故孔子言“仁”。孟子继孔子之后，故言仁必带一“义”字。荀子继孟子之后，注重“礼”学，韩非学于荀子，知“礼”字不足以范围人，故又讲“法术刑名”。这都是时会所趋，不得不然。世人见“道德”流为“法术刑名”，就归咎于老子，说是申韩的刻薄寡恩，渊源于老子；殊不知中间还有“道德”流为“仁义”一层，由“仁义”才流为“法术刑名”的。言“仁义”者无罪，言“道德”者有罪，实不能不为老子叫屈。

道流而为德，德流而为仁，仁流而为义，义流而为礼，礼流而为刑，刑流而为兵。道德居首，兵刑居末，孙子言兵，韩非言刑，而其源皆出于老子。如果知道兵刑与道德相通，即知诸子之学无不与老子相通了。老子的三宝：一曰“慈”，二曰“俭”，三曰“不敢为天下先”。孔子的“温、良、恭、俭、让”：“俭”字与老子同；“让”字即老子的“不敢为天下先”；“温、良、恭”三字，比“慈”字较为具体：足见儒家与老子相通。墨子的“兼爱”，即是老子的“慈”；墨子的“节用”，即是老子的“俭”。老子言兵：“不敢为主而为客，不敢进寸而退尺。”又说：“以守则固。”墨子非攻而善守，足见其与老子相通。战国的纵横家，首推苏秦，他读的书是《阴符经》，此书是道家之书，也与老子相类。老子说：“天之道，其犹张弓乎，高者抑之，下者举之。”老子此语，是以一个“平”字立论。苏秦说六国，每用“宁为鸡口，无为牛后”一类的话，激动六国君主的不平之气，暗中即藏得有天道张弓的原理，与自然之理相合，所以苏秦的说法，能够披靡一世。老子所说“欲取姑与”等语，为后世阴谋家兵家所祖。他如杨朱、庄子、列子、关尹诸人，直接承继老子之学，更不待说。周秦诸子，往往互相诋毁，独没有诋毁老子的，即使诸子之学，不尽出于老子，也可说老子之学，与诸子不相抵触，既不抵触，也就可以相通。后世讲静功，讲符箓等，俱托始于老子，更足知老子与百家相通了。

春秋战国时，列国并争；同时学术界也是百家争鸣。自秦以后，天下统一；学说也随君主之意归于统一。秦时，奉法家的学说，此外的学说皆在所摈斥。汉初，改而奉黄老，到了汉武帝罢黜百家，从此即专奉孔子之学；但老子的学说，势力仍是很大。于是孔老二教，在中国成为两大河流。以后佛教传入中国，越传越盛，就成了三大河流，同在一个区域内，相推相荡，经过了很长的时间，天然有合并的趋势，于是宋儒的学说应运而生。

要谈宋儒的学说，须先把儒、释、道三教的异同，加以研究。三教异同，自然古人说得很多；但最要的一点，即是三教均以“返本”为务。孟子说：“天下之本在国，国之本在家，家之本在身。”但返至身还不能终止，于是他又说：“孩提之童，无不知爱其亲也，及其长也，无不知敬其兄也。”可知儒家返本，以返至“孩提”为止。“老子”一书，屡言“婴儿”，婴儿是指才下地者而言。孟子所说的孩提，知爱知敬，是有知识的；老子所说的婴儿，是无知识的。可知老子返本要进一步，以返至才下地的无知无欲的婴儿为止。但老子所说的，虽是无知无欲，然犹有心，故曰：“圣人无常心，以百姓心为心。”释氏则并此心亦无之，以证入涅槃，无人无我为止，禅家常教人“看父母未生前面目”，竟是透过娘胎，较老子的婴儿，更进一步。儒、释、道三家俱是在一条线上，如图所示：儒家由庚返至丁，再由丁返至丙；老子由丁返至乙；佛家由丁返至甲。宗吾呼此线为“返本线”。由此可看出三家的异同：要说他们不同，他们三家都是沿着返本线向后而走，这是相同的；要说他们相同，则儒家返至丙点而止，老子返至乙点而止，佛家直返至甲点方止，又可说是不同。所以三教的同与异，都可以说得过去，总看如何看法。

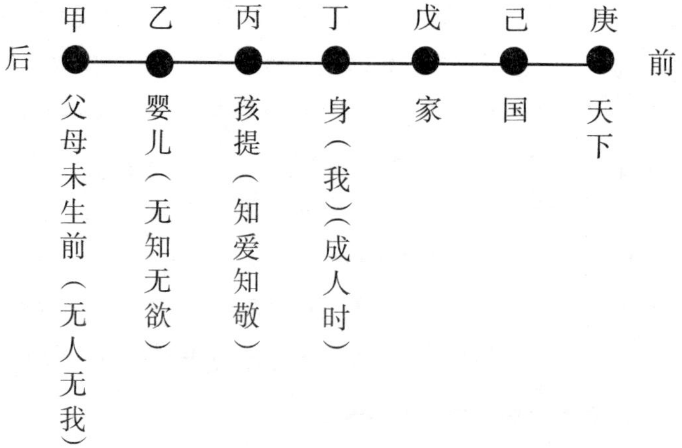

据上图所示，似乎佛氏的境界，非老子所能到；老子的境界，非孔子所能到；则又不然。佛氏说妙说常；老子亦说，“复命曰常”，又说，“玄之又玄，众妙之门”。佛氏的妙常境界，老子何尝不能到呢？佛氏主张破我执破法执，孔子亦说：“毋意毋必毋固毋我。”佛氏所谓我执法执，孔子又何尝不能破呢？但三教虽同在一线上，终是个个独立，他们立教的宗旨，各有不同。佛氏要想出世，故须追寻至父母未生以前，连心字都打破，方能出世；既是要出世，所以世间的礼乐刑政等，也就不详加研究了。孔门要想治世，是在人事上尽力，人事的发生，以意念为起点，而意念之最纯粹者，莫如孩提之童，故从孩提之童研究起。以诚意为下手功夫，由是而正心修身，以至于齐家治国平天下。他们的宗旨，既是想治世，所以关于涅槃灭度的学理，也就不愿深究了。老子意在窥探造化的本源，故绝圣弃智，无知无欲，于至虚至静之中，领会那寂然不动感而遂通的妙理，故取象于初生的婴儿。向后走是出世法，向前走是世间法。他说：“多言数穷，不如守中。”此“中”字，即指乙点而言，是介于入世出世之中的。佛氏三藏十二部，孔子《诗》、《书》、《礼》、《乐》、《易》、《春秋》可算说得很多了。老子却不愿多说，只简简单单的五千多字，扼着乙点立论，含有隐而不发的意味。他的意思只重在把入世出世打通为一，揭出原理，让人自去研究，不愿多言，所以讲出世法没有佛氏那样精，讲世间法没有孔子那样详。总而言之，佛氏专言出世法，孔子专言世间法，老子则把出世法和世间法打通为一，这就是儒、释、道三教的不同之点。

人情是厌故喜新的，魏晋时代清谈既久，一般人都有些厌弃了，适值佛教陆续传入中国，越传越盛，在学术上另开一新世界，朝野上下群起欢迎。到了唐朝，佛经遍天下，寺庙遍天下，天台华严净土，各宗大行，禅宗有南能北秀，更有新兴的唯识宗，可算是佛学极盛的时代。唐朝自称是老子之后，遍尊老子为“玄元皇帝”，所以道教很盛。孔教是历代所崇奉的，当然也很盛行。三教相推相荡，天然有合并的趋势。那时的儒者多半研究佛老之学，可说他们都在做三教合一的工作，却不曾把它融合为一。直到宋儒，尤其是程明道，才把这种工作完成了。

程明道以前，虽有孙明复、胡安定、石守道、周濂溪诸儒，做宋学开路的先锋，但那只算是萌芽时期；到了明道，才吸取三教的精华，以老子思想为主把它组织成一个系统，成为所谓“宋学”。以后的程、朱、陆、王学派，都是从明道分支的。明道为宋学之祖，等于老子为周秦诸子之祖，而明道之学，即大类于老子。明道之学，既近于老子，所以赵宋诸儒，均含老氏意味。宋儒“以释氏之法治心，以孔子之学治世”，二者俱是顺其自然之理而行，把治心治世打成一片，恰是走入老子的途径。宋儒本没有居心要走入老子的途径，只因宇宙真理实是这样，不知不觉就走入这个途径。由此知老子之学，不独可以贯通周秦诸子，并且可以贯通宋明诸儒。极而言之，即说老子之学贯通中国全部学术也不为过。

在宋儒尽管说他们是孔门嫡派，与佛老无关，实际是融合三教而成，他们的学说俱在，何能掩饰？其实能把三教融合为一，这是学术上最大的成功！他们有了这样的建树，尽可自豪，反弃而不居，自认为孔门嫡传，这是为“门户”二字所误。惟其是这样，我们反把进化的趋势看出来了。儒、释、道三教，到了宋朝天然该合并，宋儒顺着这个趋势做去，自家还不觉得，犹如在河内撑船一般，宋儒极力想逆流而上，自以为撑到上流了，殊不知反被卷入大海。假令程朱诸人，立意要做三教合一的工作，还看不出天然的趋势；惟其极力反对三教合一，实际上反完成了三教合一的工作，这才见天然趋势的伟大。宋儒学说所以不能磨灭者，在完成三教合一的工作；其所以为人诟病者，在里子是三教合一，面子偏说是孔门嫡派，就成了“挂羊头卖狗肉”的勾当了。

宋儒的学说，原具一种革命精神。他们把汉儒的说法全行推倒，另创一说，是具备了破坏和建设两种手段。他们不敢说是自己特创的新说，仍然托诸孔子，名为复古，实是创新。马丁·路德的新教，欧洲的文艺复兴，俱是走的这种途径。宋儒学说带有创造性，所以信从者固多，反对者亦不少，大凡新学说出世，都有这种现象。

不过宋儒也有很大的短处，就是门户之见太深，以致发生许多纠葛。其门户之见，共有二点：(一) 孔子说的就对，佛老和周秦诸子说的就不对。(二)同是尊崇孔子的人，程子和朱子说的就对，别人说的就不对。合此两点，就生出自韩愈以来杜撰的“道统”之说。程朱一般人，生怕这个道统被别人分去，就拼命地排斥异己，以致他们的徒子徒孙都染有这种恶习，历宋、元、明、清以至于今，还在争詈不已。此中的病根就是缺少了一个“量”字。宋儒的才德二者俱好，惟于“量”字最缺乏。他们在政治界是这样，在学术界也是这样。君子排斥君子，故生出洛蜀之争；孔子信徒排斥孔子信徒，故生出朱陆之争。

如果不存门户之见，把气量放宽，来鸟瞰学术上的分合之迹，倒也是一种自然的趋势。孔子是述而不作的人，他祖述尧舜，宪章文武，融合众说，独成一派。老子书中，常常援引古说，可见他也是述而不作的人，其学说也是融合众说，独成一派。印度有九十六种外道，经过释迦的一一研究，然后另立一说，也是融合众说，独成一派。宋儒之学，照以上所说，也是融合众说，独成一派。这种现象是学术上由分而合的现象。

然一种学说独成一派之后，本派中跟着就要分派。韩非说："儒分为八，墨离为三。"就是循着这个轨道走的。汉儒研究遗经，成立汉学，跟着又分许多派。老子之学，也分许多派。佛学在印度，分许多派；传入中国，又分若干派。单即宋儒所说的佛学禅宗说，自达摩传至五祖，分南北两派，北方神秀，南方慧能。慧能为六祖，他的门下又分五派。明道创出理学一派，跟着就分程（伊川）朱和陆王两派。而伊川门下分许多派，朱子门下分许多派，陆王门下也分许多派。这种现象是学术上由合而分的现象。

宇宙真理是一个浑然的东西，人类的知识短浅，不能骤窥其全，必定要这样分而又合、合而又分地研究，才能把宇宙的真理研究出来。其方式，是每当众说纷纭的时候，就有人融会贯通，使其汇归于一，这是做的由分而合的工作。既经汇归于一之后，众人又分头研究，这是做的由合而分的工作。只要以探讨真理为归，不过于存主观的见解，无论是由分而合，或是由合而分，这在学术上说都是有功的；唯有门户之见道统之说，是要不得的。

吾人现在所处的时代，是西洋学说传入中国，与固有的学说发生冲突，正是众说纷纭的时代。我们应该把中西两方学说融会贯通，努力做由分而合的工作。必定这样，才合得到学术上的趋势。等到融会贯通之后，再分头研究，去做由合而分的工作。

但是要做这种中西文化融合的工作，并不是没有宾主之分，一味地将中西文化杂糅在一起，使人发生龃龉，以致影响我们的思想行动，无所适从，如近几十年来的混乱现象，这是不足取的；而是应当以我们数千年来深入人心的民族文化为重心，或采取他人之所长，以补吾人之所短，或吸收他人之精英，以丰富吾人之生命。从前有个故事：鲁国有个男子独处，邻家有一寡妇亦独处，夜雨室坏，妇人来求托庇，男子闭户不纳。妇人说："你何不学柳下惠呢？"男子说："柳下惠则可，我则不可，我将以我之不可，学柳下惠之可。"这事被孔子听见了，就赞叹道："善学柳下惠者，莫如鲁男子！"还有九方皋相马，并不取其皮相，是在牝牡骊黄之外。吾国先哲，师法古人，也是遗貌取神，为我国学术界最大特色。画家书家无不如此。我们本此精神，去采用西洋文化，就有利无害了。

从前印度的佛学传入我国，我国尽量地研究，如以修改或发挥的所有天台、华严、净土诸宗，差不多成了中国化，所以很受一般人的欢迎。就中最盛行的禅宗，而此宗在印度几等于无。唯有唯识一宗，带印度色彩最浓，此宗自唐以来几乎失传。从此可见印度学说传入中国，越是中国化的越盛行；带印度色彩越浓的就不盛行，或至绝迹。我们今后采用西洋文化，仍是采取印度文化的方法，使其一一中国化，好比药料之有炮制法，把那有毒的部分除去，单留有益的部分就对了。第一步，用老子的法子，合乎自然趋势的就采用，不合的就不采用；第二步，用孔子的法子，凡事先经过良心裁判，返诸吾心而安，然后才推行出去。如果能够这样地采用，中西文化自然可以融合。本此原则，我们今后应走的途径，就可以决定了。

西洋人用仰观俯察的法子，窥见了宇宙自然之理，因而生出理化等科。中国的古人，行仰观俯察的法子，窥见了宇宙自然之理，因而制定各种制度，同是窥见自然之理，一则用之物理上，一则用之人事上，双方文化实有沟通的必要。

中国的古人定的制度，许多地方极无条理，而又极有条理，如所谓父慈子孝，兄友弟恭，在上者仁民爱物，在下者亲上事长之类，隐然有磁电感应之理，不言权利义务，而权利义务自在其中，人与人之间生趣盎然。西洋人则人与人之间划出许多界限，父子夫妇间的权利义务，俱用簿计学的方式计算，权利义务分明，生趣就减少了。所以西洋的伦理，应当灌注以磁电，才可把冷酷的气氛改变；但中国则未免太浑沦了，又当参酌西洋组织。果然如此，中西文化即融合了。

研究学问就如开矿一般，中国人、印度人、西洋人各开一个洞子，向前开采。印度人的洞子和中国人的洞子首先打通；现在又与西洋的洞子接触了。宇宙真理，是浑然的一个东西，中国人、印度人、西洋人分途研究，或从人事上研究，或从物理上研究，分出若干派，各派都是分了又合，合了又分。照现在的趋势看去，中西印三方学说，应该融会贯通，人事上的学说与物理上的学说也应该融会贯通。吾人生于斯世，即当顺应潮流，做这种融合的工作，融合以后，不妨再分类研究。像这样的分了又合，合了又分，经过若干次，才能把这个浑然的东西，研究得毫发无遗，依旧还它一个浑然的。

冲突是融合的预兆，无所谓冲突即无所谓融合。譬如几个泥丸放在盘内，不相接触，可谓不相冲突了；然而这几个泥丸是永久独立不能合并为一的。如把它们合在一处，挤之捏之，这几个泥丸就可合为一个了。现在国际竞争剧烈，与战国七雄时代相似。西洋学说传入中国，与旧有学说发生冲突，如南北朝、隋唐时代佛学传入中国相似。一般人看见这些冲突情形都很悲观；不知这正是几个泥丸挤之捏之的时候，乃是世界大同的动机，是东西学说融合的动机。所不同者，秦皇统一战国之后是有一个君主高踞其上；将来世界大同是把君主换作民主的，宋儒的理学虽能融合众说，但其学说的推行是仗君主威力，强迫人民信从；将来中、西、印三方学说融合，是学者自由研究的结果，并非强人信从。国际上、学术上这种现象都是天然的趋势，非人力所能反抗，如水之东流入海，即使要反抗，也是万万无效的。如果看清楚这种趋势做去，才不致违反潮流。

但中西文化的冲突，其病根有应归咎于西洋的地方。例如，西洋人对社会、对国家以“我”字为起点，即是以“身”字为起点。中国儒家讲治国平天下，从正心诚意做起，即是以“心”字为起点。双方都注重把起点培养好。所以西洋人见人闲居无事，即叫他从事运动，把身体培养好；中国儒者见人闲居无事，即叫他读书穷理，把心地培养好。西洋人培养身，中国人培养心。西洋教人，重在“于身有益”四字；中国教人，重在“问心无愧”四字。斯密士倡自由竞争，达尔文倡强权竞争。西洋人群起信从，因为此等学说是“于身有益”的。中国圣贤绝无类似此等学说，因为倡此等学说其弊流于损人利己，是“问心有愧”的。我们追寻四书五经、诸子百家，很少寻得出像斯密士和达尔文一类的学说，只有庄子书中的盗跖，所持议论，可称神似；然而此种主张，是中国人深恶痛绝的。

孔门的学说：“欲修其身，先正其心。欲正其心，先减其意。”从“身”字向内追进两层，把“意”字寻出，以诚意为起点，再向外发展。就好比建筑房子，把地上浮泥除去，寻着石底才从事建筑。由是而修身，而齐家，而治国平天下。造成的社会是“以天下为一家，以中国为一人”，人我之间，无所谓冲突，这是中国学说最精粹的地方。西洋人自由竞争等说，以利己为主，以“身”字为起点，不寻石底，径从地面建筑，基础不稳固。所以国际上酿成世界大战，死人数千万，大战过后，还不能解决，跟着就要有第二次世界大战；经济上造成资本主义，种下社会革命的祸胎：将来算总账，还不知要流多少血！

我们再把前面所绘的“返本线”一书，就更可把中西文化的优劣看出来。吾国儒家主张从小孩时，即把爱亲敬兄的心理，在家庭中培养好，然后扩充出去，以至“亲亲而仁民，仁民而爱物”，就造成一个仁爱的世界了。所以中国的家庭，可说是一个“仁爱培养场”。西洋人从“我”字径到“国”字，中间缺少一个“家”字，即是莫得“仁爱培养场”；少了由“丁”至“丙”一段，缺乏“诚意”功夫，即是少了“良心裁判”。所以西洋学说发挥出来，就成为残酷的世界了。

讲近代物质文明，中国诚然万万不及西洋；但从社会伦理部分来说，则以上诸点，确乎中胜于西。此等之处，应该西洋效法中国，不应该中国效法西洋。

最后，他站在中国文化的本位上，主张中国学说可救西洋印度之弊。他是以老子为中国学说代表的，前面已说过了。他认为西洋所讲是极端的世间法，印度所讲是极端的出世法，老子所讲则把出世法、世间法打通为一。宋明诸儒都是做的老子工作，算是研究了二三千年。开辟了康庄大道。如把这种学说，发扬而光大之，就可把中、西、印三方文化融合为一。

以“返本线”言之：西洋人从“丁”点起，向前走，直到“己”点或“庚”点止，绝不回顾。印度人从“丁”点起，向后走，直到“甲”点止，也是绝不回顾。老子从“丁”点起，向后走，走到“乙”点，再折转来，向前走，走到“庚”点为止，是双方兼顾的。老子所说“归根复命”一类话，与印度学说相通。所说“以正治国，以奇用兵”一类话，与西洋学说相通。虽说他讲出世法没有印度那样精，讲世间法没有西洋那样详，但由他的学说，就可把西洋学说和印度学说打通为一。

西洋的学问重在分析，中国的学问重在会通。西洋人无论何事，都是各科研究；中国古人，一开口即是天地万物，总括全体而言。就“返本线”看来，西洋讲个人主义的，只看见线上的“丁”点（我），其余各点，均未看见；讲国家主义的，只看见“己”点（国），其余各点，也未看见。他们既未把这根线看通，所以各种主义互相冲突。孔门的学说，是修身齐家治国平天下，一以贯之。老子也说：“修之于身，其德乃真；修之于家，其德乃余；修之于乡，其德乃长；修之于邦，其德乃丰；修之于天下，其德乃普。”孔老都是把这根线看通了的，所以倡出“以天下为一家，以中国为一人”的说法（二语出《礼运》，或以为道家之说，故浑言孔老），这样，所谓个人也，国家也，社会也，就毫不觉得冲突。中国人能见其会通，但嫌其浑沦疏阔；西洋人研究得很精细，而彼此不能贯通。应该就西洋人所研究者，以中国的看法贯通之，各种主义就无所谓冲突，中西文化也就融合了。

其实，西洋人讲竞争，讲超人，都是末流之弊。至若希腊三哲，何尝不是孔老一流人物？中国号称儒、释、道三教并行，但今之和尚道士、秀才举人，何尝有几分与释迦孔老相类？其末流也是与西洋一样。世界种种冲突，是由思想冲突来的，而思想的冲突，又源于学说的冲突。所谓冲突，都是末流的学说；若就最初而言，则释迦、孔子、老子和苏格拉底诸人，固无所谓冲突。将来一定有人出来把儒释道三教、希腊三哲和宋明诸儒学说、西洋近代学说合并研究，融会贯通，创出一种新学说，其工作与程明道融合儒、释、道三教成为理学是一样。假使这种工作完成，则世界的思想一致，行为即一致，而世界大同就有希望了。

以上是宗吾《中国学术之趋势》一书的扼要介绍。此外他在本书中，详述“宋学”与“蜀学”的关系，说二程的学说，深受当时蜀学的影响，尤其是程伊川的“易学”，是受了箍桶翁和卖酱翁的启示，才别有会心。同时，四种道教和佛教也是盛极一时，二程当深有所濡染，所以他们后来能做出三教融合的工作。再则蜀主孟昶在当时提倡文化的热心，与夫政治的清明，可谓甲于天下。苏子由对于老学的研究也是前无古人。凡此种种，都足以证明当时的四川可称为此后中国文化的摇篮。宗吾对于这些问题都加以考证和说明，这是国内一般讲学术史的人不曾注意的。

至于他提出以老子来贯通中国的全部学说，西洋和印度的学说各走极端，唯中国学说可以济二者之弊这种观点，是否也是太偏，太主观，我在此不愿批评；批评的责任，希望读者负起来吧。

和达尔文克鲁泡特金开玩笑

达尔文的互竞主义，其弊流于互相冲突；克鲁泡特金的互助主义，其弊流于互相倚赖；唯有合力主义，如射箭一般，支支箭都向箭垛射去，彼此不相冲突，又不相倚赖，可兼达克二氏之长，而无其流弊。达尔文讲进化不错，错在讲进化而提倡弱肉强食；克鲁泡特金讲互助不错，错在讲互助而主张无政府。

宗吾每有一假设要提出，总是深思熟虑，反复研究，必须自己信得过了，才写成文字，以期建立他的假设。更从四方八面，去取得印证，无论是正面的意见，或反面的意见，他都虚心地加以研究，而为批判地接受与扬弃，经过一再的补充，然后才著为专书。他的许多著作，都是这样慢慢完成的。单说《心理与力学》一书：最初仅是一篇较长的论文；到了一九二〇年，就补充了许多；直至一九二七年，才公表于世；等到正式印为专书时，已是一九三八年了。在此书出版的前几年，经他研究所得，更加了三章；到了一九四二年，又加了一章；如果他不早死去，恐怕至今还在有加无已呢！但他并不是像“老娘婆的裹脚布又臭又长”的添加，他的千言万语，无在而非为证成他所假设的一条公例：“心理变化，循力学规律而行。”他最后添加的一章，此处暂不述及；今将第二次添加的三章，介绍如下：

第一为《达尔文学说之修正》。

他说达尔文研究生物学数十年，把全世界的昆虫草木、飞禽走兽，都研究完了，得出几种结论，科学界奉为金科玉律；独不知达尔文实验室中，有个高等动物，却未曾研究，所以他的学说，就留下不少破绽。那个高等动物，就是达尔文本身。达氏既把人类社会忽略了，即不妨就拿达氏来做标本，再加一番补充研究。于是他便用最有兴趣的文字，设想达氏自生下地来，一直到他老死，其心理与行为的发展，即以达氏自己的学说，来反击达氏的学说，依次得出人类社会中的五条公例：

（一）同是一个人，知识越进步，眼光越远大，竞争就越减少。

（二）竞争以生存为界域，过此界域，就有弊害。

（三）同是一国的人，道德低下者，对于同类，越近越竞争；道德高尚者，对于同类，越近越退让。

（四）竞争之途径有二：一是向外用力，进攻他人；一是向内用力，返求诸己。向外用力者，与他人之力线是冲突的；我与人二力不等，则一胜一负；二力相等，则两败俱伤。向内用力者，与他人之力线是不冲突的；我与人用力相等，则并驾齐驱；一人用力独深，则此人即占优胜。

（五）凡事以人己两利为原则，二者不可得兼，则当利人而无损于己，抑或利己而无损于人。

根据上述五条公例，就觉得达尔文的“生存竞争，优胜劣败”八字，应该修正。正为达氏的公例，是从禽兽社会得来的，律以人类社会，处处矛盾。达氏的公例，如果用于禽兽社会中，当然可以不管；如今竟公然用到人类社会来了，基于这种学说，造出的世界，是人类互相残杀的世界，故非加以驳斥不可。

达尔文说，人类进化，是由于彼此相争；但从各方面考察，觉得人类进化，是由于彼此相让。因为人类进化，是由于合力，彼此能够相让，则每根力线，才能向前进行，社会才能进化。譬如，我要赶路，在路上飞奔而走，见有人对面撞来，就当侧身让过，方不耽误行程。如照达尔文的说法，则是见人对面撞来，就应该把他推翻在地，沿途有人撞来，沿途推翻，遇着行人挤作一团，就从中打出一条血路，向前而行；试问世间赶路的人，有这种办法吗？如果要讲“适者生存”，必须懂得这种相让的道理，才是适者，才能生存。

由达尔文看来，生物界充满了相争的现象；由我们看来，生物界充满了相让的现象。试入森林一看，既见各树俱是枝枝相让，叶叶相让，所有树枝树叶，都向空处发展，彼此抵拒冲突者极少。树木是无知之物，尚能彼此相让，可见相让乃是生物界的本性，因为不相让，就不能发展。凡属生物皆然，满山禽鸟和鸣，百兽聚处，都是相安无事之时多，彼此斗争之时少。因此又可得出一条公例：“生物界相让者其常，相争者其变。”达尔文把变例认为常例，似乎不对。树木的枝叶，如果抵拒冲突，纠结一团，此种树木，必不繁荣。欧洲大战，是人类纠结一团。依达尔文的学说，此种现象，叫做进化，未免讲不通。

依达尔文的说法，凡是强有力的，都应生存；但从事实上看来，反是强有力的先消灭。洪荒之世，遍地是虎豹，它们的力量比人更大，宜乎人类战它们不过，何以虎豹反几乎绝迹？欧战前，德皇势力最大，宜乎称雄世界，何以反遭失败？民国初年，袁世凯势力最大，宜乎统一中国，何以后遭失败？有了这些事实，所以达尔文的说法，就应予以修正。我们细加推究，既知虎豹的被消灭，是由于全人类都想打它；德皇的失败，是由于全世界都想打他；袁世凯的失败，是由于全中国都想打他。思想相同，就成为方向相同的合力线。虎豹也，德皇也，袁世凯也，都是合力打败的。于此可以说："生存由于合力。"懂得合力的就生存，违反合力的就消灭；懂得合力的就优胜，违反合力的就劣败。像这样的观察，那些用强权欺凌人的，反在天然淘汰之列了。

达尔文的误点，可再用比喻来说明：假如我们向人说道："生物进化，犹如小儿身体，一天一天地长大。"有人问："小儿如何会长大？"答："只要他不死，能够生存自然会长大。"问："如何才能生存？"答："只要有饭吃，就能够生存。"问："如何才有饭吃？"我们还未及答，达尔文从旁答道："你看见别人有饭，就去抢，自然就有饭吃，越吃得多，身体越长得快。"试思达尔文的答案，有错无错？我们这样的研究，即知达尔文说生物进化没有错，说进化由于生存没有错，说生存由于食物也没有错；惟最末一句，说食物由于竞争（抢）就错了。只把他最末一句修正一下就对了。怎样修正呢？就是通常所说的"有饭大家吃"。

平情而论，达尔文一味教人竞争，固有流弊；我们一味教人相让，也有流弊。如何才无流弊呢？于此可再定出一公例："对人相让，以让至不妨害我之生存为止；对人竞争，以争至我能够生存即止。"

达尔文的学说，可分两部分来看：他说的"生物进化"，这部分是指出事实；他说的"生存竞争，优胜劣败"，这部分是解释进化的理由，事实没有错，理由错了。一般人因为事实不错，遂误以为理由也不错；殊不知进化的原因多端，相争能进化，相让能进化，不争不让，反而致力于内部，也能进化，其或具备他种条件，也未尝不能进化。达尔文置诸原因于不顾，单以竞争为进化的唯一原因，而流弊遂无穷了。兹断之曰：达尔文发明"生物进化"，等于牛顿发明"地心引力"，是学术界千古的功臣；唯有他说"生存竞争，优胜劣败"，就不免有语病，应加修正。

第二为《克鲁泡特金学说之修正》。

他说克鲁泡特金的误点，也与达尔文相同。达尔文是以禽兽社会的状况，律之人类社会，故其说有流弊；克鲁泡特金因为要指驳达尔文的错误，特在满洲及西伯利亚一带，考察各种动物，与原始人类状况，发明互助说，以反驳达尔文的互竞说，他能注意到人类，算是比达尔文较胜一筹了；然而原始人的社会与文明人的社会毕竟不同。克鲁泡特金以文明人的资格，去考察原始人的社会状况，故所得的结论不能没有流弊。克鲁泡特金的学说，也可分两部分来看，他主张“互助说”不错，因互助而主张“无政府主义”就错了。

禽兽进化为人类，故人类具有兽性，然既名为“人”，则兽性之外，还有一部分人性，达尔文只看见兽性这一部分，未免把人性这一部分忽略了。原始人进化为文明人，故文明人还带有原始人的状态，然既成为文明人，则原始状态之外还有一部分文明状态，克鲁泡特金只看见原始状态这一部分，未免把文明状态这一部分忽略了。禽兽有竞争，无礼让，人类是有礼让的，达尔文所忽略的是在这一点。原始人类，浑浑噩噩，没有组织，成为无政府状态，文明人则有组织、有政府，克鲁泡特金所忽略的是在这一点。

凡物体，每一分子的性质，与全物体的性质是相同的，社会是积人而成的，人身是社会的一分子，若把身体的组织法运用到社会上，一定成为一个很好的社会。治国之道，采用互竞主义固有流弊，采用互助主义也有流弊，故必须采用合力主义。人身的组织，即是合力主义。身体是由许多细胞构成，每一细胞都有知觉，等于国中的人民，大脑则等于中央政府。全身神经，都可直达于脑，等于四万万人每人的力线都可直达中央，成为合力的政府。目不与耳竞争，口不与鼻竞争，手不与足竞争，彼此之间，非常调协，故达尔文的互竞主义用不着。目不须耳之帮助而能视，口不须鼻之帮助而能言，手不须足之帮助而能执持，个个独立，自由表现其能力，故克鲁泡特金的互助主义，也用不着。目尽其视之能力，耳尽其听之能力，口鼻手足亦各尽其能力，如是把各种能力集合起来，就成为一个健全的身体，这便是合力主义。

国家有中央政府，有地方政府；人身亦然。我们的脚被蚊子咬了，脚政府报告脑政府，立派右手来，把蚊子打死。万一右手被蚊子咬了，自己无法办理，报告脑政府，立派左手来，把蚊子打死。有时睡着了，脑政府失其作用，额上被蚊子咬，延髓脊髓政府就代行职务，电知手政府，把蚊子打死，脑政府还不知道。耳鼻为寒气所侵，温度降低，各处本救灾恤邻之道，输送血液来救济，于是耳鼻就呈红色。万一天气太寒，输送了许多血液，寒气仍进退不已，各地方政府协商道："我们再输送血液去，仍无济于事，只好各守防地，把应该输送到耳鼻的血液，与它截留了。"于是耳鼻就呈青白色。

人身有中央政府，有省市县区各种政府。脑中记忆的事，都由各政府转报而来，各政府仍有档案可查。施行催眠术的人，是蒙蔽了中央政府，在省市县区政府，调阅旧卷，所以人在催眠中，能将平日所做的事说出，而醒来时又全不知道。疯人胡言乱语，这是脑政府受病，中央政府失了作用，省市县区政府，乱发号令。所以疯人说的话，都是他平日的事，不过莫得中央政府统一指挥，故话不连贯。夜间做梦，是中央政府休职，各处政府的人，跳上中央舞台来了。人一醒来，中央政府复职，他们立即躲藏；有时中央政府也能察觉，故梦中之事，也能略记一二。我们可以说：疯狂和做梦，都是讲无政府主义的。

古来亡国之时，许多人说要死节，及到临头，忽然战栗退缩。因为想死节，是出于理智，从脑中发出，是中央政府发的命令；战栗退缩，是肌肉收缩，是全国人民不愿意。文天祥一流人，慷慨就死，是平日厉行军国民教育，人民与中央政府，业已行动一致了。许多人平日讲不好色，及至美色当前，又情不自禁，因为不好色是脑政府的主张，情不自禁是身体其他部分的主张。我们走路，心中想朝某方走，最初一二步注意，以后即无须注意，自然会朝前走去，这即是中央政府发布命令后，人民依着命令做去；如果步步注意，等于地方上事事要劳中央政府，那就不胜其烦了。古人作诗，无意中得佳句，疑有神助，大醉后写出"之"字，往往比醒时更好，这是由于中央政府，平日把人民训练好了，遇有事来，不须中央指挥，人民自动做出之事，比中央指挥办理，还要好些。心理学书上，有所谓"下意识"者，盖指脑政府以外，其他政府而言。

由上看来，可知身体的组织，与国家的组织是很相同的。反观吾身，知道脑与五官百骸是很调协的，即知道创立一种学说，必使理智与情欲相调协。不能凭着脑子的空想，以虐苦五官百骸；也不能放纵五官百骸，而不受理智的裁判。建设一个国家，必使人民与政府调协，不能凭着政府的威力，压制人民。而为人民者，亦不能对政府取敌视的行为。人身的组织，每一神经俱可直达于脑，故脑为神经的总汇处，与五官百骸不言调协而自然调协。因此每一人民的力线，必使之可以径达中央。中央为全国力线的总汇处，政府与人民不言调协而自然调协。如能这样办理，即是合力主义，才可以救达尔文和克鲁泡特金两说之弊，而与天然之理相合。

第三为《经济政治外交三者应采用合力主义》。

关于政治、经济、外交的问题，他一生讨论的最多，发表的文字亦最多，并且著有几种专书来详论此事。这些大问题，留待后面再说。他这篇文字只是说政治、经济、外交应采用合力主义。所重者，在“应采用合力主义”一事，对于政治、经济、外交并未详说。这一篇文字放在《心理与力学》一书的最后，可以说是那书的结论，也可以说是“力学公例”的应用。他既认为“心理变化，循力学规律而行”，则吾人每做一事，须把力线考察清楚，才不至与人冲突。至于主持国家大政的人，制定法令制度，尤须把力线考察清楚，施行起来才不至处处窒碍。民主国家的一切事务，是全民之事，不是少数的几个领袖之事，所以欲思国家富强，必须将全民的力量一齐发挥出来，才能奏效。因此，他一而再再而三地提倡他的合力主义。

他说，达尔文的互竞主义，其弊流于互相冲突；克鲁泡特金的互助主义，其弊流于互相倚赖；唯有合力主义，如射箭一般，支支箭都向箭垛射去，彼此不相冲突，又不相倚赖，可兼达克二氏之长，而无其流弊。达尔文讲进化不错，错在讲进化而提倡弱肉强食；克鲁泡特金讲互助不错，错在讲互助而主张无政府。互竞和互助，其力线是横的，成立不起政府；由达尔文之说，有时亦能成立政府，但其政府是极端专制的，国中力线郁而不伸，断不能永久安定。合力主义，其力线是纵的，全国有若干人民，即有若干力线，根根力线直达中央，成为一个极强健的政府，是为政治上的合力。其他如经济外交，亦须取合力主义，讲经济，则须发动全国的人力物力，照一定的计划，而为财源的开发；谈外交，亦须实行国民外交，不许列强有不平等的待遇，以致演出种种丧权辱国之事。在国际间，利害相同的国家，也要取合力主义。等到国际间的矛盾减少了，更可合全世界的人力，悬出这个地球为目的物，一齐向它进攻，把它内部蕴藏的财富，继续不断地取出来，全人类平均分配，是为合力主义的终点。

满腹经纶

> 他以为规划国家大计，犹如建筑一个大房子一般，须有全部计划，先把图样绘出来，然后才可按照图样逐步兴建，倘若没有全部计划，随便建筑几间来住，人口添多了，又随便添筑几间，人再多，就再添筑，结果必是杂乱无章，拥挤不堪。要想继续住下去，无奈人口太多，实在挤不下；要想拆除别筑，那就费事太大了。

宗吾本着他所倡的“合力主义”，曾写了一篇《解决社会问题之我见》，于一九二七年刊入《宗吾臆谈》，一九二九年扩大为单行本，名为《社会问题之商榷》。一九三七年，政府定期于十一月十二日召开国民代表大会，制定宪法，他便写了一篇《制宪私议》，从六月二十九日起，逐日在成都《华西日报》发表。继此文之后，他正想写一篇外交私议时，而“七七事变”突起，他就改写了一篇《抗日计划之商榷》，亦在《华西日报》连续登载。这两篇文字，即于是年九月合刊一册，名为《制宪与抗日》，关于制宪部分，他特别注重经济与政治两项，也可说是他研究社会问题的一种结论。关于抗日部分，除了抗日计划外，更涉及外交问题和民族问题等。今先将《制宪私议》的要点介绍于下：

他以为规划国家大计，犹如建筑一个大房子一般，须有全部计划，先把图样绘出来，然后才可按照图样逐步兴建，倘若没有全部计划，随便建筑几间来住，人口添多了，又随便添筑几间，人再多，就再添筑，结果必是杂乱无章，拥挤不堪。要想继续住下去，无奈人口太多，实在挤不下；要想拆除别筑，那就费事太大了。西洋的资本帝国主义，就是犯了这个毛病。因此，我们此次制宪应当仔细斟酌，不能照抄欧美宪法，瞎子跟着瞎子走，一齐跌入陷坑。

规划国家大计，目光至少要看到五百年以后，断不能为数十年计，或一二百年计。亚当·斯密著《原富》一书。缺乏此种目光，行之未及百年，即弊害百出，种下社会革命的祸胎，由资本主义的盛行，酿成世界第一次大战，跟着又要第二次大战。假使他的目光能注意到今日，或许不至倡出那种说法。孔子《礼运》大同之说，目光注及数千年后，而下手则从小康做起，这即是先把全部房子式样绘出，一步一步地建筑，孔子死了二千多年，他理想的世界尚未出现，其学说的价值不惟不因之而损，反愈见其伟大。他悬出一种目标数千年俱走不到，于是数千年以后的人俱有路可走，不像亚当·斯密、达尔文诸人的学说，行了数十年，百十年，即无路可走，处处碰壁，非打仗不可，而且打了仗还是不能解决。所以我国此次制宪，须有远大的计划，即使中间有几部分一时不能实行；但既垂为宪法，定出了目标，大家望着走去，步法才不至紊乱，才不至彼此相碰。

先谈政治方面：

他以为要行民主共和制。办法很简单，只消把真正君主专制国的办法打一个颠倒，就成为真正的民主共和国了。君主专制国是一个人做皇帝；我们行民主共和制，是四万万五千万人做皇帝，把一个皇帝权剖成四万万五千万块，合伙做一个皇帝，现在就要研究这每块皇帝权如何行使了。

我国从前的皇帝要想兴革一事，就把他的主张提交军机处，由军机大臣议决了，就通饬各省，转饬各县，以及各乡村照办，其办法是由上而下的。民主共和国以乡村议会为人民的军机处，乡村议员为人民的军机大臣，人民对于国家想兴革一事，即提交村议会，经村议员议决了提交区议会，由是而县议会，而省议会，而国会，经国会议决了，即施行，其办法是由下而上的，与君主专制国恰成一反对形式。

君主专制时代，军机大臣的议决案，须奏请皇帝批准方可施行。民主共和时代，国会的议决案，须经全体人民投票认可方能施行。小事，由国会议决施行；大点的事，由各省议会议决施行；再大的事，由各县议会议决施行；顶大的事，才由全体人民投票公决。

民主共和国，以取法君主专制国为原则，不过把君主的办法，一一拿在人民的手中去行使罢了。君主时代，知县有司法权，今后仍当以司法权授予县长。县长延请精通法律的人为司法官，司法官对县长负责，县长对人民负责，如审判不公，人民弹劾县长撤换县长就是了。昔日衙门黑暗，是人所尽知的；但现在的司法机关，也易受人蒙蔽。往往事之真相，本地人士昭然共见；而法庭调查的结果，适得其反。今后当以调查或和解的责任加之村长和区长。人民有争执事件先诉诸村长，村长调查明白，即予以调解，如不服，诉诸区长。村长应将调查所得，及调解经过情形，备文送之区长。区长即当再调查，再调解，如不服，诉诸县长。区长又备文送之县长，如仍不服，诉诸省，诉诸中央。村长区长可依本地习惯法处理；县长以上则当按国家法律来解决。

现在民主主义和独裁主义两大潮流互相冲突，非将两种主义融合为一，冲突是不能免的。中山先生曾说：“美国制宪之初，主张地方分权者，认为人性是善的；主张中央集权者，认为人性不尽是善的。”故知民主主义和独裁主义的冲突，仍是性善性恶问题的冲突。但人性是浑然的东西，无善无恶，所以制定宪法应当将地方分权和中央集权合而一之。上述的办法如能一一做到，则是我国四万万五千万人，有四万万五千万根力线，根根力线直达中央，成为一个极健全的合力政府。大总统在职权内所发出的命令人民当绝对服从，俨然专制国的皇帝一般，是为独裁主义。大总统的去留，操诸人民之手，国家兴革事项，由人民议决，是为民主主义。如此，则两大潮流，即可融合为一了。

次谈经济方面：

他以为要改革经济制度，首先应将世间的财物，何者应归公有，何者应归私有，划分清楚，公者归之公，私者归之私，社会上才能相安无事。

第一项，地球生产力：洪荒之世，地球是禽兽公有物，后来人类出来，把禽兽打败了，地球就成为人类的公有物。所以地球这个东西，应该全人类公共享受，根本上不能用金银买卖。资本家买去，招佃收租，固是侵占了公有物；劳动家买去，自行耕种，也是侵占了公有物。何以故呢？假令有人雇工在荒山上种树一日，给以大洋二元，他得了报酬，劳力即算消灭。树在山上，听其自然生长，若干年后，出售得价百元或千元。此多得之九十八元或九百九十八元，全是出于地球的生产力。地球既为人类公有物，此多得之九十八元或九百九十八元，即应由全人类平摊。劳动家只能享受劳力相当的代价，而不能享受此项生产力。所以说，资本家买去招佃收租，劳动家买去耕种，同是侵占了公有物。因此之故，全国土地应一律收归公有，由公家招佃收租，其利归全社会享受，方为合理。

第二项，机器生产力：替人做工一日，得大洋二元；做手工业每日获利也不过此数，这算是劳力的报酬。若改用机器，每日可获利百元或千元。此多得之九十八元或九百九十八元，乃出于机器的生产力，不是出于工人的劳力。当初发明机器的人，业将发明权放弃，机器便成为人类的公有物。此九十八元或九百九十八元，即应由全人类平摊。旧日归厂主所有，是侵占了公有物。所以应该收归公有，工人做工，给以相当的代价；由机器生出的利益，归全社会享受，方为合理。

第三项，脑力和体力：世间之物，只有身体是个人私有的。由身体又发出两种力，一是脑中的思考力，一是手足的运动力。这两种力即是个人的私有物。社会上想使用它，就应出以相当代价；并且出售与否，各人有完全自主权，不能任意加以侵犯。

基于上面的看法，即可定出一条原则："地球生产力和机器生产力，归社会公有，脑力和体力，归个人私有。"依据这个原则以改革经济制度，社会与个人自然相安无事。

按中山先生的民生主义，公者归之公，私者归之私。现在可定出一条原则："金钱可私有，土地和机器不能私有。"于是将私人所有的土地，和使用机器的工厂，一律购归公有。但是全国的工厂如此之多，土地如此之广，购买之款，从何而出呢？

于此当首先定出一条法令曰："银行由国家设立，私人不得设立。人民有款者，存之银行。需款者，向银行贷用。其有私相借贷者，法律上不予保障，因借贷而涉讼者，其款没收归公。藏巨款于家而被劫窃者，贼人捕获时，其款亦予以没收。有存款于外国银行者，查明后，取消其国籍，华侨所在地设立国家银行，存储华侨之款，由国家转存外国银行，私人不得径往存储。"如此，则人民金钱，集中国家银行，即可供一切应用。至银行月息多少，视随时情况而定。如假定存入为月息一分，贷出为一分半或二分，即无异于以金钱放借者，缴所得税三分之一或二分之一与公家。

首都设中央银行，各省设省银行，各县设县银行，县以下设区银行和村银行，银行法既已确定，则应属公有的财物，即可着手收买。

（一）私立银行，一律取消，其股本存入国家银行，给以月息。

（二）使用机器的工厂，和轮船、火车、矿山、铁道等，一律收归公有。私人股本，存入国家银行；经理及职工等，悉仍其旧，不予变更，只将红息缴归国家，手续是很简单的。

（三）全国土地房屋，一律照价收买。例如，某甲有土地一段，月收租银一百元，即定为价值一万元，存入银行，每月给以息银一百元。人民需用土地房屋者，向公家承佃。其有土地自耕、房屋自住者，则公共估价，或投标竞佃，以确定其租息，原业主有优先承佃权，如此则全国四万万五千万人，无一人不是佃户，亦即是无一人不是地主，是之谓"平均地权"。

（四）国际贸易归公，国内贸易归私。出口货，由人民售之公家，转售外国；入口货，由公家购而售之人民，听其自由销售，不再课税。外人在内地设有工厂者，人民不得与之直接交易。如此则关税无形取消，外货以百元购得者，以一百五十元或二百元，售之人民，即无异值百抽五十，或值百抽百。至外货何者该买，何者不该买，国家自有斟酌，出口入口，两相平衡，我国与外国，两得其益。

以上四者办理完毕后，即可按照全国人口发给生活费，以能维持最低生活为原则。因为人民既将土地、机器、银行和国际贸易的收益交之国家，国家即应保障人民的生存权。法国革命是在政治上要求人权；我们改革经济制度，则注重生存权。中山先生把生活程度分为三级：(一)需要，即生存；(二）安适；(三）奢侈。现在的经济制度，人民一遇不幸，即会冻死饿死，是以“死”字为立足点，进而求生存，进而求安适和奢侈；发给生活费的办法，则是以“生”字为立足点，进而求安适，求奢侈。生存为社会重心，人人能生存，重心才能稳定。

改革社会犹如医病，有病的部分应当治疗，无病的部分不可妄动刀针。从旧经济制度中将土地、机器、银行和国际贸易收归国有，这即是有病的部分加以治疗；其余可悉仍其旧，私人生活非有害于社会者，不加干涉，这即是无病的部分不动刀针。如此办去，则中山先生的民生主义就可实现了。

中山先生屡次说：“中华民国，是四万万人的大公司，我们都是这公司内的股东。”这种说法再好没有了！那么，如今全国四万万五千万人即是四万万五千万股东，以一个人为一股，国中生了一人，即新添一股，死了一人，即取消一股，其股权是很分明的。发给生活费是各股东按年所分的红息；服务社会者，或劳心，或劳力，给予相当代价，即是股东在公司内服务，于分红息之外各得相当报酬。像这样的组织法，不但是取法公司制，并且是从天然界取法来的。说明如下：

(一) 取法人身分配血液之法：身体上某部分越劳动，血液的灌注越多，弥补消耗之外，还有余剩，因之越劳动的部分越发达，这就是人体奖励劳动的方法；准此，对于国中的劳动者就应该从优报酬。吾人身上还有许多无用的部分，例如男子之乳即是无用的东西，但既已生在身上，也不能不给以血液，不过因其不工作，灌注的血液较少，所以男子之乳渐渐缩小；准此，对于国中的任何人一律发给生活费，以能维持最低生活为止，不劳动者待以不死就是了。饮食从总口入，便溺从总口出，饮食在腹中如何消化，如何运转，脑筋全不知道；准此，国际贸易，由政府支配；国内贸易，听人民自由经营，不必过问。

（二）取法天空分配雨露之法：自然界用日光照晒江海池沼，土地草木把其中的水蒸气取出来，变为雨露，又向地上平均洒下，不惟干枯之地，蒙其泽润，就是江海池沼，本不需雨露，也一律散给；最妙的是把草木所含的水分蒸发出来，又还给它，一转移间，就蓬蓬勃勃地生长起来了。并且枯枝朽木也同样散给，不因其没有生机就剥夺了享受雨露之权。洒在地上之水，听凭草木之根吸取，无所限制，吸多吸少，纯是草木自身的关系，自然界固无容心于其间，准此，土地、工厂、银行及国际贸易的收入，原是从人民身上取出来的，除公共开支而外，不问贫富老幼，不问劳动与否，一律发给生活费，而国中致富的机会人人均等，这即是取法雨露的无私。

有人虑及遗产制，可以发生资本家，那是不相干的。美国的银行大王、汽车大王、煤油大王、商业大王诸人，除银行大王摩尔根外，都是赤贫之子；而摩尔根之致富，并未依赖遗产。他们之所以致富，全靠个人的努力，从事于经营土地、工厂、银行及国际贸易而来。宪法上如把四者定为国家公有，私人不得买卖，这些大王，自然无从产生，这才是根本办法。

土地、工厂、银行及国际贸易四者收归公有，大资本家无从产生，是富者削低一级；人人有生活费，不至冻馁而死，是贫者升高一级。两级中间为人民活动的余地。中山先生讲民权主义，不主张平头的平等，而主张立足点平等；因之经济上的组织不应主张平头的平等，使全国人贫富相等，而应主张立足点平等，使全国人致富的机会相等，欲务农者，向公家承佃土地；欲做工者，向工厂寻觅工作；为官吏、为教员、为商贾悉任自由，不加限制。因劳动种类的不同，所得的报酬即不同，或贫或富，纯视各人努力与否以为断。如此则可促进人民的向上心，社会才能日益进化。犹如地势高下不平，水便滔滔汩汩，奔趋于海，若平而不流，就成为死水了。

宗吾在《制宪私议》中，对于政治经济的主张，大概如上。他说这次国民代表大会，其权限仅属制宪，故只能谈及政治与经济，不能谈及外交，然他又说，如果舍去外交不管，则制出的宪法无论如何是不能实行的。因此，他于《制宪私议》草成之后，又想作一篇《外交私议》，以备采择。

也许不尽是纸上谈兵吧

国际上的情形是变化莫测的。我们先把自己脚跟立定，再看国际情势如何变，就如何应。以此时情形而论，中、苏二国的关系恰是三国时蜀、吴二国的关系，为对付共同的敌人，实有联合的必要。我国主张联合弱小民族，苏联也主张联合弱小民族，但我们并不与苏联争取领导权。苏联与我国虽说手段不同，而对于打倒帝国主义则目的相同。弱小民族任便加入哪个集团，都是可以的。

宗吾打算写的《外交私议》，前面已经说过，因“七七事变”突起，他便改写成《抗日计划之商榷》了。在这篇计划书中，为配合抗战的顺利，同时也谈到了外交——战时外交。他更谈到了中华民族的特性，自数千年来的文化传统，是“抵抗而不侵略”的民族，也一并将这种态度昭告于世界。他自“九一八”以后，即大讲其“厚黑救国”的种种理论，以为世界战祸，一触即发。若不思患预防，则事变之来，必有措手不及之势。因此，他在数年之内，无论是脑中所想的，口中所说的，以及笔下所写的，都是关于如何救国家、救民族的问题。此次日本帝国主义者无端挑起了侵华的战争，立刻便激发他平日胸中所蓄，由空泛的理论步入了实际的问题。他不再开玩笑了，他严肃起来了，他把中日情势和世界全局，作了一番彻底的观察，于是而有《抗日计划商榷书》的问世。这篇《计划书》，据说是随着“七七”的第一声炮响，跟即以笔杆应战，那时正是挥汗如雨的天气，但他不顾一切，在数昼夜之中手不停挥地把数万言的《计划书》一气呵成了，他把这篇文章和《制宪私议》合刊的意思，就是认为“制宪”与“抗日”是不能分开的。必须制定宪法之后才有真正的民主政治；有了真正的民主政治，全国的力量才可以充分地发挥出来，以对抗我们的敌人。这样，才可以说到抗战与建国同时进行，而中华民族才可以从抗战中强壮起来。所以他这篇《抗日计划书》是处处顾到内政与外交的。读者如欲评判他的得失，即当留意以下数事：第一，我们不可忘记这篇《计划书》是在抗战的最初期写成的；第二，我们人人心中自问当抗战初起时，究有如何的计划；第三，政府在当时所表现的，究有如何的抗战国策；第四，在当时全国的报章杂志上，更有些何等高见的此类文字。如果把这些情形一一回想一番，然后再来评判这篇《抗日计划书》的得失，就不至掩没他的苦心了。那篇《计划书》的大意是这样的：

这次中日战争，算是世界第二次大战的起点。第二次大战与第一次大战，意义迥乎不同：第一次大战，是列强彼此争殖民地，争市场，因而发生冲突；第二次大战，是强国侵略弱国，弱国起而抗御，并要求解放的战争。中山先生讲民族主义时，预料第二次世界大战是全世界弱小民族对压迫者作战，而今果然开始了，所以我们此次对日作战，在本国内，则应全民抗战，在国际上，则应本着中山先生的指示，组织一个弱小民族联盟，喊出“弱小民族互助”的口号，使前次威尔逊“民族自决”的主张于此次大战中实现出来。中山先生又说：“我们今日要用此四万万人的力量，为世界上的人打不平，此才是我们四万万人的天职。”基于这种训条，我们又该喊出“人类平等”的口号，把对日作战的意义扩大，使全世界人知道我们对日作战是为人类要求平等而战，是弱小民族对帝国主义抗战的开始者，不是两国间普通的战争。我们把此次抗战的意义弄清楚了，抗战与外交双管齐下，拟具整个计划，昭告全世界，使参加第二次大战的民族循着正当的途径走去。使一战之后世界永久和平，才不至重蹈第一次大战的覆辙，牺牲了数千万人的生命，无丝毫代价。

第二次世界大战的祸胎于第一次大战中早已种下。第一次大战，英法诸国倡言主张公道，打倒德国的强权，许给殖民地以自由，要求助战；威尔逊又提出十四条原则，主张民族自决；弱小民族信以为真，一致奋力，把德国打倒了，哪知“巴黎和会”列强食言，不惟所许的自由得不到，反增加了许多压迫，弱小民族才知道是受骗了。如果第二次大战发生，要想弱小民族再来帮助，这是不可能的，或许还会反戈相向，故英法诸国提心吊胆地恐怕大战发生。日本窥破此点，“九一八”之役，悍然不顾，阴以世界大战相威胁，国联只好听他。阿比西尼亚之役，西班牙之役，意、德都是以世界大战相威胁，国联也只好诸多迁就，避免大战发生。正义既不能伸张，于是讲强权者遂愈无忌惮。英、法诸国所主张的集体安全制，等于满载而归的强盗劝导初次出马的强盗放下刀杖、充当良民，宜乎德、意、日三国对于英法等国诸多不满，主张殖民地重行分割。所以说，第二次大战的祸胎是第一次大战种下来的，是英法诸国自身有惭德生出来的。因此，若要主张公道的话，从英法诸国口中说出，就要受法西斯国家的指责；即使勉强说出，也是理不直、气不壮；必须从中国口中说出，才能理直气壮，才足以召号世界。

要想世界永久和平，只有把第一次大战种下的祸胎连根拔尽，催促威尔逊的十四条原则实现，才能奠定和平的基础。英、法诸国在第一次大战中对于弱小民族是失了信的；应由我国出来，把威尔逊的旧事重提，劝导弱小民族起来帮忙，把专讲强权的国家抑制下去；一面要求英法诸国履行威尔逊的原约，这本是他们亲口允诺的，只因后来食言，以致第二次大战爆发，岌岌不可终日，英、法诸国未必不后悔；所以我们旧事重提，英、法诸国亦必乐从、同情于我们的主张。历史是有连续性的，第二次大战是承袭第一次大战而来，故第一次大战未完的事件，应于此次大战中了结清楚。

威尔逊民族自决的主张所以不能成功，是由于他本身是美国总统，美国是列强之一，与弱小民族立场相反，对于弱小民族只能表示一种同情，不能挺身相帮。弱小民族本身利害自己不能解决，旁观者将奈之何？而弱小民族又是一盘散沙，没有负责的领导者，所以威尔逊的理想是无从实现的。我国在弱小民族中，弱则有之，小则未也，是一个天然的领导者，与全世界的弱小民族立场相同，利害相同，此次由我国出来，当一个“威尔逊”，必定成功。弱小民族力量诚然是小的，但联合起来力量就大了，就可以解决本身不可避免之事，好比全身毒菌非溃而成疮不能泄出。依进化趋势看去，此次大战，当为人类战争的总结束。我们组织弱小民族联盟，正是预备办理结束事宜的。

我们组织弱小民族联盟，仅仅行威尔逊主义还不够，必须加之以孙中山主义，才能使世界永久和平。中山主义是集中国主义的大成。中国主义决定于中国的民族性；中国的民族性又决定于所处的天然环境。世界分温、热、寒三带，西洋地偏寒带，印度地偏热带，中国地居温带。温之云者，寒、热二者合并而成者也。故中国人性情和平，无论说话做事，都带一种温和态度，不走极端。寒带天然物很少，生于此地之人不努力奋勉即不能生活，故时时想征服天然界。热带天然物丰富，生活的需要不患不足，故生于此地之人对于天然界则取放任态度。中国介居二者之间，则另有一种办法，《易》曰：“裁成天地之道，辅相天地之宜。”对于天然界，不征服之，而辅相之，不放任之，而裁成之。这种办法俨然是融合西洋和印度办法而成的。至中至正，这即是中国主义。故中国文化发扬出来可以把西洋文化、印度文化融合为一。西洋以征服天然为务，因而产出侵略主义；印度以放任天然为务，因而产生出不抵抗主义。中国的主义则为“抵抗而不侵略”，证之以数千年的历史，证之以古先圣哲的言论，无不如是。中山主义更是继承这种精神，把世界上的各种学说加以融合的。目前政治经济上的种种问题，用他的学说即可以得到一种总解决。在政治方面，是把独裁主义与民主主义融合为一；在经济方面，是把个人主义和国家主义融合为一。世界各国只要把中山主义实行做去，一切问题就可得到合理的解决了。

第一次大战，慢道威尔逊民族自决的主张不能实现，即使实现了，世界和平还是不能永久的，这有事实可证明：第一次大战告终，和议方始，全世界把威尔逊看做救世主一般，欢迎的热烈达于极点；而战胜国的劳工反暴动起来。美国人民要暴动，威尔逊调兵弹压方才平息。意大利战胜回国的兵士，戴起徽章，横行都市，因而产出专制魔王墨索里尼。英国的矿工、铁路工人、轮船水手结成三角同盟，布起阵势，预备随时和政府决战，害得首相劳合·乔治乘着飞机今日回伦敦弹压，明日赴巴黎开会，一夕数惊，疲于奔命。法国首相克里蒙梭是欧战中出力最大的一位角色，巴黎和会充当主席，为法国增光不少，反遭国人行刺，几乎把七十八岁的老命送掉，巴黎市民也曾有一次大大的示威运动。其余各国大大小小的罢工差不多每星期总有一两起。这是什么原因呢？因为大战到了第三年，一般劳工都觉悟起来，说道：“我们何苦替资本家拼命呢？”于是一方面在战场上兵戎相见；一方面举出代表，在中立国交换意见，主张言和。及到大战终了，劳工觉得白白牺牲，未免不值，所以发生暴动。巴黎正在开会，而各国劳工也举出代表在瑞士的熊城开会，因此之故，和会上才特订一个《劳工规约》。所以巴黎和约，不仅是对敌人德国议和，并且是对本国中的劳工议和。从此看来，即使威尔逊的计划成功了，弱小民族实行自决了，列强国中的劳工，对于资本家，还有一番大流血。我们这次组织弱小民族联盟，是谋世界永久和平的，只要把中山主义宣扬起来，这劳资问题也就附带解决了。人世战争的祸胎才算连根拔尽。

我们组织弱小民族联盟，为推行中山主义的总机关，喊出“人类平等”的口号，把世界被压迫的民族和列强国中被压迫的劳工集合在一根战线上，其平等的方式有二：（一）把全世界弱小民族提高来，与列强平等；（二）把列强国中的资本家降下去，与他本国中的人民平等。所谓与本国中人民平等者，即《制宪私议》中所说致富的机会相等，不是那种平头的平等。我们把宪法公布出来，使日本人知道我们是对日本的军阀和资本家作战，不是对日本的平民和劳工作战，中日战争才容易解决。其他资本主义国家知道了中山主义的好处，自然会跟着我们的主义走来，至少也可同情我们。我们这部宪法就成了世界公共适用的宪法。把宪法制好了，悬出一定的目标，在第二次世界大战中，我国同世界弱小民族就依此目标作战，使一战之后永久和平，人类相互间不致再发生战事，这部宪法，又成了第二次大战预定的和约。像这样的作战，才算是有计划、有主义。回忆第一次世界大战，殖民地的人民和列强国中的劳工一齐奔集在帝国主义的旗帜之下，互相厮杀，真不知所为何事！所以我国此时，应将所谓对日抗战啦，宣传中山主义啦，制定宪法啦，组织弱小民族联盟啦，四者同时并进，合一炉而冶之，才是正当办法。

国际上的情形是变化莫测的。我们先把自己脚跟立定，再看国际情势如何变，就如何应。以此时情形而论，中、苏二国的关系恰是三国时蜀、吴二国的关系，为对付共同的敌人，实有联合的必要。我国主张联合弱小民族，苏联也主张联合弱小民族，但我们并不与苏联争取领导权。苏联与我国虽说手段不同，而对于打倒帝国主义则目的相同。弱小民族任便加入哪个集团，都是可以的。

世界上英、苏、美、法、德、意、日成了两个集团：德、意、日三国成为一个法西斯集团；英、苏、美、法四国成为一个集体安全集团。我国同弱小民族另成一个三民主义集团。把世界剖为三个集团，这又是魏、蜀、吴三国的形势。法西斯集团主张侵略，是我们的敌人；集体安全集团主张维持世界和平，是我们的友人。在这种情形之下，我们这个集团与英、苏、美、法集团等于蜀、吴二国，有联合的必要。我们把中国主义宣布出来，世界弱小民族信从中国主义的加入中国集团；信从西洋主义的，加入英、苏、美、法集团。这两个集团同向法西斯集团进攻，不言互助，而互助自在其中。

就现在的局势看来，德、意、日三国仿佛摆下了一个“长蛇阵”，击首则尾应，击尾则首应。击西方的德、意，则东方的日本应之，击东方的日本，则西方的德、意应之。他们把这种长蛇阵摆下了，就可掠夺中、苏两国的地方，就可掠夺英、法等国的属地，这是他们的阴谋。这种阴谋一揭开，世界大战就爆发了。到了那时，我们三民主义集团，围攻日本，英、法那个集团，围攻德、意，使他首尾不能相救，苏联东西兼顾，美国为后方粮台，那条长蛇，一击就毙。须知国际上的或离或合，纯以利害为转移，利害相同则合，利害相反则离。现在国际局势已明白摆起了，我们无须同苏联定约，无须同英、法、美诸国商量，也无须强拉弱小民族加入我们这个集团；只消把中国主义昭告世界，就全国总动员，同日本抗战到底，弱小民族自然会参加我们这个集团，英、苏、美、法自然会朝着我们预定的路线走去，这是决然无疑的。而且人贵自立，即使无人与我国联合，我国单独对日作战，不过牺牲较大，时间较长，最终的胜利，决然属于我国，是之谓自力更生，是之谓自主外交。

国际上的情形，任它如何变化，我们总是抱着一定的国策做法——抱定中国主义做去。此时英、美诸国，仿佛是同情我国；然而他们同日本都是资本帝国主义的国家，将来同日本妥协，阻碍我们收复东北四省，不是不可能的事；抑或把我国某某等处，划为国际共管；甚或列强联合起来，向弱小民族进攻，都是不可知的事。我们总是埋头去干弱小民族联盟的工作。英、美诸国能主张公道，抑制专讲强权的国家，我们这个"弱联"就同他们联合，一致行动；如或列强联为一气压迫弱小民族，那么，全世界就明明白白划为两根战线，我们就依着中山先生指示的途径，纠合全世界被压迫的弱小民族，向压迫者的列强进攻，成为第二次世界大战。

组织"弱联"是我国唯一的出路，无论如何困难，都应该做去；再困难，总没有中山先生在满清时组织"同盟会"那样困难。以中山先生在满清革命的精神，用以革列强之命，哪有不成功的道理呢？我们现在所以受日本欺凌者，全是失去此种精神之故。所谓"依赖列强"，不啻是"畏惧日本"的代名词，这种心理，就是胸中早已为"强权"二字，所慑服了。中山先生敢于革满清之命，正是胸中只有"正义"二字，没有"强权"二字，这即是孟子书上所说："自反而缩，虽千万人吾往矣。"是之谓中国主义。如果英、美等国赞成我国抵抗日本，我们就抵抗日本，不赞成抵抗，就不抵抗，他们借口调停，阻止我们收复东北四省，我们就接受其调停，抑或主张某某地方由国际共管，我们就交出共管，那么，不惟是中山主义的叛徒，并且是中国主义的罪人。

有人问：抵抗而不侵略既是我国的一贯主张，为什么日本侵略起来，我国毫无抵抗能力呢？此种主义，以何因缘，消失净尽？他说：这可用力学公例来说明，依物理学的说法，凡是铁条皆有磁力，通常的铁条发不出磁力，是由于内部分子凌乱，南极北极相消之故，只消把磁石在铁条上引导一下，南北极分子排顺，立即发出磁力来，我国四万万五千万人本有极大的抵抗力，只因连年内战，分子凌乱，所以抵抗力发不出来。而今内部统一了，悬出日本为目标，四万万五千万人有四万万五千万根力线，根根力线直射日本，等于四万万五千万支箭向同一箭垛射去，成了方向相同的合力线，内部自然莫得纷争，对外自然有极大的抵抗力。

大凡列国纷争之际，弱国唯一的办法是联合众弱国，以攻打强国，已经成了历史上的铁则。像春秋时的管仲，战国时的苏秦，楚汉时的张良郦食其，三国时的诸葛孔明，都是这种主张。齐桓公汉高祖是成功了的；六国联合，最终为秦所灭，是失败了的；吴蜀二国最终为魏方的司马氏所灭，也是失败了的。因此，又可得出一条公例：“凡联盟集团中，有负责的首领就成功，无负责的首领就失败。”齐桓公和汉高祖，是集团中负责的首领，战争的责任，一肩担起，对敌人作正面的攻击，其余联盟的人从旁协助，故能成功。至若齐、楚、燕、赵、韩、魏六国，则地位平等，没有负责的首领,所以有“连鸡不能俱栖”之说。吴、蜀二国亦然。蛇无头而不行，致遭敌方各个击破。现在若组织弱小民族联盟，我国是天然的首领，等于齐桓公汉高祖一般。战争的责任由我们一肩担起，对日本为正面的攻击，其他联盟者，从旁协助，是为有头之蛇，日本不败何待?

有人问：我们可以组织弱小民族联盟，难道日本不能组织强国联盟，与德、意联盟；且或进而与其他列强联合，一致向弱小民族压迫吗？他说：日本想是这样想，其他强国，也未尝不这样想；但是这种联盟，即使组织起来，也断难持久。何以故呢？列强联盟，恰犯了当时六国联盟“连鸡不能俱栖”之弊。兼之列强与列强有矛盾，列强与自己的殖民地又有矛盾。而“弱联”方面，以我国为首领，只要坚持到底，抗战到底，他们那个联盟自然会破裂。为列强计，反是与弱小民族联合，还少些矛盾，而于他们有种种利益。我们须知，第一次世界大战，是强国对强国作战，弱小民族牵入旋涡，而居于被动地位；第二次世界大战，是弱小民族对侵略的国家抗战，其他强国牵入旋涡，而居于被动地位。这是第二次世界大战与第一次大战截然不同的地方。这种趋势，英、美诸国是看得清清楚楚的，所以卢沟桥战事发生，他们很想从中调停，就是生怕牵入旋涡之故；然而大势所趋，他们欲不入旋涡而不能。何以故呢？请问日本能自动退出东北四省吗？既不退出，请问我国能甘心、战争能幸免吗？战争既不能免，他们能逃出旋涡吗？他们倒是眼光放远点，与我们的“弱联”，取一致行动，和平的曙光，或可早点出现。

他以为对日抗战，当应用三种战争：全民抗战，是为武力战争；组织弱小民族联盟，施以经济制裁，是为经济战争；将中国主义，在国际上尽量宣传，是为心理战争。这三种战争，必须同时发动，才可战胜日本。讲到武力战争，又可分为三部分：一是战斗的精神，一是战斗的经验，一是战斗的器械。前二者，我国俱占优势；唯有器械一项不如日本。因此当避其所短，用其所长，换句话说，就是“斗智不斗力”。必须一面采取持久战，把阵地战和游击战，交互运用；一面必须组织“弱联”，宣传中国主义，把中国主义，把心理战争、经济战争，同时发动起来，才能把日本在国际上的矛盾，本国中的矛盾，完全暴露，相持越久，日本的败着越多。最终就成了垓下的项羽，七十二战，战无不利，忽闻楚歌，一败涂地。

他在《制宪私议》上所说事项，多与国际战争有关系，因为政治、经济、外交三者，原是一贯之事，那篇文内主张：“银行由国家设立，私人不得设立，每村各设银行，全村粮税若干，责成村长收缴。”这种主张，如果见诸施行，在长期抗战中，即可把各村银行之款，提作战费，而以该村粮税为担保品，于全国有大益，于私人亦无伤。

他在《制宪私议》上主张：“工厂由国家设立，工厂以供给需要为目的，不以赚钱为目的，多设小工厂，分布乡间，便于人民做工。”此项办法，在战争中极有利。外国工厂是大规模的组织，多设都市，一遭轰炸，所损实多；我们的小工厂分设乡间，依山临水，飞机轰炸不易，即遭轰炸，损失不大。

再则长期抵抗，全国各处都有被轰炸的可能，此项战争，目的在求国际上的自由平等，是为全国人谋利益，为子子孙孙谋利益，不能使一部分人独蒙牺牲。应由国家设置战时保险公司，由人民纳资保险，一遭轰炸，验明后立予赔偿。但国家哪里有钱来赔呢？其办法，由银行登记某人存款若干就是了，等于替全国人和子子孙孙借一笔债款，牺牲就平均了。国家可收入一宗保险费，以作战费，较之劝募救国公债，更必踊跃输将。私人资财保了险，就是实行焦土抗战，人民也无不乐从。我们即可用俄人在莫斯科困拿破仑的法子，将重要的市镇，于适当时自行炸毁，使敌人攻占后无地可居，如此于人民无损，于国家极有利。

他在《制宪私议》上主张行募兵制，不行征兵制，理由是募兵制较征兵制为进步。他以为兵制可分三个时期：我国古代行征兵制，后来进化为募兵制，将来再进化，则征兵制与募兵制合而为一。平时以军事训练全国人民，需兵时中央酌派各省出兵若干，各省酌派各县出兵若干，此之谓征兵制。各县分区招募，以志愿当兵者充之，此之谓募兵制。鼓之以热诚，奖之以厚赏，自不患应募无人。此等兵，出诸情愿，勇气自必百倍。战事毕，遣回原籍安插，编遣也不困难。我国辛亥而后，内战二十余年，死人数百万，几等于以军事训练全国，编余的军官士兵遍地皆是。此时对日作战，只须厚给薪饷，招募曾充兵役者，略加部勒，即可作战。将来战事延长，再按照征兵募兵合而为一的原则做去，方与情事相合。

对日本长期抗战，当有一种长期计划。勾践沼吴，十年生聚，十年教训；我们抗日，则当定为若干年建设。古者寓兵于农，我们则寓抗战于建设之中。军事是变化无定的，我们如能一气收复失地，固然很好；万一战事延长，而又归于沉寂，即当趁此大举募兵，用以筑路开垦等，处处以兵法部勒，随时可用以攻击敌人，而又不积极作战，成为一种"盘马弯弓故不发"的姿态，使敌人不得不多调些兵来防堵。这样地相持若干年，敌人自然闹得民穷财尽，自身矛盾百出。机会到了，即突起猛攻，一举而收复东北四省，进而收复台湾，把敌人在各地的一切建设，及所投之资，概行没收，以补从前的损失。

他在《制宪私议》上规定："国际贸易，由国家经营。"这也是一种战略。我们在抗战时期，列强中赞助我们的，我们可多购它些货物，多卖给一些原料；其赞助日本的，我们就不买它的货物，不卖给它原料，使列强不得不赞助我国。我们把东北四省、台湾收复之后，如高丽、琉球尚未独立，我们仍与日本经济绝交。因为此二国，先年是我们的属国，我们不能保护它，致为日本所灭，这是我国的惭德，所以必须扶助它们独立，才算尽了我国的责任。

现在国际上，只讲利害，不讲正义。我国与弱小民族，利害相同；列强与弱小民族，利害相反。例如威尔逊高呼"民族自决"，似乎是主张正义了，其实不然，美国的国家，完全为银行大王、煤油大王等几个大资本家所操纵，总统是他们的傀儡。第一次大战之初，美国的资本家借债与协约国，后来眼见协约国要败了，深恐债款无着，才怂恿政府出来参战。所以威尔逊高唱人道主义，表面上很好听，骨子里是替几个资本家收账的。此次中日战争发动了，日本是美国的大债主，如果打败了，债款必归无着，所以美国虽同情我国，也不愿日本打大败仗。并且日本一败，东北四省被我国收回，高丽、琉球也会独立，其他委任统治的地方也保不住，日本就有退回三岛，变成小国的危险。英国情形大与日本相类，如果此例一开，英国属地纷纷独立，最终也只剩有英伦三岛，这种事势的演变是很有可能的，英国人士早见及此，所以处处袒日。总之，世界列强与弱小民族是立于利害相反的地位，这种情形，我们不能不看清楚。

中山先生革命，分出军政、训政、宪政三个时期，现在国难当前，应三者同时并进。对日全民抗战，是为军政；在抗战期中，制定宪法，从乡村施行起，是为宪政；乡村议员训练人民之责，是为训政。乡村的宪政办好了，扩大为区，再扩大为县，为省，为国。等到扩大为国时，大约中日战争已告结束，宪政就算完成。将来再扩大于全世界，就算大同了。

最后他说：孔子主张“以天下为一家，以中国为一人”，所以中国主义即是大同主义。西人呼中国为“睡狮”，生怕它醒了，这未免以小人之心度君子，狮子是吃人之物，我国岂干此等事？我国乃“卧麟”，而非“睡狮”。麟是不践生虫不履生草的仁兽，因它闭目高卧，于是豺狼出没，狐兔纵横，闹得不成样子；只要它一醒了，昂首挺步，百怪潜形，就顿成祥和的世界，从前西狩获麟，孔子见了，泣下沾襟，曾作一首《获麟歌》曰：“唐虞世兮，麟凤游兮；今非其身，来何求兮？麟兮麟兮，我心忧兮！”想孔子在天之灵，无时不盼望世界大同。果能由此次大战，得到“民族自决”，得到“人类平等”，实现了“天下为一家，中国为一人”的大同社会，则我们每年孔子庙中的春秋二祭，可高唱一首《祥麟歌》，其词曰：

大同世兮，祥麟游兮；
今已大同，又何求兮？
麟兮麟兮，永无忧兮！

华族至上，想入非非

中国主义是人己两利的。西人主张天演竞争，知有己而不知有人，这纯是利己主义；印度教义以舍身救世为主，知有人而不知有己，这纯是利人主义。中国主义则不然：纯乎利己、孜孜为利者，是孟子所深斥；纯乎利人、从井救人者，亦为孔子所不许。儒家的主张是"己欲立而立人，己欲达而达人"。

一九三八年五月，四川省政府改组，政闻编审委员会裁撤，另成立一编译室。该室的编制仅有编译五人。宗吾亦为其中之一。不久，因为紧缩编制，改为编译三人，于是宗吾便被人挤下台了。此事，新近得到一位当年与宗吾同事的徐庆坚君来函有云：

"当时紧缩编制改为三人，某君趁机设法改调，某君趁机兼任新检所主任。编译室主任某君，则兼一机关报社长；愚则兼另一机关报总编辑。名为五员，实仅存四。此四者中，宗吾先生脸厚不如某主任，心黑不如某新检所主任；愚则所谓因缘时会，靠土著饭碗团体帮忙不能走者；宗吾先生，遂不得不挂冠而去矣。"

至此，前章所谓宗吾隐于朝者，又须痛痛快快地隐于山林了。

一九三九年三月三日，宗吾满六十岁，发表了那篇梯突滑稽的《厚黑教主六旬晋一征文启》（见《厚黑教主别传》）。四月，他便由省垣回到自流井故乡去了。我开始读他的几种著作，并冒昧给他写信，就在他回家数月以后的当儿；可是一直到次年春季，才将他从不给生人写信的旧例打破了，竟蒙他回复了我。接着我们来往的信件便一天一天地多起来，由彼此争论，到彼此谅解，以至于彼此会晤结为好友，据他自己说，他晚年的家居生活，除从事于研究著述外，大半的时间都消磨在和我的通信中。他那时正在研究"中国民族性"的问题和进一步研究"心理与力学"的问题。

他对于中国民族性的看法，仍不外以上所说的"抵抗而不侵略"的大原则。他的出发点，自然是着重于天然环境，即强调他的地理气候之说。更想从古今的历史中寻获翔实的例证，从古先圣哲的著述里，援引充分的理据，打算写成一部巨著。不过这部书终未写成，我所见到的仅是一篇数千字的论文，题为《中国民族性之研究》。在那篇文章里，他特别举出由中国民族性所形成的中国主义，约有六大特色：

第一，他说中国主义是抵抗而不侵略的；如果不明白这一层，读古人之书，就觉得矛盾百出。例如，孟子说："善战者服上刑。"孔子说："我战则克。"这不是明明矛盾吗？要知道：孔子的说法，是就抵抗而言；孟子的说法，是就侵略而言；则孔孟的学说，自然就无冲突了。中国古人倡出"抵抗而不侵略"的学说，经过数千年之久，养成一种民族性，所以中国的人民任便发出的议论，作出的诗歌，无在不合乎此种主义。例如，汉弃珠崖，论者称其合于王道，为其不侵略也；秦桧议和，成为千古罪人，为其不抵抗也。秦皇汉武开边，意在侵略，是中国民族的变态，所以很受历史家的讥评。唐人诗中亦云："年年战骨埋荒外，空见葡萄入汉家。""劝君莫话封侯事，一将功成万骨枯。""边庭流血成海水，武皇开边犹未已。""可怜无定河边骨，犹是春闺梦里人。"……这些沉痛的呼声，正是为侵略者痛下针砭。及至受人侵略，则诗人的态度又改变了。南宋受金人侵略，陆放翁临死示儿诗云："王师北定中原日，家祭无忘告乃翁。"则又力主用武。明胡宗宪督讨倭寇时，幕客沈明臣作《饶歌》十章，中有句云："狭巷短兵相接处，杀人如草不闻声。"宗宪起捋其须说："何物沈生，雄快乃尔！"这更是歌颂战斗的精神。像这种"抵抗而不侵略"的主义，是中国主义的第一特色。

第二，他说中国主义是内刚而外柔的。《易经》书是中国哲学的总纲，全书以内刚外柔为美德。例如，"泰卦"是内阳而外阴，"明夷"是内文明而外柔顺，"谦卦"则山在地下，"既济"则水在火上，无一不是内刚外柔的表现。孔老为中国的两大教主，其立教主旨，一一与易理相合，老子则被褐怀玉，孔子则衣锦尚䌹。老子说："天下莫柔弱于水，而攻坚强者莫之能胜。"孔子则说："三军可夺帅也，匹夫不可夺志也。"句句都是外柔内刚的精神。我国数千年以此立教，自然养成一种民族性，所以中国人态度温和，谦让有礼，这便是外柔的表现；一旦正义所在，勇气奋发，不顾身命，这便是内刚的表现。我国民族性既然如此，故我国对日抗战，最后胜利是决然无疑的。这种外柔内刚的精神是中国主义的第二特色。

第三，他说中国主义是人己两利的。西人主张天演竞争，知有己而不知有人，这纯是利己主义；印度教义以舍身救世为主，知有人而不知有己，这纯是利人主义。中国主义则不然：纯乎利己、孜孜为利者，是孟子所深斥；

纯乎利人、从井救人者，亦为孔子所不许。儒家的主张是“己欲立而立人，己欲达而达人”。这种人己两利的主张，是中国主义的第三特色。

第四，他说中国主义是修齐治平一以贯之的。印度学者所讲的是出世法；西洋学者所讲的是世间法；中国学者所讲的也是世间法。但西洋近代流行的各种主义互相冲突，纷争不已，成为互不相容的几件事物。而中国则修身、齐家、治国、平天下，一以贯之。于是个人也，国家也，社会也，就毫不冲突。其言曰：“以天下为一家，中国为一人。”俨然将人、己、物、我成为一个浑然的整体。这种兼容并包的精神，是中国主义的第四特色。

第五，他说中国主义是仁义与功利融合为一的。印度教徒满腔子是慈悲，绝口不言功利；西洋科学家满腔子是功利，几不知仁义为何物。而中国学说，则能将仁义与功利融合一致，欲求功利，当从仁义着手。《孟子》全书即是发明此旨。如说：“诸侯有行文王之政者……必为政于天下矣。”行文王之政，就是行仁义；为政于天下，就是尚功利。欧人主张武力统一，是用一个“杀”字统一世界。孟子则说：“不嗜杀人者能一之。”是用一个“生”字统一世界。其说绝精，细读自知。这种仁义与功利融合的精神，是中国主义的第五特色。

第六，他说中国主义是物质生活与道德生活并重的。印度教徒乞食为生，不事货财；欧美富豪好货贪财，骄奢淫逸。伦敦也，巴黎也，纽约也，以及日本之东京也，可说是拿弱小民族的血肉建成的。而我国孟子则说：“老者衣帛食肉，黎民不饥不寒。”又说：“养生丧死无憾，王道之始也。”达尔文“生存竞争”之说，孟子复生，亦不能否认；但孟子的学说，一达到生存点，即截然而止。而达尔文则盛倡“优胜劣败”，成为无界域的竞争。世界列强一得到达氏之说，就像疯狂一般，向弱小民族掠夺，势不致列强胀死、弱小民族饿死不止。我国古人早见及此，所以说：“衣食足而礼义兴。”一达到不饥不寒，即教之以礼义。故信从印度主义，不免饥寒；信从西洋主义，蔑弃礼义；这两者的偏颇极端，中国学说最能折中起来，是为中国主义的第六特色。

以上的六大特色，据他说，是由于中国的民族性自然形成的。而民族性的形成，又是因为中国地处温带，故与热带寒带的人迥乎不同。因而中国主义也就与印度主义、西洋主义迥乎不同。温带上气候适中，故其主义也适中。因此，他说中国主义具有融化印度主义和西洋主义的能力。例如，《大学》一书所讲的是格致、诚心、修齐、治平的道理。从前印度学说传入中国，与这种固有的学说发生冲突；经过周程陆王诸人出来从格致诚正上用功，就把中国学说和印度学说融合为一了。这是学术史上的大工作。近今西人的个人主义、国家主义等主义，传入中国，又发生冲突。我们应该努力工作，把古人所讲的修齐治平与之融会贯通，如能完成此种工作，则中西印三方面文化，就能融合为一；而世界大同的基础，也就算确定了。

他更说：从前印度佛学传入中国，我国的人士尽量采用它、修改它、发挥它，于是所有禅宗、净土宗、天台宗、华严宗等一一中国化，大得一般人的欢迎。今之西洋主义传入中国，往往扞格不通，流弊百出，就是因为未经过“中国化”的缘故。所以今后采纳西洋文化，应当用采纳印度文化的方法，使亚当·斯密、达尔文诸人的学说，一一中国化，如用药之有炮制法，把那有毒的一部分除去，单留下有益的这部分。达尔文讲进化不错，错在因竞争而妨害他人的生存。亚当·斯密发展个性不错，错在因发展个性而妨害社会。若去其害，存其利，就对了。其他如克鲁泡特金诸人的学说，也一一用此法炮制，则西洋学说，也就一一中国化了。既已中国化，即可通行于世界。何以故？因为温带上的学说，固足以救热带上寒带上学说之偏哪！

宗吾的另一研究对象更是“性灵与磁电”的问题。这个问题仍是他对于“心理与力学”研究的继续，也可说是他思想发展的极致。他自从倾向“性恶论”，大胆地提出“面厚心黑”之说，仍是在“人性论”上做继续不断的研究，在研究的过程中，他不仅否认了“性善说”，亦同时否认了“性恶说”；至于“性善恶混说”、“性有善有恶说”，以及“性有三品说”，他也完全否认了。以后他发现人的心性无所谓善，亦无所谓恶，但是却有一种“力”。此“力”能推能引，与物理的现象并无不同，于是而有《心理与力学》一书之作。时至今日，他更创一假设：“人的性灵，从地球的磁电转变而来。”如果这一假设，将来得到确切的证明，则可有科学与玄学之争，唯物与唯心之争，就成为徒然多事了。但他为学力与年龄所限，不能把这一假设予以确切的证明，这是他无可奈何的事。他曾亲自对我说过，他只能用“想当然耳”的说法，写成《性灵与磁电》一文，让今后的学者或推翻或证成好了。那篇文章的概要如下：

他以为物质不灭、能力不灭是科学上的定律。依此理，吾人一死，身体即化为地球上的泥土，同时性灵亦当化为地球中的磁电。如此则肉体性灵生有自来，死有所去，而物质不灭、能力不灭之说就可以讲得通了。世言人能成仙成佛，或许是用一种修养力能将磁电凝聚不散的缘故。又有说“冤魂不散”者，当是一种嗔恨心能将磁电凝住；及至冤仇已报，嗔恨心消失，磁电无从凝聚，其鬼即归消灭。

有了“性灵由磁电转变而来”这条假设，则灵魂存灭问题也就可以解答了。吾人一死，身上的物质退还地球，灵性化为磁电，则灵魂即算消灭；但是吾身虽死，而物质尚存，磁电尚存，亦可说是灵魂尚存了。庄子所说“天地与我并生，万物与我为一”，或许是这种道理。

禅家最重“了了常知”四字。吾人静中，此心明明白白。及至事务纷乘，此明明白白之心，即消归乌有。学力深者，事务纷乘，此心仍可明明白白，是谓“动静如一”。但是白昼虽明明白白，晚间梦寐中则复昏迷。学力更深者，梦寐中亦明明白白，是谓“梦寐如一”。学力极深者，死了亦明明白白，是谓“死生如一”。到了死后亦明明白白，则即说是灵魂永存，亦未始不可。

《楞严经》说：“如来从胸卍字，涌出宝光，其光昱昱，有千百色，十方微尘，普佛世界。一时克编。”这种宝光当即是电光。阿难白佛言：“我见如来，三十二相，胜妙殊绝，形体映彻，犹如琉璃。尝自思维，此相非是欲爱所生。何以故？欲气粗浊，腥臊交遘，脓血杂乱，不能发生胜净妙明，紫金光聚。”这是说释迦修养功深，已将血肉之躯变而为磁电的凝聚体了，故能发出宝光，遍达十方世界，佛氏有天眼通天耳通之说。现在无线电发明，已可证明这种道理。释迦本身即是一具无线电台，将来电学进步或可证明佛经所说一一不虚，这“性灵由磁电转变而来”的假设，或亦可以证实了。

老子言道，屡以水为喻；佛氏说法，亦常以水为喻。我们不妨以空气为喻，所谓不生不灭，不垢不净，不增不灭，无古今，无边际，无内外，种种现象，空气是具备了的。倘再进一步，以中和磁电为喻，尤为确切。若是进一步，假定“人的性灵，由磁电转变而来”，用以读佛老之书，觉得处处迎刃而解。

吾人自以为高出万物，这不过人类自己夸大的话，实则人与物同是从地球生出来的，身体的元素无一非地球中的物质。自地球看来人与物并无区别，仿佛父母生二子，长子曰“人”，次子曰“物”，不过长子聪明，次子患瘫病而又聋哑罢了。人身的物质和地球的物质都是电子构成的。吾人有灵魂，地球亦有灵魂；地球的灵魂，就是磁电。通常所说的地心引力，即是磁电吸力的表现。地球的物质变为植物，同时地球的磁电即变为植物的生机。吾人食植物，物质变为吾身的毛发骨肉，同时磁电即变为吾人的性灵。由泥土沙石变而为植物，变而为毛发骨肉，愈变愈高等；同时由地球的磁电变而为植物的生机，变而为吾人的性灵，也是愈变愈高等。虽经屡变，而本来的性质仍在，所以吾身的元素与地球的元素相同，心理的感应与磁电的感应相同。惟是既经屡变，吾身的毛发骨肉与地球的泥土沙石不能无异；吾人的性灵，与地球的磁电不能无异。何以故？在地球为死物，在吾身则为活物。所以用力学规律来考察人事，就当活用，不能死用。

老子说：“有物混成，先天地生，寂兮寥兮，独立而不改，周行而不殆，可以为天下母，吾不知其名，字之曰道，强为之名曰大。”老子所说的“道”，即释氏所说的“真如”。释氏说：“山河大地，日月星辰，内身外器，都是由真如不守自性，变现出来的。”其说与老子正同。真如者，空无所有也——实则非空非不空；老子所说的道，也是如此。忽然真如不守自性，变现为中和磁电，由是而变现为气体，回旋于太空之中，几经转变，而山河大地，日月星辰，就依次生出了。由是而生植物，生动物，生人类。佛氏所说“阿赖耶识”的状态，与中和磁电的状态最相似。此二者都是冲漠无联，万象森然，也即是寂然不动，感而遂通。我们可以说：真如变现出来，在物为中和磁电，在人为阿赖耶识；犹之同一物质，在地球为泥土沙石，在人则为毛发骨肉。今人每谓人之性灵与磁电迥不相同，犹之无科学知识的人见了毛发骨肉，即说与泥土沙石迥不相同是一样。中国磁电是真如最初变现出来的，真如不可得见，我们读佛老之书，姑以中和磁电，模拟“道”与“真如”的状态，也可得其仿佛了。

我们假定：“人的性灵，由磁电转变而来。”则佛的诸多说法，与夫宋儒所谓“如鱼在水，外面水便是肚里水，鳜鱼肚里水，与鲤鱼肚里水只是一样”，明儒所谓“盈天地皆心也”等说法，都可不费烦言而解。中庸说：“喜怒哀乐之未发，谓之中。”六祖说：“不思善，不思恶，正恁么时，那个是明上座本来面目。”广成子说：“至道之精，窈窈冥冥，至道之极，昏昏默默。”庄子说：“心不忧乐，德之至也，一而不变，静之至也。”这都是阿赖耶识的现象，也即是磁电中和的现象。中和磁电发动出来，呈相推相引的作用，而纷纷纭纭的事物就起来了。所以要研究人世事变，当首先造一臆说曰：“人的性灵，由磁电转变而来。”但研究磁电又离不得力学，于是更造一臆说曰：“心理依力学规律而变化。”有了这两个臆说，纷纷纭纭的事物，才有轨道可循；而世界分歧的学说也可以汇归为一。

以上便是那篇文章的大意。那篇文章后来即作为《心理与力学》的第一章。他所以如此这般穷索冥究，是想为他的《心理与力学》建立本体。必须有此造诣，则“心理依力学规律而变化”的说法，才不算无根之言。所以我说：这是他思想发展的极致。但他的才华，他的精力，到此地步，已可说是发泄尽了。

盖棺尚待论定

> 中国政治界的君主，和学术界的圣人，所走的轨道是一样的。春秋战国时，列国纷争不已，后来产生了皇帝，列强就消灭了。同时诸子百家也纷争不已，后来推孔子为圣人，诸子百家也就消灭了。皇帝任下一道命令，人民都要服从，如不服从，就是大逆不道，圣人任发一种议论，学者都要信从，如不信从，也是大逆不道。

自一九四一年十二月初旬我与宗吾在青木关相会，一直到一九四三年九月二十八日他不幸逝世为止，中间的一段生活，我已把它写入《厚黑教主别传》那篇文章中了，此处不再赘及。我今只将遗漏的地方补述一二，以作本传的结束。

记得我们第一次相会的时候，他对于抗建大业，具着充分的“抗战必胜，建国必成”的信念，把他若干年的消沉岁月又鼓舞焕发起来。他自己竟然忘却了年迈体弱及其他种种条件，曾对我说：“我此次外出，暂时不拟返里，打算自费到美国去，宣传我们的‘中国主义’，让彼邦人士明了我们中华民族数千年来立国的精神，或者借此唤起他们的同情，来帮助我们这次神圣的抗战，也算尽了所谓国民外交的一分子的责任，你以为如何？”我当时不便打断他的兴致，只好漫然应之。其实他当时的壮志是为爱国的热情所激，完全不顾事实的话。第一，他仅是小康之家，怎能担负起游美的用费？第二，政府正在讨厌他妄言惑众，一再禁止他的著作流行，又怎能发给他出国护照？第三，他不通英语，他的经济条件未必即能携带翻译，究竟凭着什么去作宣传或讲学？但是他一切不管，他迭二连三地征求我的意见，后来我用委婉的言辞，才把他的意念暂时打消了。

我知道他在重庆时曾和吴稚晖先生数度来往，并曾讨论过“知难行易”和“知易行难”的问题。从两位老人来往的信件中，他们似乎已深深地默契了。他也曾与几个重庆区的大学教授攀谈过学术问题，但彼此似乎有些隔膜。此中的原因：是大学教授的学问多半是从书卷中来的；而他的一套理论则是凭着想象所及而别有发现的。人家的学问多半是有师承家法的；而他的学说可说是本店自造的。因此，他仅可称之为思想家，不得称之为学术家或是学者。思想家所见到的，有时为稍后的学者所证成，有时亦为稍后的学者所推翻。思想家与学者，往往不是同时代的人物。无怪乎他与一般教授攀谈，他尽管言之谆谆，而听者就未必不茫然了。

由于这种情形，所以他到重庆约有半年之后，就渐渐地感到了一种说不出的寂寞、冷落、孤独。忽然他感到自己的学力不够，读书太少，不能与当代学者并驾齐驱。他这种自卑的情意往往流露在他致我的书信中。当时有人见到他这样信件的，就笑着说：“厚黑教主垮台了！”但我对他的看法，则以为这是他的进步，是他能虚心研究的美德。假若他能多活若干年，他或者把过去大胆所假设的予以证成或推翻，而有更精深的著作出来。

他于一九四三年春季，回到北碚来，我们又相聚了。这次我们相处的时日较多，几乎无所不谈。他还是一味地自谦，说自己读书太少，见闻不广，而又叹时不再来，所谓“老大徒伤悲”了！我当时对他说：“我们中国近代的读书人，像老先生的成就已很不小了；尤其是戛戛独造的精神，试问海内究有几人？就凭你所提出的若干假设，将来有人为你证成一二，也就足以不朽了。宇宙真理的发现，何必由老先生一身独担呢？”他听了这话，仍是苦笑着摇摇头，叹息不已。

有一次，我问他：“你对于政治、文化、学术有什么究极的看法吗？”他说：“我在《社会问题之商榷》一书中，最末的一章差不多可以答复这个问题，虽然是十年前的一种见解，但直到如今，我的看法还是依然如故。这莫非是我不能进步的表现吗？哈哈哈！”

好了，现在我把那一章撮录于下，以作他自己思想的总介绍吧：

现在世界上纷纷扰扰，冲突不已，我穷源竟委地考察，实在由于互相反对的学说生出来的。孟子之性善说，荀子之性恶说，是互相反对的；宗教家之利人主义，进化论派之利己主义，是互相反对的；凡此种种互相反对之学说，均流行于同一社会之中，从未折中一是，思想上既不一致，行为上当然不能一致，冲突之事，就在所不免了。真理只有一个，犹如大山一般，东西南北看去，形状不同，游山者各见山之一部分，所说山之形状，就各不相同了。我们研究事理，如果寻出了本源，任是互相反对之说，都可调和为一。性善与性恶，可以调和为一；利人与利己，可以调和为一。……著者把所有互相反对的学说，加以研究，觉得无不可以调和，兹举两例于下：

甲。有人说："人的意志为物质所支配。"又有人说："物质为人的意志所支配。"这两说是可以调和为一的。兹用比喻来说明：假如我们租佃了一座房子，迁移进去，某处做卧房，某处做厨房，某处做会客室，器具如何陈设，字画如何悬挂，一一要审度屋宇之形势而为之。我们的思想，受了屋宇之支配，即是意志受了物质之支配；但是我们如果嫌屋宇不好，也可以把它另行改造，屋宇就受我们的支配，即是物质受意志的支配。欧洲机器发明而后，工业大兴，人民的生活情形，随之而变，固然是物质支配了人的意志；但机器是人类发明的，发明家费尽脑力，机器才能出现，工业才能发达，这又是人的意志支配了物质。这种说法，与"英雄造时势，时势造英雄"是一样的。单看一面，未尝说不下去，但必须两面合拢来，理论方才圆满，有了物理、数学等科，才能产出牛顿；有了牛顿，物理、数学等科，又生变化。有了咸、同的时局，才造出曾、左诸人；有了曾、左诸人，又造出一个时局。就如鸡生蛋，蛋生鸡一般，表面看去，是辗转相生，其实是前进不已的，后之蛋非前之蛋，后之鸡非前之鸡，物质支配人的意志，人的意志又支配物质，英雄造时势，时势又造英雄，而世界就日益进化了。倘若在进化历程中，割取半截以立论，任你引出若干证据，终是一偏之见。我们细加考究，即知鸡与蛋原是一个东西，心与物也是一个东西，鸡之外无蛋，蛋之外无鸡，心之外无物，物之外无心。

乙。古人说："非知之艰，行之为艰。"孙中山说："知难行易。"这两说也可以合而为一的。古人因为世人只知坐而研究，不去实行，就对他说道：知是很容易的，行是很艰难的，你们总是重趋实行就是了。孙中山研究出来的学理，党人不肯实行，就对他们说道：知是很艰难的，行是很容易的，我已经把艰难的工作做了，你们赶快实行就是了。古人和孙中山，都是注重在实行，意思是一样的，并无冲突。“非知之艰，行之维艰”二语，出在《尚书》，是傅说对武丁所说的。傅说原是勉励武丁实行，并没有说事情难了，叫武丁莫行。原书俱在，可以复按。我们从此着想，就可以把傅说“知易行难”之说，和孙中山知难行易之说，调和为一。至于“难易”二字，乃是两相比较的形容词，与长短大小等字相类，行文说话时，往往用这类比较字眼，抑扬高下，以助文气或语气，于实际的道理上，并无何种关系。我们如果不明此理，认真在“知行”二字上，搜寻难易，要批评傅说和孙中山的是非，这就像听见三岁小儿说我们的身又长又大，巨无霸（东汉时的巨人）说我们的身体又短又小，我们就疑惑起来。究竟我们的身体，是长是短，是大是小，聚些人来研究，以定三岁小儿和巨无霸之是非，这就未免太无谓了。宇宙之内，只要有二物可以作比较，就可生出长短大小之差；只要有二事可以作比较，即可生出易难之差。比较的事物，可以随意取舍，无有一定，因之长短大小难易之分，也无有一定。天下事，无所谓难，无所谓易：寻件难事，与之比较，就成易事；寻件易事，与之比较，就成难事。发明轮船火车的人，费了无限心力，方才成功，发明之后，技师照样制造，是很容易的，这是“知难行易”。初入工厂的学生，技师把制造轮船、火车的方法传授他，学生听了，心中很了然，做起来却很艰难，这是“知易行难”。这类说法，都是从比较上生出来的。拿发明家和技师比较，则发明家难而技师易；拿技师和学生比较，则技师易而学生难。同是“知”字，孙中山是指发明家发现真理而言，傅说是指学生听讲时心中了解而言。同是“行”字，孙中山是指技师的工作而言，傅说是指学生的工作而言，我们试取孙文学说读之，他举出的证据，是饮食作文用钱等十事，修理水管一事，与夫他自己革命的事实，凡此种种，都是属乎发明方面的事。我们从这个地方研究，就可把孙中山和傅说的异同寻出来。孙中山拿发明家之“知”，和技师之“行”比较，故说“知难行易”；傅说拿讲堂上听讲之“知”，和手工场中实地工作之“行”比较，故说“知易行难”。孙中山是革命界的先知先觉，他训诫党员，是发明家对技师说话，故说“知难行易”；傅说身居师保之位，他训诫武丁，是技师对学生说话，故说“知易行难”。二说俱是勉人实行的。故知易行难和知难行易，可以调和为一。世间的事，可分两种，有知难行易者，有知易行难者，合二者而言之，理论就圆满了。

著者把性善性恶，利人利己，唯心唯物，知难行易，知易行难，种种互相反对之学说，加以研究之后，乃下一结论曰：“无论古今中外，凡有互相反对之二说，双方俱持之有故，言之成理，经过长时间之争辩，仍对峙不下者，此二说一定可以并存，一定是各得真理之一半。我们把两说合而为一，理论就圆满了。”

宇宙事物，原是滋生不已的，由最初之一个，滋生出无数个，越滋生，越纷繁。自其相同之点观之，无在其不同；自其相异之点观之，无在其不异。古今讲学的人，尽管分门别户，互相排斥，其实越讲越相合。即如宋儒排斥佛学，他们的学说中，掺得有禅理，任何人都不能否认，孟子排斥告子，王阳明是崇拜孟子之人，他说：“无善无恶心之体。”其语又绝类告子。诸如此类，不胜枚举。因为宇宙真理，同出一源，只要能够探求，就会同归于一。犹如山中生出草草木木一般，从它相异之点看去，草与木不同，此木与彼木不同。同是一木，发生出来的千花万叶，用显微镜看之，无一朵相同之花，无一片相同之叶，可说是不同至极了。我们倘能会观其通，从它相同之点看去，则花花相同，叶叶相同，花与叶相同，此木与彼木相同，木与草相同。再进之，草木和禽兽相同。精而察之，草木禽兽，泥土沙石，由分子，而原子，而电子，也就无所谓不同了。我们明白此理，即知世间种种争端，无不可以调和的。有人问我道：你说心理变化，循力学公例而行；请问各种学说，由同而异，又由异而同，是属乎力学公例之哪一种？我说：水之变化，即是力之变化，同出一源之水，可分为数支，来源不同之水，可汇为一流，千派万别，无不同归于海。任它如何变化，却无一不是循力学公例而行。宇宙事物，凡是可以用水来作比喻的，都可说是与力学公例符合。

中国人研究学问，往往能见其全体，而不能见其细微，古圣贤一开口即是天地万物，总括全体而言之，好像远远望见一山，于山之全体是看见了的，只是山中之草草木木的真相，就说得依稀恍惚了。西人分科研究，把山上之一草一木，看得非常清楚，至于山之全体，却不十分了然。将来中西学说，终必有融合之一日，学说汇归于一，即是思想一致，思想既趋一致，即是世界大同的动机。现在世界纷争不已，纯是学说分歧酿出来的。我们要想免除这种纷争，其下手之方法，就在力求学说之一致。所谓一致者，不在勉强拉合，而在深索本源，只要把它本源寻出来，就自然归于一致了。所以我们批评各家学说，务于不同之中，寻出相同之点，应事接物，务于不调和之中，寻觅调和的方法，才不至违反进化之趋势。不是我们强为调和，因为它根本上，原自调和的。我看现在国中之人，往往把相同的议论，故意要寻它不同之点，本来可以调和的事，偏要从不调和方面做去，互相攻击，互相排挤，无一事不从冲突着手，大乱纷纷，未知何日方止！

现在各党各派，纷争不已，除挟有成见，意气用事者外，其他一切纷争，实由于学说冲突酝酿出来的。要调和这种纷争，依我想，最好是各人把各人崇拜的学说，彻底研究。又把自己所反对的学说，平心观察。寻觅二者异同之点，果然反复推求，一定能把真正的道理搜寻出来，彼此之纷争，立归消灭。因为世间的真理，只有一个，只要研究得彻底，所得的结果，必定相同。假使有两个人所得的结果不同，其中必有一人研究不彻底，或是二人俱不彻底。如果彻底了，断无结果不同之理，大家的思想，既趋于一致，自然就没有纷争了。

在我个人的主张，可把各种主义，公开研究，听人尽量地怀疑和批评，然后才把真理研究得出来，全国思想才能统一。有人驳我道：现在是训政时期，如果孙中山的“三民主义”也听人怀疑批评，则是对于孙中山失了信仰，即是失去全国重心，中国怎能立国？我说：理论和事实，本可分开的，怀疑批评，乃是理论上之事，未即措之实行。现在全国隶属于“三民主义”之下，政治上一切设施，当然照着孙中山的办法做去，不能任意变更。至于学理上之讨论，尽可听人自由。到了讨论终结，全国人都认为孙中山主义不适宜，一致请求变更，我们又何不可变更之有？未达到全国人请求变更的时候，当然遵循孙中山主义进行，如有违反“三民主义”，做政治上之行动者，当然严予制裁。据我的观察，现在各种主义，如不由于公开研究之一途，思想之纷乱，是无有穷期的，因国内之争端，和人民所受之痛苦，也就无有底止了。……世间虚伪的学说，才怕人怀疑和批评。关圣帝君的《觉世真经》说：“不信吾教，请试吾刀！”注《太上感应篇》的人说：“有人毁谤此书，定遭冥谴。”因为这两种书所说的道理，经不得研究，生怕人怀疑和批评，无可奈何，才出于威吓之一途。至于牛顿和爱因斯坦诸人的学说则不然，任人怀疑，任人批评，信从与否，听人自便，结果反无人不信，无人不从。其所以然之理，也就可以深思了。世间的道理，愈怀疑则研究愈深，愈批评则真理愈出。孙中山的学说，是不怕人怀疑的，是不怕人批评的，经一番攻击，增一番鲜明。我们尊崇孙中山，当以事牛顿和爱因斯坦之礼事之；不当以事关圣帝君和太上老君之礼事之。如果说他的学说，不许人怀疑，不许人批评，无异于说《三民主义》一书，所含的真理，与《觉世真经》和《太上感应篇》相等，名为尊崇孙中山，实则污蔑孙中山了。

主义是相对的，不是绝对的。有了三民主义，就有非三民主义。各种主义，纷然并立，仿佛世界各国纷然并立一样。有了国界，此国与彼国，即起争端。有了主义，此党与彼党，即起争端。世人只知爱国主义是狭小的，殊不知崇奉一种主义，也是狭小的。将来世界各国，终必混合为一而后止；各种主义，也是融合为一而后止。无所谓国，无所谓主义，国界与主义，同归消灭，这就是大同世界了。作者主张联合世界弱小民族，攻打列强，可说是顺着大同轨道走的。主张各种主义，公开研究，也可说是顺着大同走的。

至于学术思想，我是绝对主张独立自由的，这已可从我上面的话看出来。中国政治界的君主，和学术界的圣人，所走的轨道是一样的。春秋战国时，列国纷争不已，后来产生了皇帝，列强就消灭了。同时诸子百家也纷争不已，后来推孔子为圣人，诸子百家也就消灭了。皇帝任下一道命令，人民都要服从，如不服从，就是大逆不道，圣人任发一种议论，学者都要信从，如不信从，也是大逆不道。皇帝在朝廷上盘踞起，圣人在各人心坎上盘踞起。皇帝蹂躏民意，圣人蹂躏思想。中间有点区别者，皇帝的专横，是皇帝自己做出来的，应由皇帝负责。圣人的专横，是后人借孔子招牌做出来的，孔子不能负责。后来皇帝之威权剥夺了，英、法、德、俄、美、日诸国就闯进来，执行皇帝的任务，成了变相的皇帝，一般人就以事皇帝之礼事之。同时孔子之威权也剥夺了，卢梭、达尔文、杜威、罗素诸人闯进来，执行孔子任务，成了变形的孔子，一般人就以事孔子之礼事之。大清皇帝倒了过后，把一个大皇帝之权，剖为无数小块，分给国中赫赫有权的军人，成为许多小皇帝。至圣孔子倒了过后，把一个大圣人之权，剖为无数小块，分给国中赫赫有名的学者，成了许多小圣人。军阀蹂躏民意，学阀蹂躏思想。军阀背后，有外国的帝国主义；学阀背后，有外国的哲学家。小皇帝之命令，是绝对威严，不许违抗，如有人违抗了，他就要把你重惩。小圣人之议论，自认为绝对之是，不许人匡补，不许反对者有讨论之余地，如果有人怀疑了，他就在报章杂志上，把你痛骂。政治界一切现象，与学术界完全相同。这种现象，可分为三个时期：第一个时期，是大皇帝大圣人专权时期，这是过去的事；第二个时期，是小皇帝小圣人专权时期，这是现在的事；将来到了第三个时期，才是普通人民和普通学者，自由发表意见的时期。我尝说：君主之命该革，圣人之命尤其该革；民族该独立，思想更该独立。

这一篇大议论，便是这一颗思想界的彗星所放射的光芒。可惜这光芒，慢慢地暗淡了，慢慢地消灭了！如果这彗星是有周期性的，也许经过若干时日，还有重光的时候。如今这位不厚不黑的厚黑教主，是与世长辞了；但是他慧星般的思想，于人事物理诸方面，未必无启示的作用吧！历史学家常说的话："盖棺即可论定。"我对于这位厚黑教主——李宗吾先生，则以为"盖棺尚待论定"。

宗吾先生死后的次日，成都各报即用"厚黑教主"的称谓，刊布他逝世的专电。再过若干日，自流井各界人士为先生开追悼会，收到的挽联，亦多从"厚黑教主"立论。不料他生前用以自嘲嘲人的戏词，竟成为他身后的谥号了。今录当时的挽联数事，以殿本传：

教主归冥府，继续阐扬厚黑，使一般孤魂野鬼，早得升官发财门径；
先生辞凡尘，不再讽刺社会，让那些污吏劣绅，做出狼心狗肺事情！

——汪瑞如

寓讽刺于厚黑，仙佛心肠，与五千言后先辉映；
致精力乎著述，贤哲品学，拟念四史今古齐名。

——李坚白

品贤豪常作翻案，抒思想好作奇谈，孤愤蕴胸中，纵有雌黄原戏谑；
算年龄逊我二筹，论学问加我一等，修文归地下，莫将厚黑舞幽冥。

——杨仔耘

定具一片铁石心，问君独尊何存？试看他黑气弥天，至死应遗蜀猷憾；
纵有千层桦皮脸，见我无常倏到，也只得厚颜入地，招魂为读怕婆经。

——李小亭

公著述等身，愤薄俗少完人，厚黑一篇，指佞发奸挥铁笔；
我惭为半子，念贤郎皆早世，茕孤满目，临丧迸泪洒金风。

——杨履冰

厚黑教主别传

又有一种令人喜出望外的事，就是他突然寄给我一篇长约二万五千字的《宗吾自述》，把他一生的大事，可说是都述到了，这不能不说是教主自行降格也写了自传吧。这事，我本是早已绝望的，因为我不会作八股，没有交换的资格；然而他竟无条件地赐予了，哪能不为之狂喜呢？这是我将来为他写一部十万字的《厚黑教主传》的良好依据。

我与厚黑教主李宗吾的相遇，真是一种因缘！凡在吾人的想象中预料不到而偶然遇到的事，这便叫做“缘”。我真想不到今生会到四川来，想不到在四川富顺地方有以“面厚心黑主义”创教立说的教主，想不到我和这位教主首先通起信来，想不到从不给生人回信的教主竟破例答复了我，想不到我劝他不讲“厚黑”，他越是大讲其“厚黑”而且讥讽我，想不到他拒绝我和他通信，我偏要和他通信而感动了他，最后尤其想不到的是已经多年未出山的教主，居然从自流井冒着大雨到青木关来拜访我，我们一连彻谈几昼夜，终于结为志不同道不合的好友。这一段在抗战流亡时期的因缘大事，是值得大书而特书的。

抗战军兴，我是随着教育部携眷入川的。先住重庆，后住青木关。在二十八九年之间，我连丧三子。当第二次丧子时，心中已悲痛万分，朋友们劝我往北碚温泉一游，借遣愁怀。但是隐痛在抱，纵有佳山水亦无心观赏，终日只是闷坐旅馆中，或者蒙被大睡。睡起无聊，便到书店中去翻看，一眼触到了《厚黑学》的书名。当时心中很觉奇怪：《厚黑学》是讲什么的呢？是不是有关于物理一类的书呢？受了好奇心的促使，拿起打开一看，看了序文目录，又看了几段正文，很像是愤世嫉俗之作。他说往古来今的所谓英雄豪杰，无不是面厚心黑；得其一偏的人，也足以称雄一世；人物的大小，全看他的厚黑程度而定。他先举出三国的英雄为例，他说：

三国英雄，首推曹操，他的特长，全在心肠黑：他杀吕伯奢，杀孔融，杀杨修，杀董承、伏完，又杀皇后、皇子，悍然不顾。并且明目张胆地说：“宁我负人，毋人负我！”心肠之黑，真是达于极点了。有了这样本事，当然称为一世之雄。

其次要算刘备，他的特长，全在脸皮厚：他依曹操，依吕布，依刘表，依孙权，依袁绍，东窜西走，寄人篱下，恬不为耻。而且生平善哭，做《三国演义》的人，更把他写得惟妙惟肖，遇到不能解决的事情，对人痛哭一场，立即转败为功。所以俗语有云：“刘备的江山，是哭出来的。”这也是一个大有本事的英雄，他和曹操可称双绝。当着他们煮酒论英雄的时候，一个心肠最黑，一个脸皮最厚，一堂晤对，你无奈我何，我无奈你何，环顾袁本初诸人，卑卑不足道。所以曹操说：“天下英雄，惟使君与操耳。”

此外还有一个孙权，他和刘备同盟，并且是郎舅之亲，忽然袭取荆州，把关羽杀了，心肠之黑，仿佛曹操；无奈黑不到底，跟着向蜀请和，其黑的程度，就要比曹操稍逊一点。他与曹操比肩称雄，抗不相下，忽然在曹丕驾下称臣，脸皮之厚，仿佛刘备；无奈厚不到底，跟着与魏绝交，其厚的程度，也比刘备稍逊一点。他虽是黑不如操，厚不如备，却是二者兼备，也不能不算是一个英雄。他们三个人把各人的本事施展出来，你不能征服我，我不能征服你，那时的天下就不能不分而为三。

后来曹操、刘备、孙权相继死了，司马氏父子乘时而起，他算是受了曹刘诸人的熏陶，集厚黑学之大成。他能够欺人寡妇孤儿，心肠之黑，与曹操一样；能够受巾帼之辱，脸皮之厚，还更甚于刘备。我读史见司马懿受辱巾帼这段事，不禁拍案大叫：“天下归司马氏矣！”所以到了这个时候，天下就不得不统一。这都是事有必至，理有固然。

诸葛武侯，天下奇才，是三代下第一人，遇着司马懿还是没有办法。他下了“鞠躬尽瘁，死而后已”的决心，终不能取得中原尺土寸地，竟至呕血而死。可见王佐之才，也不是厚黑名家的敌手。

我看了这一大段，已觉新颖可喜说得痛快。接着他又追溯上去，更举楚汉的事来证明。大意是说项羽不厚不黑，所以失败；刘邦既厚且黑，故能成功。刘邦的心肠之黑，是与生俱来的，可说是“天纵之圣”；至于脸皮之厚，还加了一点学力。他的业师，就是三杰中的张良；张良的业师，是那位圯上老人。他们的衣钵真传，是彰彰可考的。圯上受书一事，老人的种种作用，无非是教张良的脸皮厚罢了。张良拿来传授刘邦，一指点即明，试问不厚不黑的项羽，哪能是他的敌手呢？韩信能受胯下之辱，可说是脸皮很厚；无奈他心肠不黑，偏偏系念着刘邦“解衣推食”的恩惠，下不得毒手，后来长乐钟室身首异处，夷及三族，这是咎由自取。范增千方百计想教项羽杀死刘邦，可说是心肠很黑；无奈他脸皮不厚，一受离间，便大怒求去，结果把自己的老命和项羽的江山一齐送掉，真是活该。

他说，他把这些人的故事，反复研究，就将千古不传的成功秘诀，发现出来。一部二十四史必须持此观点才可读得通，这种学问原则上很简单，用起来却很神妙，小用小效，大用大效。刘邦司马懿得其全，统一天下；曹操刘备得其偏，称孤道寡，割据争雄；韩信、范增也各得其偏，不幸生不逢辰，偏偏与厚黑兼备的刘邦并世而生，以致同归失败。但他们在世的时候，凭着一得之长，博取王侯将相，显赫一时；身死之后，史传中也占得了一席地。后人谈到他们的事迹，大家都津津乐道，可见厚黑学终是不负人的。

当时，我越看越有味，舍不得放手，于是就买了一本，回到旅馆一气读完。这本小册子，包括《厚黑学》、《厚黑经》及《厚黑传习录》三部分。末后还附了《我对于圣人之怀疑》一篇。《厚黑经》是采用四书文体而作的。例如：

李宗吾曰："不薄之谓厚，不白之谓黑，厚者天下之厚脸皮，黑者天下之黑心子。此篇乃古人传授心法，宗吾恐其久而差也，故笔之于书，以授世人。其书始言厚黑，中散为万事，末复合为厚黑，放之则弥六合，卷之则退藏于面与心。其味无穷，皆实学也。善读者玩索而有得焉，则终身用之，有不能尽者矣。

"天命之谓厚黑，率厚黑之谓道，修厚黑之谓教。厚黑也者，不可须臾离也，可离非厚黑也。是故君子戒慎乎其所不厚，恐惧乎其所不黑，莫险乎薄，莫危乎白，是以君子必厚黑也。喜怒哀乐皆不发谓之厚，发而无顾忌谓之黑。厚也者，天下之大本也；黑也者，天下之达道也。致厚黑，天地畏焉，鬼神惧焉。"

李宗吾曰："厚黑之道，本诸身，征诸众人，考诸三王而不谬，建诸天地而不悖，质诸鬼神而无疑，百世以俟圣人而不惑。"

李宗吾曰："天生厚黑于予，世人其如予何？"

李宗吾曰："刘邦吾不得而见之矣，得见曹操斯可矣；曹操吾不得而见之矣，得见刘备孙权斯可矣。"

李宗吾曰："如有项羽之才之美，使厚且黑，刘邦不足观也已。"

李宗吾曰："厚黑之人，能得千乘之国；苟不厚黑，箪食豆羹不可得。"

李宗吾曰："有失败之事于此，君子必自反也，我必不厚；其自反而厚矣，而失败犹是也，君子必自反也，我必不黑；其自反而黑矣，而失败犹是也，君子曰：反对我者，是亦妄人也已矣！如此则与禽兽奚择哉？用厚黑以杀禽兽，又何难焉？"

不过也有一种变体，就是在经文上下，自加说明的。例如：

宗吾曰："不曰厚乎，磨而不薄；不曰黑乎，洗而不白。"后来我改为："不曰厚乎，越磨越厚；不曰黑乎，越洗越黑。"有人问我："世间哪有这种东西？"我说："手足的趼疤，是越磨越厚；沾了泥土尘埃的煤炭，是越洗越黑。"人的面皮很薄，慢慢地磨炼，就渐渐地加厚了；人的心，生来是黑的，遇着讲因果的人，讲理学的人，拿些道德仁义，蒙在上面，才不会黑，假如把它洗去了，黑的本体自然出现。

有一种天资绝高的人，他自己明白这个道理，就实力奉行，秘不告人。又有一种资质鲁钝的人，已经走入这个途径，自己还不知道。故宗吾曰："行之而不著焉，习矣而不察焉，终身由之，而不知厚黑者众也。"

他的《厚黑传习录》又包括三部分：一是求官六字真言，二是做官六字真言，三是办事二妙法。他首先说出"厚黑学"传习发扬的必要，并举出几种有趣的例子，然后假托一位想求官做的人来向他问业，于是他传授了这三套法宝。

所谓"求官六字真言"，是"空"、"贡"、"冲"、"捧"、"恐"、"送"六字。他说明"空"即空闲的意思，分两种：一指事务而言，求官的人，定要把一切事放下，不工不商，不农不贾，书也不读，学也不教，一心一意，专门求官；二指时间而言，求官的人，要有耐心，不能着急，今日不生效，明日又来，今年不生效，明年又来。"贡"字是借用四川的俗语，其意义等于钻营的"钻"字，他下的定义是："有孔必钻，无孔也要入。"求官要钻营，有孔者扩而大之；无孔者当取出钻子新开一孔。"冲"即普通所谓"吹牛"，冲的功夫有两种：一是口头上，二是文字上。口头上又分普通场所，及上峰的面前两种；文字上又分报章杂志，及说帖条陈两种。"捧"就是捧场的捧字，戏台上魏公出来，那华歆的举动，是绝好的模范人物。"恐"是恐吓，如把"捧"字做到十二万分，还不生效，这就少了"恐"字的功夫。

凡是当轴诸公，都有软处，只要寻着他的要害，轻轻点他一下，他就会惶然大吓，立即把官儿送来。最要紧的，用“恐”字要有分寸，如用过度了，大人们老羞成怒，作起对来，岂不与求官的宗旨大相违背吗？“送”即是送东西，分大小两种：大送，把银钱钞票一包一包地拿去送；小送，如春茶、火腿，及请吃馆子之类。所送的人分两种：一是操用舍之权的人，一是其人虽未操用舍之权，而能予我以助力者。他说这六字做到了，包管字字发生奇效。那大人先生，独居深念，自言自语道：某人想做官，已经说了好多次（这是“空”字的效用）；他和我有某种关系（这是“贡”字的效用）；其人很有点才具（这是“冲”字的效用）；对于我很好（这是“捧”字的效用）；但此人有点坏脾气，如不安置，未必不捣乱（这是“恐”字的效用）；想到这里，回头看见桌上黑压压的，或者白亮亮的，堆了一大堆（这是“送”字的效用），也就无话可说，挂出牌来，某缺着某人署理。求官到此，可谓功行圆满了。于是走马上任，又要实行做官六字真言。

所谓“做官六字真言”，是“空”、“恭”、“绷”、“凶”、“聋”、“弄”。他说明此“空”字即空洞的意思，一是文字上：凡是批呈词，出文告，都是空空洞洞的，其中奥妙，很难细说，多阅各机关的公事文件，就可恍然大悟；二是办事上，随便办什么事情，都是活摇活动，东倒也可，西倒也可，有时办得雷厉风行，其实暗中藏有退路，如果见势不佳，就从那条路抽身走了，绝不会把自己牵挂住。“恭”就是卑躬折节胁肩谄笑之类，分直接间接两种：直接是指对上司而言，间接是指对上司的亲戚、朋友、丁役及姨太太等而言。“绷”是恭字的反面，普通指对下属及老百姓而言，分两种：一是仪表上，赫赫然大人物，凛不可犯；二是言谈上，俨然腹有经纶，盘盘大才。实在说来，“恭”字对饭碗所在地而言，不必一定是上司；绷字对非饭碗所在地而言，不必一定是下属和老百姓。运用之妙，存乎一心。“凶”是凶狠，只要能达到自己的目的，他人亡身灭家，卖儿贴妇，都不必顾忌；但有一层应当注意，凶字上面，定要蒙一层道德仁义。“聋”就是耳聋，“笑骂由他笑骂，好官我自为之”；但是“聋”字中包含有“瞎”字的意义，文字上的诋骂，也要闭着眼睛不看。“弄”即弄钱之弄，常言道，千里来龙，此处结穴，前面的十一个字，都是为了这个字而设的。“弄”字与求官之“送”字是对照的，有了送，自然就有弄。

所谓“办事二妙法”者，一是“锯箭法”，一是“补锅法”。有人中了箭，请外科医生治疗，医生将箭杆锯下，即索谢礼。问他为什么不把箭头取出呢，他说："那是内科的事，你去寻内科好了。"现在各机关的大办事家，多半采用这种法子。例如批呈词："据呈某某情，实属不合已极，仰候令饬该县长，查明严办。""不合已极"四字，是锯箭杆；"该县长"是内科；抑或"仰候转呈上峰核办"，那"上峰"又是内科。再如有人求我办一件事情，我说："这件事情我很赞成，但是，还要同某人商量。""很赞成"三字，是锯箭杆，"商量"就是内科。这便是所谓办事上的"锯箭法"。有人做饭的锅漏了，请补锅匠来补，补锅匠乘主人不见的时候，用铁锤把裂痕敲长了，就说这锅破得太厉害了，非多补几个钉子不可，讨价自然更大。及至把锅补好，主人与锅匠，皆大欢喜而散。郑庄公纵容共叔段，使他多行不义，才举兵征讨，就是用的"补锅法"。历史上这类事情是很多的。有人说："中国变法，有许多地方是把好肉割坏了来医。"这是变法诸公用的"补锅法"；在前清的宦场中，大概是用"锯箭法"；民国以来，是"锯箭"、"补锅"二者互用。

他把"厚黑学"讲完了，特别告诉读者一个秘诀道："大凡行使厚黑之时，表面上一定要糊一层道德仁义，不能赤裸裸地表现出来。凡是我的学生，定要懂得这个法子。假如有人问你：'认得李宗吾否？'你就放出最庄严的面孔说道：'这个人坏极了，他是讲厚黑学的，我认他不得。'口虽如此说，而心中则恭恭敬敬地供一个'大成至圣先师李宗吾之位'。果然这样做，包管你干出许多惊天动地的事业，为举世所钦仰。所以我每听见有人骂我，就非常高兴，说道：吾道大行矣！"

他在末后附录的《我对于圣人之怀疑》一篇，是他对圣人发生了怀疑，想进而寻出他的破绽来。他以为三代以上有圣人，三代以下无圣人，这是古今最大的怪事。通常所称的圣人，是尧、舜、禹、汤、文、武、周公、孔子，把他们分析一下，只有孔子一人是平民，其余的圣人尽是开国之君，并且是后世各学派的始祖，这其中的破绽就可寻出来了。于是他便一一加以研究分析，认为其中有很大的黑幕，然后他结论道：

学术上的黑幕，与政治上的黑幕，是一样的；圣人与君主，是一胎双生的，处处狼狈相依。圣人不仰仗君主的威力，圣人就没得那么尊崇；君主不仰仗圣人的学说，君主也没得那么猖獗。于是君主把他的名号分给圣人，圣人就称起王来了；圣人把他的名号分给君主，君主也称起圣来了。君主钳制人民的行动，圣人钳制人民的思想。君主任便下一道命令，人民都要遵从，如果有人违背了，就算是大逆不道，为法律所不容；圣人任便发一种议论，学者都要信从，如果有人批驳了，就算是非圣无法，为清议所不容。中国的人民，受了数千年君主的摧残压迫，民意不能出现，无怪乎政治紊乱；中国的学者，受了数千年圣人的摧残压迫，思想不能独立，无怪乎学术消沉。因为学说有差误，政治才会黑暗。所以君主之命该革，圣人之命尤其该革。

我不敢说孔子的人格不高，也不敢说孔子的学说不好；我只说除了孔子，也还有人格，也还有学说。孔子并没有压制我们，也未尝禁止我们别创异说，无如后来的人，偏要抬出孔子，压倒一切，使学者的思想，不敢出孔子范围之外。学者心坎上被孔子盘踞久了，理应把他推开，思想才能独立，宇宙真理才研究得出来。前时有人把孔子推开了，同时外国的达尔文诸人就闯进来，盘踞学者心上。天下言论又折中于达尔文诸人，成了变形的孔子，执行圣人的任务。我不知我国学者的思想，何以不能独立以至于此？如果达尔文诸人去了，学术界又会有变形的孔子出来，继承圣人之位。像这样下去，宇宙真理怎么研究得出来？我们须知，中国圣人可疑，外国圣人亦可疑。

凡事以平为本。君主对于人民不平等，故政治上生纠葛；圣人对于学者不平等，故学术上生纠葛。我主张把孔子降下来，与周秦诸子平列，我与阅者诸君，一齐参加进去，与他们平坐一排，把达尔文诸人欢迎进来，分庭抗礼，发表意见，大家磋商，不许孔子达尔文诸人高居我们之上，我们也不高居孔子达尔文诸人之上，人人思想独立，才能把真理研究得出来。

以上便是那本《厚黑学》内容的大要。当时，他给我的印象很深，所以才不惮烦琐地写在这里。而且这是我们两人后来结缘的起因，特别是我们两人彼此争论的焦点，故不得不大书而特书。在那时，我个人的遭遇很惨，正在怨天尤人，对于诸多事都看不上，帝国主义侵略弱小民族，资本家压迫劳动者，做官的榨取老百姓，聪明人欺凌愚拙者，好人不得好报，恶人坐享安乐……种种的事象，都使我愤恨，使我苦闷。忽然见到这揭穿人类史上大黑幕的著作，使我的愤恨苦闷，得以发泄舒畅，自然对于著者不禁生同声相应之感。接着我又购得他的其他著作数种，拿来研究。其一为《中国学术之趋势》，其二为《考试制之商榷》，其三为《心理与力学》。我费了数昼夜之力，把三书又统统读完了。《中国学术之趋势》一书，是以老子学派思想统贯百家的，他很能持之有故，言之成理，而且时时有新材料的发现，尚为国内学者所未注意到的。例如二程的思想，不惟源出河南，而亦受当时蜀文化的影响很重，便是一例。不过这书在我看来，太主观，太单调，不算什么了不起的著述。《考试制之商榷》一书，则对于教育上的贡献极大。他是因力主考试，充主考委员，几乎被学生打死的；但他坚持他的主张，不稍改变，终于使四川的会考制，比国家颁布的早过十年。他所主张的会考制有两种意义：一因各校内容腐败，学生的成绩不好，非借严厉的考试以救其弊不可；二因现行学制过于拘束，贫苦有志的青年，往往不得入学，非予以彻底解放不可。所谓彻底解放，即是允许私塾学生、自修学生与学校肄业期满的学生，均可参加各级学程的毕业考试，而取得同样的资格。书中的理论及办法都经煞费苦心，为今后教育上最值得重视的意见。《心理与力学》一书，可说是一部杰作。据著者自序中说："我这《心理与力学》一书，开始于一九二〇年，今为一九三八年，历时十八载，而此书渊源于《厚黑学》，我研究'厚黑学'，始于前清末年，可以说此书之成，经过三十余年之久。记得，唐朝贾岛作了两句诗：'独行潭底影，数息树边身。'自己用笔批道：'二句三年得，一吟泪双流。'我今日发表此书，真有他这种感想。"可见他对于此书是十分自负的。全书共分十章，归纳起来，约得六部分：（一）人性论；（二）心理运动的轨迹；（三）世界进化的轨迹；（四）达尔文克鲁泡特金学说的修正；（五）我国古哲学说含有力学原理；（六）经济政治外交应采合力主义。他的唯一公例，即是"心理变化，循力学规律而行"。全书各章所论，均为证成此公例而发，意在打通科学与玄学的障壁，也可以说应用此公例，一切上天下地人事物理的种种现象，都可借以说明的。有一位川大物理学教授江超西先生，为此书作序，竟许为世界学术上的第三次大发明。序中有云：

牛顿发明万有引力，谓地心有引力，能将泥土沙石，有形有体之物，吸集之而成为地球，因创出力学三例，是为学术上第一次大发明。爱因斯坦将牛顿之说扩大之，谓有形无体之光线，亦受吸引，天空中众星球能将直线进行之光线，吸引之成为弯曲形状，因创出相对论，是为学术上第二次大发明。先生将爱因斯坦之说再扩大之，谓人心亦有引力，能将耳闻目睹无形无体之物，吸集之而成为心，心之构成与地球之构成相似。故牛顿三例，爱因斯坦相对论，均适用于心理学，因创一公例："心理变化，循力学规律而行。"可谓学术上第三次大发明。

我看了这三种书以后，又觉得他是对于教育、学术及哲理很下过苦心的人；尤其是《心理与力学》一书，可称为近几十年来国内思想界仅有之作。他既有此成就，又何必天天在报纸上大倡其“厚黑”之学，而且自称是“厚黑教主”，反予恶人以厚黑的伎俩，以捉弄于人间呢？就按他自己说“厚黑学”是“心理与力学”的渊源吧，但是后者的价值已比前者不知高过若干倍，它可以说已从黑暗的地狱界，超入光明之域了，更何必依恋其骸骨而不忍放弃呢？当时，我从他几种著作的字里行间，已约略窥见他的为人了，他是既不厚，又不黑，甚且还是具有一副菩萨心肠的人。只因他抱负甚大，而不得发展，他又不肯厚着脸皮，黑着心肠，在厚黑的场合中，与面厚心黑的人钩心斗角；于是他愤而揭穿此千古的黑幕，好比燃犀照鼎，使宇内的魑魅魍魉丑态毕现，教人有所警惕防范的意思。可是他似乎又怕遭人忌恨，所以就索性自称为“厚黑教主”，意谓“我就是头号坏蛋”，以作“现身说法”的故智，可见他在这方面不惜自我牺牲，未免用心良苦了。大概他采取这样的说教方式，其所得的结果必是副作用，除了自己落得一个“坏蛋头衔”，更替一般恶人“为虎傅翼”外，不会有丝毫益处的。他此后提倡考试制，期望改革学制，想必是“厚黑学”碰壁之后，才又拿出他的正面主张——教育，借此来赎他的妄言之罪吧？他更进而研究中国学术，研究西洋许多哲人的学说，终于归宿于人类的“合力主义”，来为普遍受教育的人士指出一努力的方向吧？但他所倡的“厚黑学”，已在一般人的心目中先入为主了，此后纵有真理的发明，人家也必以为还是“厚黑”的老调，总不肯别具只眼精心去追究的。况且他的几种著作中，每每好提到他的“厚黑学”，好像非此不足以“开宗明义”似的，于是他充满了真理的许多著作，“厚黑学”也成了眼中的微翳。似此，一面发现真理，一面又自行掩蔽起来，结果是徒劳无功的。所以我不能不替他惋惜，不能不为真理叫屈。本此一点动机，我便很冒昧地给这位厚黑教主写信了。

我的信是寄给成都《华西日报》转递的，因为我不知道教主的住处，可是他的另一著作《厚黑丛话》是由《华西日报》连载的，所以只好如此办。哪知我的信发走之后，宛如石沉大海，杳无消息。在这期间，我又读他的《厚黑丛话》，见到其中有这样的一段话：“去年（一九三五年）吴稚晖先生在重庆时，新闻记者友人毛畅熙君，约我同去会他，我说：我何必去会他呢？他读尽中外奇书，独莫有读过《厚黑学》，他自称是大观园中的刘姥姥，此次由重庆到成都，登峨眉，游嘉定，大观园中的风景和人物，算是看过了，独于大观园外面，有一个最清白的石狮子，他却莫有看见。欢迎吴先生，我也去了来，他的演说，我也听过，石狮子看见刘姥姥在大观园进进出出，刘姥姥独不知道有石狮子，我不去会他，特别与他留点憾事。”他既如此孤傲自负，像我这“不见经传”的无名下士，就更不值得教主挂齿了，因此我就把盼望他回信的念头，完全打消。不料半年以后，忽然从自流井寄来一信，封面书“李宗吾缄”，这一喜，非同小可，急忙拆书一观，使我尤觉荣幸！原来他是从不与生人通信的，据他说这次与生人通信，是他有生以来破题儿第一遭啊！他的信中说：我的信由《华西日报》转到后，看了非常高兴，但是不能破坏他的老信条，虽然把我的信一连读了几遍，仍是决定不复。可是每有朋友去访他，他便禁不住把我的信拿给他们看。他们看的结果，都是异口同声地说：“这样热情的来信，千万不可辜负人家的盛意，非答复不可！”于是一而再，再而三地受到朋友的劝促，他说他有些矜持不住了，这是他迟至半年以后终于破例复我信的一段内幕。我当即报以长函，仍是很委婉地劝他不要再讲“厚黑学”，从此我们便书信往还，越来越勤，意见虽然不能一致，但很可以说是够得上较亲切的朋友了。我记得他第二次的来信，对我一面认为知己，一面仍是语带讥讽。那信中有云：

得手教，有曾托蓉地友人及部中督学代为访问迄无消息闷损无已等语，读之不胜知己之感，大有《随园诗话》所谓“自笑长吟忘岁月，翻劳相访遍江湖”光景。其实足下来书，早已得到；所以迟迟不复者，则由弟生平不善书，不善作文言文，更不娴尺牍，绝少与生人通音信。唯遇相熟之友人，则提笔乱写，其字迹之潦草，等于作文之草稿，有时字句未写通，有错字别字，我也不管，只求把我的意思使读者了然就是了。因为唯恐读者不了然，有时语意重复，说了又说，我尝说，李宗吾本来就不通，未必我把此信写通了，人家就说我通了吗？足下来信，字与文很漂亮，见了生愧，迟迟不敢回信，以来信示友人，友人屡谓我此种盛意不可不复，所以才勉强写了一信；及得复书，情殷语挚，谨把先生作为我平日相熟友人一般，通信随意乱写，请恕我潦草之罪，读毕即焚去，幸勿示他人，致成笑柄。

至于说到“厚黑学”的话，他最初还很客气地说：“此中实有深意，有缘拜谒，当详言之。”以后他大概嫌我“强聒不舍”，未免讨厌；而且我还拜托自流井蜀光中学的一位教员孙柏蔚君，接二连三地去访问他，也是劝他不讲“厚黑学”，他必以为更是“岂有此理”了；于是突然来了这封嬉笑怒骂的信：

手教读悉，昨日孙君复来舍畅谈，极感相爱之殷，当托孙君代达鄙意，然恐其语焉不详，故复敬上此函。先生劝我不必再谈厚黑，此为不可能之事。劝我不谈厚黑，等于劝孔孟不谈仁义，劝韩非不谈法术，劝程朱不谈诚敬，劝王阳明不谈致良知，试问能乎不能？民国元年，发表《厚黑学》于成都《公论日报》，当时本用一笔名“独尊”（取天上地下唯我独尊之意），然而读者无不知其为我，于是“李宗吾是厚黑先生”之语，随处可闻。当时颇为一般人所注视，每举一事，辄恐李某揭穿之，何尝不“到处都阻碍”（我去信中语）？而我则与之淡然相忘。迄今二十余年，人尽知李宗吾黔驴无技，亦与我淡然相忘。今若舍去厚黑不讲，岂非做贼心虚，故示人疑乎？欲求“到处不阻碍”，反成了“到处皆阻碍”，故不如赤裸裸地说道，“我是厚黑先生”，知我罪我，任之而已。道之行与不行，亦任之而已。鄙人行年六十有二，老夫耄矣，无能为矣。孔子到了这样年龄，也只有退而写作，而犹欲有所建白，亦可谓不安分之至矣。来教云：“此时环境须先要打通，否则到处都有阻碍。”打通于我何益？阻碍于我何损？足下以此不入耳之言，来相劝勉，亦唯心领盛意不敢奉行耳。古人云：“作德心逸日休，作伪心劳日拙”，如足下云云，岂不成为“作德心劳日拙”乎？然爱我至此，则终身感激无已！

再有忠告者，足下年方壮盛，前途正远，幸勿常常齿及贱名；否则见者皆谓张某是李宗吾一流人，则终身事业付诸东流矣。“此时环境须先要打通，否则到处都有阻碍。”足下良笺，谨以还赠。打通之法为何？曰：逢人便骂李宗吾是坏人而已。果能循此行之，包管足下随处皆不阻碍。

足下左右，有所谓“下士”、“下下士”，以吾之慧眼观之，皆“上士”也，皆“上上士”也，足下何迷而不悟乎？即退一步言之，彼等皆为不识太行山之人，然而吾道之传，正在此辈。孔子门下，岂非有所谓“参也鲁”乎？卒之，一贯之传，厥为曾子，而聪明善悟之子贡不与焉。足下盖吾道中闻一知二之子贡也，而鄙薄“下士”、“下下士”，以为不识太行山，吁，足下误矣！将来鄙人衣钵之传，绝不在足下，当于“下士”及“下下士”中求之。此是足下自绝于吾道，吾固无容心于其间也。

总之，足下所走者是孔子途径，鄙人则是释迦耶稣行为。来书所谓某先生某先生者，亦犹《论语》上所谓鲁哀公季康子诸人也。孔子不幸而遇鲁哀公季康子，足下幸而遇某某两先生，孔子有知，当亦羡煞！鄙人悼叹苦海中人沉沦不返，教之以“求官六字真言”、“做官六字真言”、“锯箭法”、“补锅法”，使一切众生，同登极乐国，同升天堂，此释迦耶稣之用心也。嗟乎默生，道不同不相为谋，亦唯有“还君明珠双泪垂”而已！

昨日孙君详谈足下身世，以不肖之判断，足下绝不可入政途，还是从事著述研究学问好了。宋之王荆公，是一个学者，一入政界，卒无成绩可言；今之梁任公，著《新民丛报》时，是何等声光，一当总长，成绩安在？我与足下，有同病，愿深思之！深思之！八股先生有言曰：“一卷可传，夭札亦神明之寿。”默生，默生，盍归乎来！

足下同尊夫人轮流抄录鄙人著作，心感之余，无以为报，谨将旧作之《怕老婆的哲学》一文随函附呈，足下可庄录一遍，敬献尊夫人妆次，较之刺血写《般若经》献之我佛如来，功德万万倍也。好，不写了。鄙人一面写，一面吃酒，现已醉了，改日再谈。

当我读着这封信时，心中不禁勃勃跳动，觉得此老真不容易对付。我越是劝他不讲“厚黑学”，他越是坚持非讲“厚黑学”不可，并且竟以释迦耶稣自比，更俨然以教主的面目出现了。我以极诚恳的善意劝他，他反视为不入耳之言，并且以嘲笑的口吻来反击我，这当是他惯用的厚黑伎俩了。可是他又一本正经地劝我绝不可入政途，当从事研究学问，而又自承是与我同病，望我深思而又深思。他是正话反说呢？还是反话正说呢？真叫人一时捉摸不定！他说他倡“厚黑学”，“此中实有深意”，也或许是有深意吧。反正我既已认定他为我那时探究的对象，他纵然向我提出“道不同不相为谋”，我也是不肯放过他的。因为我自幼就具着一副强烈的好奇心，我曾为观察一种昆虫的全部生活，竟耗费了一个多月的时间；何况是为彻底认识一位创教立宗的堂堂教主呢？所以我不独用抛砖引玉的方法，想从他大量的回信中，去探究他的为人；同时，我又托那位孙君前去访问他，希望对他有一种亲切的观察和意见的交换；除此以外，我又请他写一自传，纵不为他人作打算，亦当为其厚黑之徒有所法式。总而言之，我不管他对我如何，我却必欲一探其底蕴。

如今先说说孙君访问的情形吧。一九四〇年三月，孙君接到我的请托信后，即照我所开列的地址汇柴口小竹湾往访教主，但小竹湾的地名，汇柴口的居民是无人知道的，于是怅惘而返。同时，我也函知教主，说将有蜀光教员孙君前去拜访，并代我致意。结果，还是教主往访孙君，他们二人才得以会晤了。孙君首先问他：“小竹湾何以无人知道呢？”他说：“这是我为自己住处新起的名，他人当然不会知道，若问李宗吾嘛，也只有一茶馆一油房可以知道我。”孙君说：“这不像拿撒勒人不知道耶稣吗？”他笑着点点头，不禁又大笑起来。当时孙君所得的印象，其人为瘦削的中等身材，须发已斑白了；但满面红光，极为健谈，而且每一谈吐，诙谐百出，又迹近玩世；态度平易近人，似得老子和光同尘之旨。孙君称道他颇似苏东坡，他说：“我生性如此，像程伊川的岸然道貌，我是办不到的。”是日，略谈而别。

数日后，孙君到他家中，打算完成我付托他的使命。见到教主的宅院不大，面山临溪，颇为幽雅，绝无市井的气氛。落座以后，二人便对谈起来：

孙君问：“先生能否暂将‘厚黑学’收起不讲，专在文化学术方面多加发挥与著述，以飨国人？”

教主说：“这是办不到的！十年以来，已有很多朋友劝我不必再谈厚黑，拿来应用就是了。殊不知‘厚黑学’是‘说得做不得的’，我既不能应用，就不能不讲；不讲，心中反而难受。若想劝我不讲‘厚黑’，无异于劝公孙龙不讲‘白马非马’，这是万万办不到的。我本着‘说得做不得’的信条，尽量发挥厚黑哲理来创教立说，试问这样无冕王，唯我独尊，又谁能比得我的优游自豪呢？且古今真理，只有一个，仁者见仁，智者见智，孔孟的仁义，老子的道德，墨子的兼爱，杨子的为我，申韩的法术，施龙的形名，佛耶的慈悲博爱，和李宗吾的厚黑，均是一个真理，不过说法不同罢了。若是各有发明，各立一说，不相假借，便是各有千秋。这样，比起及身得志的人，我觉得尤胜一筹，又何必用世呢？贵友张默生君屡次来信劝我不讲厚黑，怕我前途有阻碍；我想当年耶稣基督尚肯以身殉教，区区阻碍，又何足以使教主不谈厚黑呢？默生此举，可谓‘作德心劳日拙’！可是默生一向是研究哪种学问的？”

孙君说：“我知道他一向研究先秦诸子，尤好庄子；此外研究的方面很多，近十余年来，据说他在研究‘态学’，他也是个怪人。”

教主说：“庄子一是非，齐物论，只是憧憬神人至人，想入非非，绝不是厚黑道中人物。且默生研究的态学，‘态’为心理的表面象征，还未入到心里深处；我的‘厚黑学’是建筑在心理学上，‘心理变化，又循力学公例而进行’，默生尚未及此，所以也不是厚黑道中的人物。况且默生大大地为李宗吾捧场，斥骂李宗吾者为‘下士’、‘下下士’，为不识太行山，所见正是反面，是吾道中的大忌。盖大骂李宗吾者，才是真正厚黑信徒，以是更知默生之不厚不黑了。既是不厚不黑，就绝不宜涉足政途，还是我行我素，努力研究学问好了。若必欲一问世者，除非有武王其人，以默生为周公，以柏蔚为召公，则李宗吾亦将不辞老而一为姜太公；可惜无其人非其世了！惟其如此，何如畅谈厚黑哲理，以备传诸其人之为得计呢？至于目前的抗建大业，已有中枢当代名公巨卿，一肩承当起来了；吾辈亦只好学虬髯客之避李世民，纵不能于海外另创扶余，亦可优哉游哉，聊以卒岁而已。”

孙君问：“默生来信，称道先生满腹经纶，是当代的一位诸葛孔明呢！先生自忖以为如何？”

教主笑着答道：“孔明何足道哉！他的名士气太重了！单即用兵而论，他犹不及先帝，先帝不过借他来慑服头脑简单的关张赵黄诸人罢了，实则他尚被先帝玩弄于股掌之中的。不然，伐吴之役，先帝何以不使孔明而自将呢？且孔明用马谡守街亭，实为失着（当用魏延）；军败而斩马谡，尤为大失着。蜀之穷蹙以亡，斩马谡时，已启其因了。孔明无能为如此，何足道哉！”

孙君问：“先生看，古今来谁是可取法的呢？”

教主说：“我不是说愿一做姜太公的话吗？实则千古可取法者，惟此一人。太公年至八十，尚能佐周克商，已是亘古奇迹。厥后苏秦诵其阴符，而合六国；张良用其兵法，而灭秦楚。试问：厚黑远祖，舍太公还有何人呢？鄙人实是他百代的徒孙，想抉发出这千古不传的秘诀，以光前裕后的。”

孙君问：“先生治学的门径，可以见告吗？”

教主说：“我平生治学，实得力于八股义法的‘截搭题’，那是很合乎辩证法的逻辑的。我的《厚黑学》及一切著作，都是从此中推衍而出的。”

孙君问：“先生莫非是说笑话吧？”

教主说：“不是笑话，我确是得的这一套八股法宝。如若不信，就请以后对于八股义法多下一些工夫好了。”

孙君对于他的话半信半疑，也未加深究。于是又问他道：“先生的著作，出版的，未出版的，一共有若干种？”

教主说：“出版的，有《厚黑学》、《厚黑丛话》、《宗吾臆谈》、《社会问题之商榷》、《考试制之商榷》、《制宪与抗日》、《中国学术之趋势》、《心理与力学》、《孔子办学记》、《吊打校长之奇案》、《孔告大战》、《怕老婆的哲学》十余种；现在正写的及已写成尚未发表的，还有《中国民族特性之研究》、《政治经济之我见》、《叙属旅省中学革命始末记》、《性灵与磁电》、《迂老随笔》种种。谈正经道理的，有《社会问题之商榷》、《考试制之商榷》、《制宪与抗日》、《中国学术之趋势》、《心理与力学》五书。其余的正经作品，因尚未问世，暂可不谈。惟《制宪与抗日》一书，去岁曾为黔鄂两省当局所取缔；我不知检查者，持何尺度？有何高见？《考试制之商榷》一书，前年亦遭取缔，幸经上书自剖，始得以大白。《中国学术之趋势》及《心理与力学》，均系研究初步，还不敢视为定论。至厚黑诸种《孔子办学记》、《孔告大战》、《吊打校长之奇案》、《怕老婆的哲学》，都视为开玩笑性质，亦无不可。将来谈民族性，谈政治经济，谈性灵与磁电，又须费一番苦思。其实我已老了，还著作什么书呢？真可谓不知自量。"

孙君问："先生这一段话，与谈厚黑的作风不同，是很正经的。这样，使想读先生著作的人，可以知道各书立言的态度，这是很有益的。我现在还要请问的，因受默生之托，不惜'打破砂锅问到底'，先生已往的资历，及目前的身世境遇如何？"

教主答道："我早年受教于富顺名八股家卢象家先生之门，后入成都高等学堂习数理，曾加入同盟会。民国以来，充督署科长，全省官产清理处处长，擢为重庆海关监督未就。后长富顺县中，绵阳省中。再任省督学多年，曾出川考察各省教育。北伐后，入省府任编纂委员，去年始解职归家。我自幼生于穷家，经一生奋斗的结果，已小有积蓄，现在市宅一所，水田三处，收租百石，生活尚称小康。生有二子，长子甚有能干，曾任富顺教育局长，及自贡中学校长；次子曾在成都工业专校读书。不幸两子均于近年中先后死去。现有老妻寡媳及三孙四孙女，请有塾师，就家中教读。这便是我的大概情形。"

以上是孙君和教主会见后来函的叙述，我把它撮录于此。他的信中还说：前年春，吴稚晖老曾寄他两函：一是批评《厚黑学》的，大意谓："厚黑二字，人人心中有之，只是人人笔下不便写出。今经李先生道破，恐厚黑者，益将无忌惮，而厚黑牺牲品亦必加多矣。虽然，吾快吾意，亦管不了许多也。"另一函，是批评《心理与力学》的，大意谓："李先生目光锐利，读书奇博，《心理与力学》实为最惊奇之发明，尤其前半部，真万古不磨之论。入后，则如通灵宝玉，只有玉之价值，不若清白石狮之古朴，未免曲说回护矣。”刘芦隐亦有七律赠他，可称精心之作，惜已不记其辞了。又说：教主藏书甚富，家中有书三大橱；但据他自己说，尚不及蓉寓所有的三分之一。又说：教主不吸烟，大约每饭必酒，两次谈话，均有酒气阵阵扑面而来。

到了这时，我对于厚黑教主，可说是认识到十之七八了。不过我还不满足，就再三函催他写自传，请他写得越详细越好，让他把全部生活一一地自供出来；但他回信不肯，只允许写一《迂老随笔》，权代自传，将来写出后，让我从他的字里行间去揣测他的为人好了。果然不久就将写成的《迂老随笔》寄来一批，所谓迂老者，乃是由他幼时两个绰号合并而成，“迂”是“迂夫子”，是他父亲送给他的；“老”是“老好人”，是同学送给他的，故合称“迂老”并且自撰一联云：“皇考锡嘉名曰迂夫子，良友赠徽号为老好人。”他说年来与朋友写信，也自称“迂老”，生以为号，死以为谥，故此次所写文字，即题曰《迂老随笔》。最可笑的，他说学者可以写自传，教主则不能写自传，他在厚黑界中的地位，等于儒教的孔子，道教的老子；孔子有自传吗？老子有自传吗？倘若不知自重，妄自菲薄，随着世俗的学者也写起自传来，舍去教主不当，降而与学者同列，岂不为孔老窃笑吗？谁若再请他写自传，他先有一难题请你去做，就是必须按照八股义法写“枯窘题”的手法，为他补写一篇祝寿的文字。他说他是生于光绪己卯年正月十三日，一九三九年满六十岁，他自己作了一篇征文启，切着正月十三日立论，此文正月十二日用不着，十四日用不着，其他各月生的更用不着，定要光绪己卯年正月十三日生的才用得着，而且那年正月十三日非产生一位教主不可，这就是所谓做“枯窘题”的手法。谁若按照这种限制替他作一篇征文，他即遵命详详细细地写一篇自传；如其不然，他只把那篇征文启公布出来就是了，自传是不能写的。他那篇妙文如下：

鄙人今年（民国二十八年）已满六十岁了，即使此刻寿终正寝，抑或为日本飞机炸死，祭文上也要写享年六十有一上寿了；生期那一天，并无一人知道，过后我遍告众人，闻者都说与我补祝。我说：这也无须。他们又说：教主六旬圣诞，是普天同庆的事，我们应该发出启事，征求诗文，歌颂功德。我谓：这更勿劳费心，许多做官的人，德政碑是自己立的，万民伞是自己送的，甚至生祠也是自己修的。这个征文启事，不必烦劳亲友，等我自己干好了。

大凡征求寿文，命名例应铺叙本人道德文章功业，最要者，尤在写出其人特点，其他俱可从略，鄙人以一介匹夫，崛起而为厚黑圣人，于儒、释、道三教之外特创一教，这可算真正的特点；然而其事为众人所共知，其学已家喻而户晓，并且许多人都已身体力行，这种特点，也无须赘述。兹所欲说者，不过表明鄙人所负责任之重大，此后不可不深自勉励而已。

鄙人生于光绪五年己卯正月十三日，次日始立春，算命先生所谓：己卯生人，戊寅算命。所以己卯年生的人，是我的老庚；戊寅年生的人，也是我的老庚。光绪己卯年，是西历一千八百七十九年，爱因斯坦生于是年三月十九日，比我要小点，算是我的庚弟。他的相对论，震动全球，而鄙人的厚黑学仅仅充满四川，我对于这位庚弟，未免有愧。此后只有把我发明的学问，努力宣传，才不虚生此世。

正月十三日，历书上载明：是杨公忌日，诸事不宜。孔子生于八月二十七日，也是杨公忌日，所以鄙人一生际遇，与孔子相同，官运之不亨通，一也，其被称为教主，一也。天生鄙人，冥冥中以孔子相待，我何敢妄自菲薄！

杨公忌日的算法，是以正月十三日为起点，以后每月退二日，如二月十一日，三月初九日……到了八月，忽然发生变例，以二十七日为起点，又每月退二日，如九月二十五日，十月二十三日……到了正月，又忽然发生变例，以十三日为起点。诸君试翻历书一看，即知鄙言不谬。大凡教主都是应运而生，孔子生日既为八月二十七日，所以鄙人生日非正月十三日不可。这是杨公在千年前早已注定了的。

孔子生日定为阴历八月二十七日，考据家颇有异词。改为阳历八月二十七日，一般人更莫名其妙。千秋万岁后，我的信徒，饮水思源，当然与我建个厚黑庙，每年圣诞致祭，要查看阴阳历对照表，未免麻烦。好在本年（二十八年）正月十三日，是阳历三月三日，兹由本教主钦定阳历三月三日，为厚黑教主圣诞。将来每年阴历重九日登高，阳历重三日入厚黑庙致祭，岂不很好？

四川自汉朝文翁兴学而后，文化比诸齐鲁，历晋唐以迄有明，蜀学之盛，足与江浙诸省相埒。明季蜀地，征战频仍，秀杰之士，起而习武，蔚为风气。有清一代，名将辈出，公侯伯子男，五等封爵，无一不有。嘉道时，全国提镇，川籍占十之七八。于是四川武功特盛，而文学则蹶焉不振。六十年前，张文襄建立尊经书院，延聘湘潭王壬秋先生，来川讲学，及门弟子，井研廖季平，富顺宋芸子，名满天下；其他著作等身者，指不胜屈，朴学大兴，文风复盛。考《湘绮楼日记》，己卯年正月十二日，王先生接受尊经院聘书，次日鄙人即诞生，明日即立春，万象咸新，这其间实见造物运用之妙。

帝王之兴也，必先有为之驱除者；教主之兴也，亦必先有为之驱除者。四时之序，成功者去。孔教之兴，已二千余年，例应退休，皇矣上帝，乃眷西顾，择定四川为新教主诞生之所，使东鲁圣人，西蜀圣人，遥望对峙。无如川人尚武，已成风气，特先遣王壬秋入川，为之驱除，此所以王先生一受聘书，而鄙人即嵩生岳降也。

民国元年，共和肇造，为政治上开一新纪元。同时，鄙人的《厚黑学》，揭登《成都日报》，为学术上开一新纪元。故民国元年，亦可称厚黑元年，今为民国二十八年，也即是厚黑纪元二十八年。所以四川之进化，可分三个时期：蚕丛鱼凫，开国茫然，毋庸深论，秦代通蜀而后，由汉司马相如，以至明杨慎，川人以文学相长，是为第一时期，此则文翁之功也。有清一代，川人以武功见长，是为第二时期，此则张献忠之功也。民国以来，川人以厚黑学见长，是为第三时期，此则鄙人之功也。

民元而后，我的及门弟子和私淑弟子，努力工作，把四川造成一个厚黑国，于是国中高瞻远瞩之士，大声疾呼曰："四川是民族复兴根据地！"你想，要想复兴民族，打倒日本，舍了这种学问，还有甚么法子？所以鄙人于所著《厚黑丛话》内，喊出"厚黑救国"的口号，举出越王勾践为模范人物。其初也，勾践入吴，身为臣，妻为妾，是之谓厚。其继也，沼吴之役，夫差请照样的身为臣，妻为妾，勾践不许，必置之死地而后已，是之谓黑。"九一八"以来，我国步步退让，是勾践事吴的方式。"七七事变"而后，全国抗战，是勾践沼吴的精神。我国当局，定下的国策，不期而与鄙人的学说暗合，这是很可庆幸的。天下兴亡，匹夫有责，余岂好讲厚黑哉？余不得已也。

鄙人发明"厚黑学"，是千古不传之秘，而今而后，当努力宣传，死而后已。鄙人对于社会，既有这种空前的贡献，社会人士，即该予以褒扬。我的及门弟子和私淑弟子，当兹教主六旬圣诞，应该作些诗文，歌功颂德。自鄙人的目光看来，举世非之，与举世誉之，有同等的价值。除弟子而外，如有志同道合的蘧伯玉，或走入异端的原壤，甚或有反对党，如楚狂沮溺、荷蒉、微生亩诸人，都可尽量地作些文字，无论为歌颂，为笑骂，鄙人都一一敬谨拜受。将来汇刊一册，题曰：《厚黑教主生荣录》。你们的孔子，其生也荣，其死也哀；鄙人则只有生荣，并无死哀。千秋万岁后，厚黑学炳焉如蛟日中天，可谓其生也荣，其死也荣。厚黑纪元二十八年，三月十八日，李宗吾谨启。是日也，即我庚弟爱因斯坦六旬晋一之前一日也。

读了这篇妙文，我失望了，他已自据着坚固的壁垒，不许我向前进攻了。我既不能写八股文，自然就不能照题完卷；就休想得到他详细的自传；得不到他详细的自传，那就更不必奢望他全体现形了。再说，我为他一再去信，又请孙君就便访问他，无非是劝他不讲“厚黑学”；但如今看来，他已公然自上尊号，改历纪元，钦定诞辰，还说是宣传厚黑，死而后已，很显然的，这个厚黑教主的宝座，他已认定坐稳了，我若劝他不讲厚黑，这不是有意想取消他的尊号吗？他哪能让你趁隙攻入，再看他告诉孙君的话，和答复我的信，都把我们的劝告，当做“不入耳之言”，并且说出“道不同不相为谋”的话来，可见他是步步为营，时时设防的。现在他又若有意若无意地揭示出这种难题，他必料知后生小子不会作八股文，仅仅拿出这一点小手法，以后就不至再向老子开玩笑了。他确实料得不错，我为这事犯了大难，连复信都不知如何措辞。我在反复思维：一方面惊叹他的老辣，使人无虚可趁；一方面惭愧自己的幼稚，太不度德量力；然而骑虎难下，又不容就此罢手。难道我要向他递降表称弟子吗？不，绝不！这违反我的初衷。将于复信中避免“厚黑”二字不谈吗？这又是默认失败，太不成话。我一连为这事想了几天几夜，总是在想如何应付他的法子，以便就此下台。最后我想只有变更战略，作以退为进的攻势，或可以转败为胜。当时，我立定了几个要点：第一，承认他配充厚黑教主，因为他有背十字架的精神；第二，咬定他不厚不黑，而偏要讲厚黑的所以然；第三，根据他所提出的“道不同不相为谋”的话，不再劝他不讲厚黑，让他去过厚黑之瘾好了。计划已定，我便复了他下面的一信：

教主：请你不要皱眉，这封信绝不是劝你不讲厚黑的，你可放心看下去；不过你也不要以为我开首称你“教主”，就是来向你投降表称信徒的。不是，我绝不相信你的“厚黑学”，我要永远反对下去，只是不再劝你罢了。来示云云，及孙君转达云云，并大著《迂老随笔》云云，全都拜读了，很痛快，也很不痛快。痛快的是你思想的犀利，文字的矫健；不痛快的，是自己忘掉了“道不同不相为谋”的古训，竟以“不入耳之言”烦渎教主。自传当然可以不作，因为我不会作八股，没有向教主交换的资格。我还不知道教主已有近三十年的天下了，怪不得不肯轻易舍弃你的宝座，而且还壁垒森严地戒备起来！这种庄严神圣的气象，也大有教主的作风！不只此也，凡教主都有担当天下人之罪恶的精神，都有为天下人背十字架的精神，都有“我不入地狱谁入地狱”的精神，这些条件，你全有，我相信。凡教主，必先自身无罪，然后才配为人赎罪，你也是如此，我更相信。当年的耶稣，按《圣经》上说，是道成肉身，是纤毫罪恶没有的，所以上帝特差遣他来为世人赎罪，结果竟被他要为他们赎罪的罪人钉了他的十字架。当他在十字架上一息尚存的时候，他还为钉他的人，为全世界的人祈祷说：“天父呀！求你饶恕了他们吧！因为他们不明白。让我自己担他们的罪吧！’因着耶稣的最后祈求，得了上帝的允许，所以后来凡信仰耶稣自知忏悔的人，他的罪恶便与耶稣的肉身同死，而生命即与耶稣的灵魂永生。现在，教主你，是充满了羞恶之心，所以不厚，充满了恻隐之心，所以不黑。必如此不厚不黑，才配讲厚黑，才配做厚黑教主，才能为厚黑之徒赎罪。我想你这样大讲厚黑，将来也难免被真正厚黑的人，说你妖言惑众，脸一横，心一狠，也把你钉在十字架上。到那时，我相信你也必为钉你的人，为全世界的人祈祷说：“上帝呀！求你饶恕了他们吧！因为他们不明白。让我自己担当了他们的罪吧！”因着你的最后祈求，也必获得上帝的允许，凡以后信仰你的自知忏悔的人，他的厚黑便与你的肉身同死，而羞恶恻隐之心，也必与你的灵魂同存。教主，如果你是这样，你真伟大！也许我不明白，请你饶恕了我吧！以后再不敢于“厚黑”二字多言。敬祝教主万岁！阿门！

不料此信去后，竟获得意想不到的效果，回信许我为生平第一知己，并引郑板桥的话说：“隔靴搔痒，赞亦可厌；入木三分，骂亦可感。”接着说：“川省之内，赞叹弟之‘厚黑学’者多矣，此可厌也；足下屡戒我，不必讲厚黑，此可感也。茫茫宇宙，如足下者，有几人哉？是以每当无聊时，辄浊酒一壶，展读惠寄各信，等于汉书下酒，每读一过，辄叹息一番，足下诚弟生平第一知己也！”从此以后他便屡次来信，每作一书，动辄数千言，上下千古，及其个人种种情事，无所不谈，但不再向我谈厚黑称教主了。同时，更把他的一切著作，无论是出版的，未出版的，还有一书数种版本的，或某书初仅为短篇的文字，统统都陆续地挂号寄来，让我为他保存，好像把整个的李宗吾都交给我似的。我生平遇见的热情朋友，他也算是稀有的一位。他听见我父亲一七十六岁的老翁，还在沦陷区打游击战，便来信倍加颂扬；知道我有丧子之恸，就来信以现身说法劝慰我；我告及妻室怀有身孕，他立刻来信大讲其胎教；得知我患嗓子病，他便快函寄下特效白喉药方（其实我并不是患白喉）；其他情意殷恳之处，难以尽述。我自然也是殷勤相报，知无不言，言无不尽。凡我认为他的优点之处，无不尽量对朋友宣传。我认为他最有价值的几本著作，便大量地买来送人。如他的《制宪与抗日》，我认为于抗建大业极有贡献，就送给我曾认识的军政要人；《考试制之商榷》，我认为于考试制度及教育上甚有参考的价值，就送给考试院及教育部诸公；《心理与力学》，我认为是思想界的一颗彗星，便送给研究科学和哲学或有志融合玄学与科学的人。同时他寄来的《迂老随笔》，意趣横生，灵光闪闪，多是画龙点睛之笔；《吊打校长之奇案》，是四川军阀时代混乱局面中教育上的重要文献，此案是他冒险前去查办的，居然是《老残游记》上老残假充“走方郎中”，到各处刺探官吏的良酷及人民的疾苦的作风，最足以见出他办事的本领。这两篇作品，我得了他的同意，首先为他送登上海《宇宙风》。继而有其他杂作，也陆续交该刊发表。后据该社来函说，他的那些作品，一时轰动了沪港及沿海各省。从此，四川的厚黑教主一变而为有全国性的教主了。

他因过于相信我，就和我约定：他的近作发表出来，所有读者来函，一律由我收转，他已于稿后注明了。并且说：凡有读者来函，我可先行拆看，然后再转寄于他。此后，读者果然纷纷来信了。信的封面除他的真姓名外，有写“李厚黑”的，有写“李教主”的，有写“厚黑教主”的，有写“李迂老”的，等等不一，自然都是由我收转。当时一般朋友，都替我捏着一把汗：这样不三不四的名字，若是被政府的查信员注意了，说不定会猜测我是有什么秘密结社，或是在组织什么邪教，岂不是要受连累吗？即便没有这种可虑，而《厚黑学》、《厚黑丛话》各书，政府早已再三禁止，如今厚黑教主的信件全由我转，总不会不受坏的影响吧。这是朋友们替我担心的意思，但我既受知己之托，纵有小小麻烦或不名誉的事，也是在所不辞的。至于读者来信的内容，有对著者五体投地钦佩的，有对他的学说反对的，有对他的学说若信若疑的，也有对著者本人破口大骂的，并且有时还骂到我，这些都可以反映社会人士的形形色色，我看了好不有趣。更有直接给我写信，内中装有法币，愿购买教主的一切著作，一连“尊师短”、“尊师长”地称道，这显然是把我认成厚黑教主的首座弟子了。遇到这种来信，我照例是挂号将款退回，说明我住在乡间，不便为他代购；但必须告知他寄售的书局，并为其重要各书作一介绍，至于为教主收转的信，态度正当的来信，无论是赞成他，还是反对他，我都一律照转；只有破口大骂的，如信中开首称他“吾儿见字”，骂他“浑蛋”、“王八蛋”，定他的罪名“应枪毙”、“该活埋”，这样的来信，让老人看见了，似于心理上太不卫生，我就擅自把信撕毁了。

我因为常常代他收到无礼辱骂的信，很感不快；他平生又未必欠下人家的骂债，何必自取污辱呢？加以这时我和他已可说是“交称莫逆”了，于是又很委婉地劝告他一次。这一次可把他的老底揭穿了，请看他的回信吧：

弟行年六十二矣，自恨生无益于时，死无闻于后！所著各书，最致力者，惟《心理与力学》；而一般人所赞赏者，乃在《厚黑学》。此诚如白居易致元稹书所云：“仆得意者，《秦中吟》及诸闲适之作，而世人乃盛称《长恨歌》等诗，世之所重，仆之所轻。”（自注：原文忘记、大意如此。）足下屡劝我不必讲“厚黑学”，弟何尝不知？此等打穿后壁之话，不可形诸笔墨；而弟顾常常言之者，亦自有故。学术界与政治界无异，政治界中先踞有地盘者，后来之人虽学识才能超出其上，亦无从取而代之。学术界中古之孔、孟、程、朱诸人无论矣，今之梁启超、章太炎等辈，亦取有相当地位；我辈无名小卒，敢与之抗衡哉？虽有发明，谁能注意？民国元年，弟发表《厚黑学》，颇为人所称说，故常常讲之，欲引起读者注意，因而读我《心理与力学》之书耳。盖《厚黑学》者，固弟已据之地盘也。由嬉笑怒骂之文章，进而讨论性善性恶之大问题，亦犹刘邦据蜀汉之地，而进窥中原也。我国言性者共五家：（一）性善说；（二）性恶说；（三）性无善无不善说；（四）性善恶混说；（五）性有三品说。使弟之说法果有研究之价值，则言性者于五家之外，尚有一说，成为六家，则弟之生为不虚矣。区区之愿，实在于此。足下为我知己，故敢剖臆言之。唐时韩昌黎文起八代之衰，而蜀人陈子昂则诗起八代之衰。子昂久居长安，碌碌无所知名，有胡贾者卖琴于市，索价万缗，市人相顾不敢议价，子昂见之，立呼家人如价畀之。观者惊问之，子昂曰：“明日来某处，当为诸君一奏之。”明日众人齐集，子昂携琴出曰：“蜀人陈子昂有诗百轴，琴小技耳，曷足为重！”举琴碎之，以诗卷遍赠来者，子昂之名，即日满都下。弟之常谈“厚黑学”，亦犹子昂之碎琴耳。左思作《三都赋》，必求皇甫谧作序而名乃彰；《厚黑学》既为时人所称道，弟时时讲之，等于为《心理与力学》作序耳。弟既不愿请求名人，替我揄扬，毋宁大讲厚黑，于千万人笑我骂我之中，得一真知己。足下之殷殷然下交于弟者，亦由读我之《厚黑学》，因而遍读我之著作也。足下劝我不讲厚黑而卒不奉教者，盖私衷贪得无厌，欲于张默生之外，再得一张默生耳。足下思之，然乎否乎？甚望足下将《心理与力学》切实批评，将来再版时，当将赞成者反对者附刊于后，借供讨论。盖学术者，天下之公器也，当合全世界之人而钻研之，非一人之力所能胜也。愈钻研真理愈出，所言当耶，不足为荣；所言非耶，不足为辱。弟于心理学中另创一说，等于荒山中另辟一路。倘此路可通，则开路者诚有功；使其不可通，即于此立一碑曰"此路不通"，俾后来者不误入斯径，则亦未尝无功。弟殷殷然欲与当世学者讨论者，意盖在此。足下爱我实深，山居无事，聊复握管伸纸，补述前此诸函未尽之意，俾知劝我讲"厚黑学"者，与夫戒我讲"厚黑学"者，俱未悉弟之隐衷耳。

他既如此将后壁自己打穿，而其研究学问的观点又如此正确，我还有什么话说呢？此后，我便专心研究佛学及攻读另一大思想家熊十力先生的一切著作，间或写写《异行传》一类的文字；而他呢，则继续研究中国民族特性的问题，及着手写作《性灵与磁电》这样怪题目的文章，后者原为《佛老与磁电》，经我们函商的结果，才将"佛老"易作"性灵"，这是他"心理与力学"的更进一步的探讨，也可以说是他思想发展的极致，此处不暇细说。我们虽然还是不断通信，但所讨论的是另一方面的问题，对于"厚黑学"彼此再无所争执了。

又有一种令人喜出望外的事，就是他突然寄给我一篇长约二万五千字的《宗吾自述》，把他一生的大事，可说是都述到了，这不能不说是教主自行降格也写了自传吧。这事，我本是早已绝望的，因为我不会作八股，没有交换的资格；然而他竟无条件地赐予了，哪能不为之狂喜呢？这是我将来为他写一部十万字的《厚黑教主传》的良好依据。好！我决心如此报答他，来纪念此一代的巨人！

不久，又有一可喜的消息到来：一九四一年十月中旬，我接到他的来信，说他明春要来青木关访我，需要畅谈若干日，和我商量他的一切著作，以便大加修改。这样，我更有得亲教主音容的福气了。那封信的措辞，也和唯我独尊的教主，迥乎不同。略云：

弟郁居无聊，其欲出游，而棘地荆天，真有蹙蹙靡骋之感！明春，无论如何，决当出游。届时，当到青木关一访，畅谈若干日，将拙作一一就正，俾便大加修改，请足下便中代我觅一下榻之地。其地，第一以民房为最佳（只一斗室，能容一床一桌即足），即草房亦可，半间屋亦可，弟固农家子，能过简单生活者。其次则商店（仅容一榻已足）；再不然，即住旅馆，如无旅馆，即茅草店亦可。其要件有二：（一）就近有防空洞；（二）就近有饭馆。还有三事：第一，不住友人家；第二，不住机关；第三，不受友人招待，如有扫榻相迎者，弟即将仿孔老先生办法，不脱冕而行矣。

这封信，可以充分表现他狷介的操守，不知破口大骂他的人，对此又作何感想？我当即回他一信，说是完全遵命，青木关地方虽小，但一切的吃住问题，总还比他所希望的略高一等，请他尽管放心来好了。此信去后，想不到他明春出游的计划，竟而提前了好几月。

记得就在这年的十二月初旬，天还落着蒙蒙的细雨，我正在吃午饭的时候，忽然听见门外有人操着苍老的四川土音说："厚黑教主来看张默生！"接着即叩起门来。我心一动，就低声对余妻说："莫非真是厚黑教主来了吗？"急忙把口中的饭吐出来，前去为他开门，一眼望见一位身材高大的老翁，身边还有一位二十岁左右面显清瘦的青年，问询之下，果然是"厚黑教主"，那位青年是他的长孙长翊君。我在狂喜之际，巴不得把他抱起来。肃之入座后，我一面和他谈着，一面观察他的相貌，觉得此前孙君来函说他是中等身材，是完全不对的！他可以说是一位彪形大汉，两鬓斑白，胡须疏落有致，脸为长方形，颧骨颇高，鼻子特长特高而略向里曲，但尚未至鹰鼻的程度，眉目清秀，眼神常常若有深思，统而言之，是一位具有政治家风范的人物，怪不得他想要一做姜太公！但他当时的神情，显然无匡济之志了。大凡古今来有志未遂，退而讲学或著述的人，理应也表现他那种气度。可是教主般的所谓"上天下地，唯我独尊"的庄严，他却没有，因为他太谦恭太虚心了，这和我未见他时所想象的完全不同。我当时极力称赞他的几种著作，他说："我的那些著作，不过是瞎说罢了，内中所谈的道理，大半是如东坡所谓'想当然耳'的。我读书太少，而且读书又是'不求甚解'的，不能把我假想出的道理加以证明，所以我此次出游，是希望多拜识几位当代的学者，向他们虚心领教的。"我忽然向他说："可是先生的'厚黑学'我还是依然反对呀！"他掀须微笑说："我讲我的，你反对你的，昔日庄周和惠施，不是见面就‘抬杠子’吗？但是又何碍于他们的知己之感呢？我与足下，正愿如此。”其时，我们的饭菜，还摆在桌面上，我便指着向他说：“这饭可不是特为先生预备的吧，你可不要不脱冕而行。一连几天落雨，也用不着为你洗尘；不过家中正有一点薄酒，天气又如此寒冷，算是为你压压风吧。孙君来函，说你每饭必酒，是吗？”他哈哈大笑起来，接着说：“酒是要得的，饭却不须吃，你们吃饭，我吃酒好了。”于是我们就又吃起来，他尽自之一杯一杯地细细而饮，一面说着笑话，可知他是富于幽默感的；但是他的酒量并不大，据他说每次也只是四五两的样子，醉得一塌糊涂的事，他从来未曾有过。这是第一次会见的情形。

他们祖孙二人在青木关的旅馆中住了几天，我天天到旅馆中和教主攀谈，由彼此的身世，谈到一切的问题，并商定他的新旧著作，何者宜再版，何者可缓印，我再次劝他不讲厚黑，他仍是恋恋不忍弃舍。最后接受了我的劝告，许着写一篇他的思想统系，才把厚黑的气氛冲淡了。我记得还有两件趣事：他白天和我谈话，夜间就开始写《锸随漫话》，预备送到重庆报上发表。这“锸随”二字，是取刘伶以锸自随，何处醉死何处埋的故事，以自解嘲。他先把写成的拿给我看，我看了几段，仍是“厚黑丛话”之类，还是“厚黑长”、“厚黑短”的大谈其厚黑。他把第一段作为序言，首先提到此次出游，是特为来访我的。我随即提出抗议道：“你这篇东西，还是谈厚黑，既是谈厚黑，就不要把我的姓名写入，想把我的姓名写入，就不要谈厚黑，究竟何去何从？”他略加考虑说：“那我就牺牲足下的姓名，保留我的厚黑吧。”一面说着，一面提笔把我的姓名勾去了。再则他决定到重庆重印他的几本著作，请我为他各写一篇序文；我说：“你的著作中，只要没有‘厚黑’二字连用，是你那般解释的，我就为你各写一篇序文，否则我是恕不奉命的。”检查的结果，是他失败，我的序文自然未写。

当时，我在复旦大学兼课，每星期须到北碚授课三天。我因为和他谈得高兴，打算那一周写信到校请假，他不许我这样做，他说：“我陪你到北碚去，我开好旅馆候着你，你每日上完课就回到旅馆来谈，三天以后，我再陪你回来。这样，两不误事。”我当即毫不客气地接受了这种建议，于是他们祖孙二人就陪我到北碚来了。自然我也趁此机会，为他介绍认识北碚的诸多友人，也让诸多友人认识这位厚黑教主。我又对他说：“北温泉乳花洞门前，有一棵黄桷树根，虬结盘屈，蜿蜒如龙，很像你思想的恢诡谲怪，你可前去观赏一下，与它订交吧。”他自然是乘兴而去，于温泉公园也不过匆匆巡视一周；唯独到了乳花洞前，他舍不得走了，坐在一块石头上，眼望着那盘黄桷树根，足足欣赏一二小时，不禁欷歔咏叹，大概是相契于无言之地了。我又对他说：“我入川时，经过三峡，见两岸突兀峥嵘，直逼霄汉，又像你思想的不可一世；但不知你当年出川时，曾否以此自许？”他笑了，他笑着说：“足下未免太好‘索隐行怪’了！”

我们彼此恋恋不舍地来往于青碚之间，可以说是无话不谈，谈必放浪形骸，无拘无束。必罄其所有而后快。我生平有三次快谈：一次，是我亡命朝鲜，化名“赵虚若”，因慕音韵大家魏建功之名，贸贸然以同国籍的资格，去拜访他，自某晚八时直谈到次晨八时，整整十二小时，是一快谈；一次，是我在北碚，友人邹湘乔自青木关来访，自某日早十时直谈到次日早十时，整整二十四小时，是一快谈；再一次，就是我与厚黑教主的快谈，断断续续，接接连连，在七八日之中，几乎一生想说的话，彼此都倾囊而出了，是为快谈中之尤快者。我年来丧子之恸，及愁云惨雾的生活，已被这次快谈，扫荡得干干净净了。我哪能不永远纪念这位名为“厚黑教主”，而实则是大观园外的“干净石狮子”呢？我从他的谈话中，得知他是轻易不推许人，自然择友也是十分慎重的；可是他似乎有两位最心服的亡友，往往是一再谈及，赞不绝口。一位是革命家张列五，辛亥光复后，被推为四川的第一任都督，后充总统府顾问，被袁世凯所杀。他说，此人赤胆忠心，有作有为，如他在世时，四川绝不会闹得二十年来的乌烟瘴气。一位是理学家兼革命家廖绪初，辛亥光复后，被任命为审计院院长（当时四川省政组织中有此官职），后见国是日非，郁郁以死。他说，此人做事，公正严明，道德之高，每使敌党赞叹不已，如他得掌政时，绝不许有贪官污吏的存在。他当时谈及，犹在叹惜不已，几欲泪坠；并再三托我为他这两位亡友作传，以历薄俗。我还记得当重庆遭敌机狂炸时，他有数次来信都说：“张列五的衣冠冢在浮图关，此时想必成为焦土了！”他慎重择人如此，敦笃友谊如此，谁能相信“求官六字真言”、“做官六字真言”是出自他手呢？如果出自他手，那必是伤心透了，聊且以冷笑代呜咽吧！

我们于青木关分手以后，他祖孙二人便到重庆去了，他先住新蜀报馆，后住国民公报社，中间亦曾移住他处，在渝约有年余的时光，照料翻印他的几种著作——《厚黑学》、《中国学术之趋势》和《心理与力学》。《厚黑学》附加《我的思想统系》一文；《心理与力学》附加《性灵与磁电》一章。这时，他和吴稚晖先生会面了，刘姥姥终于看见了石狮子，不会再有遗憾吧。

实则刘姥姥是很可能看见石狮子的，因为她毕竟不是大观园的人物，这是不足为奇的，我们从以上三书，都经呈稚老为他亲题封面看来，刘姥姥和石狮子已在深深地相默契了。此外他还得交一位至好的朋友杨亚仙君，他印书的费用，多是杨君慨然相助的。杨君又因他的介绍，曾专来北碚访我，我也因此得交杨君这位好友。杨君原系军人，曾数度坐牢，曾做过轰轰烈烈的大事，只因屡受相与共事的人暗中嫉害，才认识了真正的厚黑之徒，忽然得到厚黑教主的经典，相为印证，于是满腹牢骚涣然冰释了，从此他想努力于社会事业的创建，他也是厚黑教主的知己之一。

一九四三年春，教主应北碚管理局局长卢子英先生之邀，再来北碚，我们别后又得相遇，自然是大快于心！但是年余不见，他的精神顿见衰老，我在暗中替他担心。他天天到我家来谈，每次吃饭，除饮几杯酒外，几乎是饭粒不进。我问他："食量这样少，怎么可以呢？"他说："我数月以来，经常是如此的，不要紧。"但他具有那样高大的体躯，食量尚不及三岁的小儿，他又无时无刻不在运用思想，往往正与他谈话的时候，他又不知思索着什么道理了。我一再地暗中观察他，认为他有回家静养的必要，终于被我劝告回家了。记得临分手时，我对他说："我将站在志不同道不合的立场上，为你这位不厚不黑的厚黑教主作一部十万余言的大传，来报答教主不远千里而来的枉顾！"他很感动地说："这样，我可以死矣！"我当时不禁为之泪下，遂黯然而别。

一月以后，接得他三月十二日来书，说他别后返渝，由渝至蓉，今已安抵自流井了。五月四日来书，托我为他设法推销著作，未及他事。五月十四日又来书，有云："弟近日无所事事，食量已较前增加矣。"此后，便再不来信；去信，亦不得复。后按其长孙长翊来函，说他的祖父已得"中风不语"症，终日昏迷不省人事，朋友来信，只得由他择要作复。闻听之下，百感交集！直至九月三十日，报载自流井电："厚黑教主李宗吾已于九月二十八日逝世矣。"睹此噩耗，震惊不容自已！天丧我良朋，呜呼痛哉！昔庄周过惠施之墓而叹曰："自夫子之死也，吾无以为质矣！"我亦不禁有此同感！乃先执笔写此一段因缘。继此文，而状其一生行事及其学术思想者，曰：《厚黑教主传》。

厚黑教主外传

厚黑教主的思想，不遵传统，不安故常，也不信从中外时人的意见，无论对于天道人事，他只是一意孤行，提出他自己的看法和解释，像这样的叛逆思想，不是一颗彗星是什么？宜乎招惹得天怒人怨，被社会认为是不祥之物了。

我大清早起，
站在人家屋角上哑哑地啼。
人家讨嫌我，
说我不吉利；
我不能呢呢喃喃地讨人家的欢喜。

——胡适《乌鸦》

这首诗，是几乎三十年前作者自行编入《尝试集》里的。在当时，胡博士显然是借这不讨人喜欢的“乌鸦”以自喻；时至今日，作这首诗的人与其留以自喻，倒不如拿来移赠厚黑教主更为适当。因为厚黑教主的一生言论，的确是不讨人喜欢的。上自圣贤豪杰，下至市井小人，他都毫无容赦地去揭穿他们的面皮，洞照他们的心迹，使人世间的魑魅魍魉一齐现形。他如此这般地哑哑而啼，真把人叫得冒火，叫得心焦。所以说，他才是真真的一只乌鸦！

我现在还想送他这样的一首诗：

咕咕喵，
咕咕喵，
哈哈哈哈……
咕咕喵，
咕咕喵，
哈哈哈哈……

要问这又是什么诗？这就是“猫头鹰诗”。咕咕喵，是猫头鹰在叫；哈哈哈哈……是猫头鹰在笑。我们故乡人说：“不怕猫头鹰川，就怕猫头鹰笑！”传说：猫头鹰叫，固然是不甚吉利，却还没有什么；而猫头鹰笑，就非死人不可，或是预示着极大的凶兆。厚黑教主一生的冷笑，每每使人毛骨悚然戒惧不安，好像听见猫头鹰的叫与笑一样。所以说，他不仅是一只乌鸦，更是一只猫头鹰！

再就他是“一颗思想界的彗星”来说，他也是应该受到天怒人怨的。彗星俗名扫帚星，它一出现，就预示着天变人祸。不但愚夫愚妇怕它，王公大人怕它，就是精研科学的天文家们，也都警觉起来注视它的行动；假使其他星球上也有人类的话，他们惶恐惊怪的程度，想也不亚于斯世。因为它在自然界，不肯遵循自然律的轨道，拖着一条长长的尾巴，横冲直撞，所以人事界对它也无从作如理的测度，是以可怕。思想界的彗星，在新旧思想界所起的作用，亦复如是。厚黑教主的思想，不遵传统，不安故常，也不信从中外时人的意见，无论对于天道人事，他只是一意孤行，提出他自己的看法和解释，像这样的叛逆思想，不是一颗彗星是什么？宜乎招惹得天怒人怨，被社会认为是不祥之物了。

我既为这位“不祥之物”，一再地写成正传与别传；现在仍想把一些弃之可惜的材料，再来找补一番，写成《厚黑教主外传》，作为本书的附录。

厚黑教主生平好为滑稽文字，或用杂文体，或用小说体，无一篇不是嬉笑怒骂，语含讽刺。有人说：厚黑教主的在世，是天地间一大讽刺，我亦云然。他不独讽刺世人，有时也讽刺自己。不过当他讽刺自己的时候，更是恶毒地讽刺世人，这是他一贯的伎俩。例如他倡“厚黑学”，明明是借以痛骂世人的，但他偏偏一身独当，自居为厚黑教主，而有《厚黑经》、《厚黑传习录》的写作。如果有人质问他：“你为什么骂人呢？”他必然回答道：“我怎敢骂人？我是骂我自己。”试问你对他又有什么办法呢？本篇首先要介绍的是他所著的《怕老婆的哲学》一文，仍是袭取的这种故智。他著此文的动机，想是鉴于吾国的伦常，日趋乖舛，所谓五伦，几乎是破坏殆尽的，社会上无非是些“好货财私妻子”的东西；但他却不像道学家们的一贯作风，说什么“世风不古，江河日下”的慨叹之词。他竟喊出“怕老婆”的口号，加以提倡，而且著为专论，名之曰哲学，末附“怕经”，以比儒家的“孝经”，这种讽刺，真可说是恶毒极了！他自己怕不怕老婆，我们不甚知道；但他曾极力主张当约些男同志，设立“怕学研究会”，共相研讨，俨然以怕学研究会的会长自居，这不又是一种现身说法吗？

他那篇自称哲学的文章，大意是说：大凡一国的建立，必有一定的重心，我国号称礼教之邦，首重的就是五伦。古之圣人，于五伦中特别提出一个“孝”字，以为百行之本。所以说：“事君不忠非孝也，朋友不信非孝也，战阵无勇非孝也。”全国重心，建立在一个“孝”字上，因而产出种种文明，我国雄视东亚数千年，并不是无因的。自从欧风东渐，一般学者大呼“礼教吃人”，首先打倒的就是“孝”字，全国失去重心，于是谋国就不忠了，朋友就不信了，战阵就无勇了。有了这种现象，国家焉得不衰落，外患焉得不侵凌？因此必须另寻一个字，作为立国的重心，以替代古之“孝”字，这个字仍当在五伦中去寻。我们知道：五伦中君臣是革了命的，父子是平了权的，兄弟朋友更是早已抛弃了的；所幸五伦中尚有夫妇一伦存在，我们应当把一切文化，建立在这一伦上。天下的儿童，无不知爱其亲也，积爱成孝，所以古时的文化，建立在“孝”字上；世间的丈夫，无不知爱其妻也，积爱成怕，所以今后的文化，应当建立在“怕”字上。于是怕老婆的“怕”字，便不得不成为全国的重心了。

他说怕学中的先进，应该是首推四川。宋朝的陈季常，就是鼎鼎有名的怕界巨擘，河东狮吼的故事，已传为怕界的佳话了。所以苏东坡赞以诗曰：“忽闻河东狮子吼，拄杖落手心茫然。”这是形容他当时怕老婆的状态，真是魂灵无主，六神出窍的。但陈季常并非阘茸之徒，他是有名的高人逸士。高人逸士都如此的怕老婆，可见怕老婆一事，应当视为天经地义的。东坡又称述他道：“环堵萧然，而妻子奴婢，皆有自得之意。”这是证明了陈季常肯在“怕”字上做工夫，所以家庭中才收到这种良好的效果。

时代更早的，还有一位久居四川的刘先主，他对于怕学一门，可说是以发明家而兼实行家，他新婚之夜，就向孙夫人下跪，后来困处东吴，每遇着不了的事，就守着老婆痛哭，而且常常下跪，无不逢凶化吉，遇难成祥。他发明这种技术，真可说是渡尽无边苦海中的男子。凡遇着河东狮吼的人，可把刘先主的法宝取出来，包管闺房中顿呈祥和之气，其乐也融融，其乐也泄泄。

他更从史事来证明：东晋而后，南北对峙，历宋、齐、梁、陈，直到隋文帝出来，才把南北统一，而隋文帝就是最怕老婆的人。有一天，独孤皇后发了怒，文帝怕极了，跑到山中，躲了两天，经大臣杨素诸人把皇后劝好了，才敢回来。怕经曰：“见妻如鼠，见敌如虎。”隋文帝之统一天下，谁曰不宜?

隋末天下大乱，唐太宗出来，扫灭群雄，平一海内，他用的谋臣是房玄龄。玄龄也是一位最怕老婆的人，他因为常受夫人的压迫，无计可施，忽然想道：太宗是当今天子，当然可以制伏她。于是就向太宗诉苦，太宗说：“你喊她来，等我处置她。”哪知房太太几句话就说得太宗哑口无言，便私下对玄龄道：“你这位太太，我见了都怕她，此后好好地服从她的命令就是了。”太宗见了臣子的老婆都害怕，真不愧为开国明君!

我国历史上，不但要怕老婆的人，才能统一全国；就是偏安一隅，也非有怕老婆的人，不能支持危局。从前东晋偏安，全靠王导、谢安出来支持；而他们两人，就都是怕学界的先进。王导身为宰相，兼充清谈会的主席，有天手持尘尾，坐在主席位上，谈得正起兴时，忽然报道：“夫人来了!”他连忙跳上犊车就跑，弄得狼狈不堪。但他在朝廷中的功劳最大，竟获得天子的九锡之宠。推根归源，全是得力于怕字诀。苻坚以百万之师伐晋，谢安围棋别墅，不动声色，把苻坚杀得大败，也是得力于怕字诀。因为大家知道的：谢安的太太，把周公制定的礼改了，拿来约束她的丈夫，谢安在他夫人的名下，受过严格的训练，养成泰山崩于前而色不变的习惯，苻坚怎是他的敌手?

他如此主张怕老婆的重要，自不免启人之疑。所以有人问他道：外患这样严重，如果再提倡怕学，养成怕的习惯，敌人一来，以怕老婆的心理怕之，岂不亡国吗?他说：这却不然，从前有位大将，很怕老婆，有天愤然道：“我怕她做甚?”传下将令，点集大小三军，令人喊他夫人出来，打算以军法从事。他夫人出来，厉声问：“喊我何事?”他惶恐伏地道：“请夫人出来阅兵。”此事经他多方考证，才知道是明朝戚继光的事。但他并不觉得奇怪，继光虽然行军极严，他儿子犯了军令，就把他斩首，可是夫人寻他大闹，他自知理屈，不敢声辩，就养成怕老婆的习惯；谁知这一怕反把胆子吓大了，以后日本兵来，他都不怕，就成为抗日的英雄。因为日本虽可怕，总不及老婆的可怕，所以他敢于出战。凡读过希腊史的人，想都知道斯巴达每逢男子出征，妻子就对他说：“你不战胜归来，不许见我之面!”一个个奋勇杀敌，斯巴达以一蕞尔小国，遂崛起称雄；倘平日没有养成怕老婆的习惯，怎能收此效果呢?

他不但由历史上证明了应当怕老婆的至理名言，而且他更从当代政治舞台上的人物去考察，得出的结论，是官级越高的，怕老婆的程度越深，官级和怕的程度，几乎成为正比例。于是由古今的事实，又归纳出精当的定理，而特著“怕经”若干条，垂范后世。

教主曰：夫怕，天之经也，地之义也，民之行也。五刑之属三千，而罪莫大于不怕。

教主曰：其为人也怕妻，而敢于在外为非者鲜矣。人人不敢为非，而谓国之不兴者，未之有也。君子务本，本立而道生，怕妻也者，其复兴中国之本欤！

教主曰：惟大人为能有怕妻之心，怕妻而国本定矣。

教主曰：怕学之道，在止于至善，为人妻止于严，为人夫止于怕，家人有严君焉，妻子之谓也。妻发令于内，夫奔走于外，天地之大义也。

教主曰：大哉妻之为道也！巍巍乎惟天为大，惟妻则之，荡荡乎无能名焉！不识不知，顺妻之则。

教主曰：行之而不著焉，习矣而不察焉，终身怕妻，而不自知为怕者众矣。

教主曰：君子见妻之怒也，食旨不甘，闻乐不乐，居处不安，毕诚毕敬，忽之有触焉耳矣。

教主曰：妻子有过，下气怡色柔声以谏，谏若不入，起敬起畏；三谏不听，则号泣而随之；妻子怒不悦，挞之流血，不敢疾怨，起敬起畏。

教主曰：为人夫者，朝出而不归，则妻倚门而望；暮出而不归，则妻倚闾而望。是以妻子在，不远游，游必有方。

教主曰：君子之事妻也，视于无形，听于无声。入闺门，鞠躬如也。不命之坐，不敢坐；不命之退，不敢退。妻忧亦忧，妻喜亦喜。

教主曰：谋国不忠非怕也，朋友不信非怕也，战阵无勇非怕也。一举足而不敢忘妻子，一出言而不敢忘妻子。将为善，思贻妻子令名，必果；将为不善，思贻妻子羞辱，必不果。

教主曰：妻子者，丈夫所托而终身者也。身体发肤，属诸妻子，不敢毁伤，怕之始也；立身行道，扬名于后世，以显妻子，怕之终也。

上经十二章，据他说：“为怕学入道之门，其味无穷。为夫者，玩索而有得焉，则终身用之，有不能尽者矣。”最后，他对于今后的历史家，尚有此建议：旧礼教注重“忠孝”二字，新礼教注重“怕”字，我们如说某人怕老婆，无异誉之为忠臣孝子，是很光荣的。孝亲者为“孝子”，忠君者为“忠臣”，怕妻者当名“怕夫”。旧日史书，有“忠臣传”，有“孝子传”，将来民国的史书，一定要立“怕夫传”。

许多人读了他的《怕老婆的哲学》和《厚黑学》，还觉得有些趣味；惟前者附有《怕经》，后者附有《厚黑经》，只知套用些四书和孝经的文句，未免令人感到无聊。这话被他听见了，他立时予以答辩道：

“昔人说，世间哪得有古文？无非换字法、减字法罢了。譬如有人请你作寿序或墓志，你就信笔写出一篇文字，然后把文中的俚俗字，换为典雅字，再将闲冗长句尽量删短，就成了一篇简雅的古文。我们也可以说，世间哪得有真革命呢？所谓革命，就是革名词，不革实质，无非是挖字法、嵌字法罢了。清末以来，革命党抛却千千万万头颅，考其实效，也不过把皇帝革成大总统，总督、巡抚革成督军、省长，其他种种名词，改变一下，革命即算成功，实质则依然如故。世间许多书，都是名词变，实质不变。即如我李宗吾是个八股先生，这是实质。假如满清时，有人举发说‘李宗吾是革命党，’上峰委员查办，查办员复称：‘查得李宗吾品行端方，学术纯正，断不会革命。’到了民国，又有人举发说：‘李宗吾反革命’，上峰委员查办，查办员复称：‘查得李宗吾品行端方，学术纯正，断不会反革命。’品行端方，学术纯正，实质全没有变，在满清时不革命，在民国就曾革命，岂非奇事？世上又有一种人，品行实在不端方，学术实在不纯正，在满清则为忠君爱国的正人君子，在民国则为三民主义的忠实信徒，岂不更奇？究其实，无非是表面名词变、里面实质不能变罢了。只要悟得此理，包管你受用不尽。例如，你当了官吏，有人冒犯了你，你就捉他来，痛打一顿，这本是专制时代的野蛮办法，而你口中不妨说道：‘而今是民主时代了，你这种扰乱秩序的人，君主时代容得过，民主时代断断容不过！’这无非把‘君主’二字挖下，嵌入‘民主’二字罢了；闻者必称赞你深谙法治，有民主时代的精神。所以说，挖字法、嵌字法，是革命家的秘诀。我把这种秘诀，应用到著作上，《怕经》十二章是如此，《厚黑经》全部也是如此，是之谓‘革命式的文字’，又有何人敢说‘革命’是无聊呢？”

其次要介绍的，是他著的《孔子办学记》。这是一篇小说体裁，借孔子的办学，来讽刺现在人的办学。我想他是鉴于全国的各大都市中，有许多的冒牌教育家，专意投机取巧，想借创办学校的名义，以图发财，或是另有其他作用，以夤缘富贵，于是他禁不住要笑骂了。

那篇小说，开首是叙述孔子周游列国，官运很不亨通，不惟枉送盘费，并且遇着匡人桓魋，几乎性命不保。一般老腐败，如长沮、桀溺、荷蒉、微生亩诸人，还对他冷嘲热骂。心想："做官一事，与我无缘，不如回家休息，消遣余年。"于是收拾行李，回到山东曲阜原籍去了。哪知回到家来，满目凄凉，儿子伯鱼死了，媳妇改嫁了，丢下小孙儿，乳名"汲娃子"，时时寻娘觅乳，哭得他老人家心肝俱碎。孔大先生孟皮，年纪已老，兼有脚疾，不惟不能挣钱养家，还要消耗些医药费。兼之侄女儿，许嫁南宫适，自己的女儿，许嫁公冶长，一切妆奁，也得他去设法，试想如何担负得起呢？他虽做过中都县知事，无如读书人初次做官，不懂弄钱的方法。后来升任鲁司寇，政费无着，只靠卖些状纸费，来维持伙食。所以他回到家来，真是宦囊如洗，两手空空。他老人家偌大年纪，按常理论，已经是"非肉不饱、非帛不暖"；而今说不得了，只有吃些蔬食菜羹，聊以充饥；茶叶买不起，茶炉烧不起，口渴了，只有喝点白水：这就是读书人的下场！

好在他是"时中之圣"，惯会看风使帆，忽听朝廷施行新政，兴设学堂，许多人都是办学兴家的，他于是买本钦定章程一看，恍然道："原来是这么一回事！"接着就照章立案，设立一个"孔氏私立学校"，招生广告贴出来，内有规则若干条，最末一条说："自行束脩以上，吾未尝无诲焉。"这是缴了费，就可入校听讲，并不受入学试验，鲁国一般青年听了，不胜惊喜道："他老先生也要办学校了，他曾周游列国，与列国之君，都有交情，鲁君与季康子诸人，也常来请教，若是在他的学校中毕了业，向他求封荐书，还愁没得事干吗？"于是争先恐后，前来报名，陆陆续续报了三千多人，孔子自然是来者不拒，全行收容。照例应该延聘教员，分科讲授。孔子心想：而今教员难聘，第一怕他谋篡校长的位置，第二薪水一项也难得讲，不如即照学界通例，任用私人吧。于是把自己的旧学生，全行位置下去，凭各人的专长，担任应授的科目，而孔氏私立学校便正式开学了。

自开学之日起，直至学校办倒止，学校的行政，课程的讲授，无不笑话百出；校长与教员，教员与教员，学生与师长，学生与学生，直同一出大闹剧。现在学校中的怪状，孔氏学校，也无一不有。其中的材料，纯是取自《论语》。作者系采用八股文中"截搭题"的手法，任意拉扯，任意传会，字义讹串也不管，时代错误也不管，可谓极尽梯突滑稽之能事。现在且把学校将要倒闭的几段照写下来，以见一斑：

孔子创办学校之初，学科的分配：修身是颜渊、闵子骞、冉伯牛、仲弓；语言是宰我、子贡；法制经济是冉有、子路；国文是子游、子夏；格致是曾子；数学是冉有兼任；体操是子路兼任；历史音乐，是孔子自任。后来各科教员，死的死，走的走。好在孔子这个校长，是万能校长，教员一缺，就由校长代授。如今除语言一科外，其余各科，尽是孔子兼授，校中只剩半个教员。怎么教员会有半个呢？全校教员，只有宰我一人，他每日昼寝，到了上课时间，还要校长到寝室去喊他起来。每点钟至多不过讲三十分，就下堂睡觉，故名之曰“半个教员”。校中学课，既不认真，自然也就松懈起来。学生终日美酒佳肴，猜拳行令，而对校长，感情甚好，“有酒食，先生馔”。随时邀请孔子，孔子也很客气，“有盛馔，必变色而坐”。师徒之间，相忘无形。不时又邀孔子下棋打牌，初时还是学生来约校长，久之，孔子觉得有趣，每日早膳后，就向学生说道：“饱食终日，无所用心，难矣哉！”吃饱了饭，莫得事干，这个日子，真难得过！“不有博弈者乎？”未必你们箱箧中，围棋象棋，麻将扑克，都没得吗？“为之”，拿出来玩一下，“犹贤乎已”，总比闲着莫事要好些。像这样干下去，校中自然相安无事，不料校外訾议蜂起，甚且还有编些歌谣骂他们的。……

孔子当初本是专心办学，不讲甚么主义，他对于各种学科，无一不通，惟经济一门，缺少研究，才聘曾子讲授，他是“敏而好学，不耻下问”的人，曾子授课，他不时也去听讲。有天曾子在黑板上写道：“十目所视，十手所指，其严乎！”因用教鞭指着说道：“严者，侯官严复也，他译了一部《原富》，名满海内，全国学人，目有视，视严复，手有指，指严复，直算经济学泰斗！”孔子听了心中想道：严复精研经济学，译了一部《原富》，我曾当高等法院院长（鲁司寇），深通法制，何妨专讲宪法，著书问世？因此著了一部宪法书，名曰《原宪》，又恐读者不了解，复著宪法问答若干条，所以孔氏丛书中，至今还载有：宪问第十四，凡四十七章。孔子生平第一个知己，是季康子，彼此相遇，即说道：“东海有圣人，西海有圣人，此心同，此理同，南海北海，莫不皆然。”于是孔子称孔圣人，季康子就称康圣人。孔圣人称孔北海，康圣人称康南海。孔圣人饭蔬饮水，三月不知肉味；康圣人更进一步，终身不茹荤，像一个吃长素的和尚，一般人又呼之为“康长素”。孔子问礼于老子，老子专讲无为；康圣人极力反对，专讲有为，因此自名曰康有为。有天孔子同季康子谈及国事，康诰曰：“做新民。”康圣人告诉他，不如办一个“新民报”，因此就开一个报馆，名曰《新民丛报》，鼓吹君主立宪，就成为立宪党的中坚分子，此第一变也。

其时孙中山先生，正讲革命，孔子听见，便骂道："天之将丧斯文也！"这个孙文，无父无君，是该遭天谴的！就著了一部《春秋》，讲明君臣大义，说："乱臣贼子，人人得而诛之。"及至孙中山先生革命成功，他知道：革命是应时势之需要的，就改著一部《易经》，说道："汤武革命，应乎天而顺乎人。"武字影射"文"字，《诗经》上有"于赫汤孙"之语，故用汤字影射"孙"字，即是说："孙文革命，应乎天而顺乎人。"这种影射法，是老人家读《儿女英雄传》，见用"纪献唐"三字，影射"年羹尧"三字，模仿他的笔意，才有这种妙文。因此他又自称孙文信徒，常常借着孙文的招牌，到处会朋友，故曾子修孔子年谱，大书曰："君子以文会友。"所以孔子又成为革命党的中坚分子，此第二变也。

够了，够了，我不照原文引下去了。孔氏学校如此胡闹，也离"关门大吉"不远了。

此外，他还想写一篇小说，题目是《孔告大战》，可是并未完成。我所见的，仅是全篇的第一回，材料是取自《论语》及《孟子》，仍是一味地胡扯乱道，看不出什么寓意。但据他说，当年的八股文——尤其是八股能手，就是用的这等伎俩。那么，这篇小说，也可以说是讽刺八股文及惯好附会的文章作者了。"孔告大战"，是这样引起的：

记得清朝末年，重庆《广益丛报》，载有一篇《瞽瞍控舜的呈文》，历数舜的十大罪状，俱是证据确凿，有书可考。事隔多年，只约略记得点影子。说舜串通四岳，窃夺帝尧之位，这种大罪，是无待言的。最妙的，是说："舜欺我年老，将我的眼珠子挖去，嵌入他的眼中，所以我成了瞎子，他成了双目重瞳，大罪一。娥皇女英，是舜的祖姑，有族谱可考，他霸占为妻，大罪二。尧之时，天下共是十二州，故尧典曰：肇十有二州。舜使益掌火，烧灭了三州，故禹贡上只有九州，大罪三。……"全文妙趣横生，可惜记不清楚了。其时，某报还做了一篇小说，说唐三藏偕同徒弟孙悟空、猪八戒、沙和尚往外国留学，如何如何。又有人做一篇小说，说孟子往东天取经，途中遇着告子，手执"杞柳"，口吐"湍水"，孟子杀他不过，求救于曾子；曾子手执"慎终锤"，身骑"民德龟"（曾子曰：慎终追远，民德归厚矣），也战告子不过，求救于孔子；孔子手执"伤人壶"，身骑"不问马”（伤人乎，不问马），也被告子杀得大败。忽然半空中飞来一人，身骑“犹病猪”，大呼道：“我乃姓尧名舜是也！”（尧舜其犹病猪）遂将告子降伏。我想：孔子是我国的大教主，岂能轻易战败？当日必有一番恶战，乃补做这篇《孔告大战》，特笔录出来，借博一粲。

小说的正文，系从孔子接得曾子的告急文书开始，于是连忙点集三千人马，七十二员大将，浩浩荡荡，杀奔告子大营而来。告子听得孔家人马到了，立即引兵应战，双方使用的武器、车马和披挂穿戴，以及战事上的种种名词，都是截取《论语》、《孟子》的成语，而作谐音的应用。今写出战事紧张时的一段来看：

孔子大怒，忙在身旁取出一道灵符，名曰：“伤人符。”向空中一展，大呼道：“六丁六甲何在？”只见半空飞来一人，身骑“不问马”，大呼道：“我乃厩焚子是也。”（厩焚，子退朝，曰，伤人乎，不问马）只见厩焚子，驱着火龙、火马、火鸦、火鼠向告子大营，放火烧来，告子见了，连忙口吐湍水（告子曰性犹湍水也），将火扑灭。只见那湍水流出来，滔滔不已，霎时之间，“可使过颡”、“可使在山”，将孔家人马，淹困水中。孔子见了，说道：“不要紧，待为师念动避水真言，颜渊你可领着人马，从水中钻出。”于是孔子口中，念念有词：“呀呀呸！水哉水哉！何取于水也？”颜渊正埋头一钻，被告子看见，大声道：“往哪里走！”用手一指，那水忽然变成铜墙铁壁一般。砰的一声，颜渊跌在地下，抬头一看，那水已有千百丈高，颜渊喟然叹曰：“这水呀！仰之弥高，钻之弥坚，吾其死矣！”孔子到了此时，也无计可施。子路正负伤卧在地下，大声叫道：“我有冯河的本领，无奈身受重伤，不能为力。夫子！你有乘桴浮海的法术，何不拿出来行使呢？”一言把孔子提醒，乃率领众弟子，浮出水面而走，又命冉有、子贡断后。告子领着人马从后赶来，冉有、子贡举起大刀，做着要砍下的姿势，连做两遍；告子见了惶然大恐，乃抱头鼠窜而逃。众家弟兄见了，莫名其妙，围着冉有、子贡问道：“师兄，我们尼山学道，一十八般武艺，件件学全，从未见这种杀法，你们究从何处学来？”二人笑道：“此在兵法中，特诸君不悟耳！兵法不云乎：冉有、子贡，侃侃如也。”闲话休提，孔子回到营中，见人马折去大半，十分悲伤。……传下将令，叫宰予前来吩咐道：“全营将士，疲困已极，今夜应该让他们好好安息，明日再行大战。最可虑的是告子趁夜劫营。你是白天睡了觉的（宰予昼寝），今即派你巡夜去吧。”孔子吩咐已毕，就低下头“曲肱而枕之”，呼呼睡去。

厚黑教主的生性，本是很朴讷的，幼时不言不语，呆头呆脑，对于同学也是以谦让为本。所以他的父亲呼他为“迂夫子”，同学之间，就称他为“老好人”。自从他在私塾中受了建侯老师好开玩笑的影响，他才慢慢地诙谐起来。最初，还只是开玩笑的性质，继而于开玩笑中带有讽刺，终则嬉笑怒骂一发而不可遏止了。他这种作风，不但表现在语言文字之中，就是他自己的行动也往往充满了这种气氛。

他幼年时，本是终日不离药罐的。除了哮喘症外，四肢也不甚灵动，有时穿衣服都要人帮忙，登楼不能上梯，大便不能蹲下。每次洗澡，母亲见他瘦骨如柴，就不禁放声大哭起来。当他在炳文书院读书时，同学们都说他活不长久。雷铁崖、雷民心弟兄，就主张活祭他。但他却并不悲观，仍是悠游自得。他因为乡间庸医替他治不好病，就想自行研究医书，自行治疗。于是买了些陈修园、徐灵胎、喻嘉言诸人的医书来看，哪知越看越不懂。心想：“我这样地用心研究，都弄不清楚；世上的医生，连字都认不得好多，怎么能读过医书？我之不为庸医杀死，真是万幸！”于是废然思返，把医书丢了，自然不再吃药，而身体反慢慢健壮起来。从此以后，得了病照例不吃药。他的主张是宁死于病，不死于药。中间只有一次几乎破例：他在高等学堂时，腿上生一疮，好像是疔疮，学堂内种有菊花，他把菊花叶嚼来贴敷。同学陆逵九懂得医学，见他面有病容，就叫他伸出舌头来看，惊道：“你的舌苔都黑了，还不赶紧医治？”说得他毛骨悚然，就请为他开方。他在校是向不请假的，这时也只得请假调养。在寝室睡了一会，心想：“我哪里会有病？何致舌苔会黑？”于是恍然大悟，寻着陆逵九说道：“我除了腿上生疮以外，自觉毫无病状，我的舌苔发黑，是不是因为嚼菊花叶的缘故？”陆逵九叫他伸舌一看，连说：“不错！不错！”二人相视而笑，但并非莫逆于心。这是他用行动来讽刺国医的。

四川讲静功的派别甚多，如同善社、如刘门、如关龙派、如吴谯子派等，他都曾拜门称弟子。其中有讲静功的一书，名为《乐育堂语录》，是丰城黄元吉来川讲道时所著，各派讲静功的人都奉为天书，自然他也仔细地拜读过。他初以为讲静功总比服药好得多；但他试验的结果如何呢？据他说，从未坐过三十分钟之久，越想静坐，心思越乱，强自镇静，则如受苦刑。哪一派的方法他都试验过；哪一派的方法，他都试验无效。这是他用行动来讽刺静功的。

他学国医不成，学静功不成，于是又想练拳术。他先学拳术家的气功，继而又学太极拳。他于二者所得的经验：气功一门，他认为无非装模作样，是违反自然的动作。太极拳一门，动作不甚激烈，似乎比较相宜；但他只学习不久就弃去了，因为其中仍有一定的规律，他是不耐拘束的。最后他自己发明了一种拳术，名之曰“无极拳”。据说，他是把气功和太极拳融合为一，随意动作，师其意而不泥其迹，略略掺入些黄帝内视法、天隐子存想法，并会通庄子所说“真人之息以踵”的道理，而成此拳法。他说这种拳法，睡时、坐时、读书作文时、与人谈话时均可行之。他说将来如把这种拳术传出来，不但为厚黑教主，并可称为无极祖师。及至我们会面时，我问他无极拳的详情，他笑着说：“既名无极拳，还有什么说的呢？无非是恍兮惚兮，玄之又玄而已。”他这段学拳的历史，不知又是讽刺自己的无恒呢？还是讽刺堂堂的国术呢？

他既是如乌鸦般地叫来叫去，如猫头鹰般地且叫且笑，哪能不令人生厌、令人痛恨？所以关心世道的人士，深怕他的学说流传开来，毒害社会，著文批斥他的也有，在大庭广众之中痛骂他的也有。我还记得五年前有个天主教的某主教，就在公开讲演时痛骂他过。我把这事告诉了他，他立时出马应战，曾写了这样标题的一封战书：《厚黑教主某答天主教主教某书》。全文情节已记不清了，无非是狠毒的讽刺。只记得开首有这样的话：“我是厚黑教的教主，你是天主教的主教，主教比教主是低一级的，你们天主教既然最重阶级，你竟敢以主教的身份，批评我教主的学说，你也未免太不自量了！”云云。当时他想送登报章，经我一再劝阻，他才把战表撤回。近年有位沈武先生，著有《厚黑学批判》一书，对于“厚黑学”予以无情的痛击，可惜教主已看不见了，孰是孰非，只好让第三者去公断吧。

教主辞世，已三年有半了，他的墓木想已拱把了，孤魂野处，谁可同调？遥意月暮鸦飞，夜半鸮啼，不知足以供慰安否？我今赓唱前歌，用吊厚黑之灵：

咕咕喵，

咕咕喵，

哈哈哈哈……

图书在版编目（CIP）数据

厚黑学：全本珍藏版 / 李宗吾，张默生著.—南京：江苏文艺出版社，2009.10

ISBN 978-7-5399-3447-1

Ⅰ.厚…　Ⅱ.①李…②张…　Ⅲ.伦理学—研究—中国　Ⅳ.B825

中国版本图书馆CIP数据核字（2009）第185955号

厚黑学（全本珍藏版）

作　　者： 李宗吾　张默生
责任编辑： 刘　霁
特约编辑： 庄丹霞
版权编辑： 李彩萍
版式设计： 风　筝
出版发行： 凤凰出版传媒集团
江苏文艺出版社　http://www.jswenyi.com
集团网址： 凤凰出版传媒网　http://www.ppm.cn
印　　刷： 北京市天竺颖华印刷厂
经　　销： 新华书店
开　　本： 787×1092　1/16
字　　数： 500千字
印　　张： 35
版　　次： 2009年11月第1版，2009年11月第1次印刷
书　　号： ISBN 978-7-5399-3447-1
定　　价： 36.00元
（江苏文艺版图书凡印刷、装订错误可随时向承印厂调换）